JN300697

身体装飾の現在 3

国境に分断されている山地民

中国・ベトナム・ラオス・タイ・ミャンマー

写真・文　井上耕一

朝倉書店

序

　第三集として、東南アジア各国と中国が国境を接する地域を選んだのは、この地域がおおよそそれぞれの国の辺境にあり、それほど高度はありませんが山地で、今でも多くの少数民族がモザイク状に住み分けているところだからです。非常に古くから民族移動が繰り返されてきたところでもあります。現在の民族分布につながる移動は、北の方からチベット・ビルマ語族系民族が南下し、タイ語族系民族やモン・ヤオ語族系民族が北ないし北東側から入ってきて、モン・クメール語族系民族が最初に南下、あるいは北上してきたと考えられます。先住民はいたと思われますが、タイ語族系民族が稲作に適する低地に住み、定住化が先に進みました。モン・ヤオ語族系はほとんど人が入っていなかった山地に展開して、焼畑耕作を行いながら、移動分散してきました。その中間に、チベット・ビルマ語族系民族とモン・クメール語族系民族が住み分けています。今でこそ国境が設定され、国境を越えた移動が禁じられ、さらに国によっては定住化政策が進められるようになりましたが、20世紀末頃までは場所によっては移動が続けられていました。辺境であるがゆえに、国もそこまでは手が回らなかったのでしょう。そこに住む人々にとっては、自分達に関係なく国境が設定されたわけですから、親類縁者が両側にわかれている場合もあり、今でも地域によっては行き来しています。そういう場合は当局も平常時は黙認しているようです。焼畑耕作をする人達にとって、なぜ移動してはいけないのかわからなかったと思います。焼畑耕作を続けるには移動せざるをえないからです。

　結果として国境地帯に限定すれば低地にはタイ語族系民族が定住し、高めの山地にはモン・ヤオ語族系民族が、その中間の低めの山地にはチベット・ビルマ語族系民族と数は少ないですがモン・クメール語族系民族が住み分けているということになりました。さらに同じ語族系でも、民族によって異なりますが、いくつかの支族に分かれているのです。したがって自らの民族を示す、つまりアイデンティティを表わすことが必要になります。民族衣装はそのために重要な意味をもってきたと思われます。中国の貴州省のミャオ族のガイドは、貴州省だけで100以上の衣装の異なるミャオ族村があり、まだまだ見切れていないといっていました。衣装は支族によって異なりますし、同じ支族でも少し離れていると異なります。このあたりはある民族が比較的多いということはいえても、いくつかの民族がモザイク状に入り組んで住んでいるわけです。ですから、各地の正確な分布の資料ができているわけでもないので、そこに行かないとわからないことが多く、とても全体が見渡せるというわけにはいきませんでした。

　また国境地帯は、国によって多少異なりますが、外国人が陸路出入国できる国境以外は、基本的に立ち入ることができません。少数民族調査のため滞在が必要な研究者にももちろん許可がおりないのです。最近一部でようやく地元大学との共同研究ということで、特別許可が認められるよ

うになってきました。しかし依然としてミャンマーのように、国境地帯だけでなく、観光地以外はほとんど立ち入れない国もあるのです。したがって言語学上も、文化人類学・民族学上も研究が伸展せず、不明なままになっていることが多々あります。一方で、自民族の言葉を話せる人達が月日がたつにつれ、どんどん減っていき、調査ができるようになった時点では、言葉も習俗も失われてしまったということになりかねませんし、すでにそういう事態が進行しています。本書の中にも民族の分け方に間違いがあるかもしれません。一応現地で確認したことに基づいてはいますが、それ自体が正確ではなかったということもあるかも知れません。あらかじめおことわりしておきます。また研究の伸展によって変わってくることがあるかもしれません。

本書がどういう構成になっているかに関しては、すでに述べてきたことでおわかりのように、語族系別の民族によって整理しました。ただし、言語学上の分け方が諸説あって統一されていないので、大きい分け方として、チベット・ビルマ語族系民族、モン（フモン、ミャオ）・ヤオ語族系民族、タイ語族系民族、モン・クメール語族系民族、そして最後にその他の順番にしました。それぞれの中では国別とし、中国、ベトナム、ラオス、タイ、ミャンマーの順（おおよそ東から西へ）に並べてあります。本当は写真を入れたいのに行っていないので抜けているところもあり、立入禁止で入れなかったり、あるいは現在どういう状態なのかわからない場合もあります。また国境を越えて同系民族を、衣装が共通していることで続けた方がわかりやすい場合もありますが、この本の構成上、国が異なるために互いに離れてしまい、連続していることがわかりづらい場合もありますが、御了承下さい。各語族系民族の中から選んだ民族は、テーマに基づき、国境を越えて移動展開し、定着している民族とし、それに参考となる民族を最後に加えました。

また国名も、ヴェトナム、ビルマとしたかったのですが、通例に従ってベトナム、ミャンマーにしました。しかしミャンマーに関しては一般的に欧米ではビルマが今でも使われていますので、ビルマを使っている場合があることをおことわりしておきます。

最初に取り上げた民族は、チベット・ビルマ語族系のイ族です（ロロ族という言い方もあります）。イ（彝）族は中国の55の少数民族の中でも7番目に人口の多い民族（776万2,272人、2000年）で、中国の主に四川省、雲南省、貴州省に居住しています。国境を越えてはあまり移動していません。ロロ族と呼ばれてベトナム北東部（3,307人、1999年）、とラオス北部（1,407人、1995年）にいることが知られています。四川省涼山彝族自治州にはイ族が集中して住んでいます。イ族は中国では非常に広範囲に展開しているので、地域ごとに習俗が異なり、当然衣装も異なっています。

チベット・ビルマ語族系の二番目は、ラフ族です。ムソー、ムスーという呼び方もあります。ラフ（拉祜）族は中国で23番目の少数民族（45万3,705人、2000年）で、雲南省南部の国境地帯に居住しています。ベトナム（6,874人、1999年）では主にライチョウ省に、ラオス（1万4,988人、1995年）では主に北西部のボーケーオ県に、タイでは北辺に散在しています。中国のラフ族の最後にあげたのは、苦聡人（クーツォンレン）で自分達はラフ族ではないといっている人達です。中国では正式に認められた56の民族以外は〜族と名のれず、〜人といわれています。

チベット・ビルマ語族系の三番目は、リス族です。リス（傈僳）族は中国で20番目の少数民族（63万4,912人、2000年）で、雲南省の西北、ミャンマーと国境を接する山地に居住しています。ミャンマーの主にカチン州（約6万人以上）、タイの北辺（約2万5,000人以上）にも展開しています。調査ができない地域が多いため、わかっていないことが多い民族です。

チベット・ビルマ語族系の四番目は、ハニ族です。ハニ（哈尼）族は中国で15番目の少数民族（143万9,673人、2000年）で雲南省南部に居住しています。中国ではアカという名称が差別語だとして、ハニが使われています。ベトナム（1万7,535人、1999年）でもハニが使われ、北部の主にライチョウ省、ラオカイ省に展開しています。ラオス（6万7,747人、1995年）では北西部ポンサーリー県、ルアンナムター県、ボーケーオ県に展開し、2000年にアカの名称に統一されましたが、多くの支族に分かれています。タイ北部にも散在しており（約3万8,000人）、アカの名称が使われています。ミャンマーでは主にシャン州に（約20万人）展開し、主にコーと呼ばれています。シャン州のチャイントン近辺にアカ語に近い言葉を話す同語族系のアクー族（約300人）が住んでいます。

次は雲南省の西双版納傣族自治州の州都景洪からそれほど離れていない通称基諾山中に居住するジノー（基諾）族（2万899人、2000年）です。1979年に55番目に少数民族として認められました。（人口上は43番目）ここまでが、チベット・ビルマ語族系のイ諸語に属するとされる民族です。

次は、同じチベット・ビルマ語族系のトールン諸語に属

する中国の51番目の少数民族トールン（独龍）族（7,426人、2000年）で、雲南省のミャンマーとの国境西北最奥部に居住しています。二番目は、同じトールン諸語に属する中国の33番目の少数民族、ジンポー（景頗）族（13万2,143人、2000年）です。ミャンマー北東部のカチン州の主要民族（約27万人、1980年代）でもあります。三番目は、同じトールン諸語に属する中国41番目の少数民族のヌー（怒）族（2万8,759人、2000年）で、同じく雲南省の西北部に居住しています。

次は、チベット・ビルマ語族系民族のフラ族（9,046人、1999年）で、ベトナム北部に散在しています。

最後はチベット・ビルマ語族系のカレン諸語に属し、タイとミャンマーとの国境地帯に居住するスゴー・カレン族、ポー・カレン族と、ミャンマーのシャン州に居住するパオ族とパダウン族（通称首長族）です。ミャンマーのカレン族全体の人口は約330万くらい（2004年）ですが、ミャンマー政府軍との戦闘で多くのカレン族がタイ側に避難し、現在まだ難民キャンプに居住しています。

ミャオ・ヤオ語族系の最初はミャオ族です。ミャオ（苗）族は中国の55の少数民族のうち4番目に人口の多い民族（894万116人、2000年）で、貴州省、雲南省、湖南省、四川省、広西壮族自治区、湖北省の非常に広範囲に展開しています。ベトナムではモン（モン・クメール語族のモン族と区別するため、フモンともいい、メオともいわれます）族（78万7604人、1999年）と呼ばれ、北部の中国と国境を接する主にハザン省、ラオカイ省、ライチョウ省、ディエンビエン省、ソンラ省からさらに南にまで展開しています。ラオスでもモン（フモン）族（31万5465人、1995年）と呼ばれ、ラオスの北部にかなり広範囲に散在しています。タイではメオ族と呼ばれ、北部の主にチェンマイ県、チェンライ県に散在しています。一般的には、各地で花モン、白モン、赤モン、黒モン、青モン等といわれていますが、衣服の色による分類で、便宜的なものです。非常に広範囲に展開しているので、地域ごとに習俗が異なり、衣装も異なっています。中国のミャオ族の最後にあげた僮家人（ガージャーレン）は行政上はミャオ族に入れられていますが、自分達はそうではないと主張し続けている人達です。

ミャオ・ヤオ語族系の二番目はヤオ族です。ヤオ（瑶）族は中国の少数民族の12番目の民族（263万7,421人、2000年）で、主に広西壮族自治区、湖南省、雲南省、広東省、貴州省に広範囲に展開しています。ベトナムではザオ（マンともいう）族（62万538人、1999年）と呼ばれ、北部を中心に広く散在しています。一般に中国では山地の一番上がミャオ族でその次にヤオ族ということになっていますが、ベトナムでは逆です。それはヤオ族が先に入り、その後にミャオ族が移動してきたからだといわれています。ラオスでは近年ヤオ族という名称からイウ・ミエン族（2万2,665人、1999年）に改められ、北部に散在しています。タイでもヤオ族と呼ばれ、主に北部に散在しています。中国の広西壮族自治区の大瑶山はヤオ族が集中して居住している地域です。

ベトナムのザオ族の最後にあげた同語族系のパテン族（5,569人、1999年）はハザン省とトゥエンクアン省の一部に居住し、衣装上はだいぶ異なりますが、ザオ族に近いとされています。

タイ語族系の最初はタイ族です。タイ（傣）族は中国の少数民族の18番目の民族（115万8,989人、2000年）で、主に雲南省の南部に居住しています。タイ語族は、タイをつくったタイ族、ラオスをつくったラオ族をはじめとして、多くの支族に分かれ、ミャンマーを越えてインドの北東部アルナーチャル・プラデシュにまで展開し、各地で定着し、水稲耕作を行っています。タイやラオスの人口を除いても、全部あわせると多くの人口になります。ミャンマーではシャン族といわれ、その人口だけでも約452万以上（2004年）になり、ミャンマーの最大の少数民族です。

中国のタイ語族系の二番目はプイ（布依）族で、少数民族の10番目のプイ族（297万1,460人、2000年）は主に貴州省に展開しています。

三番目はスイ（水）族で、少数民族の24番目のスイ族（40万6,902人、2000年）も主に貴州省に展開しています。

四番目はトン（侗）族で、少数民族の11番目のトン族（296万293人、2000年）は主に貴州省、湖南省、広西壮族自治区に展開しています。木造建築と歌で知られています。

五番目はチワン（壮）族で、少数民族の第1番目で最大の人口（1617万8,811人、2000年）をもつ民族です。広西壮族自治区を中心に、雲南省、広東省、貴州省、湖南省に展開しています。

次はベトナムのタイ語族系の民族です。我々日本人には発音上、区別しにくいのですが、少数民族1番目のタイー（Tày）族（147万7,514人、1999年）と2番目のターイ（Thái）族（132万8,725人、1999年）がいます。タイー族は主に北東部に展開し、ターイ族は主に北西部に展開しています。ここではターイ族の通称白ターイ、黒ター

イといわれている人達を主に取りあげています。白と黒とは衣装からきていると思われますが、わかりにくい場合もあります。続いてタイー族、ラオスをつくったラオ族と同じラオ族（1万1,611人、1999年）、ルー族（4,964人、1999年）、ヌン族（85万6,412人、1999年）、ザイ族（4万9,098人、1999年）、ボイ族（1,864人、1999年）、パジ族（不明、1999年）となります。さらにラチ族（1万765人、1999年）、プペオ族（705人、1999年）、ラハ族（5,686人、1999年）と続きます。最後はラオスの通称黒タイの人達です。

モン・クメール語族系の最初はパラウン族です。中国ではトーアン（徳昂）族といい、44番目の少数民族（1万7,935人、2000年）です。パラウン族は中国雲南省徳宏傣族景頗族自治州とミャンマーのシャン州に居住し、合わせると人口は約10万人くらいとされています。二番目はワ族です。中国の雲南省臨滄地区、思茅地区のミャンマーとの国境地域に住む25番目の少数民族のワ（佤）族（39万6,610人、1999年）とミャンマー側の国境地域に住むワ族です。ワ族と近いとされるのが、タイのチェンマイ県、メーホンソン県の山中に孤立して居住しているラワ族です。

次は同じモン・クメール語族系のエン族で、ミャンマーのシャン州に居住しています。

最後はその他としてあげた南に住む刺青をしている人達です。ミャンマーのシャン州のインレー湖周辺に住む、チベット・ビルマ語族系のインダー族は、ビルマ族に近く、漁業に従事している人達は刺青をしています。その他の二番目としてあげたのは、バングラデシュに国境を接するミャンマーの南西部ラカイン州とチン州に展開するチン族です。女性が顔全面に刺青をしています。

第三集は第一集、第二集にくらべると瘢痕を付けたり、刺青をしたり等の何らかの身体加工を行うことが少なくなっています。これはもともと少ないのか、それともすたれてしまったのかはわかりませんが、理由はいくつか考えられます。一つには緯度が上がってきていることに関係するでしょう。季節によって朝晩冷えこむ山地では、身体を衣服で覆ってしまうことが多いので、身体そのものの加工は目立ちません。刺青をするにしても、手先とか足先とか顔面のように露出しているところに限定されがちです。国境地帯から南へ下がったより低地の人々は、よく見ると今でも顔や手足に刺青をしているのを見かけますし、漁民の中には身体中に刺青をしている人もいます。本書の最後に載せたその他の人達がその例です。

二つには、近代化が進むにつれて、伝統的な習俗をしなくなることに関係しています。町に近いほど、幹線道路に近づくほどそうなっています。最近では行政側からしないようにという指示が出ている場合もあるようです。それとは別に、少数民族の中にはキリスト教の布教によってその信徒となり、伝統的な習俗をしなくなった人達もいます。しかしかつては北の方でも刺青をしている人がもっといたかもしれません。

三つには、一番目の理由に関連して、身体を装飾することの重点が身体加工ではなく、頭飾りや衣服や装身具の類に移ってきたことが見てとれます。とくに頭飾りに関心が高く、非常に手の込んだ頭飾りをする人達がこの地域にはいます。

一方で第一集、第二集では見られなかったり、あるいは目立たなかったこととして、頭や眉毛を剃ったり、お歯黒をする人達が一部に残っていますが、全体としては今では少数です。

また10年以上前から始まっていたのですが、女性の衣服のかつては細かい刺繍をしていた部分がチロリアン・テープに取って変わり始めました。その行きつく先が中国やベトナムの通称花モン族に典型的に見られるような、多種類のチロリアン・テープをミシンがけして作る衣服です。すでに市場でこのような衣服が売られてもいました。ところが最近久しぶりに行って驚いたのは、以前に刺繍やアップリケをして作られたものを写真製版でプリントした布地を仕立てた衣服が売られていました。ぺらぺらの合繊のプリント地を使ってパーマネント・プリーツ仕立てにした既製品のスカートまでが市場で売られ、すでに身に付けている人がそこここに見られました。たしかに麻を植えて繊維をとり、手紡ぎして、染めて、苦労してプリーツを付けたモン族のスカートは一枚作るのに大変な作業で、時間もかかりました。モン族の女性が誇りとする手仕事の成果でしたが、これが軽くて、色落ちしないし、プリーツもとれないし、雨が急に降り出しても水を吸って重くならないという農作業をする上では便利この上ないスカートに変わり始めました。

このスカートが使われていくことに追い打ちをかけたのが、中国の国境周辺で広がった大麻中毒者の増加によって、大麻の栽培が禁止されるところがでてきたことです。麻を植えなければ糸は取れませんから、麻を使う少数民族とくにミャオ族は困ったことになりました。しかしあまりうるさくないところもあるようですし、国境を越えたベトナムやラオスでは、麻糸や麻布が商品になり、それを仕入れて中国側で売る人も出てきたということです。当然値段は上

がっていきます。このことも、既製品のスカートの普及に手を貸していると思われます。別の場所では既製品の衣装を市場で買って、民族衣装だとして観光客の前に現われる人達も出てきました。また中国各地ではいくつかの民族が一つの村に住んでいる場合があり、近年では異民族との結婚もできないわけではないので、同一民族どうしの結婚しか考えられなかったことがくずれはじめました。そうなるとどちらの民族衣装を身に着けるのかという問題が出てきます。このことは自らの民族のアイデンティティを示す民族衣装であったものが、取り替え可能な衣装になってきたことを示しています。民族衣装の意味が変容しつつあると思われます。しかしこれらのことをおかしいと言うことは容易ではありません。テレビのスイッチをひねれば、膨大なファッション情報が流れ出してくるのです。

中国の貴州省では短裙苗を名のる苗族がいます。短裙とは短いスカートという意味で、もともと作業上の問題から、つまり傾斜のきつい焼畑では長いスカートでは裾さばきが悪くあぶないので、短いスカートになったと言われています。今では、レギンスやスパッツあるいはタイツを身につけた上で短いスカートをはいています。そこだけに限れば、都会で今はやりのスタイルそのものです。自らの民族衣装を着つづける意味が段々薄れてきたのです。

その対極にあるのが少数民族の観光村です。いま中国をはじめとして、市場経済化が進む東南アジアの農村でも、出稼ぎをしないと普通の生活ができなくなってきました。よっぽど奥地でないかぎり、どこの村でも出稼ぎに出ていて、極端な話、時期によっては村にはじいちゃん、ばあちゃんと子供しかいないのです。頼もうにも民族衣装を着てくれる人がいないありさまなのです。しかし少数民族は出稼ぎに出ても、様々な差別も受け、割のいい仕事にはなかなかつけないといわれています。出稼ぎに出れば、衣服など作っている時間は当然なくなるわけで、どうしても必要な場合は借りるか、さもなければ市場で購入するといったことになりかねません。だいぶ前から、村を訪ねても民族衣装を持っている人はこの村にはいないといったことがありましたし、数人しか持っていないので借りてくるといったこともありました。

一方で観光村として、うまく行っている村では観光収入で豊かになり、若い人の都会への流出は別ですが、出稼ぎに出なくてもいい村も出てきました。幹線道路沿いかその近くで、大型車の駐車場をつくり、団体客に対応できる設備と見せ物が用意できる村だけが生き残れるのです。ちょっと幹線道路からはずれていたり、団体客に対応できない村はよっぽど貴重な名所旧跡でもないかぎり観光客がよらず、出稼ぎに行く人が増えるわけです。今や中国では、中国人の観光旅行の時代ですから、すべてが中国人向けに作られるようになってきました。漢族好みのきらびやかな民族衣装を身につけて、日夜歌と踊りのショーがくりひろげられるわけです。ここでも一部では民族衣装がショーの舞台衣裳に変容しつつあります。こういう現象が一部ではさらに進行するのでしょうが、何かおかしいと思っても、外から来た人には何もできません。

自らのアイデンティティとしての民族衣装が日常的には見られなくなり、一部では晴着として残るでしょうが、民族衣装を見るには博物館に行くということに、この地域もなってきたようです。この地域への観光ツアーに人気があるのは、われわれが失ってしまったものの残照を見に行くことなのかもしれません。

通り過ぎる街角で、訪ねた村々でこちらの求めに応じて写真をとらせてくれた多くの人達にこの場を借りて感謝します。

最後に、この本の出版にあたりお世話になった朝倉書店の関係者の方々、きっかけを作り造本まで面倒をみてくれた薬師神親彦さんに感謝いたします。

2010年5月　　井上耕一

001　馬街の定期市。ベトナムとの国境近く、中国の雲南省紅河哈尼族彝族自治州の元陽の近く。イ（彝）族、ハニ（哈尼）族、ヤオ（瑶）族等が集まってきていました。

002　チベット・ビルマ語族系イ族
四川省との州境近くの雲南省寧蒗彝族自治県のイ族。朝晩は冷え込むので黒いフェルト製のコートを羽織っています。これから町へ繰り出していくところ。

004　同じ自治県のイ族の衣装。座蒲団ほどの大きさの頭巾を被っている人もいます。006はイ族の本拠地四川省大涼山のイ族。羽織るコートには生成りと黒色があり、刺繍をしているのもあります。すでに市では既製品のロング・スカートが売られていました。

008　左上左は南の方のイ族の中心地、雲南省新平彝族傣族自治県の新平市内で見かけたイ族。大涼山の衣装とはだいぶ異なっています。左の残りと右上左は紅河哈尼族彝族自治州元陽県のイ族村。右の下も元陽県のイ族。
右上右は雲南省の観光地として有名な石林近くの村のイ族。イ族に区分されていますが、自分達はサニ（撒尼）族だといっています。

010　010左上下は、雲南省文山壮族苗族自治州文山県のイ族。自分達はプー（仆）族だといっていました。
残り2枚は同州広南県のイ族。
011は同州文山県のイ族。

012　左は雲南省の紅河哈尼族彝族自治州の弥勒近郊のイ族。自分達はアシ（阿細）族だといっていました。
右は花ロロといわれている中国との国境のベトナム側のロロ族。この人達に近い人が中国側にもいます。

014　チベット・ビルマ語族系ラフ（拉祜）族
中国の雲南省思茅地区孟連傣族拉祜族佤族自治県のラフ族の村。広場にアニミズムのシンボルの柱が立てられていました。016はこの村の人達。中国ではラフ族となっていますが、ラオスでは1995年の国勢調査でラフー族に統一されました。それ以前はムスーといわれていました。タイでもムソーといわれていました。

018　左は自らをクーツォン（苦聡）だと主張していますが、行政上はラフ族に区分されている人達。
右の上左はベトナムのライチョウ省の中国との国境に近いムンテにいるラフ族。衣装上はクーツォン人と似ています。それ以外はラオスのタイ、ミャンマーと国境を接するボーケーオ県にいるラフー（通称白いムソー）族です。

020　左はボーケーオ県にいるクイ族。行政上はラフー族に区分されています。
右はタイ北部チェンライ近郊の普段着姿のラフ族。1985、86年の写真ですが、近代化のいち早く進んだタイではすでにTシャツや工場製のプリント地が使われていました。

022　チベット・ビルマ語族系リス（傈僳）族
ミャンマーに接する雲南省の怒江傈僳族自治州のリス族の集落。怒江の対岸にあって、そこに行くには、急流の上に傾斜をつけて張られたワイヤーにぶらさがって渡ります。外敵に襲われにくい場所ですが、近くに橋がないので今でもこれを使って人も物も運ばねばなりません。

024　同州のリス族の女性。頭飾りに特徴があります。

026　タイの北部メーホンソン近くのリス族の女性達。中国のリス族との衣装の共通性が見られませんが、あいだにミャンマーに住むリス族の衣装があるとそのつながりが見えてくるのかもしれません。中国側の怒江に沿った国境の反対側のミャンマーには、当時も多分今も立ち入ることができません。

028 チベット・ビルマ語族系ハニ（哈尼）族
雲南省の西双版納傣族自治州のハニ族の集落。中国ではアカという言葉が蔑称だとされハニが使われていますが、アカとかイコーとかを自ら名のる人達もいます。ラオス、タイ、ミャンマーではアカという名称が使われています。ベトナムではハニ族となっています。

030 左はこの村の衣装。
右は別の村の若い女性。上衣に短めのスカート、頭飾りに前掛けと脚絆というのがアカ族系の定番の衣装です。頭飾りは人前でははずしません。

032 左は雲南省紅河哈尼族彝族自治州元陽県のハニ族村の少女。上衣にパンツ・スタイルです。
右は同州紅河県のハニ族。年とるにつれてほとんど装飾のない地味な衣装になります。
ハニ族とアカ族は部族名だけでなく、衣装上も異なるように思われます。

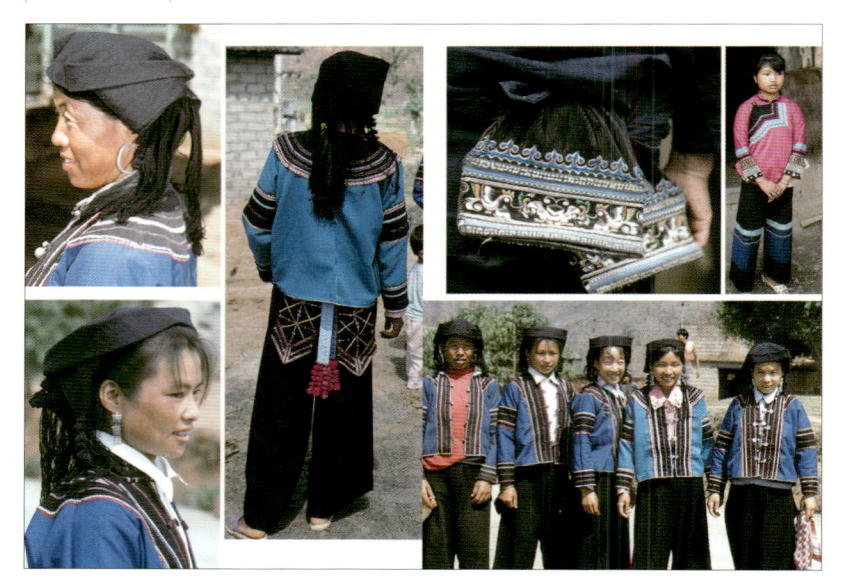

034 左と右下は元江県のハニ族。
右上左は紅河県のハニ族の帯の刺繍。
右上右は元陽県のハニ族。

036 左と右上はベトナムの北部、中国との国境近く、ライチョウ省のバタンの定期市にきていたハニ族。
右下は同じくライチョウ省のダオサンの定期市にきていたハニ族。
どちらも上衣と短めのパンツ・スタイルです。いずれの村にも行くことはできません。

038 左はベトナム北部、ライチョウ省のムンテに行く途中であったハニ族。長い上衣を着ています。
039、040と041はラオスの中国、ミャンマーと国境を接するルアンナムター県のアカ族の頭飾り。

viii

042　041の下と042は同県の同じ村のアカ族。042の左上右は村長夫婦で、村長が被っている帽子は中国製で、当時この近辺ではやっていました。042下はちょうど正月で適齢期の女性が男性との歌垣のために集まっているところです。
043はラオスのタイ、ミャンマーと国境を接するボーケーオ県のアカ族。正月なので、男女共飲んだくれていました。

044　左は正月なので着飾った同県のアカ族の少女たち。
右は同県の自称コルーマといっているアカ族系の人達の盛装。

046　タイのラオス、ミャンマーと国境を接する北部のアカ族の衣装。

048　ミャンマーのタイ、ラオス、中国と国境を接するシャン州のチャイントン近郊のアカ族の衣装。

050　左は同じくチャイントン近郊のアカ族系のアクー族。
チベット・ビルマ語族系ジノー（基諾）族
右は中国雲南省西双版納傣族自治州の州都景洪からわりと近い基諾山周辺だけに住んでいるジノー族。

052　チベット・ビルマ語族系トールン（独龍）族
右は同省怒江傈僳族自治州貢山独龍族怒族自治県の山の小学校の先生。普段着の上にトールン族の上衣をまとっています。
チベット・ビルマ語族系チンポー（景頗）族
左は中国のミャンマーと国境を接する雲南省徳宏傣族景頗族自治州のチンポー族。ミャンマー側に同系のカチン族が住んでいます。

ix

054　チベット・ビルマ語族系ヌー（怒）族
左は同省怒江傈僳族自治州に住むヌー族の呪師の衣装。チベット仏教式の経典を持っていました。右はヌー族の女性。

056　チベット・ビルマ語族系フラ族
右はベトナム北部、中国と国境を接するラオカイ省にいるフラ族。左はサポーといわれていた人達ですが、現在はフラ族に区分されています。
どちらも頭に被っているのは市場で買った既製品です。

058　チベット・ビルマ語族系カレン族
左上はポー・カレン族。
左下はラオス、タイのミャンマーとの国境地帯に住むスゴー・カレン族。左下左は既婚女性の、左下右は未婚女性の衣装。
右はミャンマーのタイ、ラオス、中国と国境を接するシャン州のパオ族の若い女性達。漆器を持って道路脇に立ち、村に建てる寺院のために寄附を求めていました。

060　ミャンマーのカレン族の一支族であるパダウン族（通称首長族）の人達。当時パダウン族の主たる定住地には立ち入れませんでした。060、061の人達はタイ国境近くに戦乱をのがれて移ってきた人達です（1986年）。062〜065の人達はシャン州のインレー湖の近くに移ってきた人達です（1998年）。

066　ベトナム東北部、ハザン省の中国国境近くのメオバクの定期市。ここではほとんどがモン族とザオ（ヤオ）族です。

068　モン・ヤオ語族系ミャオ（苗）族
中国の貴州省黔東南苗族侗族自治州凱里市区の観光村として有名なミャオ族の郎徳村の入村式にともなう舞踊。今ではかなりショー化されています。（2009年）

070　雲南省文山壮族苗族自治州のベトナムの国境に近い村のミャオ族。

072　072の左は070の近くに住むミャオ（花ミャオ）族。花は「華やかな」という意味で使われているようです。
右と074、075は紅河哈尼族彝族自治州開遠市近郊の花ミャオ族。074の女性の着ているスカートは既製品で、上衣その他にもチロリアン・テープやスパンコールが多用されています。これも既製品かもしれません。075右上の女性の頭飾りや上衣もそうかもしれません。

076　貴州省黔東南苗族侗族自治州の観光村施洞の有名な姉妹飯節というお祭のときに見たミャオ族の衣装。この家では地元のものだけでなく、別の地区の衣装も持っていました。

078　姉妹飯節のその年に該当する若い女性の正装。一般に少数民族の金属製の飾りは昔は銀だったかもしれませんが、今では軽くて安い合金が開発され、それが使われています。専門の細工師が注文をとって作ります。細工が細かいのと、点数が多いので全部合わせると結構な値段になります。

080　前述した有名な観光村、郎徳村の入村式。左は1991年、右は2009年。20年近くたつとだいぶ衣装が変わってきました。
082は髪の作りと頭飾り（2009年）。

084　同省凱里市区の同じく観光村、青曼村の入村式の衣装と頭飾り。

086　同省黔東南苗族侗族自治州の黔南布依族苗族自治州との州境にある歩いてしかいけない山中のかなり大きなミャオ族村で、鼓蔵節という13年に1回行なわれる先祖祭りが行なわれた時のミャオ族の人達。このとき、7頭の水牛が目の前で次々と屠られ、解体され、それぞれの厨房に運ばれて、料理されました。

088　幹線道路沿いにある苗族の観光村邕沙の人達。ちょうど香港から、かれらの村に寄附を続けている団体の人達がくるということで、盛装して到着を待っていました。

090　貴州省六盤水市六枝特区のミャオ（長角苗）族の観光村梭戛の入村式の盛装した人達。長角とは長い木製の角を髪に挿し込んで、それに黒い毛糸を巻いてこの髪型をつくることからきています。

094　黔東南苗族侗族自治州凱里市近くに住む偉家人の人達。初期に開放された観光村の一つで、行政上はミャオ族に区分されていますが、自分達はミャオではなくガージァア（偉家）だとずっと主張してきました。
右下右以外は1991年に行ったときのもの。

096　095の右下と096の左上下は2002年のときのもの。096の右と097、098は2009年のときのもの。この村はろうけつ染めの仕事で知られています。服装がだいぶ派手な色になり、装身具も新しいものが加わっています。

098　ベトナムのラオカイ省の中国との国境の町ラオカイから国境沿いに入っていくモン（花モン）族の定期市で知られた観光村。中国の花ミャオと同系と思われます。着ている衣服はほとんどがさまざまなチロリアン・テープをミシンがけして作ったものです。市場ではすでに既製品も売っていました（2001年）。

100　ラオカイ省にあるフランスの植民地時代からの避暑観光地サパの近郊に住むモン（黒モン）族の一家。衣服はろうけつ染め。

102　サパの西の風光明媚なところにあるモン族村の人達。2年続けて訪ねたところで、102 は 1996 年のとき、103 は 1997 年のとき。次に行ったときは、立入禁止になっていました。

104　104 左上下はライチョウ省のダオサンの定期市にきていたモン族。
104 右と 105、106 は同省フォントー近辺のモン族。
107 は同省シンホー近くのモン族。

108　ライチョウ省の旧ライチョウ近くの白モン族。

110　ディエンビエン省のモン族村の人達。上衣に短かめの麻のスカートに前掛けと脚絆の人と、長めの上衣にパンツ・スタイルの人達がいました。黒モンと白モンが混住しているようです。

112　112 と 113 左はディエンビエン省のモン族村。
113 の右上はラオス国境に近いソンラ省のモックチャウ近くのモン族。
右下は同省モックチャウ南のモン族。
右中は同省チュアンザオ北のモン族。

xiii

114　左はラオスの中国との国境の町ルアンナムター県ボーテンの市場に店を出していたモン族。
115、116と117はウドムサイ県の県都ムアンサイ近郊のモン族村。ちょうどモン族の正月で盛装した若い女性が集まって毬投げをしていました。モン族特有の刺繍がきれいですが、プリント地もすでに使われています（1999年）。

118　左と右上はラオスのベトナムとの国境に近いホアパン県のヴィエンサイ近郊のモン族村。
右下は同県の別のモン族村。
どちらも男女共ほとんどが既製品だと思われます。スカートは合繊のプリントでパーマネント・プリーツがほどこされた既製品です（2009年）。

120　左はタイ北部のミャンマーとの国境に接するメーホンソン近郊のメオ族（1986年）。
右はチェンマイ北のメオ族（1985年）。
どちらも普段着姿。

122　ベトナムのライチョウ省のパタンの定期市。モン族、ハニ族、ザオ族が来ていました。
左中右上は合繊のプリントの布地やテープ類、下は合繊のプリントでパーマネント・プリーツがほどこされている各種スカートが売られていました。この市場にもそのようなスカートを身に付けた人が何人も見られました（2009年）。

モン・ヤオ語族系のヤオ（瑤）族

124　ラオスのヤオ（通称ランタン・ヤオ）族の竹の繊維を使った紙漉き風景。
ランタンとは中国語の藍靛と同じく藍染めのことで、彼らの衣服が藍染であることによるようです。

126　126の左と右下は中国広西壮族自治区の南丹近くのヤオ（通称白褲瑤）族の男女の衣装。白褲とは白いズボンという意味。右上は貴州省の瑤山のヤオ（白褲瑤）族。
右は広西壮族自治区龍勝県のヤオ（通称紅瑤）族。

128 ここから135までは広西壮族自治区金秀瑤族県の大瑤山に住むヤオ族の人達です。大瑤山には衣装の異なるヤオ族がたくさん住んでいます。

136 左は雲南省文山苗族自治州広南近くのヤオ族。右の左上下は、同州富寧近くのヤオ族。右上下は富寧市内で会ったヤオ族。138は同州麻栗坡近くのヤオ族村。

140 左は同州河口瑤族自治県のヤオ（藍靛瑤）族村の人達。右と142、143は同県のヤオ（紅頭瑤）族村の人達。

144 左は雲南省紅河哈尼族彝族自治州金平苗族瑤族自治県のヤオ（藍靛瑤）族
右は同県のヤオ（紅頭瑤）族。結婚前は頭を剃っていません。

146 ベトナムの北東部、中国との国境の町ハザン省ドンヴァン近くのザオ（通称アオザイ・ザオ）族村の母娘。
右の右は同省メオバクの市場に来ていたザオ（通称ターバン・ザオ）族。

148 同省のザオ族。国境の向こう側、中国にもほとんど同じ衣装の人達がいます。(138)

XV

150　左は同省西側の国境近くのザオ（通称赤ザオ）族の人達。
右の左上下はラオカイ省のバックハー近辺のザオ（通称ランタン・ザオ）族。
右の上下は同省のザオ（通称ミエン・ザオ）族。

152　左はラオカイ省サパ近郊のザオ（赤ザオ）族。
右の左は赤ザオの男性。
右の上下はラオカイ省のザオ（ミエン・ザオ）族。

154　同じくサパ近郊のザオ（赤ザオ）族。

156　左はライチョウ省のフォントー周辺の市場に来ていたザオ（紅頭ザオ）族の人達。頭を剃っています。
右上は同省パタン近くのザオ族。
右下は同省フォントー近くのザオ（ランタン・ザオ）族。

158　左はイエンバイ省のザオ（通称ホワイト・ザオ）族。
モン・ヤオ語族系パテン族
右はハザン省に住んでいるザオ族に近いとされるパテン族。

160　左はラオスのベトナムとの国境の町ホアパン県ヴィエンサイ近郊のヤオ族。右上左はルアンナムター県のヤオ族村の一軒が呪師を呼んで先祖祭りをやっていました。呪師の着ている上衣は刺繍がぼろぼろでした。右上右はルアンナムター県のムアンシン近郊のヤオ（ランタン・ザオ）族。上中はボーケーオ県のランタン・ザオ。右下2枚はタイの北部チェンライ近郊のヤオ族村。（1985年）

xvi

162　ベトナムのライチョウ省シンホーの定期市。モン族、ザオ族、ルー族、タイ族等が来ていました。

164　中国の西双版納傣族自治州のタイ族は村の入口近くに上屋がそれぞれ独特の形をした共同井戸を持っています。

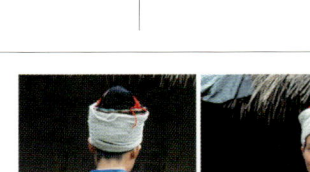

166　タイ語族系タイ（傣）族
雲南省西双版納傣族自治州の州都景洪の近郊のタイ（通称花腰タイ）族。

168　雲南省新平彝族傣族自治県の花腰タイ族。

170　同県の別の花腰タイ族。スカートは重ねて2枚はいて、左側に持ち上げています。

174　タイ語族系プイ（布依）族
右右上は貴州省安順地区関嶺布依族苗族自治県のプイ族。
他は同省黔東南布依族苗族自治州のプイ族。
タイ語族系スイ（水）族
左は同省黔東南布依族苗族自治州三都水族自治県のスイ族。

xvii

176 タイ語族系トン（侗）族
貴州省黔東南苗族侗族自治州のトン族村の全景と入村式。トン族は釘を使わずに木造建築を造ることにすぐれ、村中に立っている塔状の建物は鼓楼といい、村の各氏ごとに持っています。歌が上手なことでも知られており、村に入るときは歌を唱わされます。

178 タイ語族系チワン（壮）族
左上左は広西壮族自治区龍勝県のチワン族。他は雲南省文山壮族苗族自治州広南県のチワン族。
右中右はベトナムのホアビン省のターイ（白ターイ）族。他は同省の観光村で知られたマイチャウ村の白ターイ。民宿の２階の広間で行われた歌と踊り。特有の飲酒風景。

180 ベトナムのラオスに国境を接するソンラ省のターイ（黒ターイ）族。

182 タイ語族系タイー族
左上左は中国と国境を接するハザン省のタイー族。
タイ語族系ラオ族
左下左はベトナムのラオス、中国と国境を接するディエンビエン省のラオ族。
タイ語族系ルー族
他はライチョウ省のルー族。ルー族はお歯黒をしています。

184 タイ語族系ヌン族　184の左と右上はヌン族で、中国広西壮族自治区から来たチワン族だといわれています。
タイ語族系ザイ族　184の右下はザイ族です。
タイ語族系ボイ族　右下中はボイ族で中国貴州省のプイ族が南下してきたといわれています。右上と右下左はボイ族系のトゥジ。
タイ語族系パジ族　右下右はパジ族です。

186 タイ語族系ラチ族　左はハザン省のラチ族。
タイ語族系プペオ族　右上はハザン省のプペオ族。
タイ語族系ラハ族　右下はハザン省のラハ族。

xviii

188 189の右下はラオスの中国、ミャンマーと国境を接するルアンナムター県のターイ（黒ターイ）族。
他はラオスの、ベトナムのソンラ省と国境を接するホアパン県のターイ（黒ターイ）族。

190 ベトナムの中国と国境を接するハザン省のフォントー近くのダオサンの定期市。モン族、ザオ族、ハニ族等が来ていました。

192 モン・クメール語族系パラウン族　左はシャン州の西側カロー近くに住むパラウン族。腰の帯にこっています。
モン・クメール語族系ワ（佤）族
右下右はミャンマーの中国と国境を接するシャン州のチャイントン近郊に住むワ族。ミャンマーのワ族の中心居住地区には入れません。他は中国のミャンマーと国境を接する雲南省臨滄地区滄源佤族自治県のワ族。

194 左はタイのミャンマーのカヤ州に国境を接する山中に孤立したように住んでいるワ族系のラワ族。
モン・クメール語族系エン族
右はミャンマーのシャン州チャイントン近郊に住むエン族。お歯黒をしている人がいます。

196 ミャンマーのシャン州インレー湖のビルマ族系のインダー族。多くはインレー湖周辺で半農半漁の生活をしています。この人は全身に刺青をしている今では珍しい人です。
南の方に下がってくると、刺青をしている人達が見られるようになります。

198 198～200はミャンマーの南西部、ベンガル湾に面したラカイン州のシットウェーから川を遡ったあたりからバングラデシュに国境を接するチン州にかけて住んでいるチン族系のレイトゥ・チン族。顔中に刺青をしています。他民族にさらわれないように刺青をしてきたといっています。

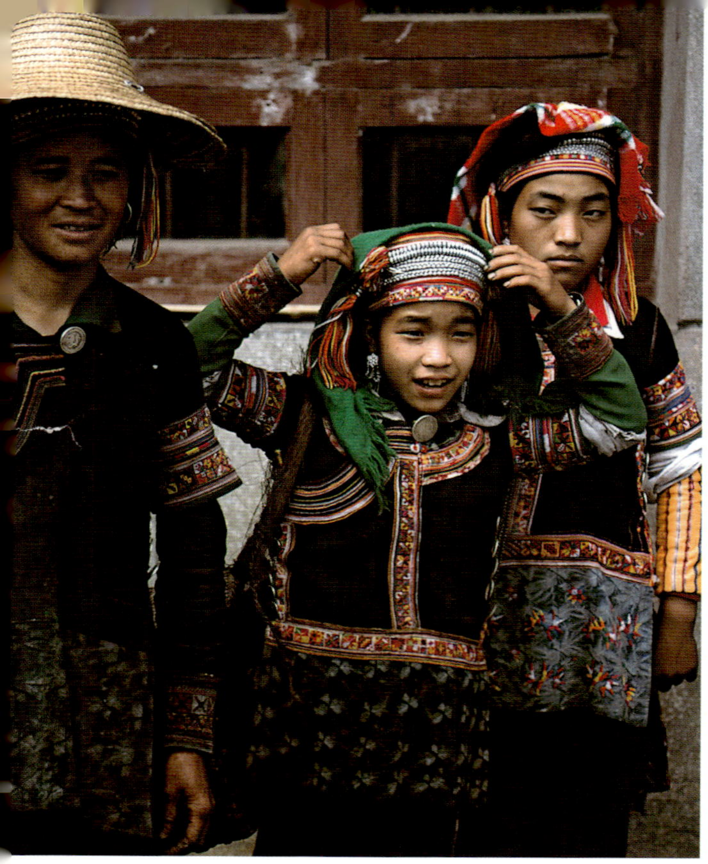
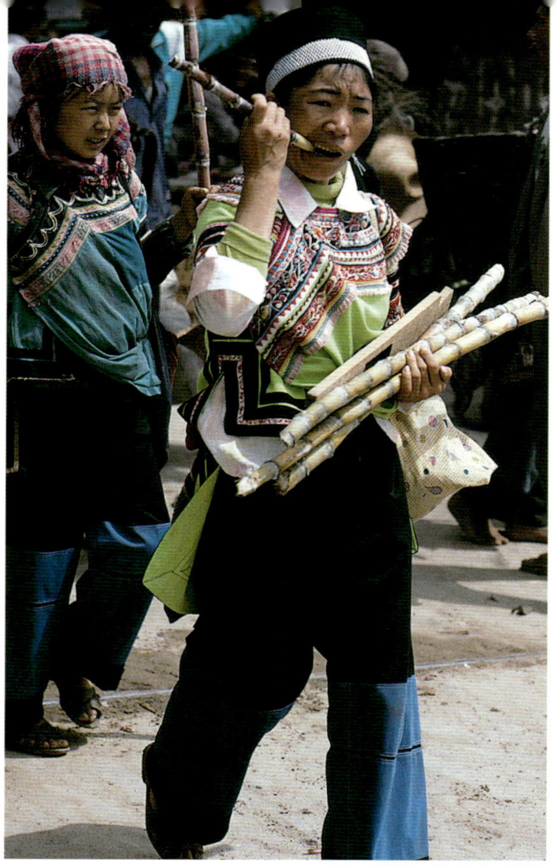
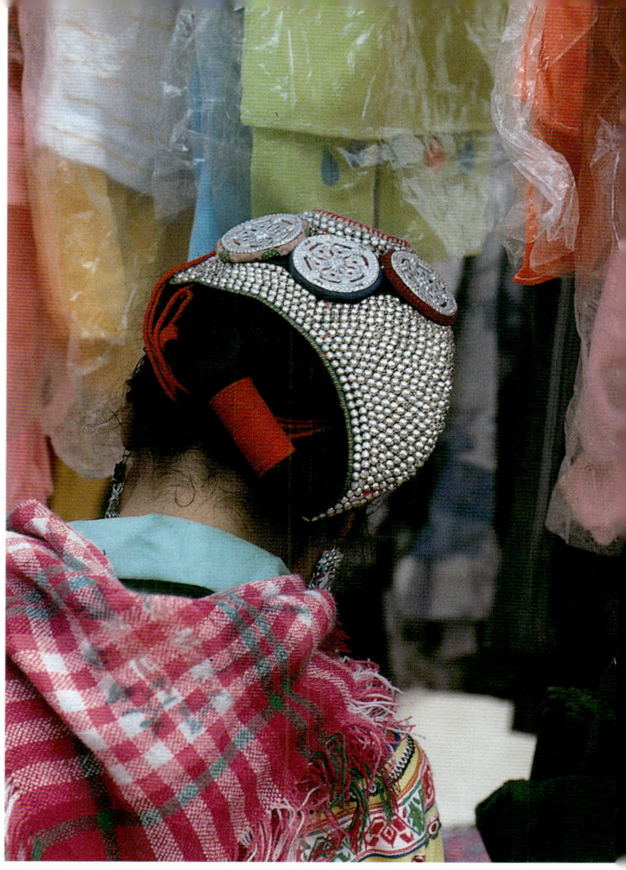
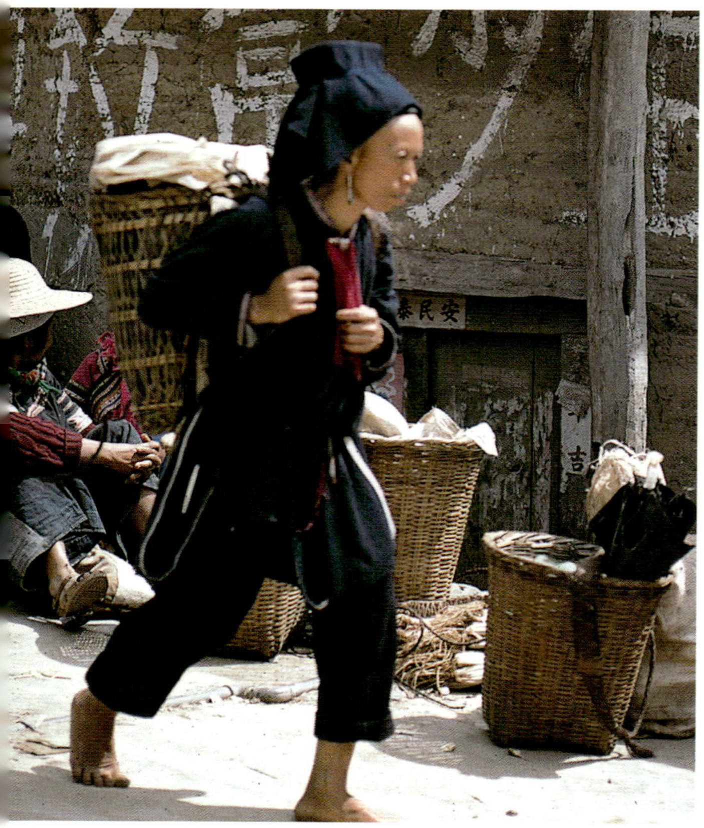
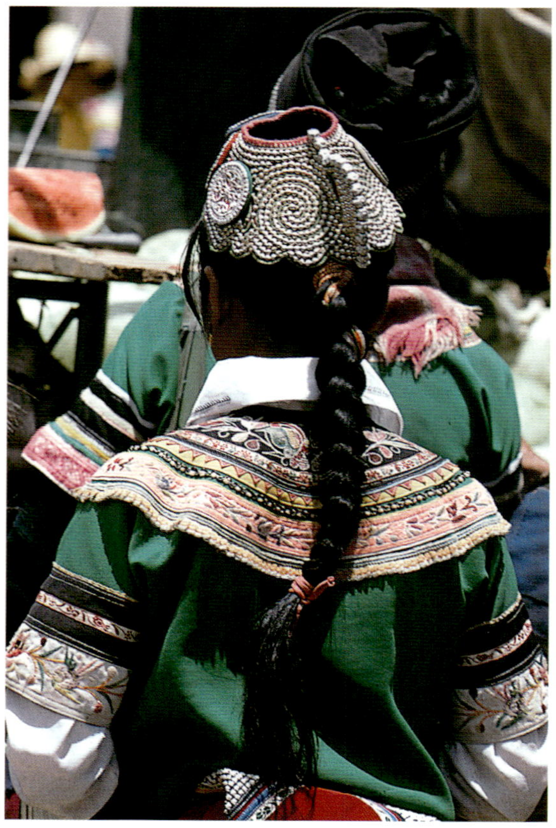
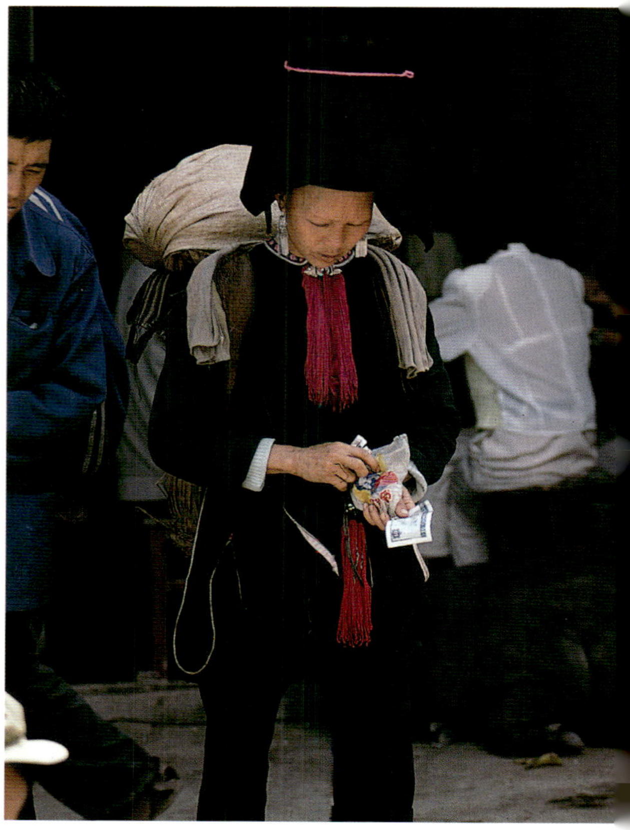
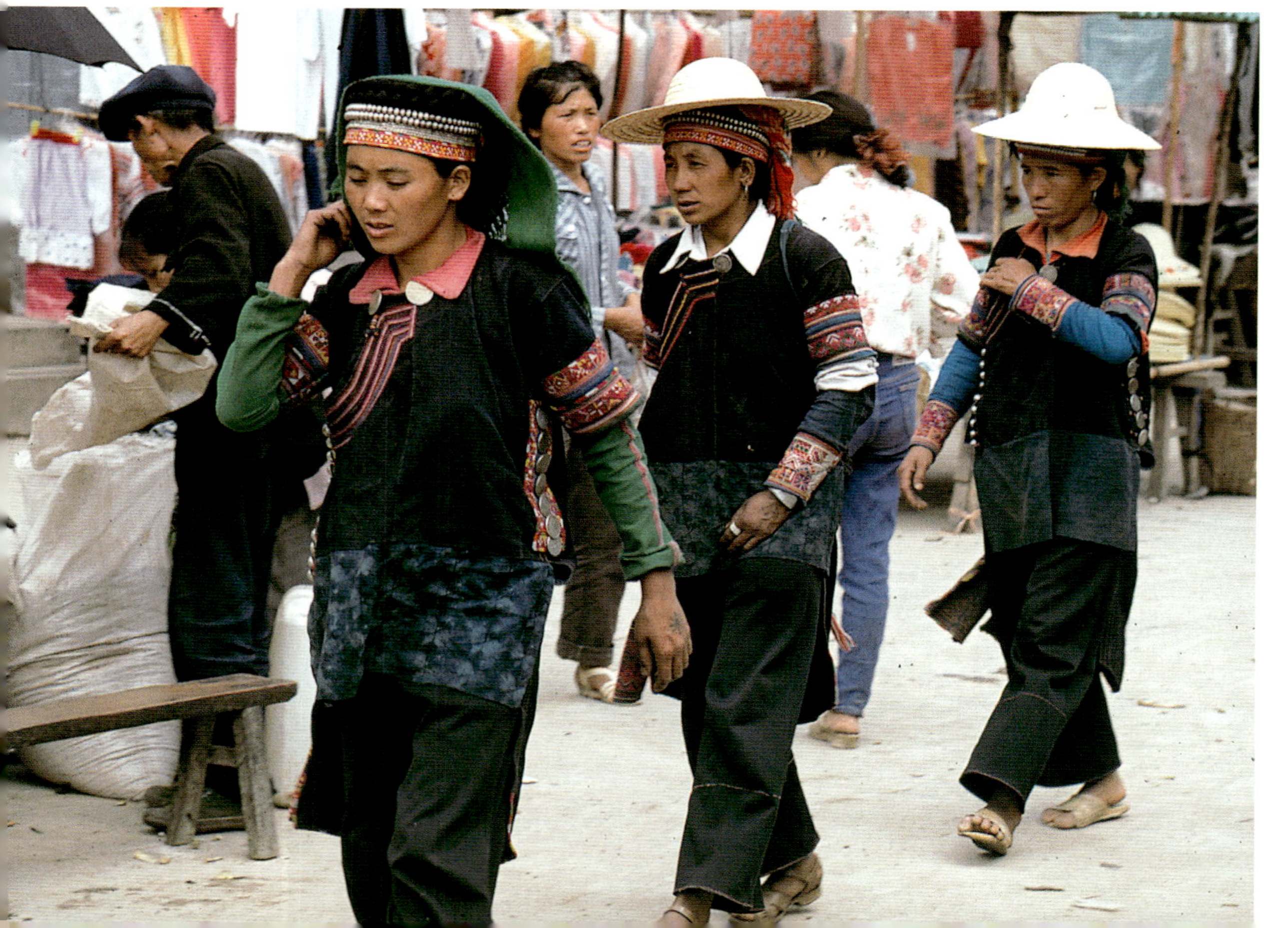
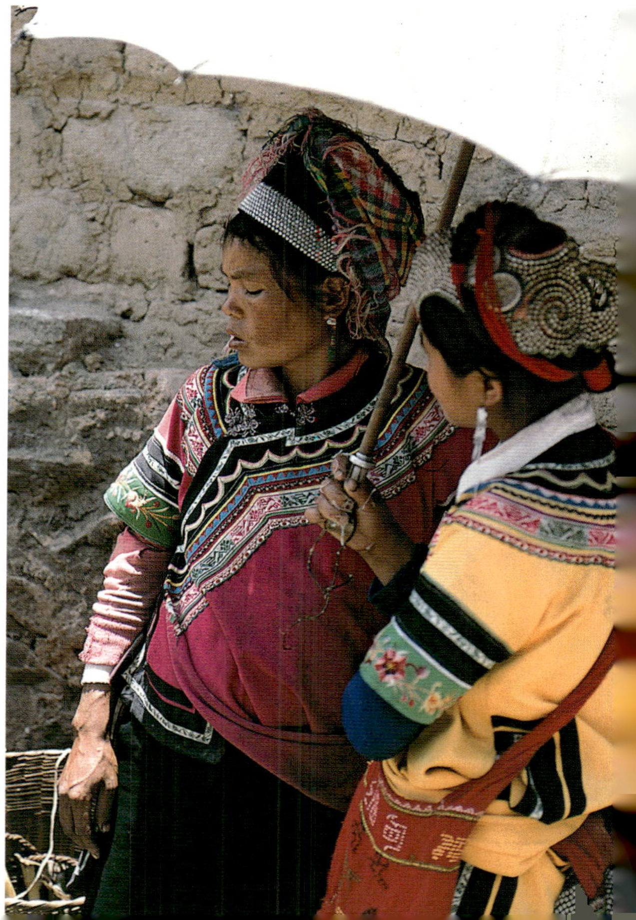

001

002

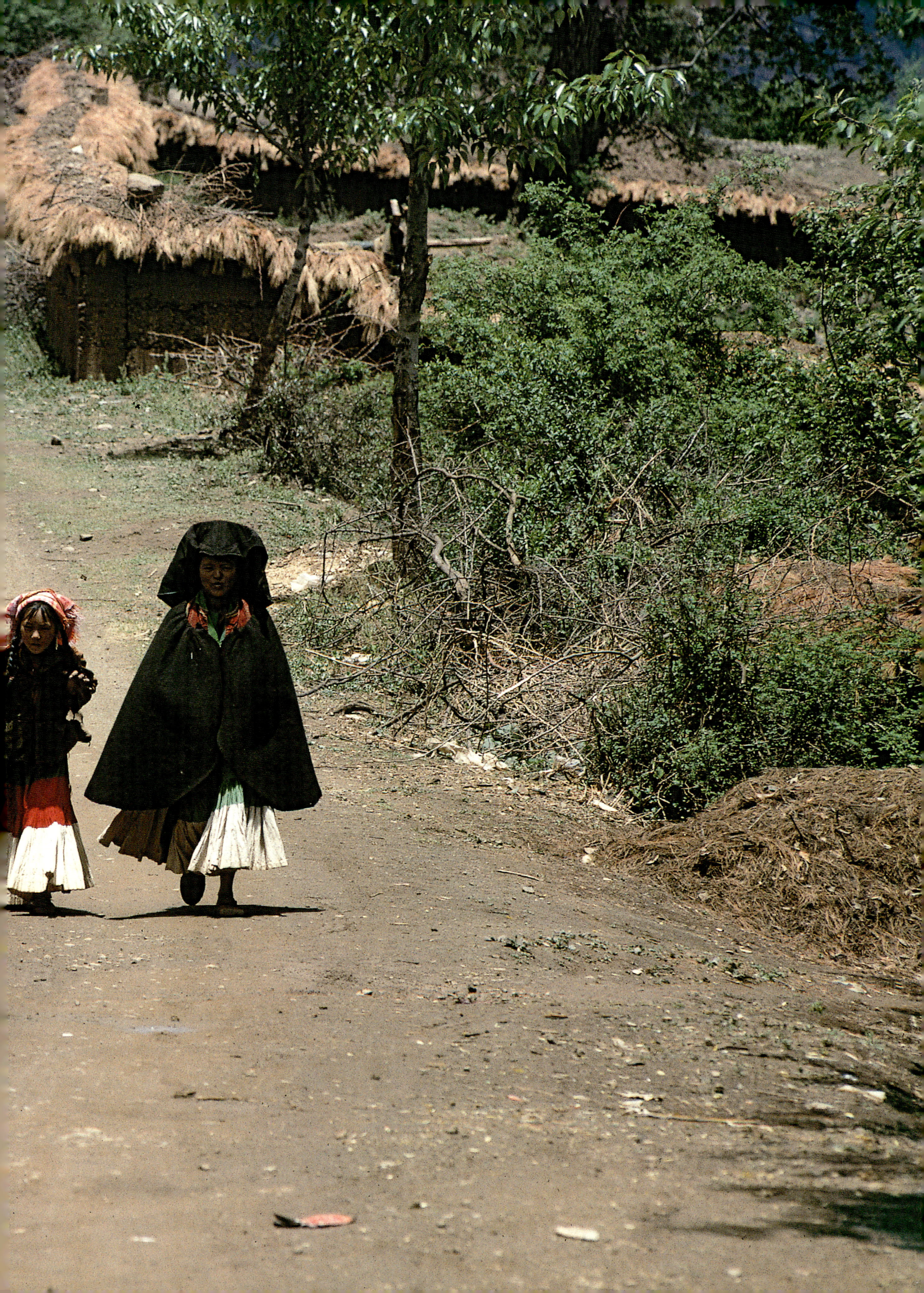

004

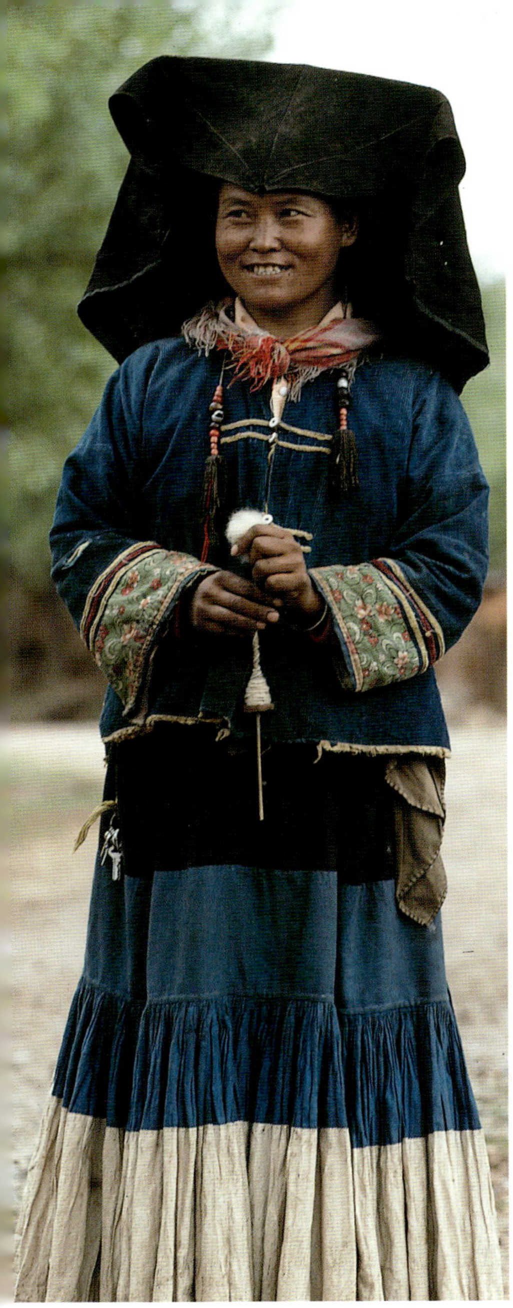
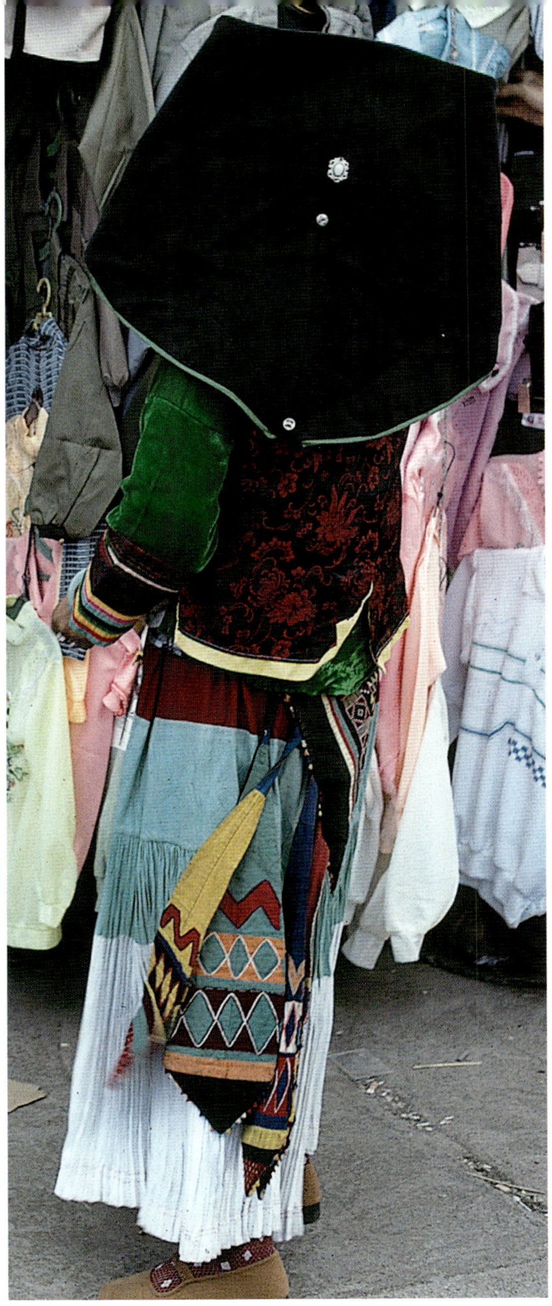
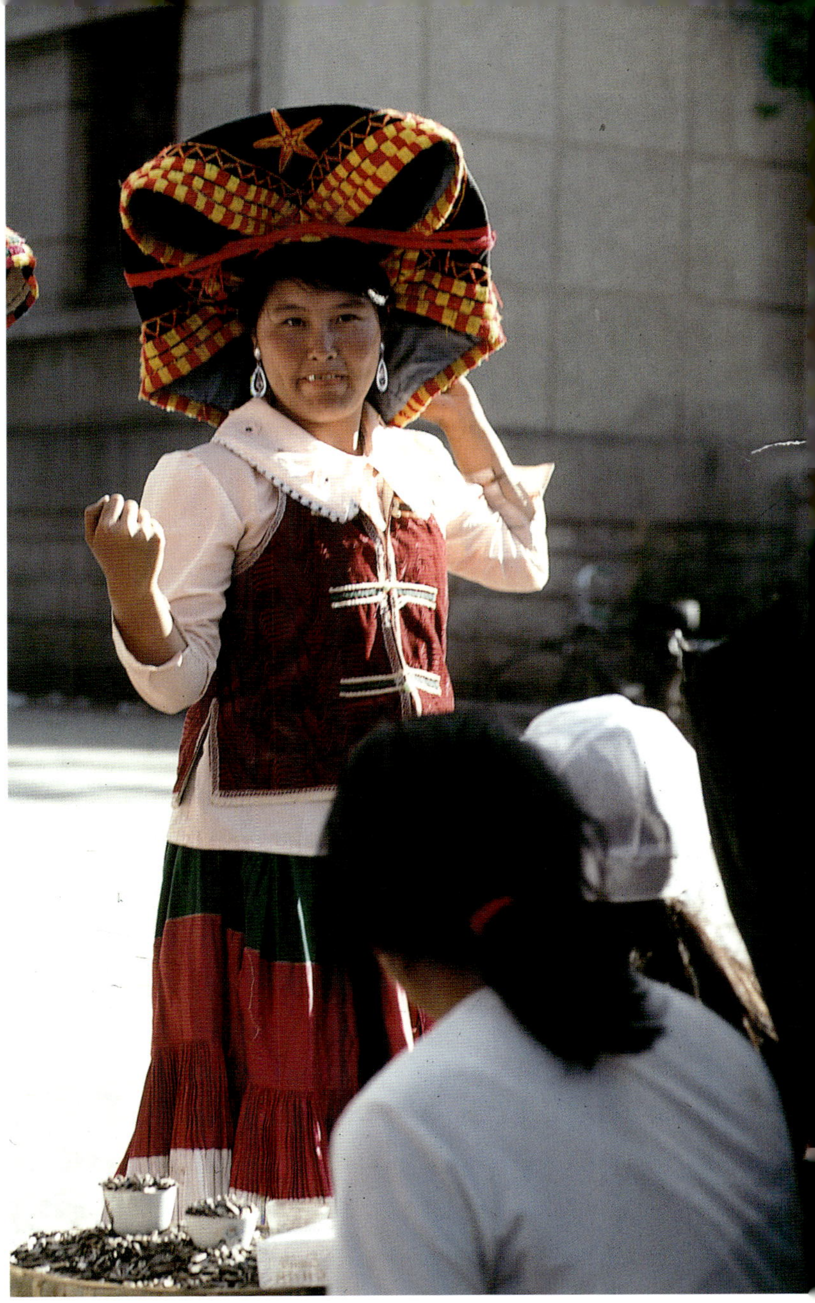
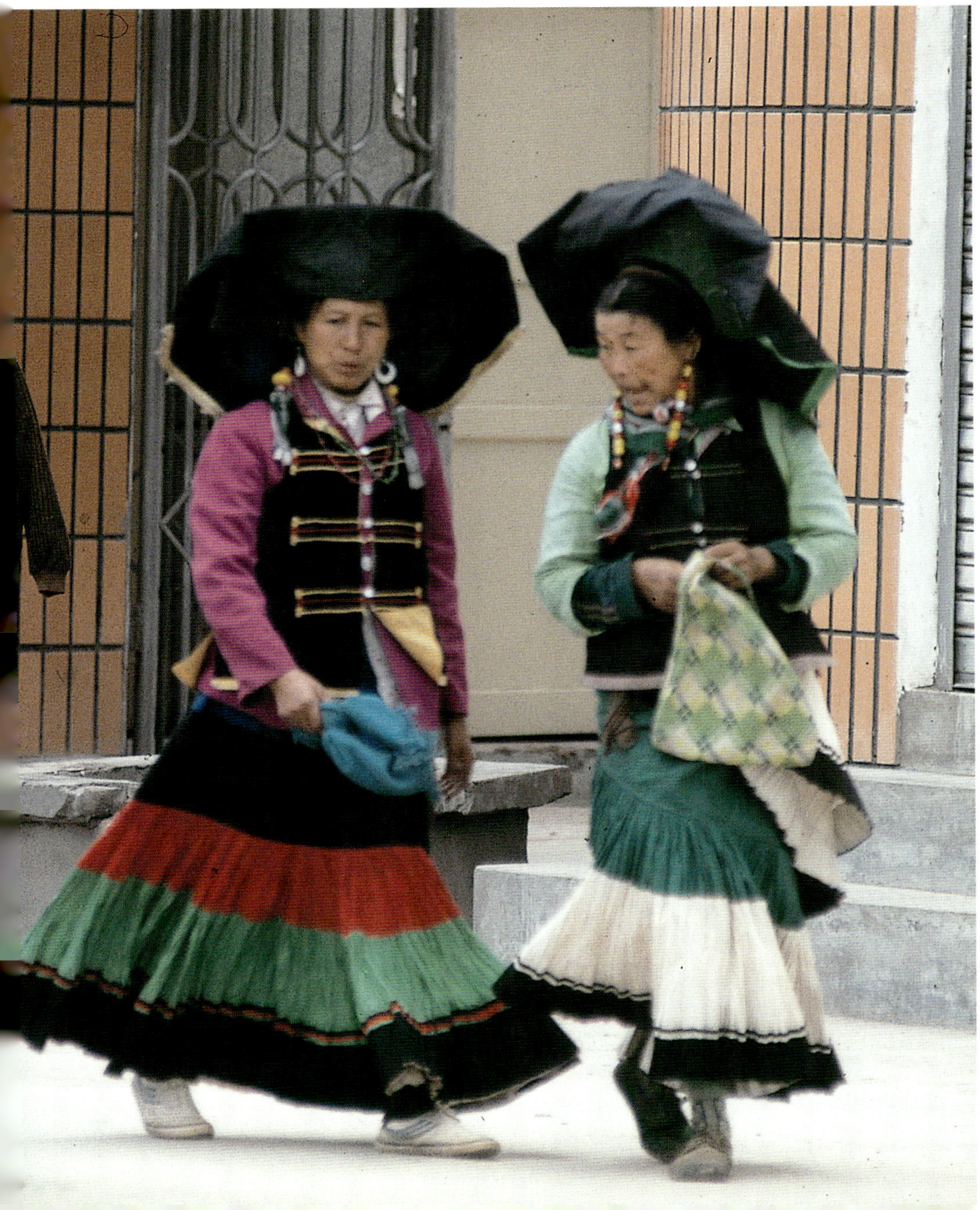
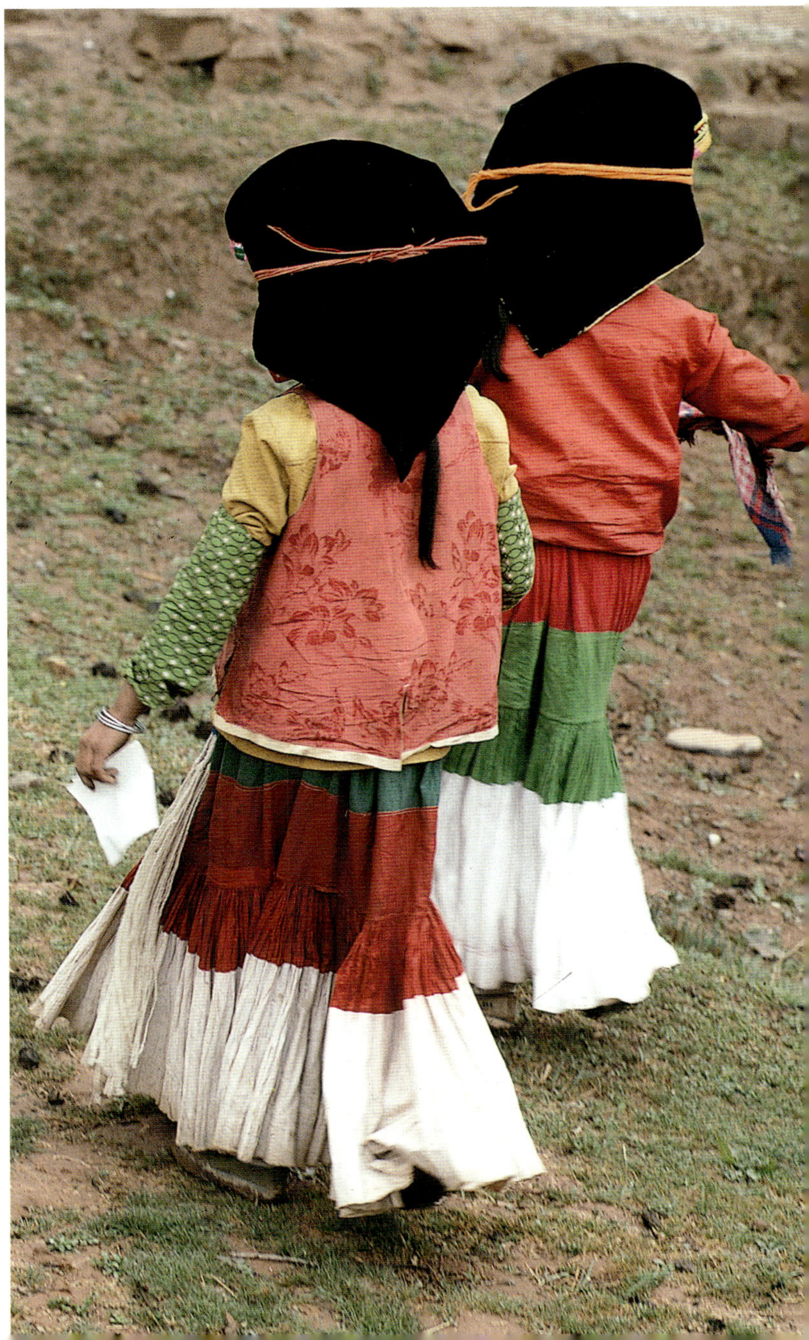

006

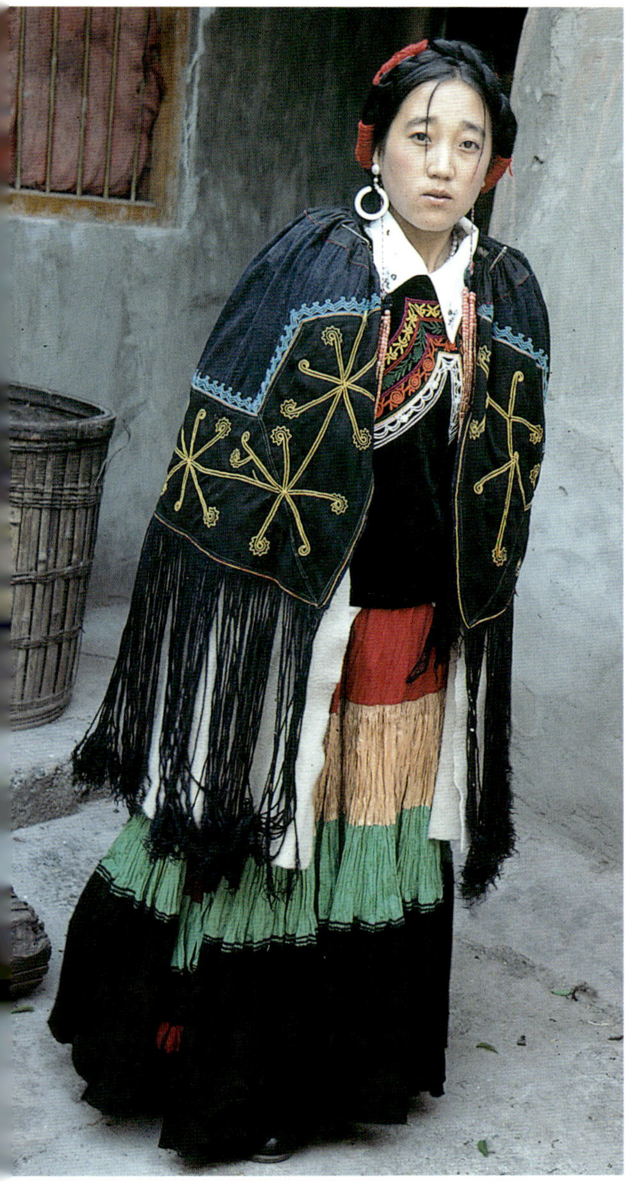
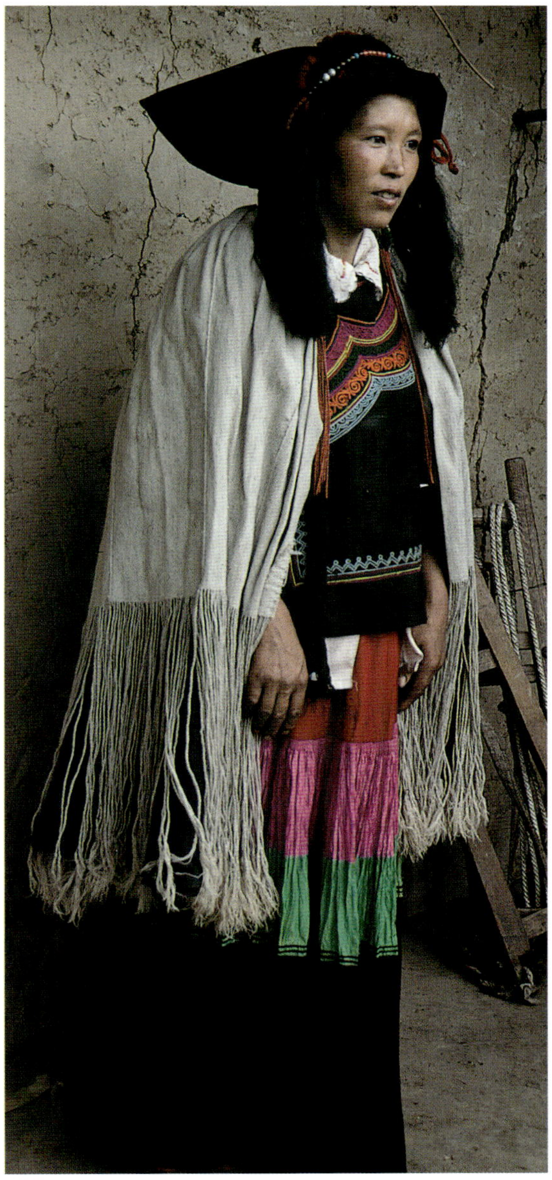
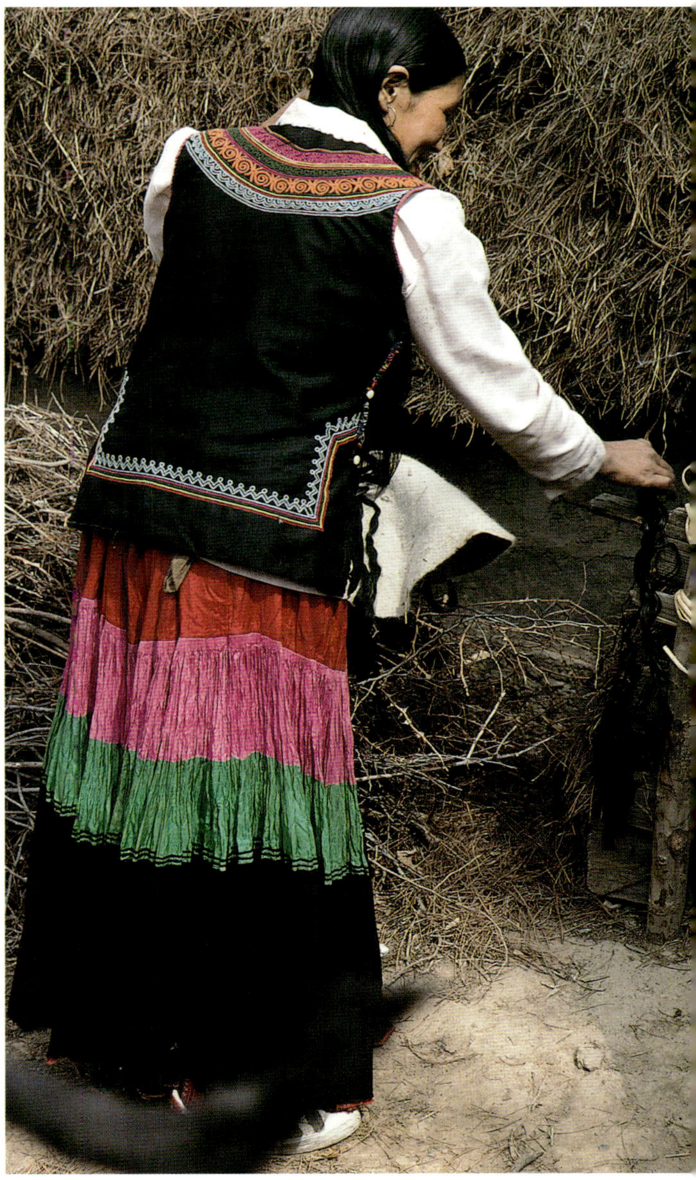
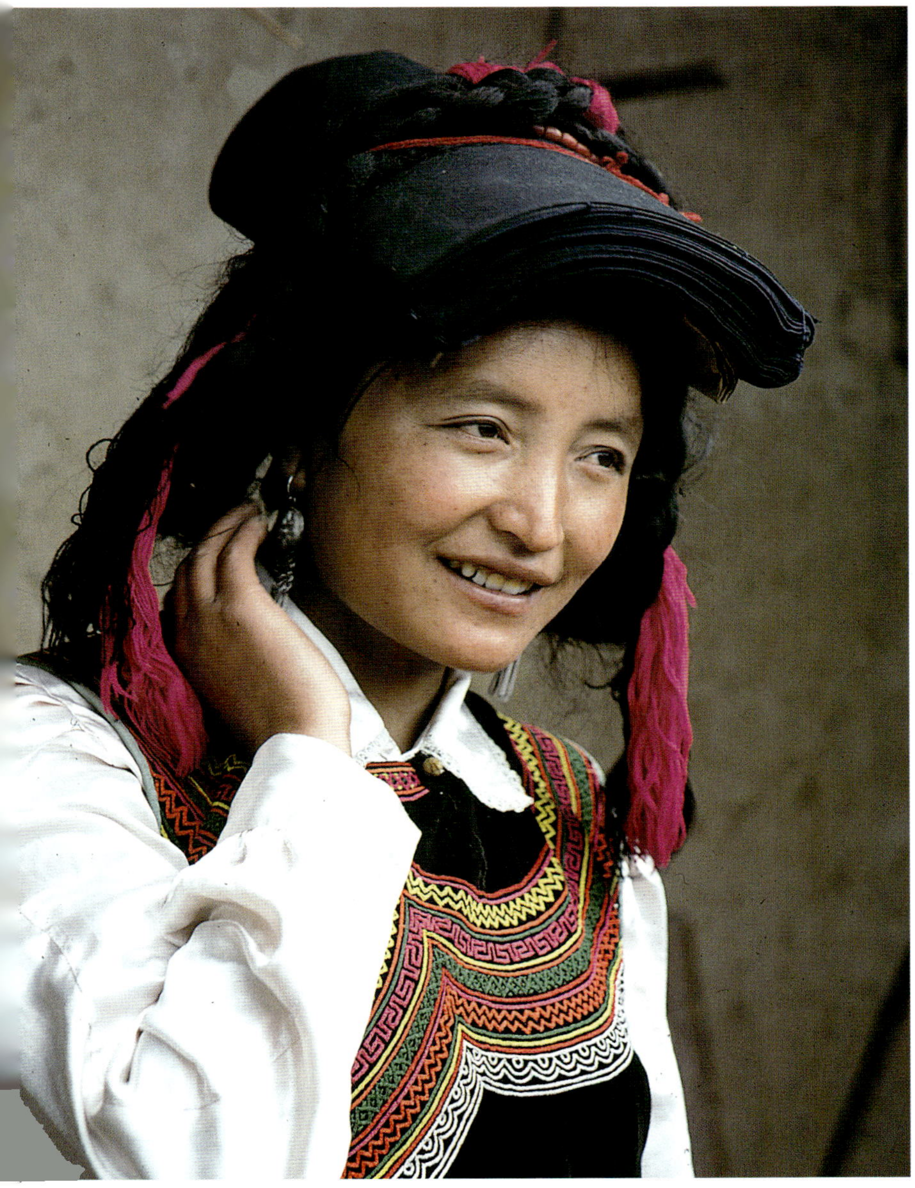
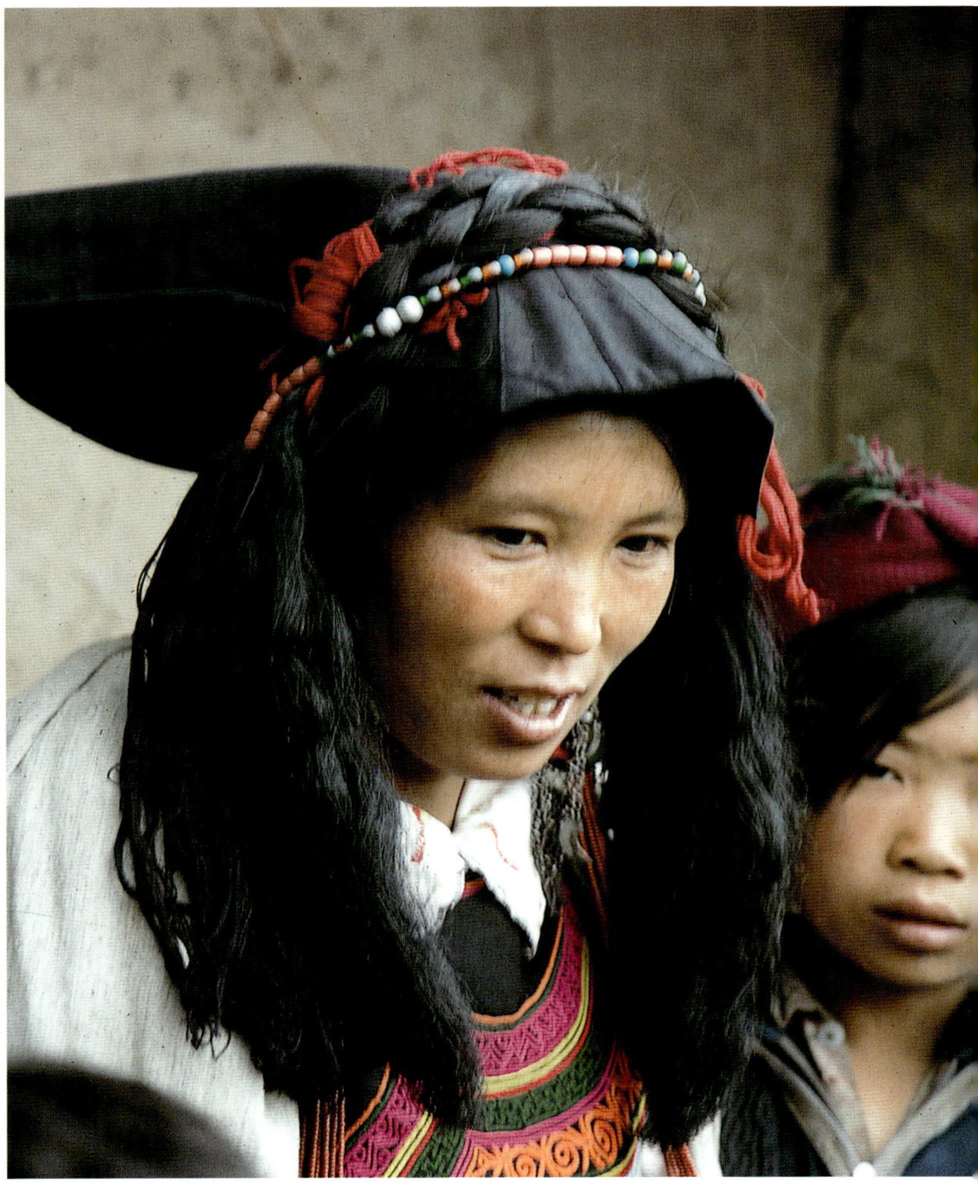

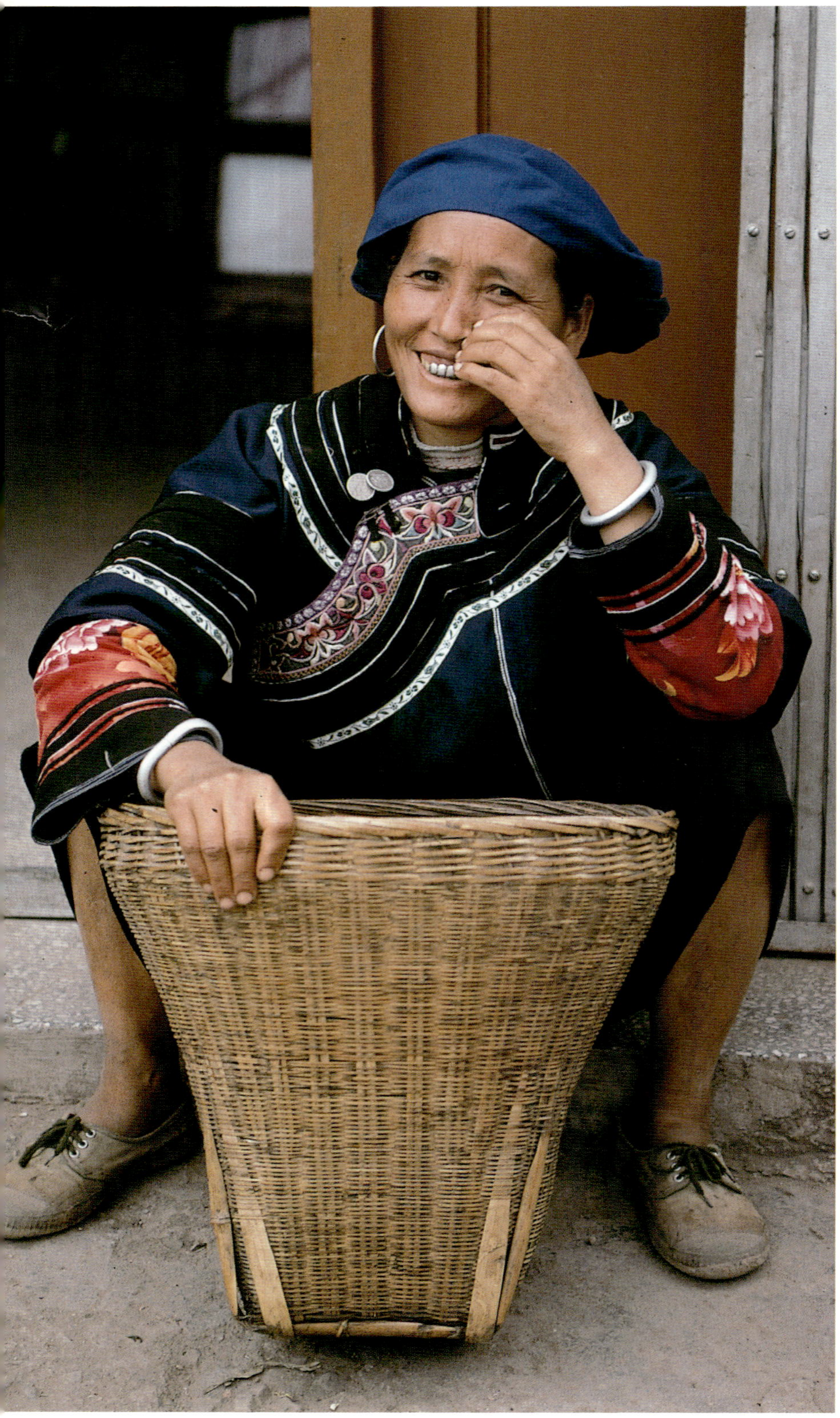

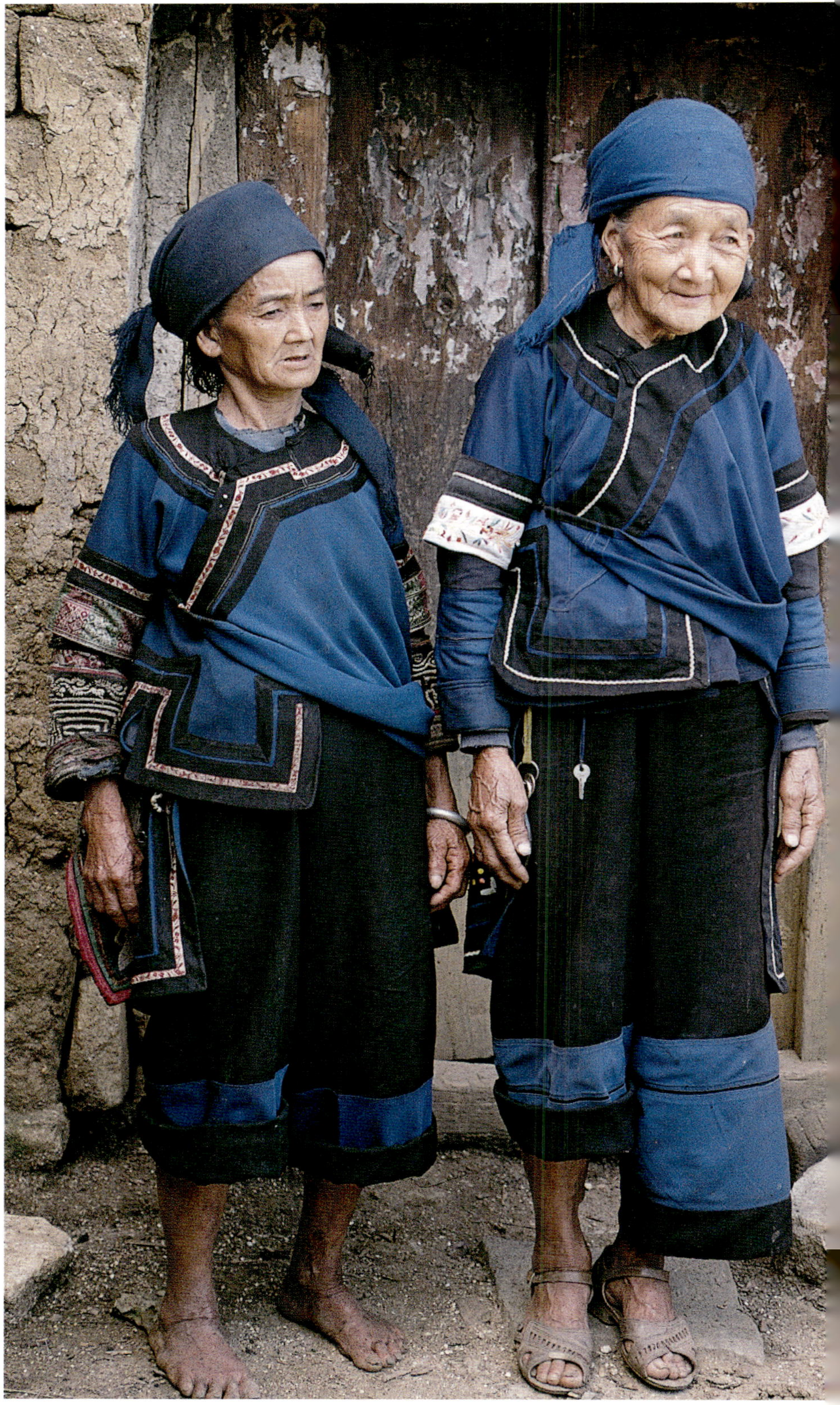

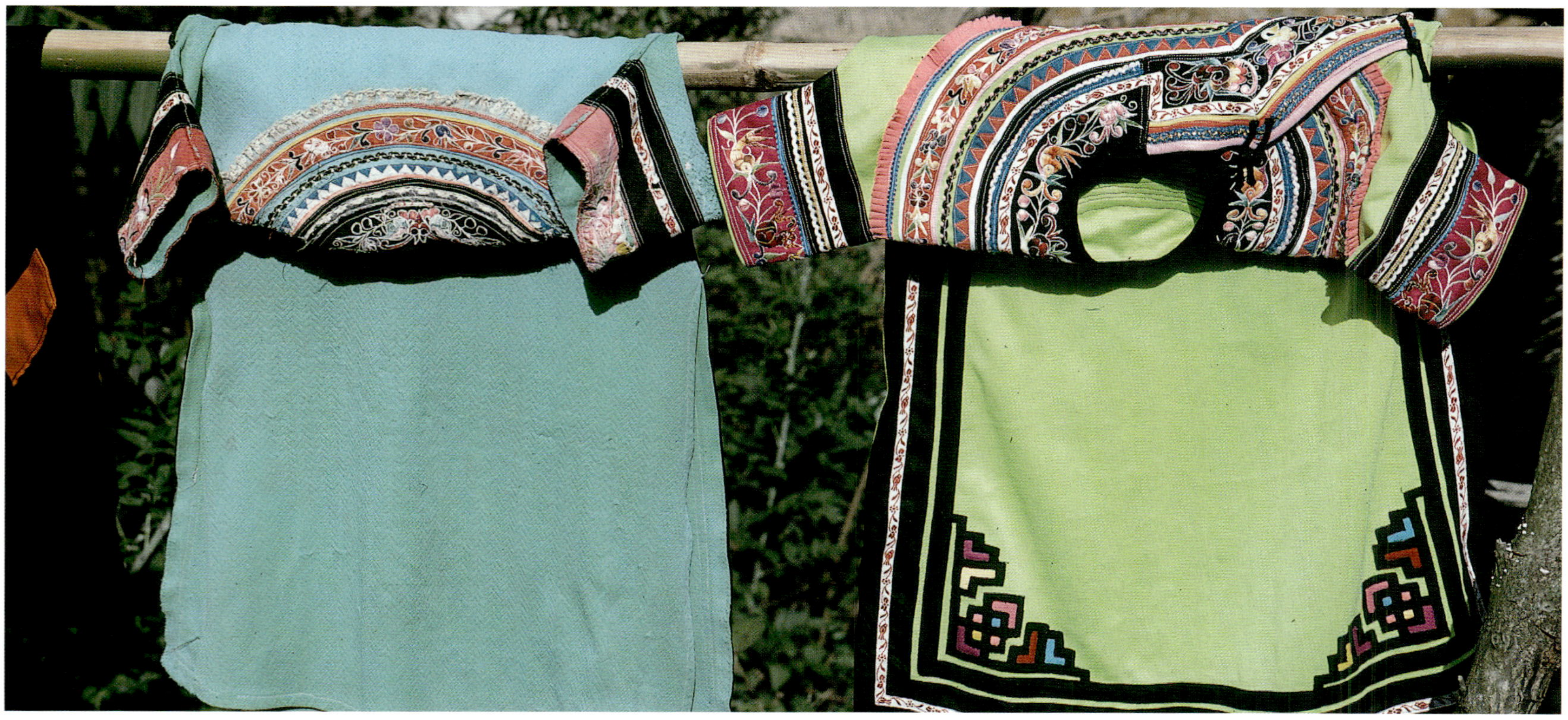

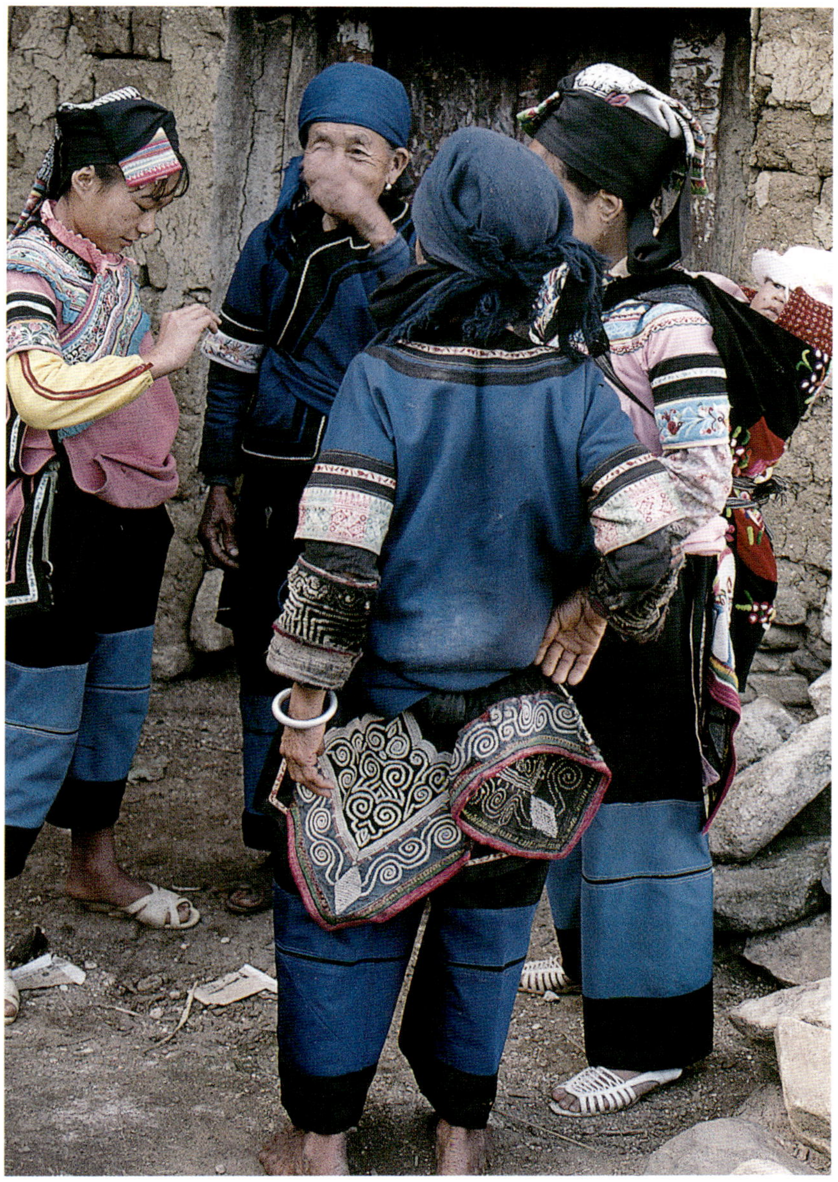
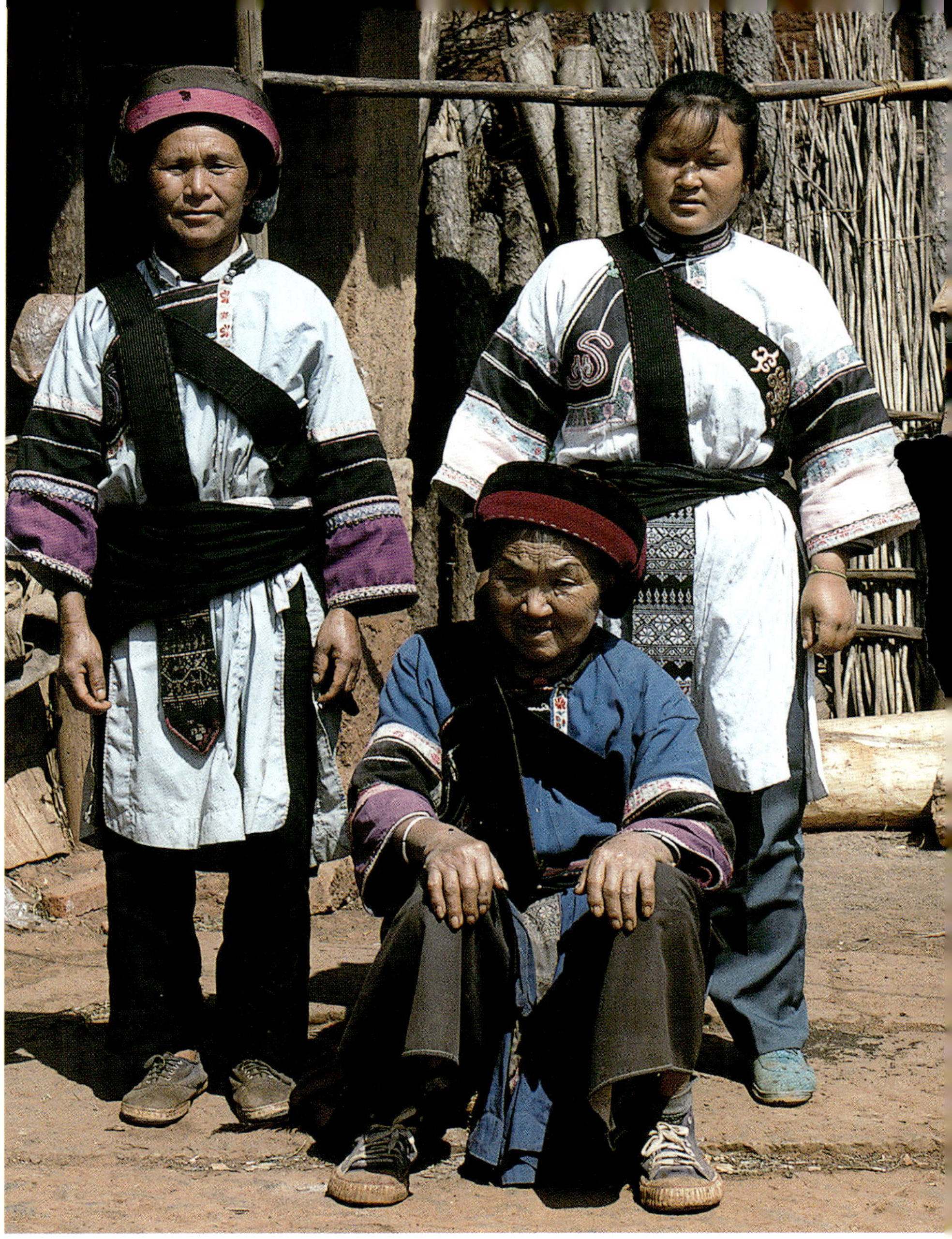
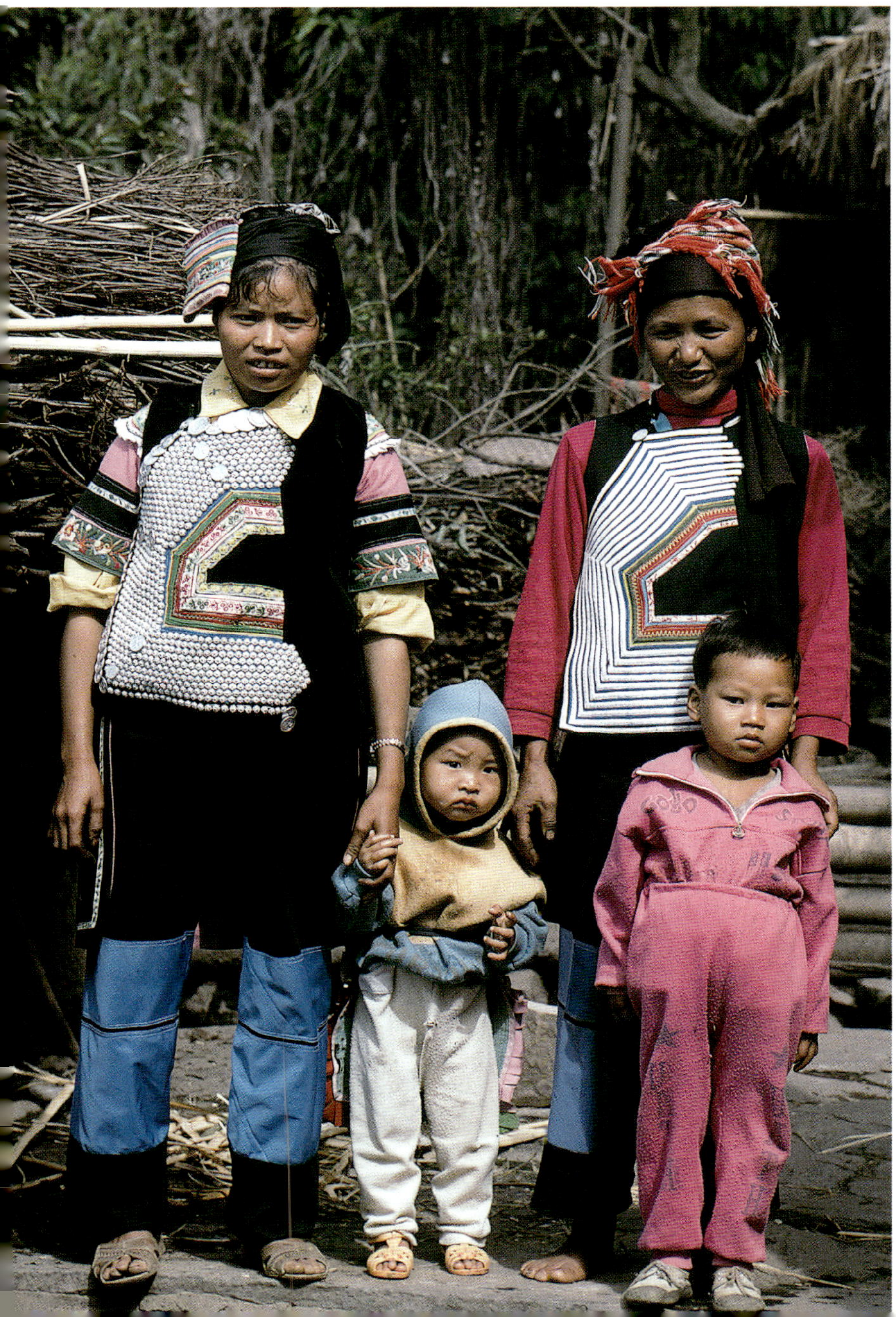
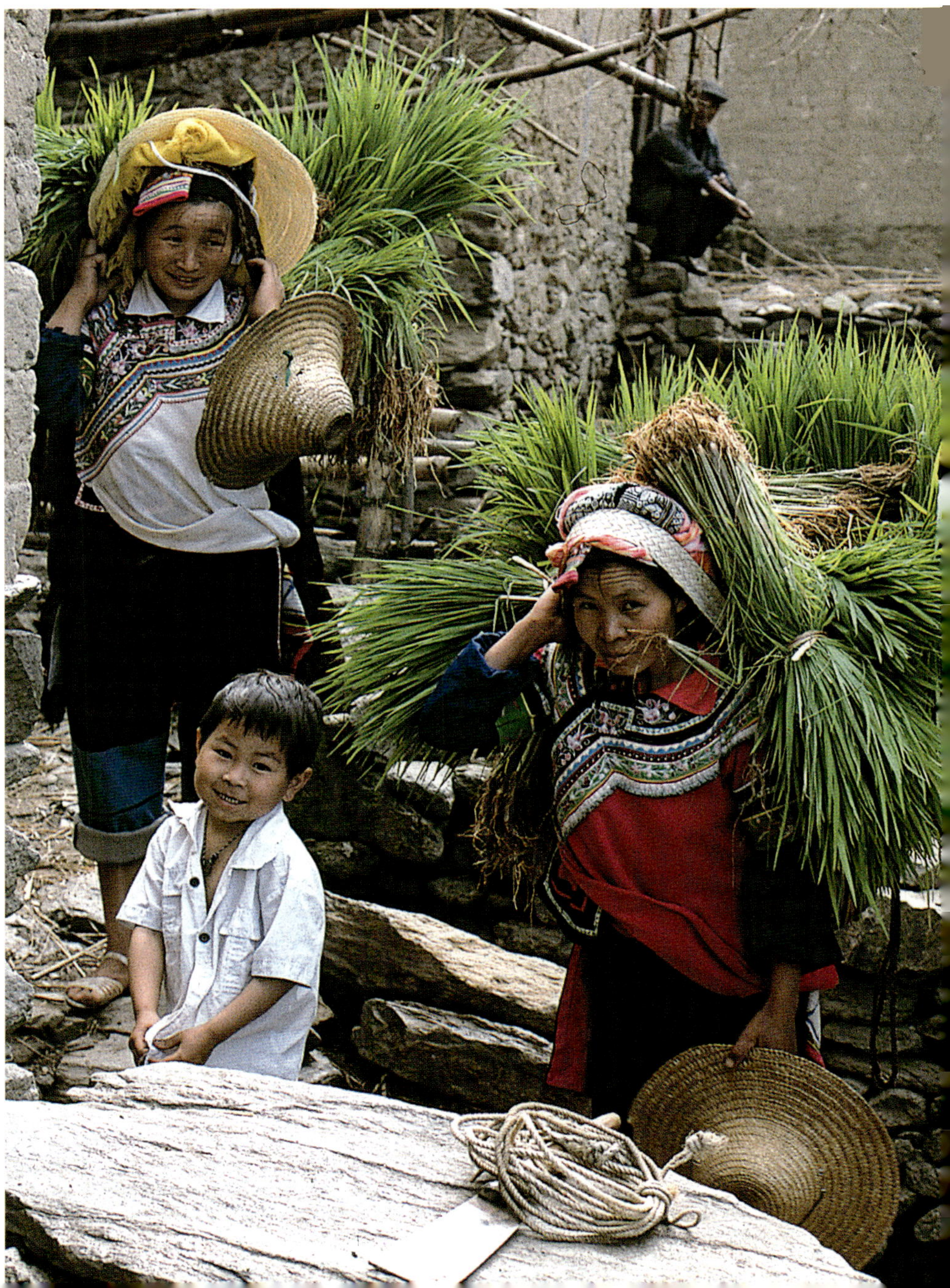

010

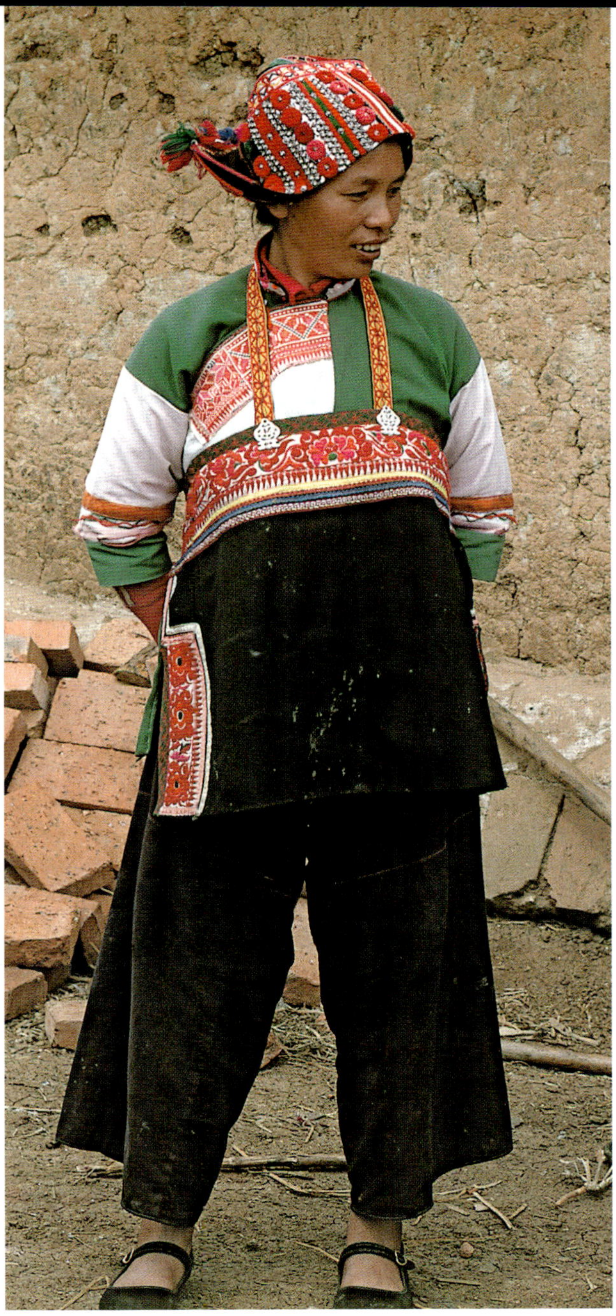
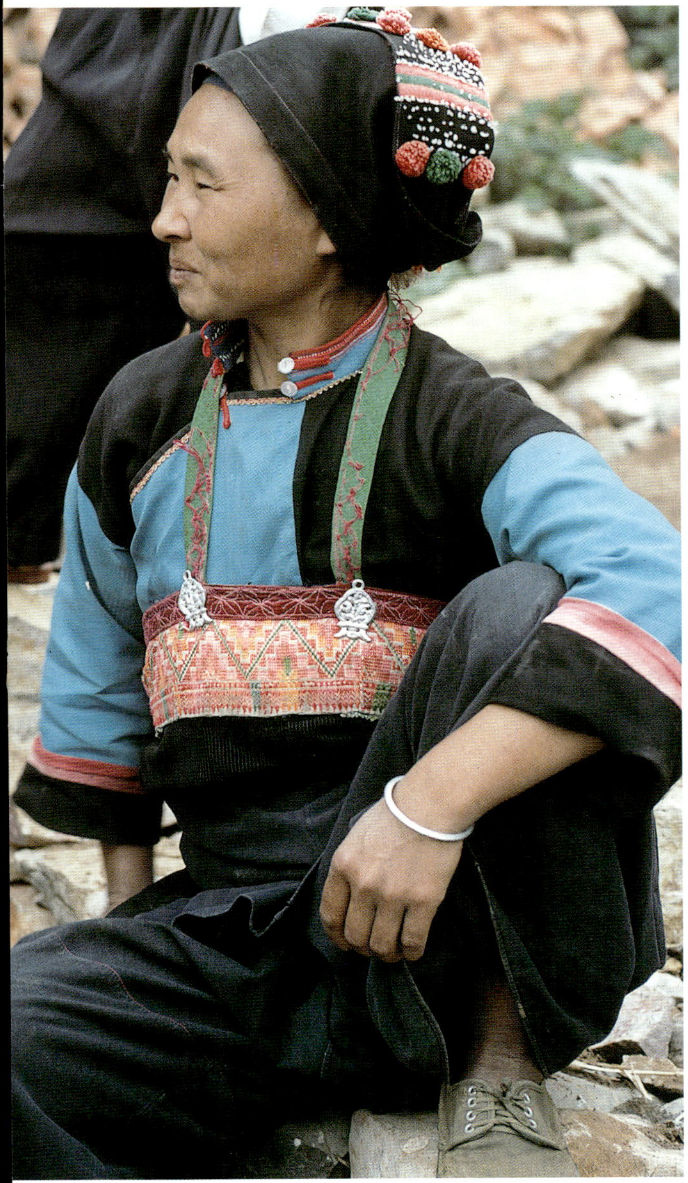
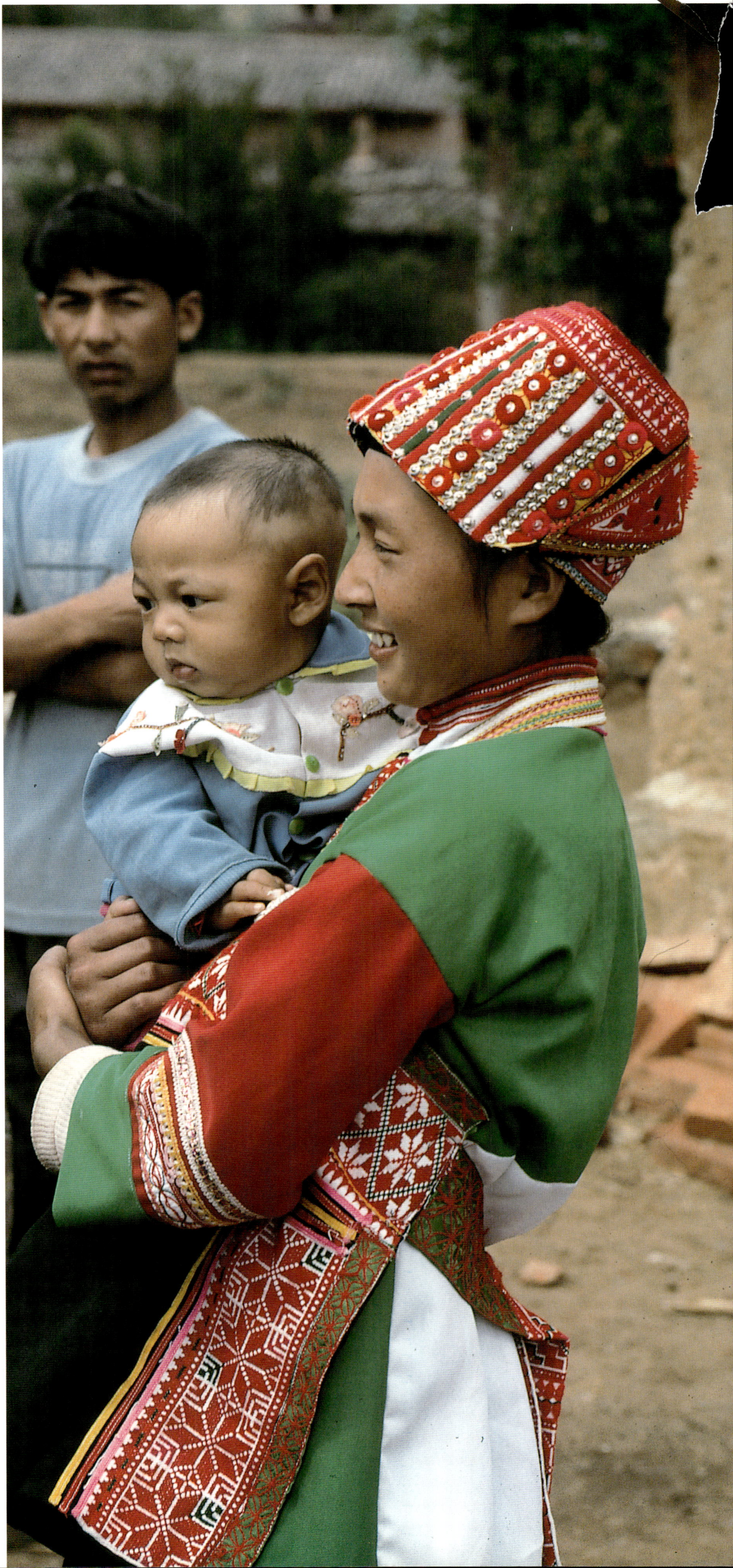

012

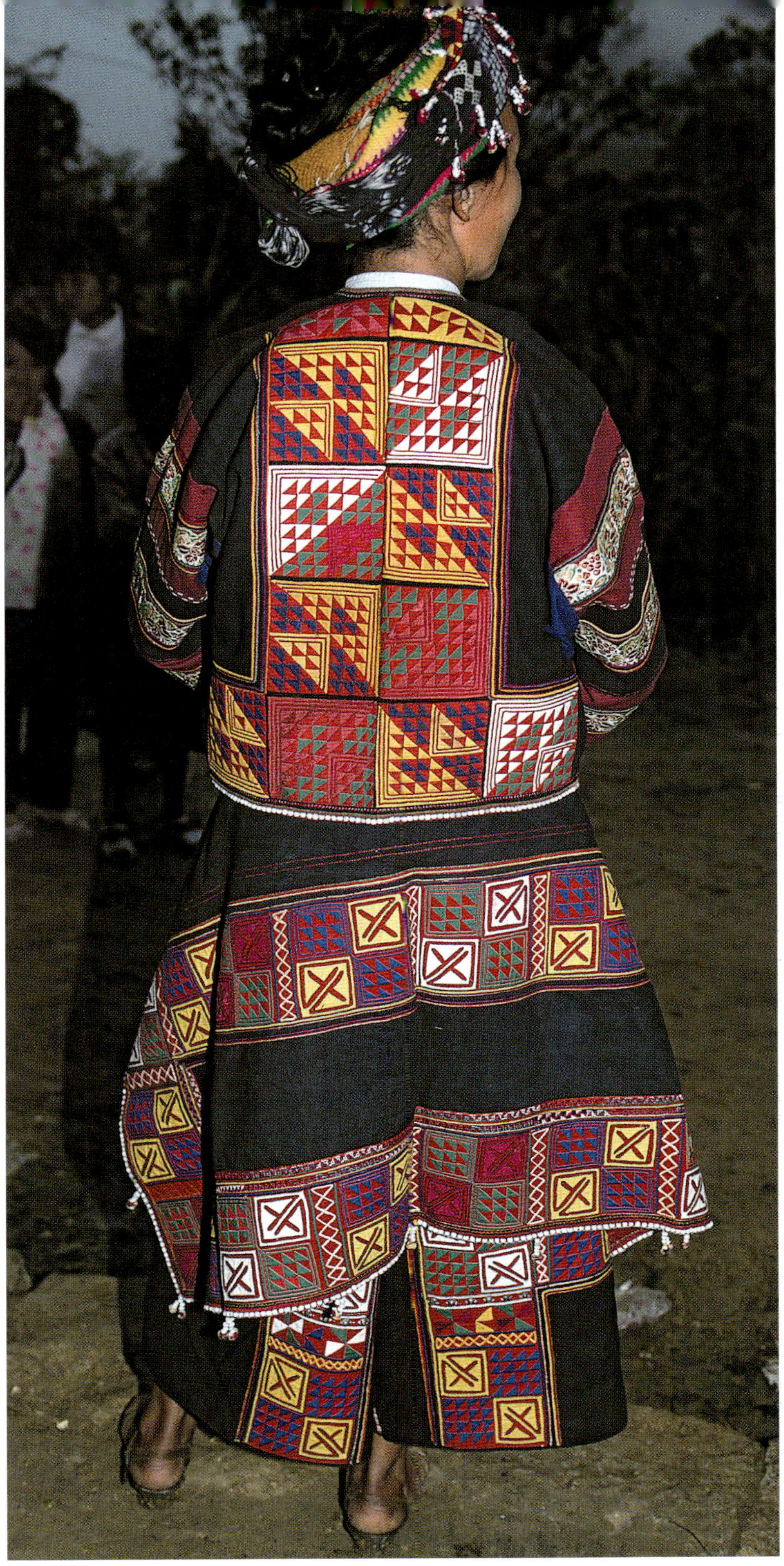
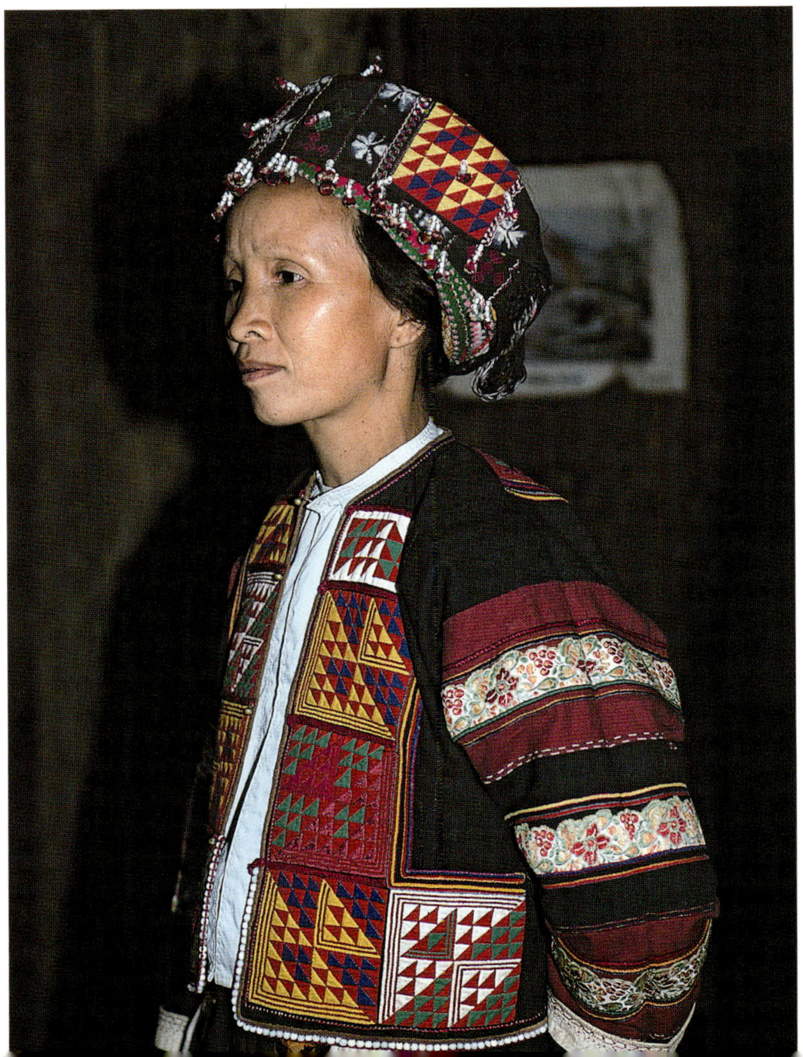
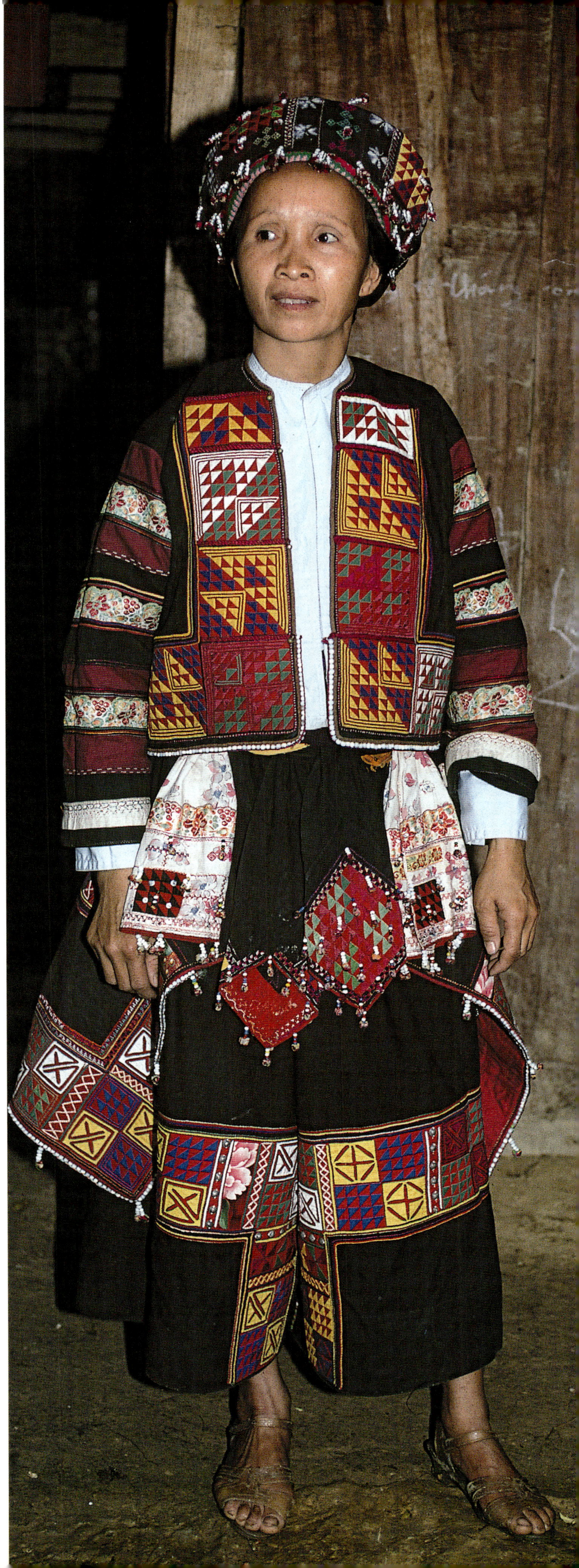

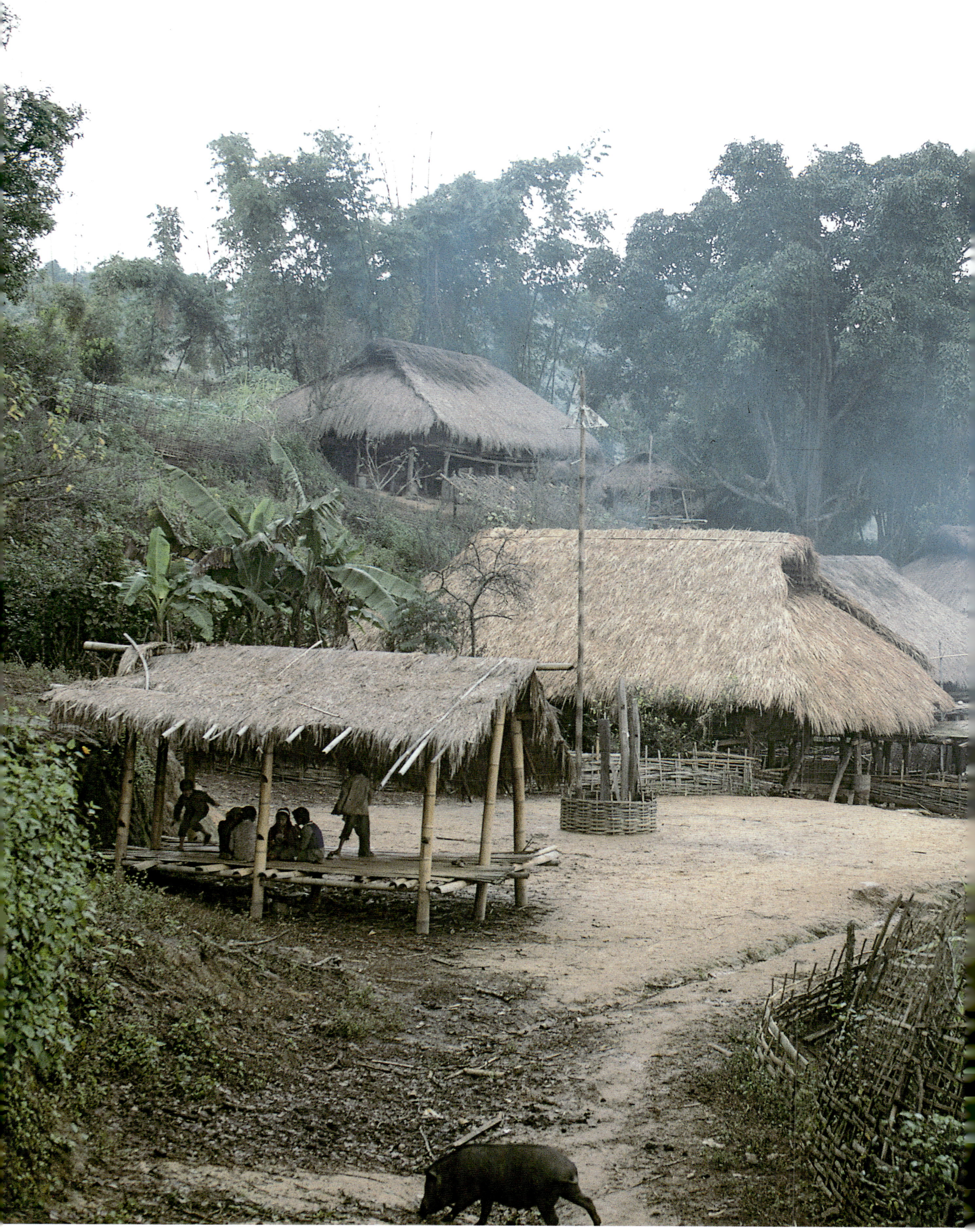

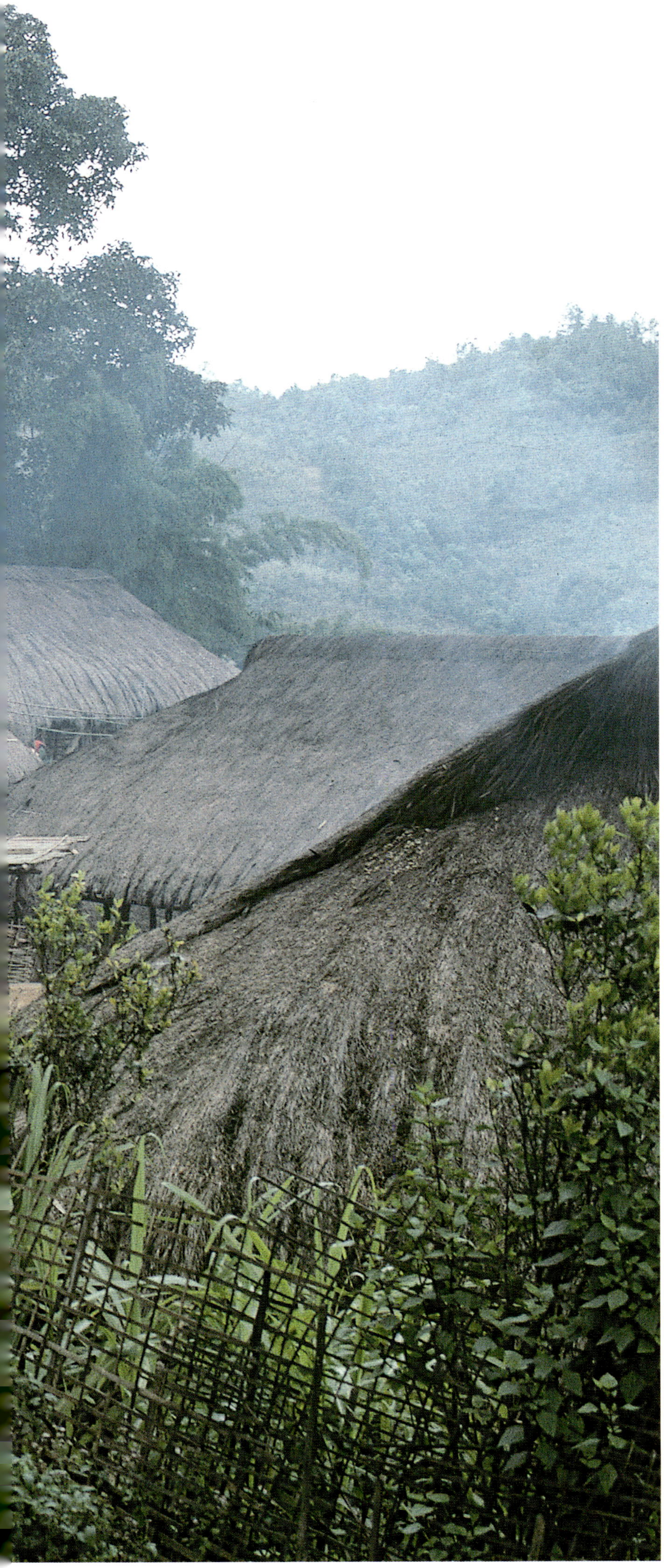
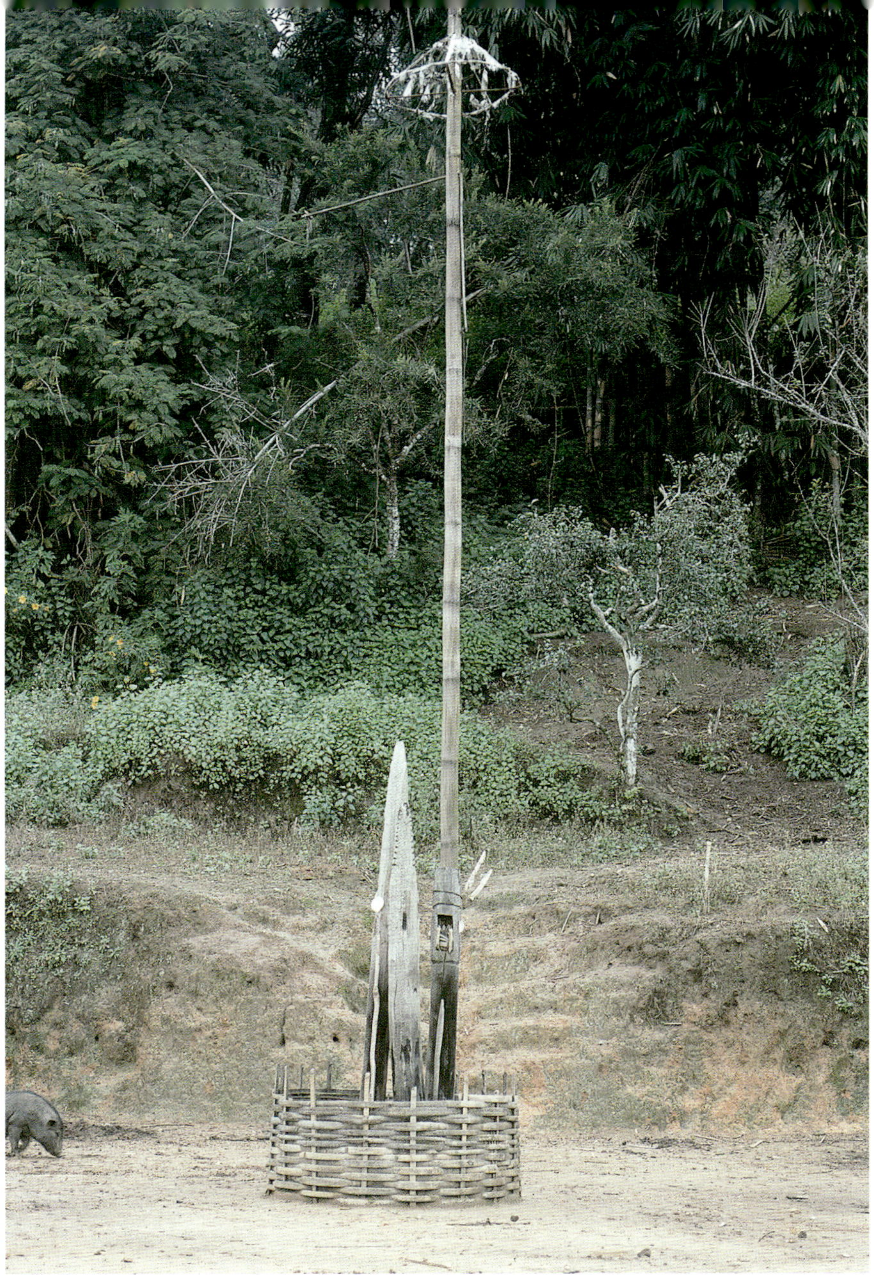
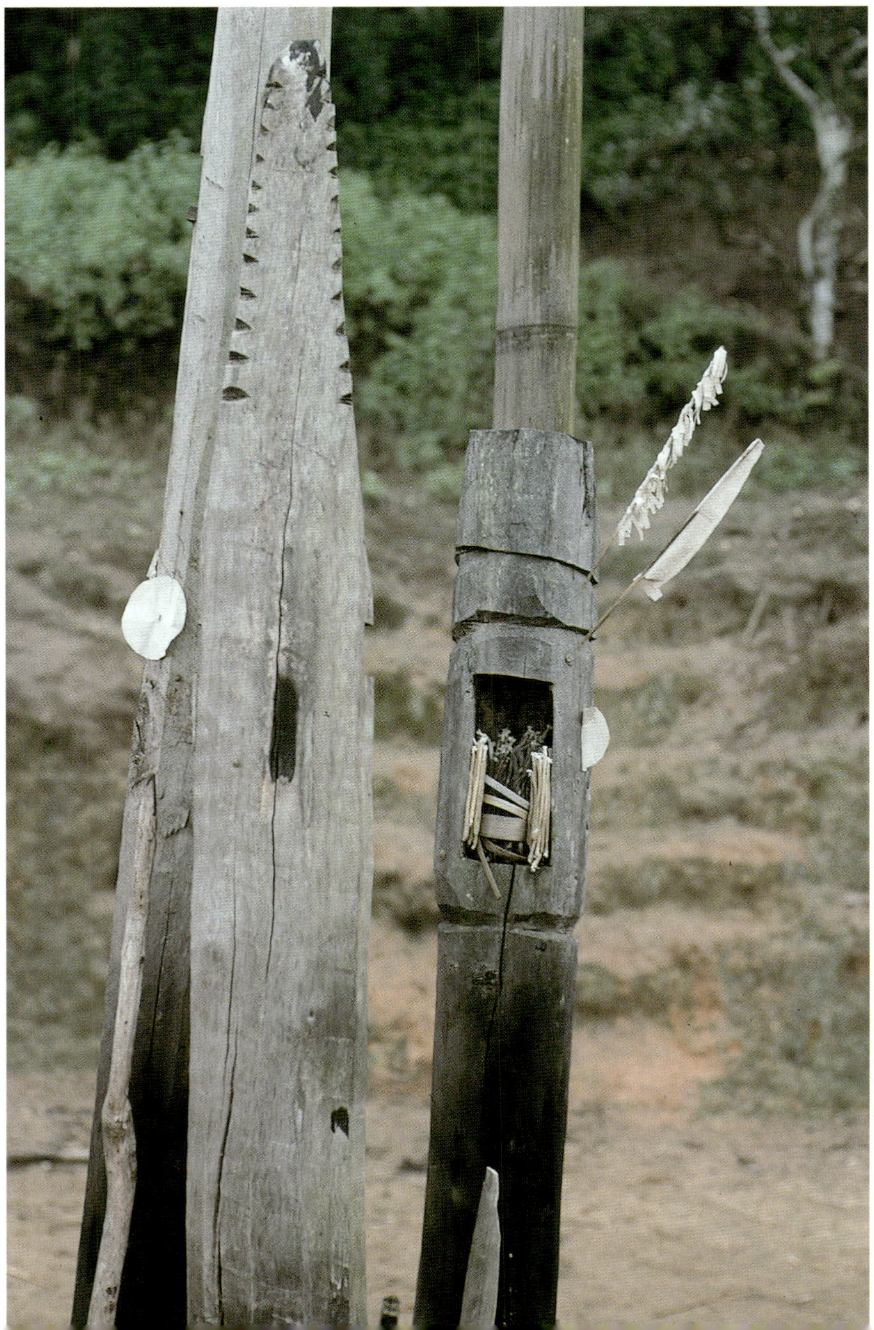

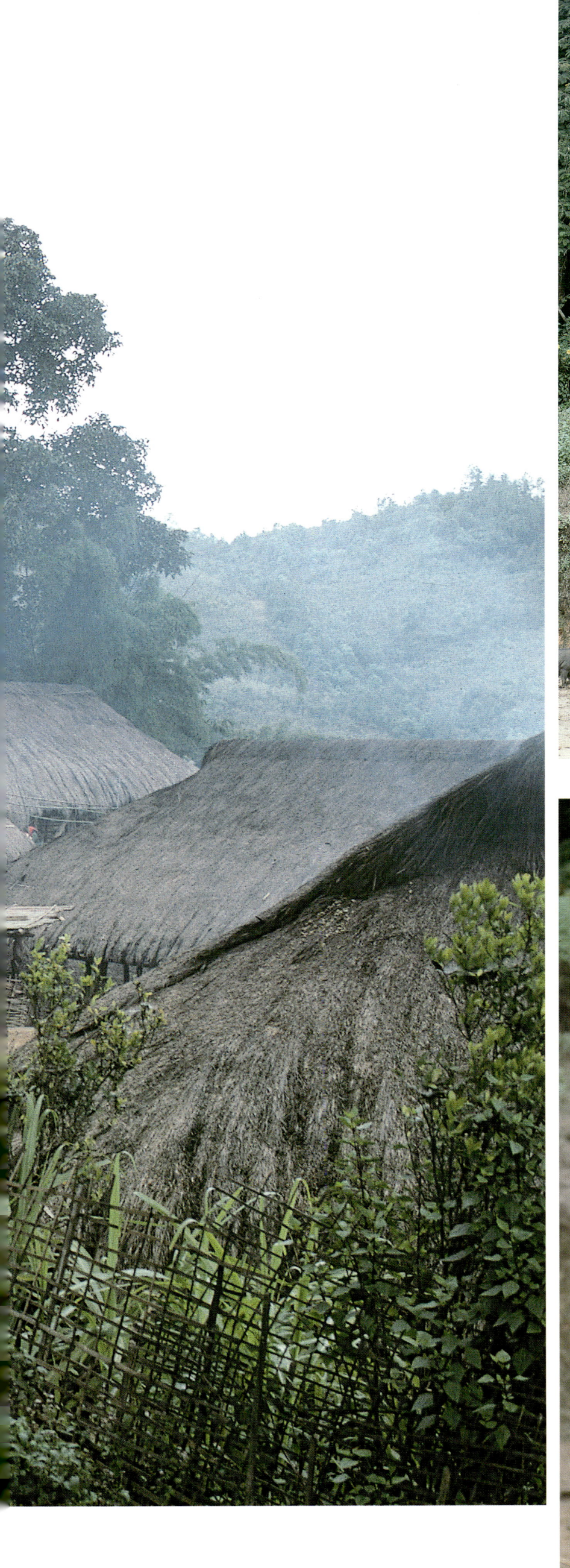

016

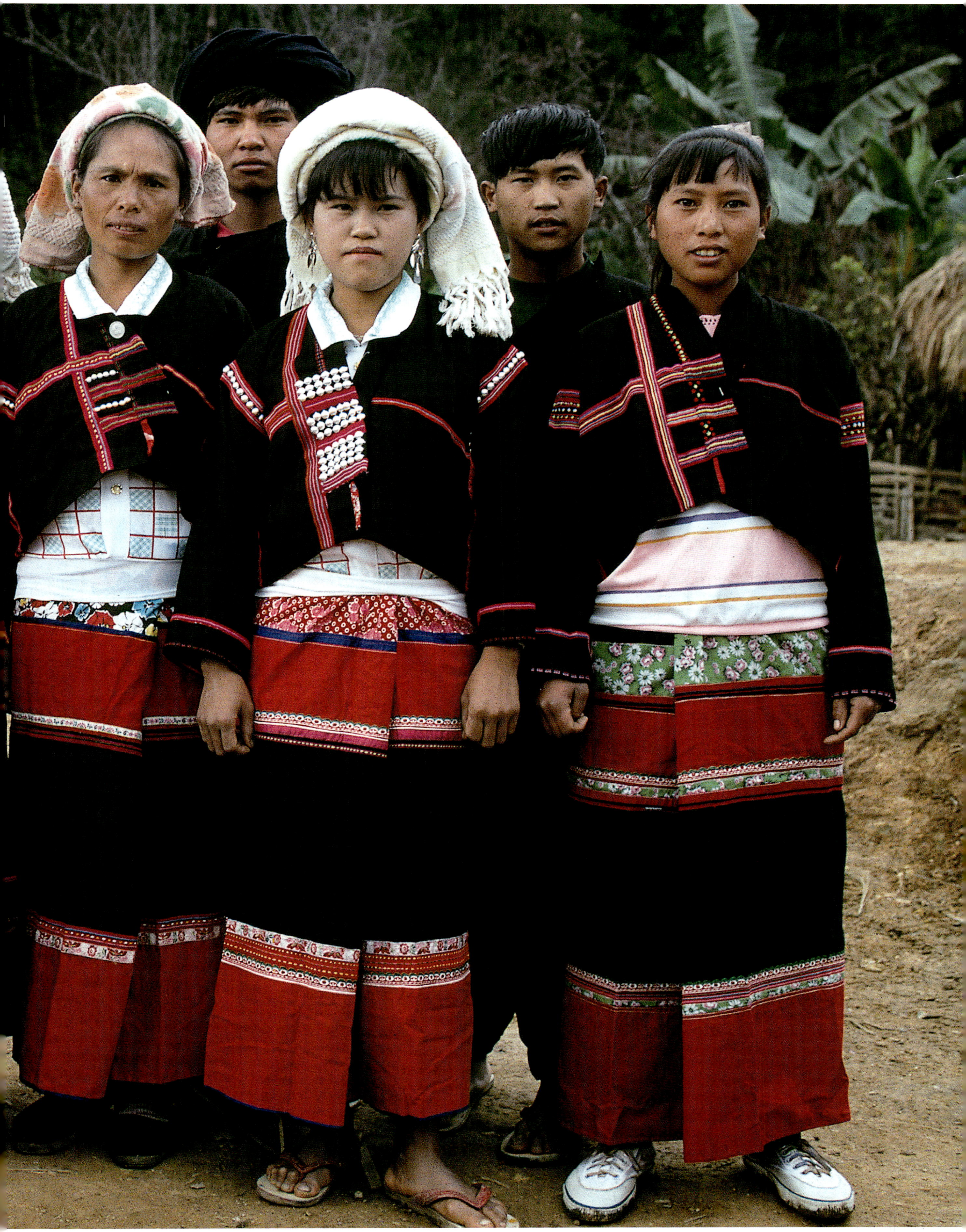

018

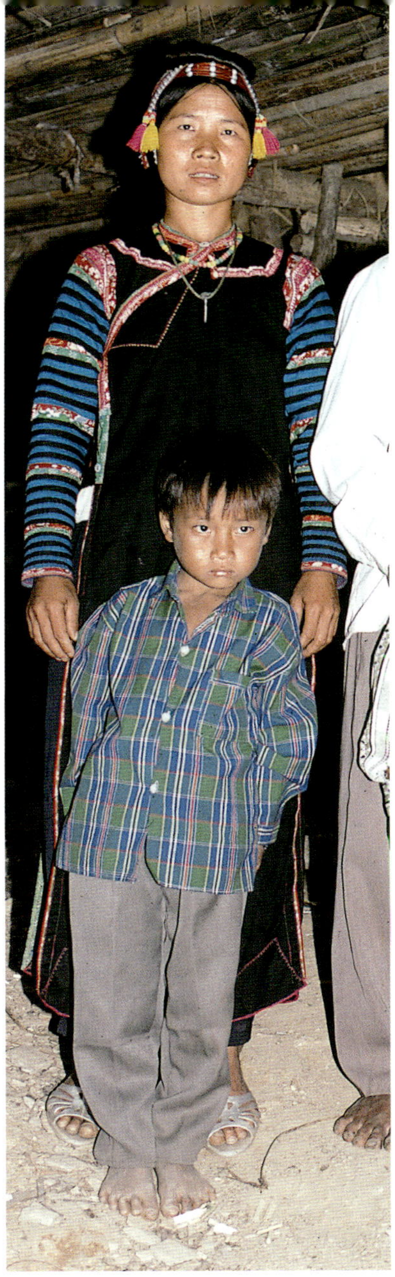
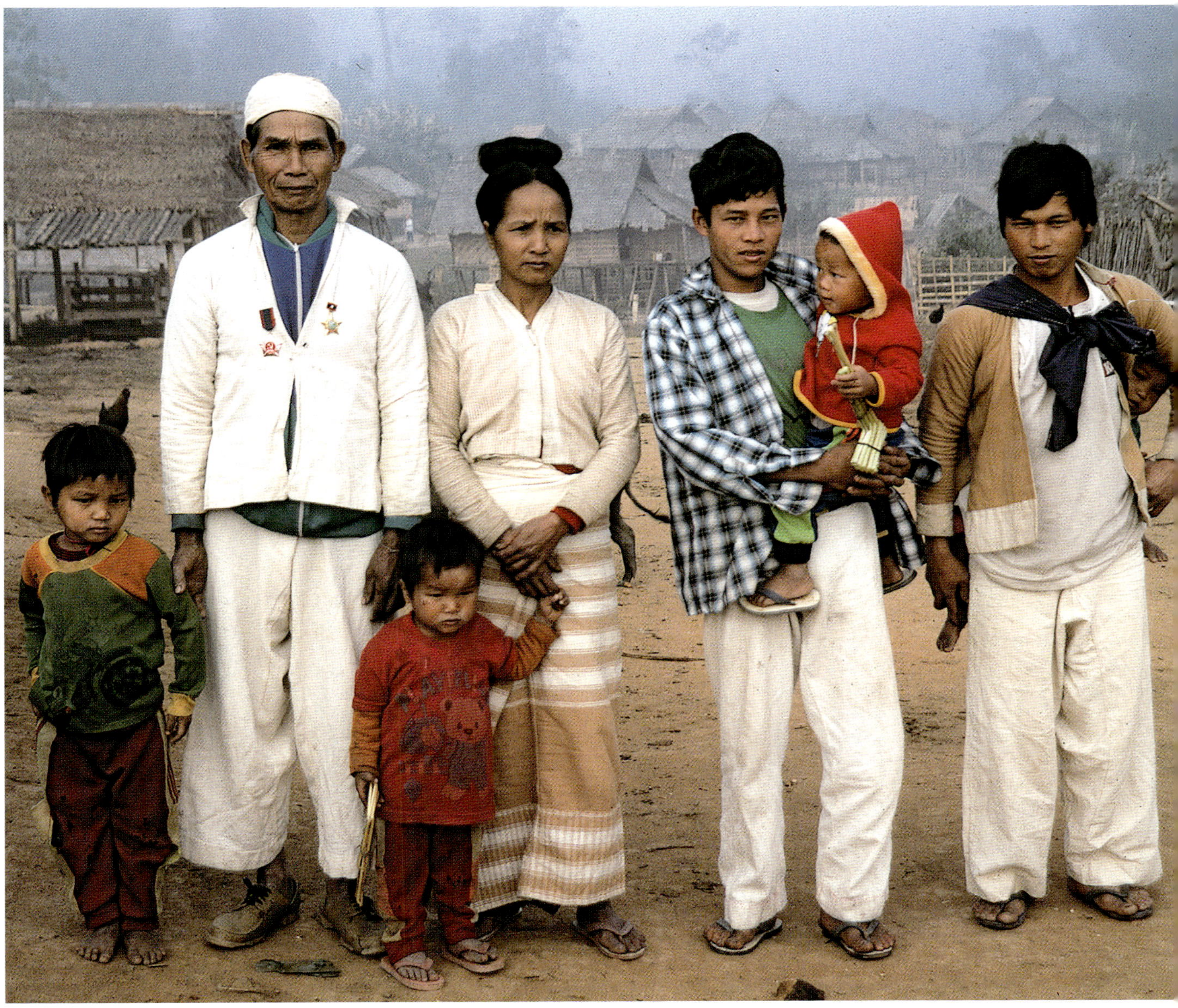
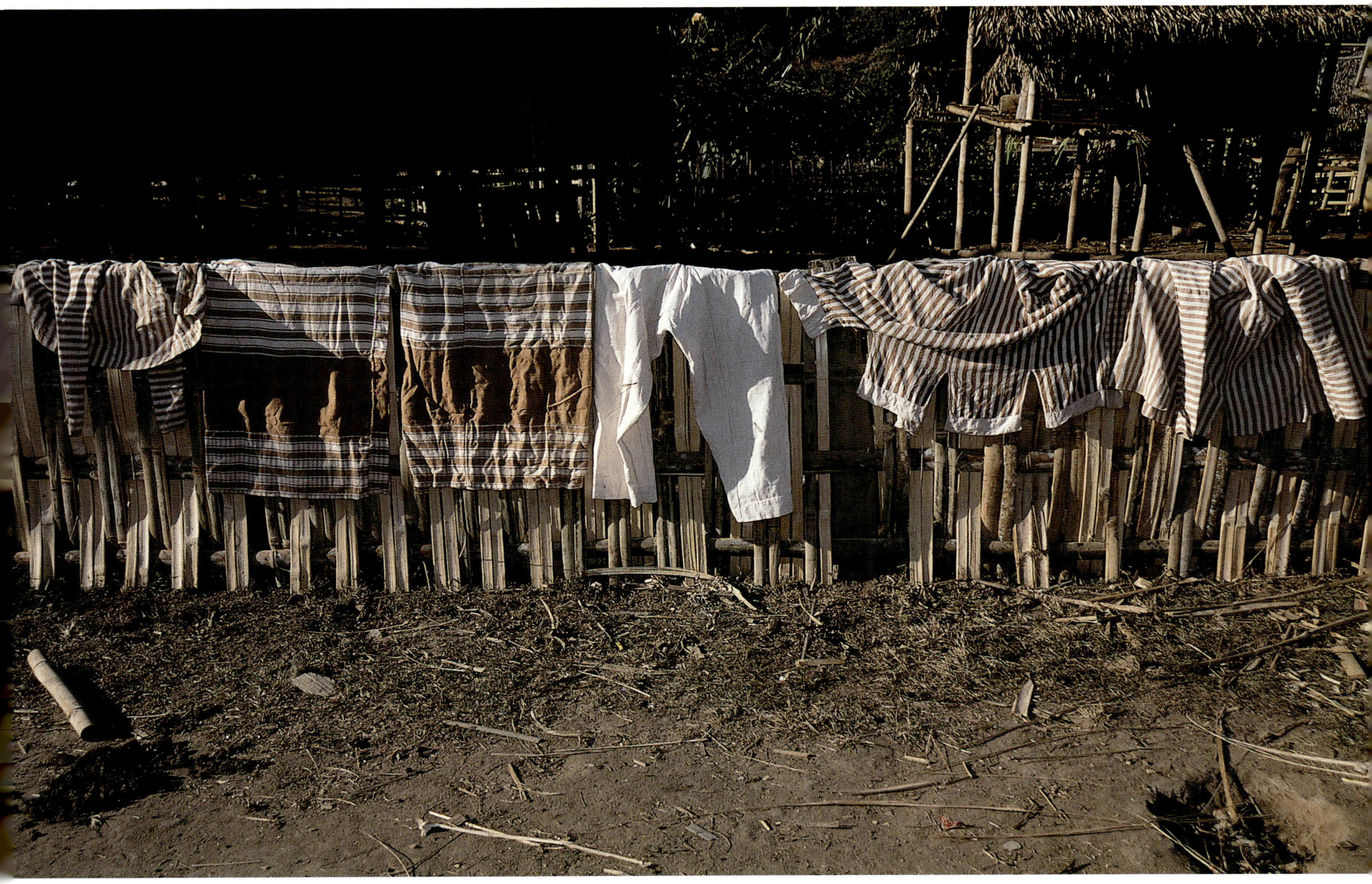

020

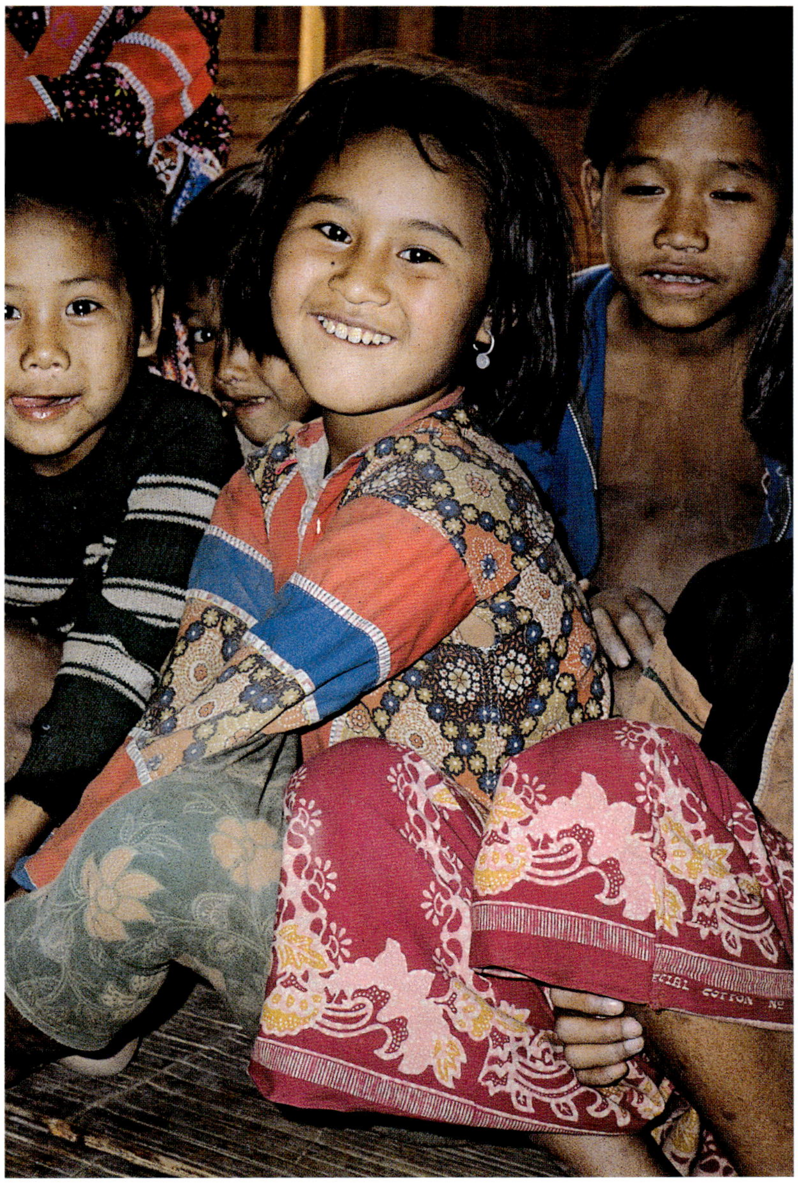

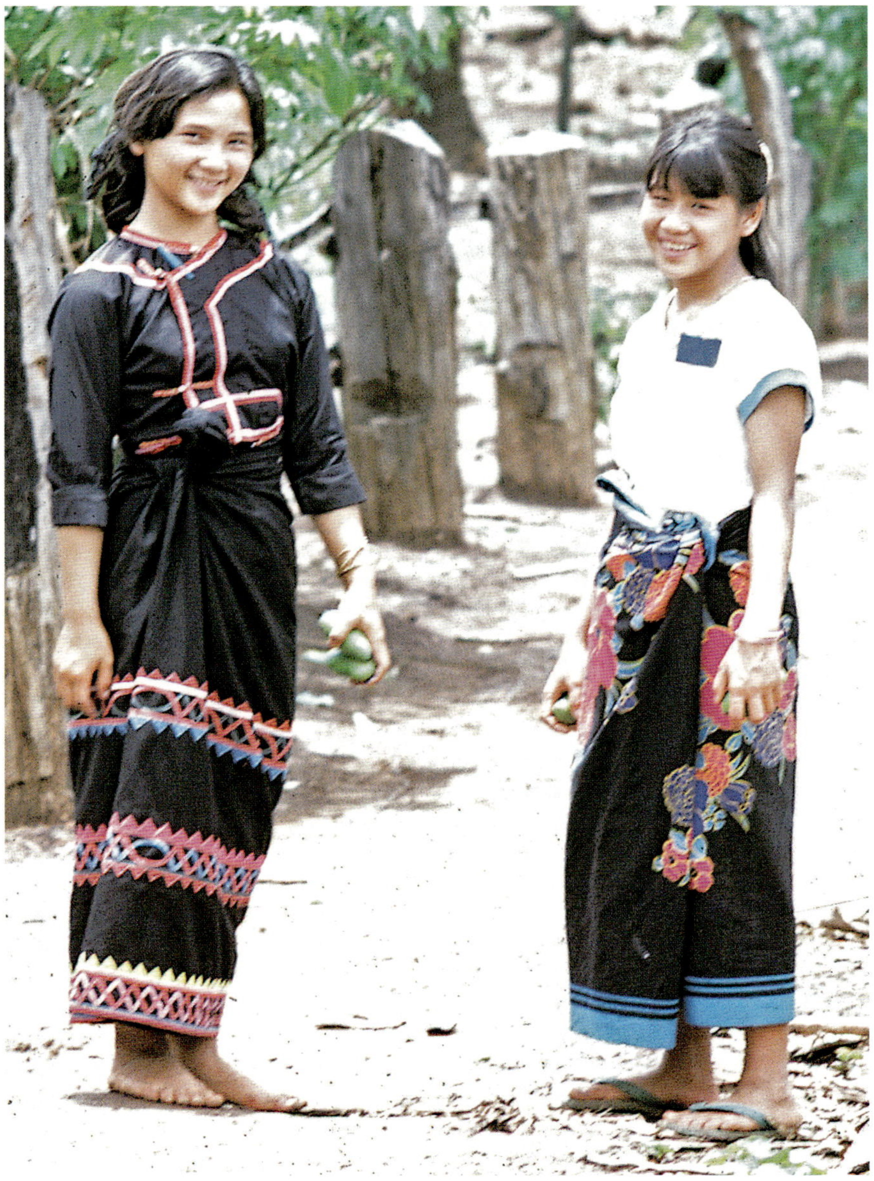

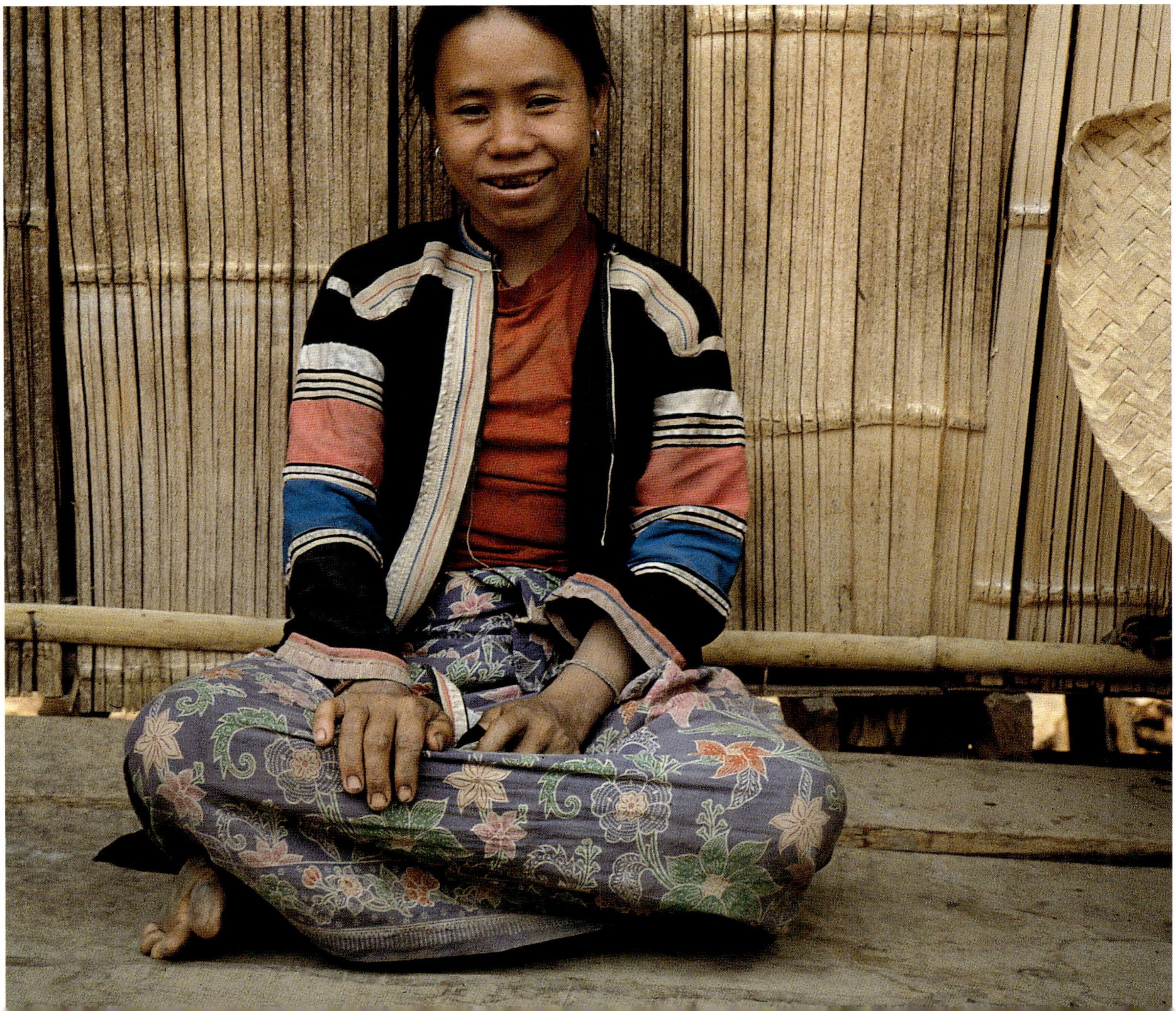

022

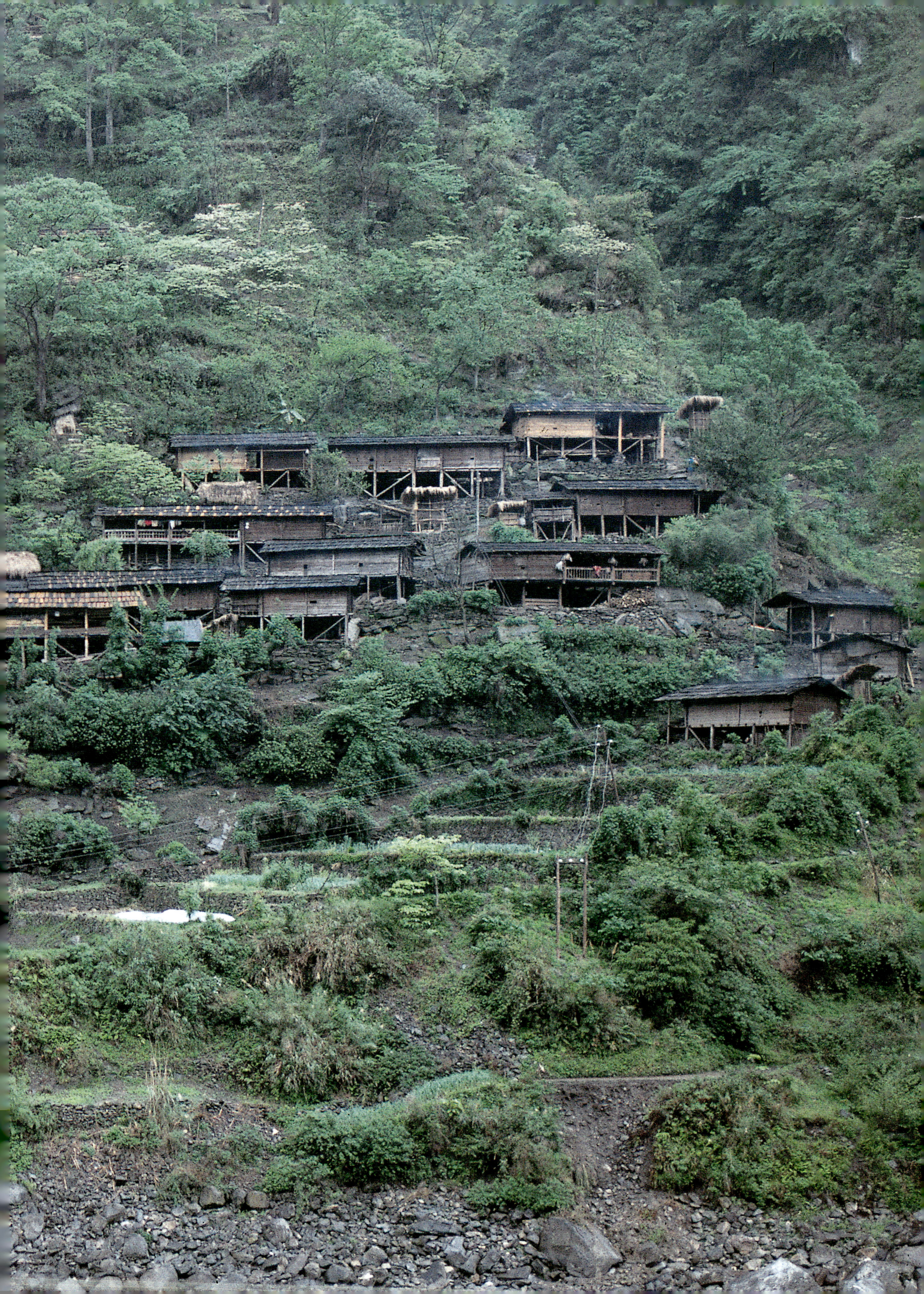

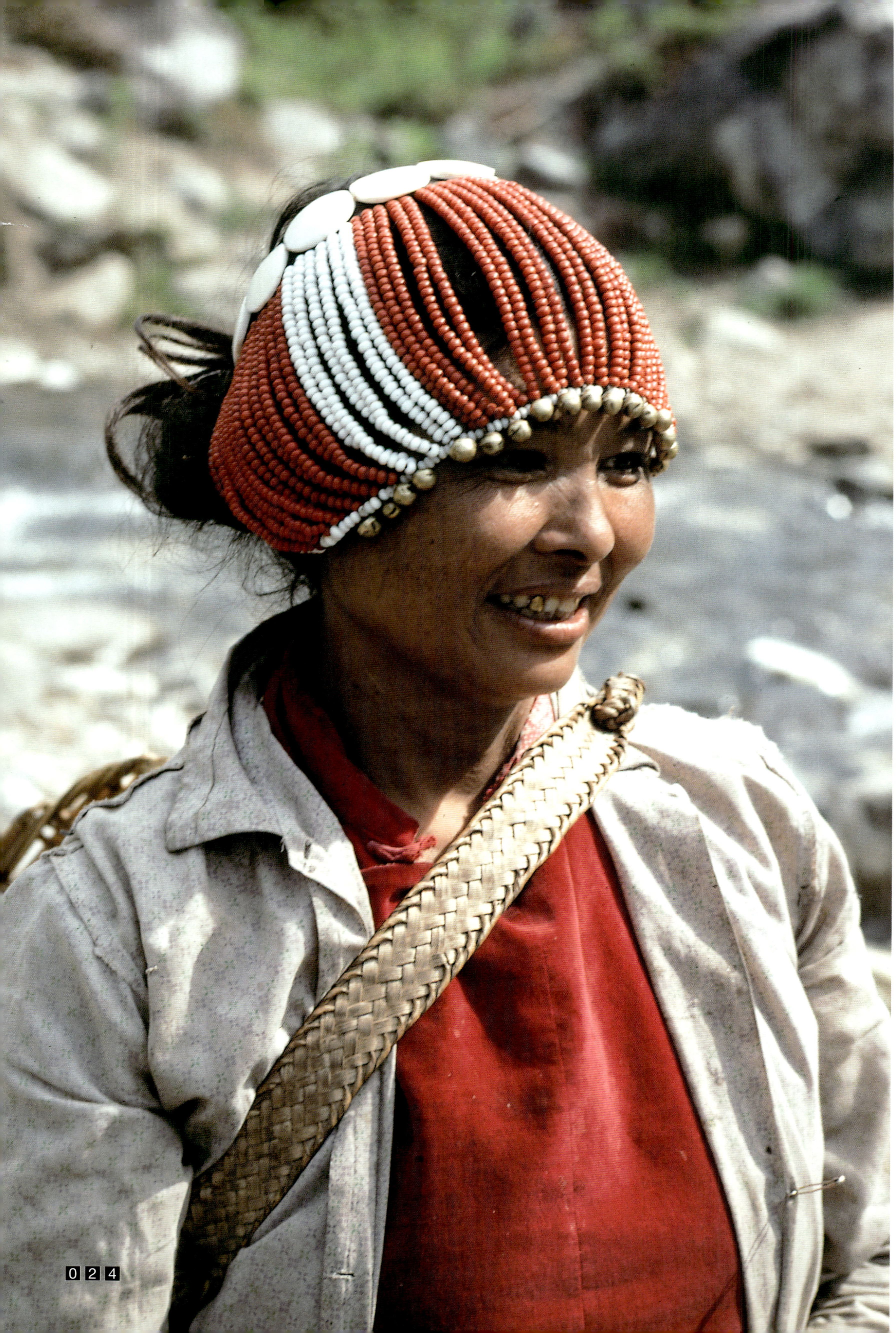

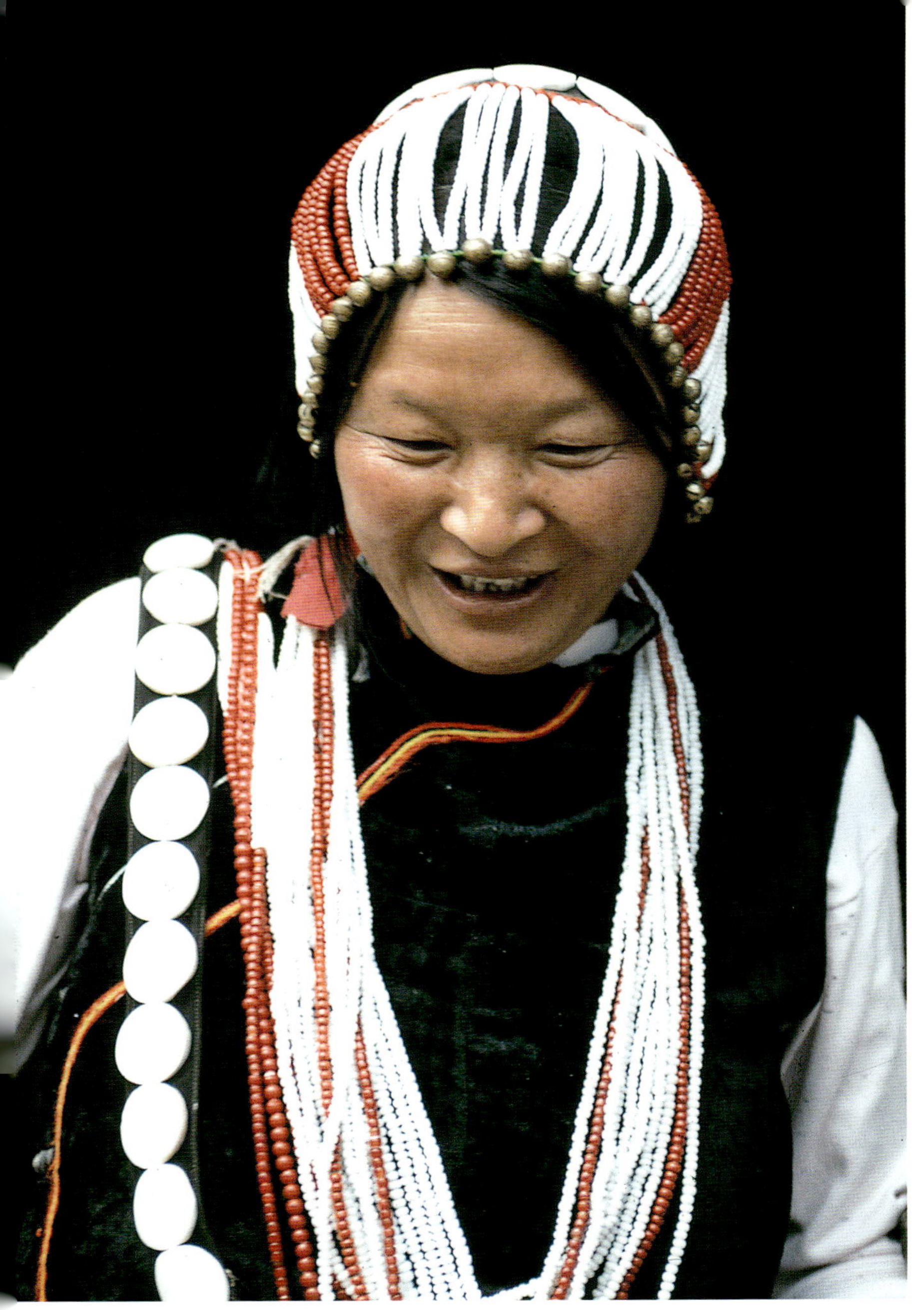
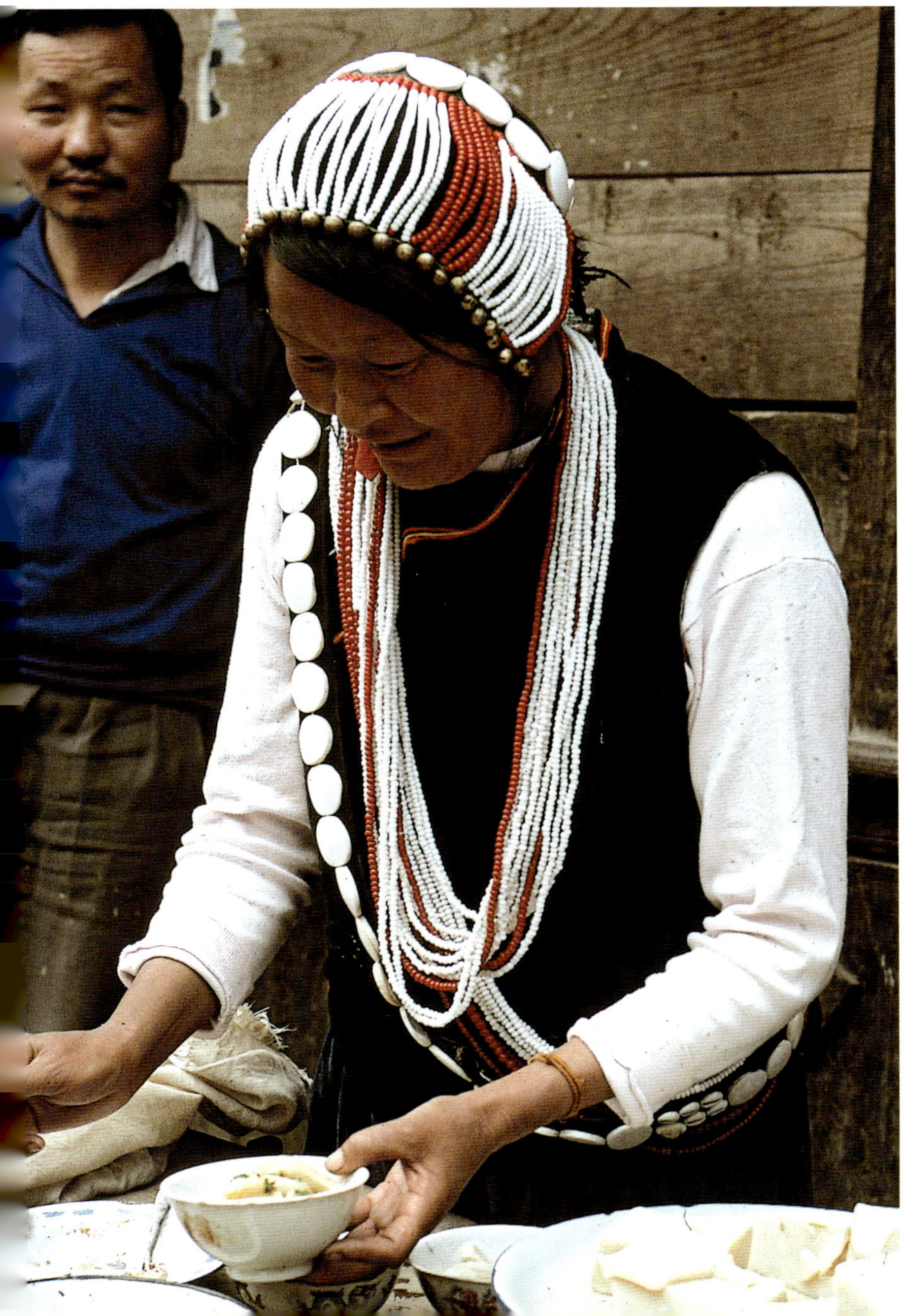
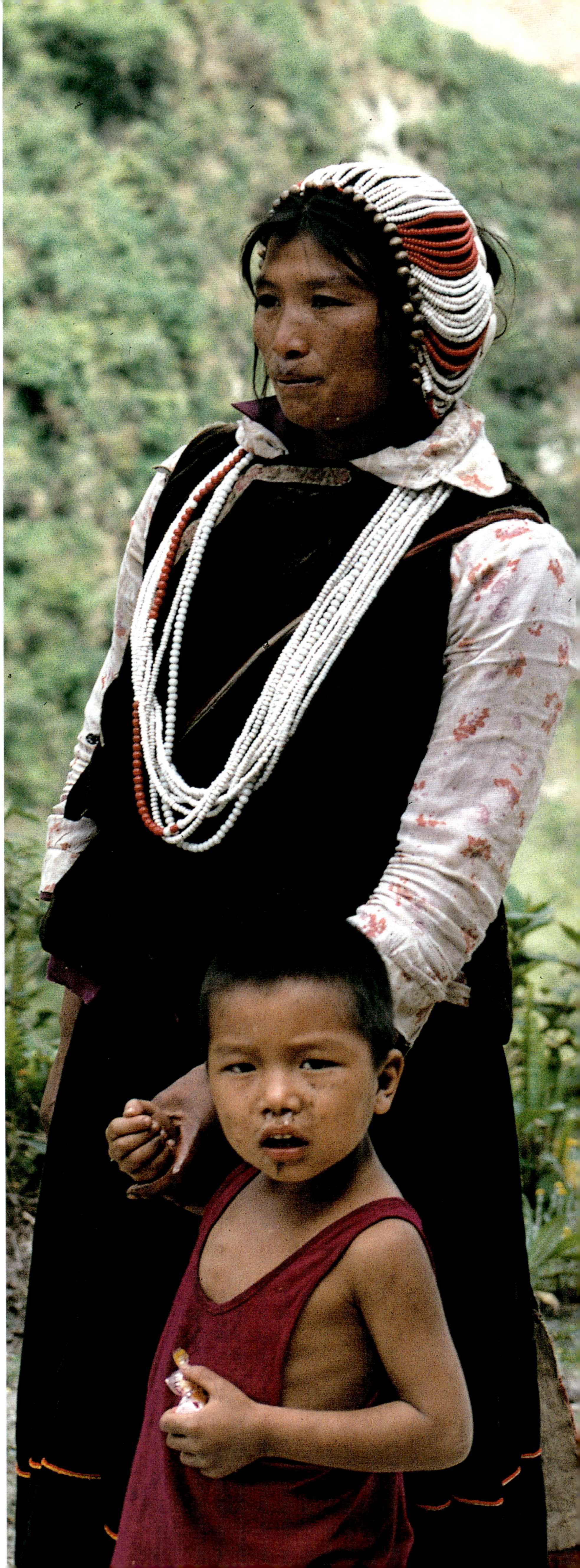

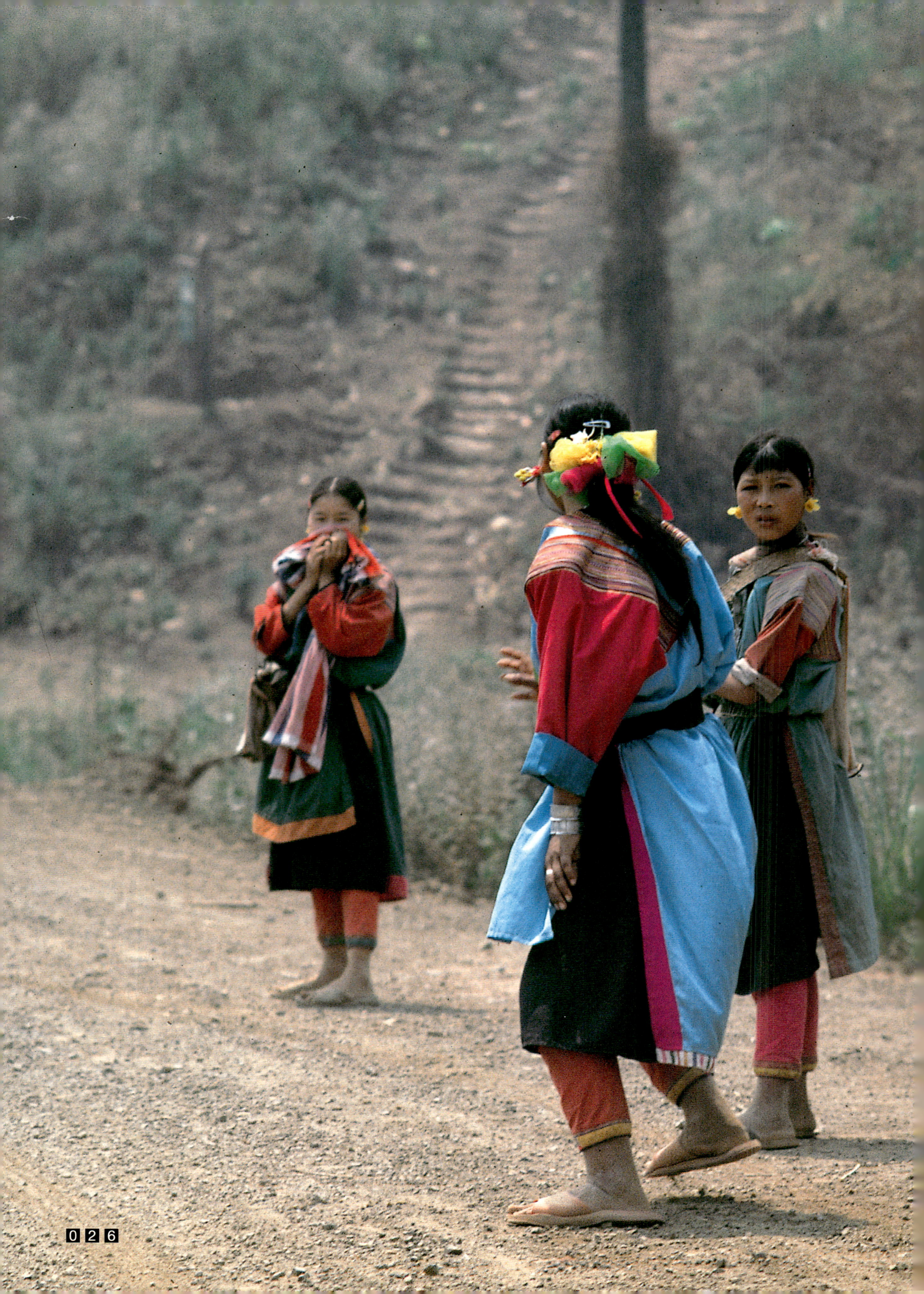

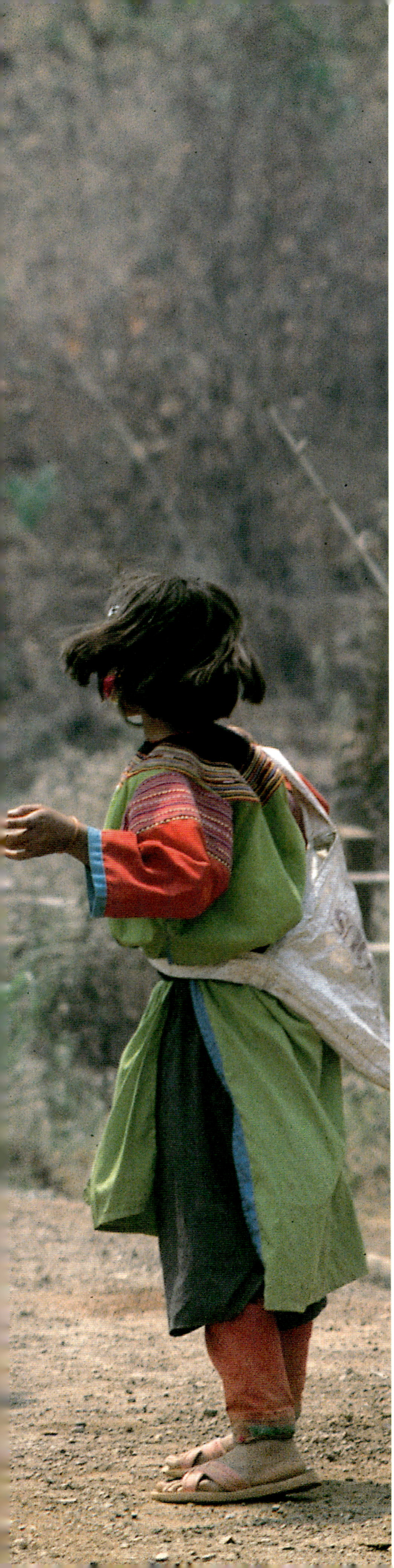

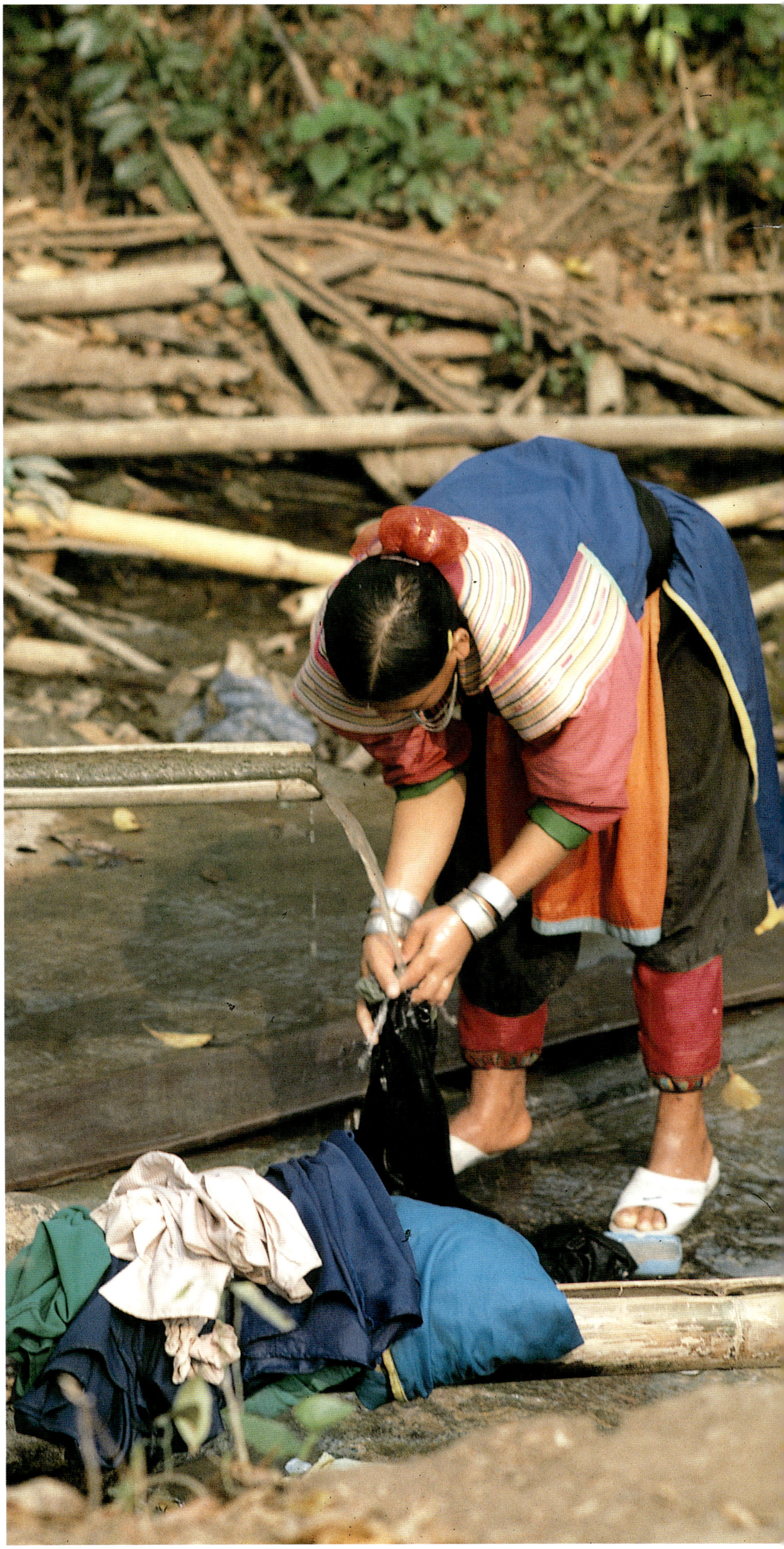

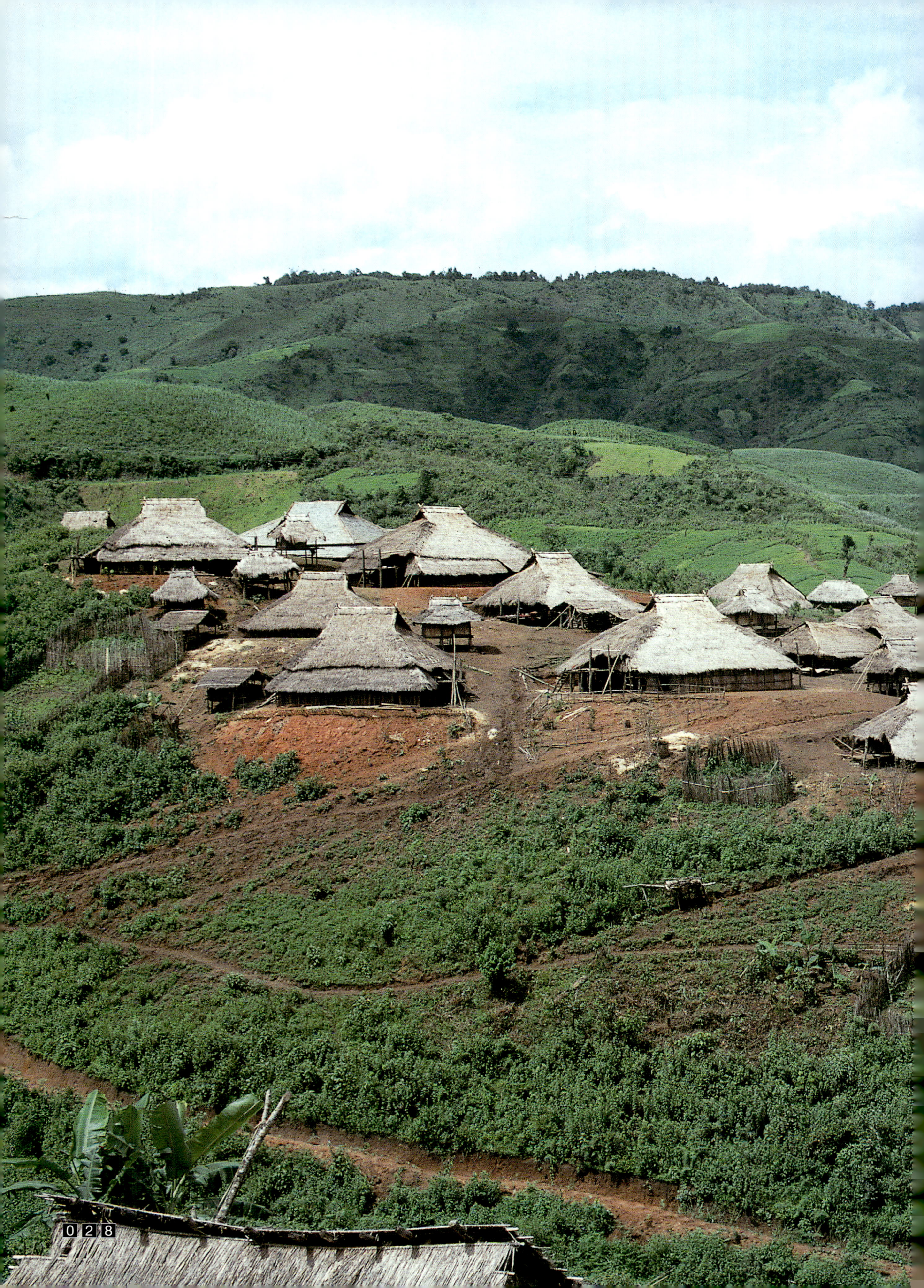

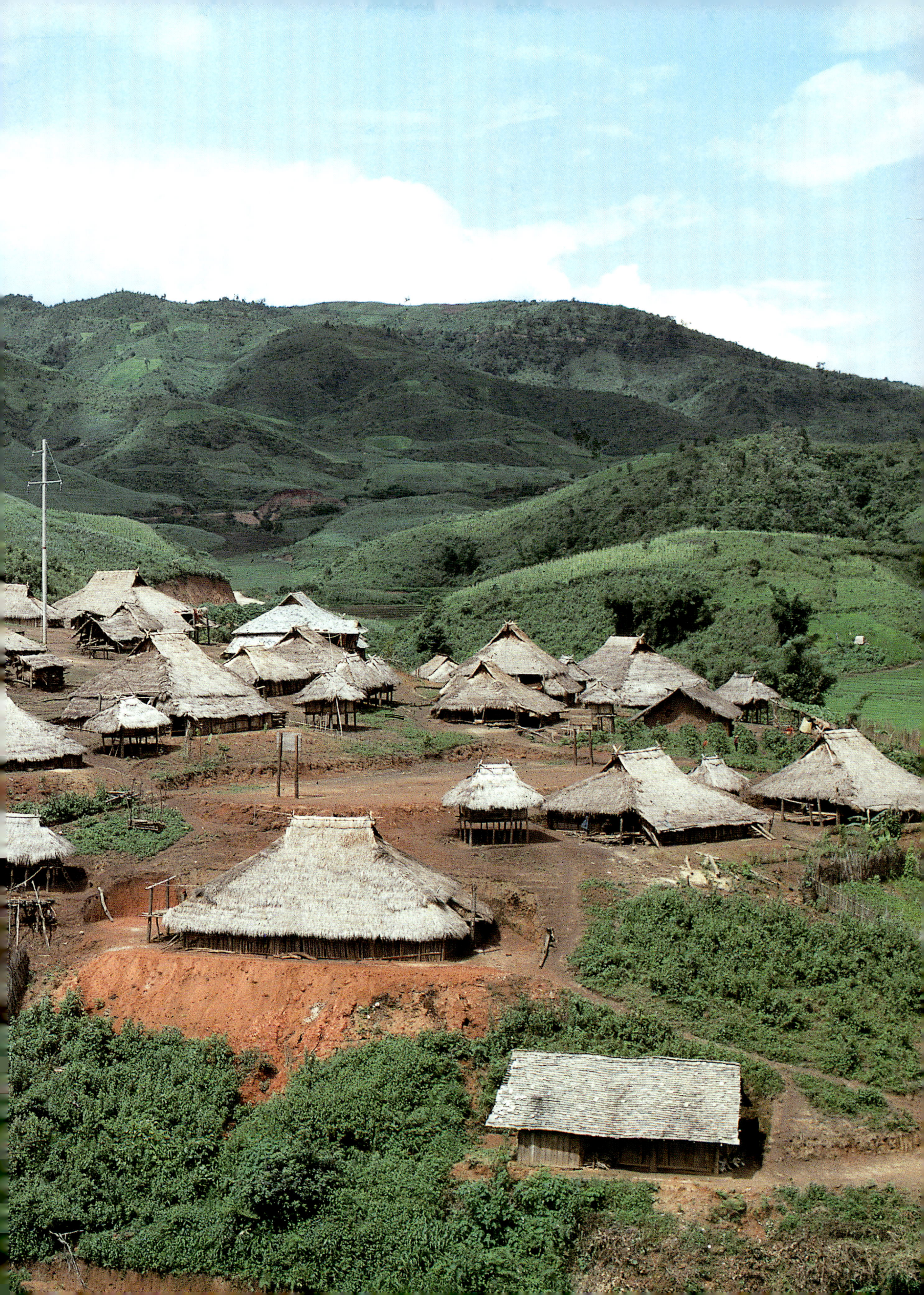

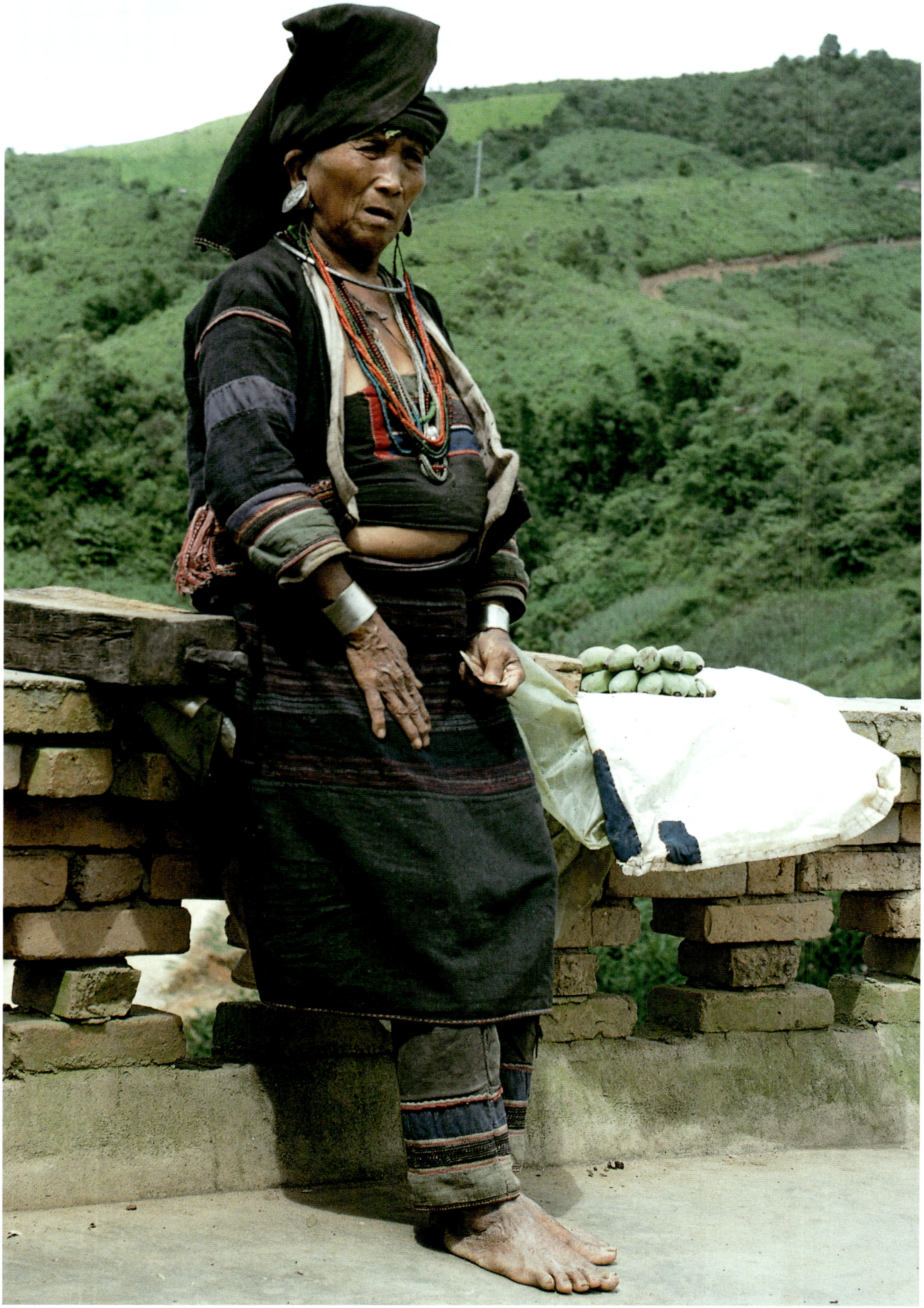

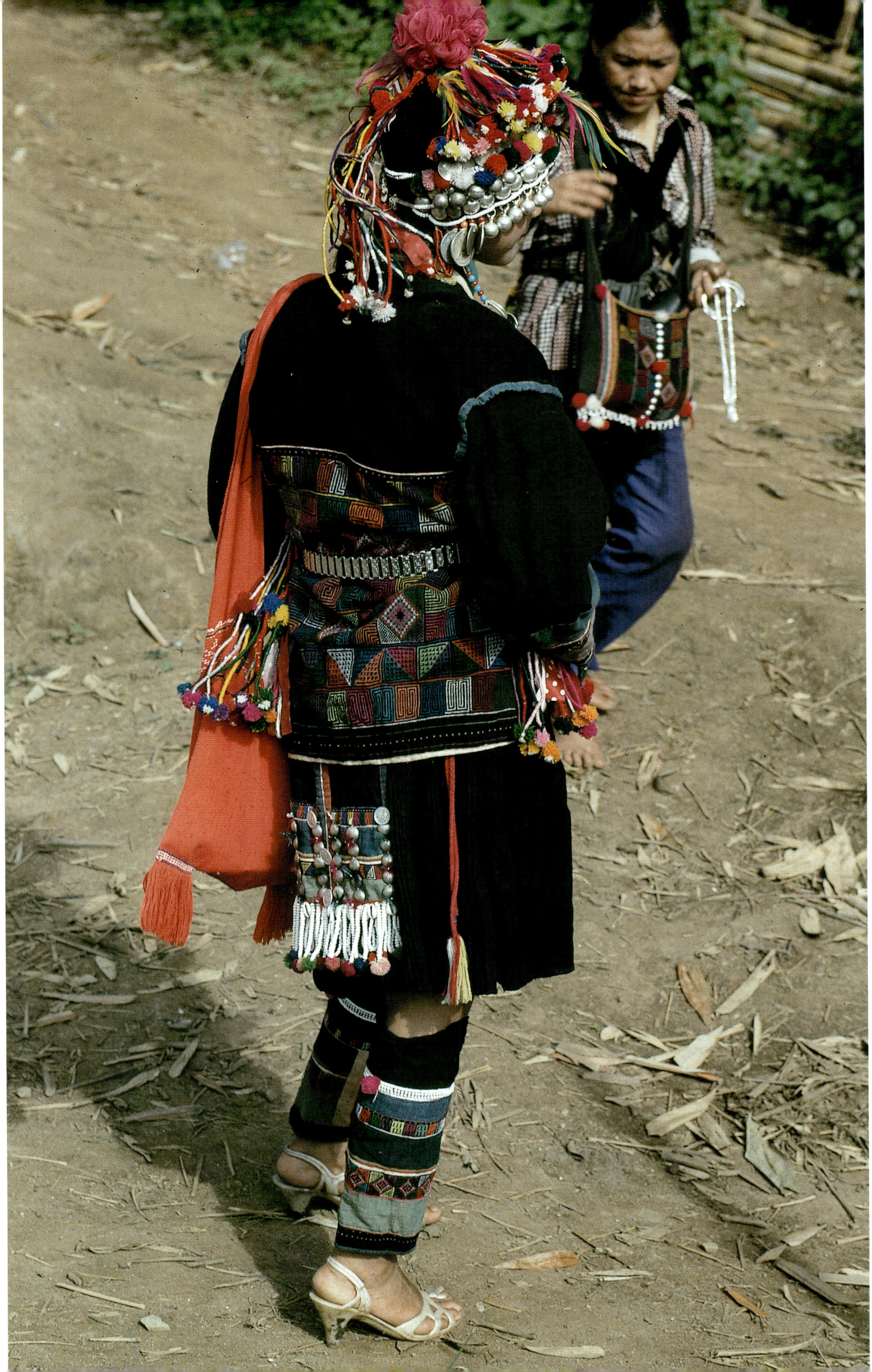

032

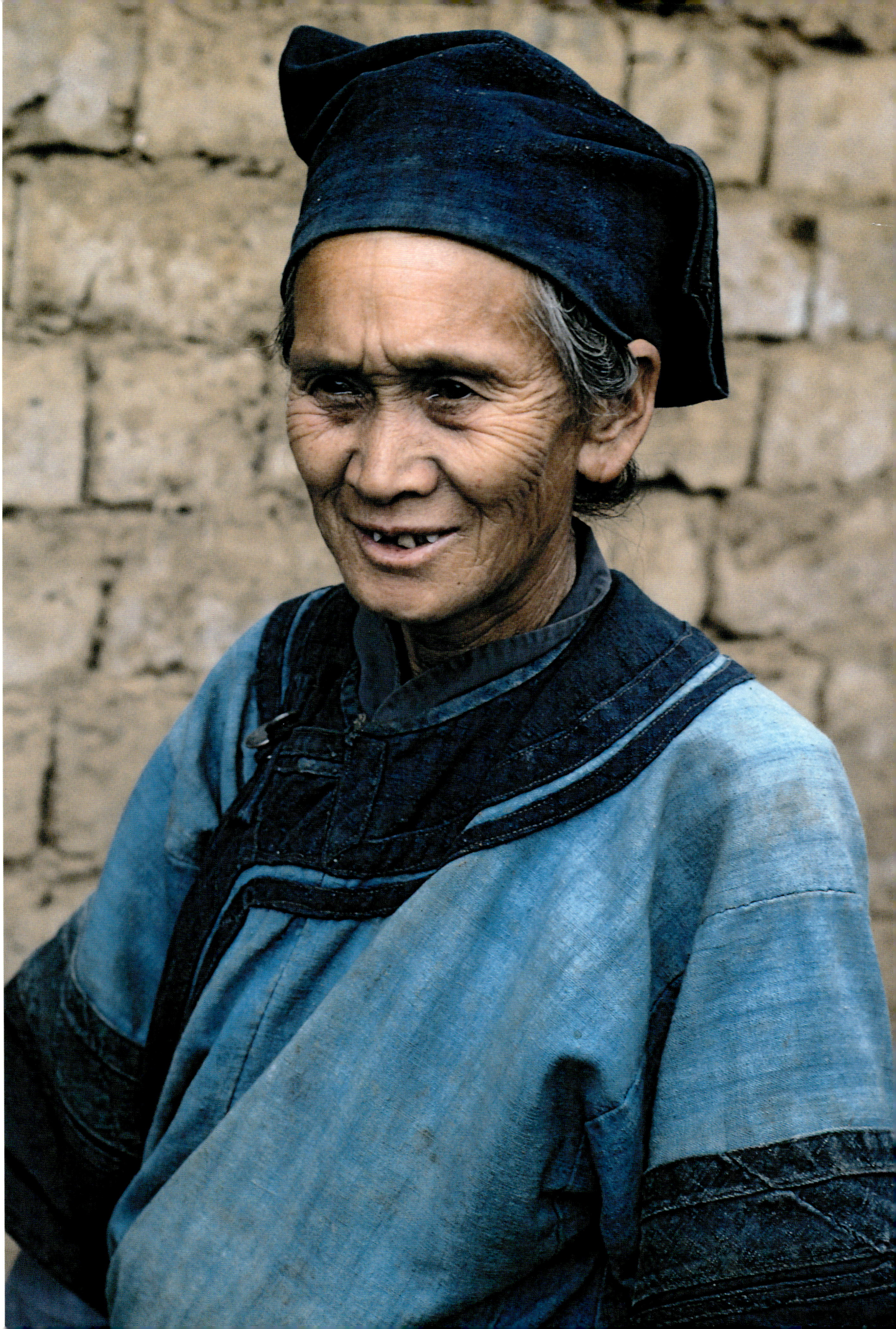

034

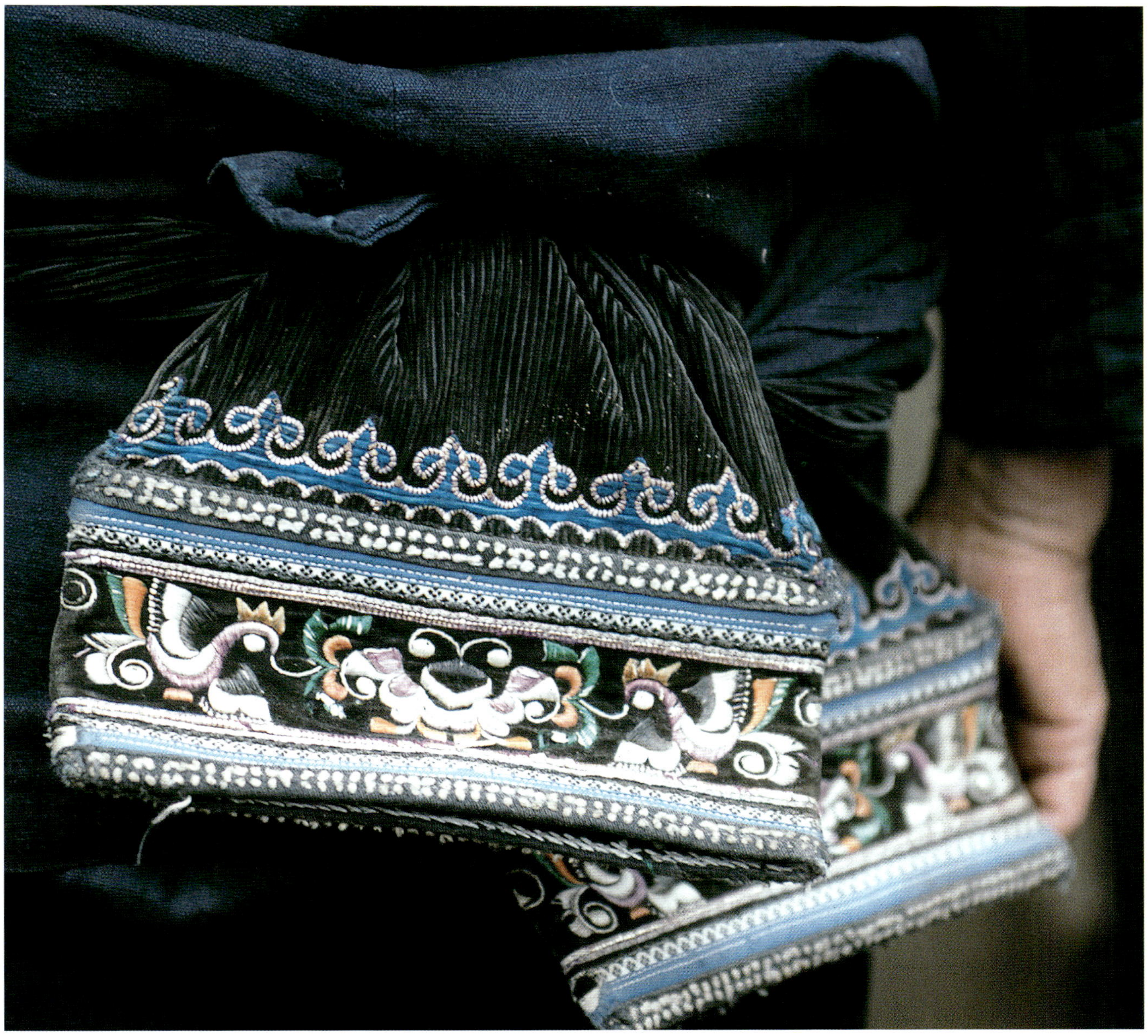
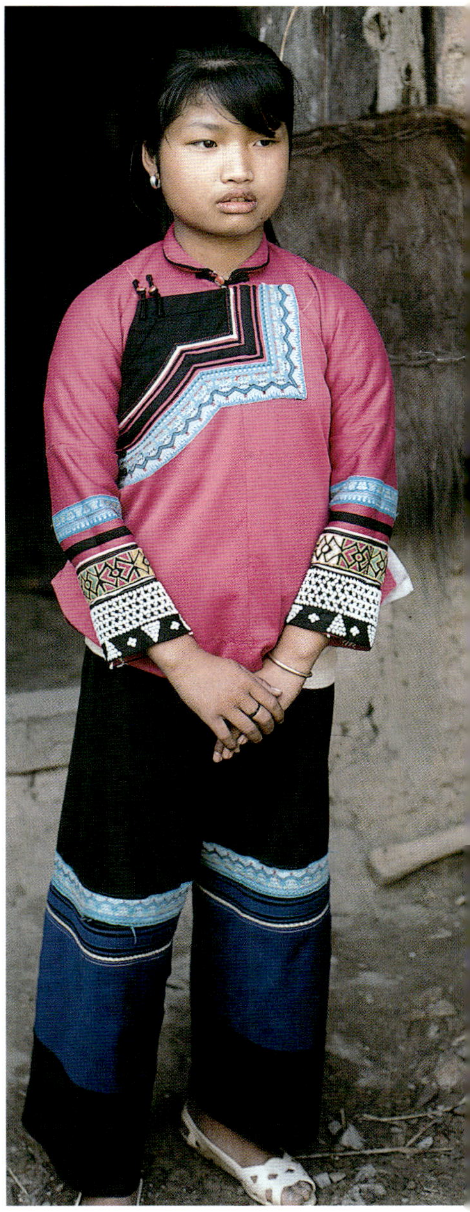
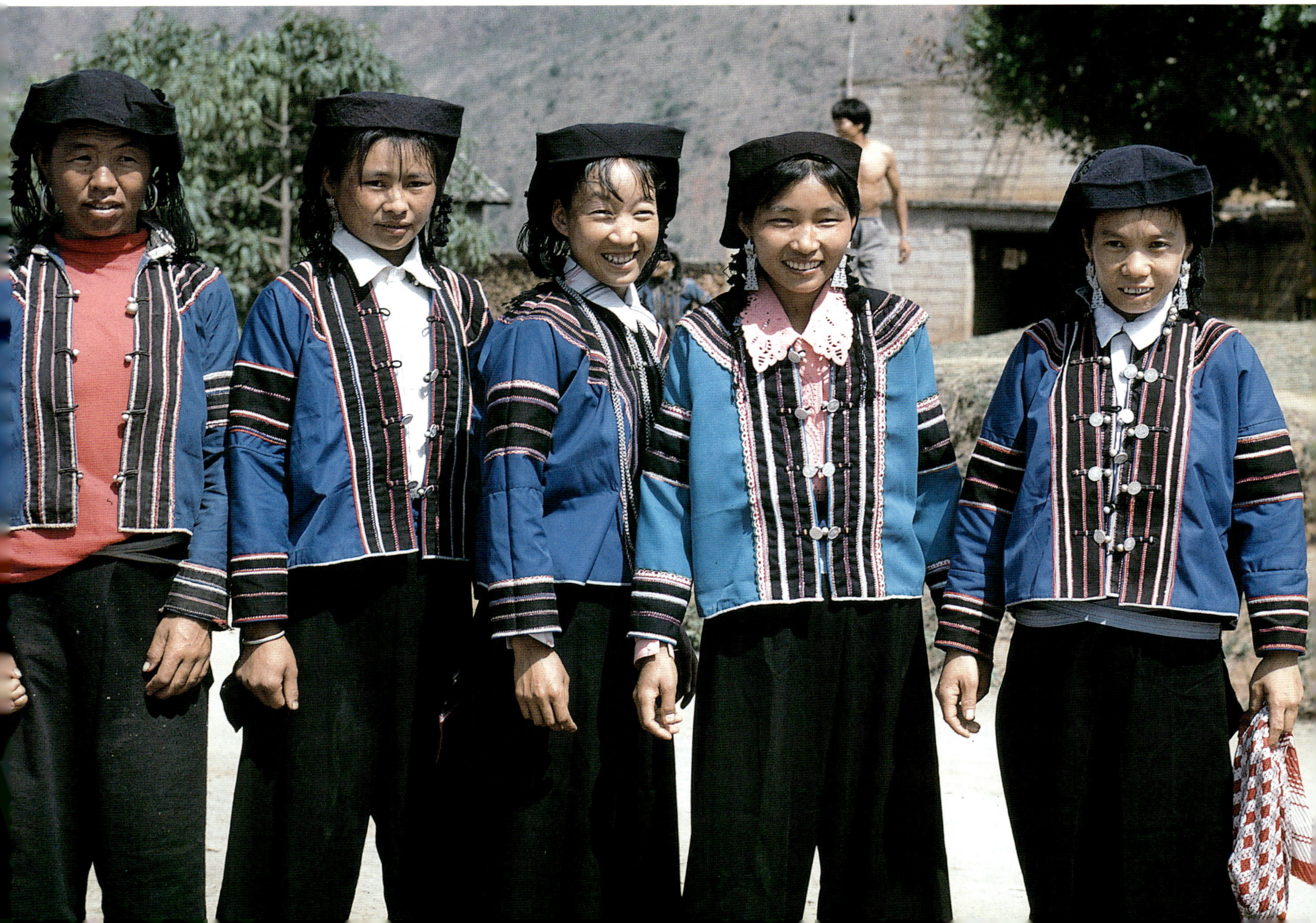

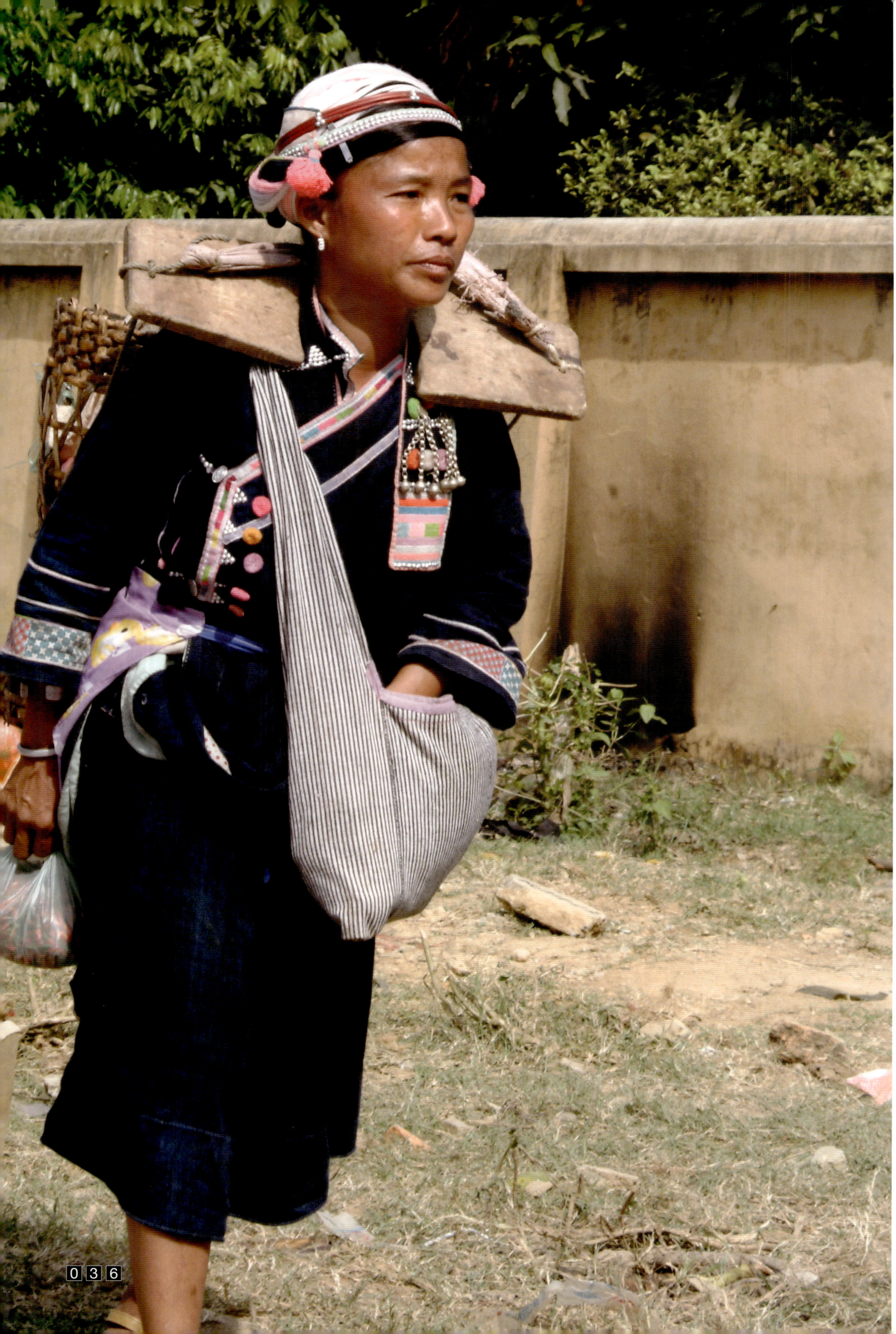

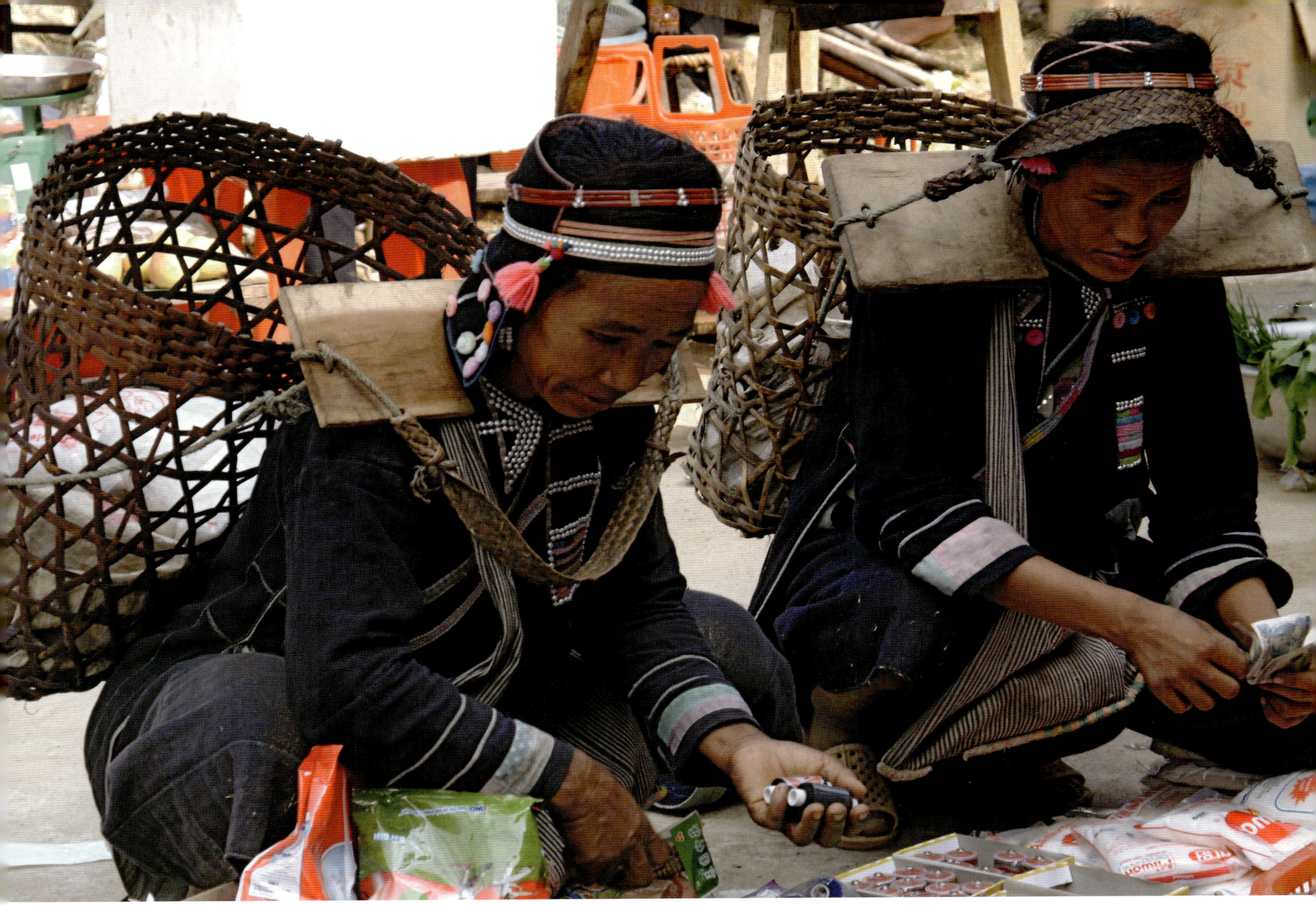
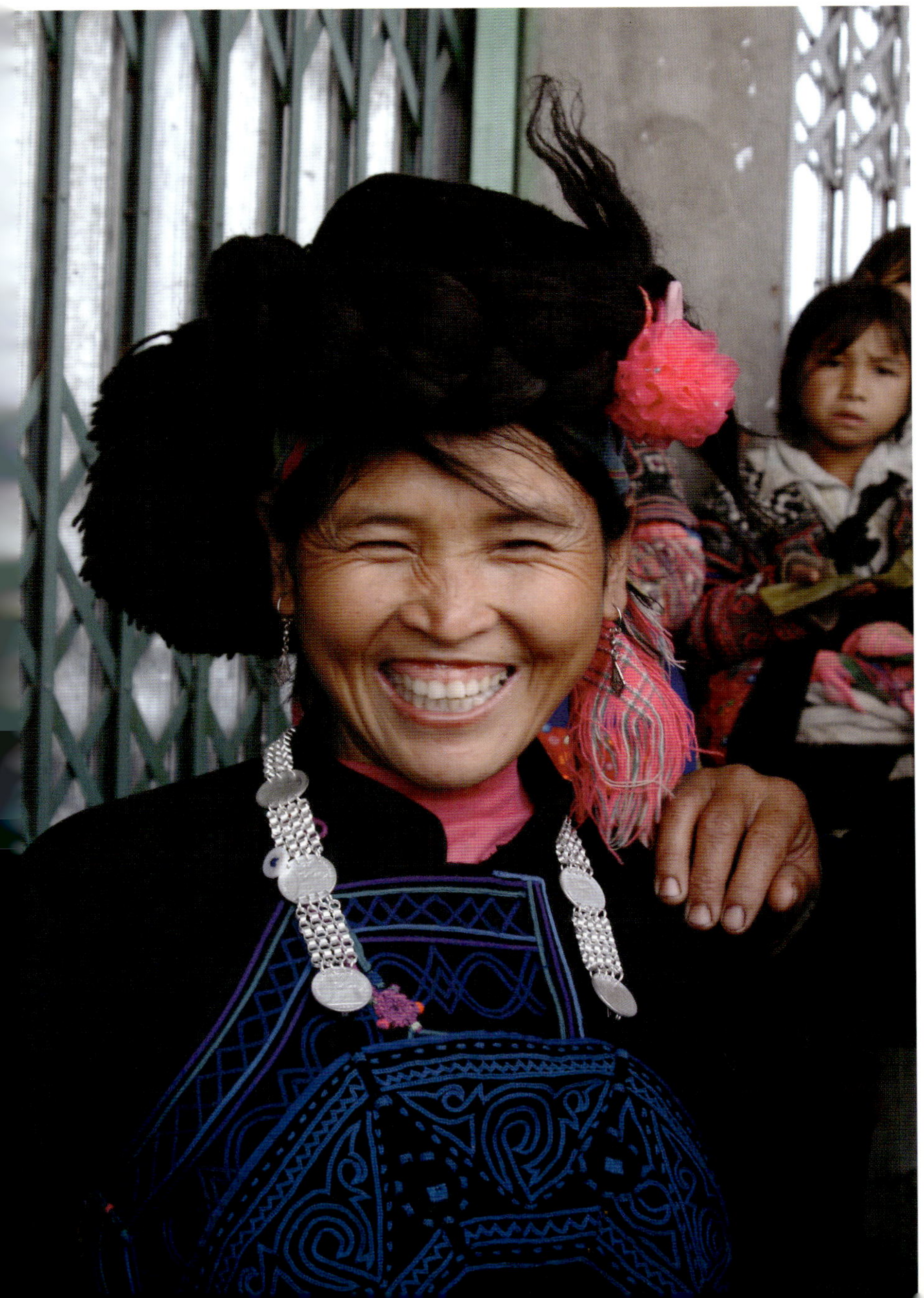
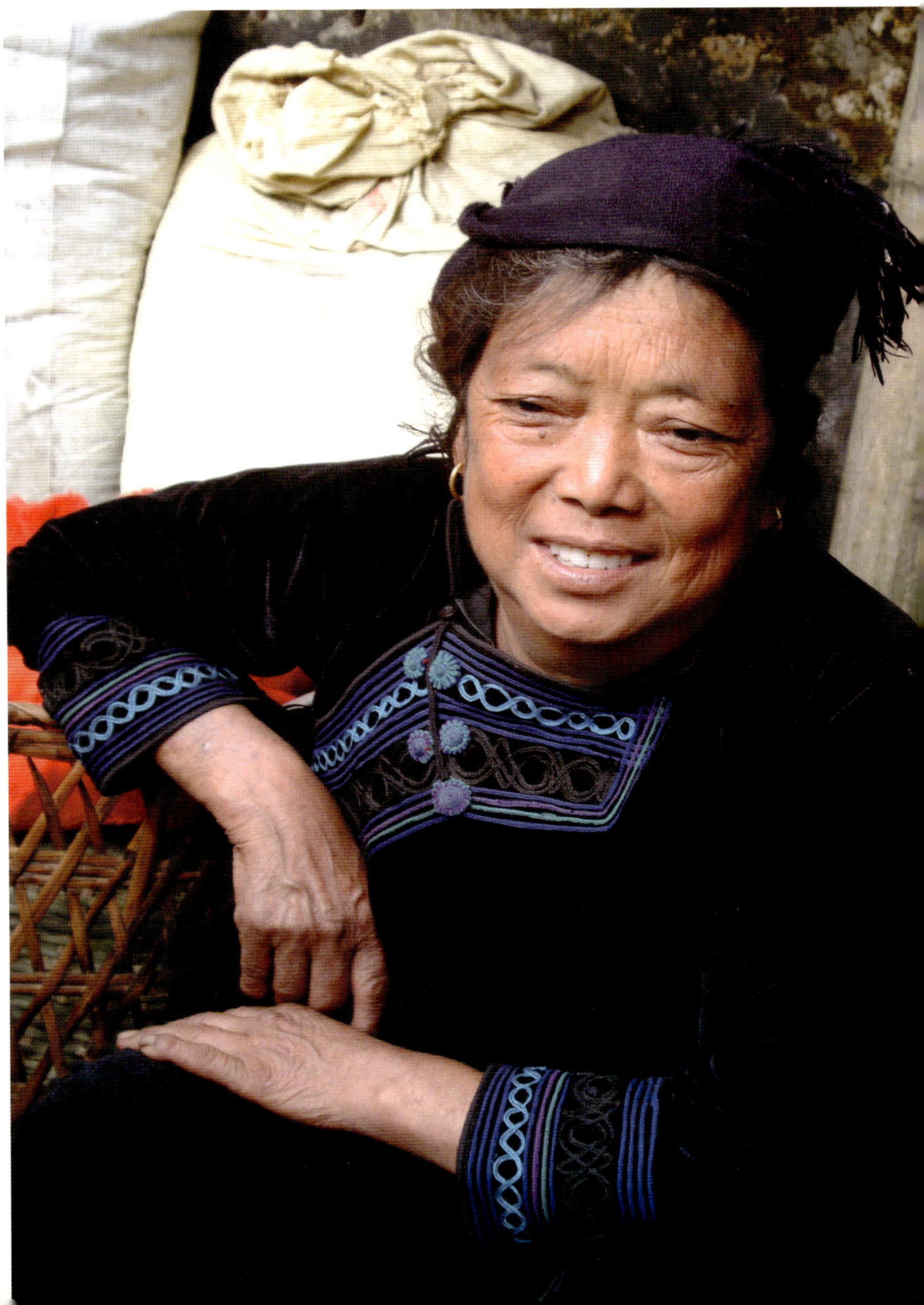

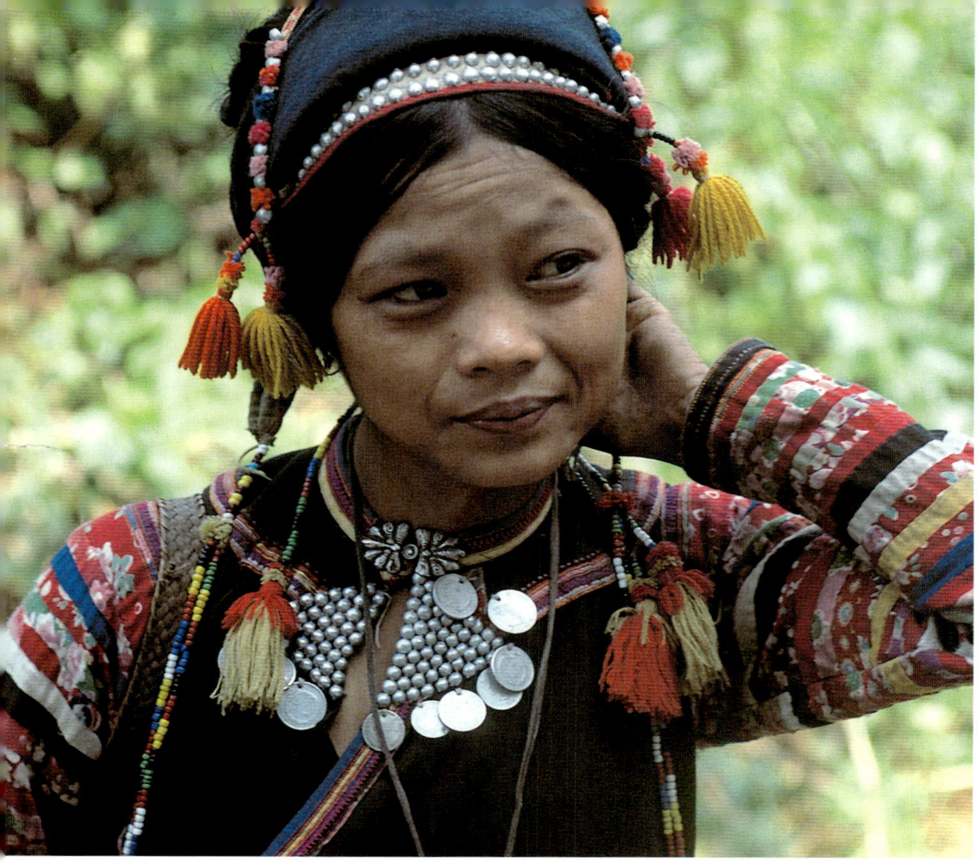
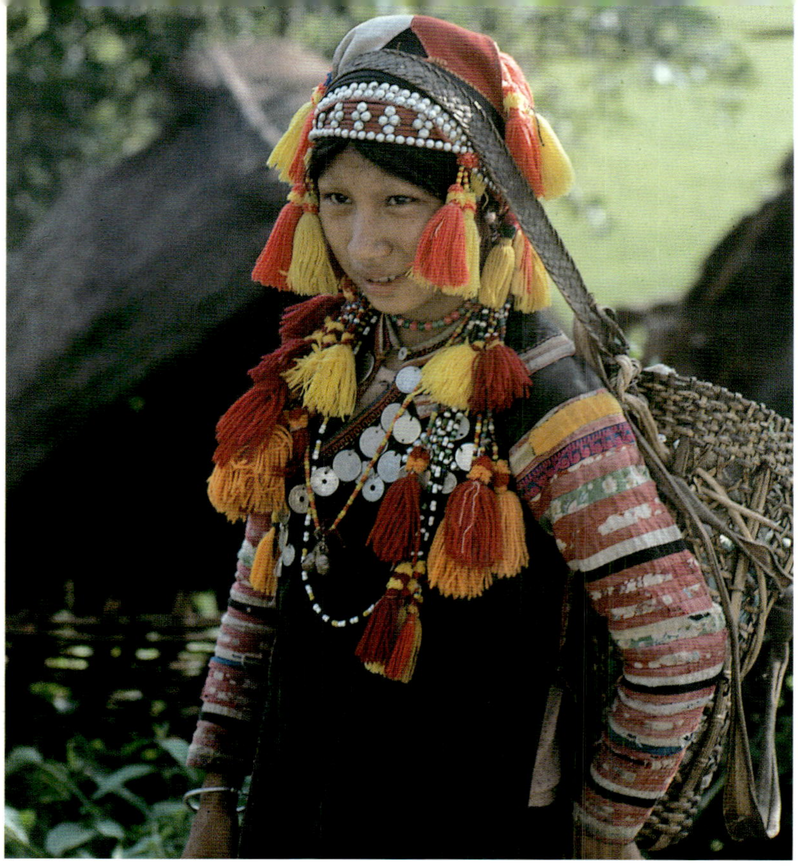
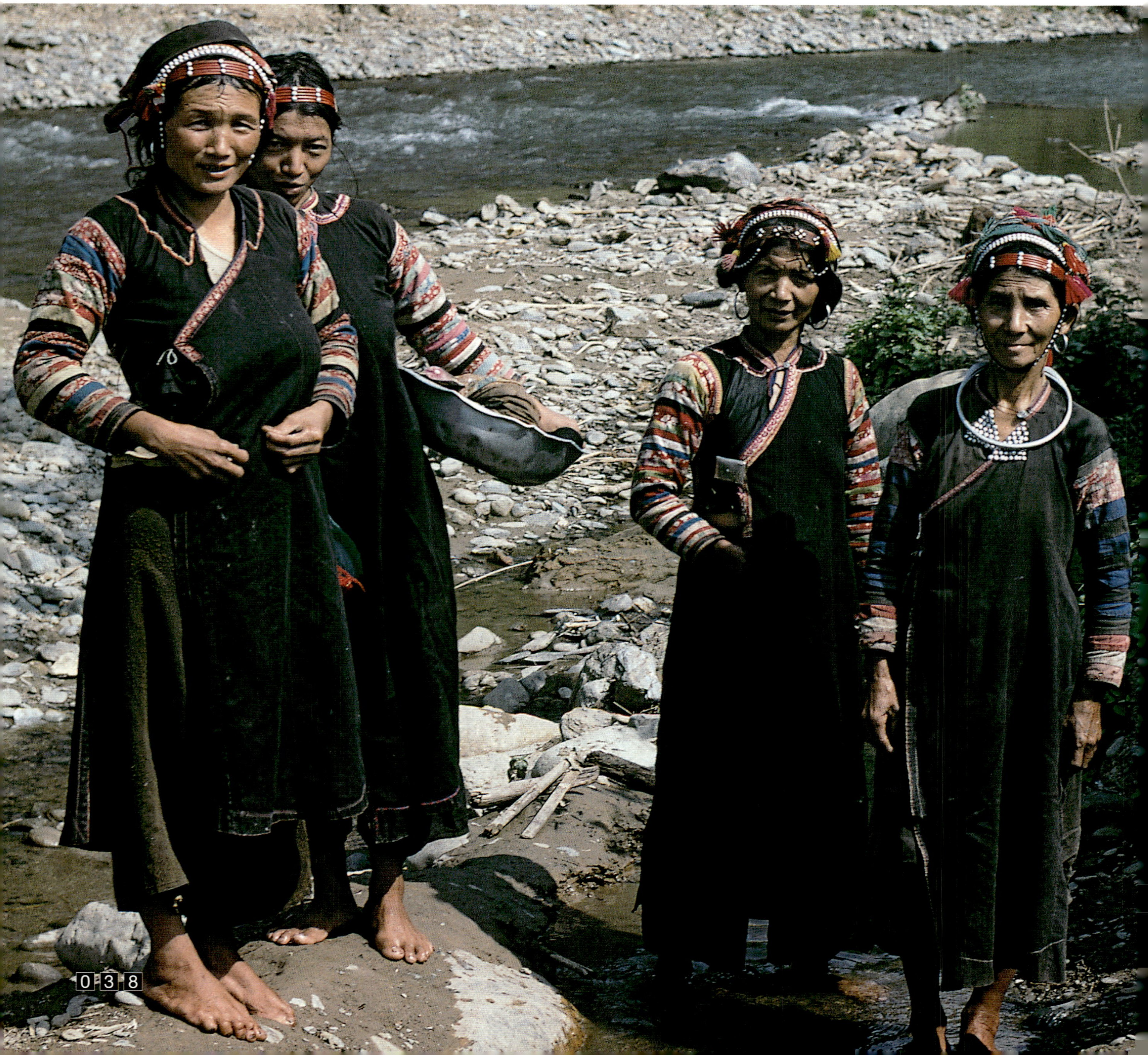

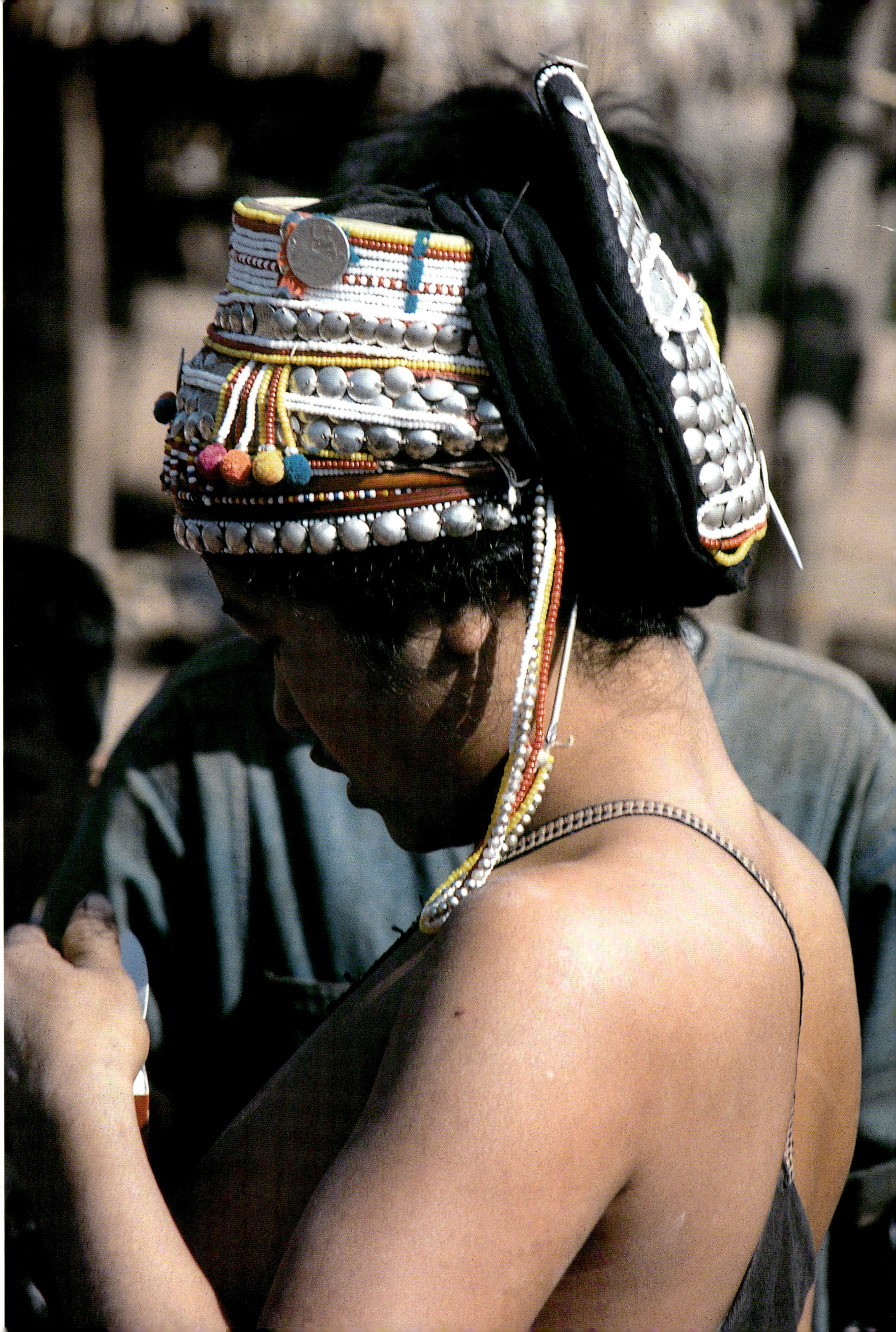

040

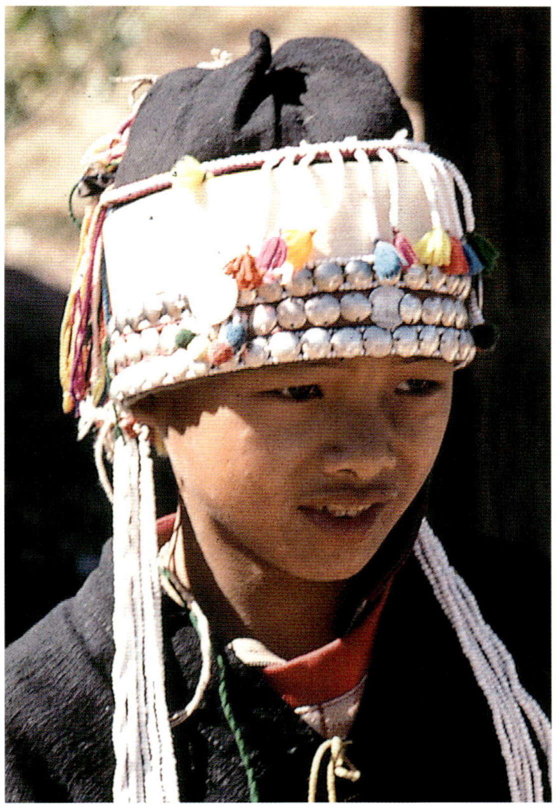
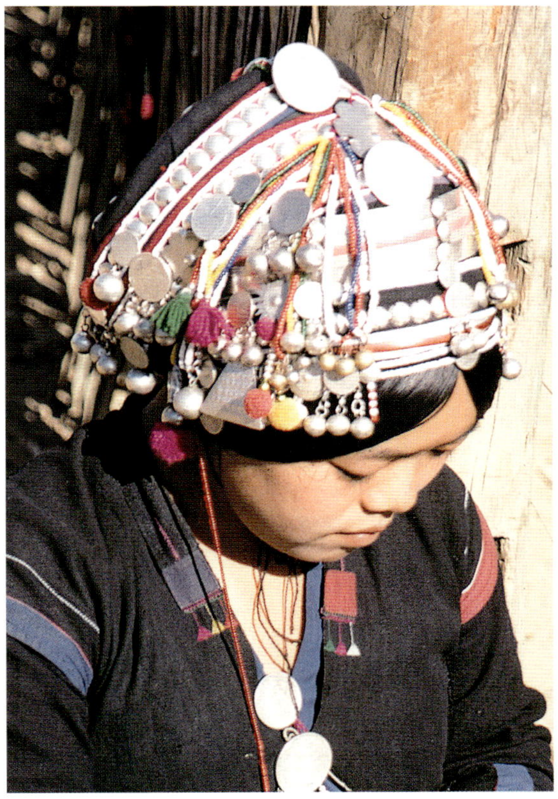
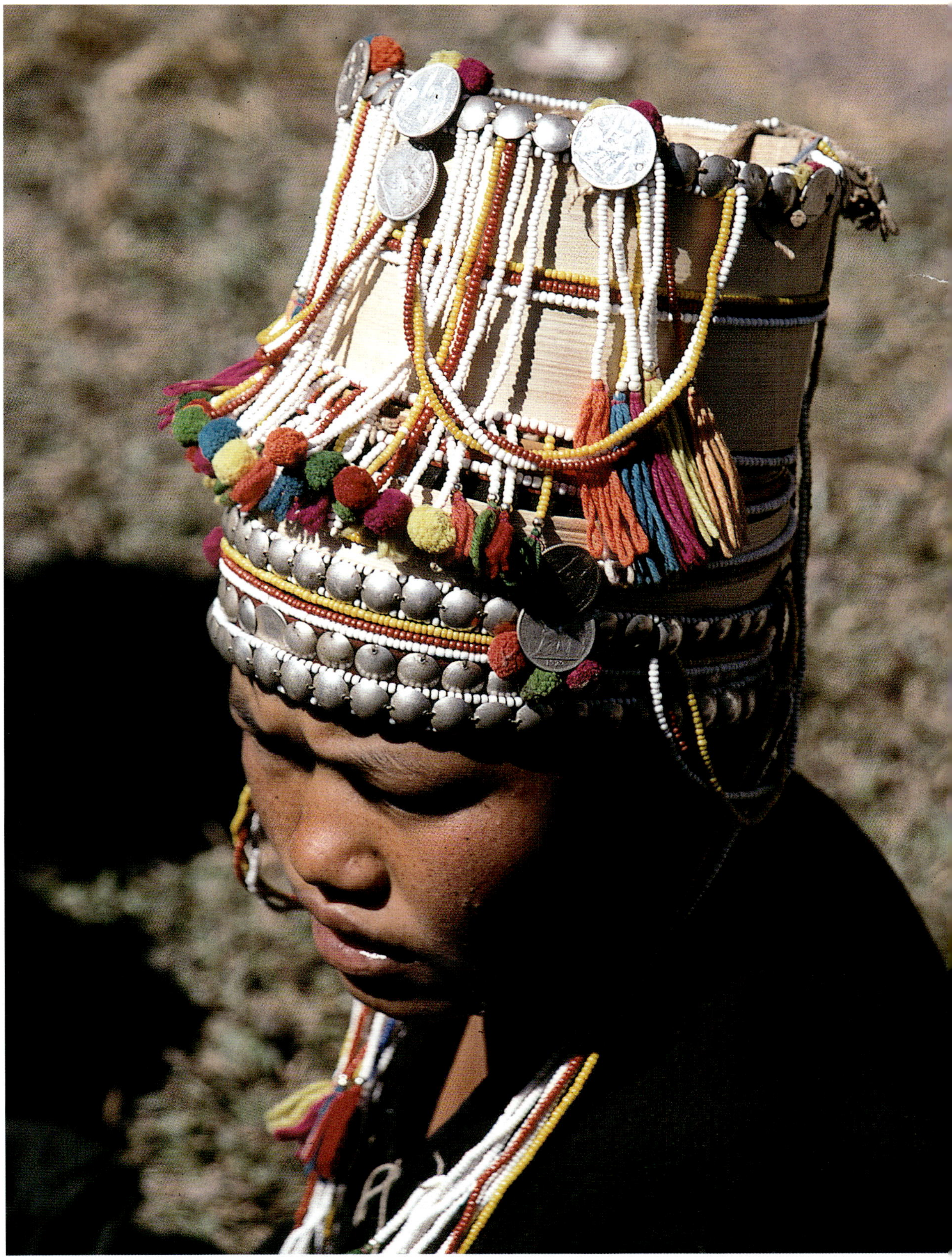
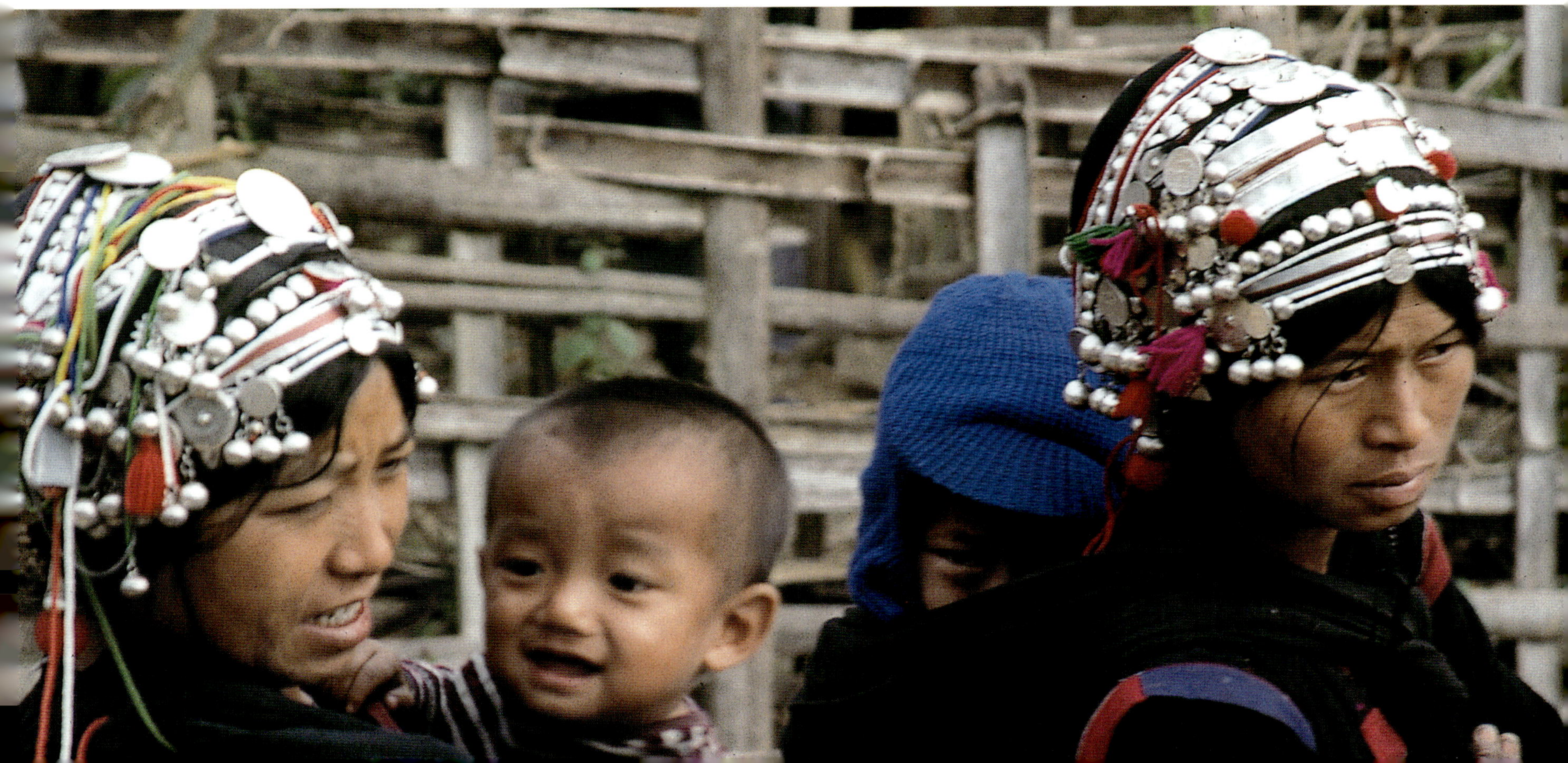

042

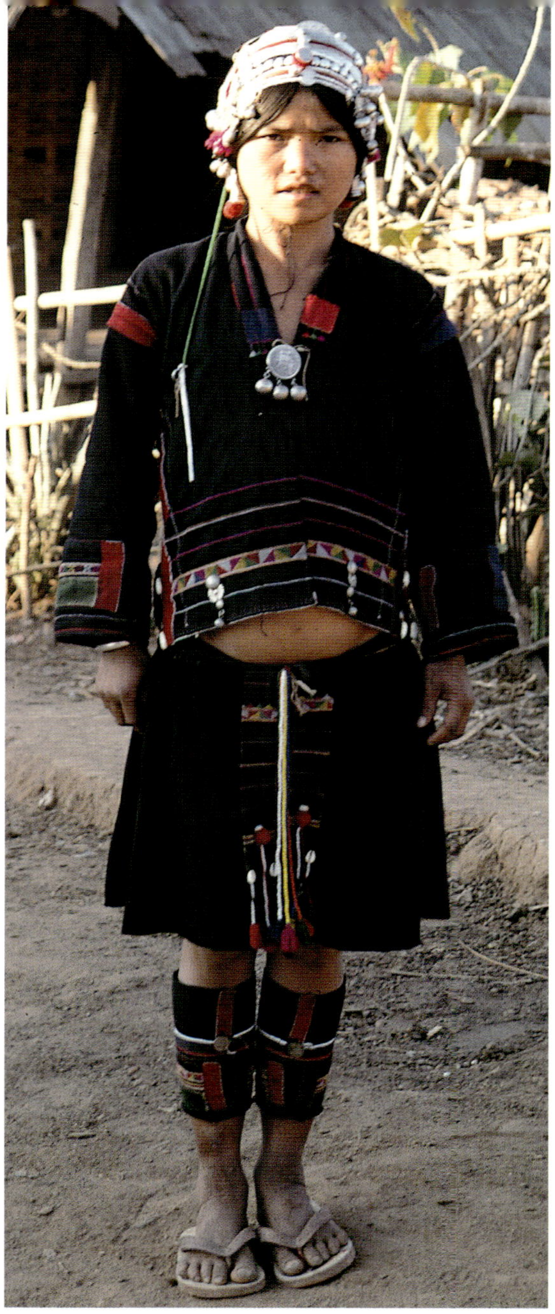

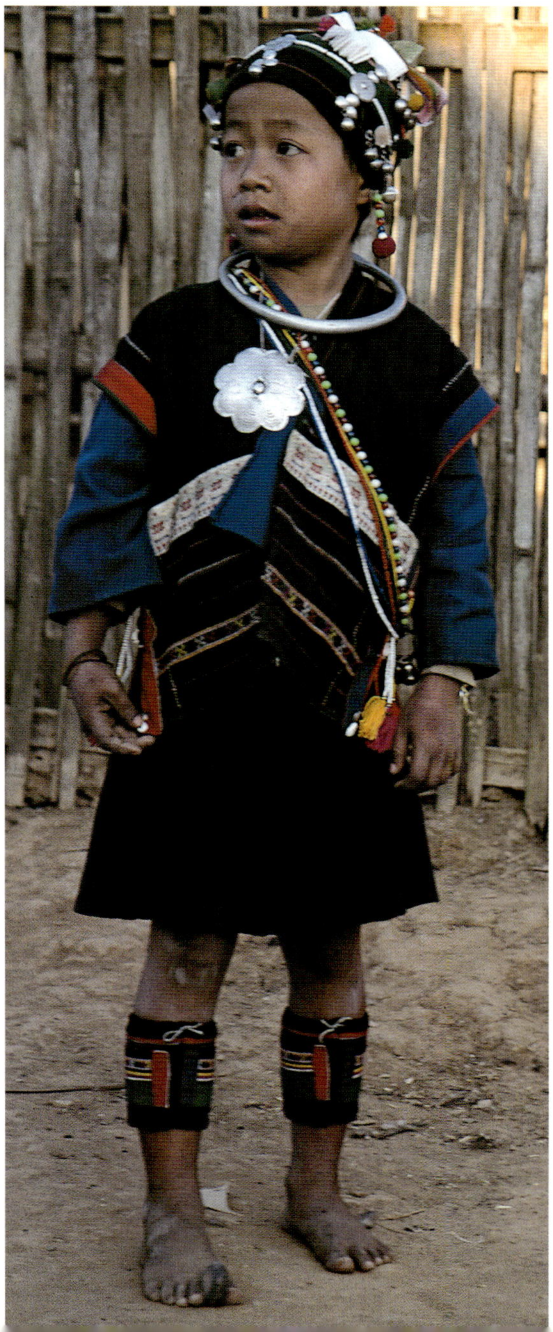

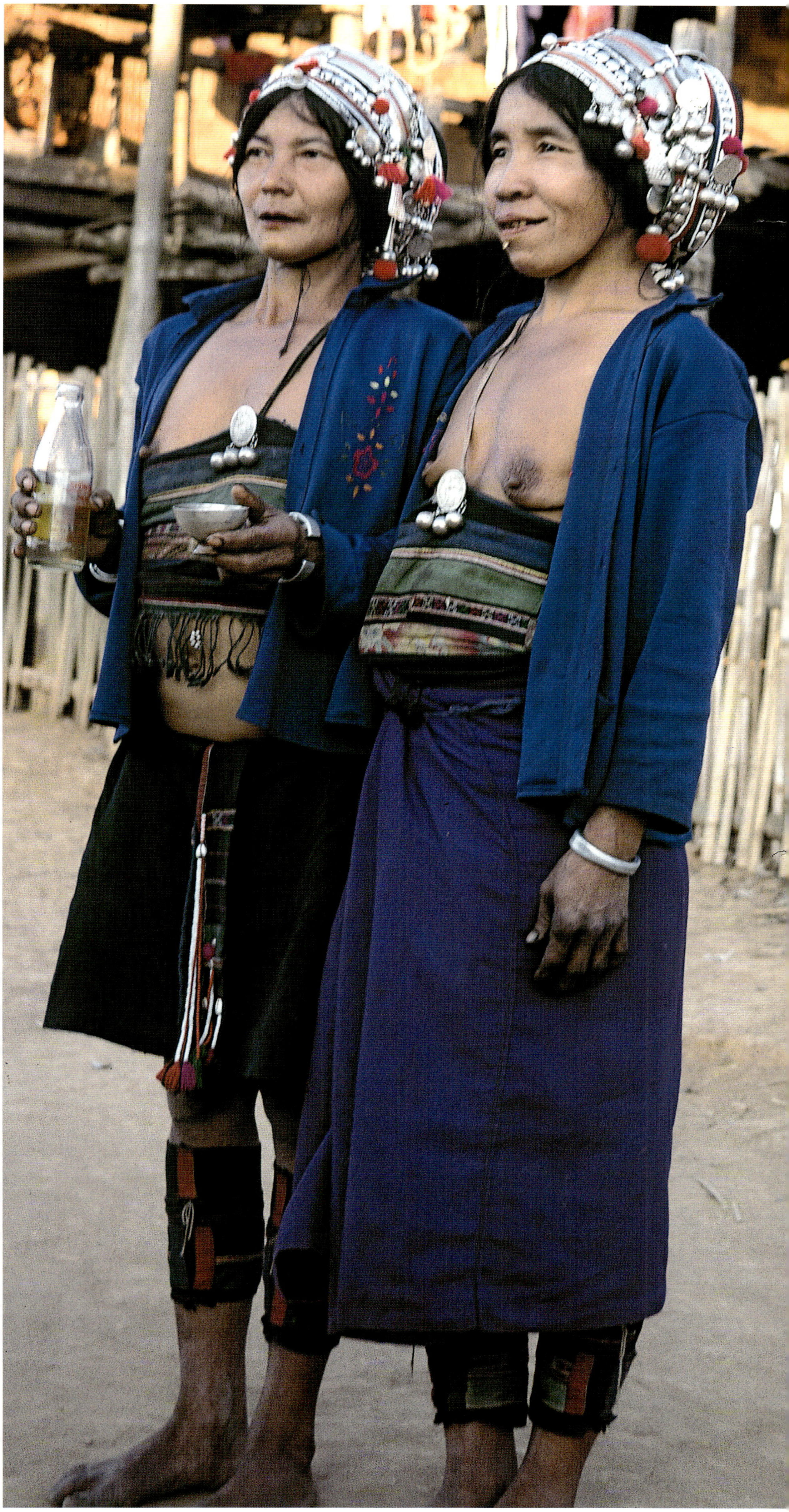

044

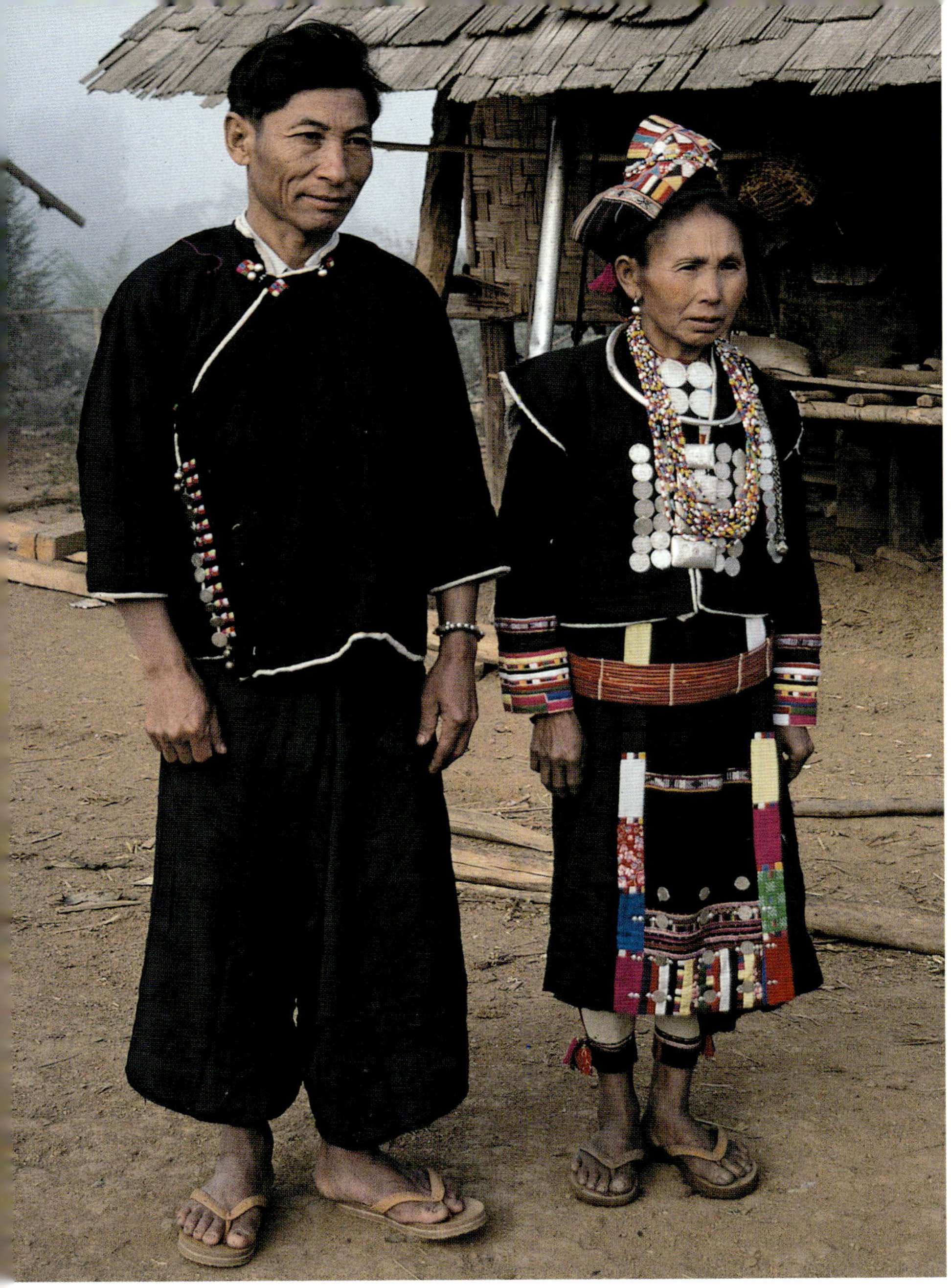
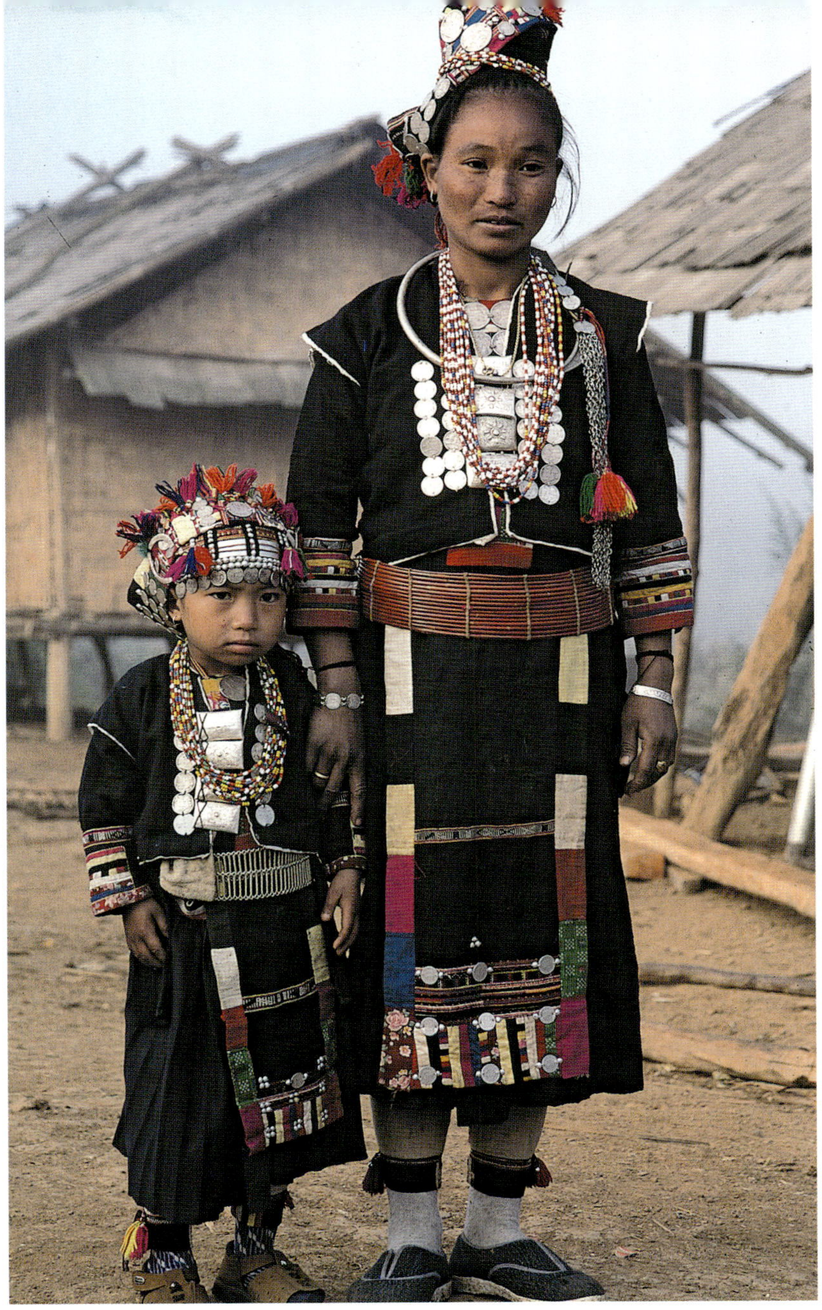
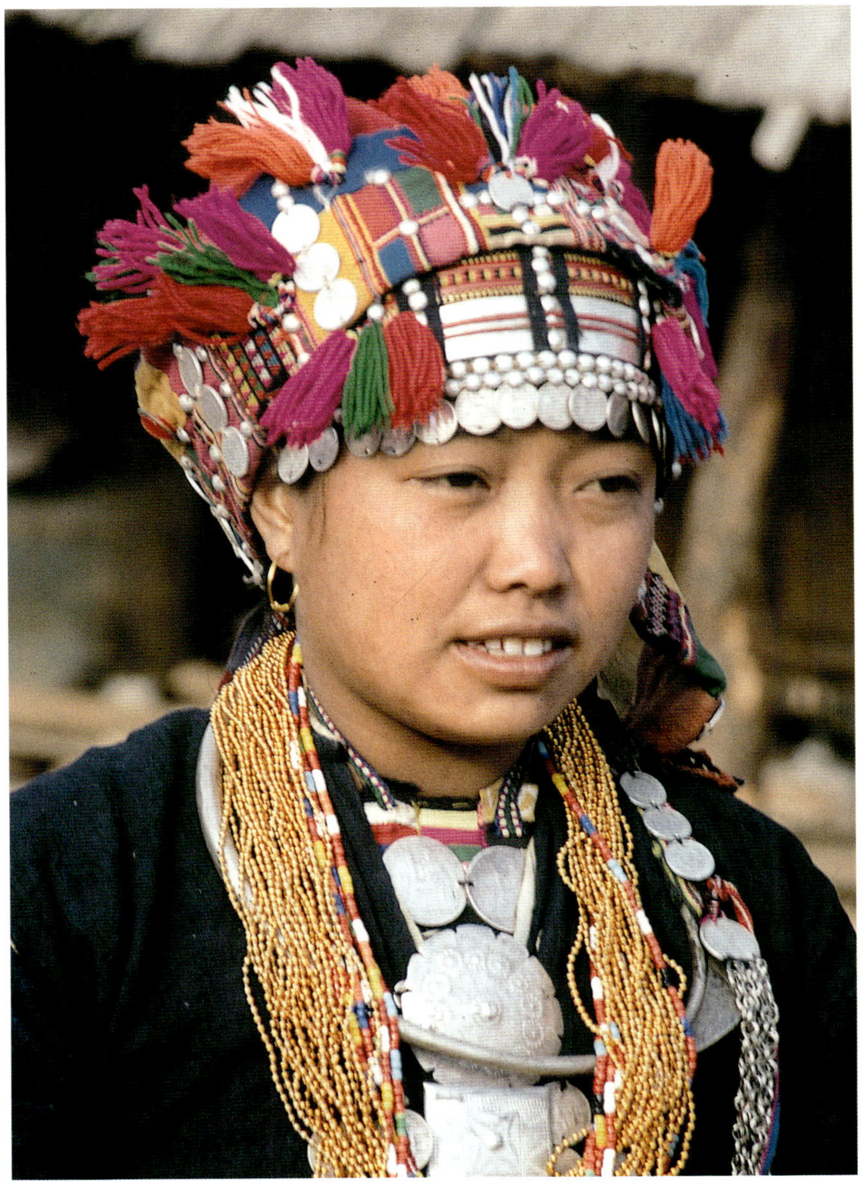
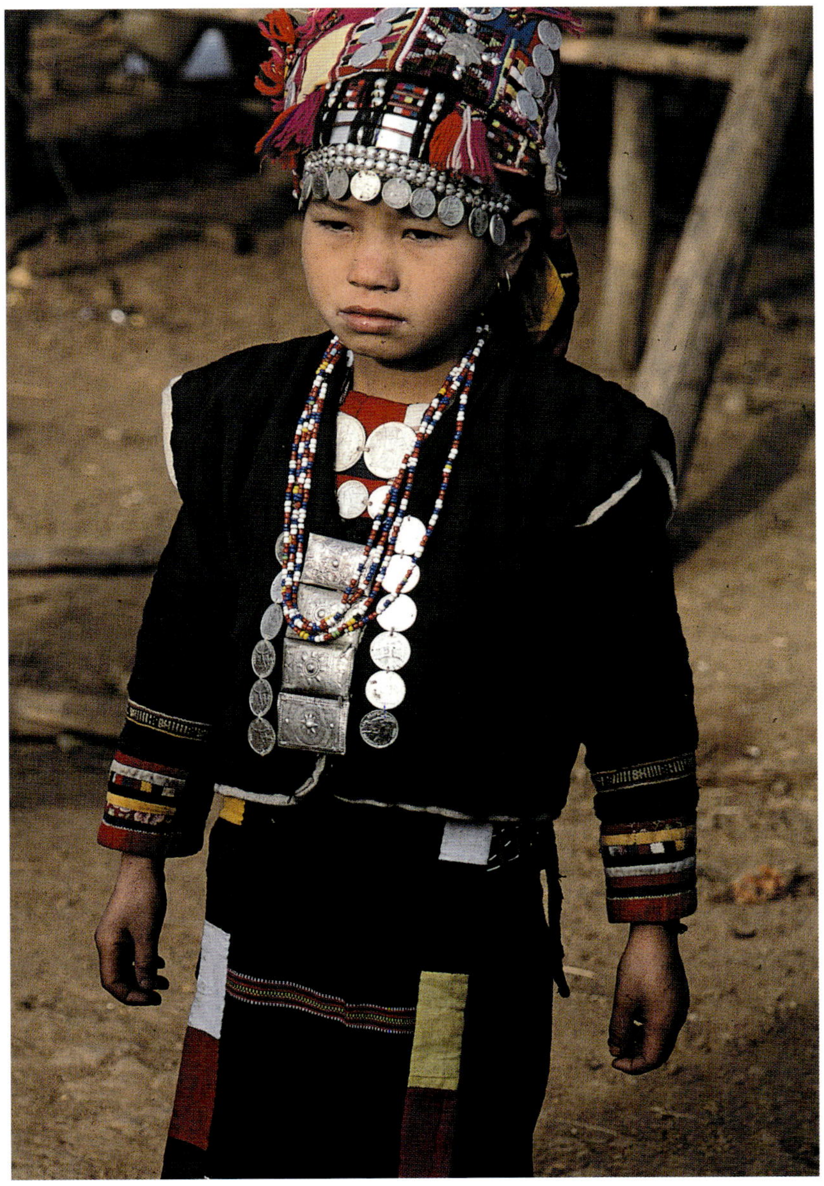

046

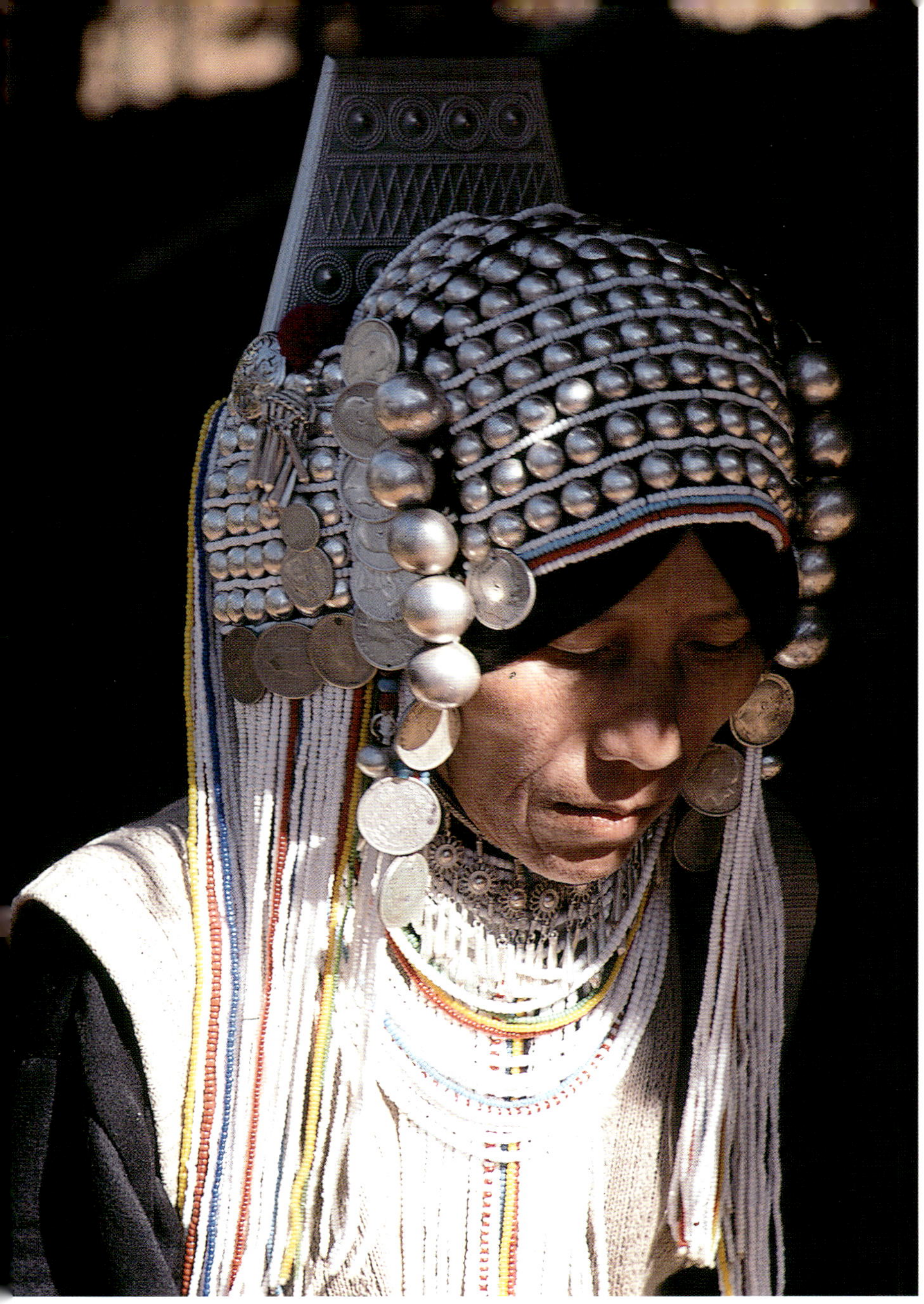

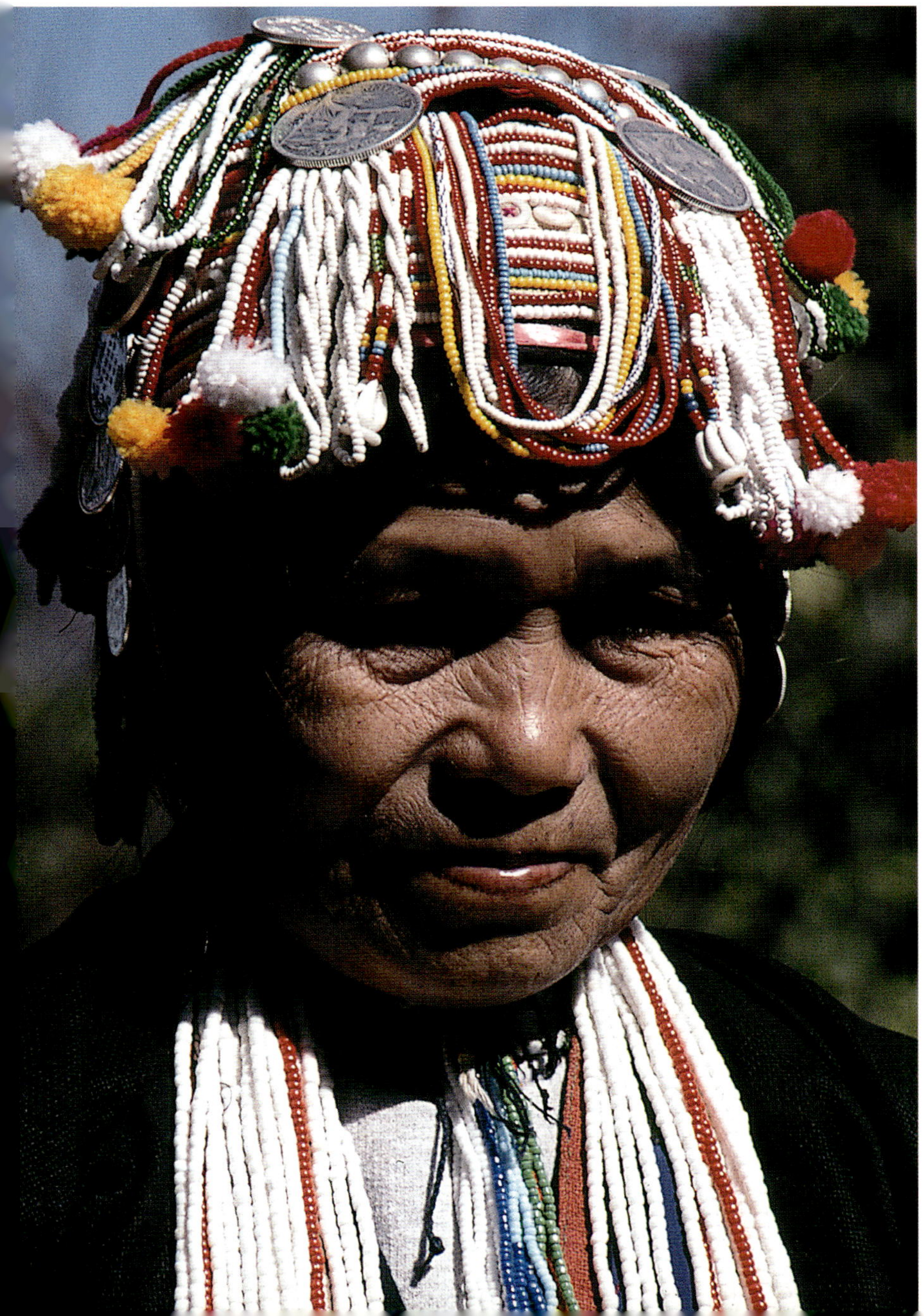

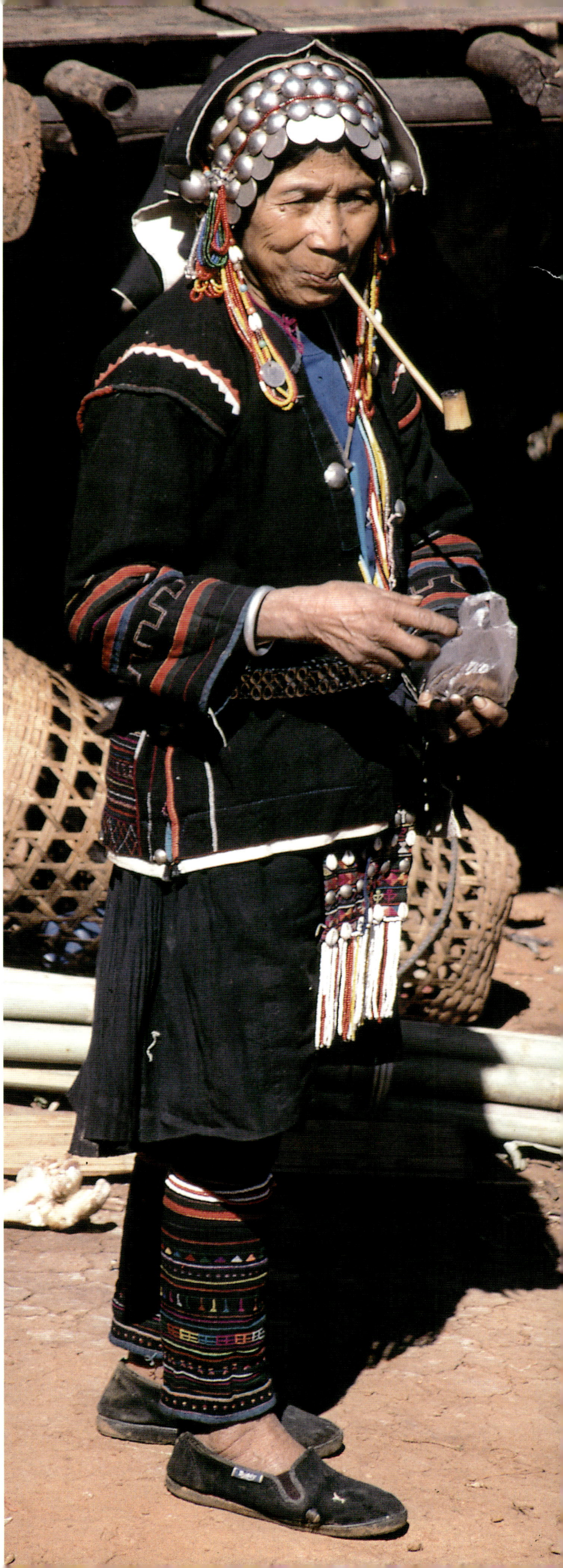

0 4 8

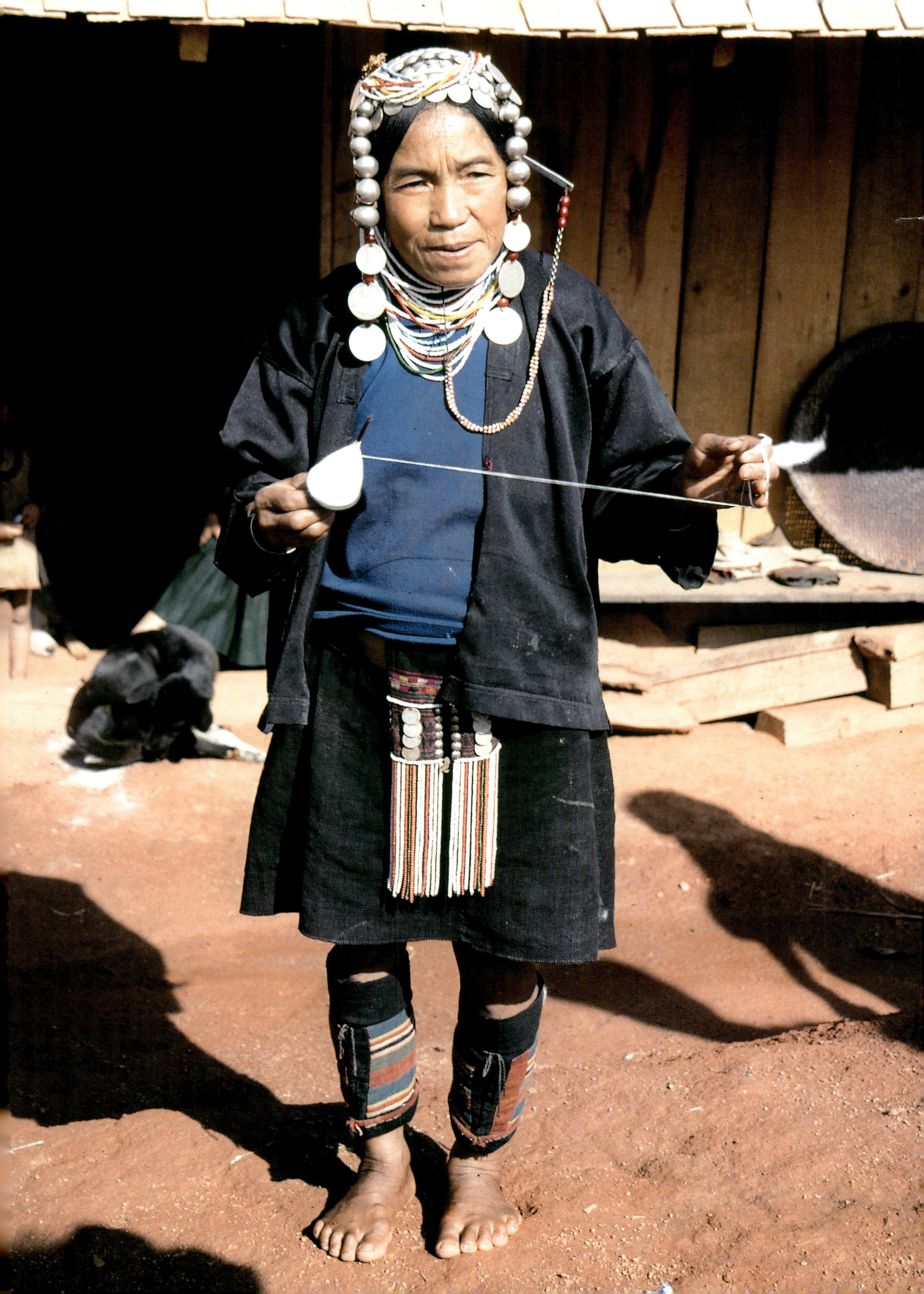

050

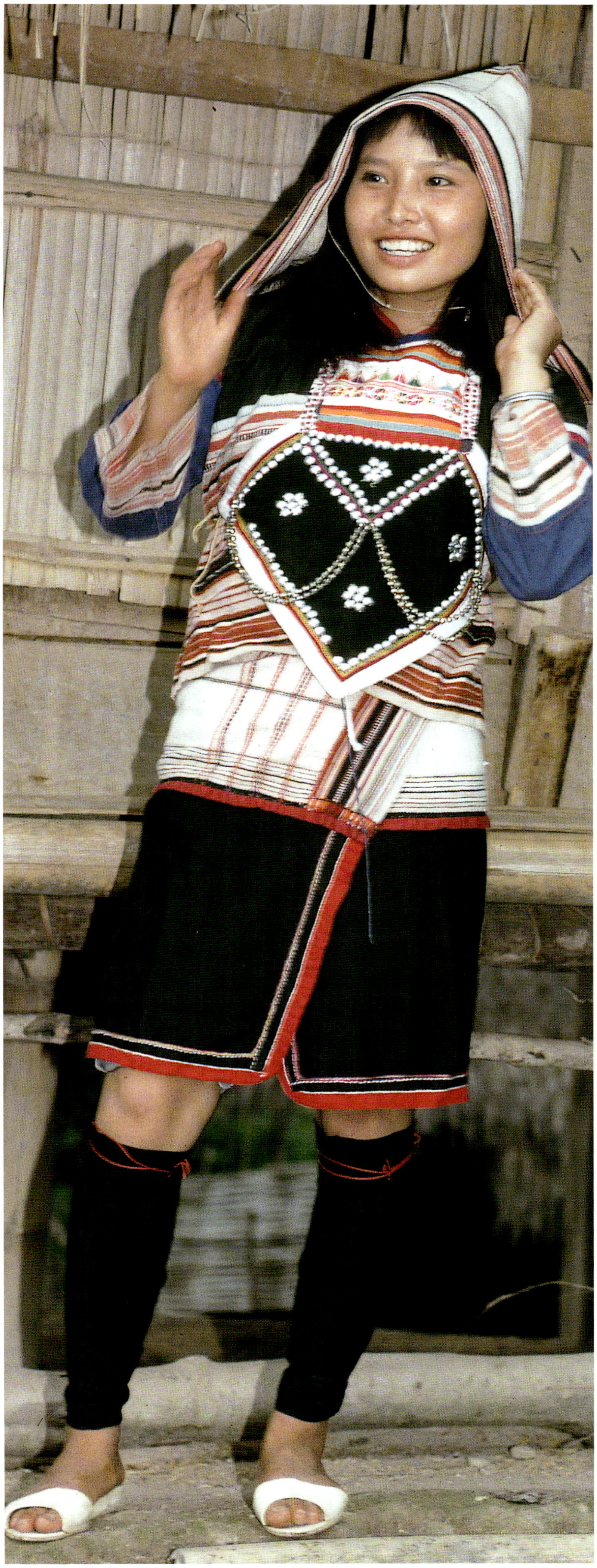
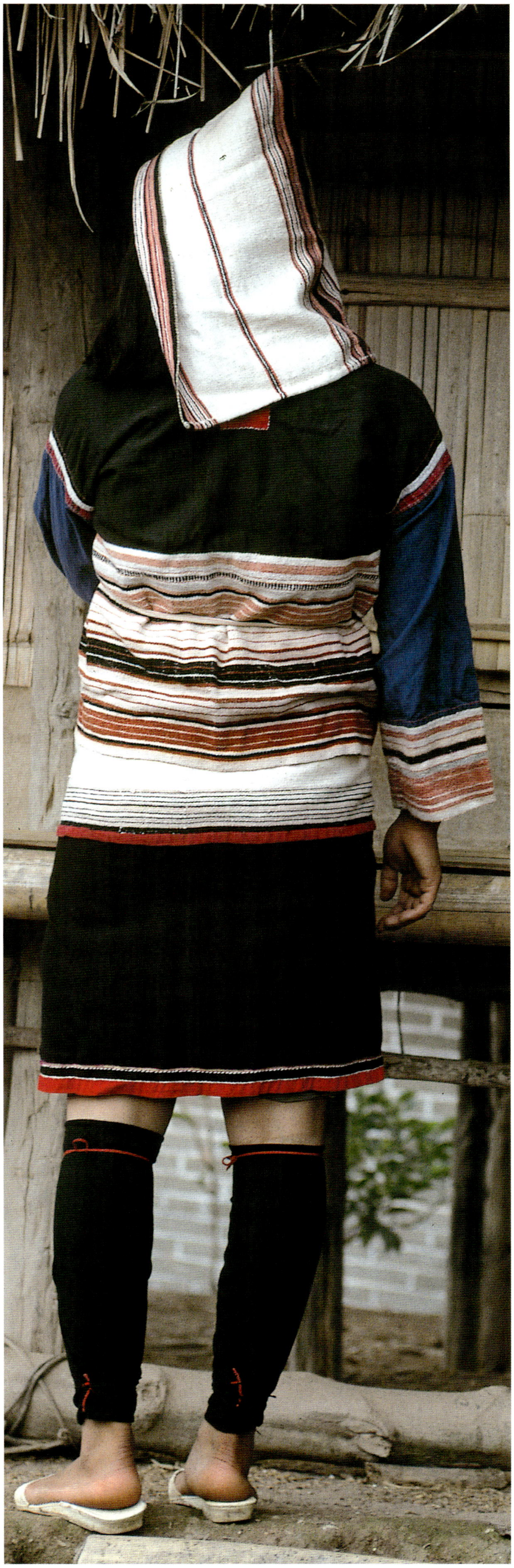

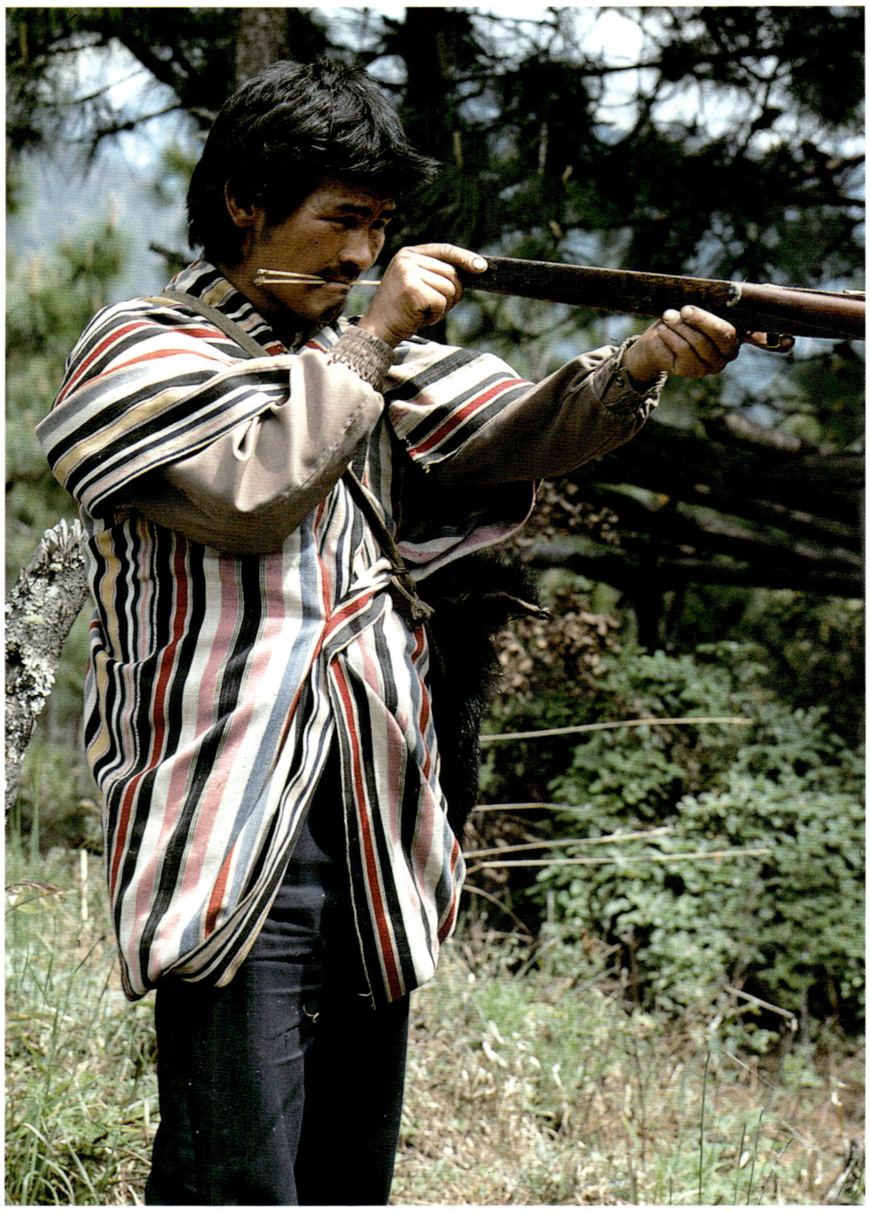
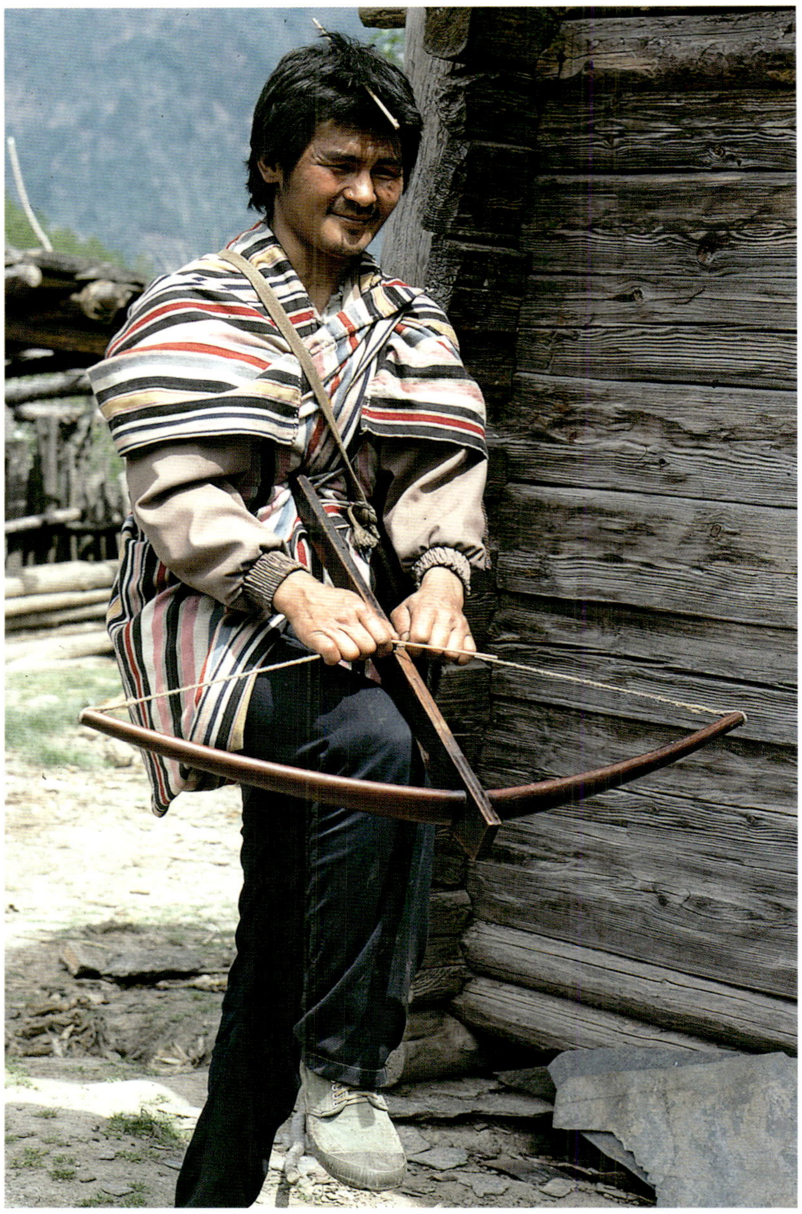
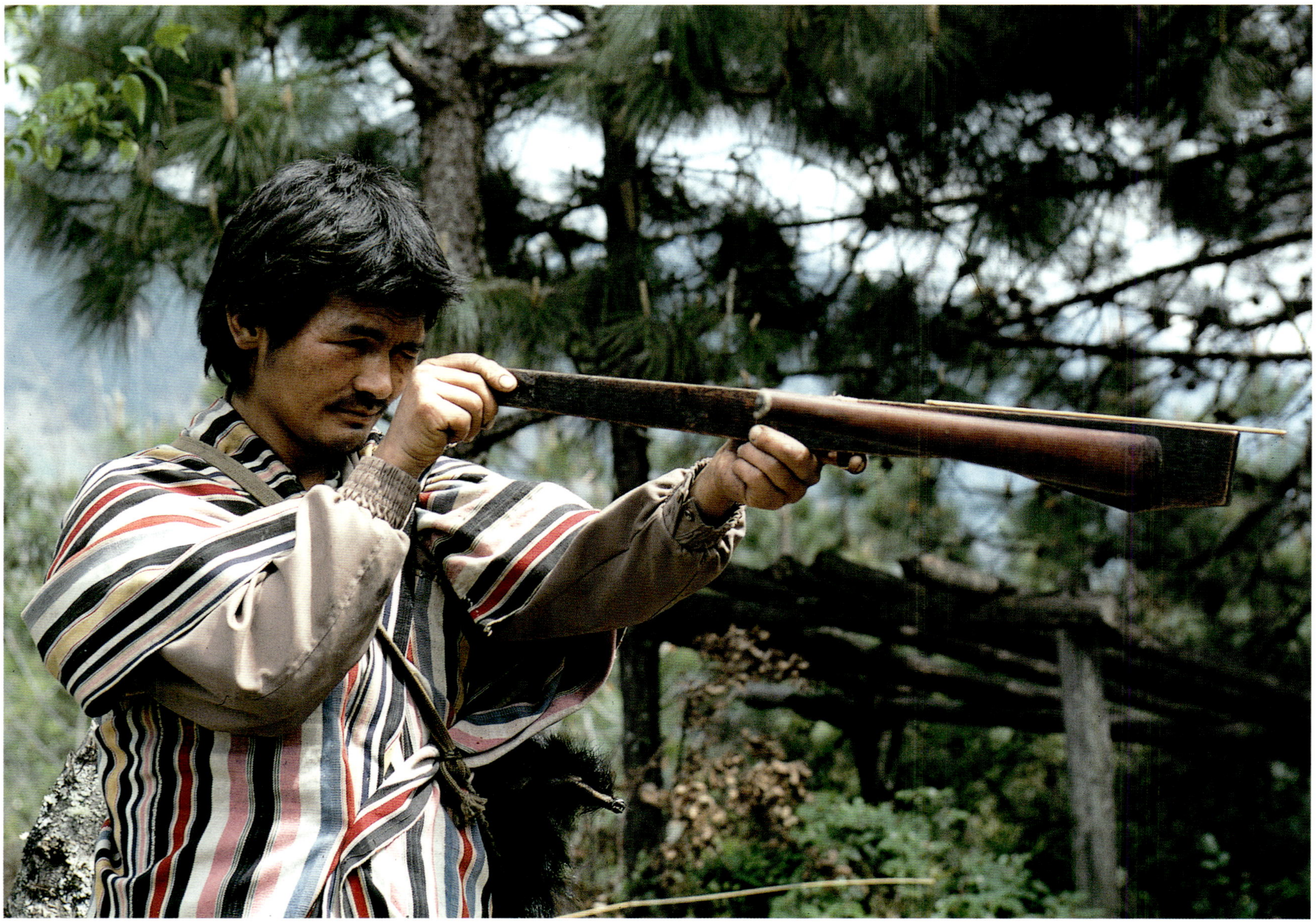

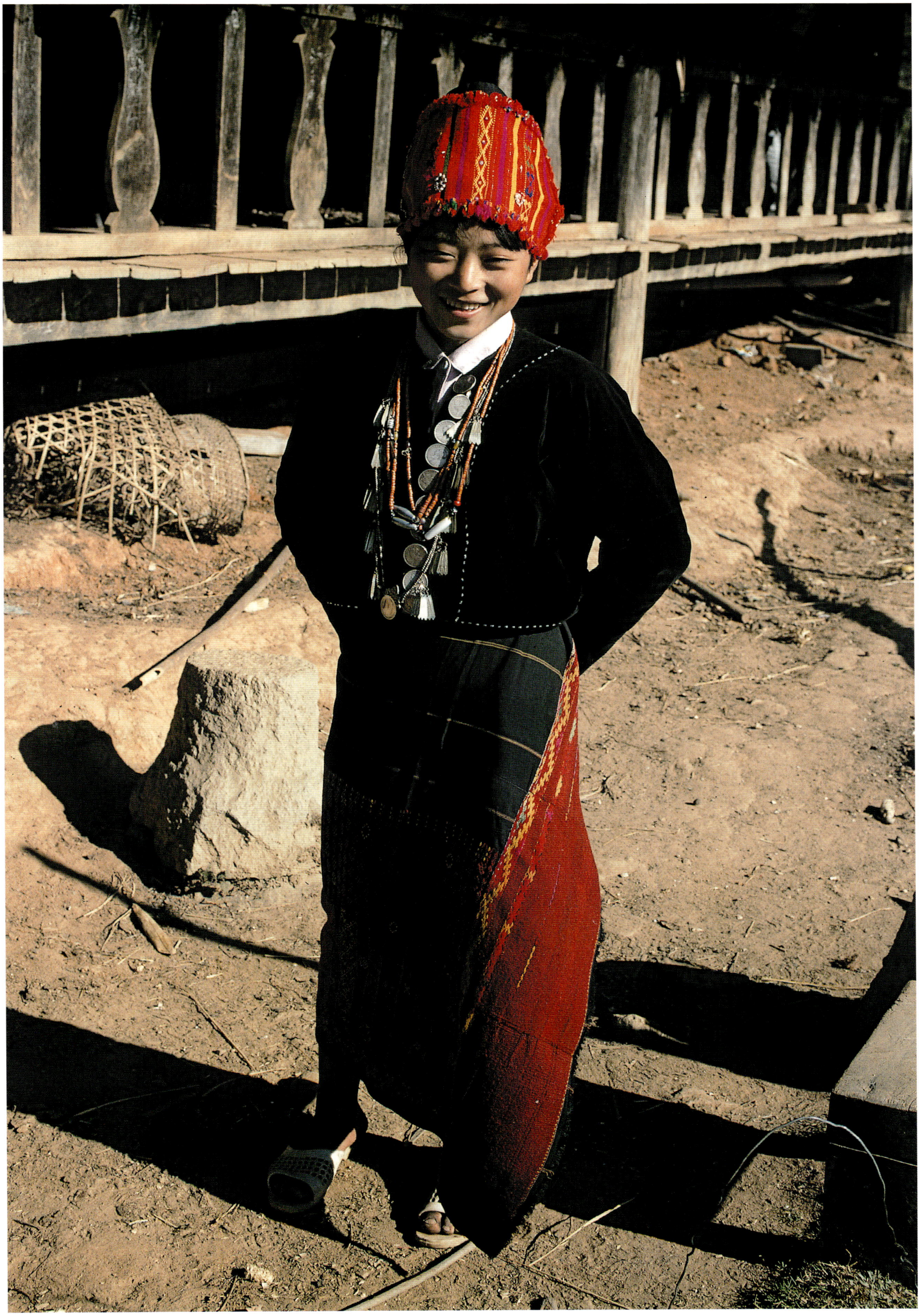

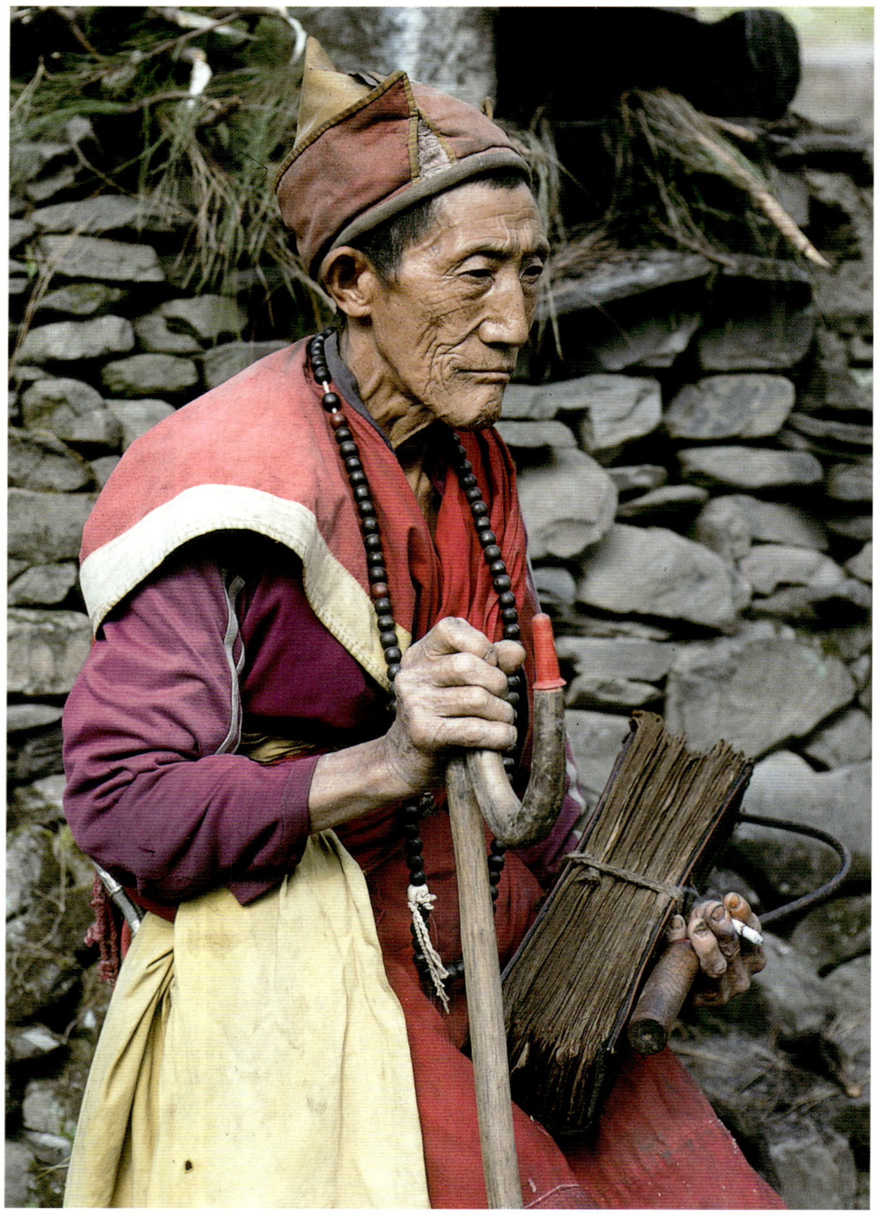

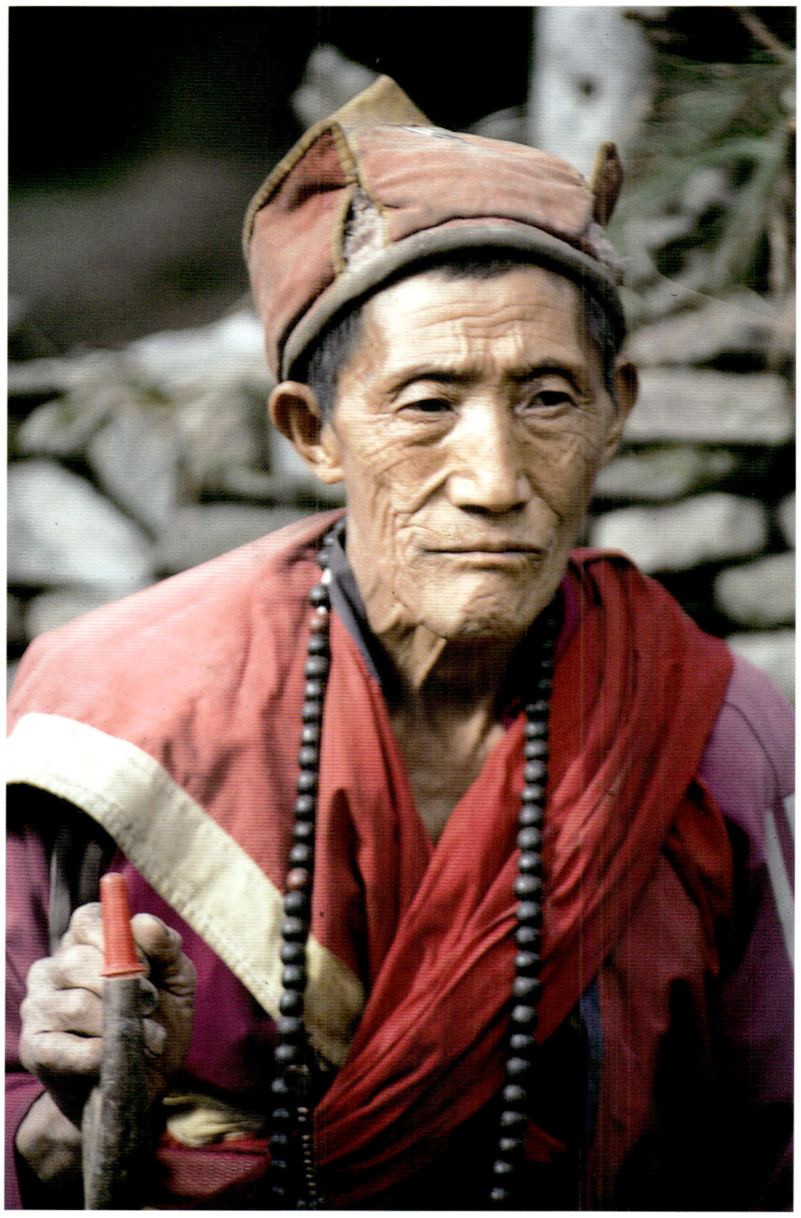

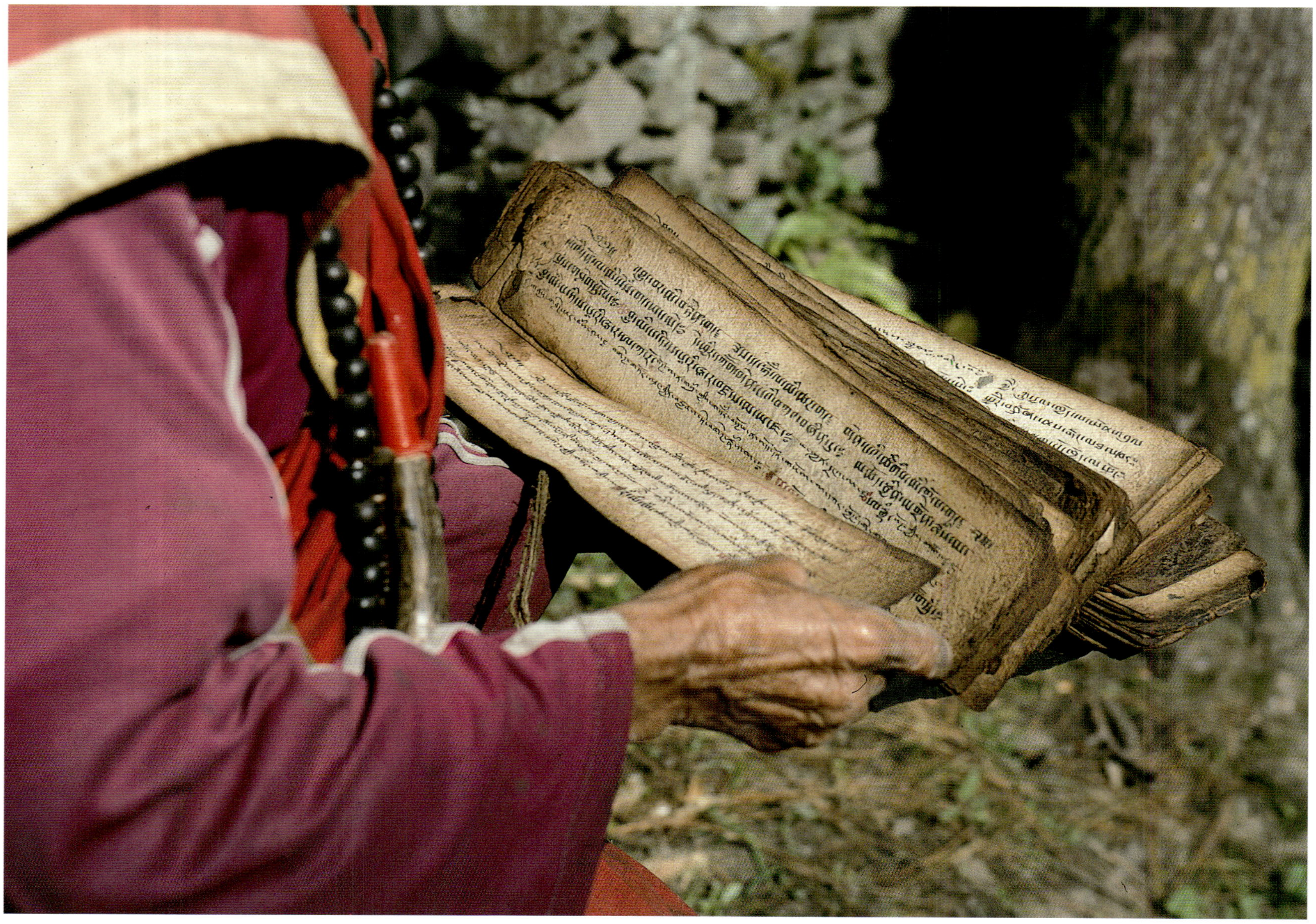

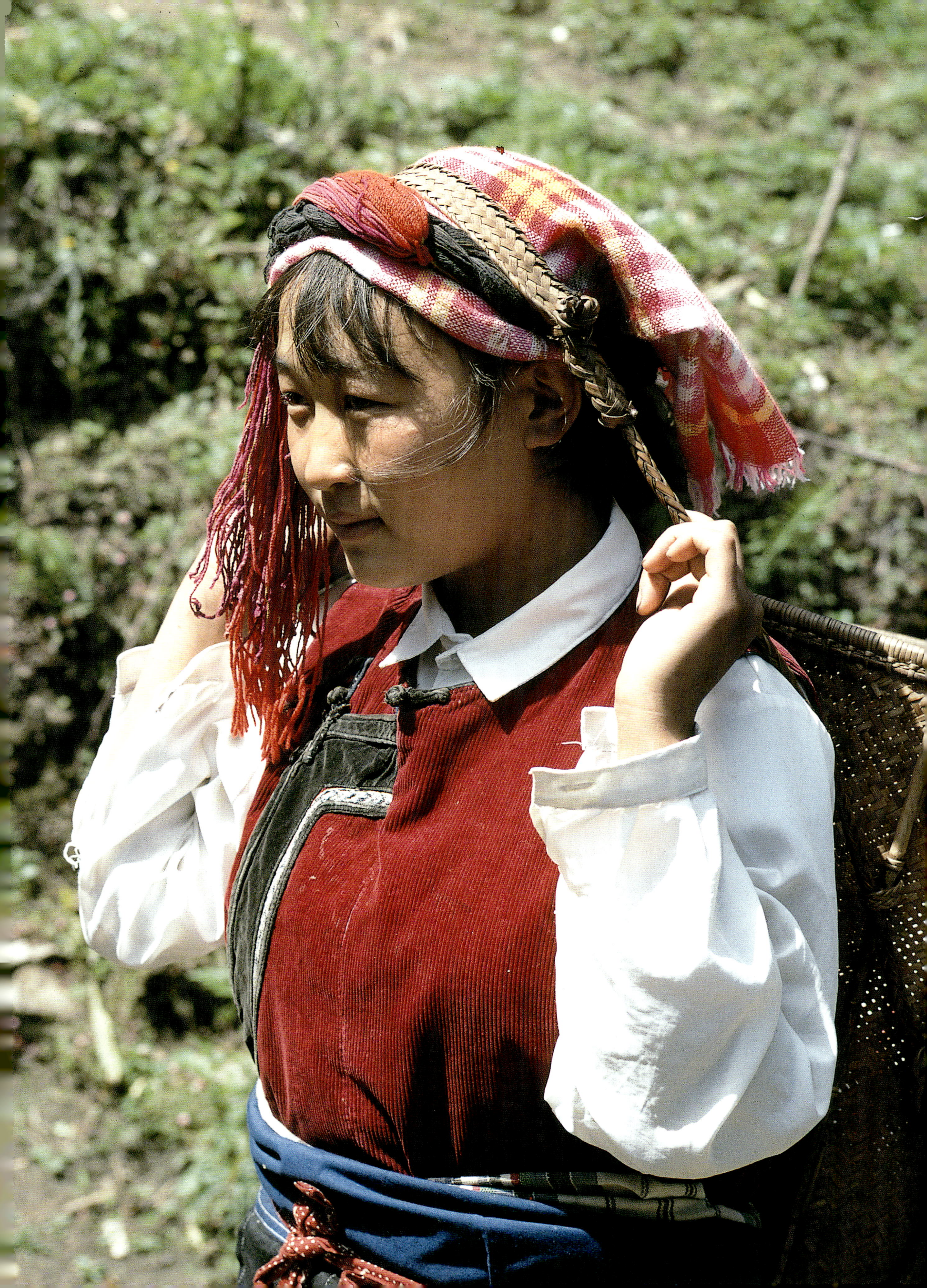

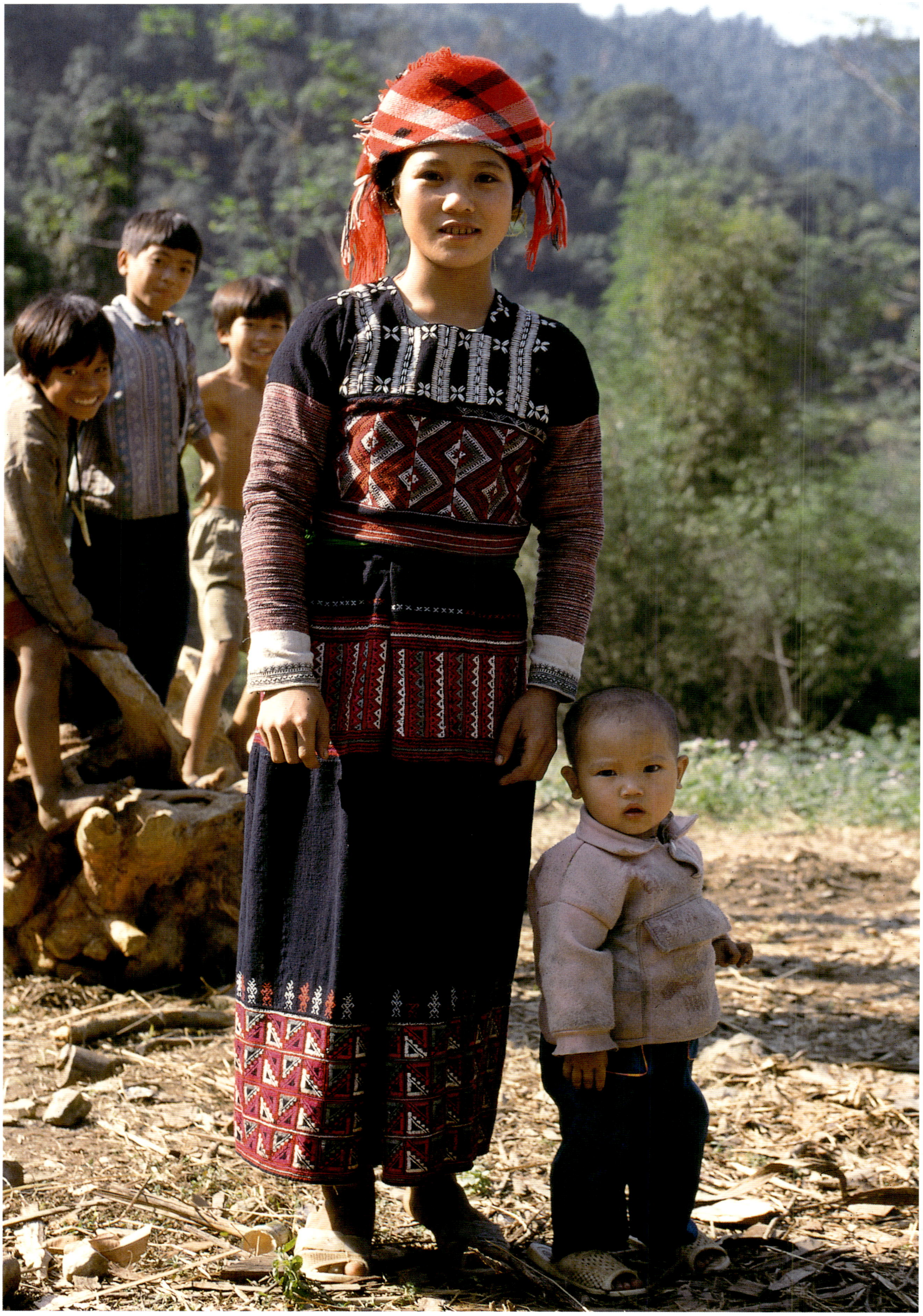

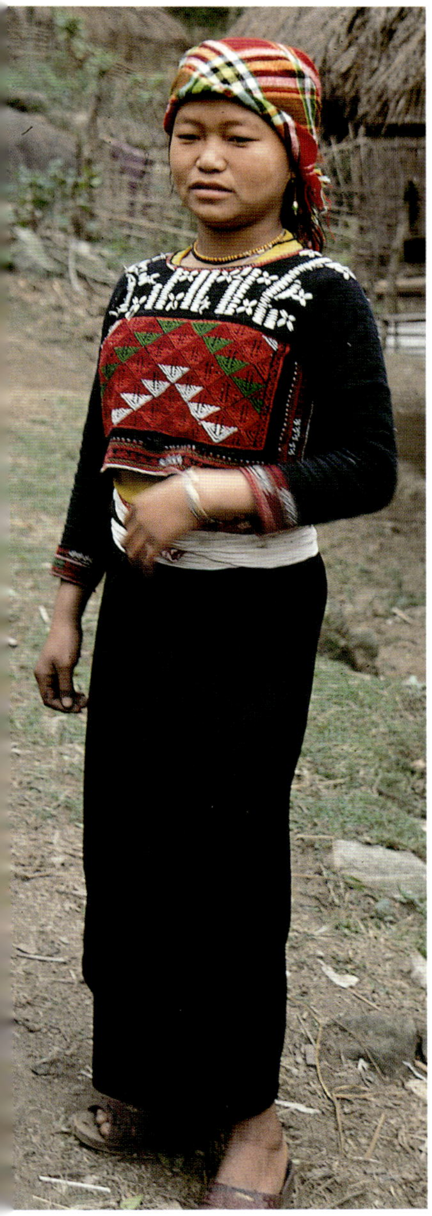
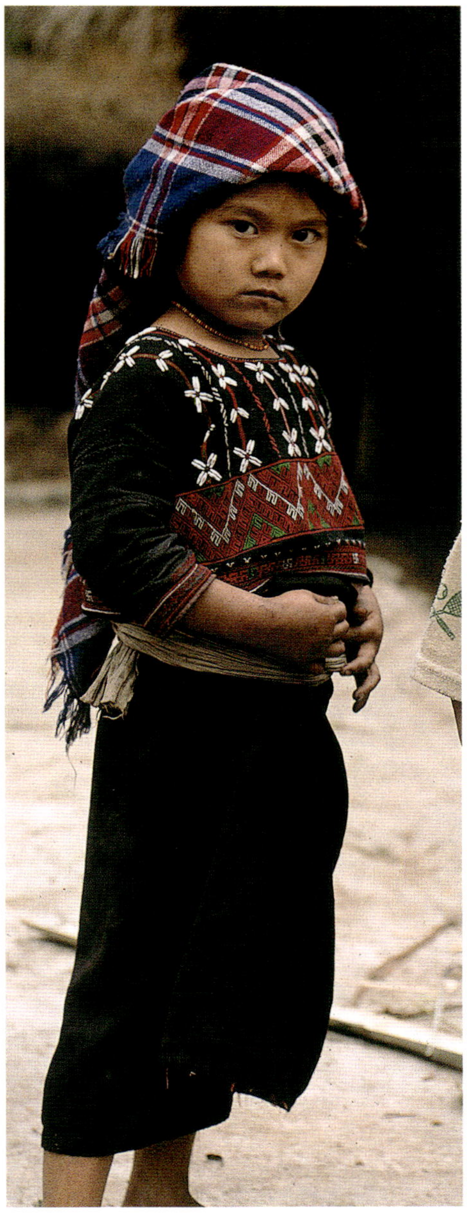
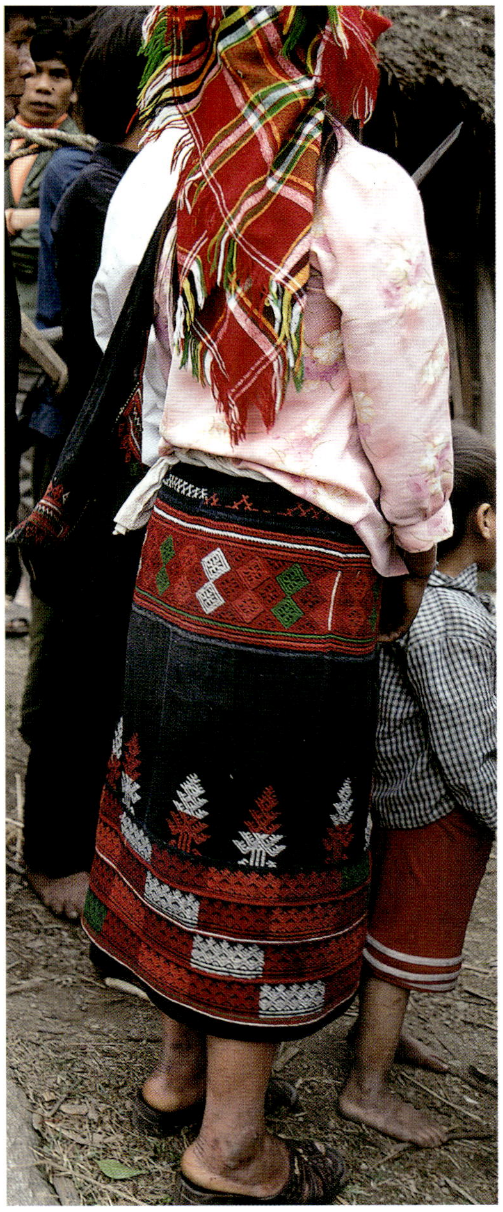
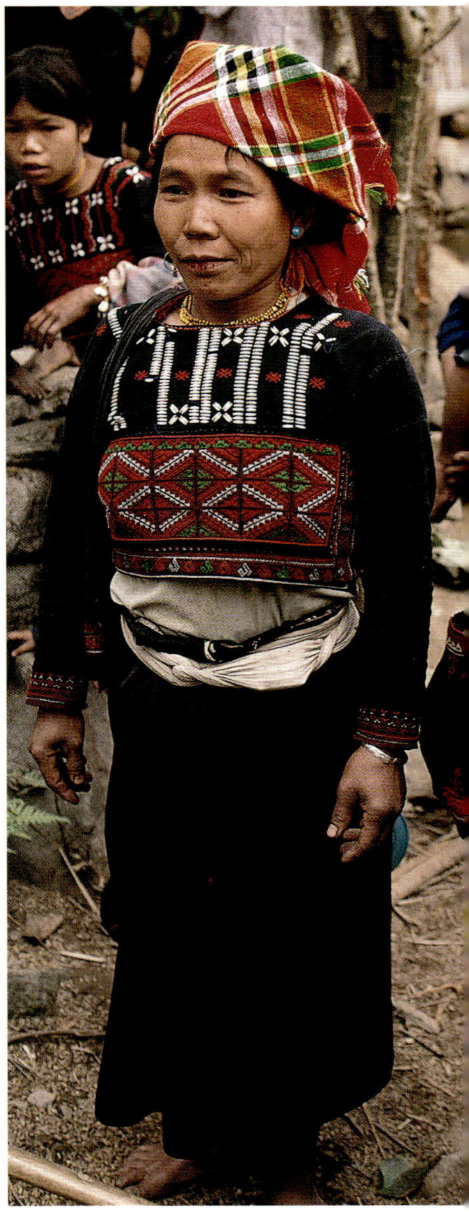
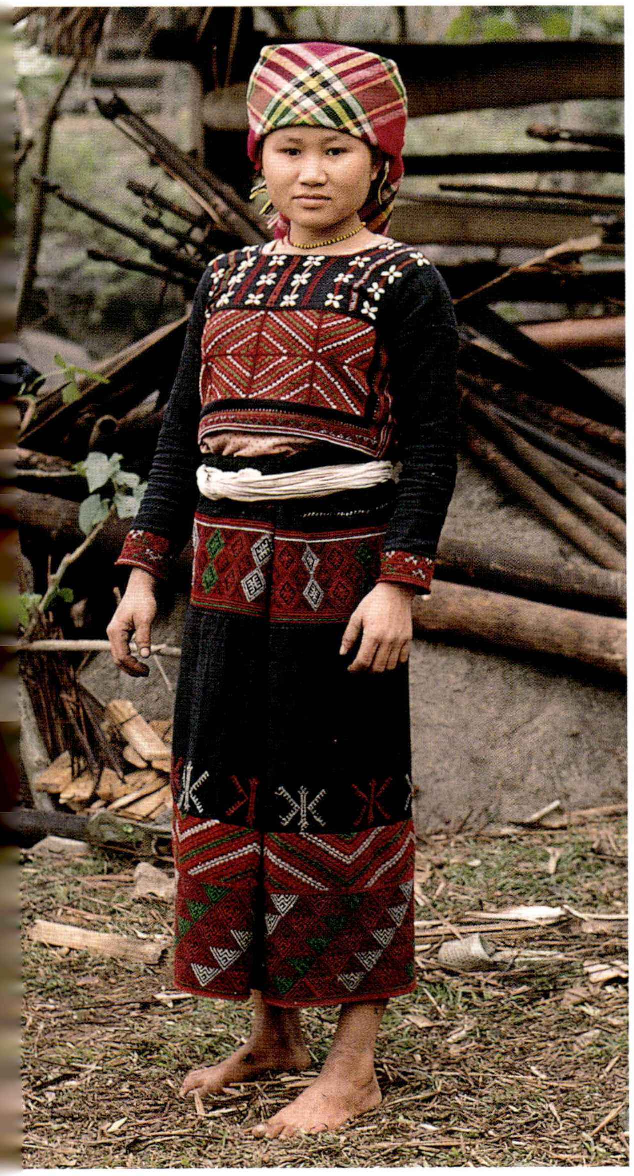
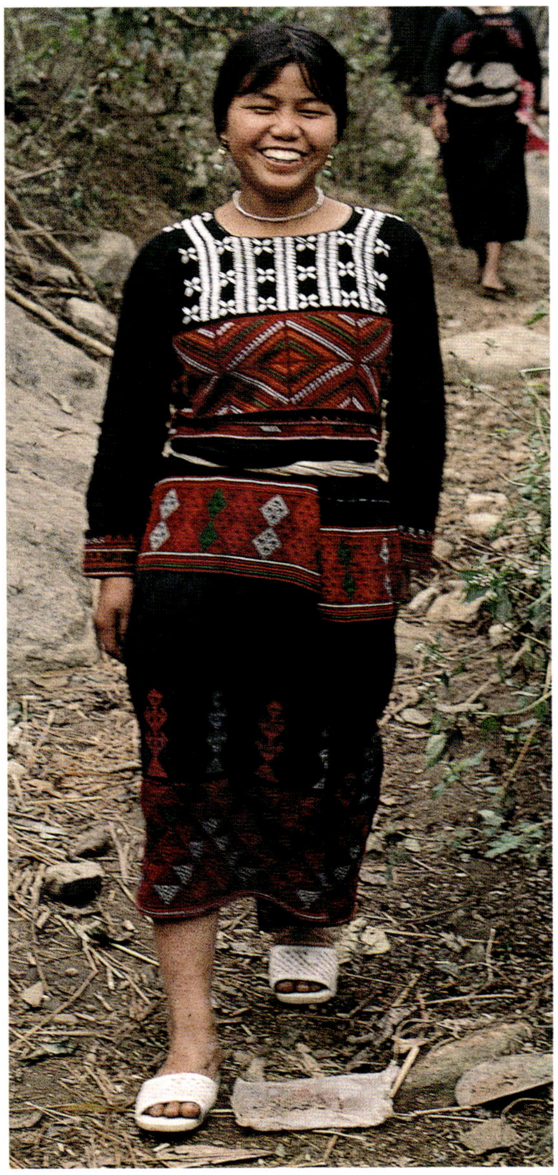
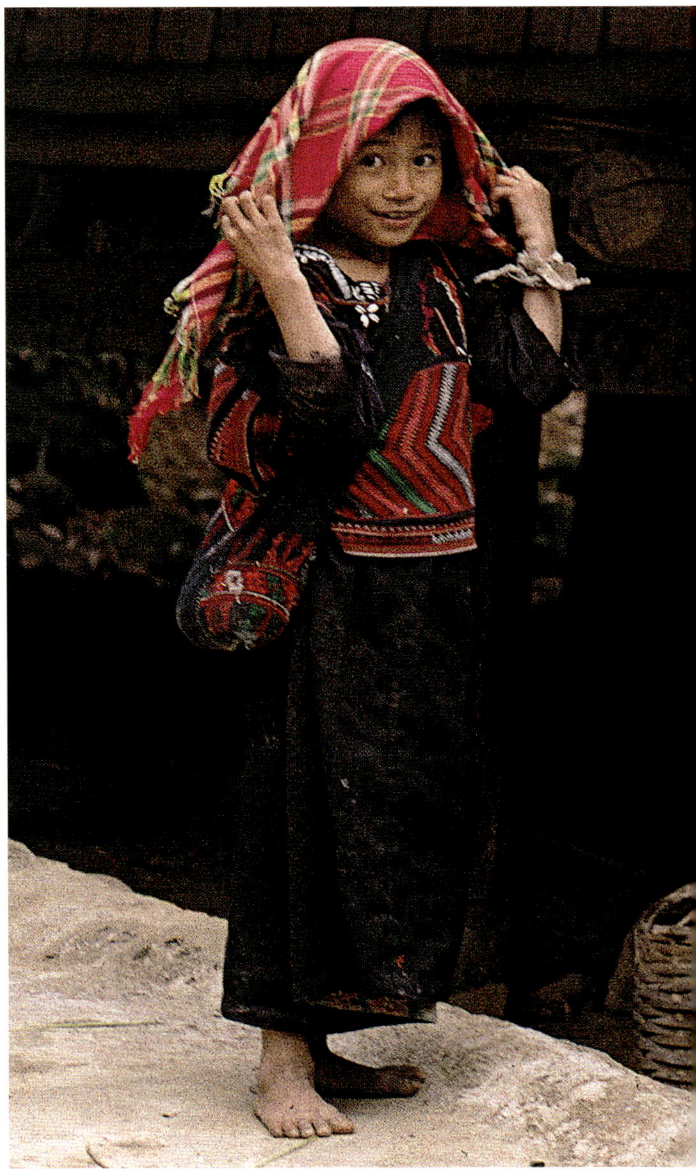

058

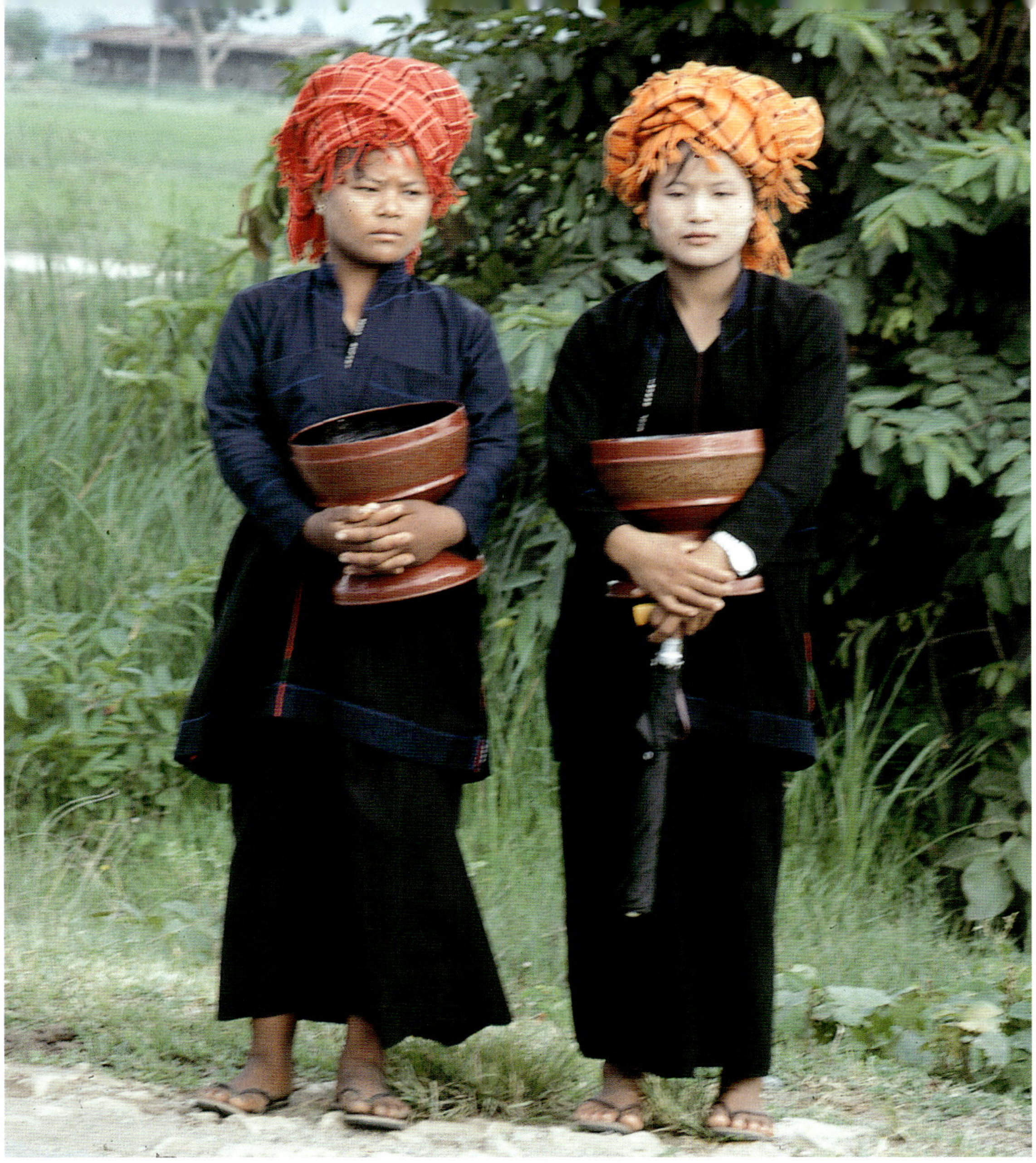
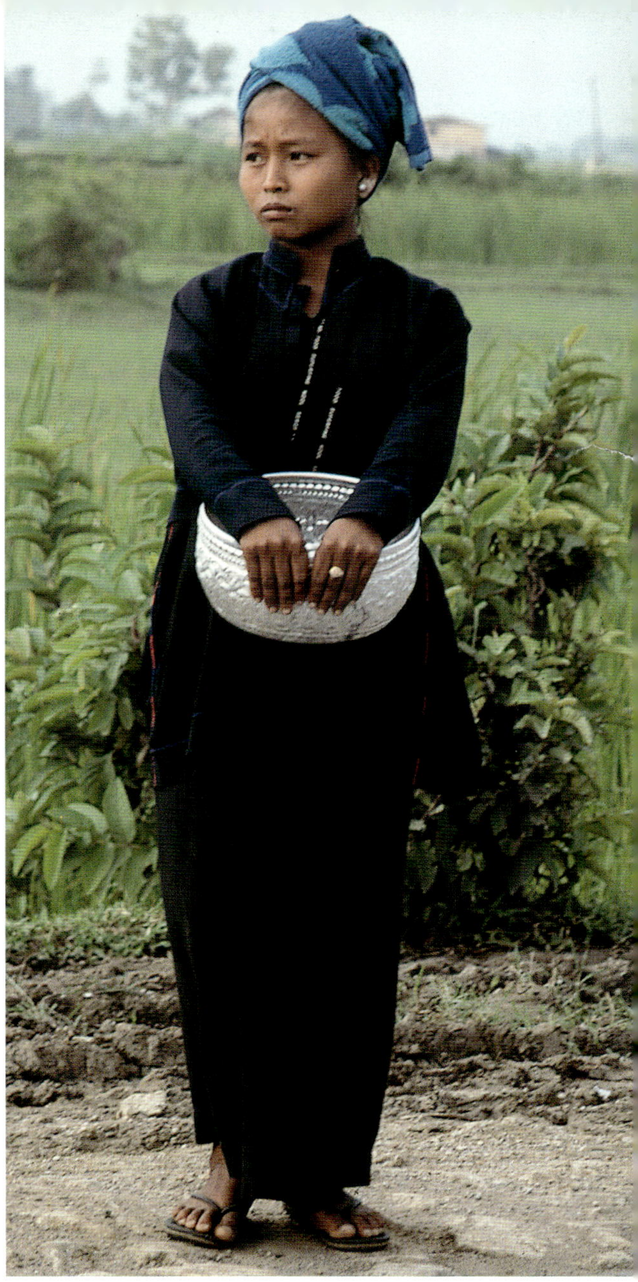
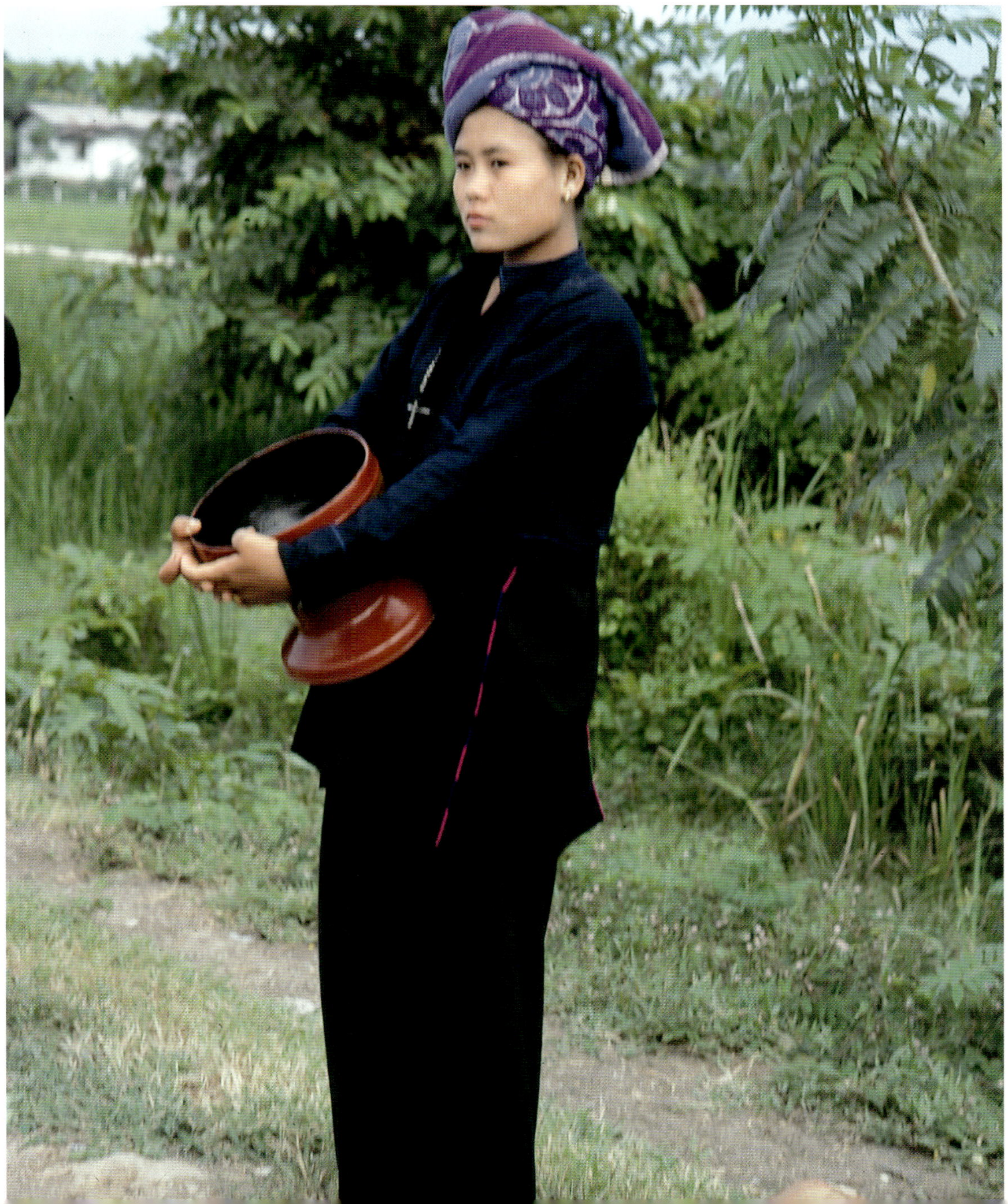
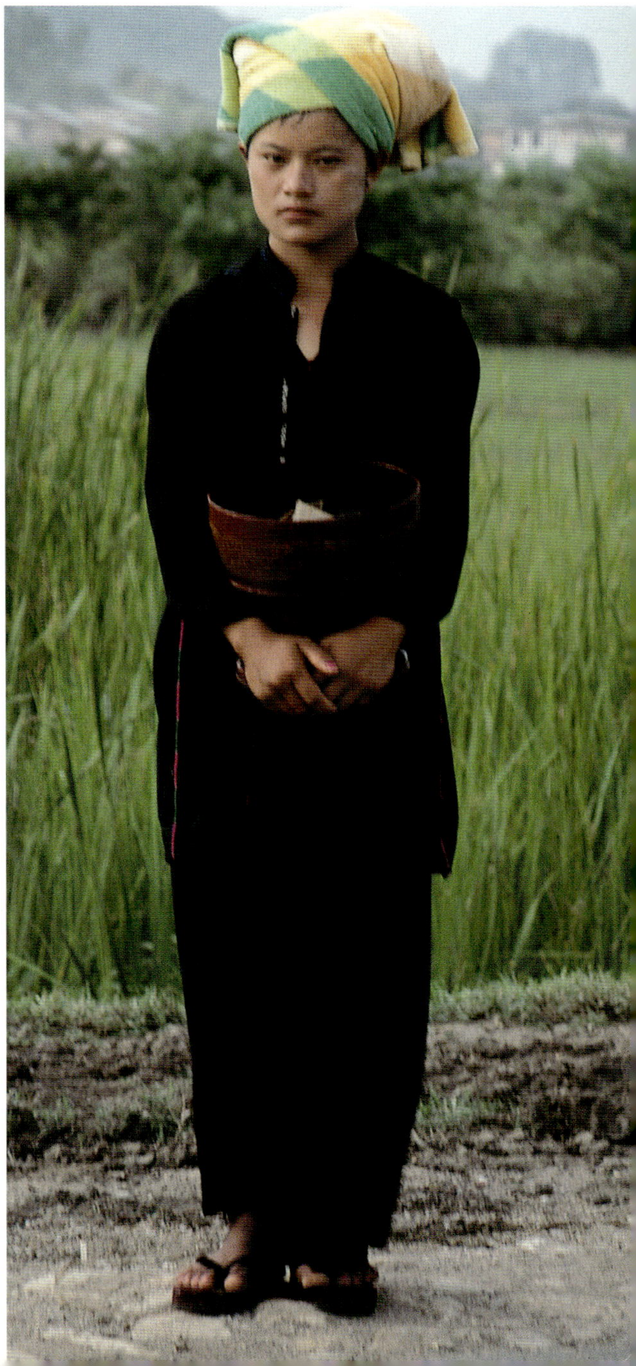

060

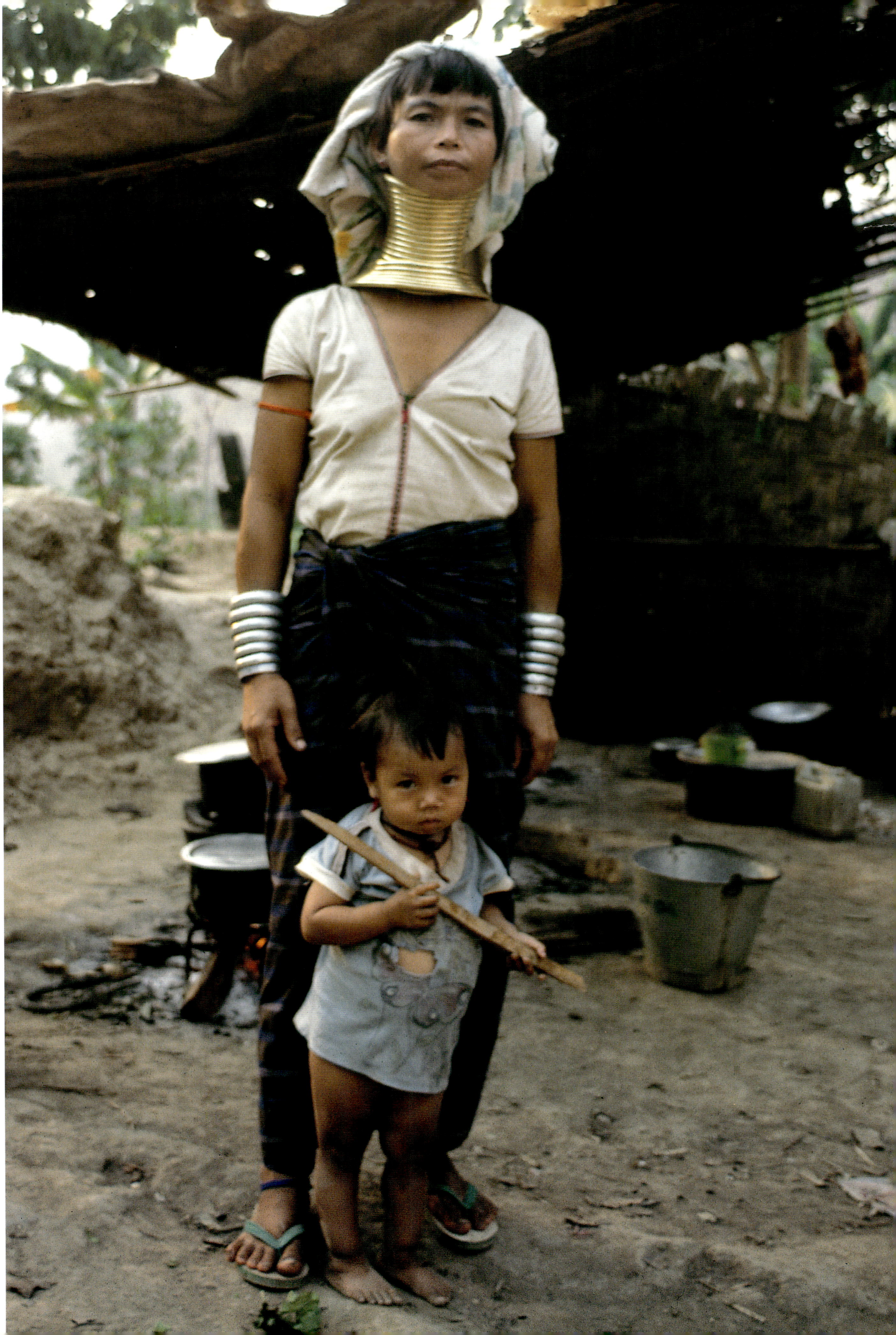

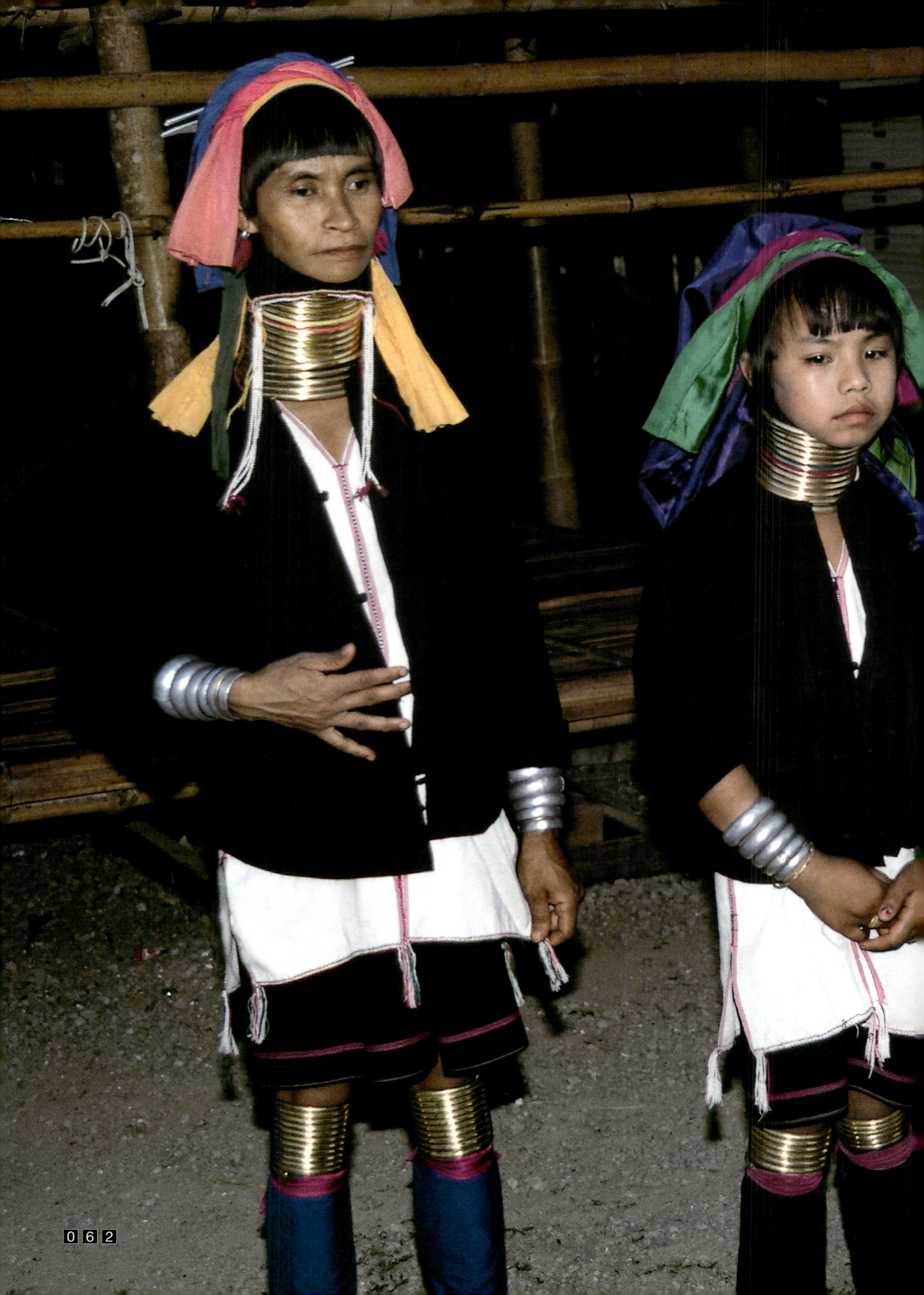

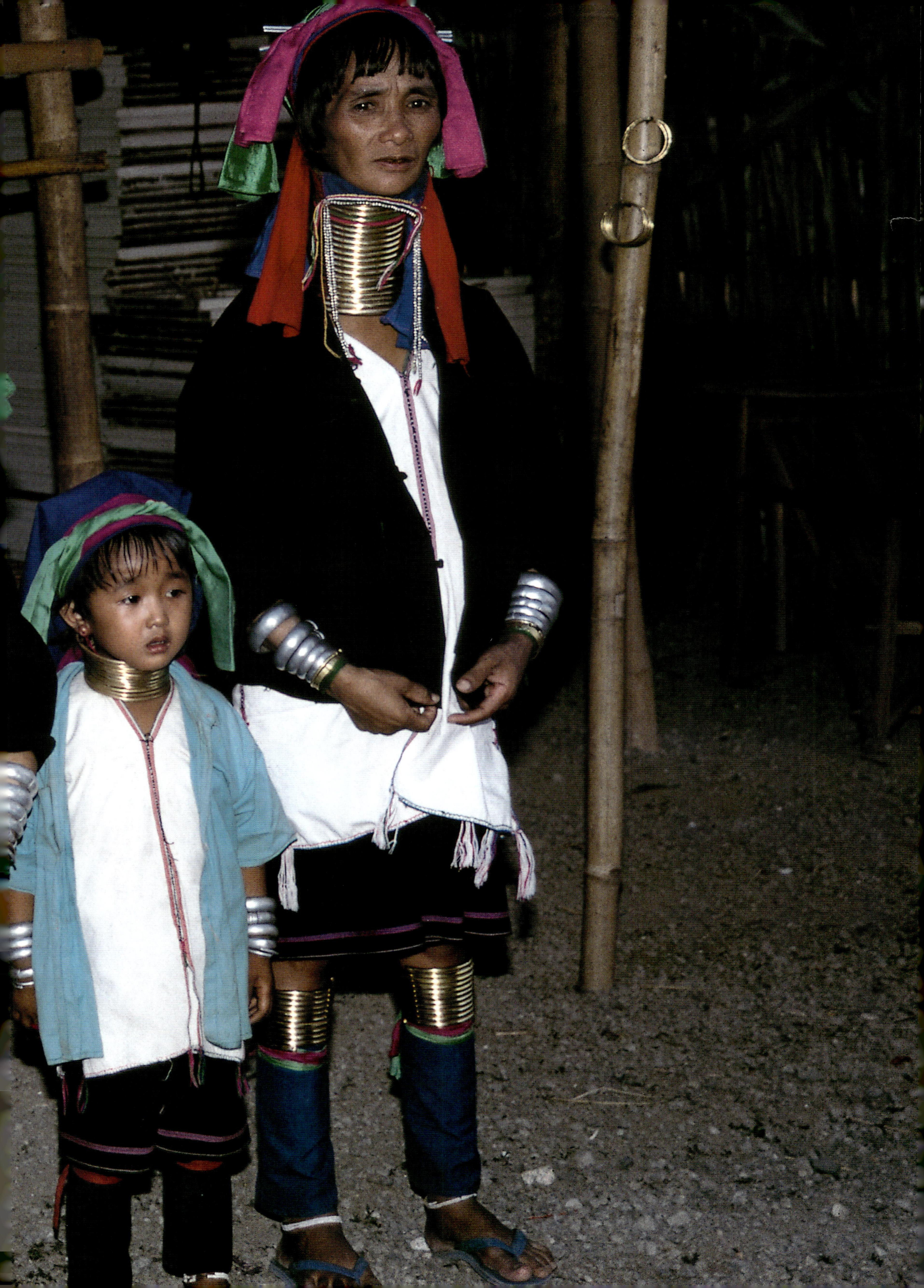

064

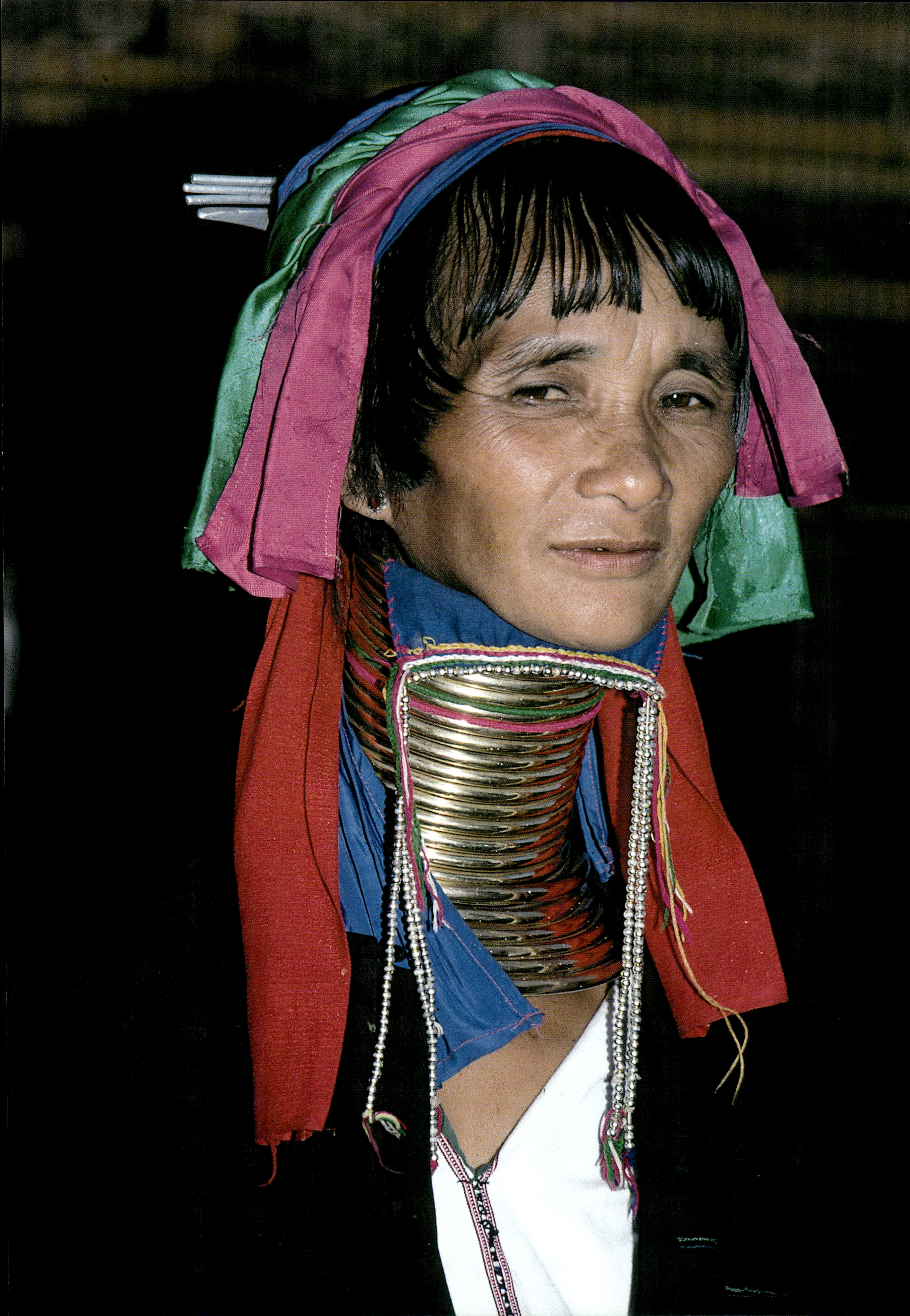

066

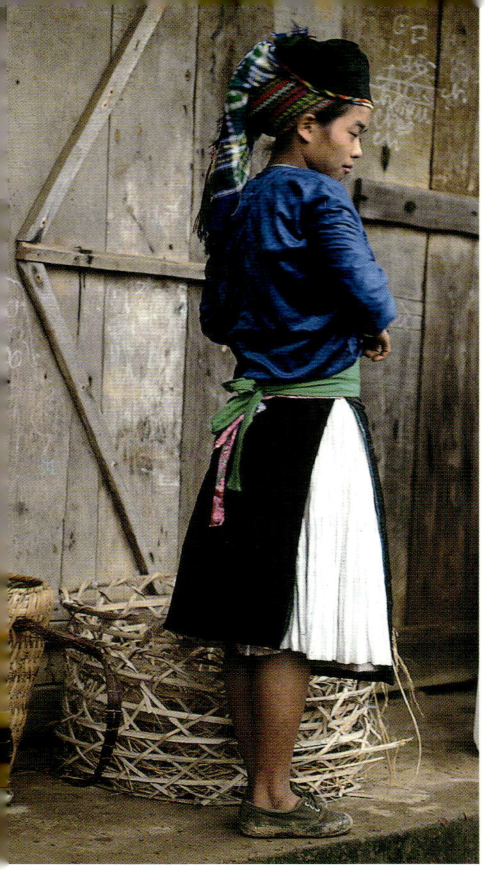
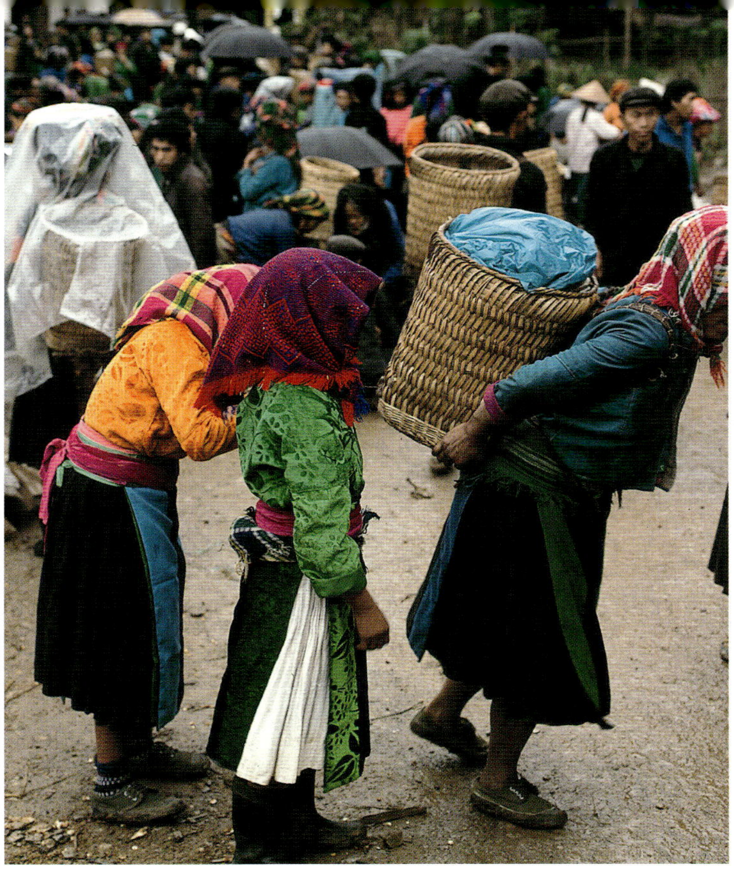
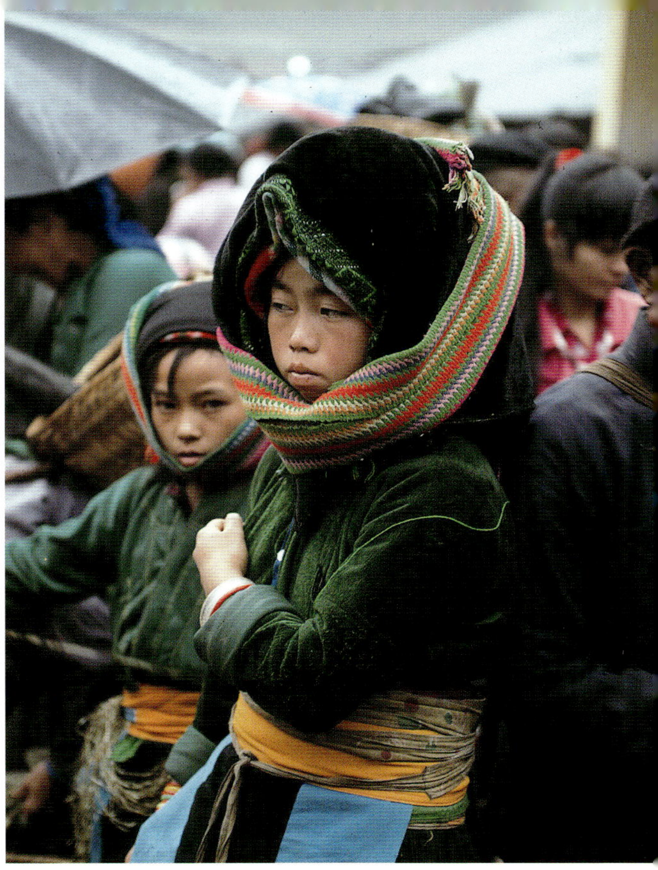
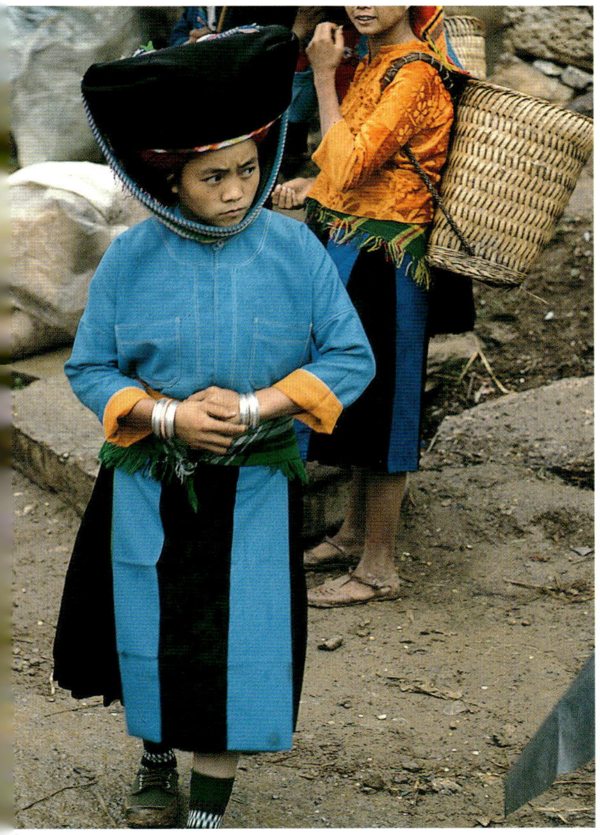
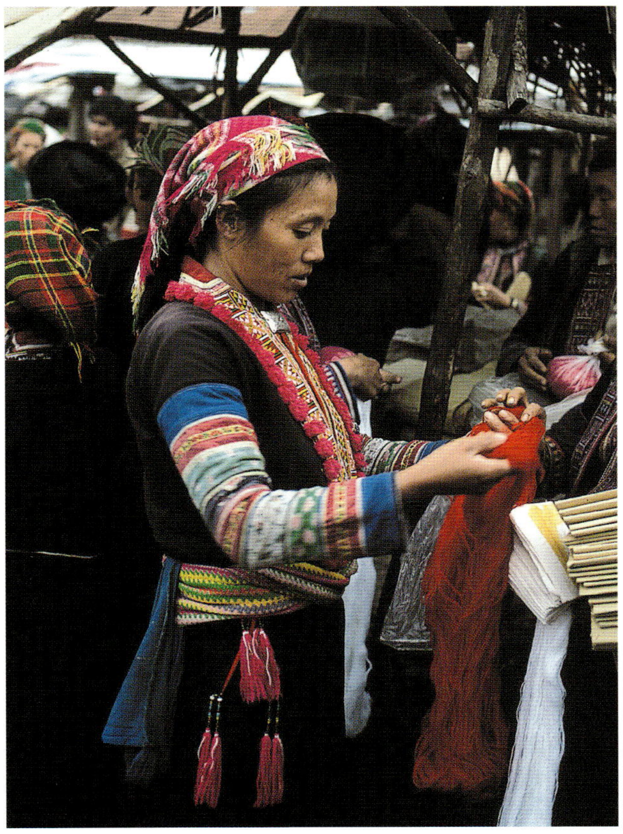
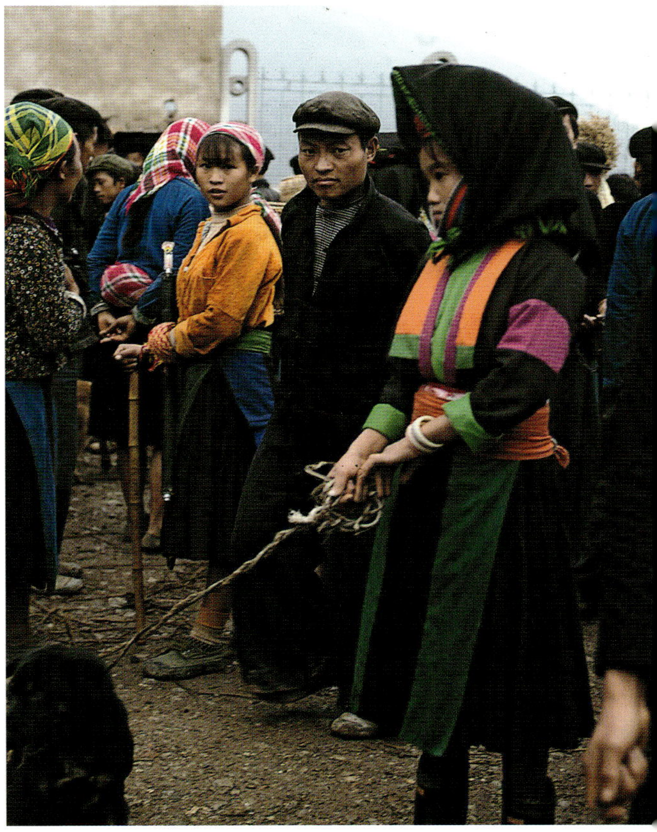
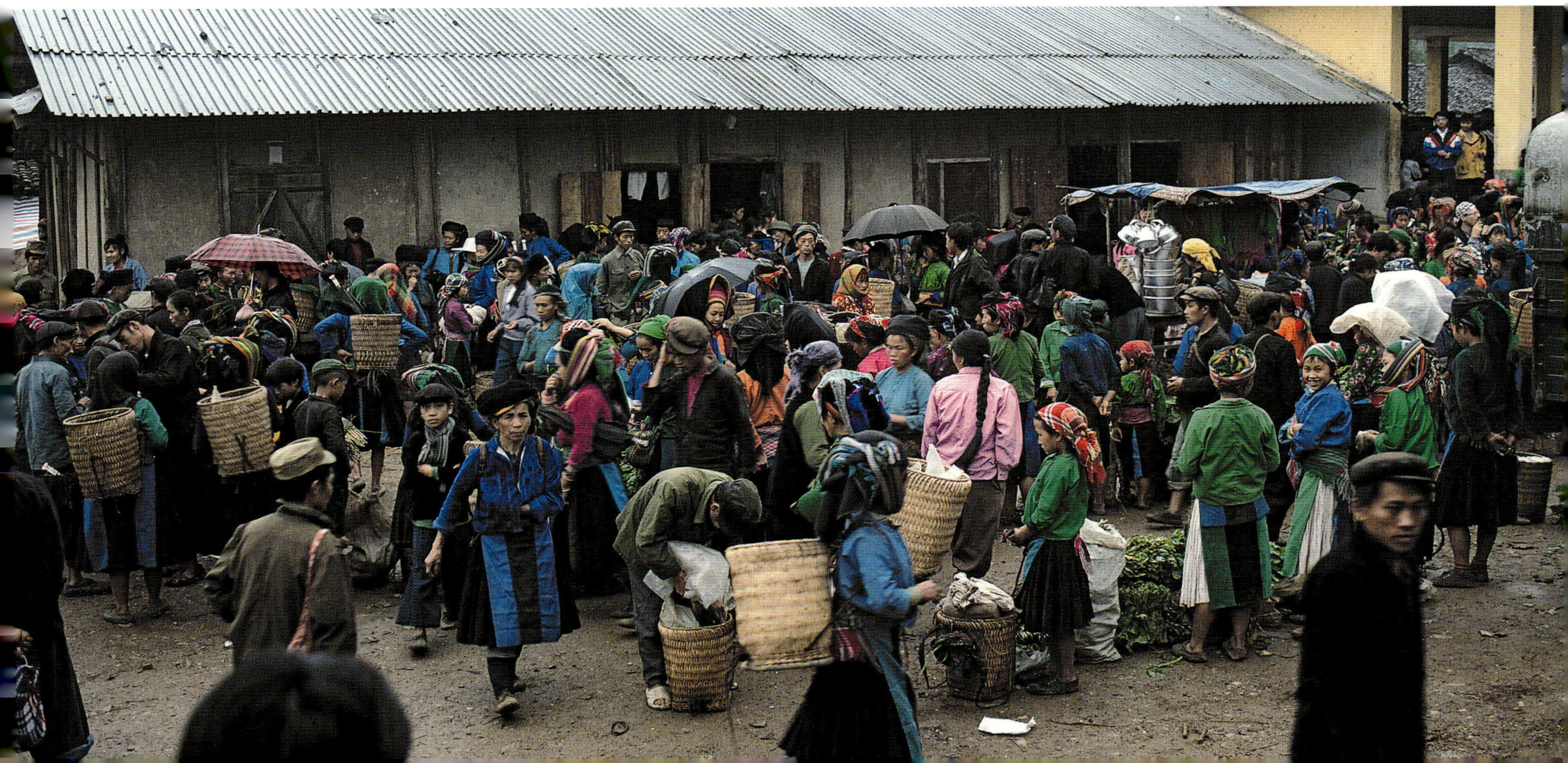

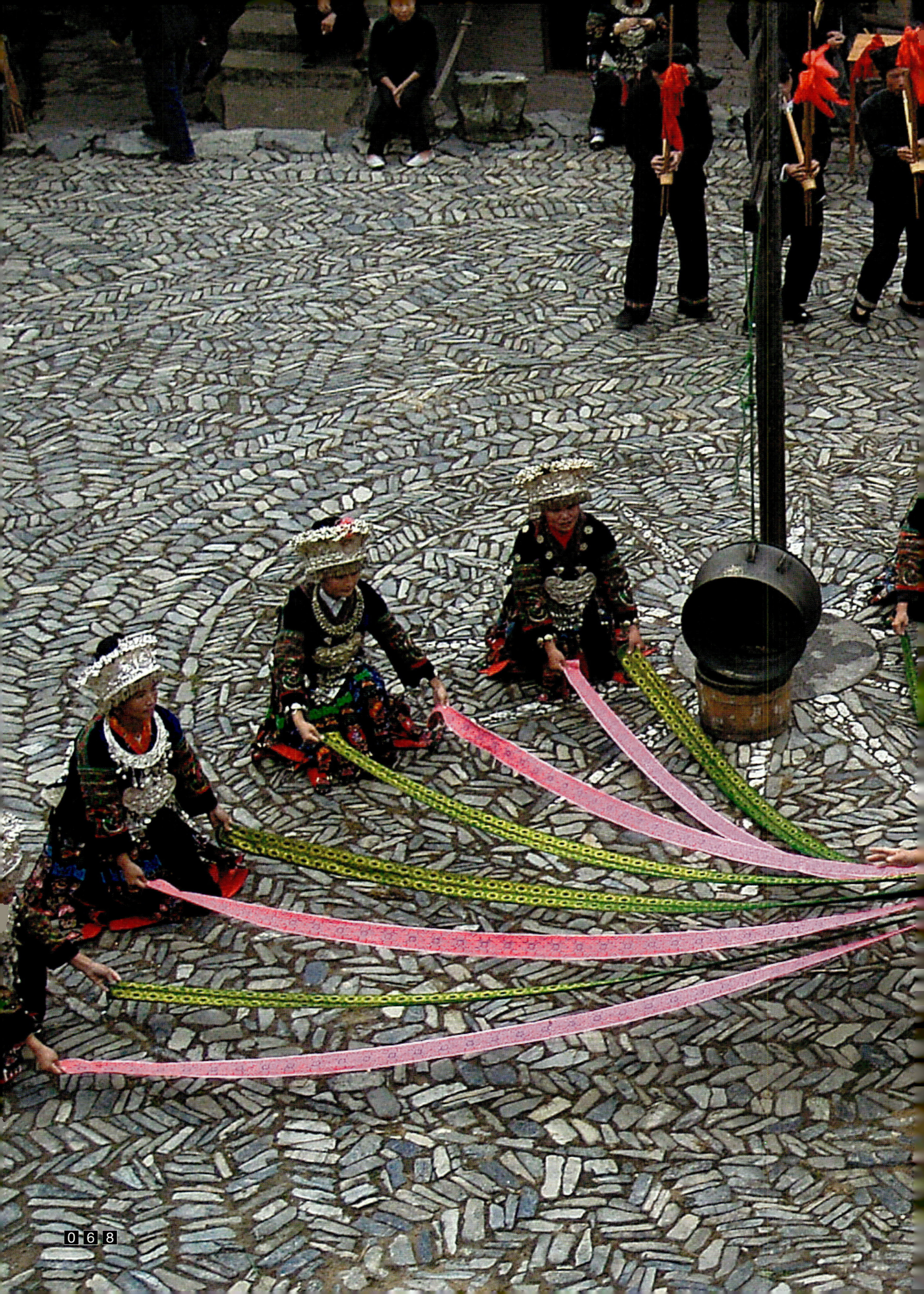

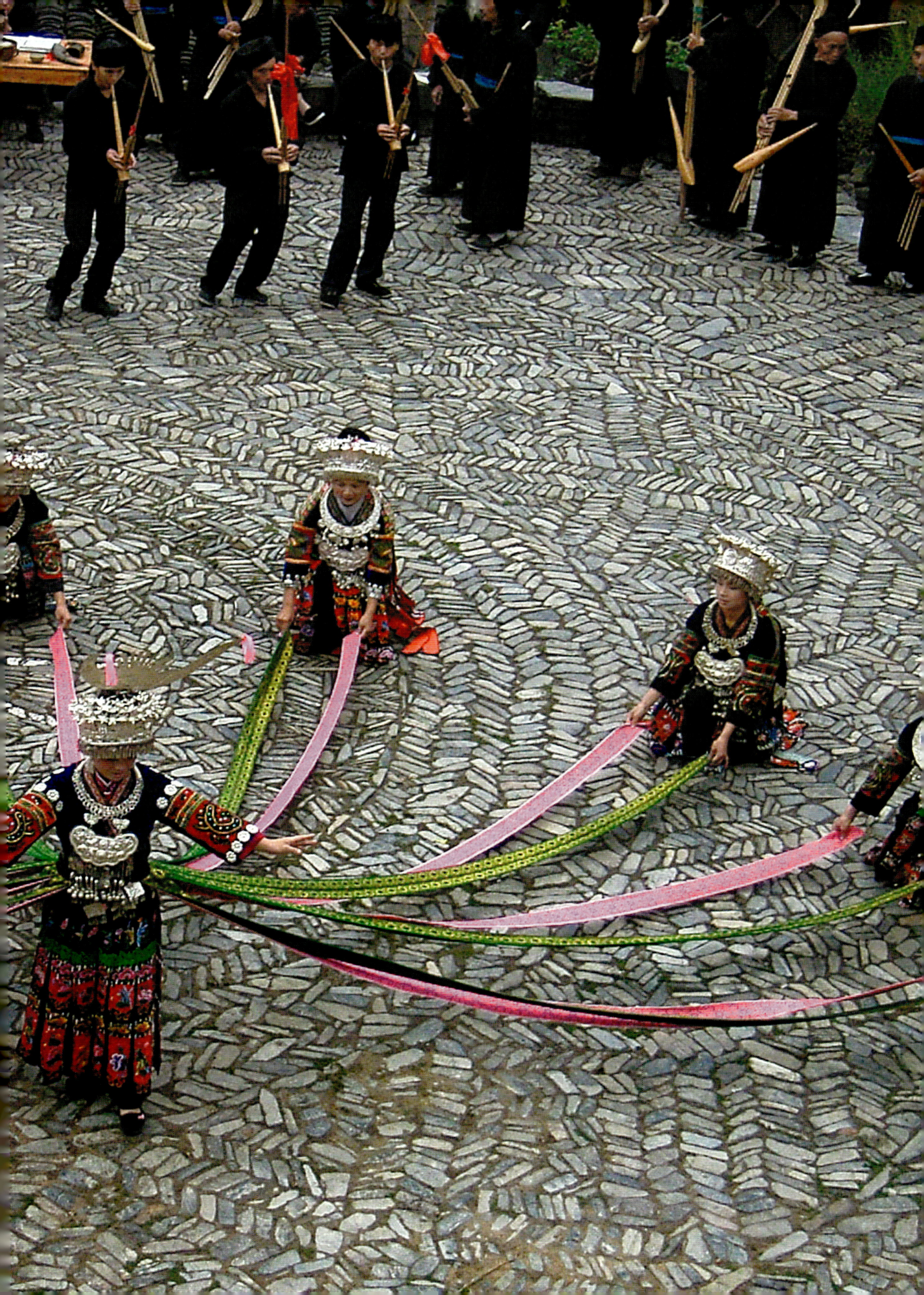

070

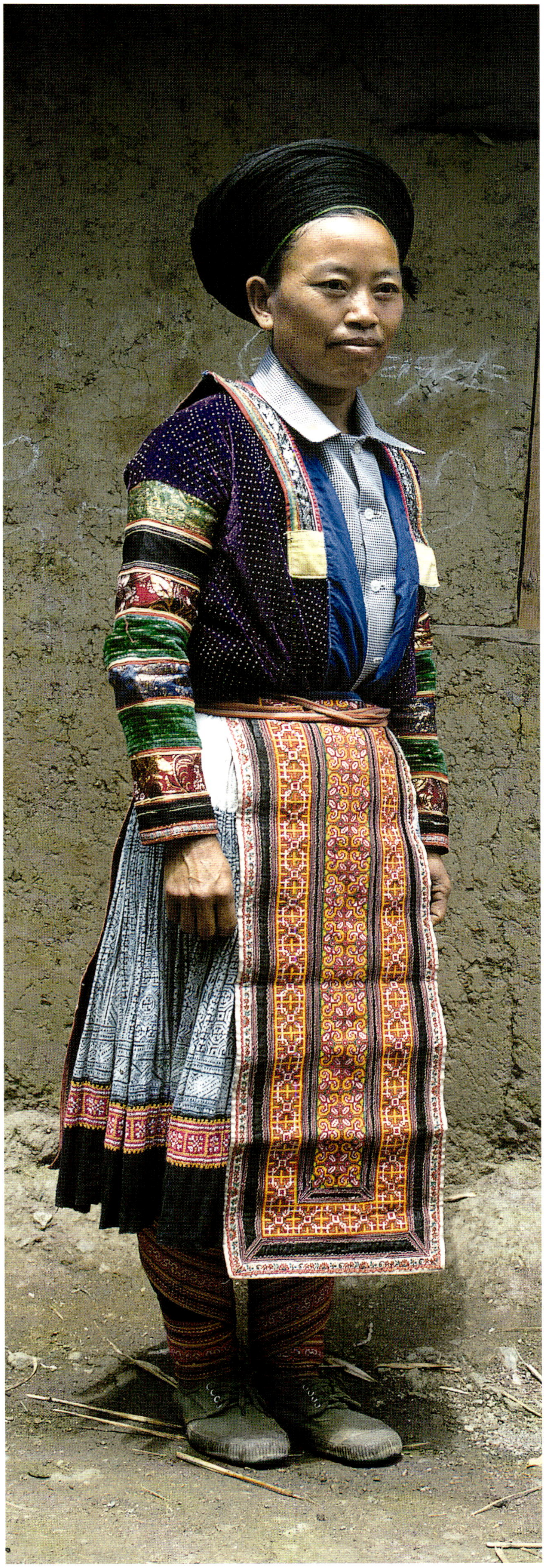
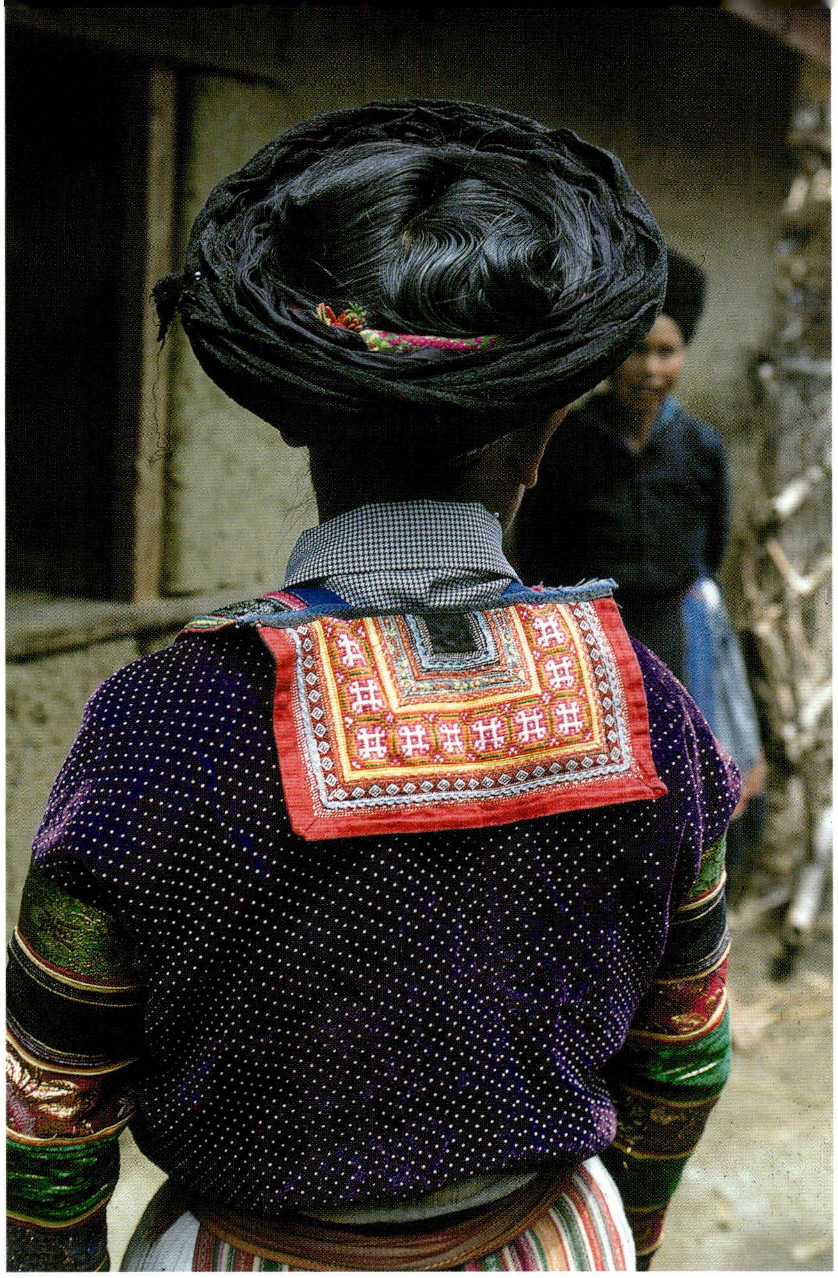
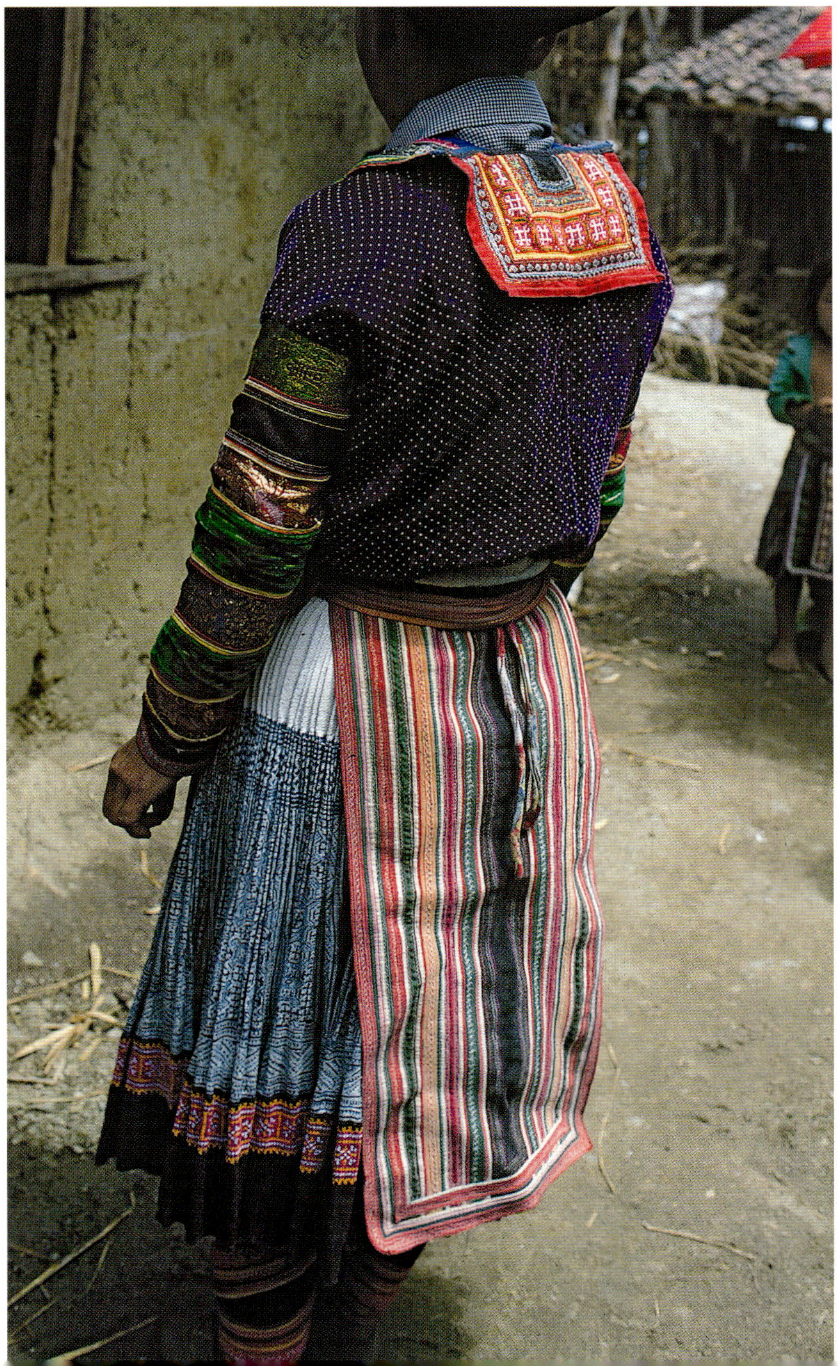

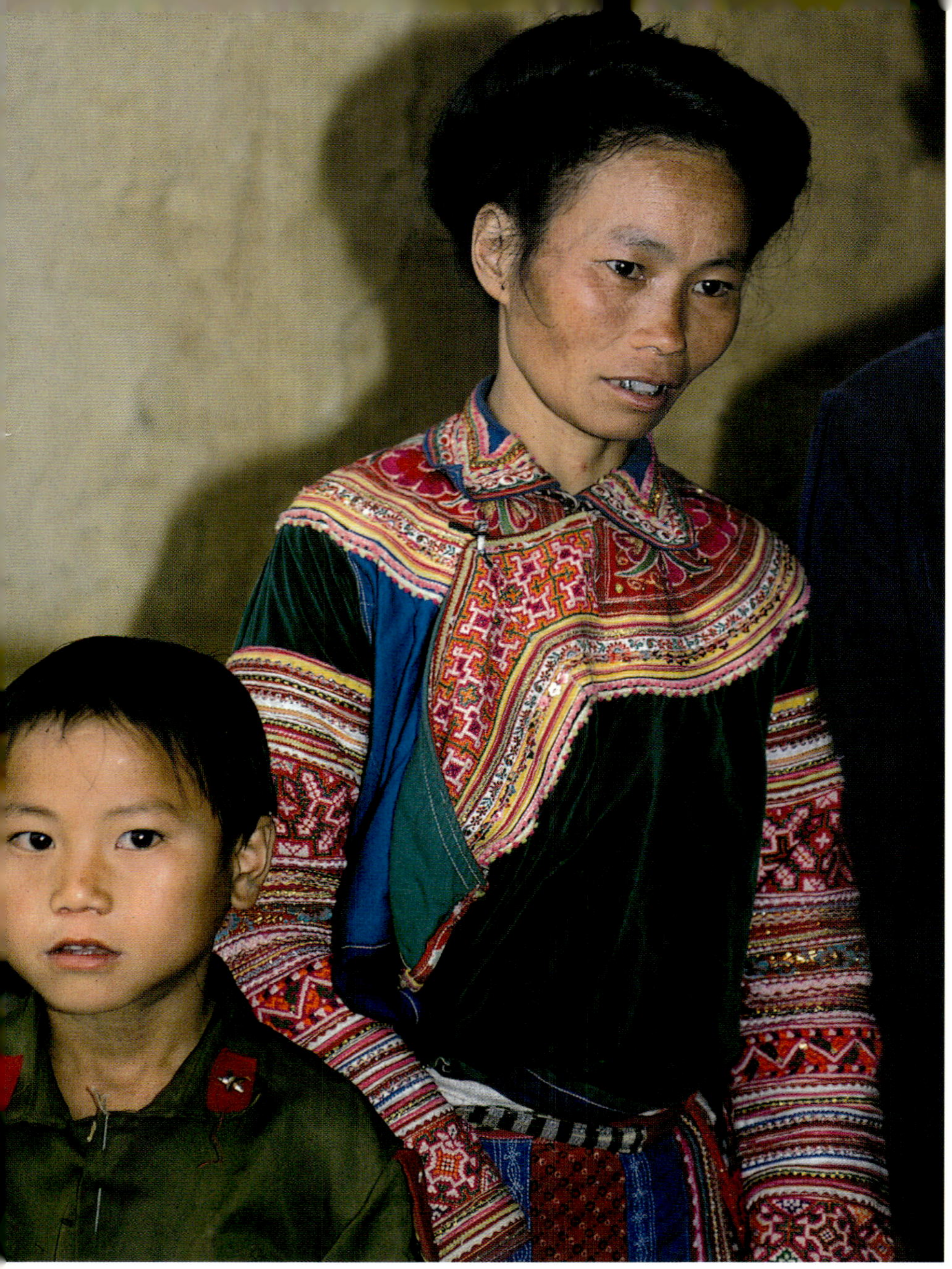
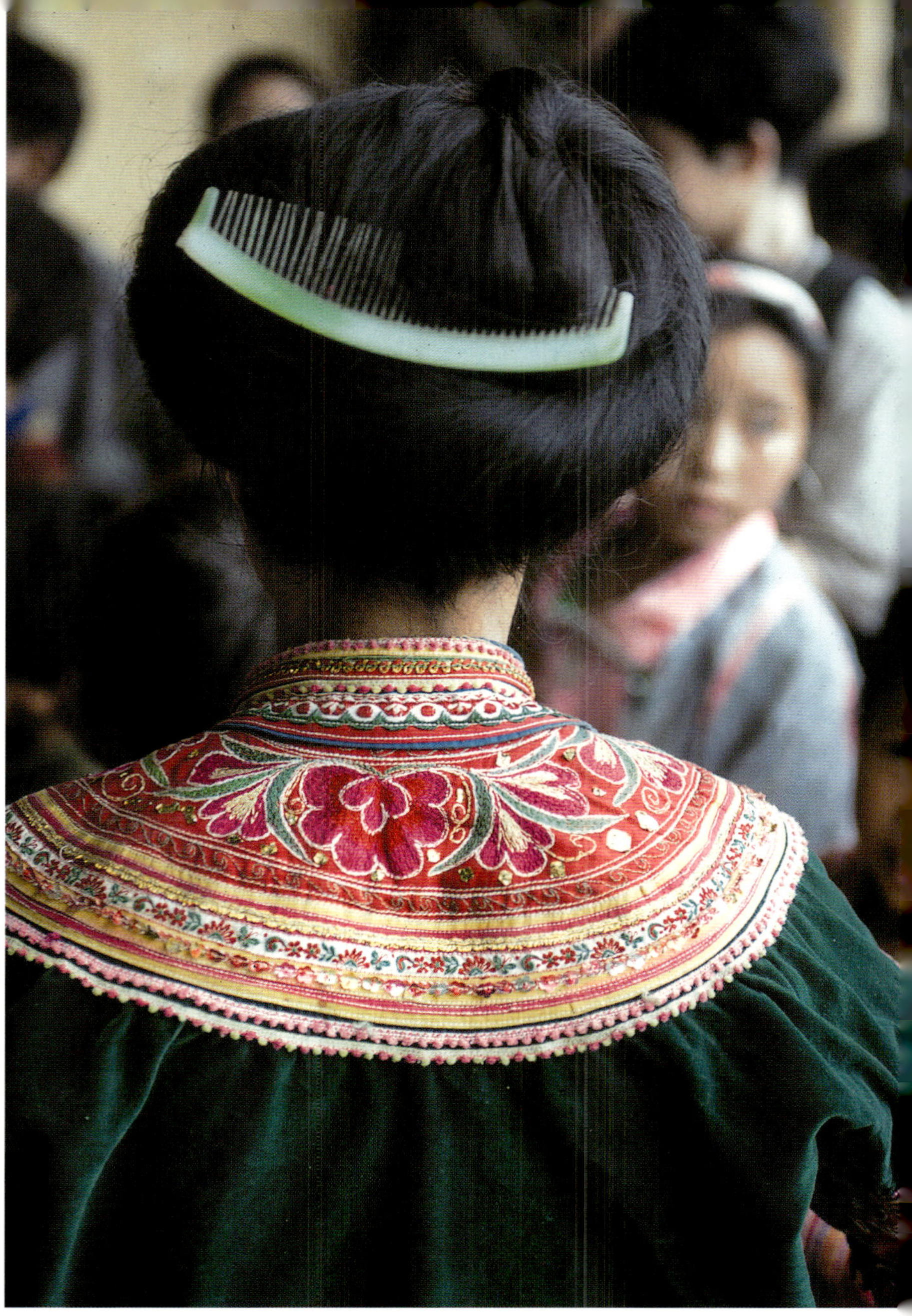
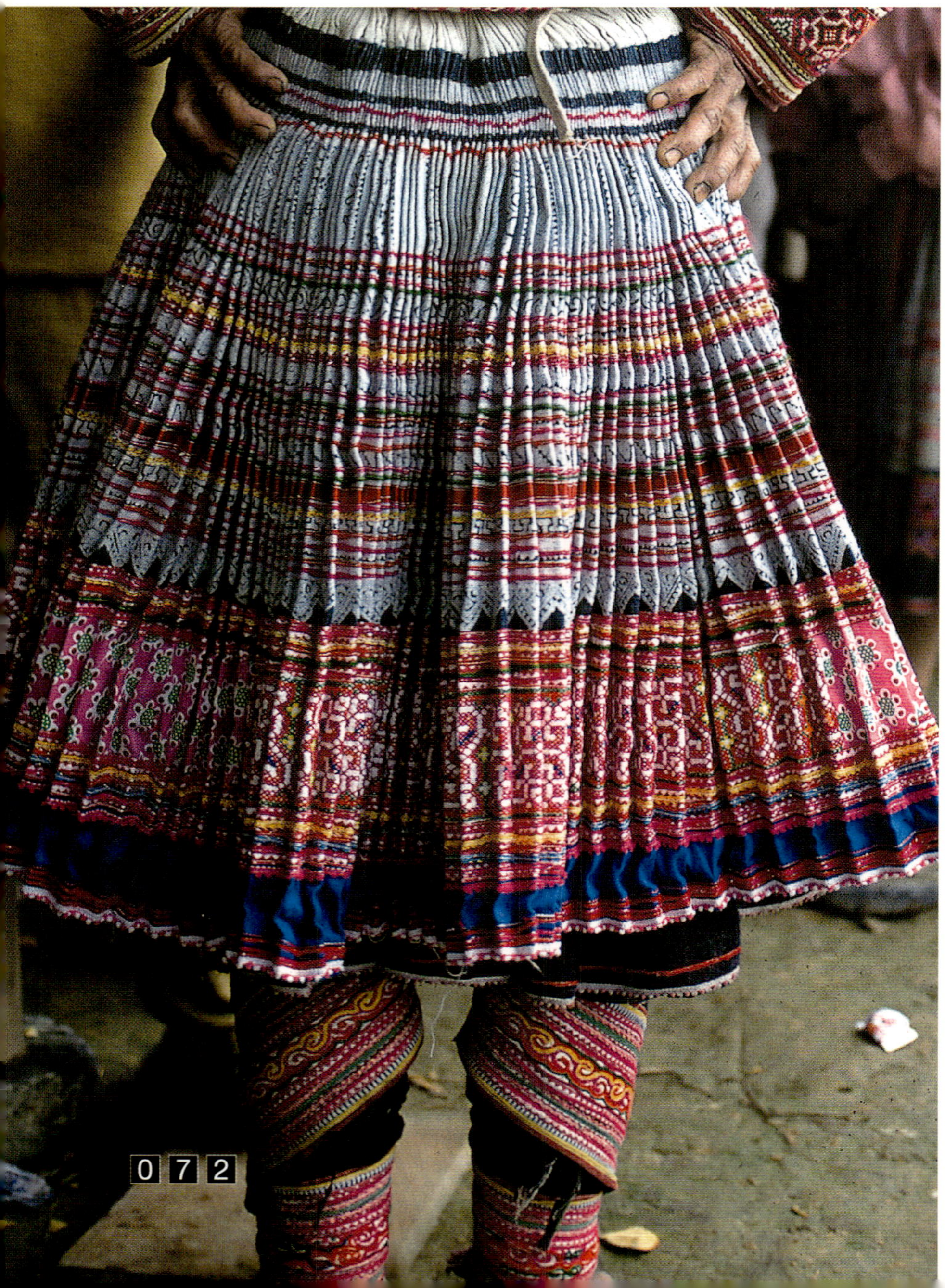
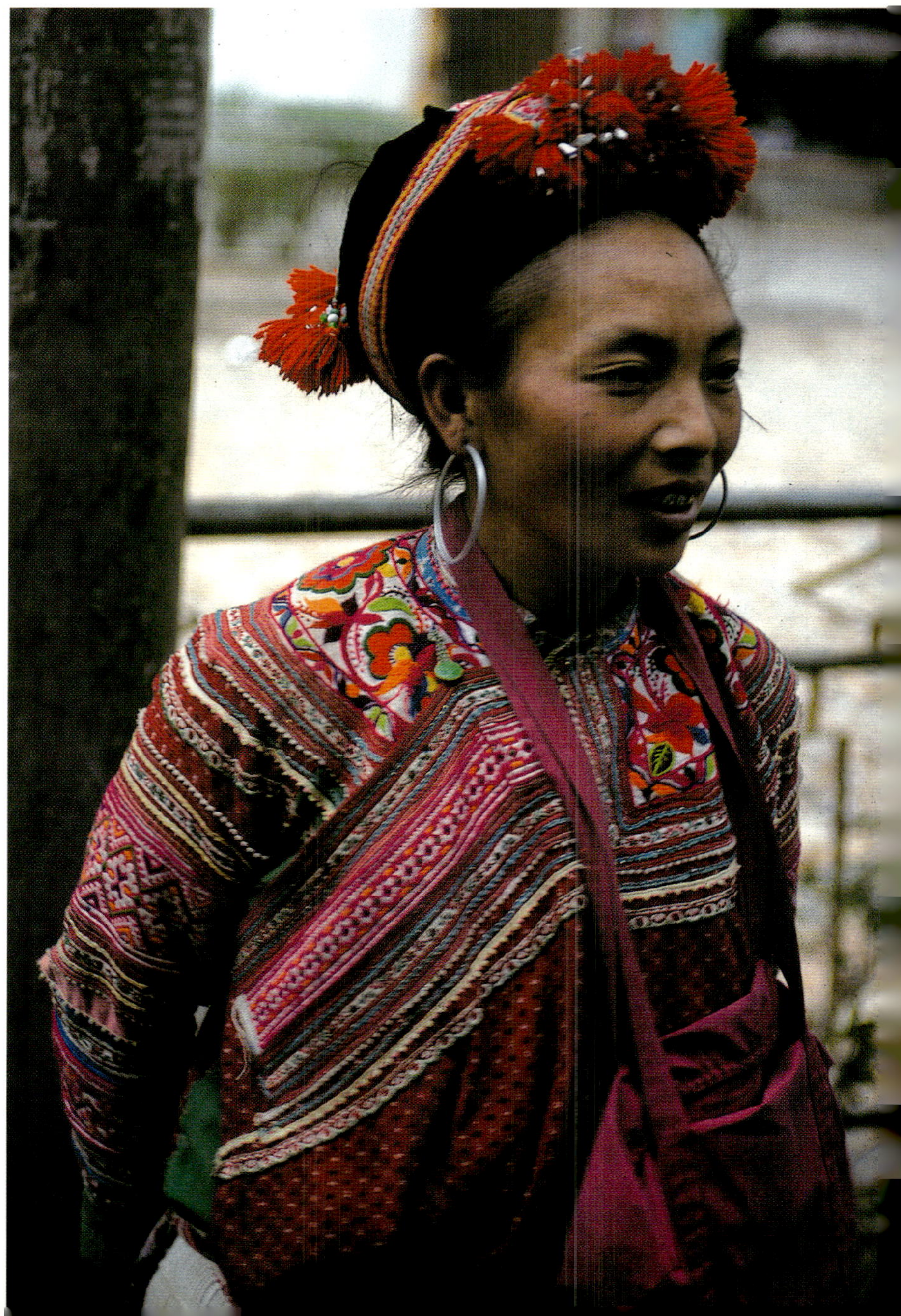

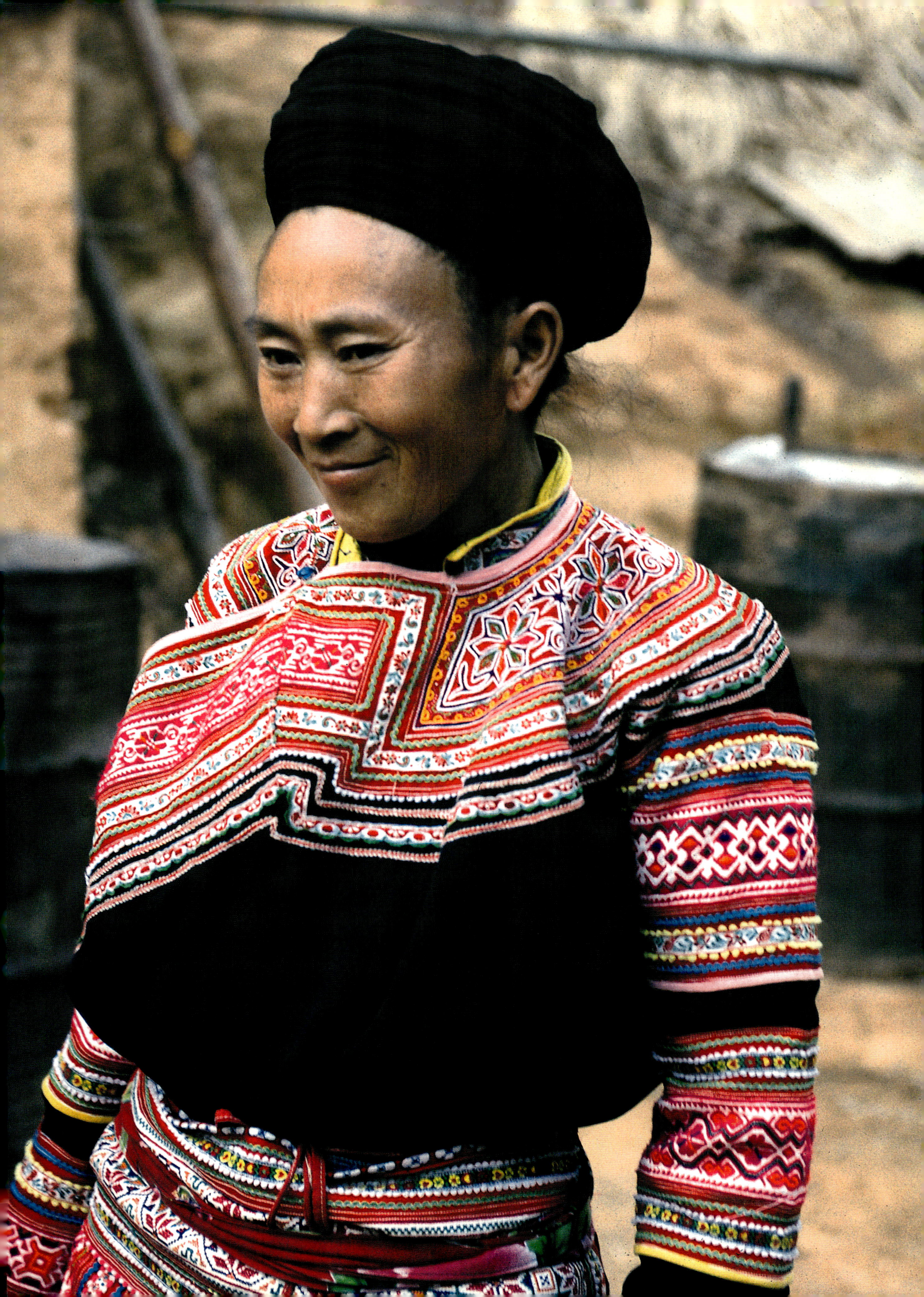

074

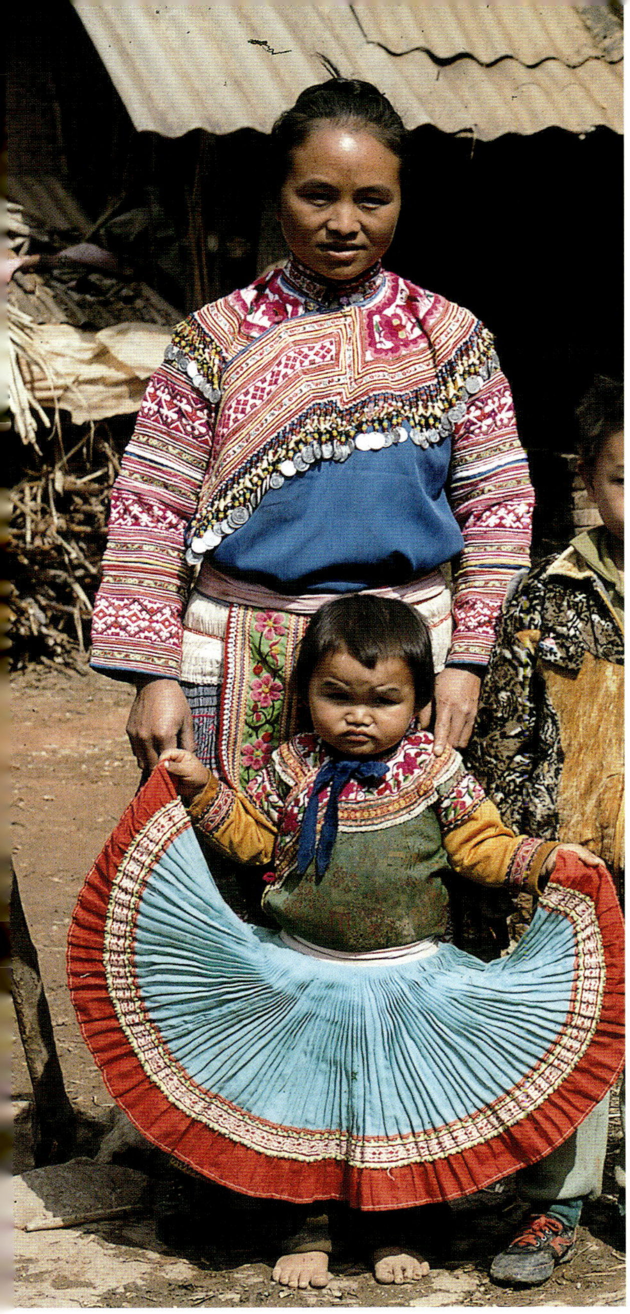
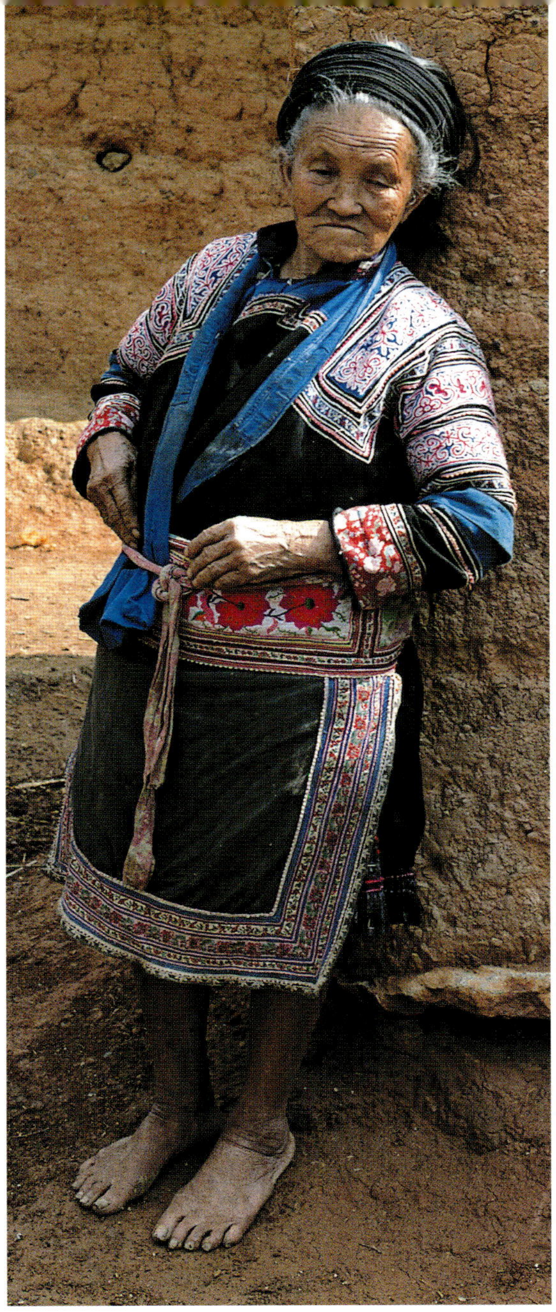
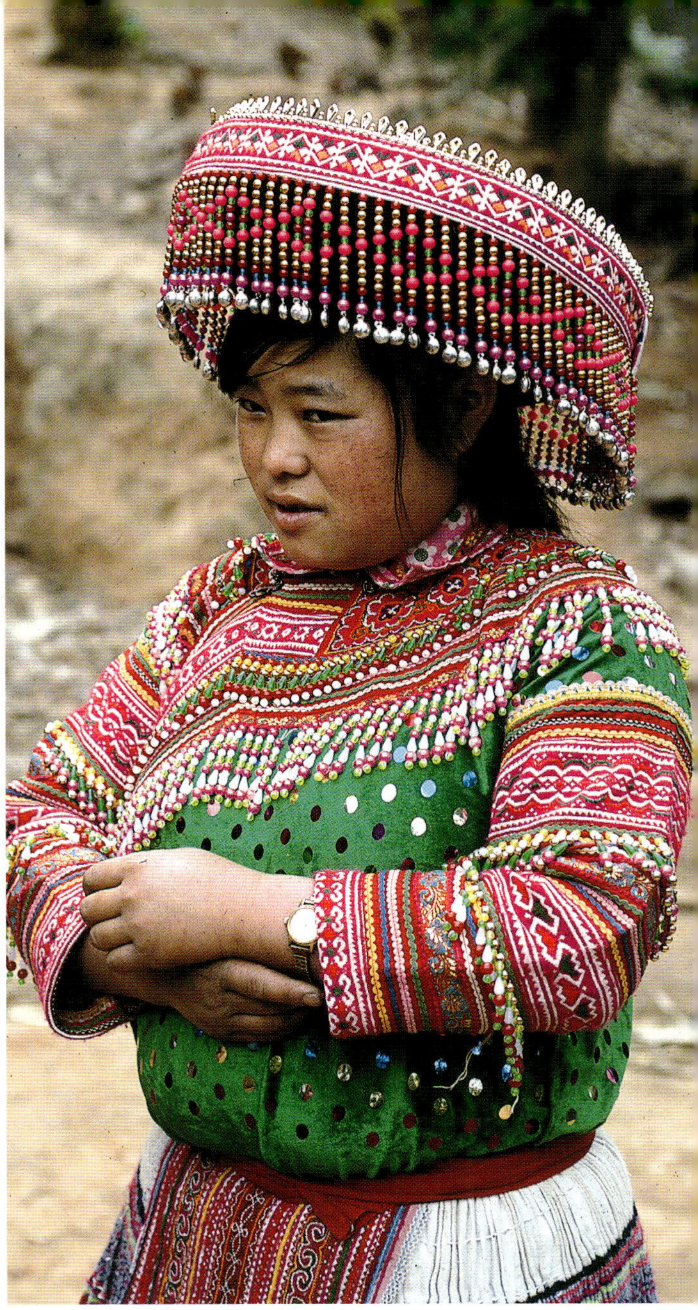
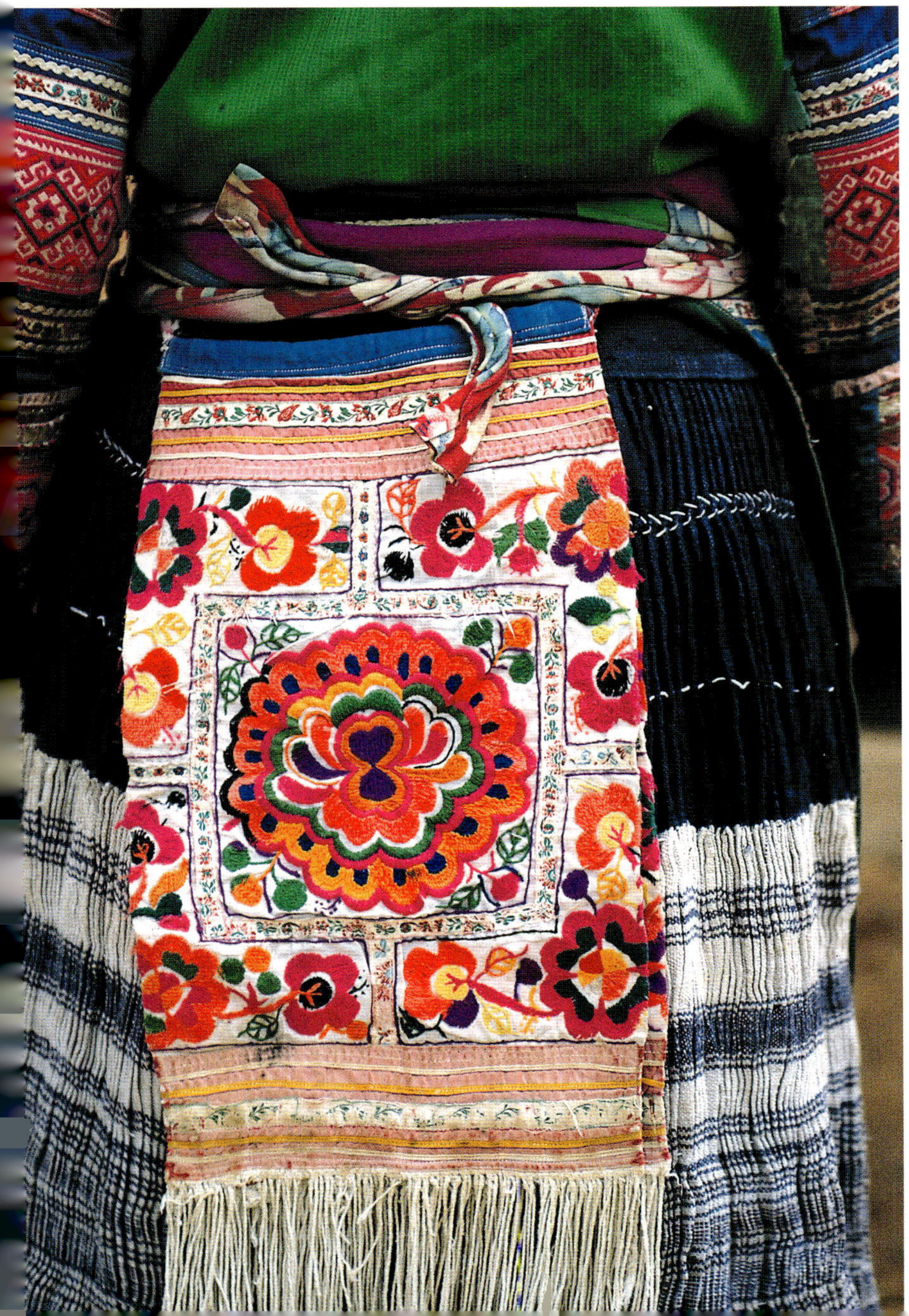
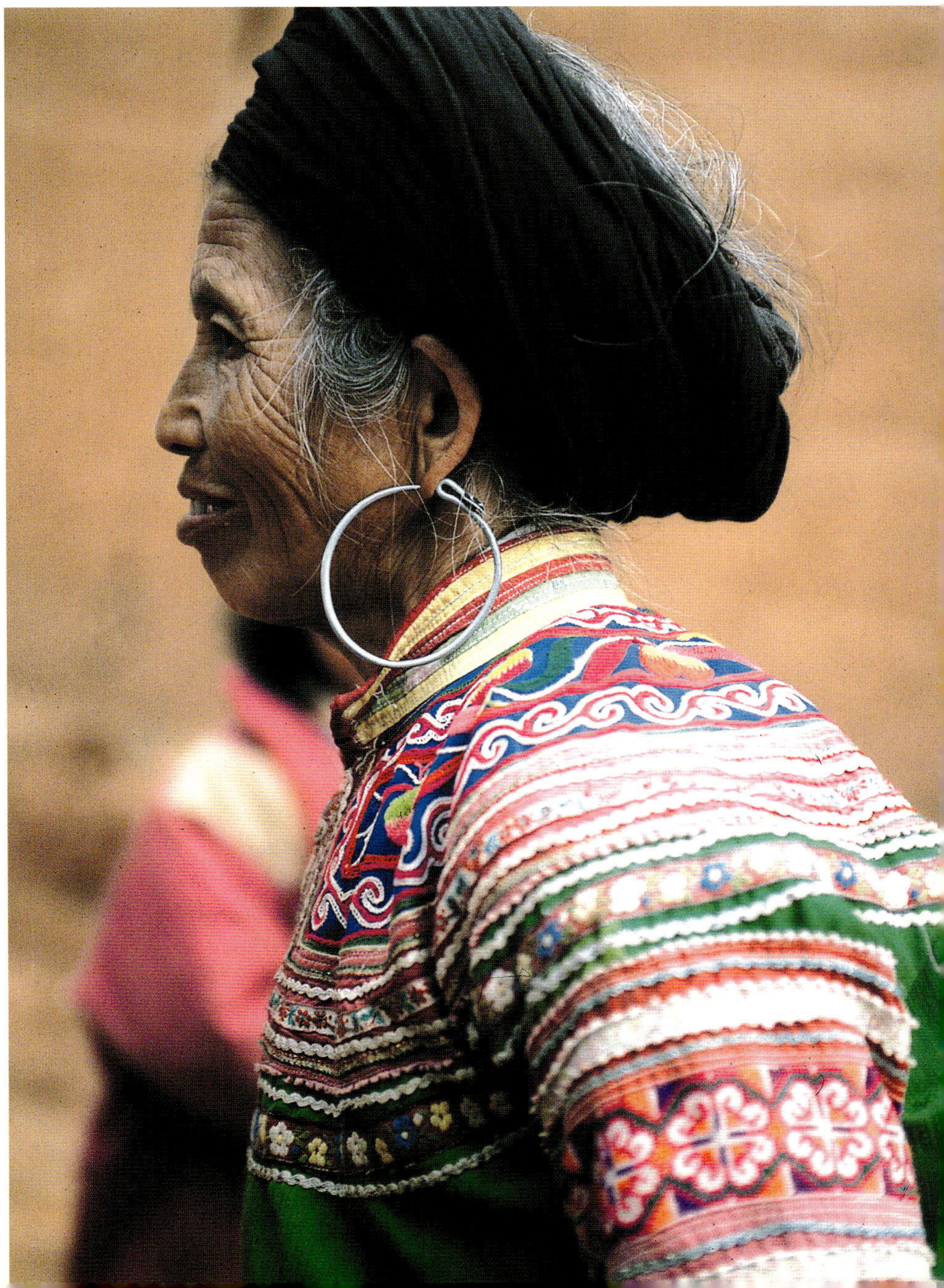

076

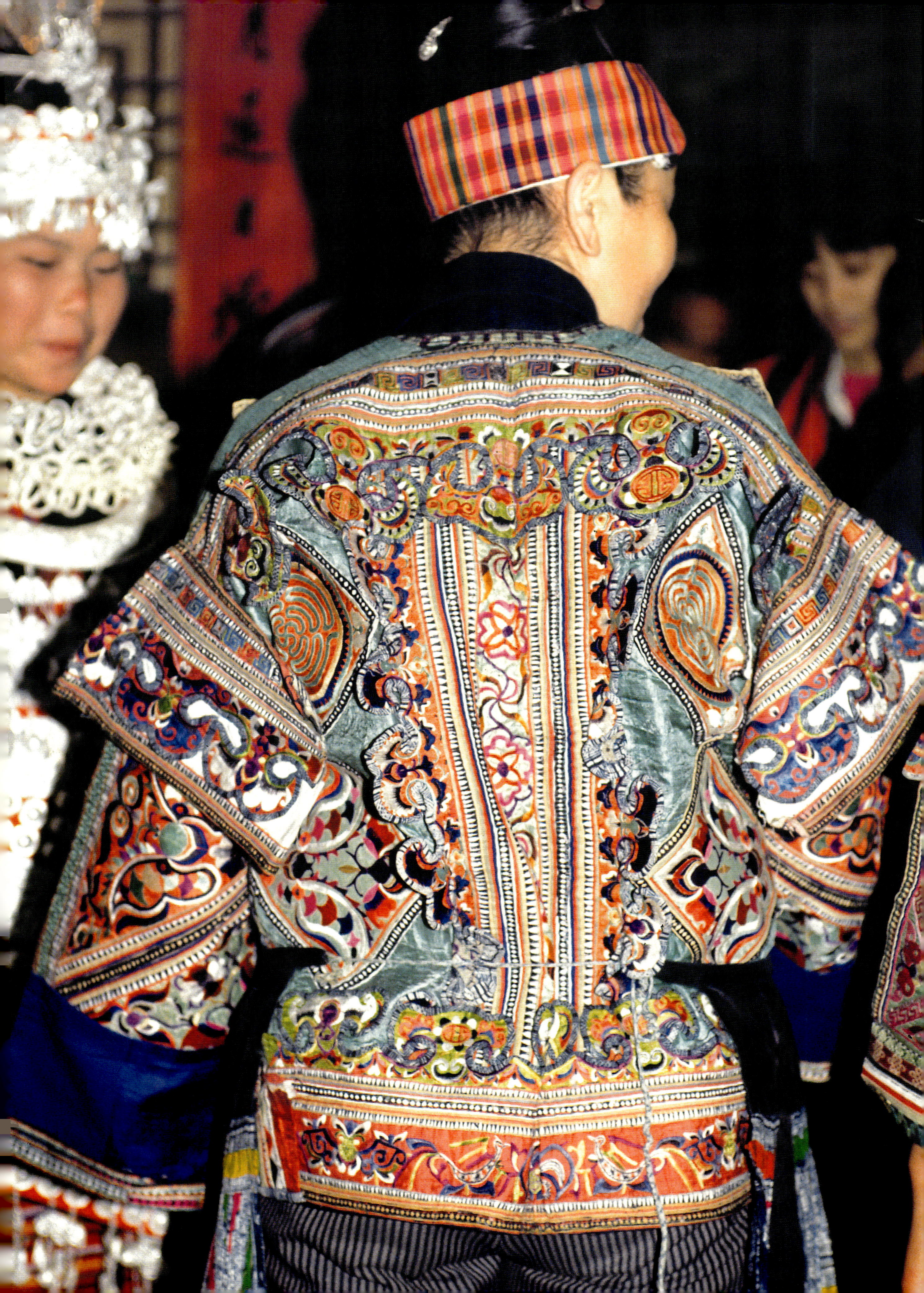

078

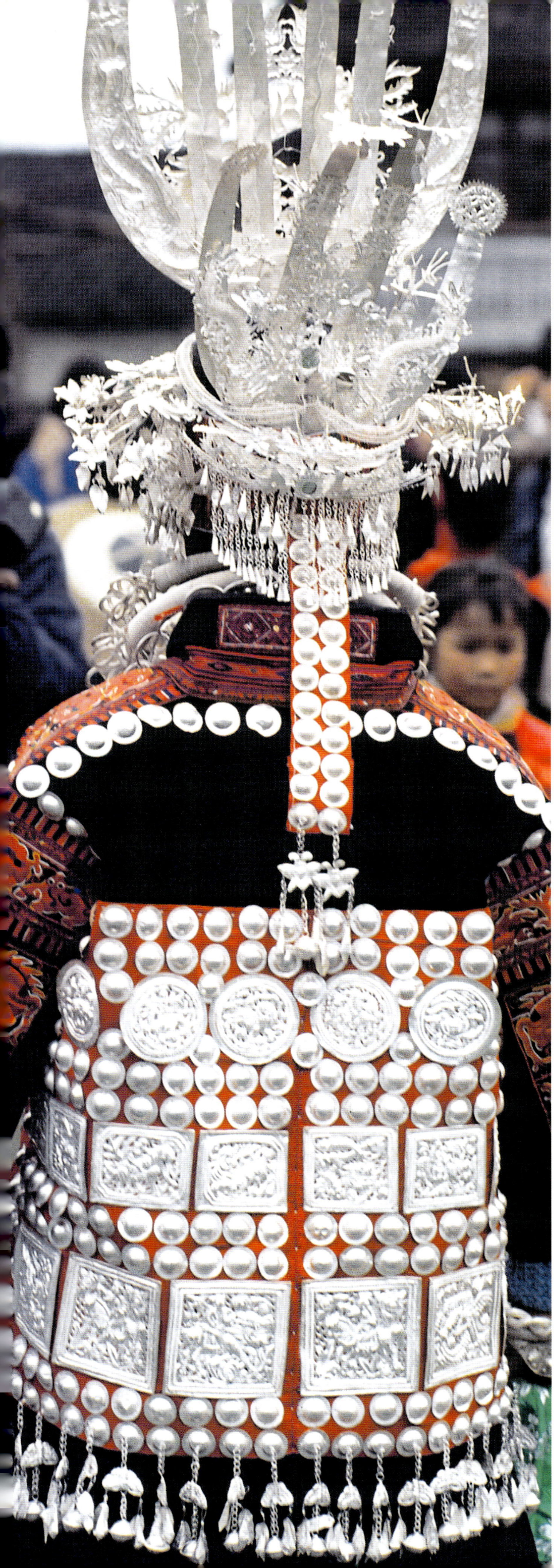
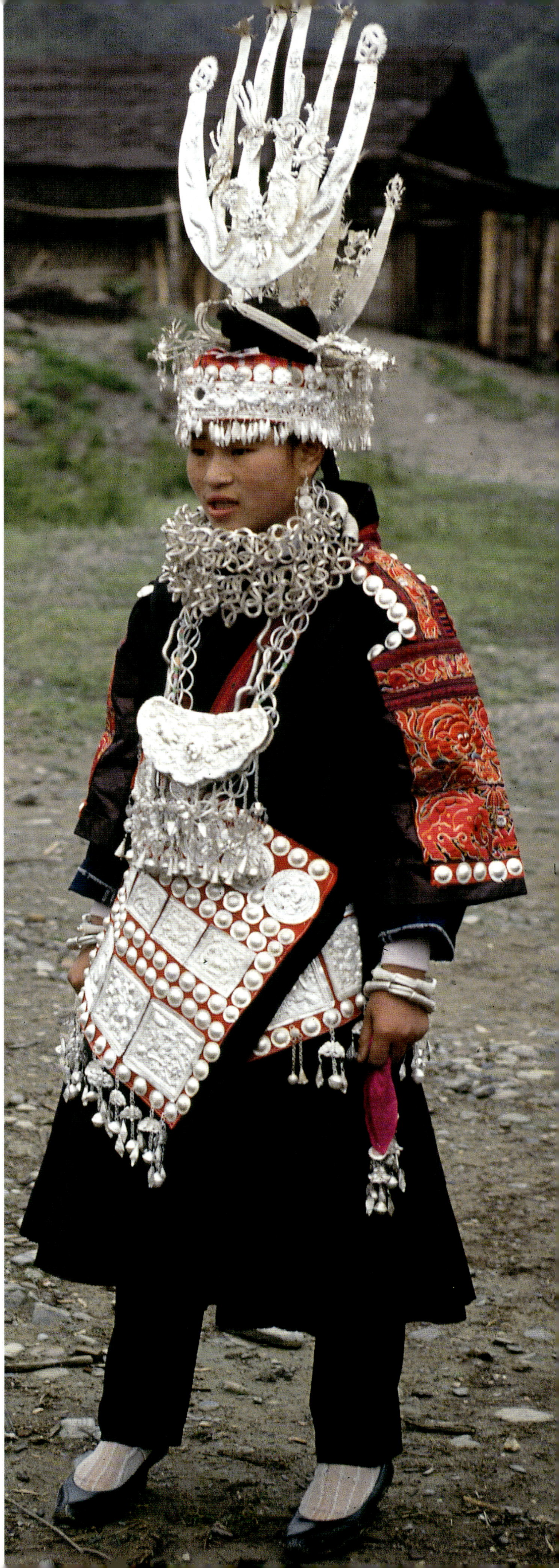

080

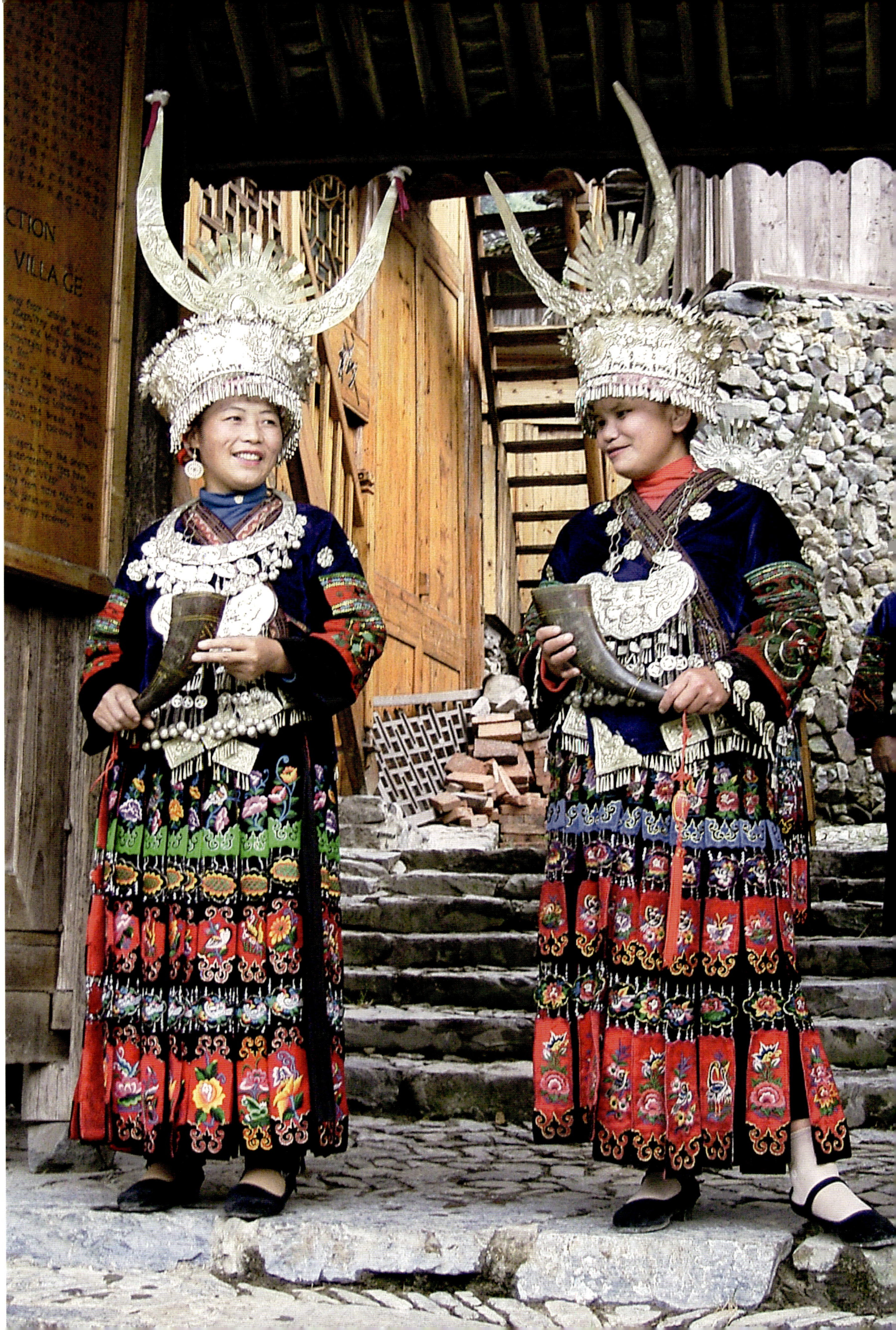
VILLAGE

082

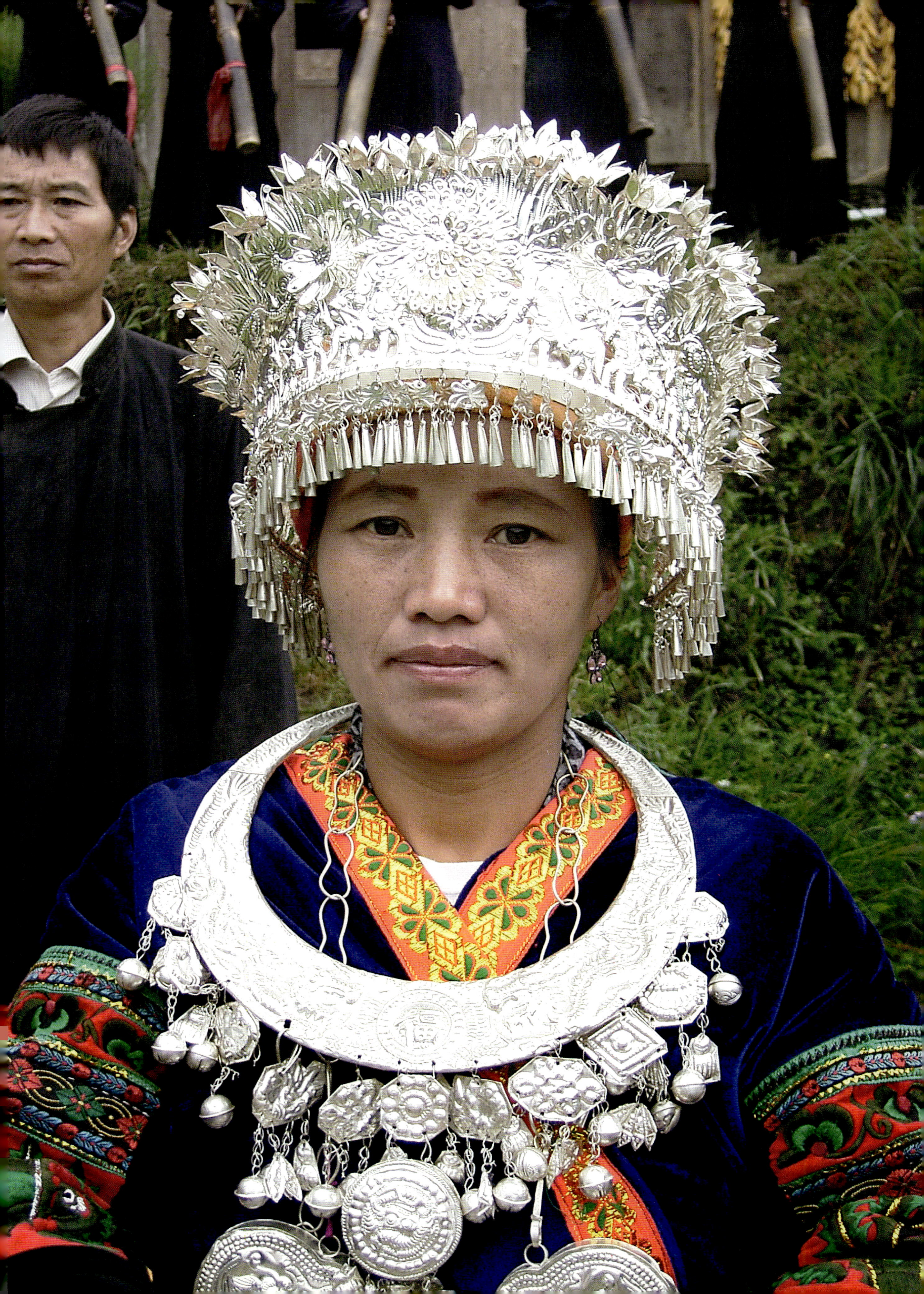

084

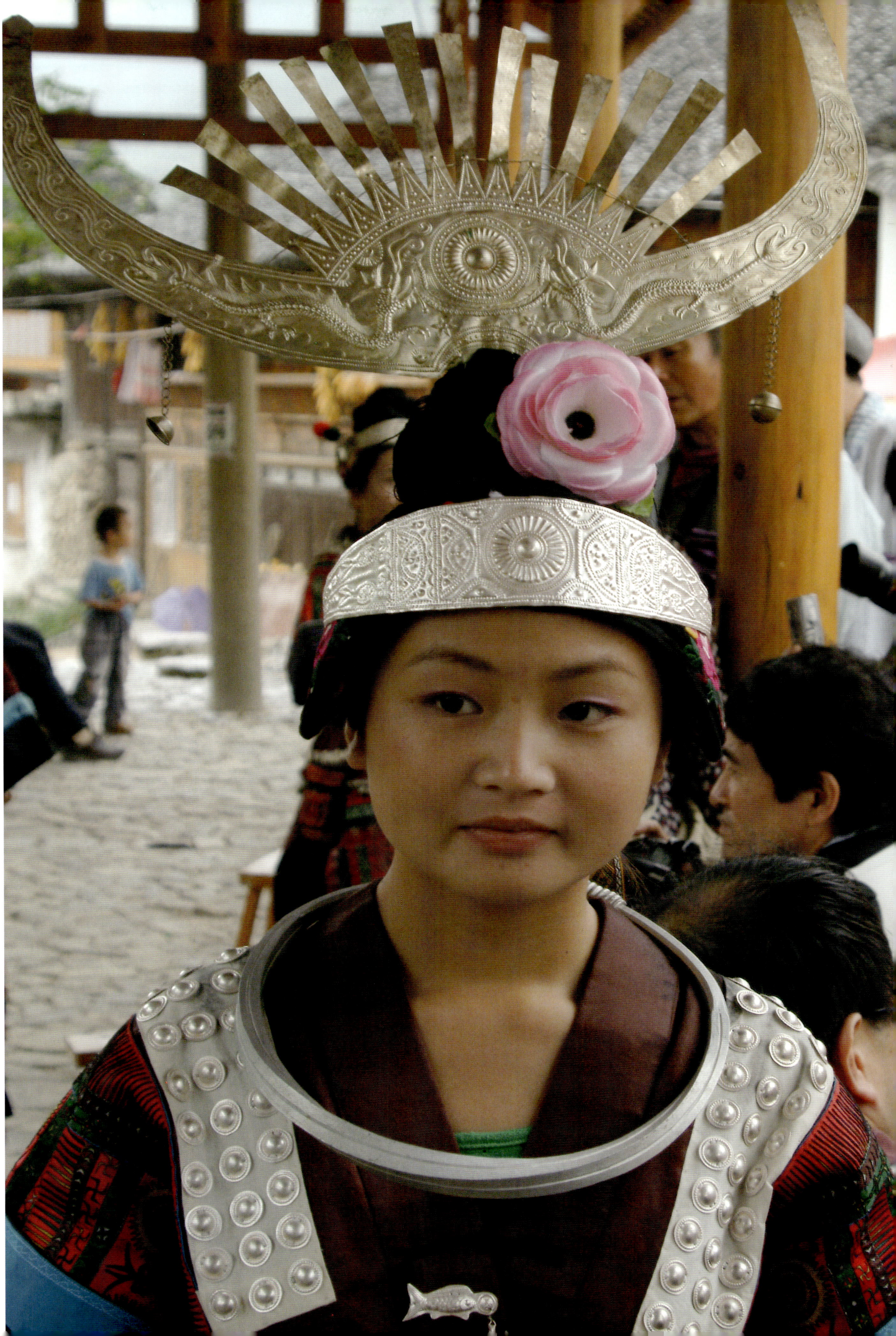

086

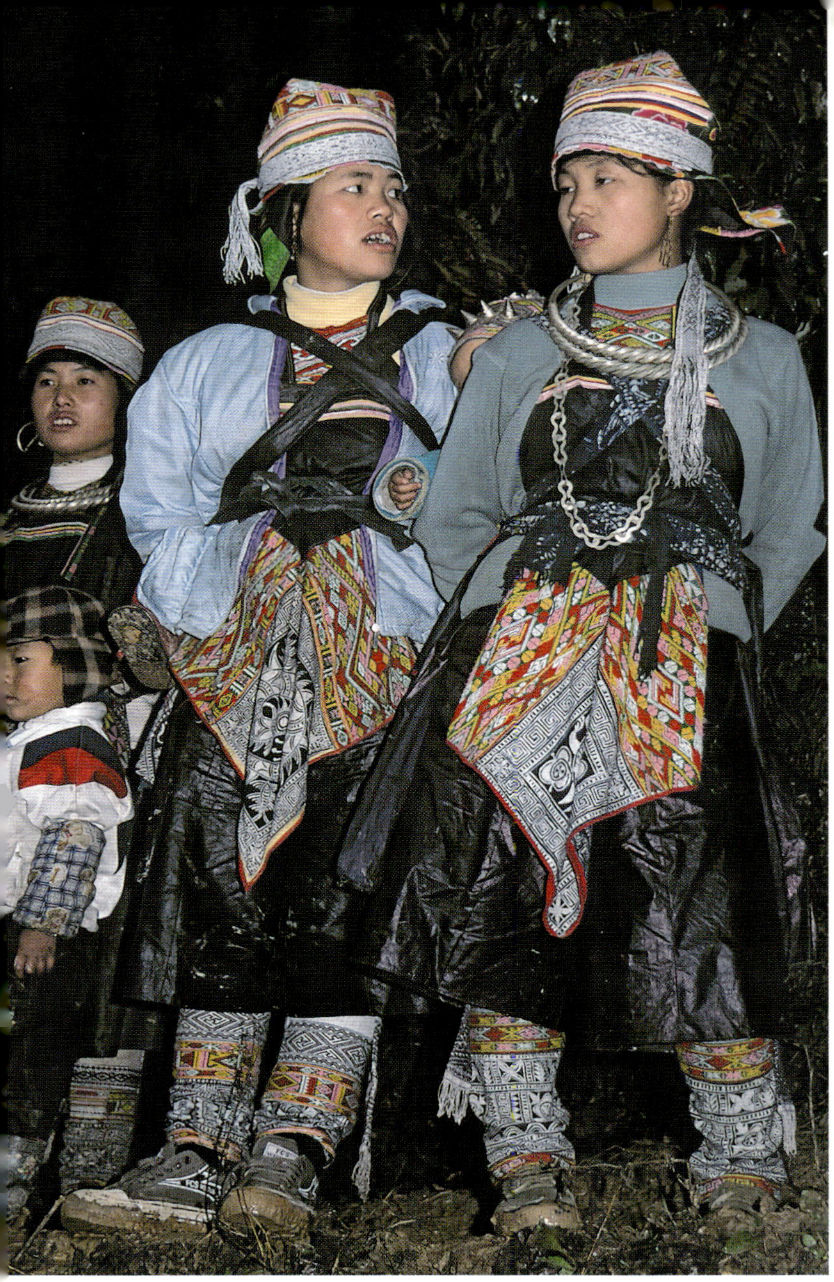

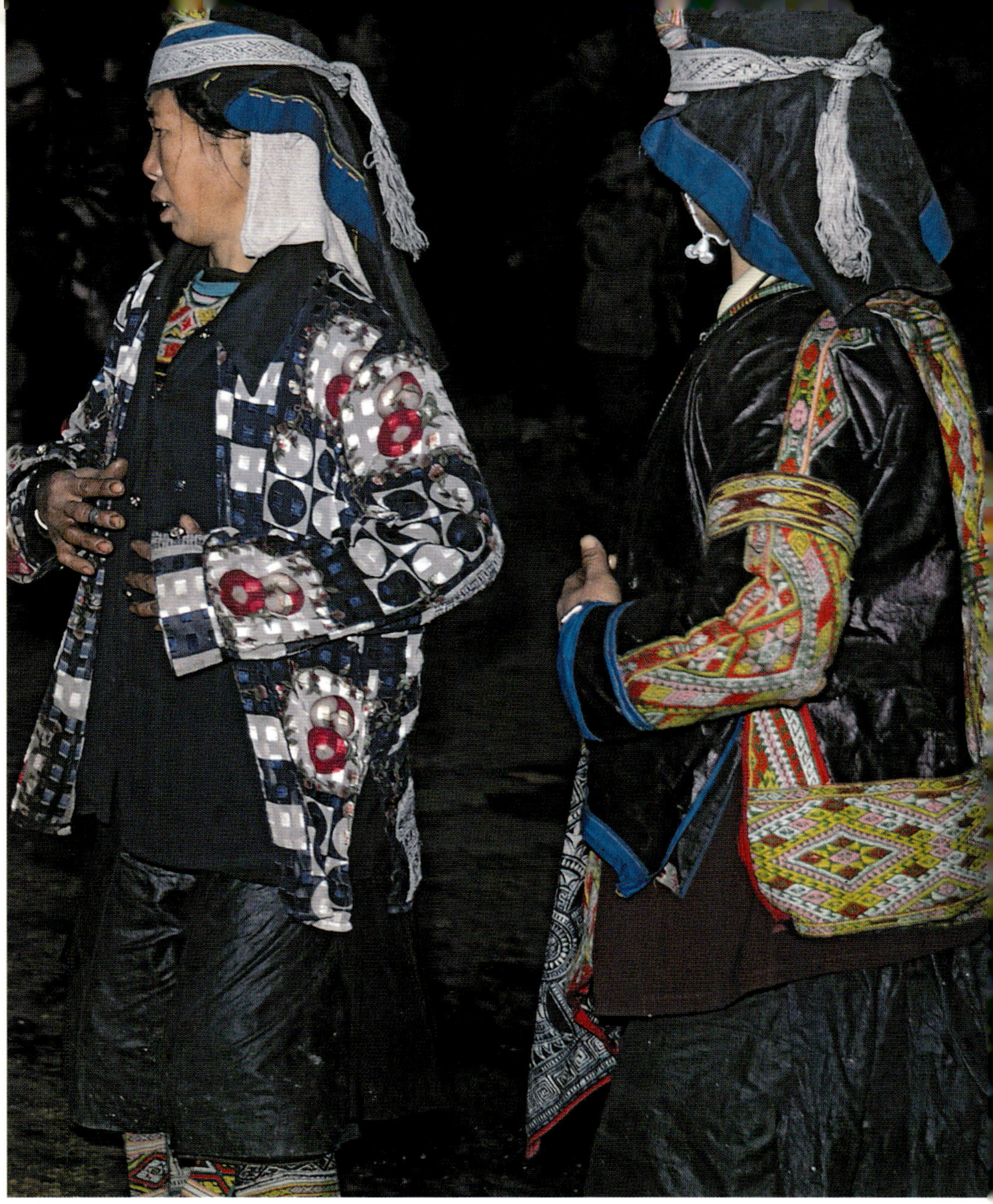

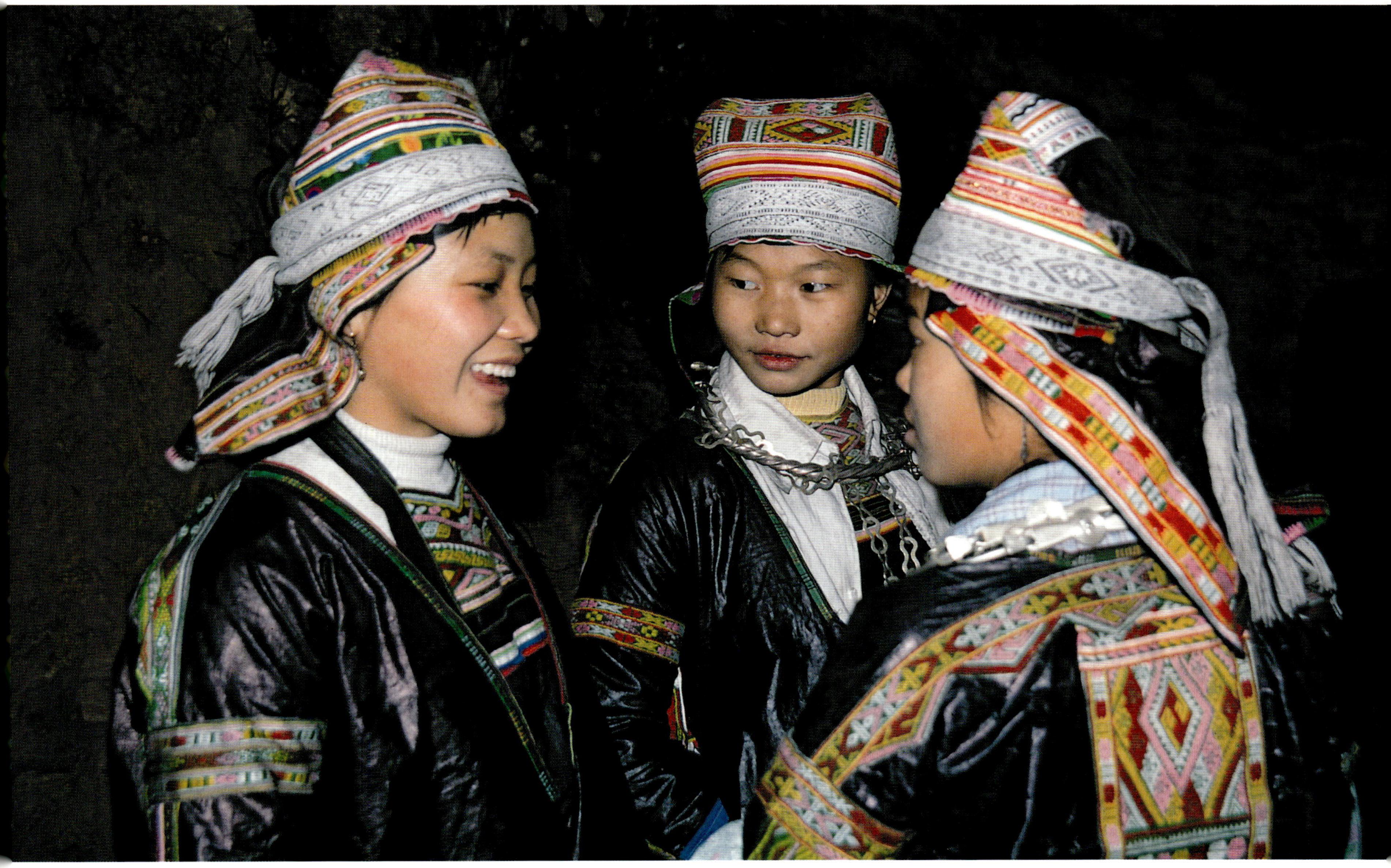

088

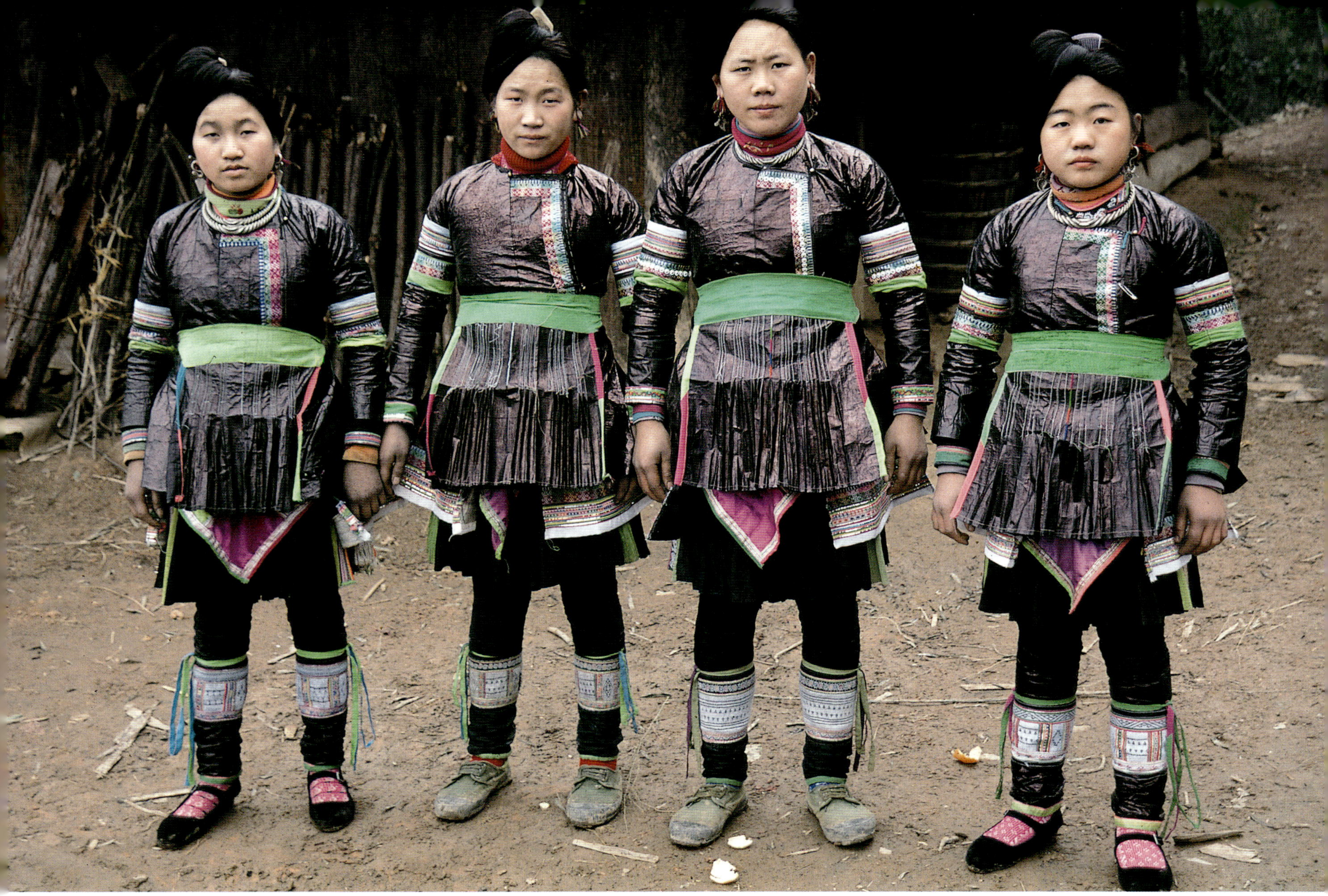

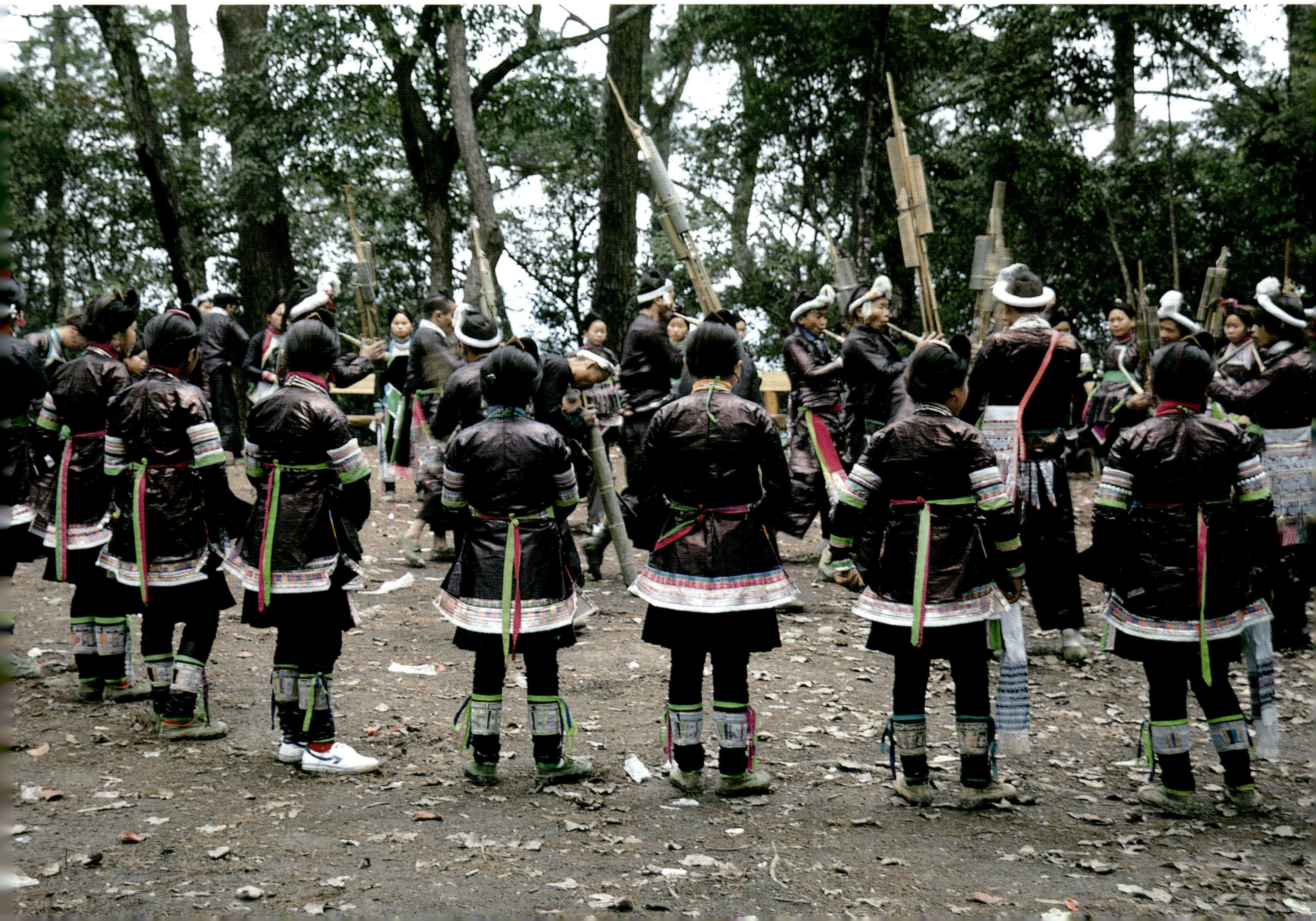

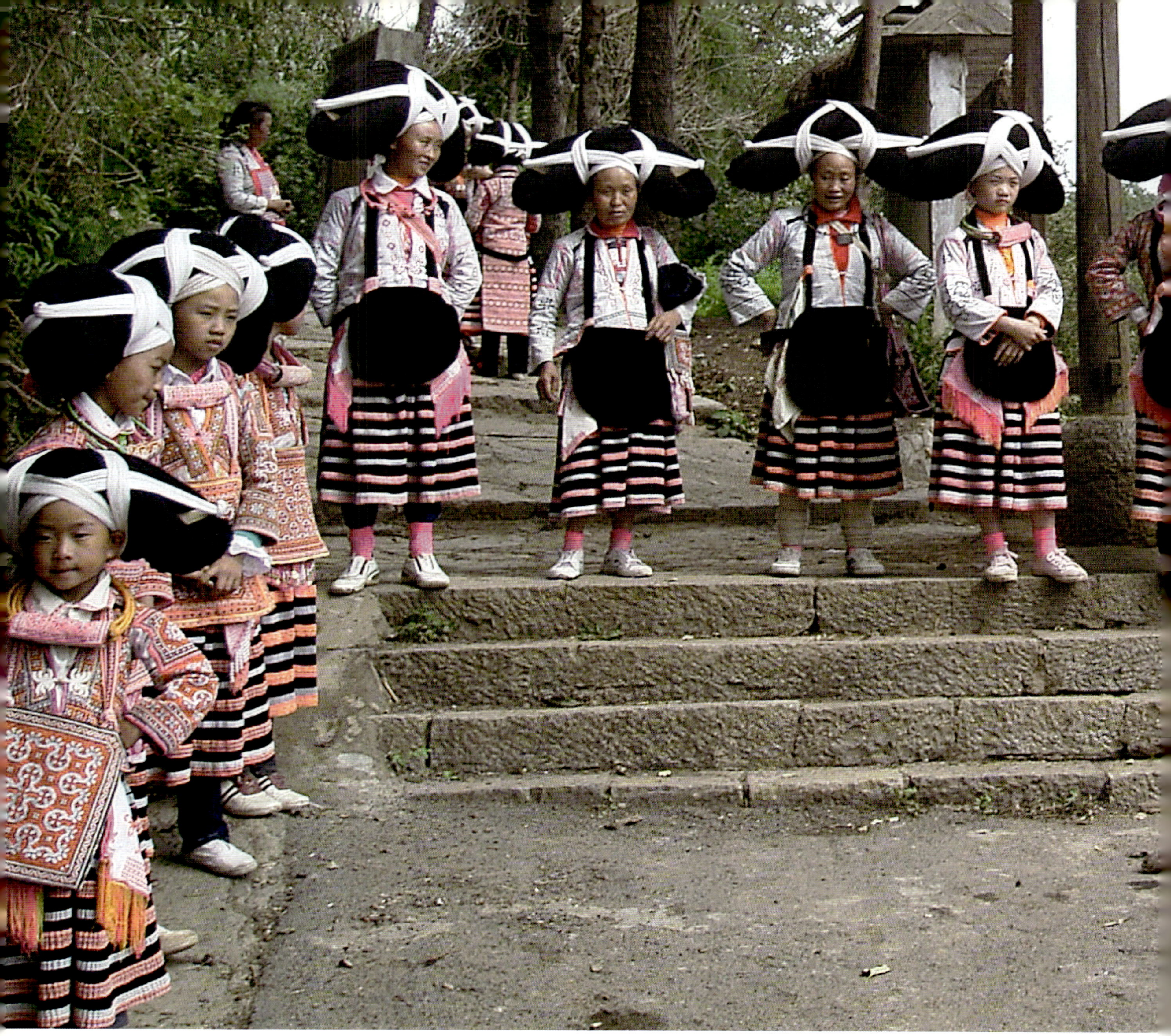

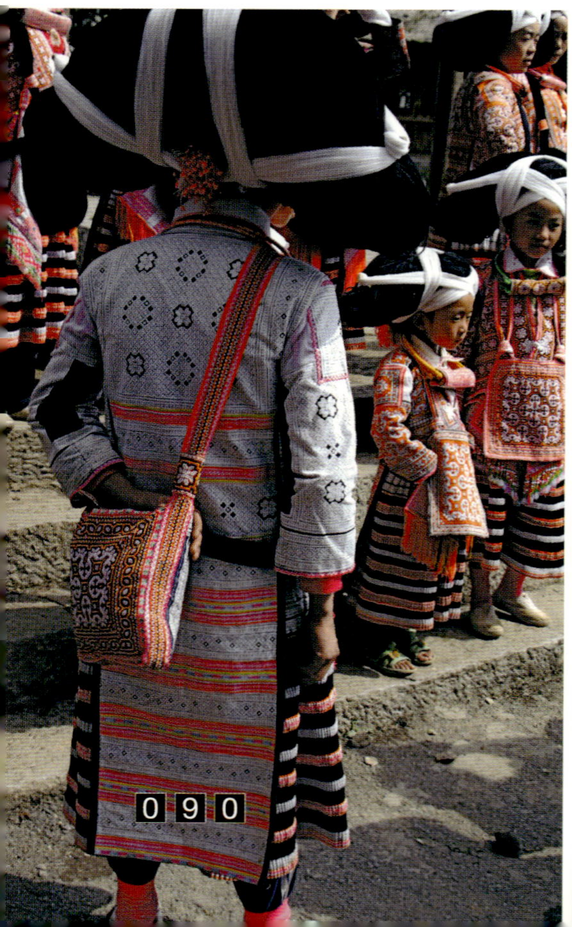

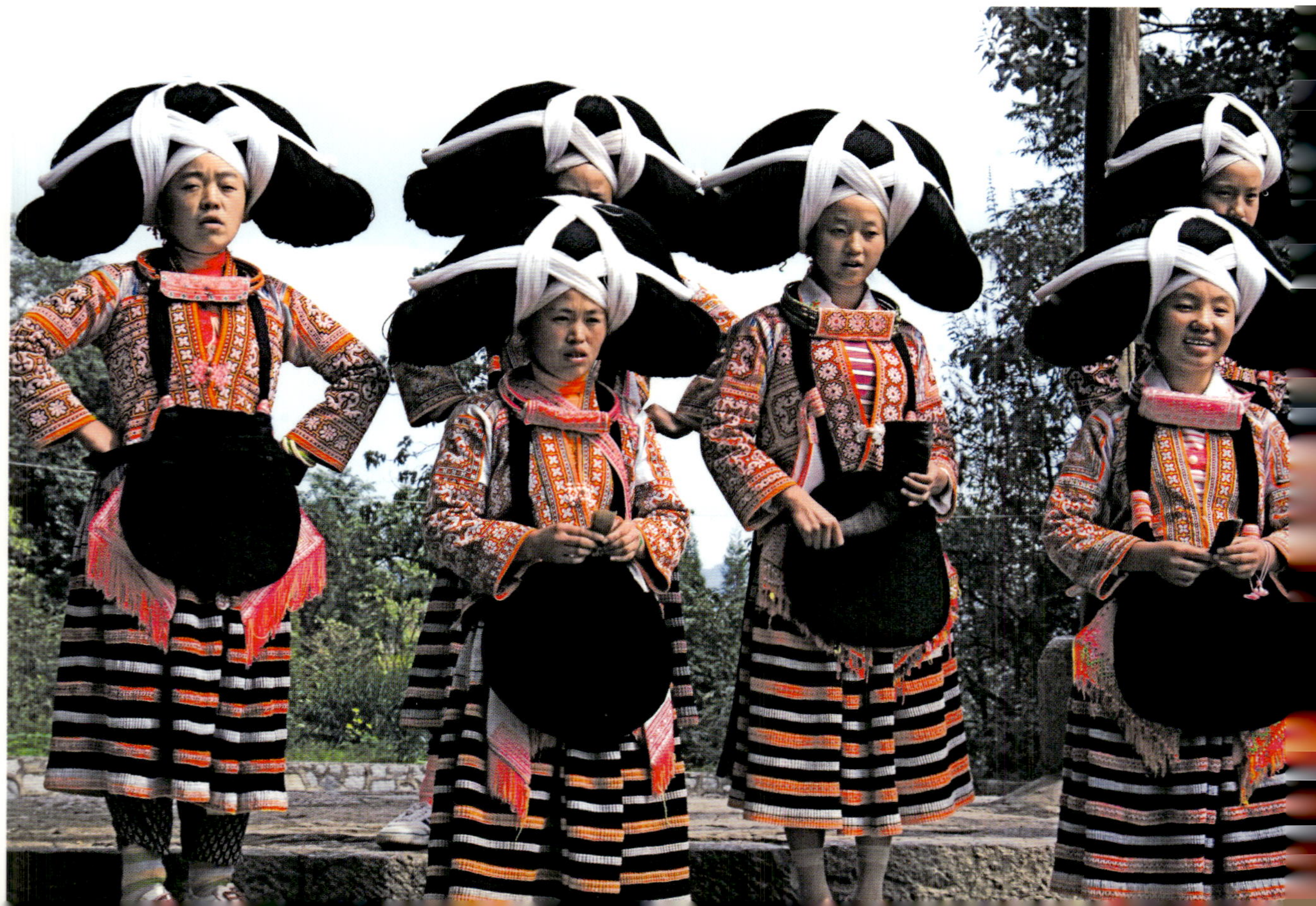

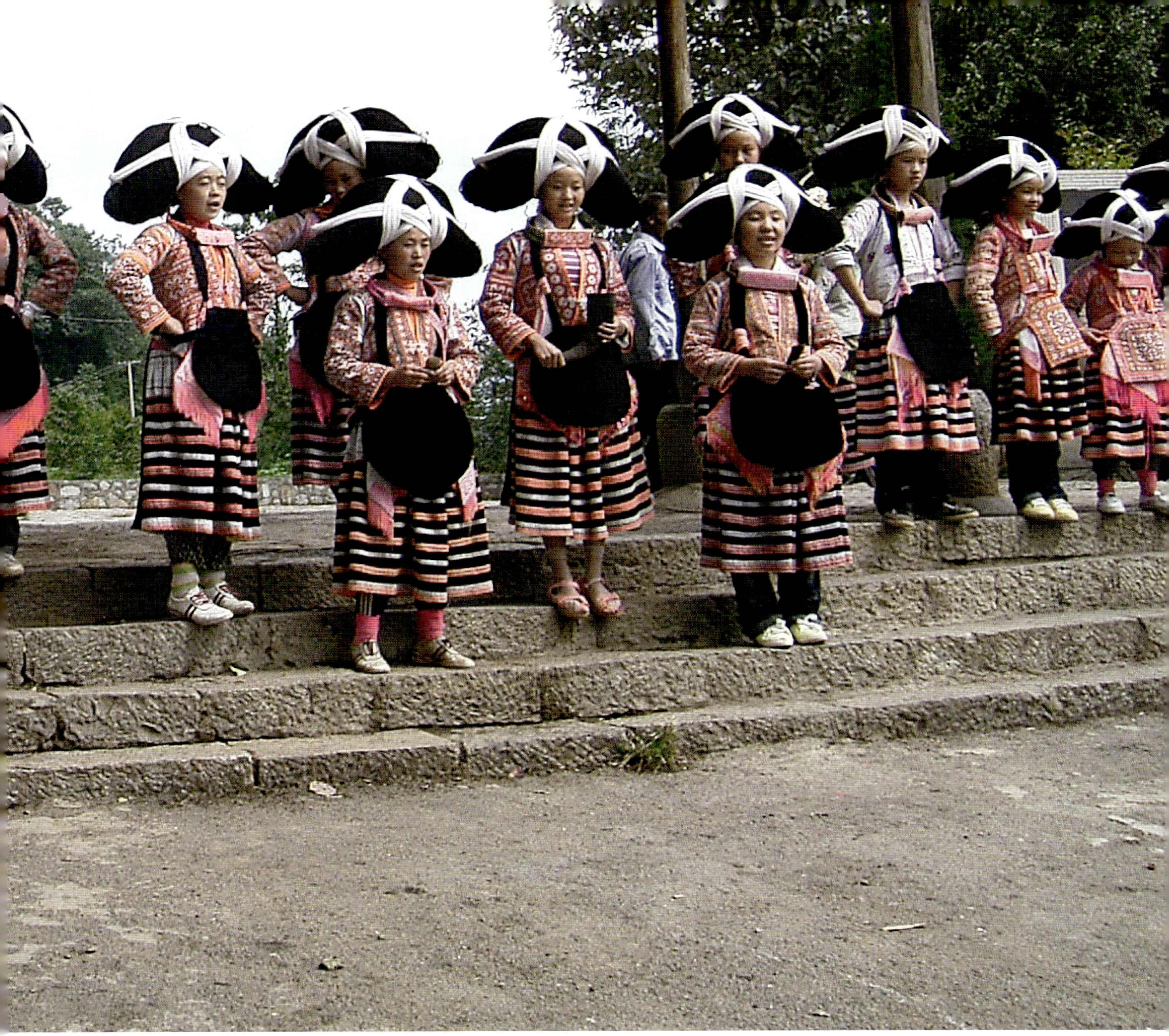

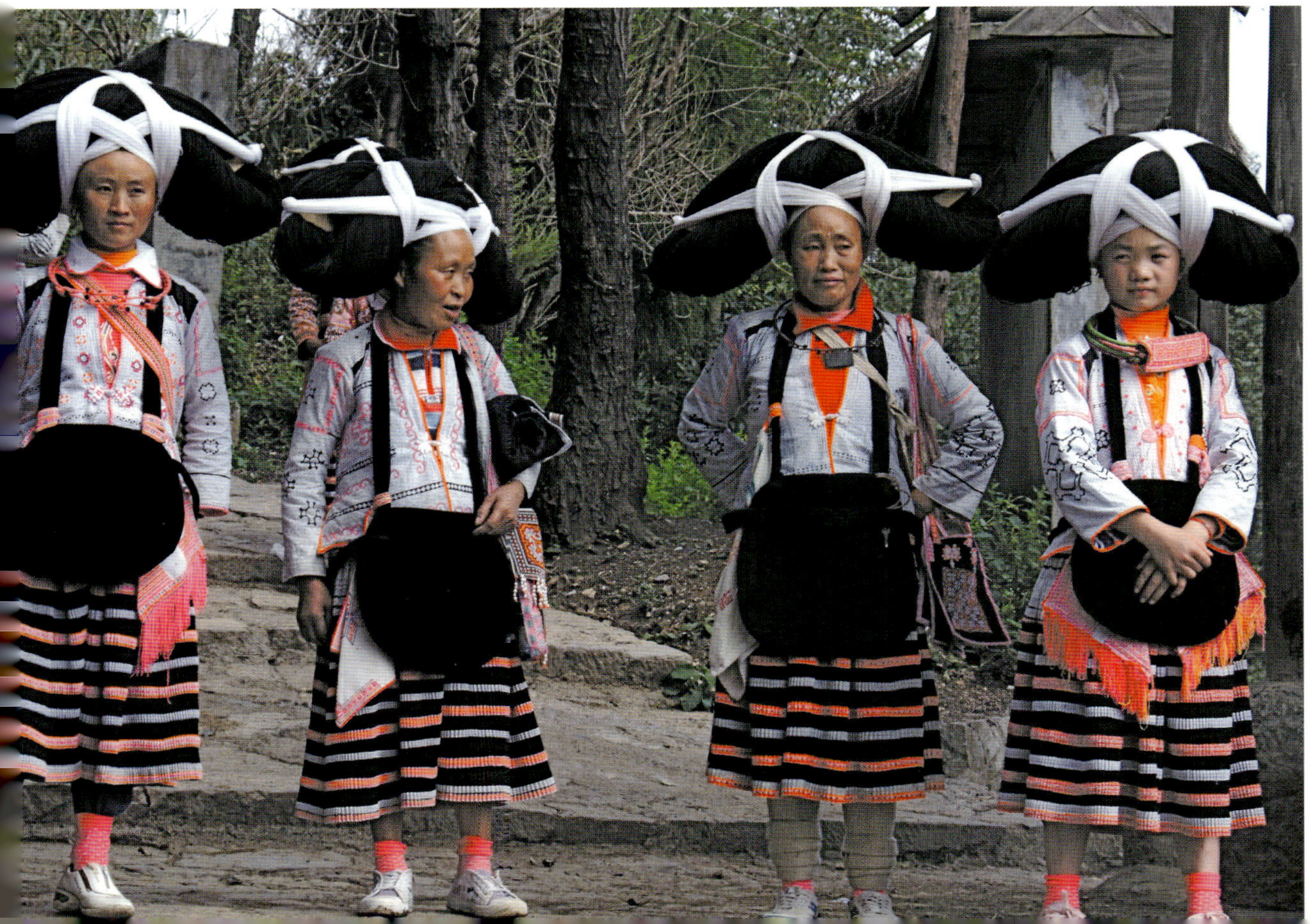

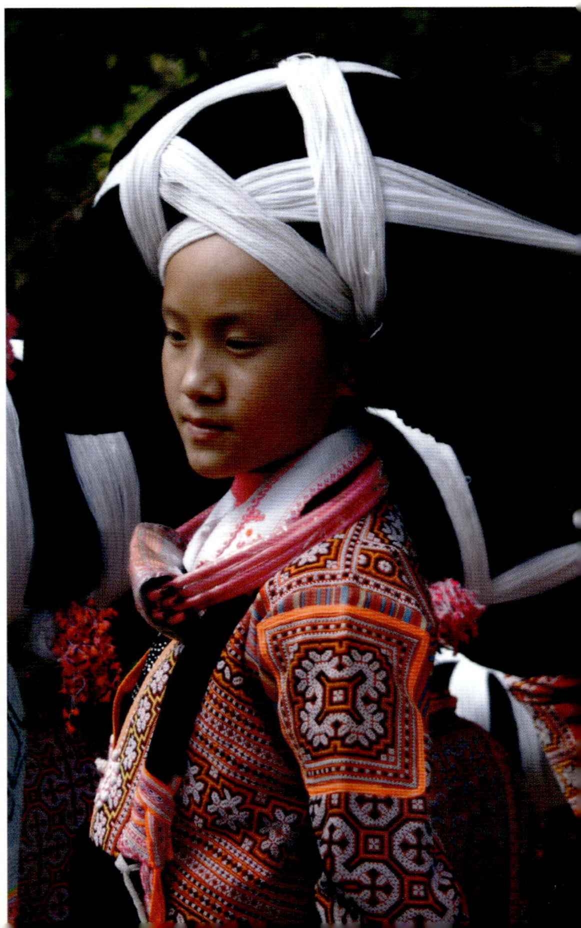

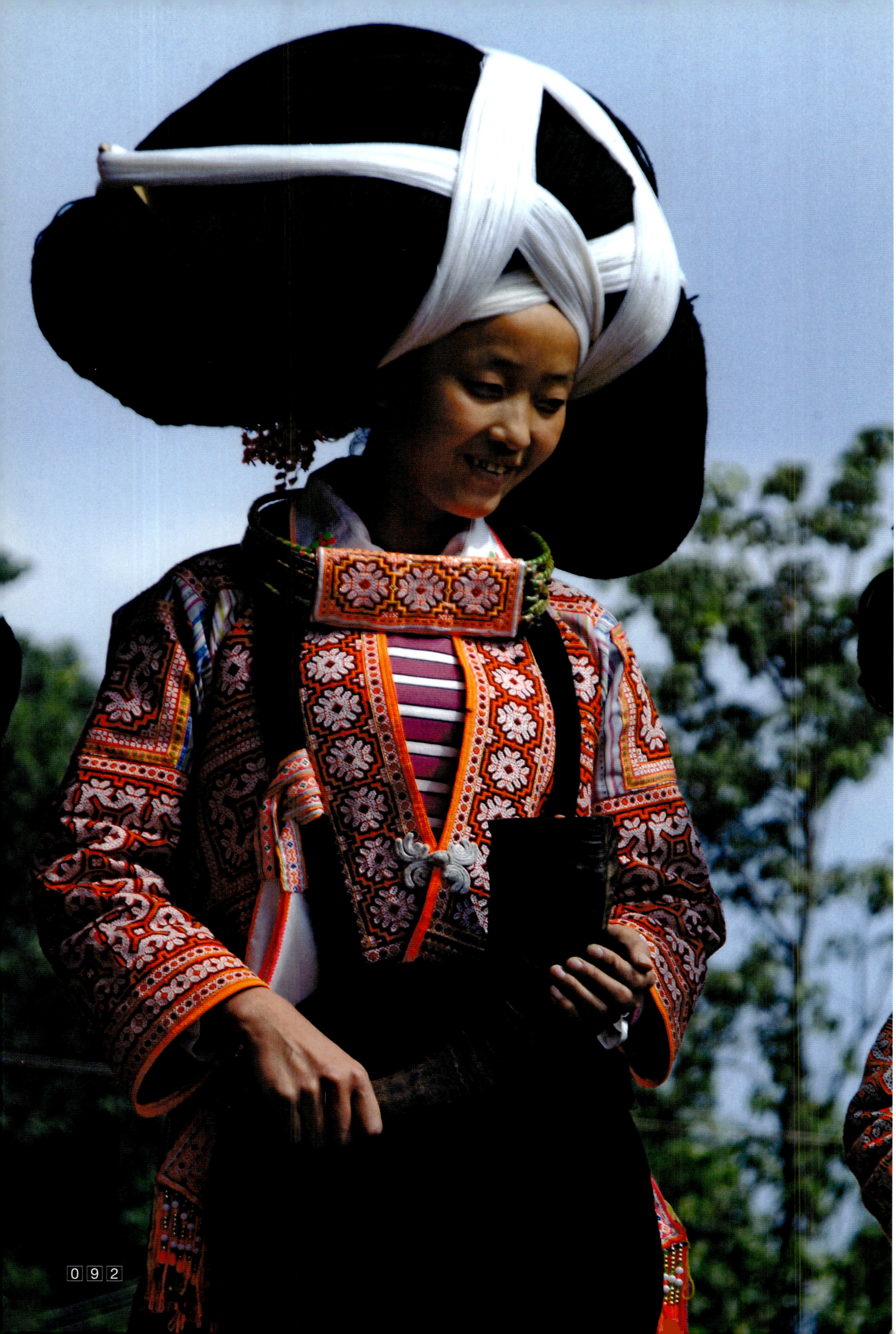

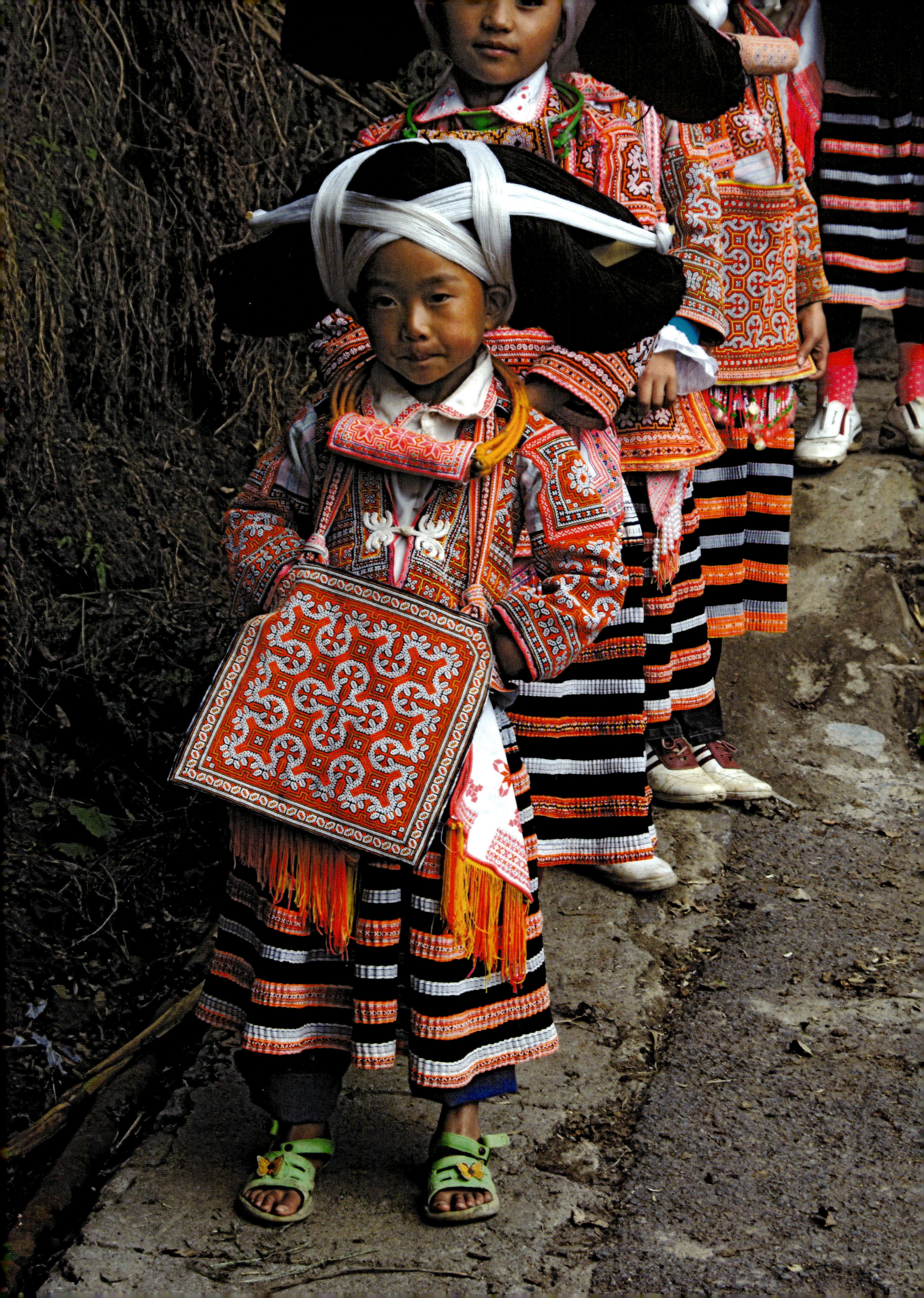

094

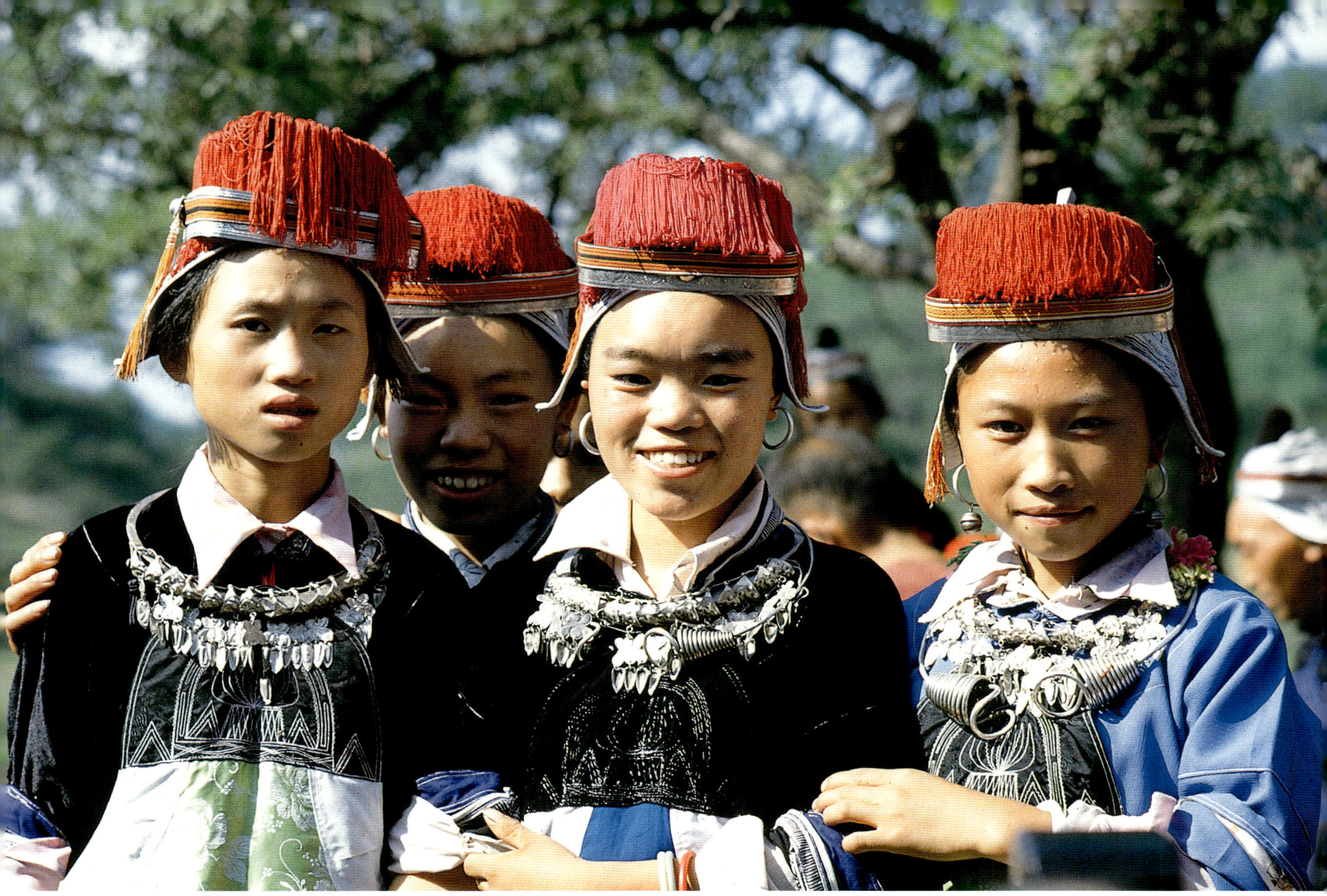
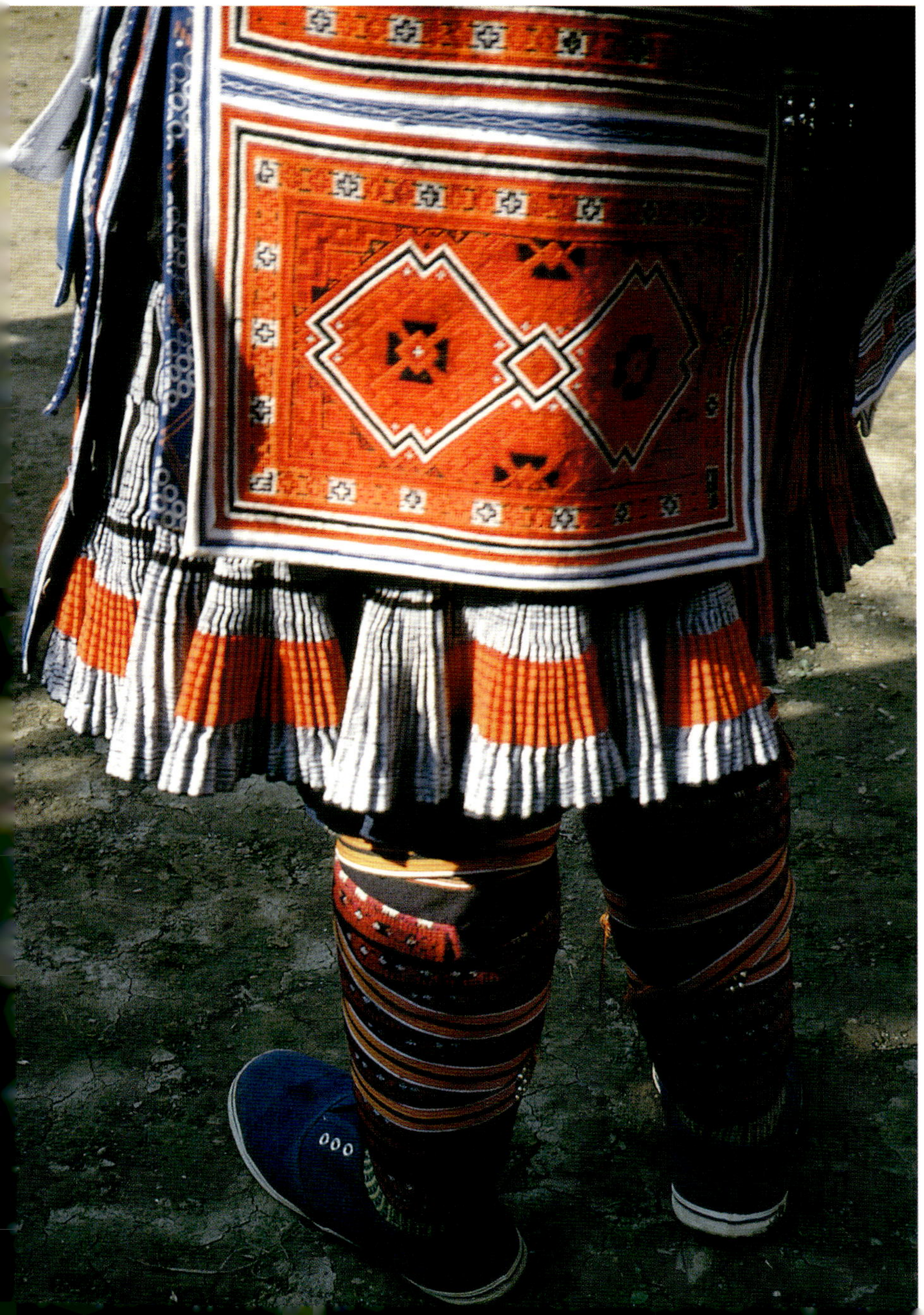
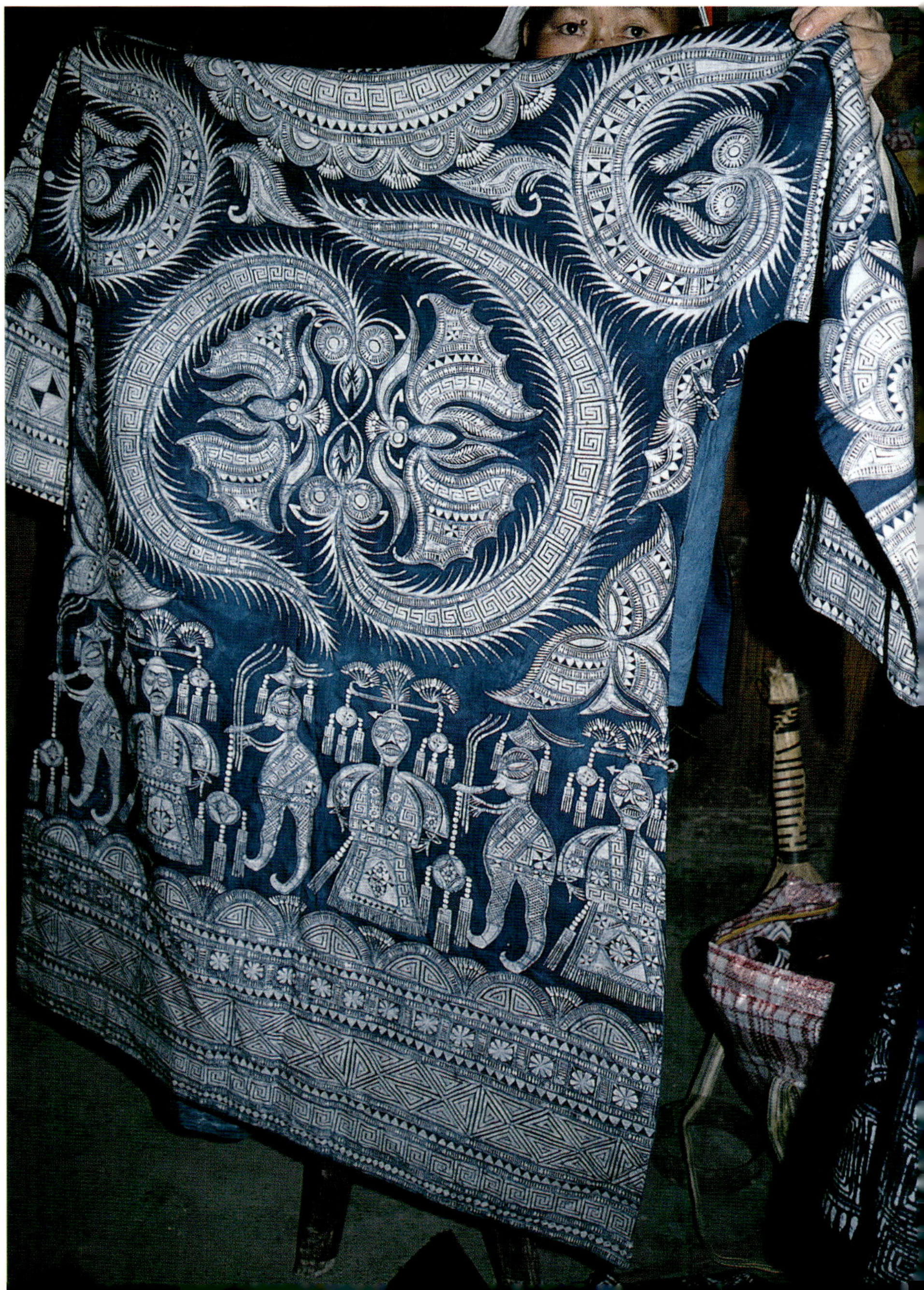

096

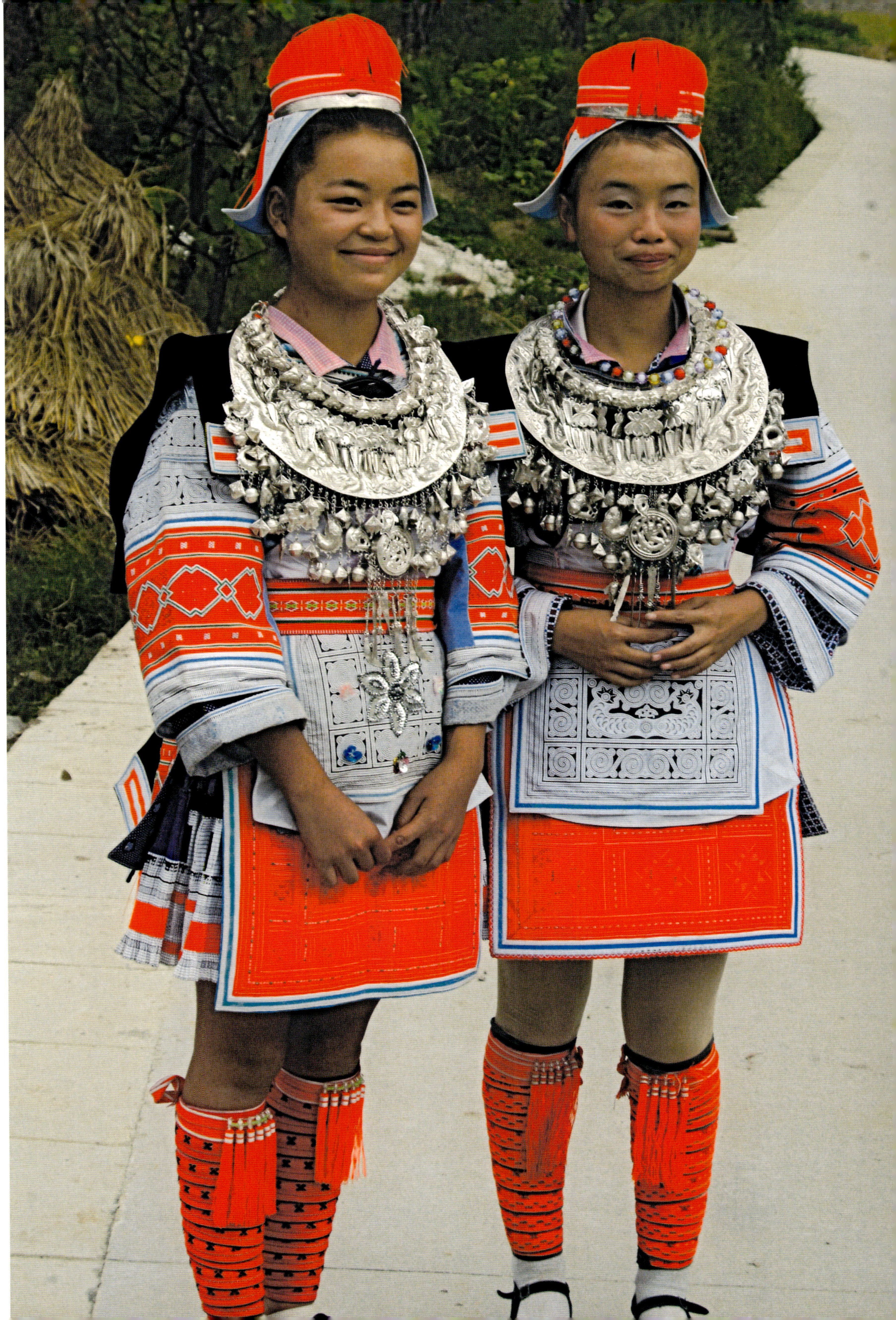

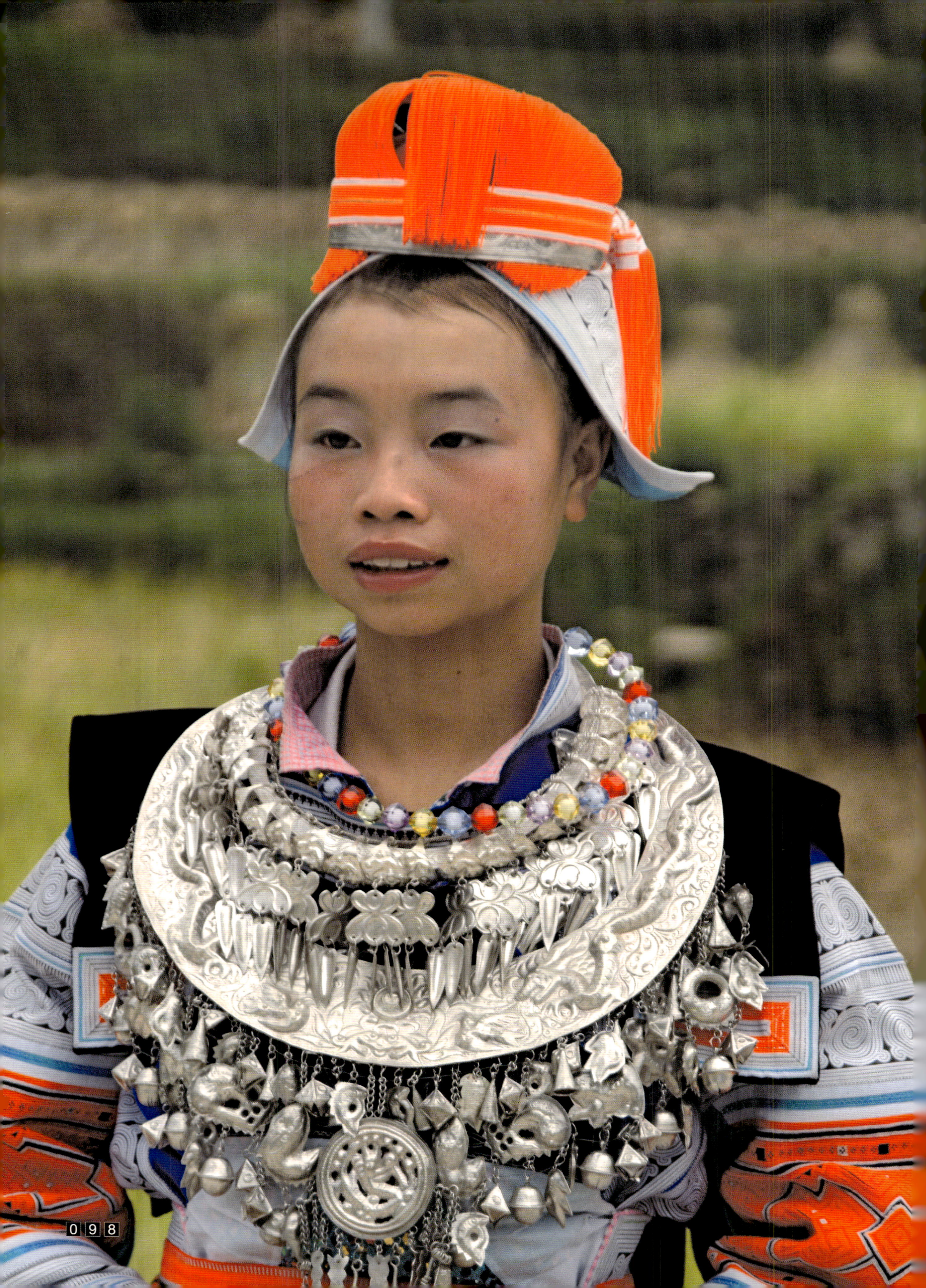

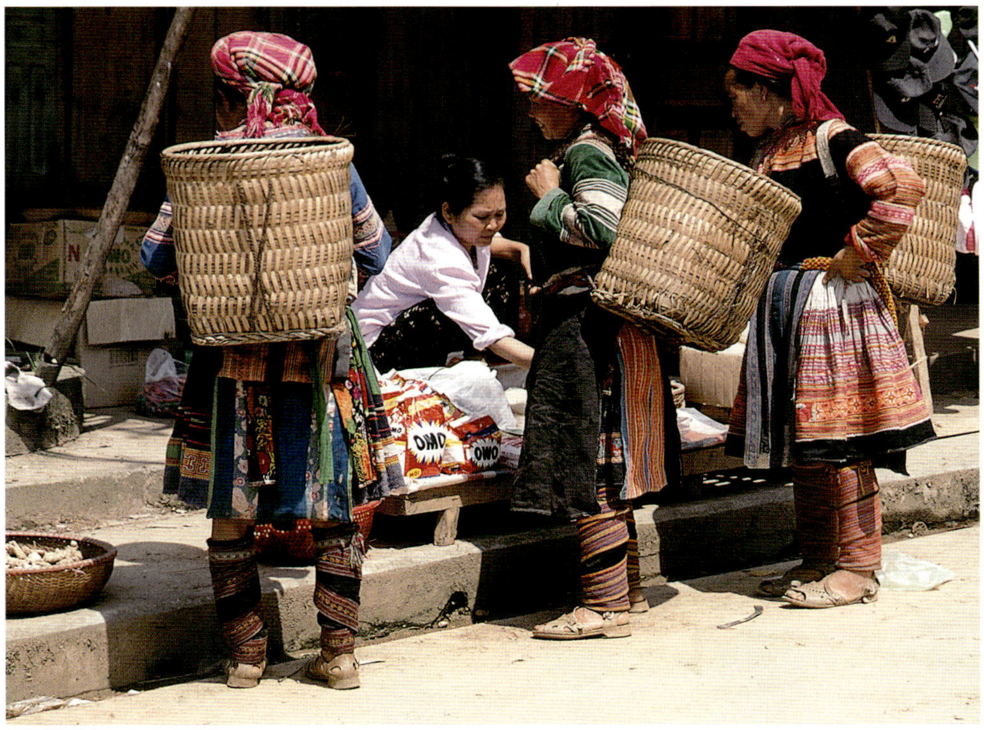

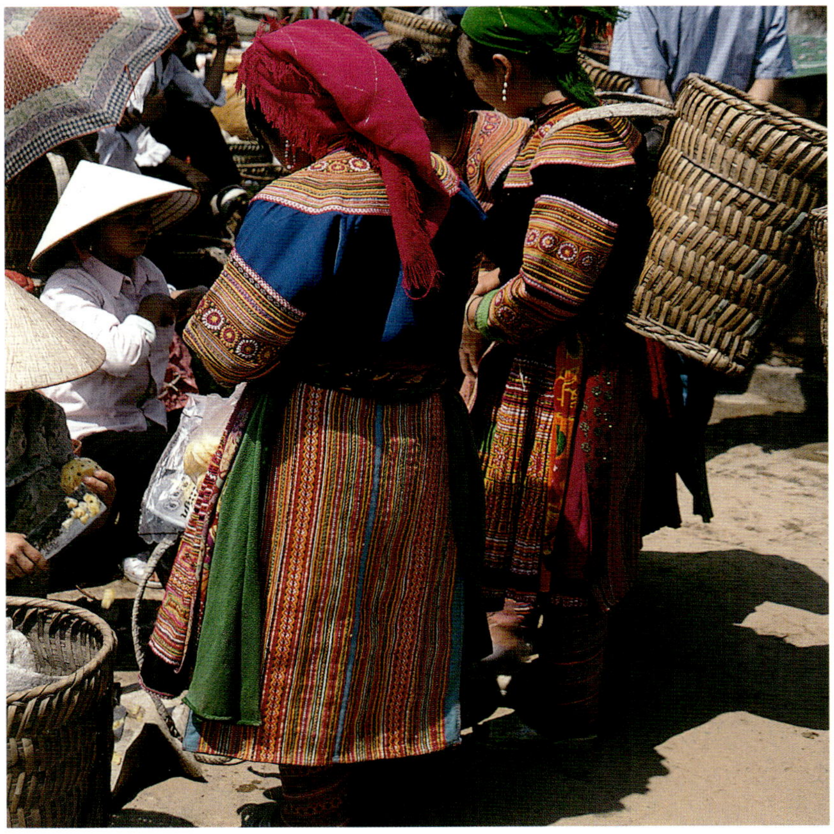

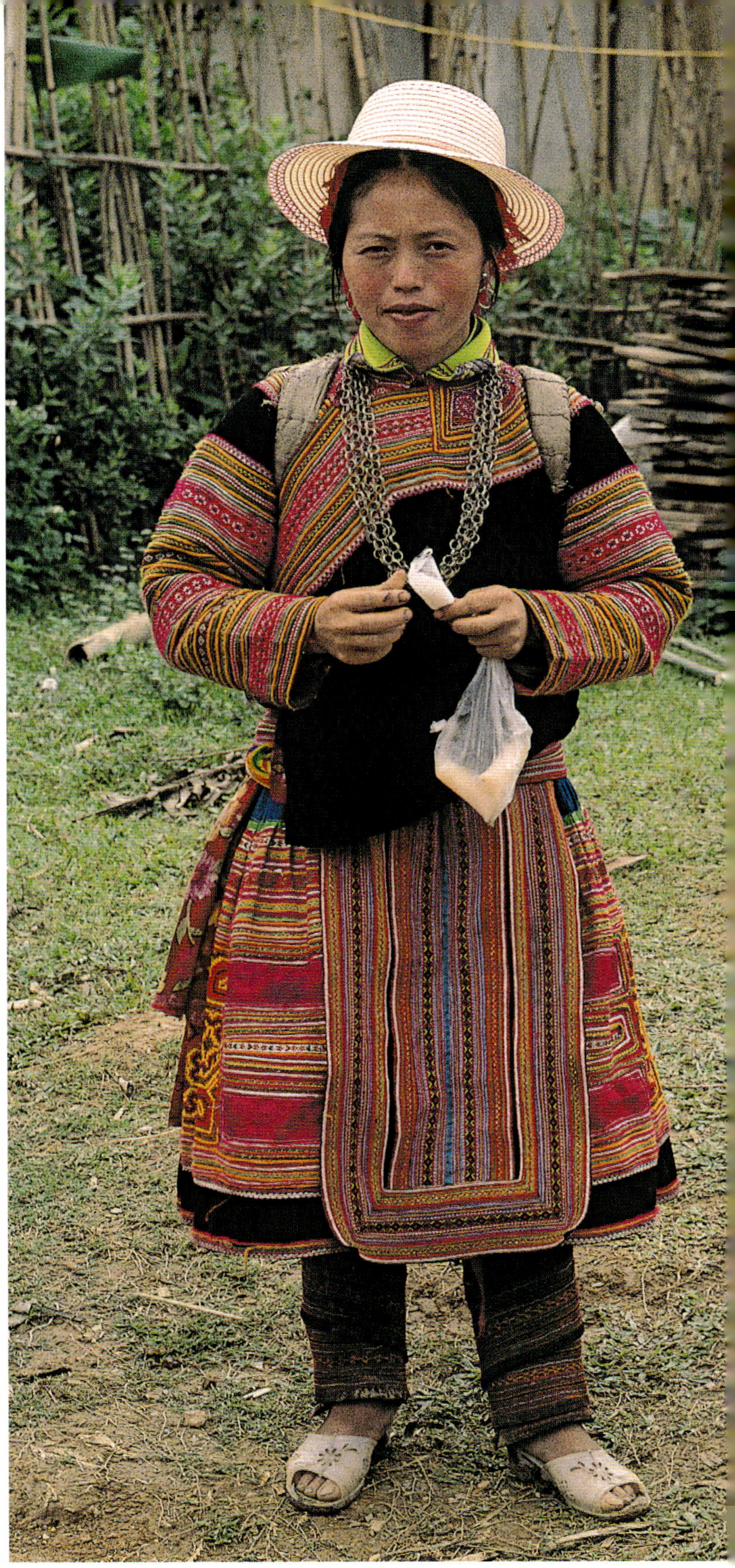

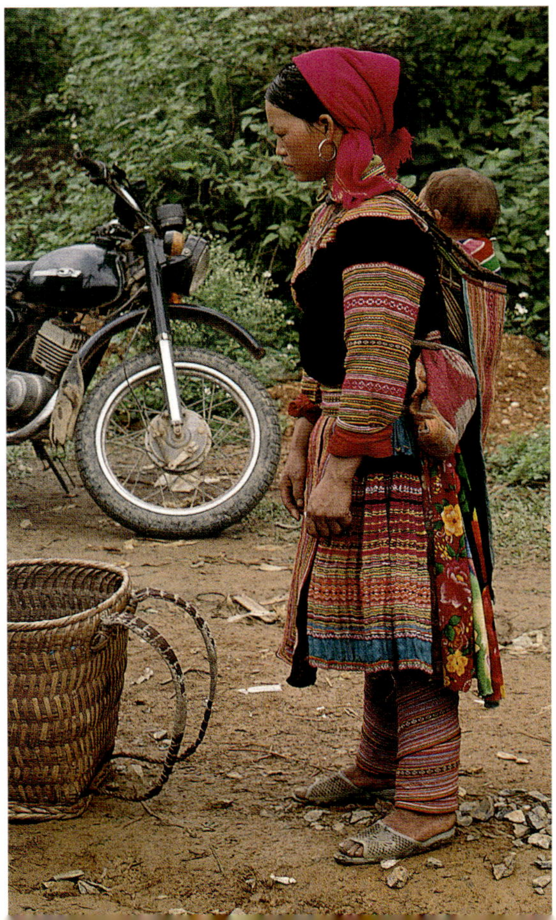

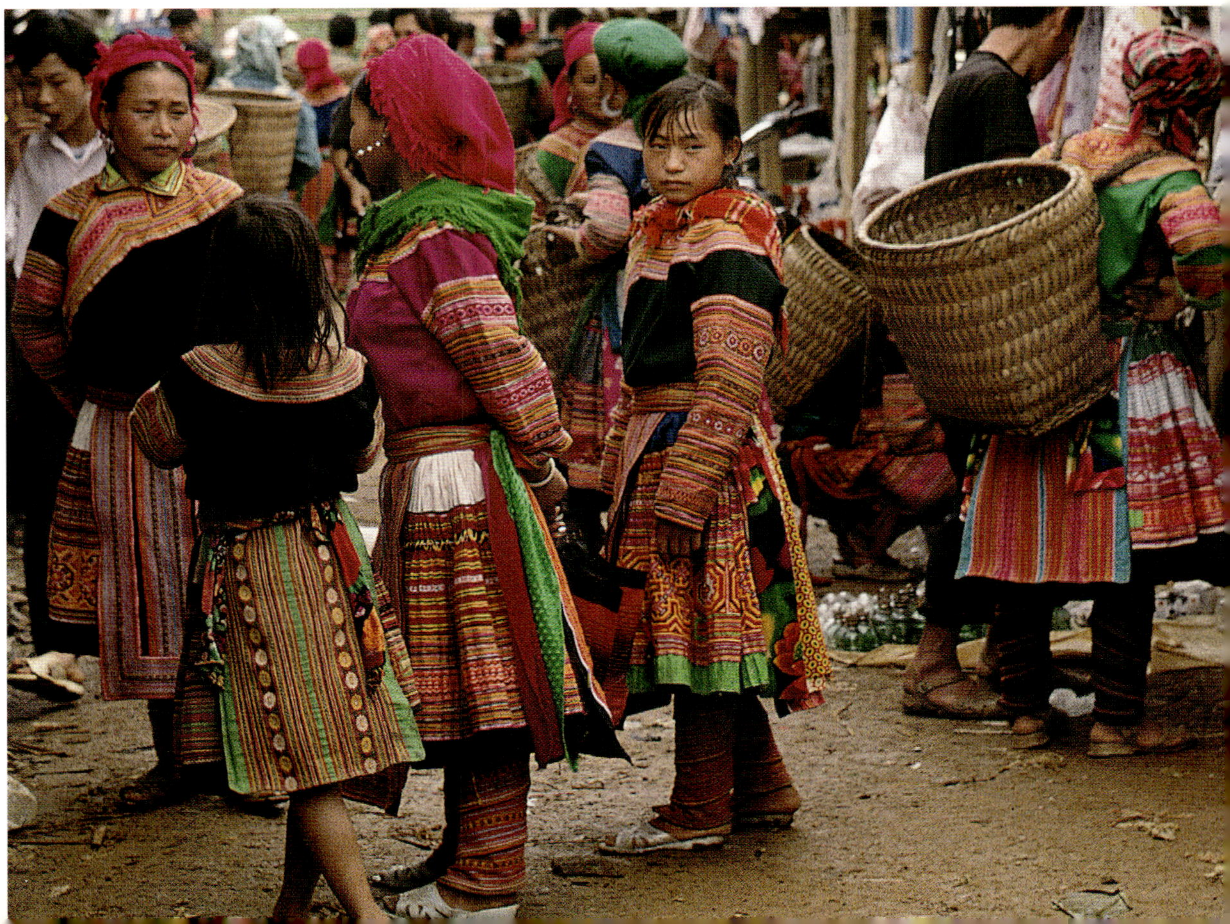

100

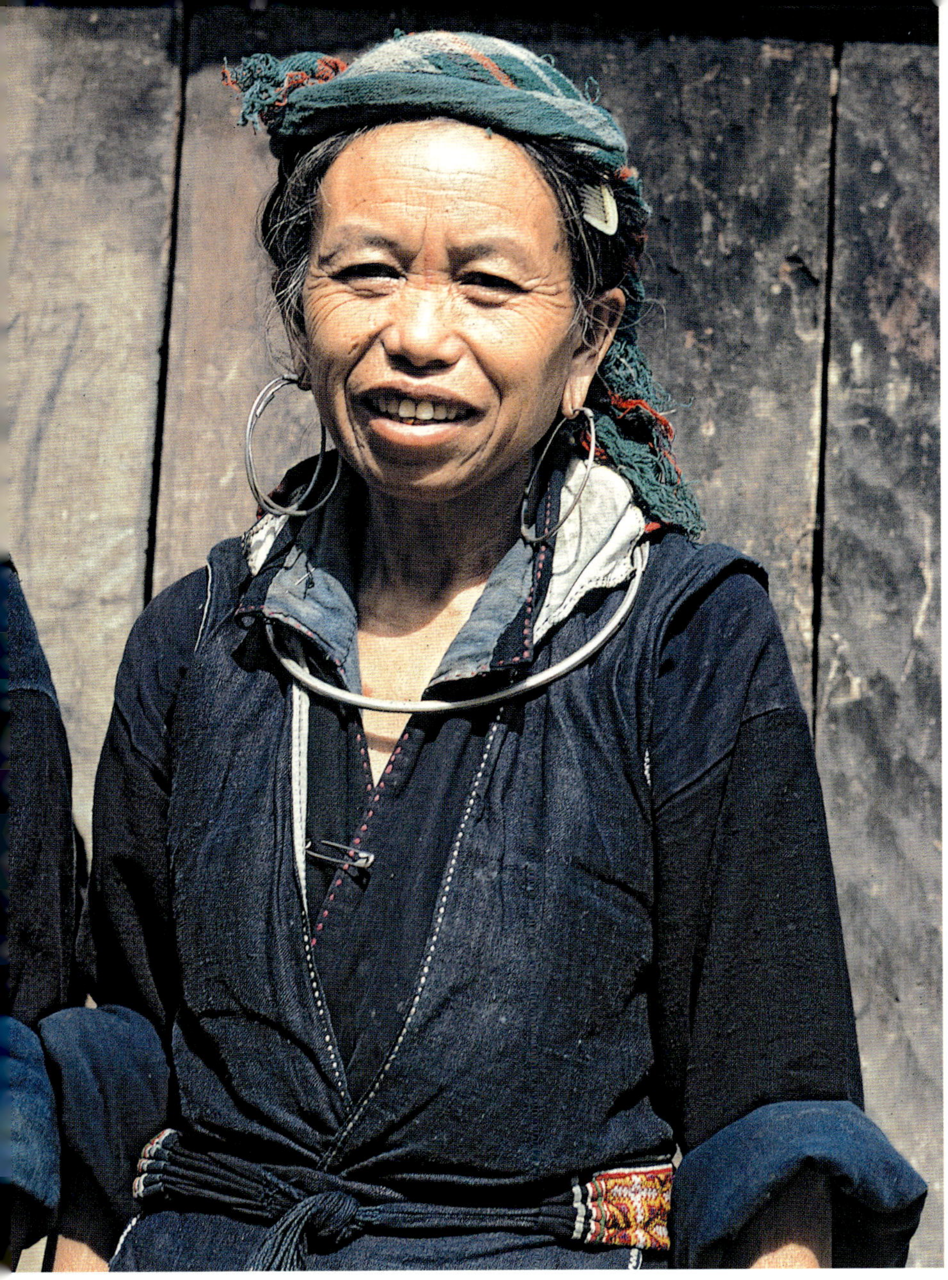
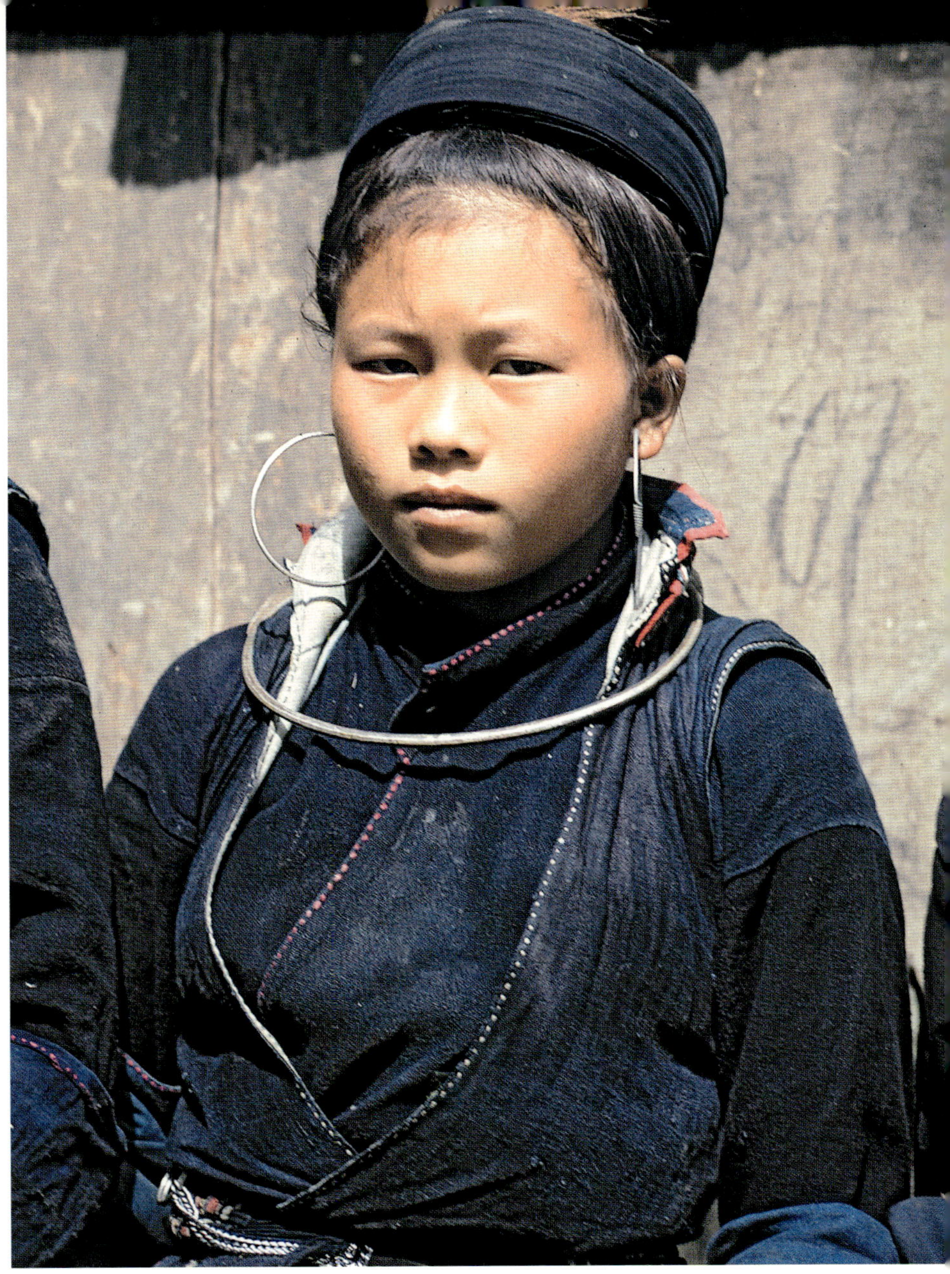
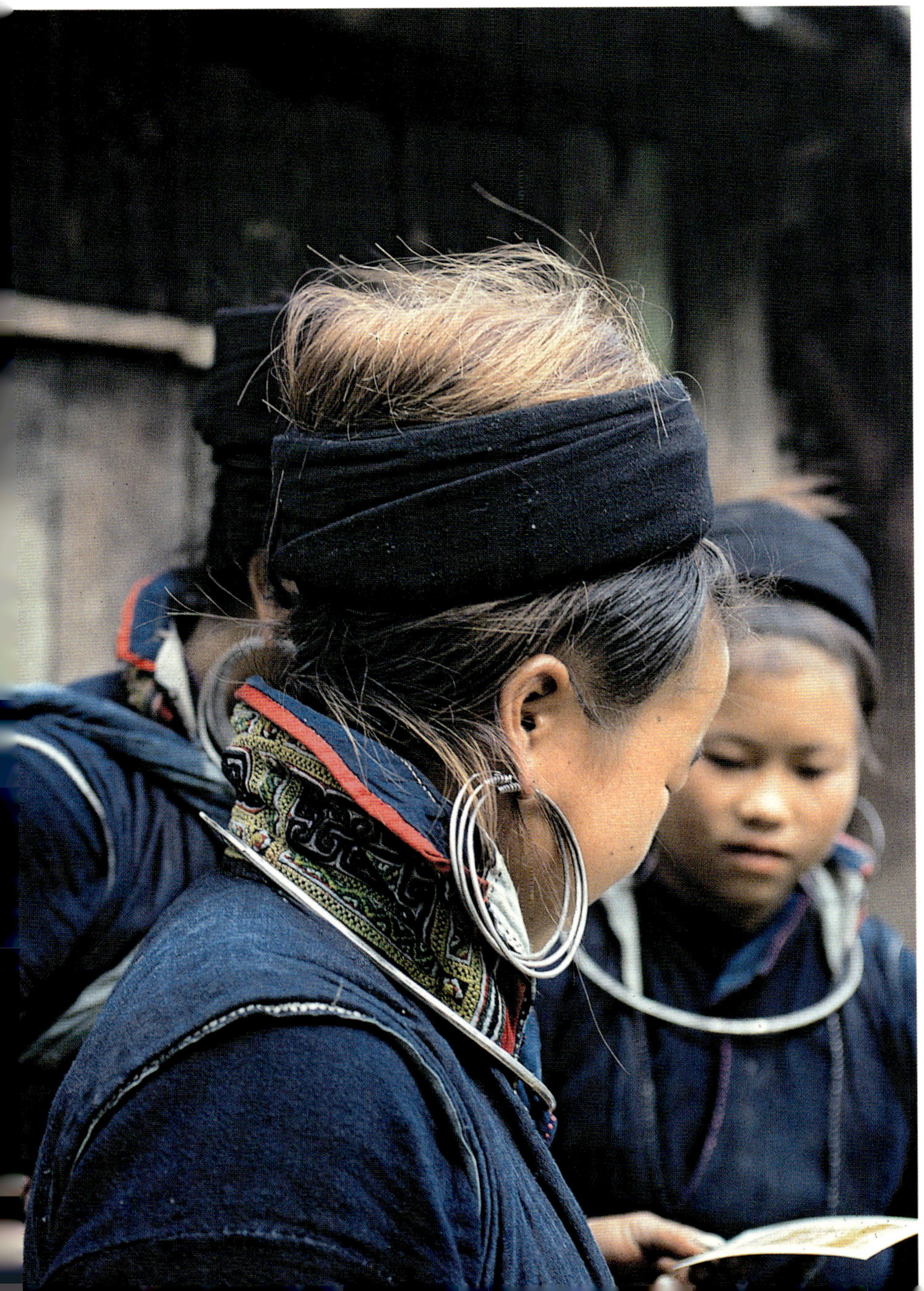
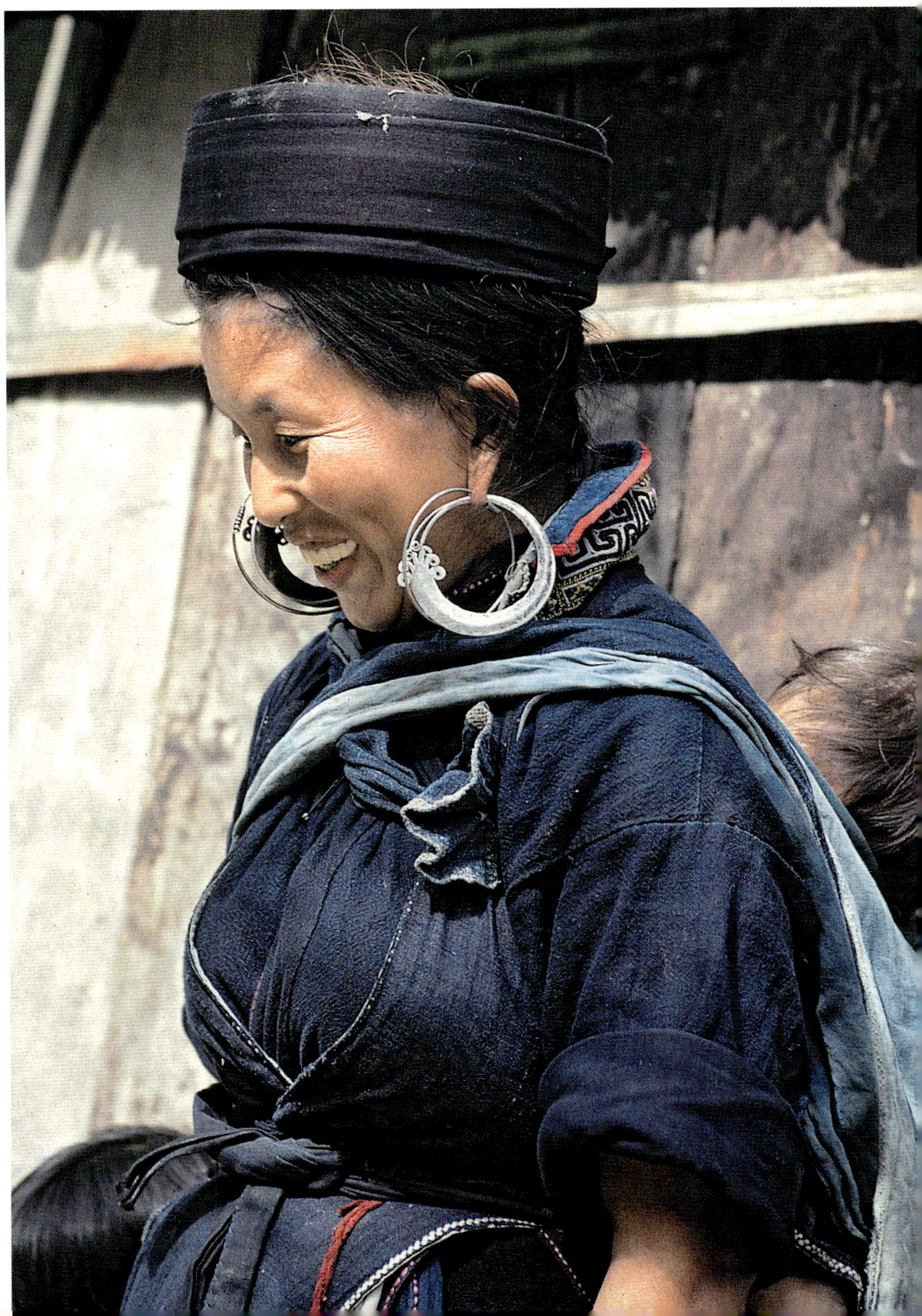

102

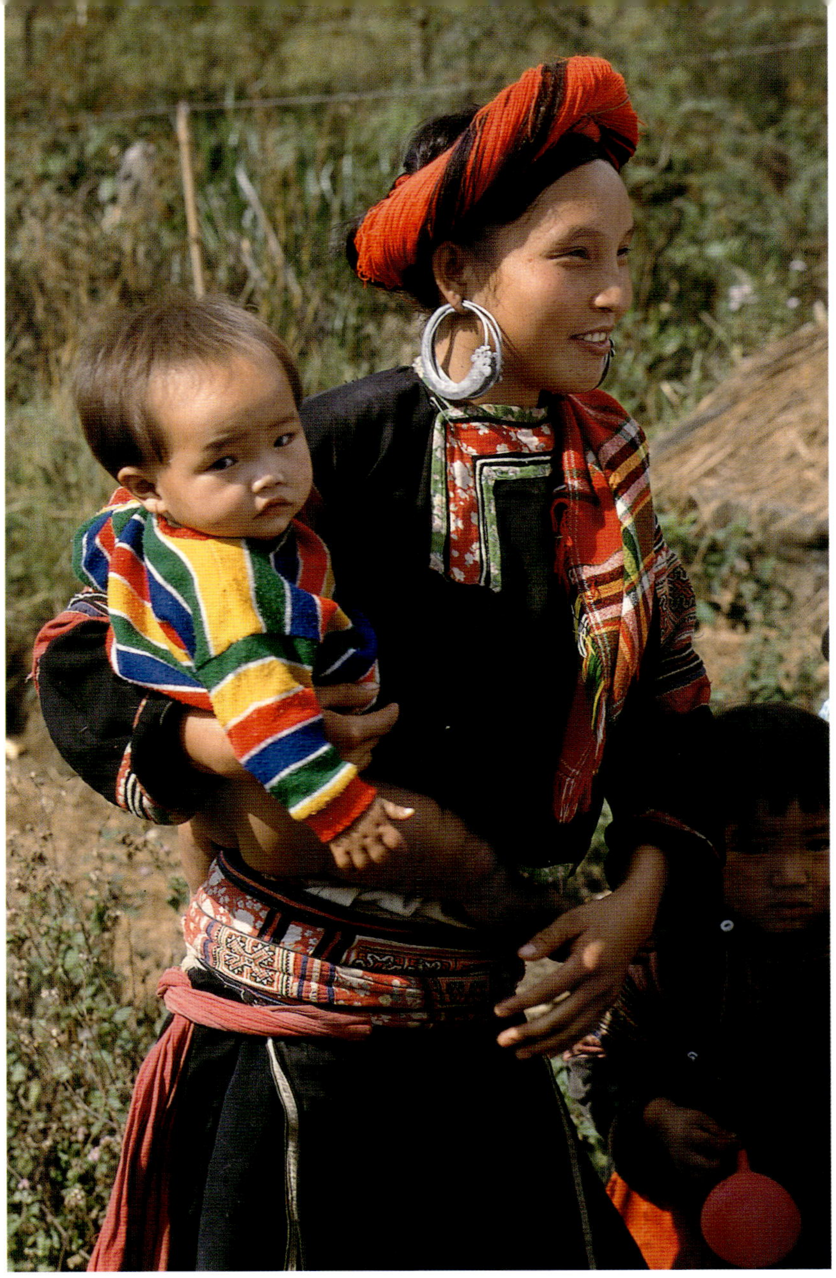
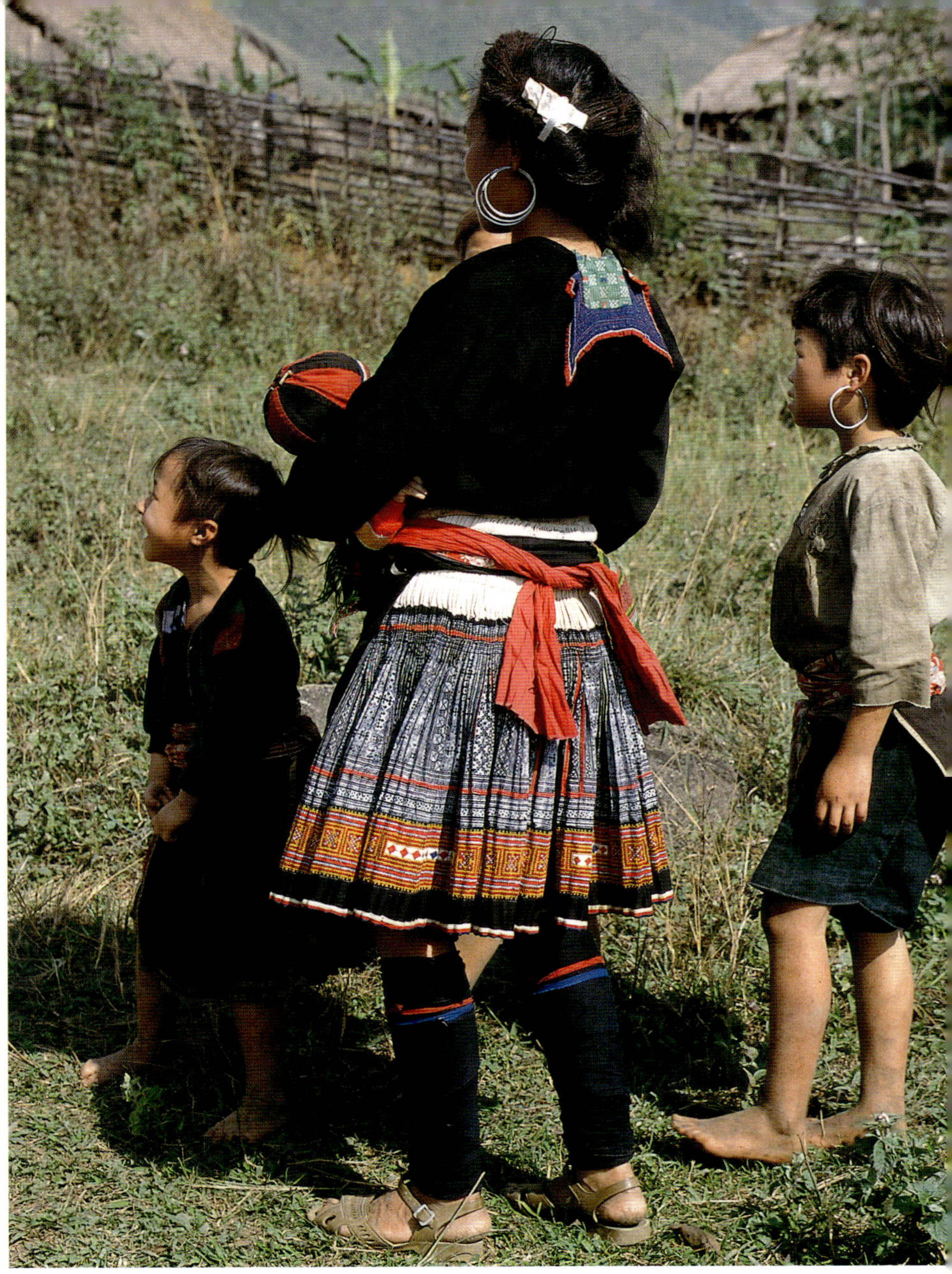
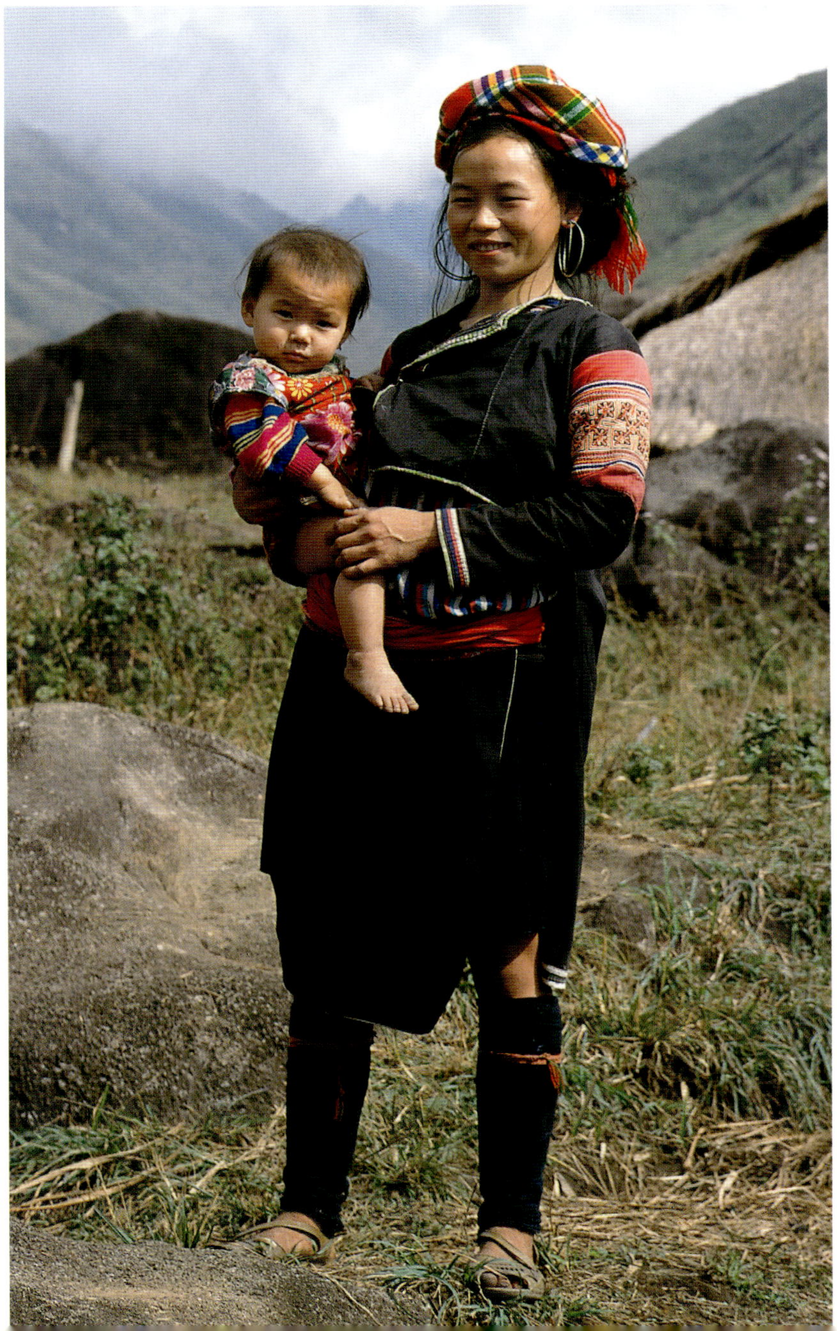
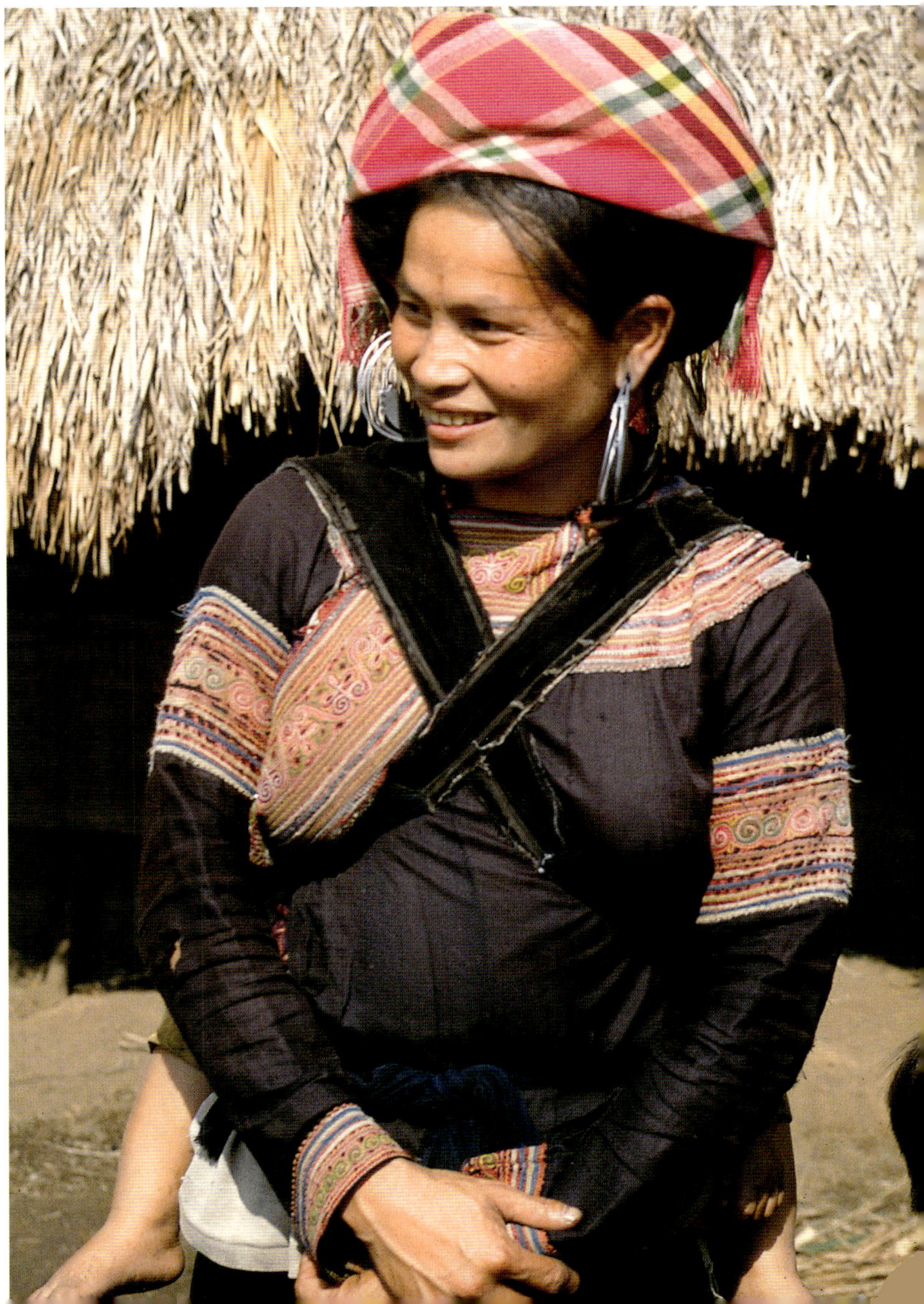

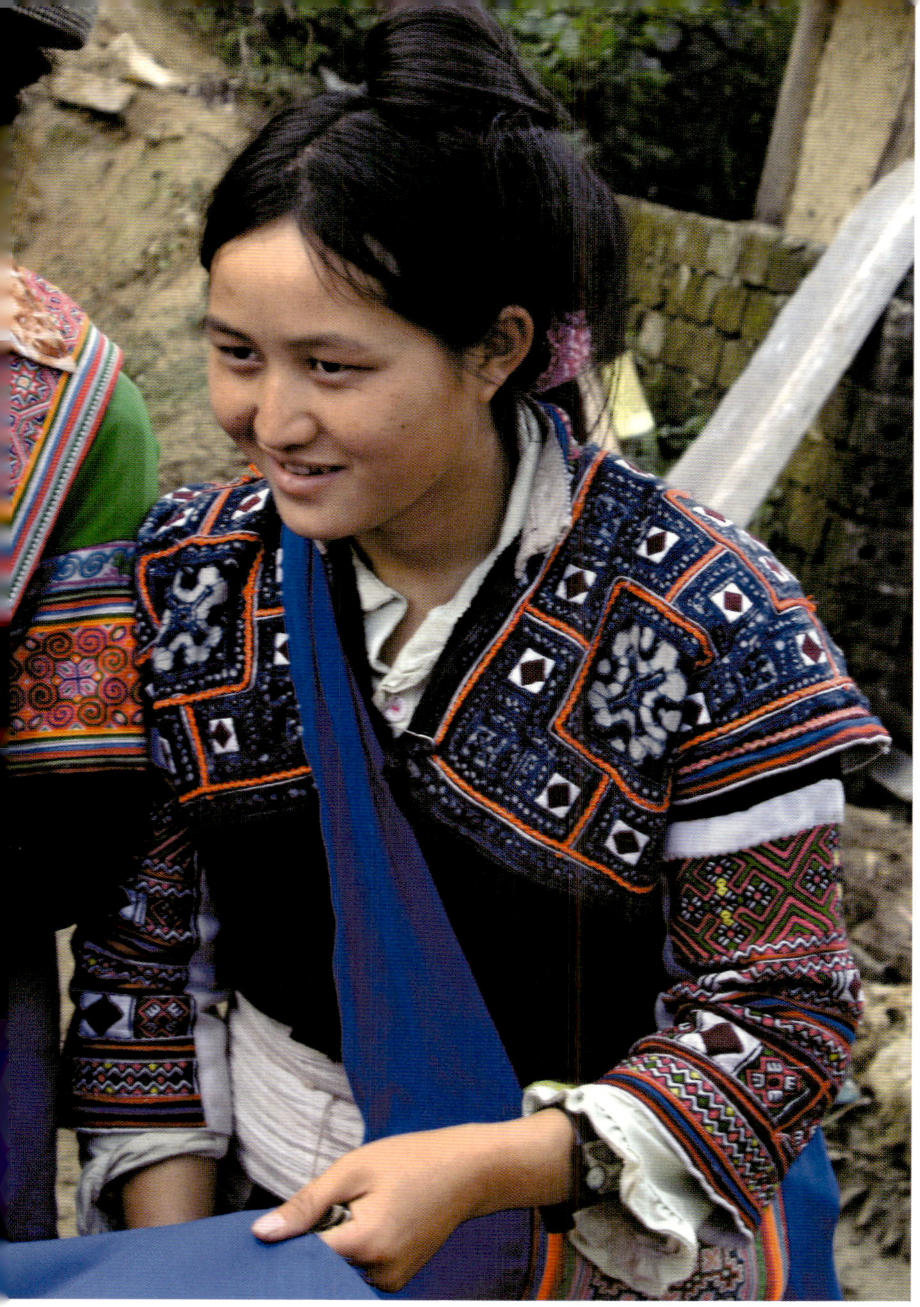

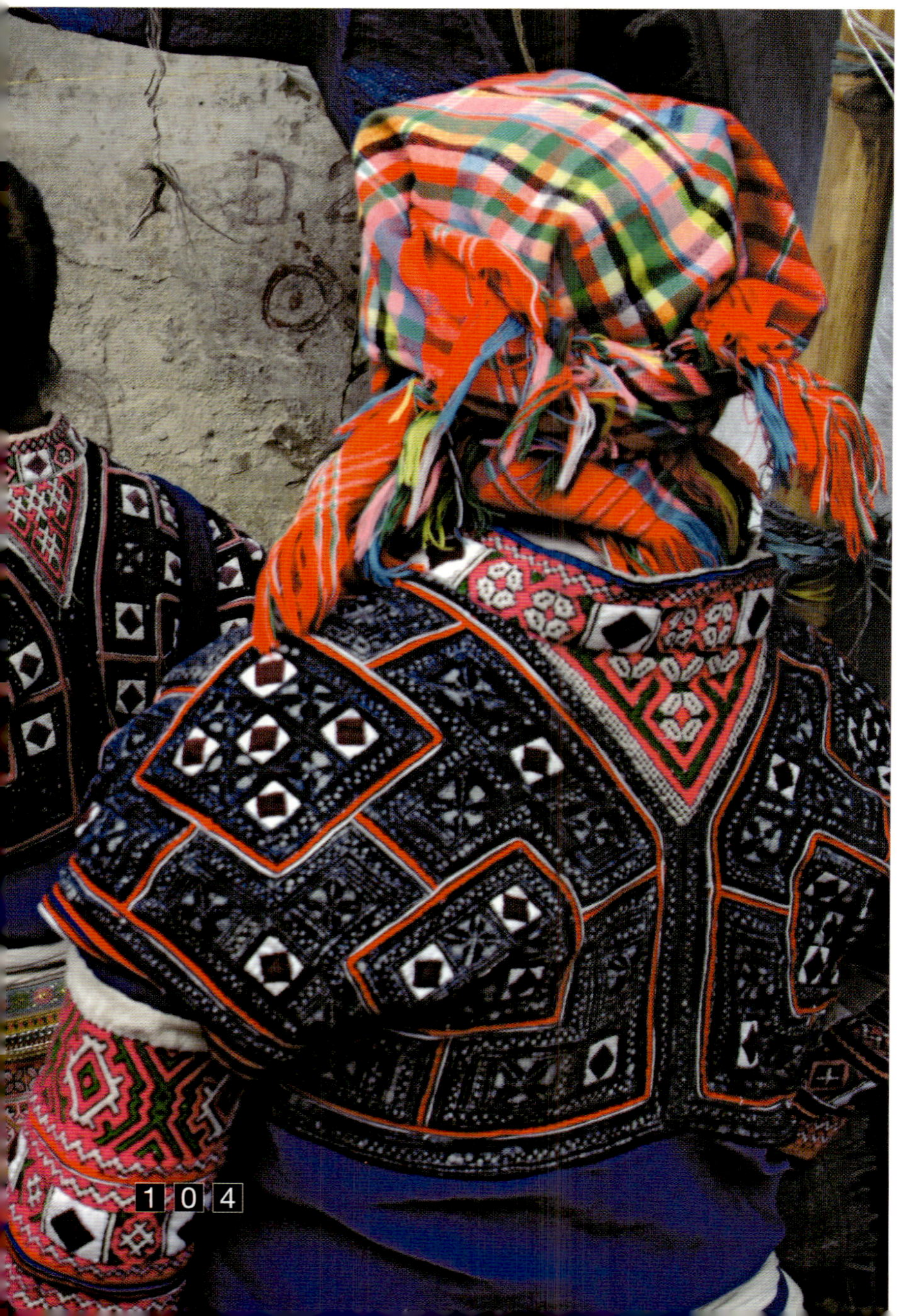

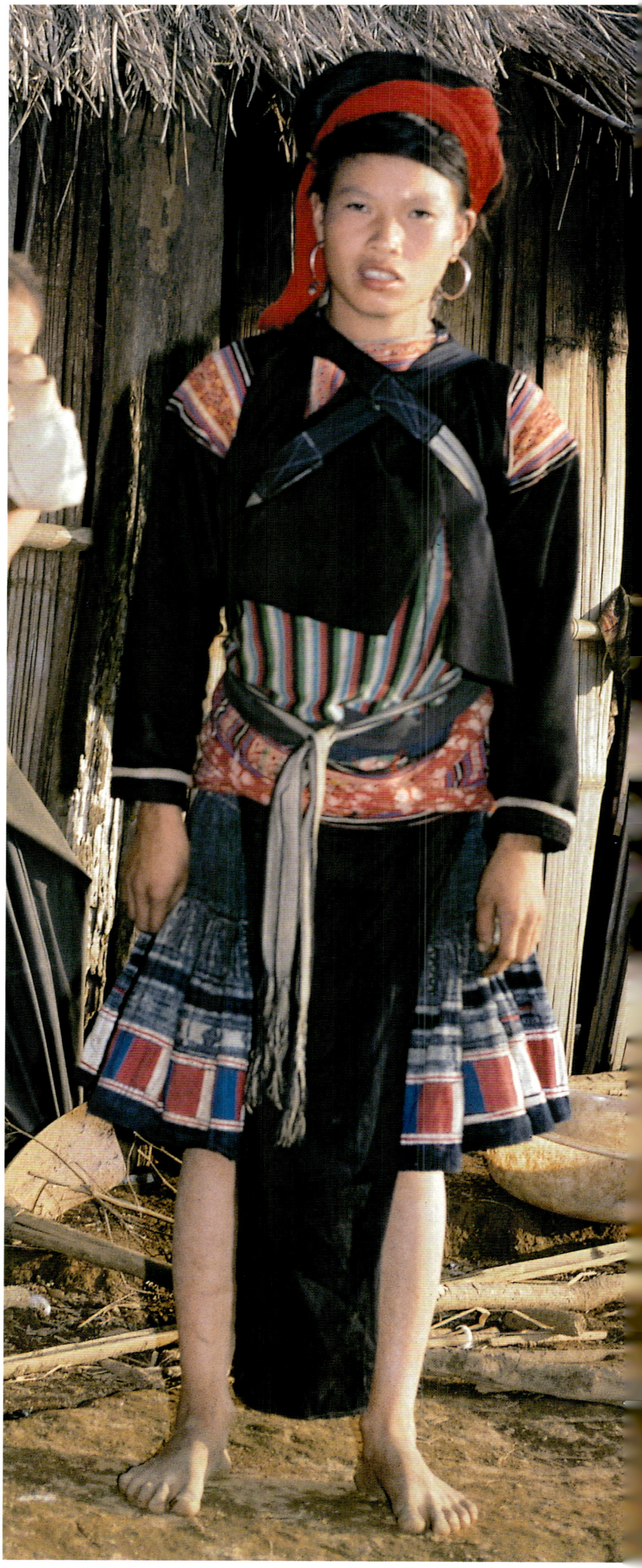

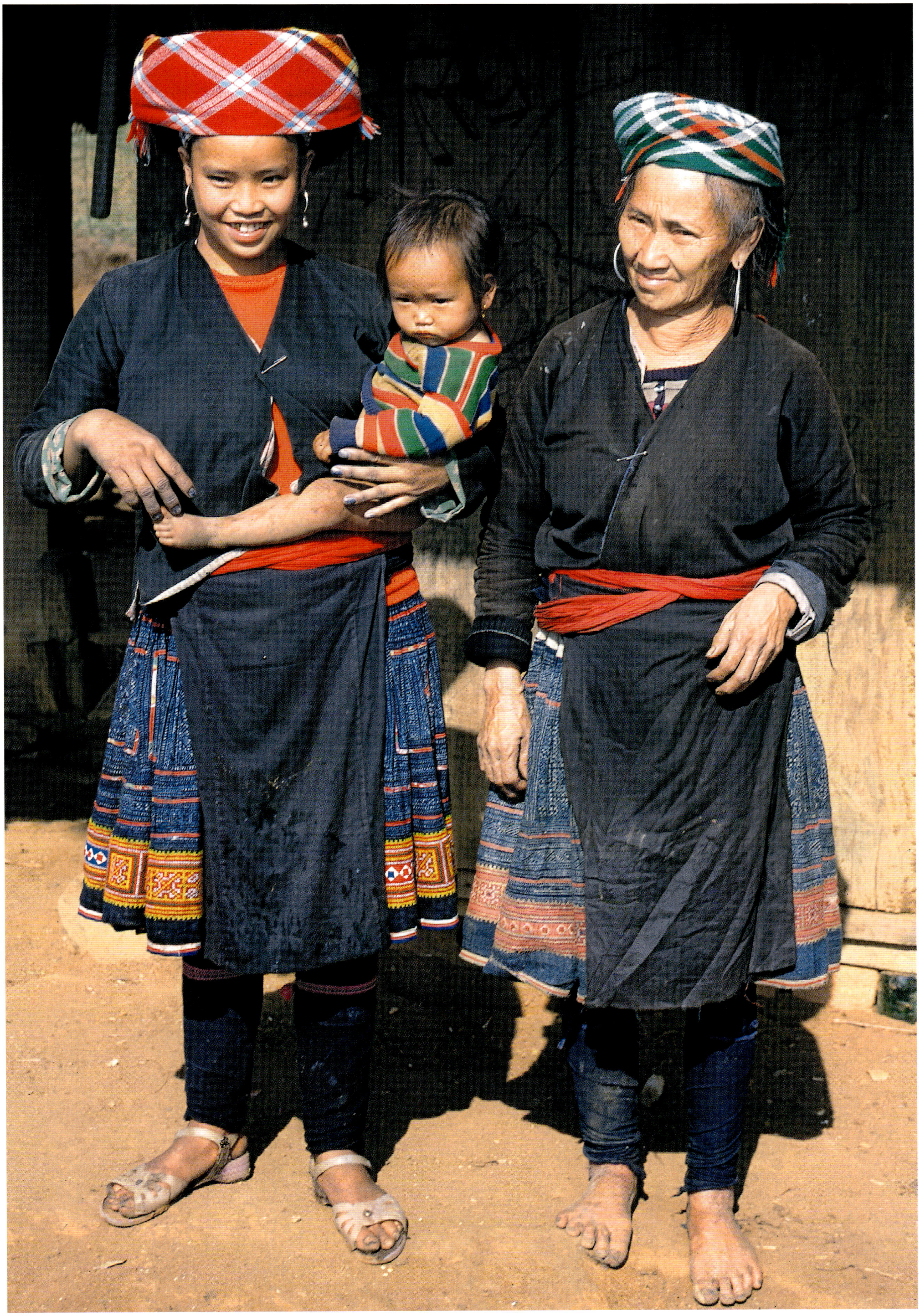

106

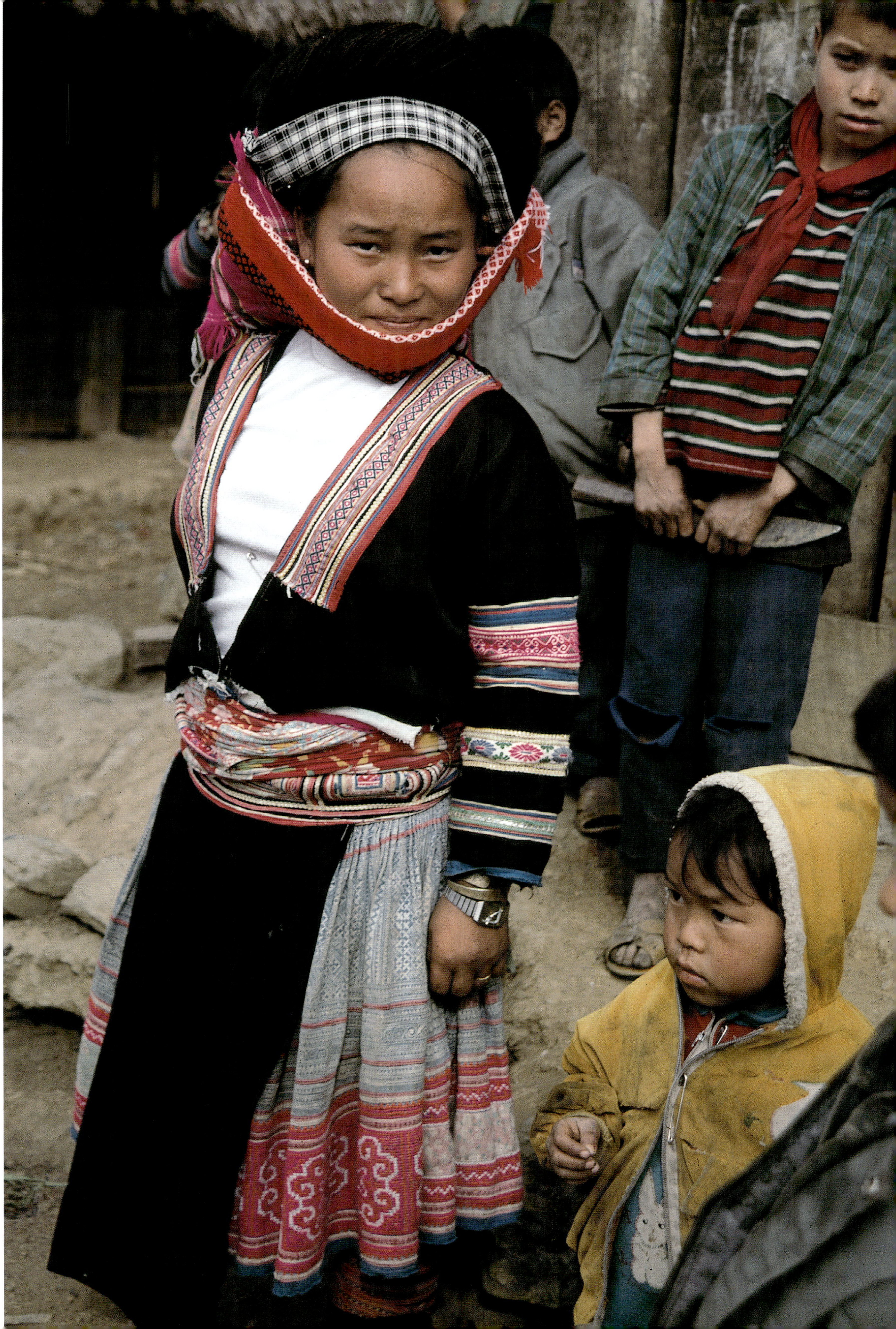

108

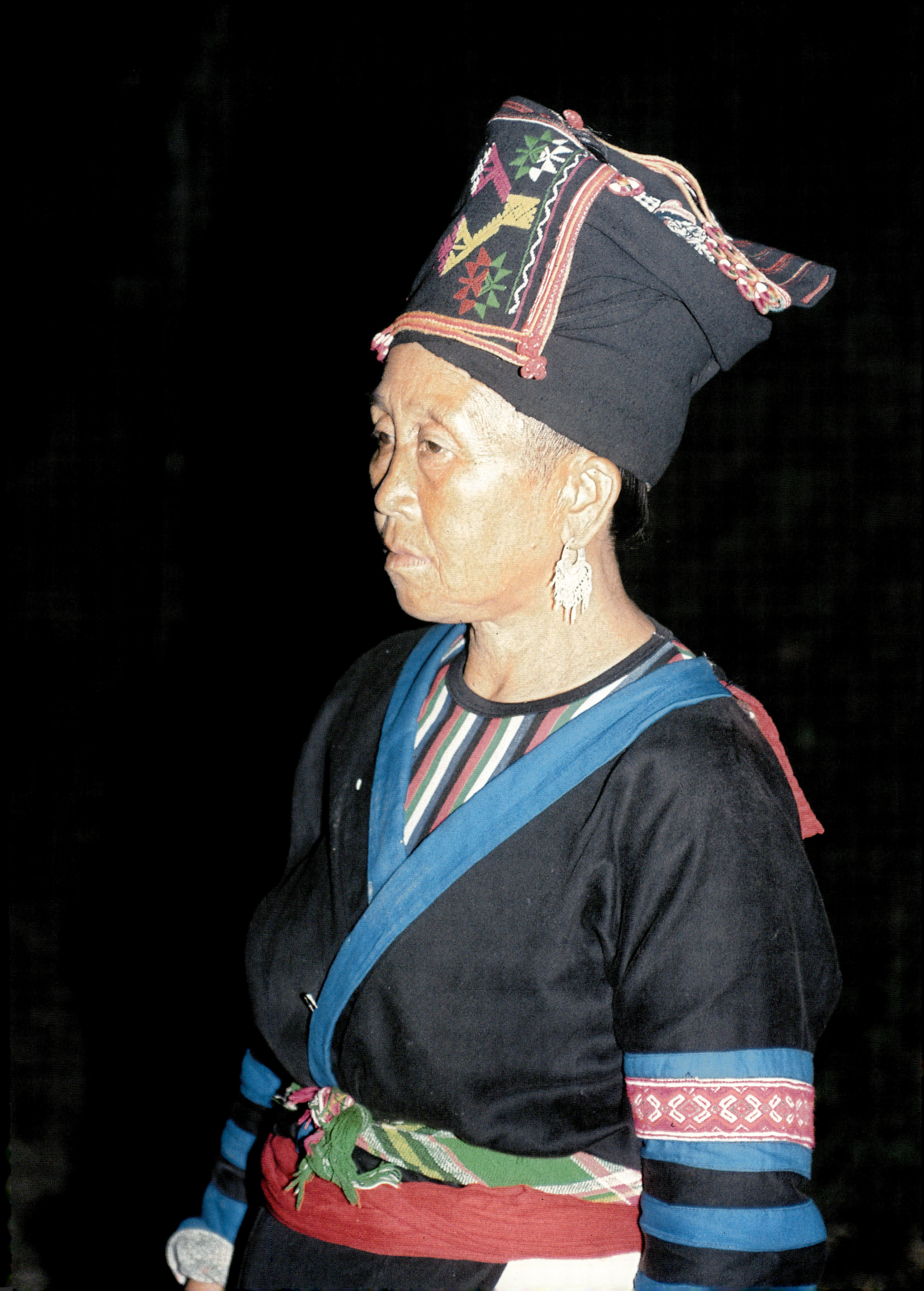

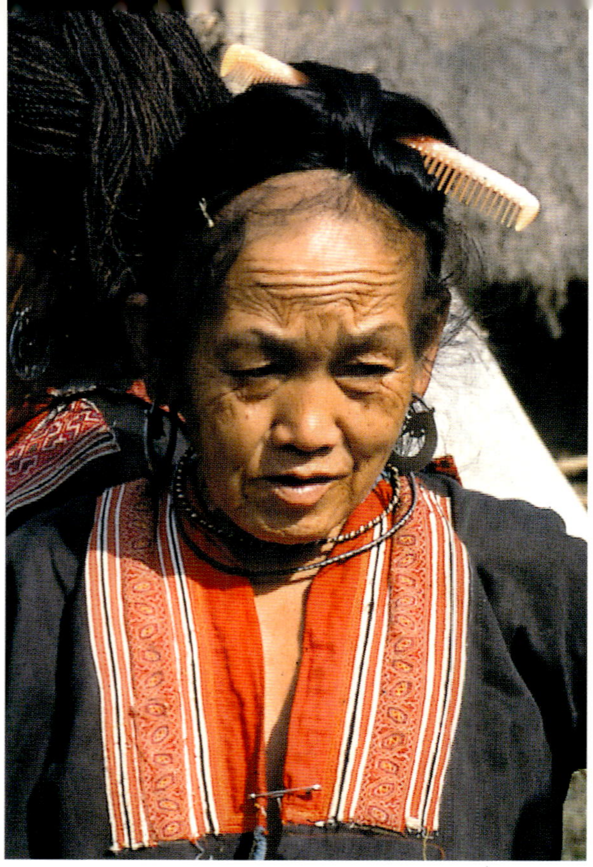
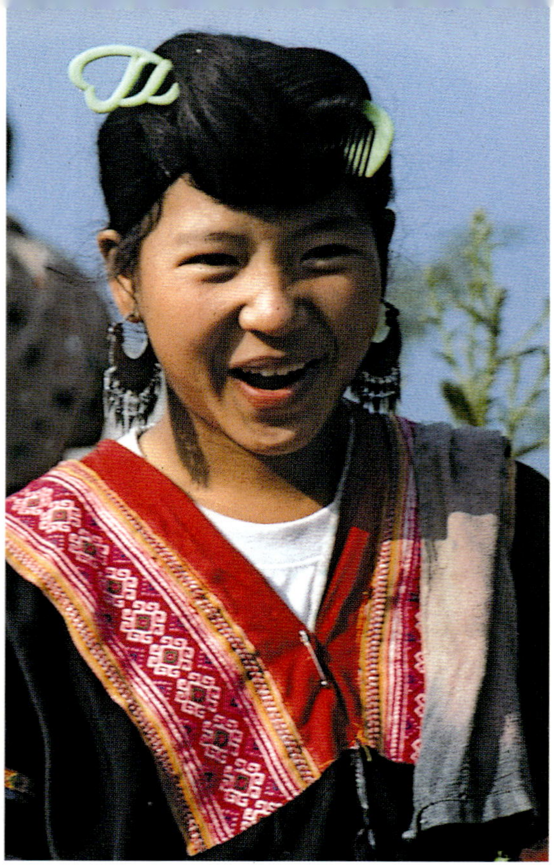
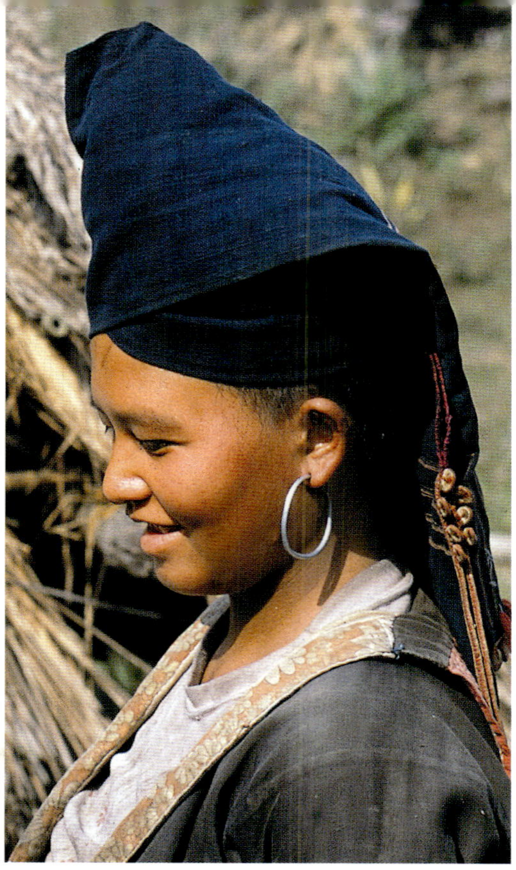
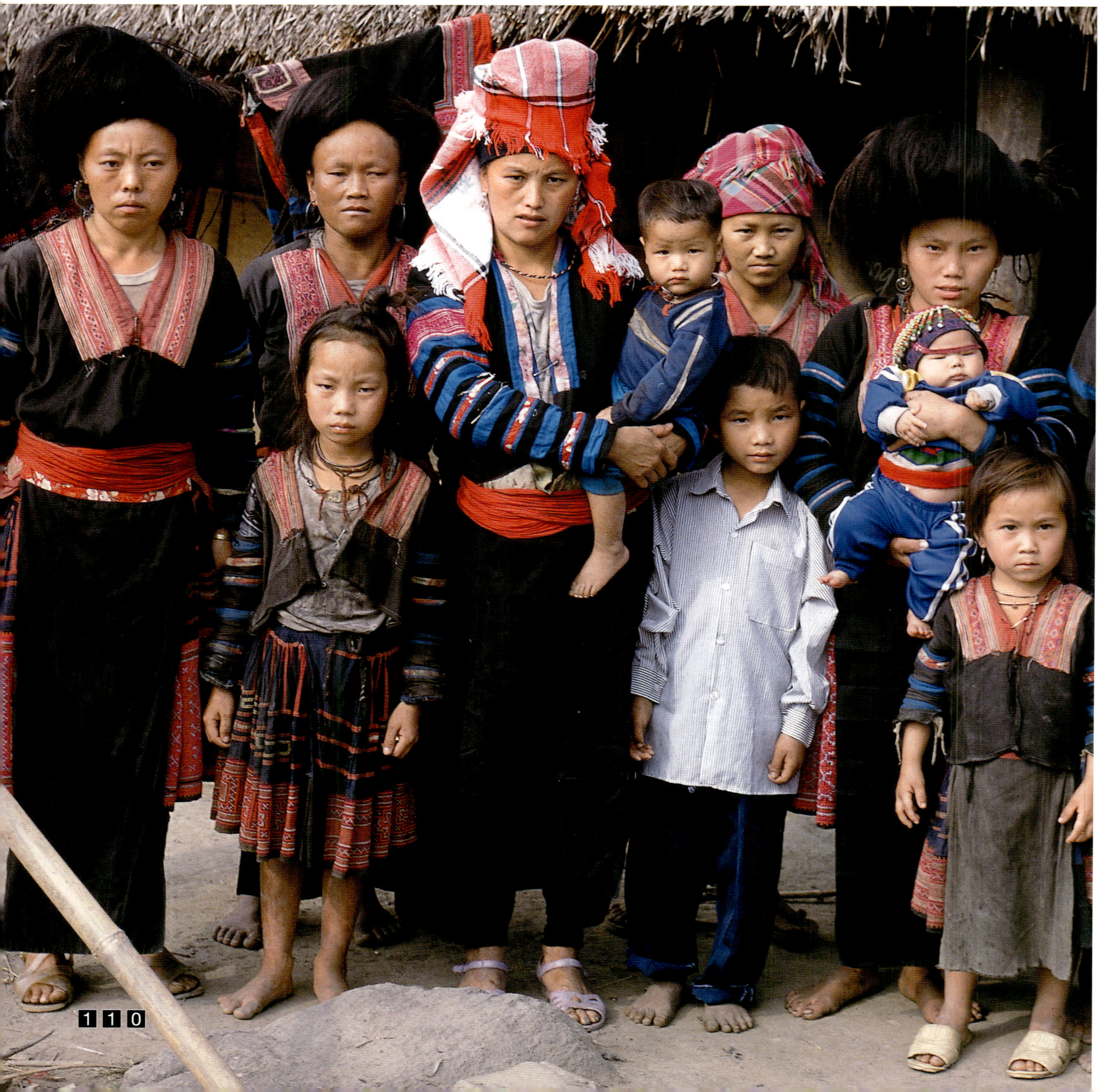

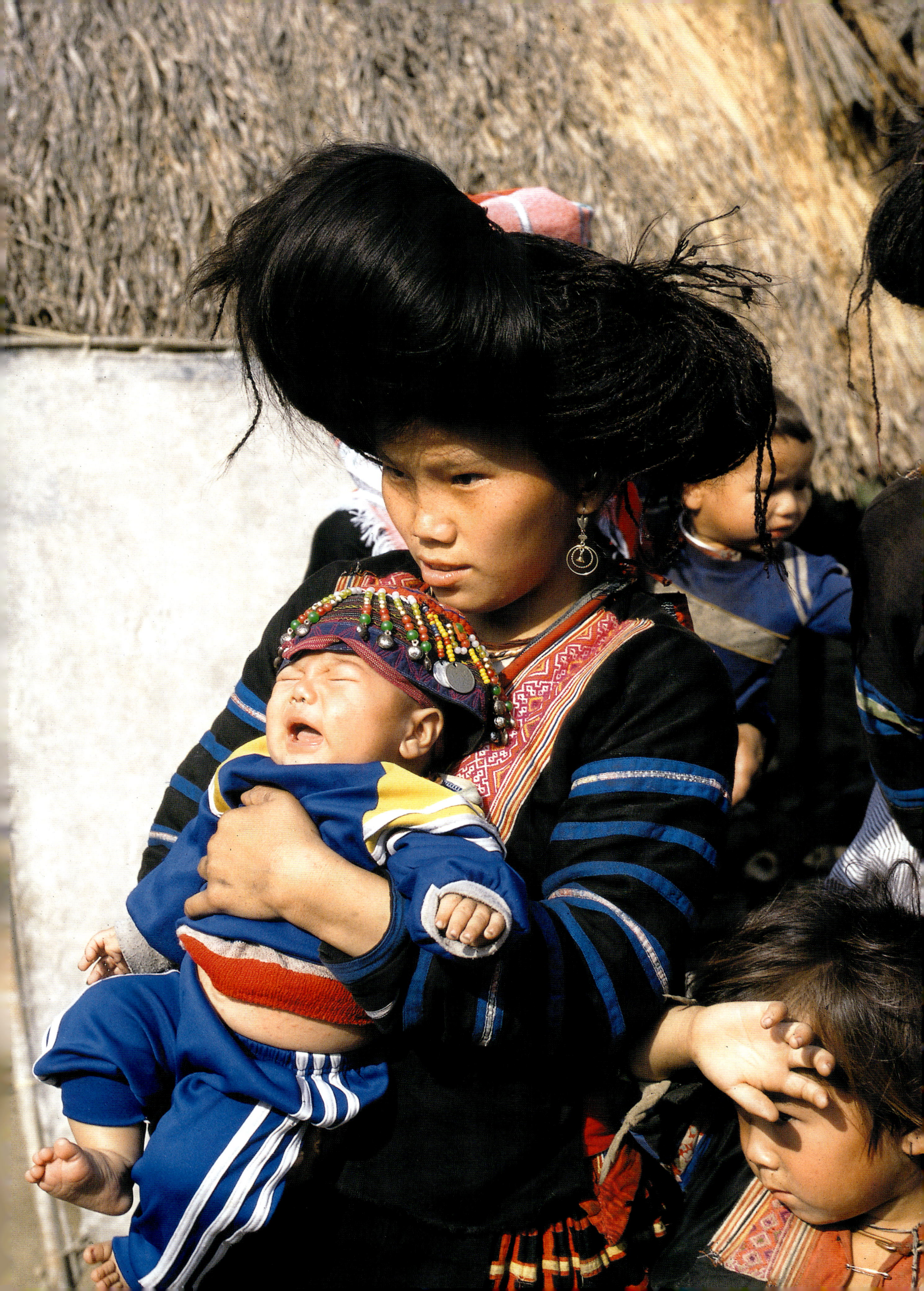

112

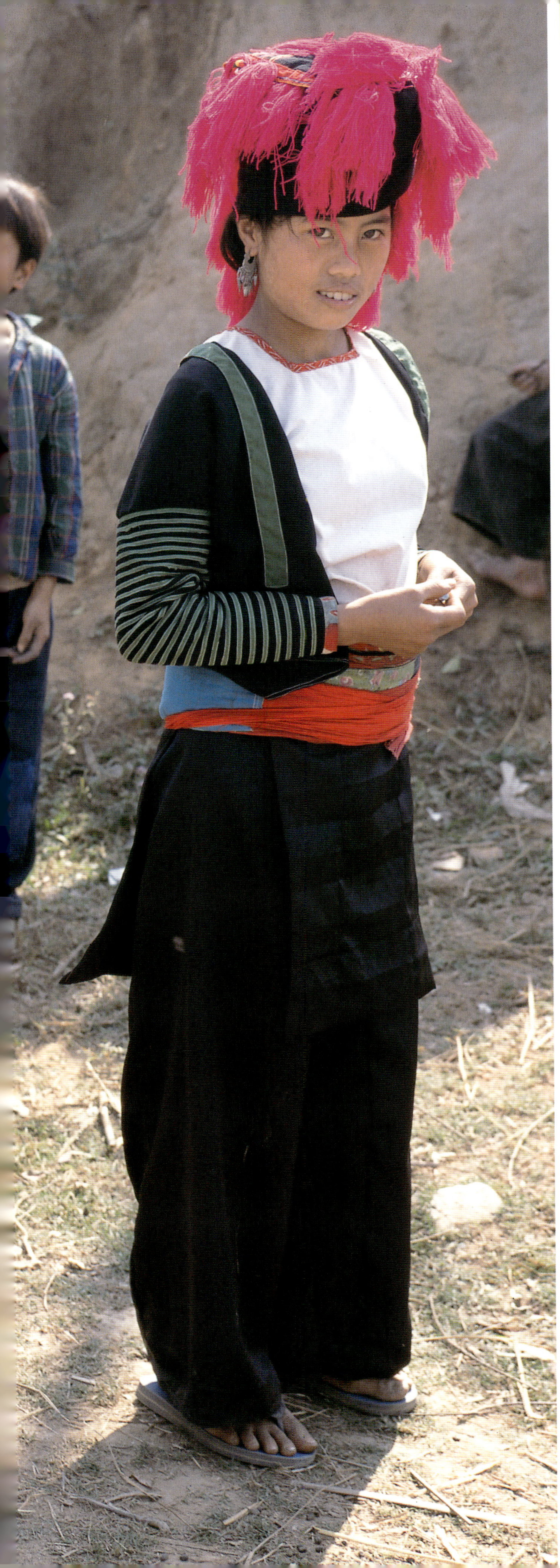
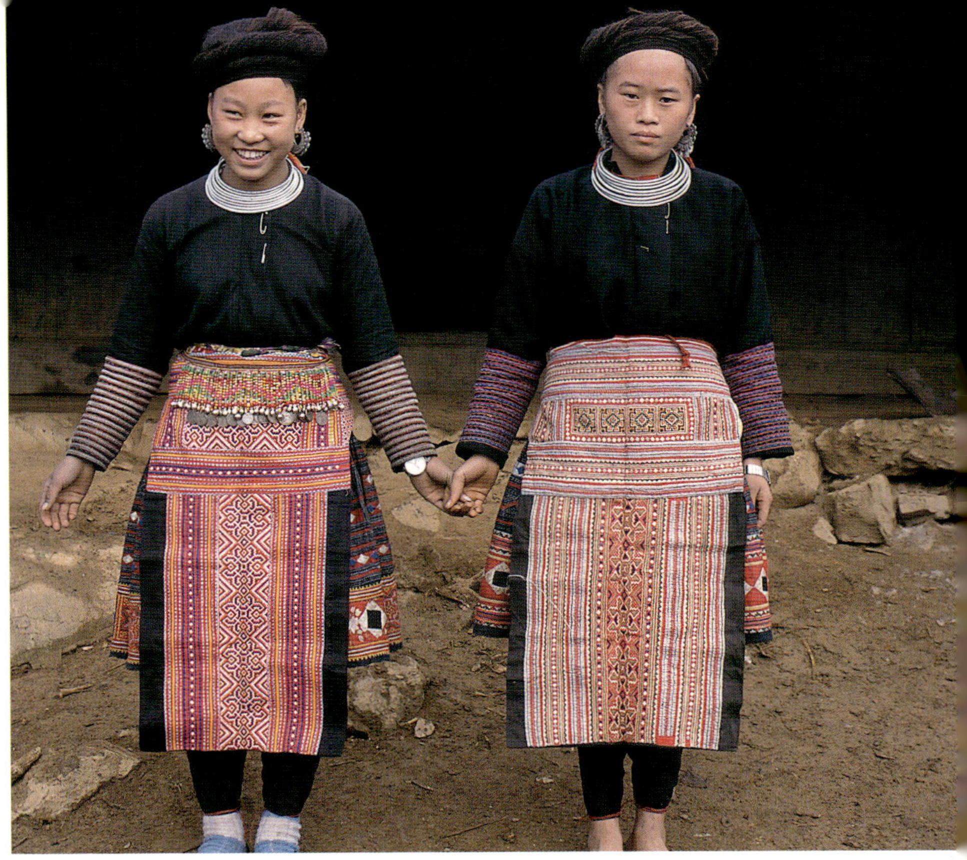
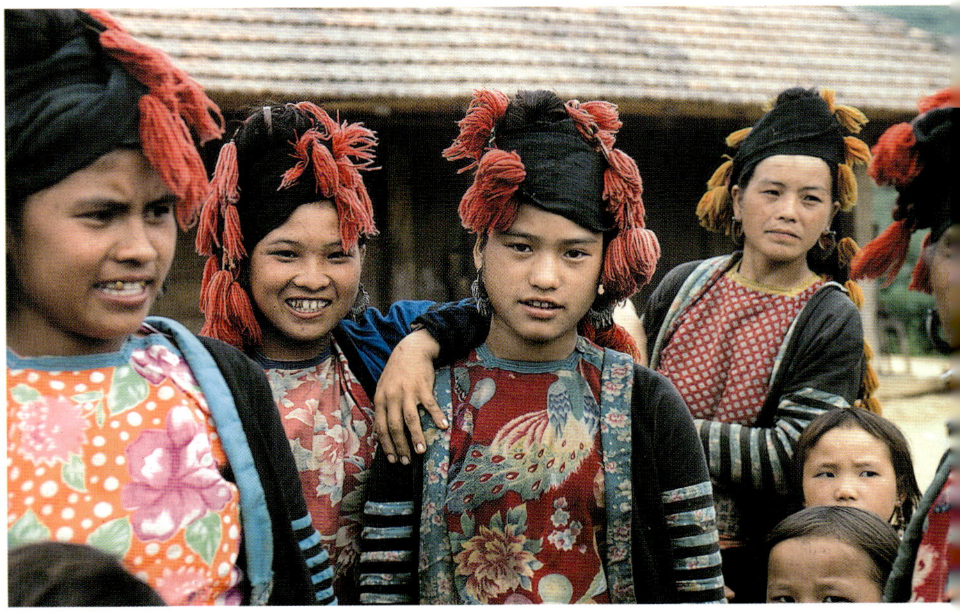
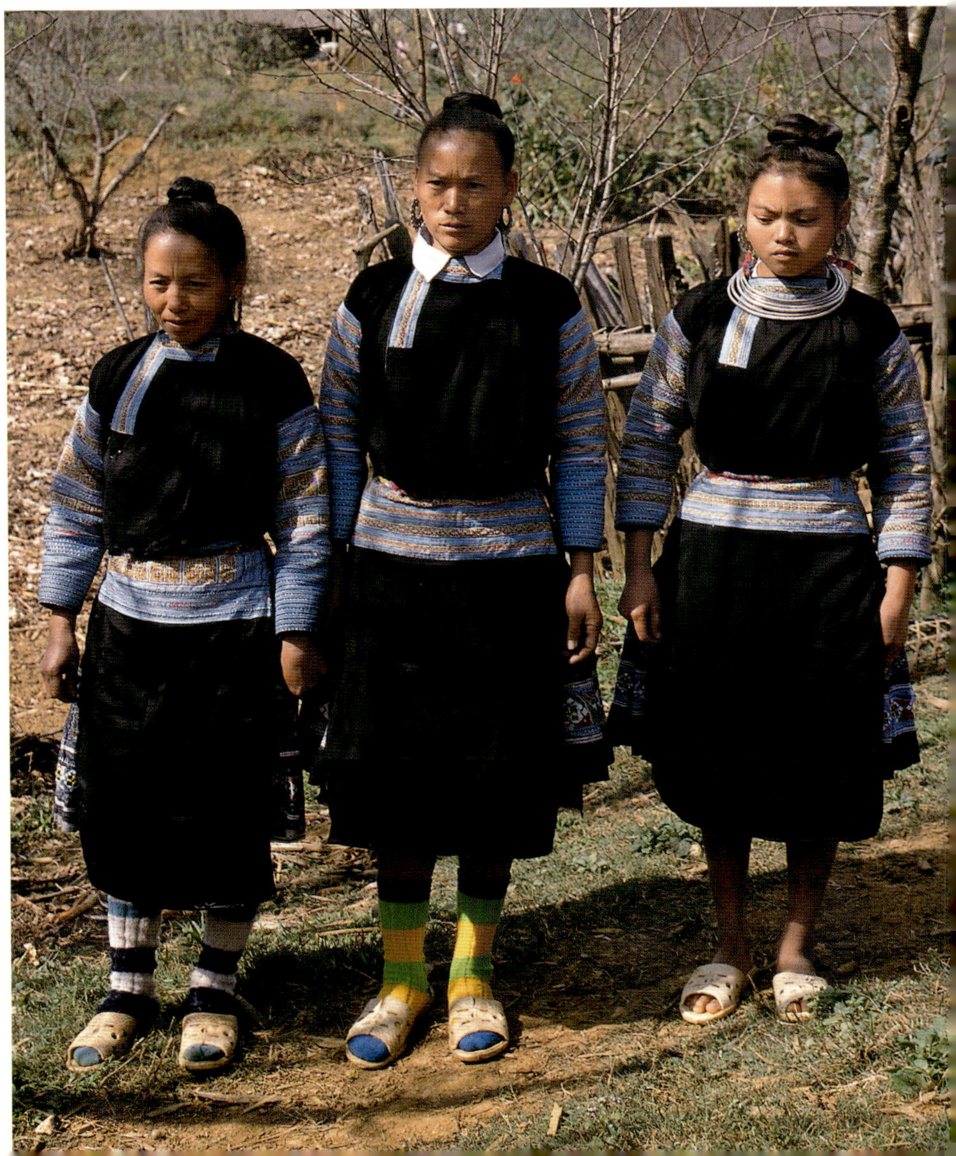

114

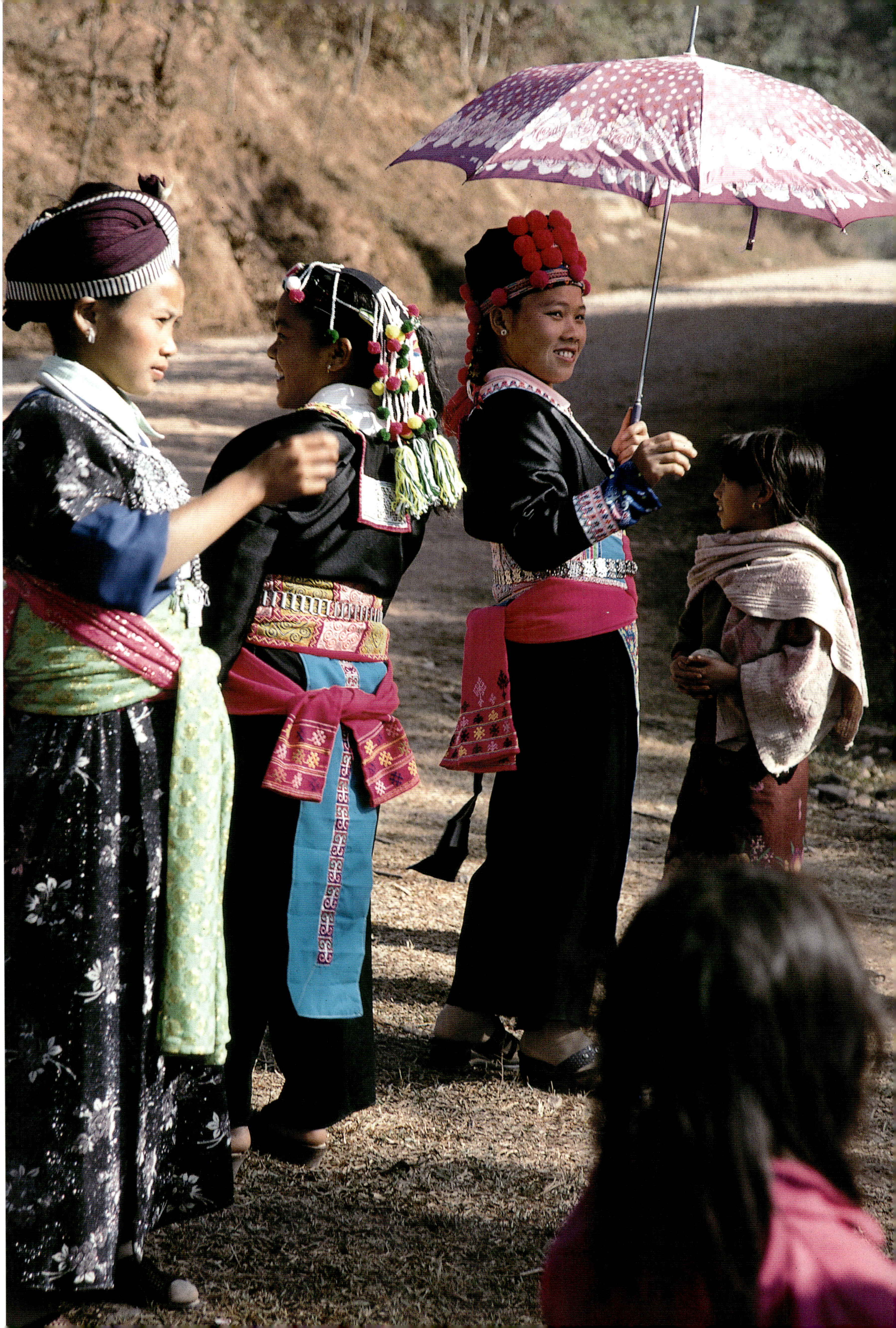

116

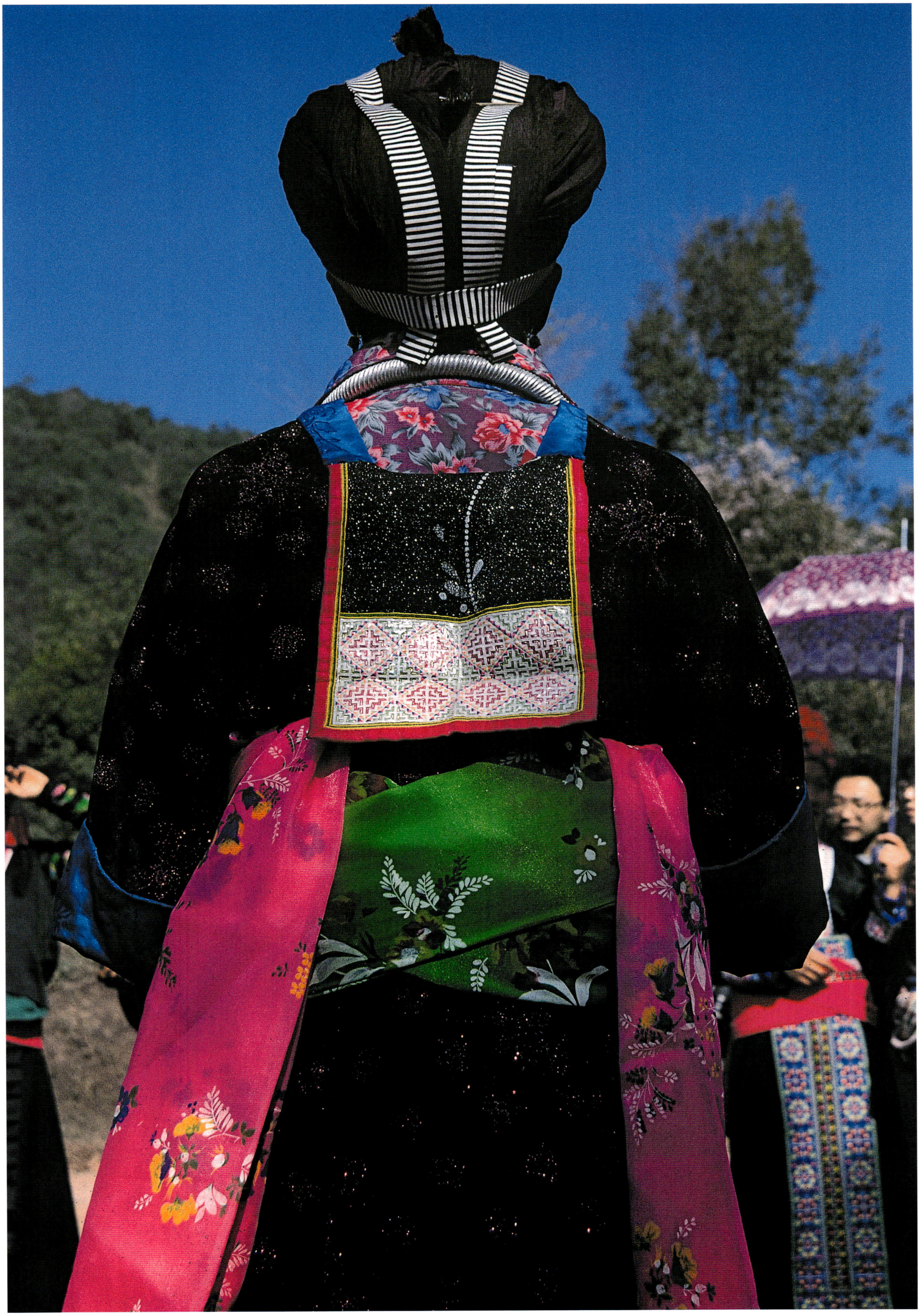

118

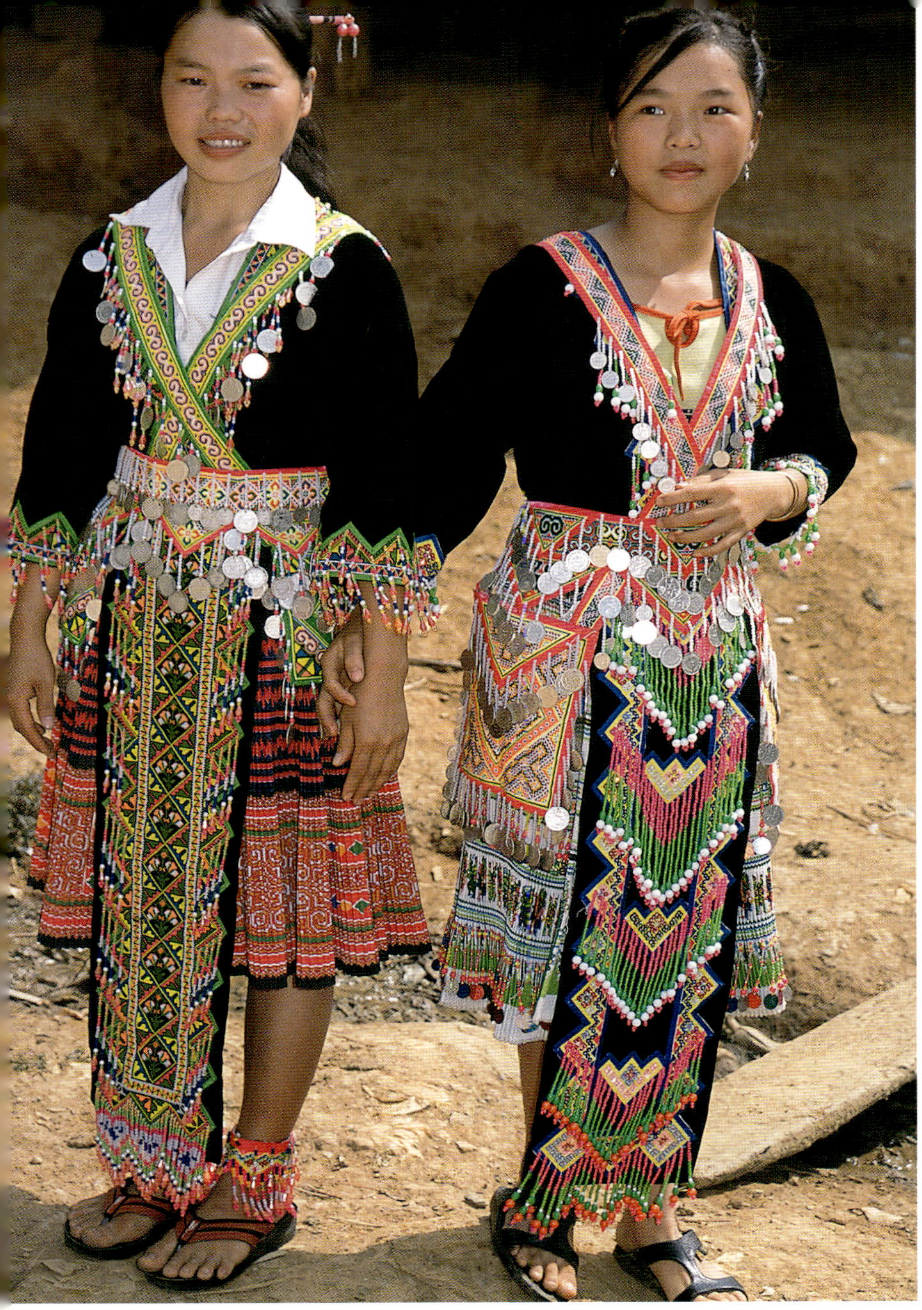
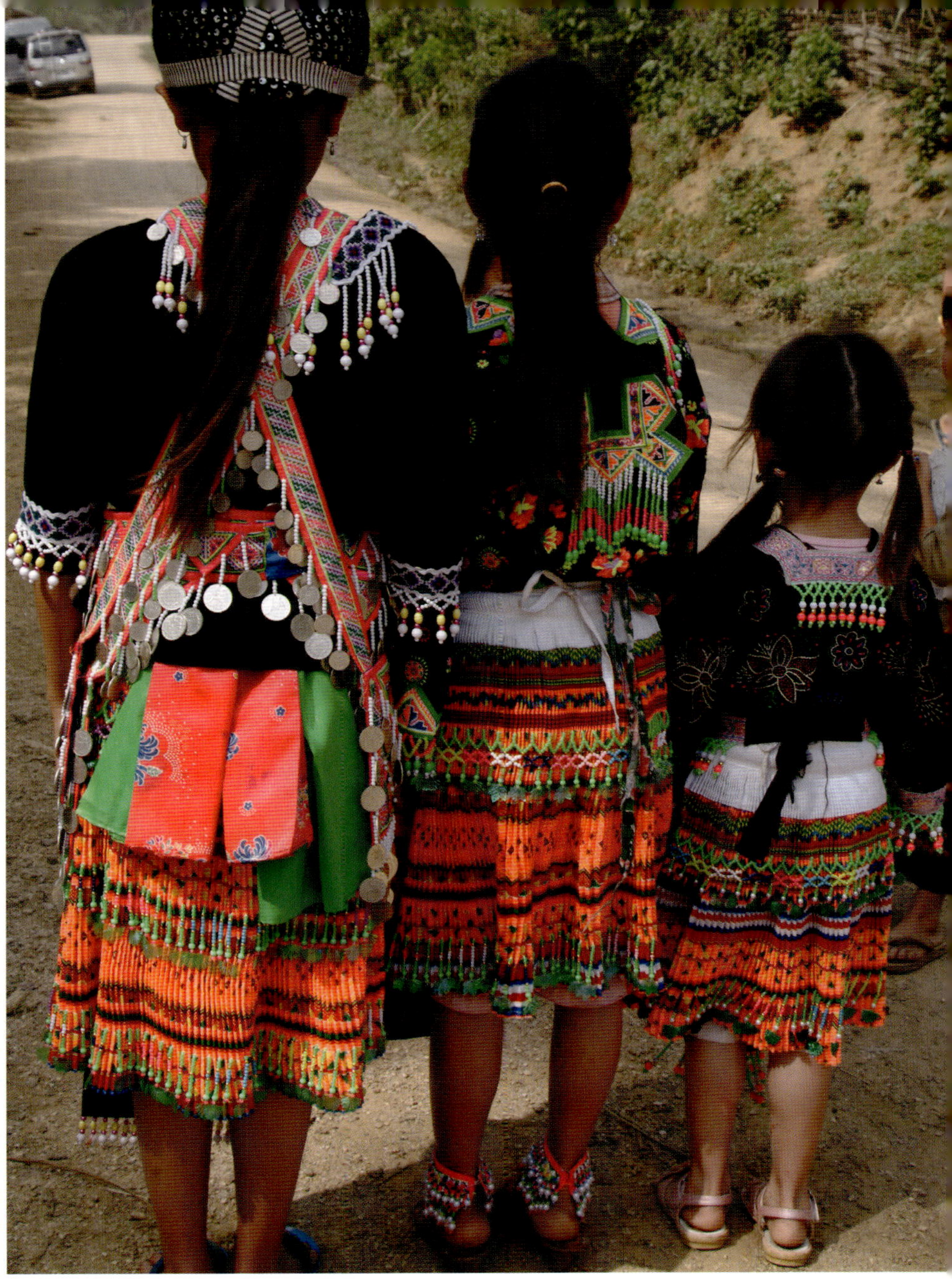
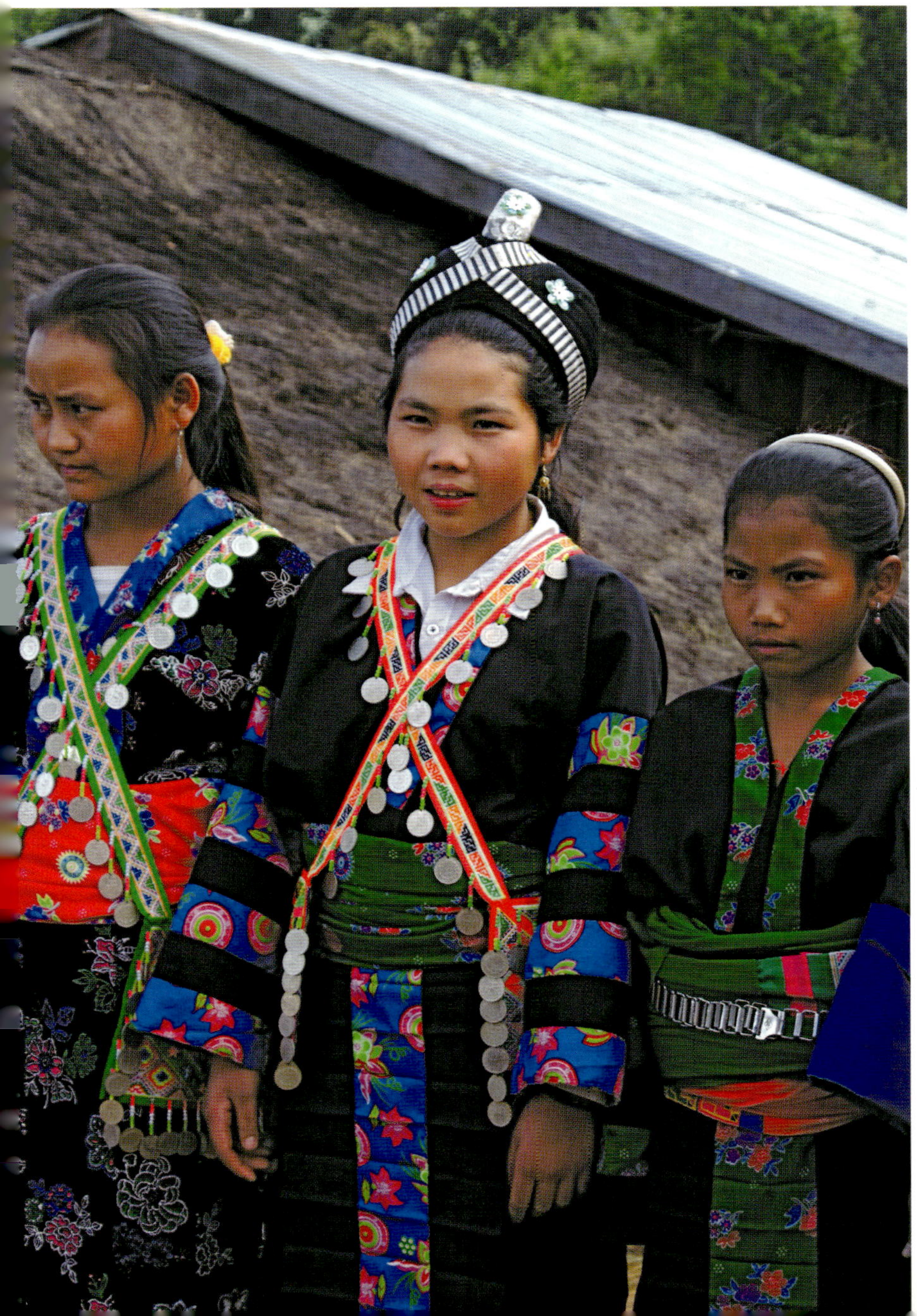
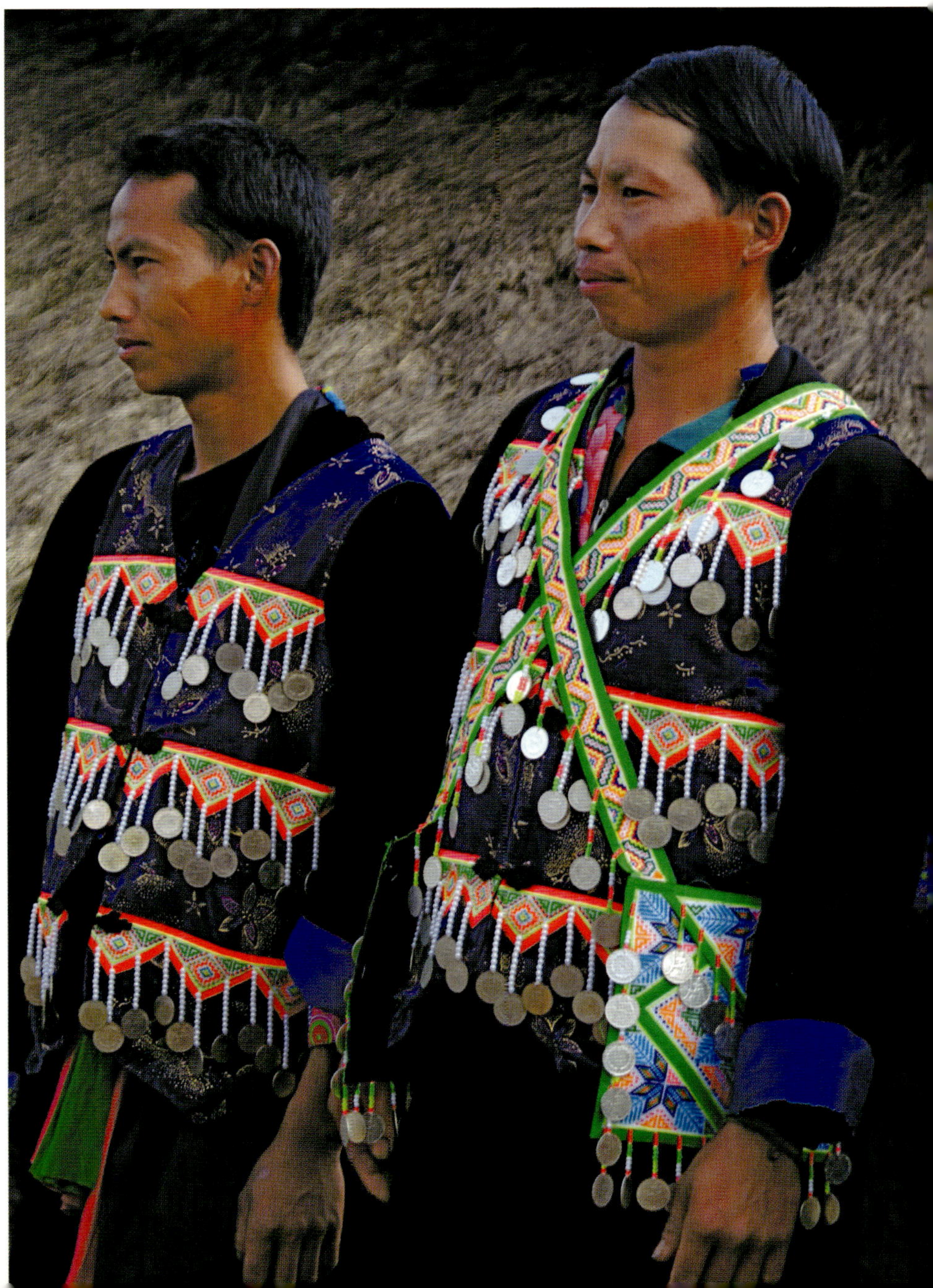

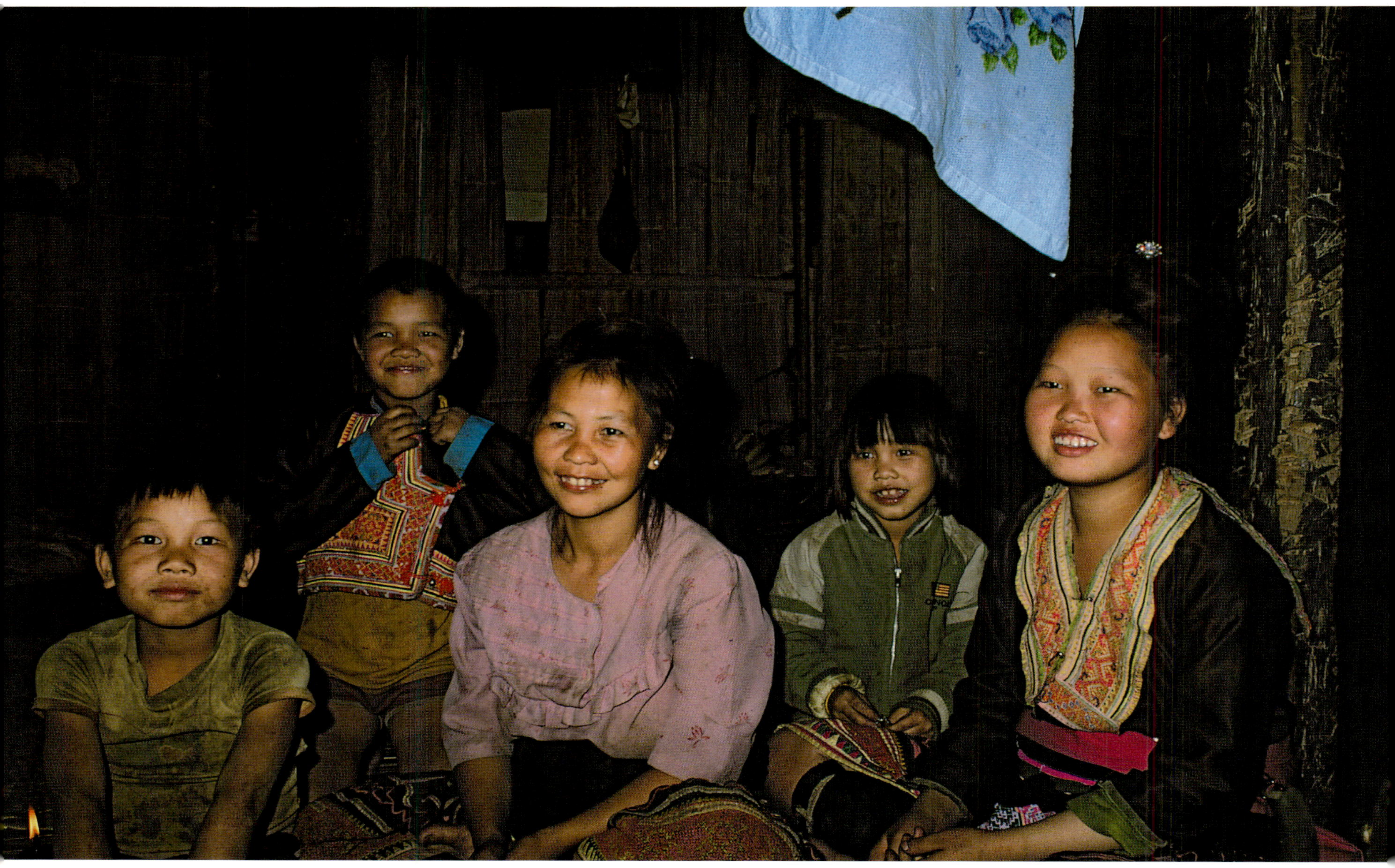

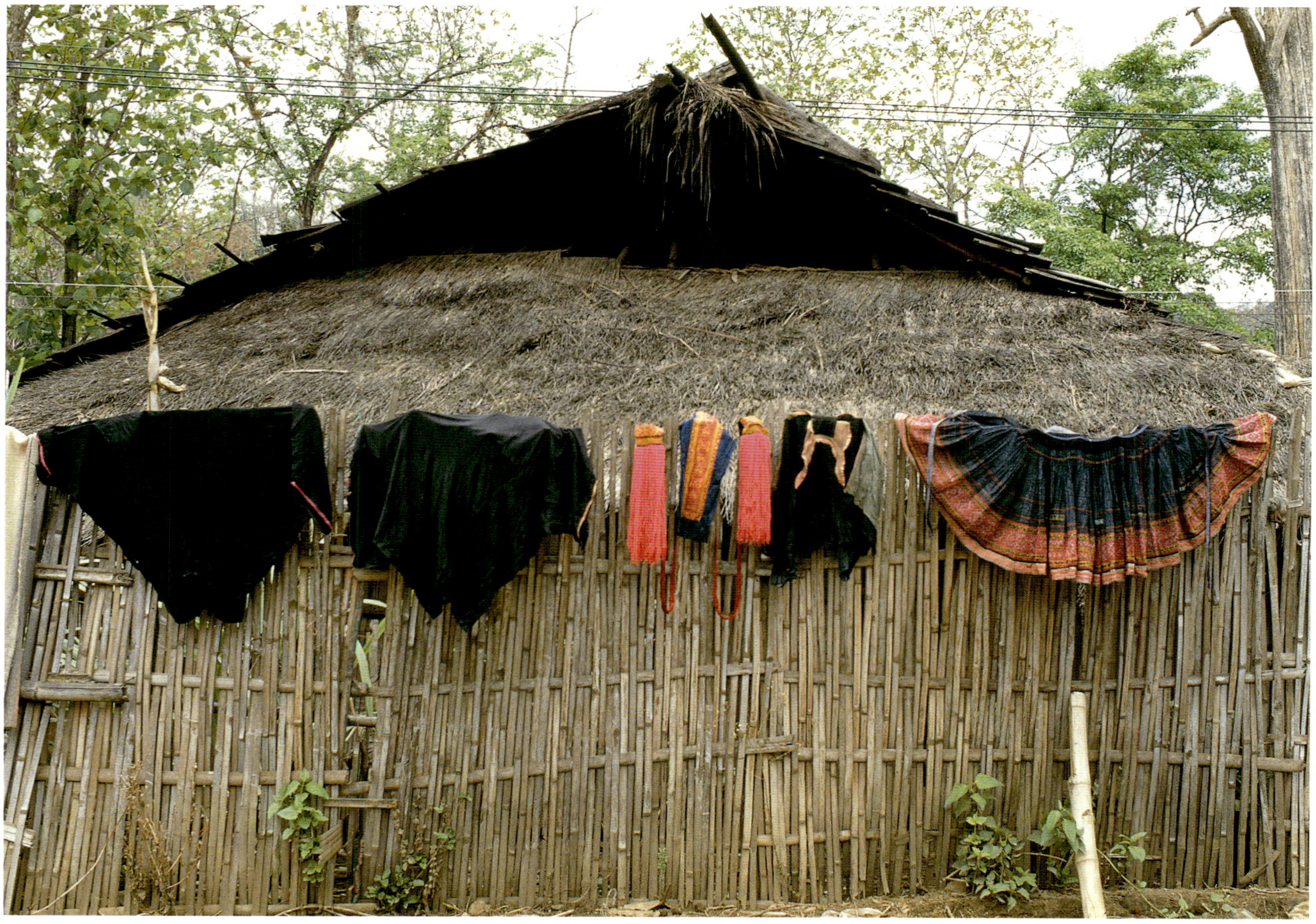

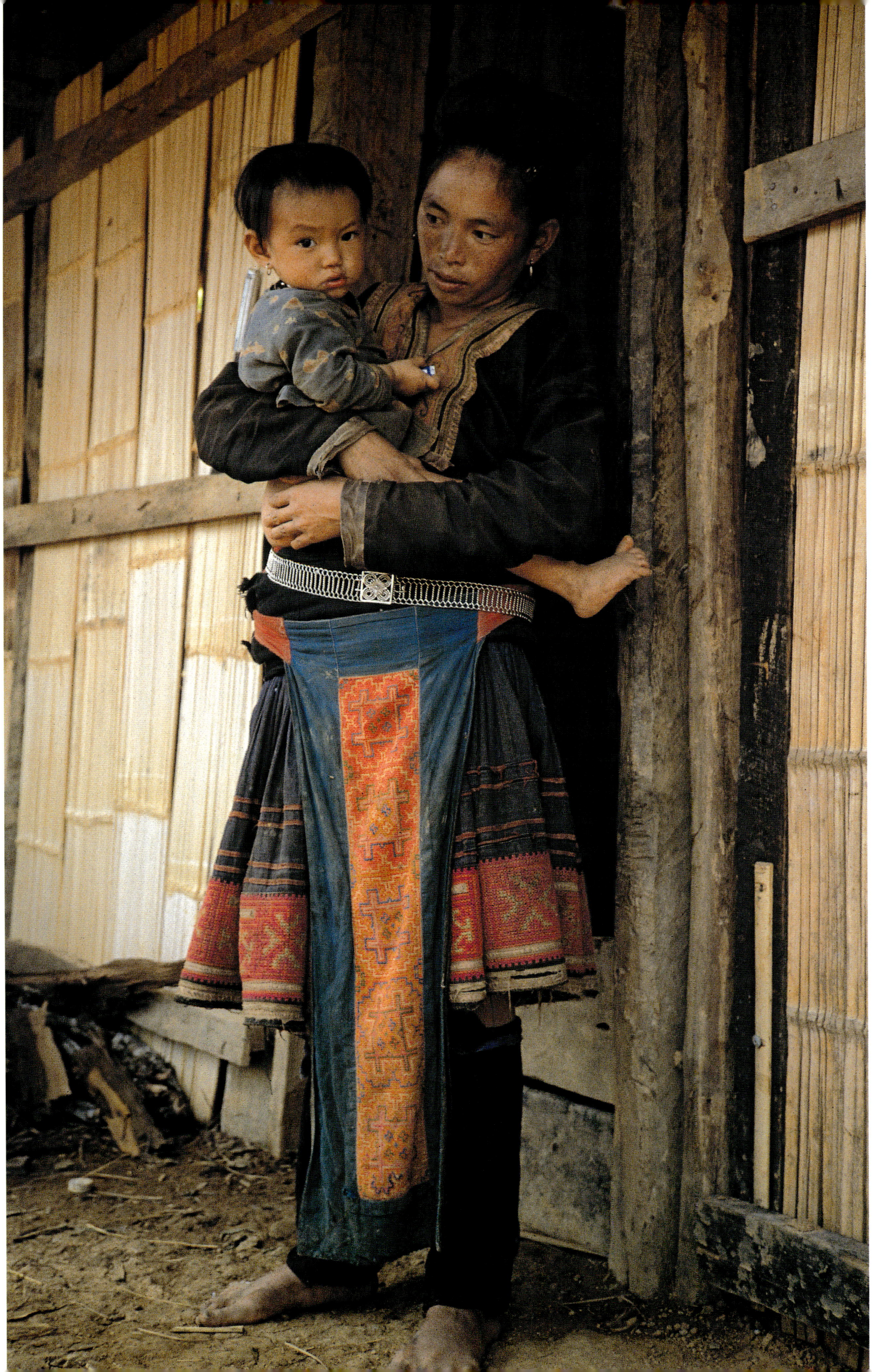

122

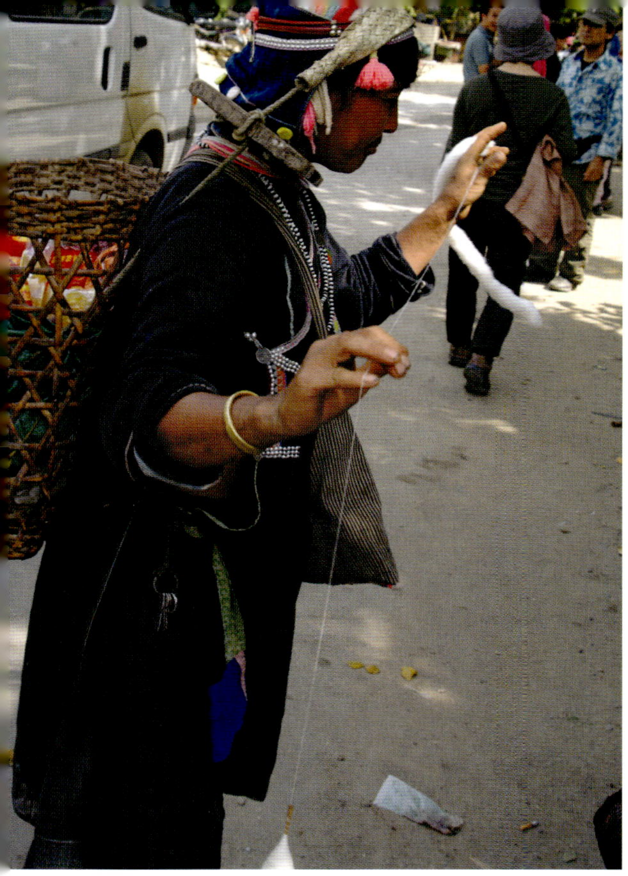
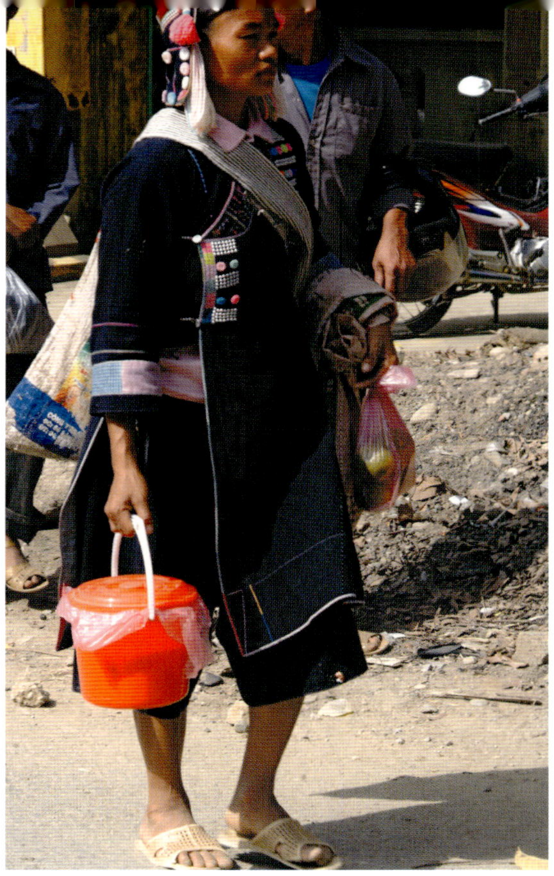
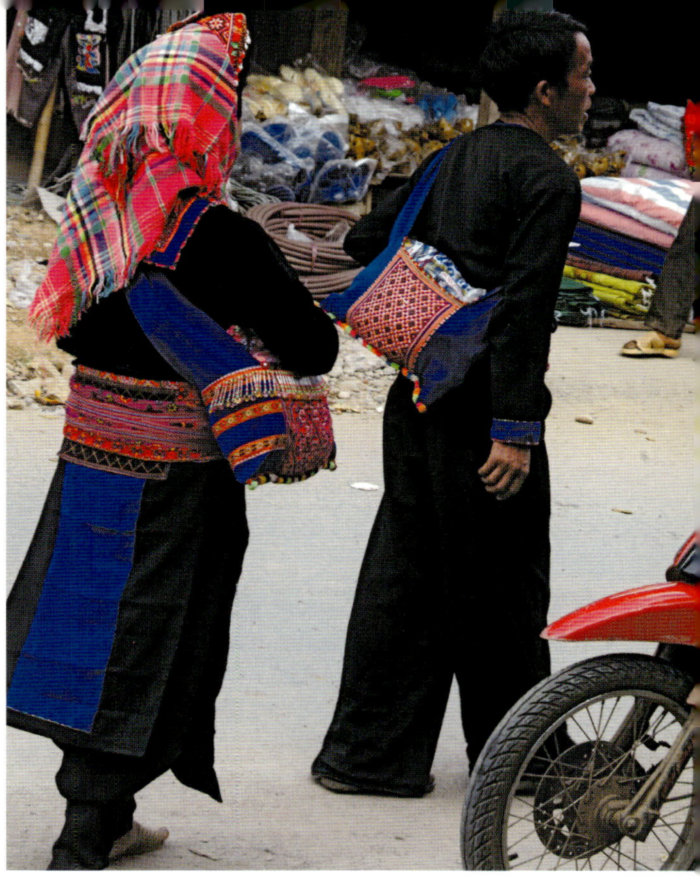
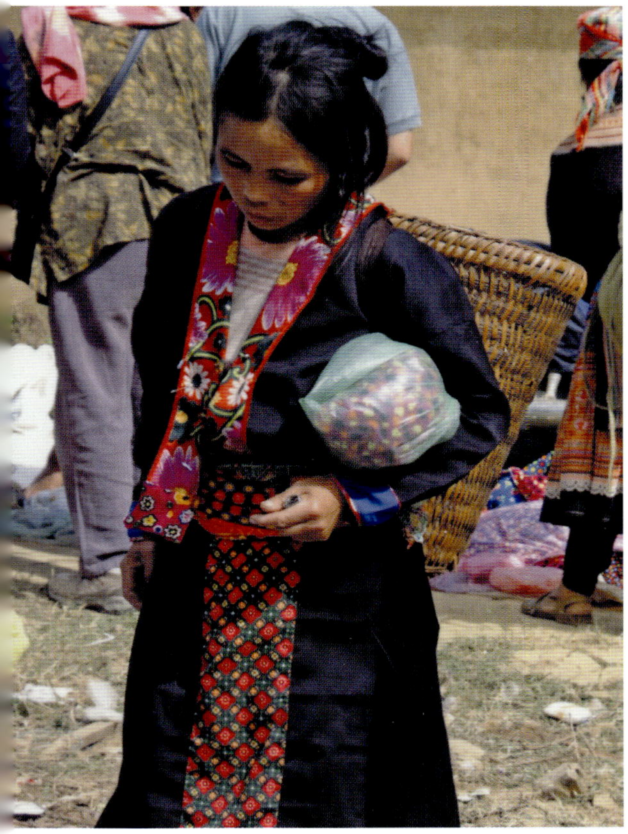
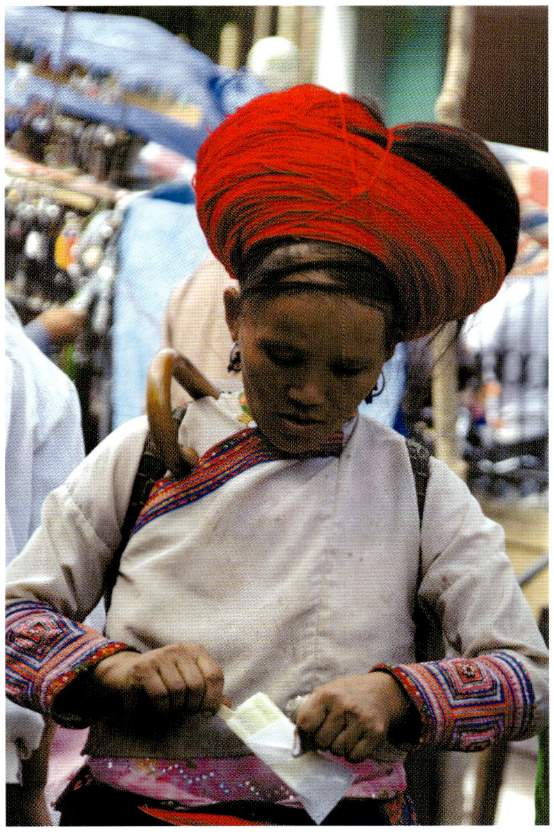
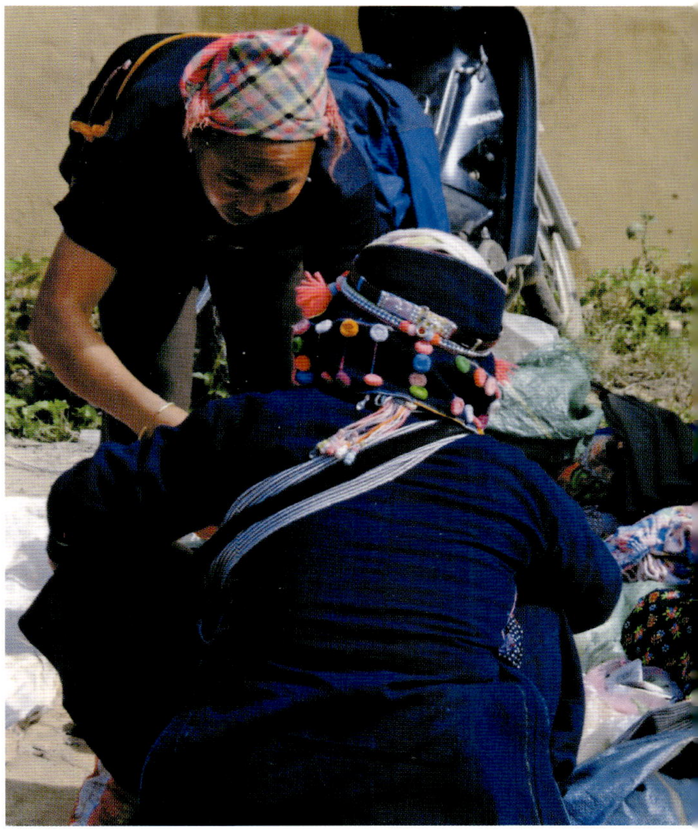
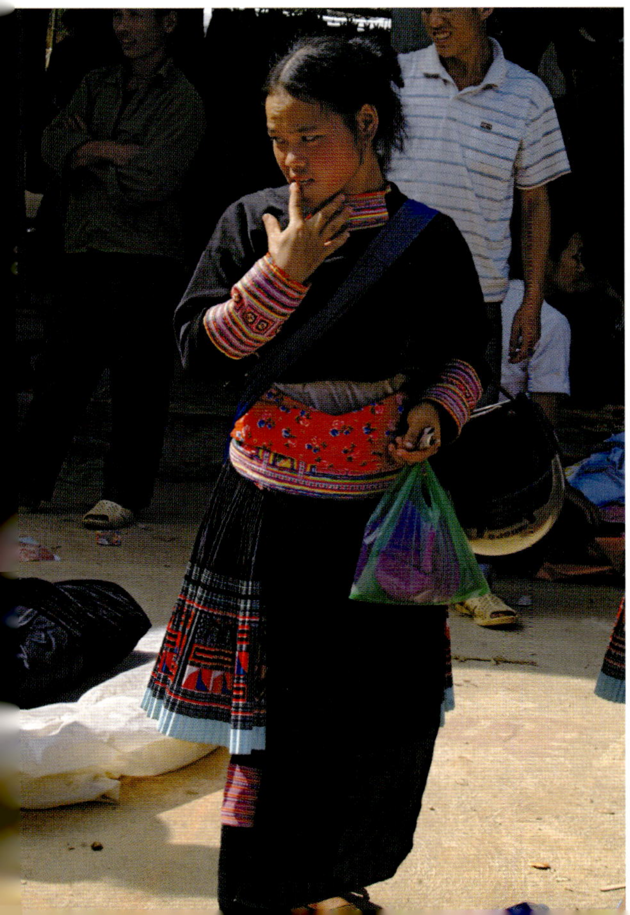
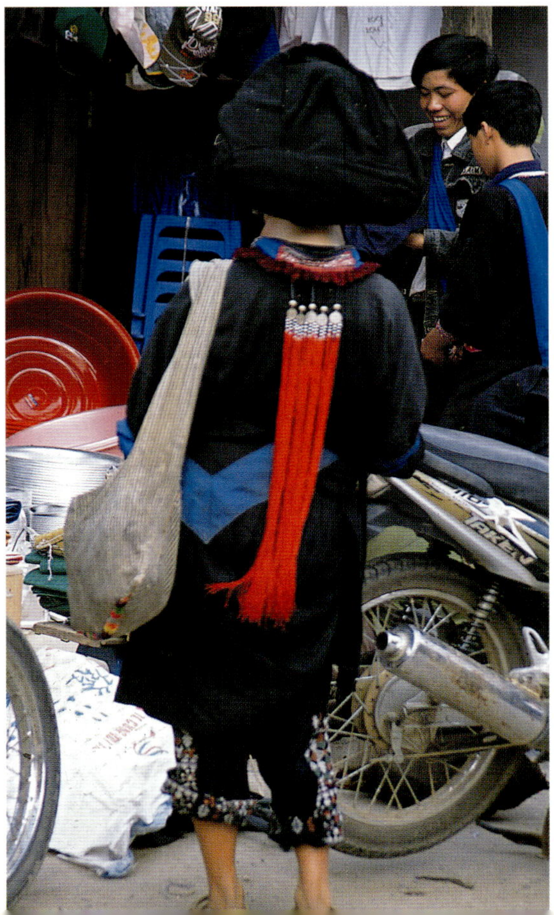
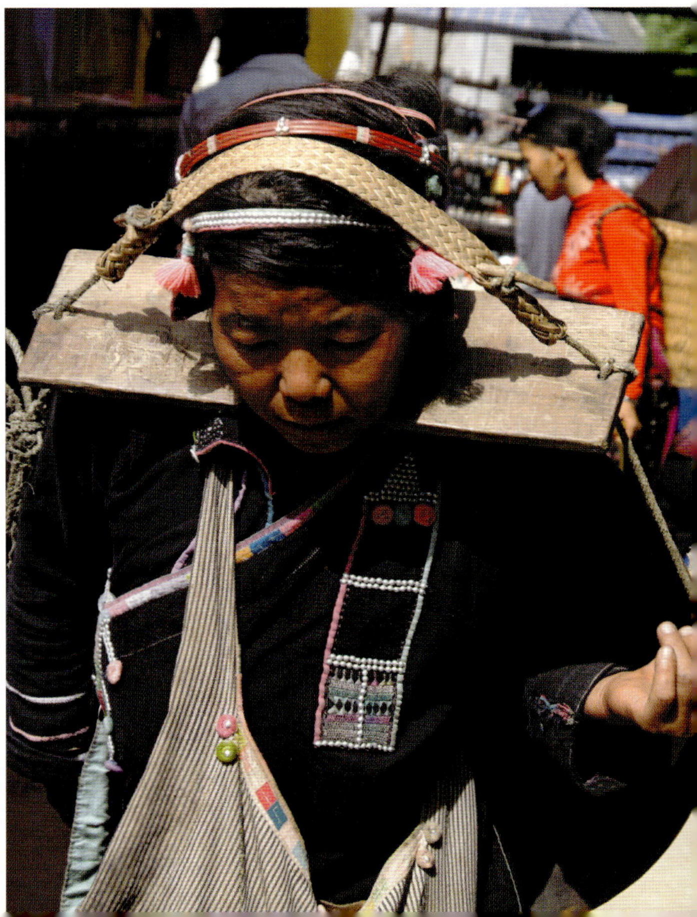

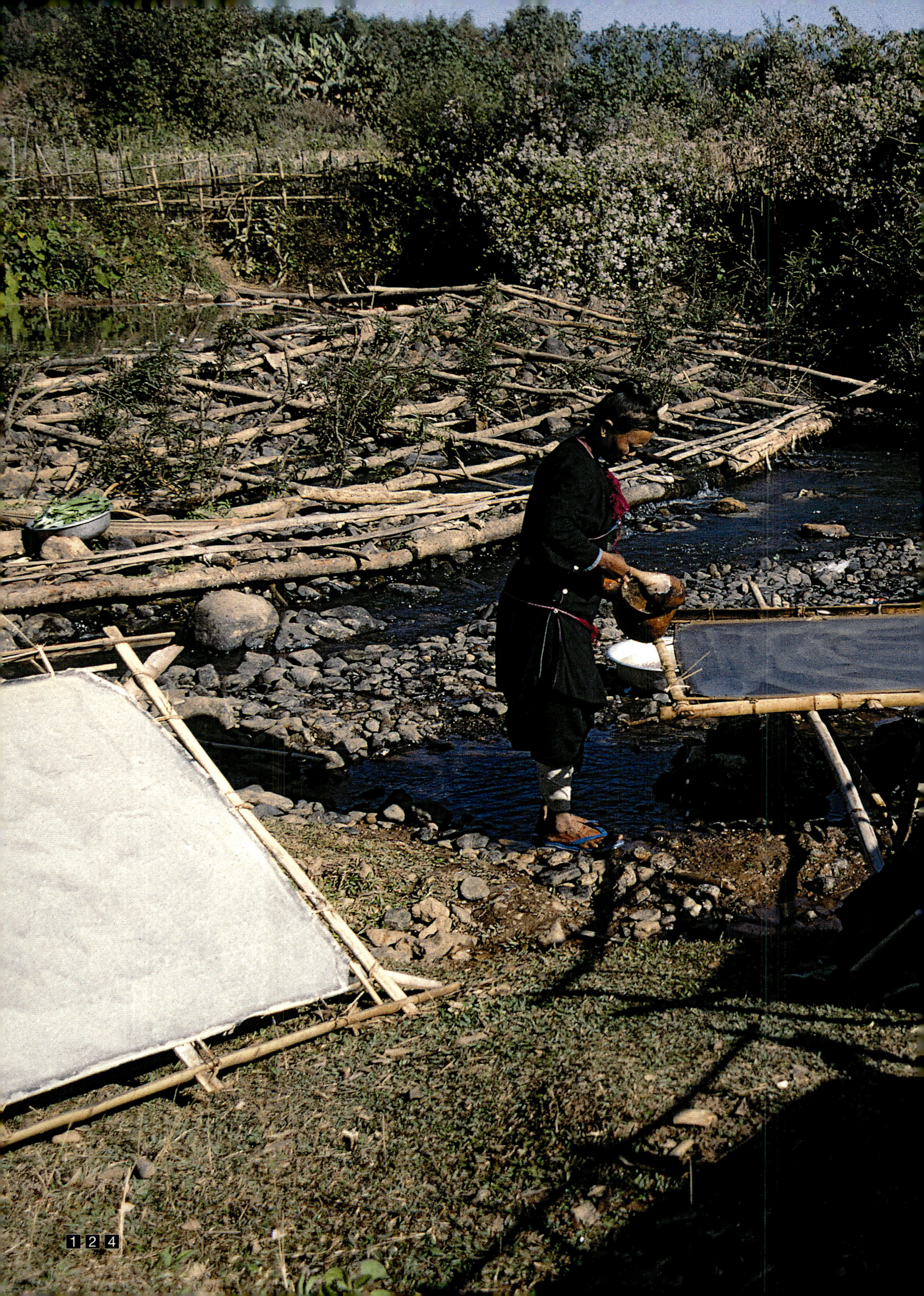

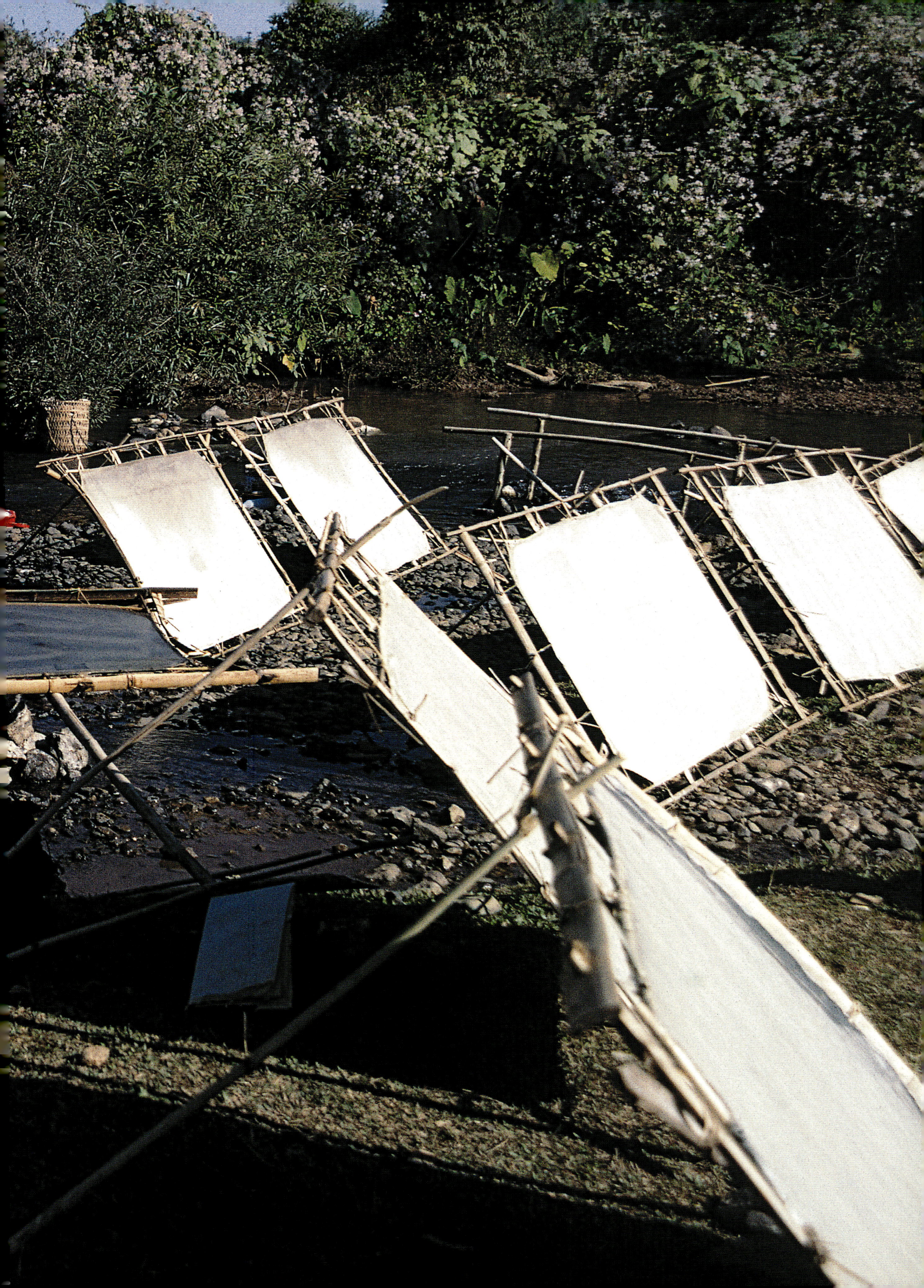

126

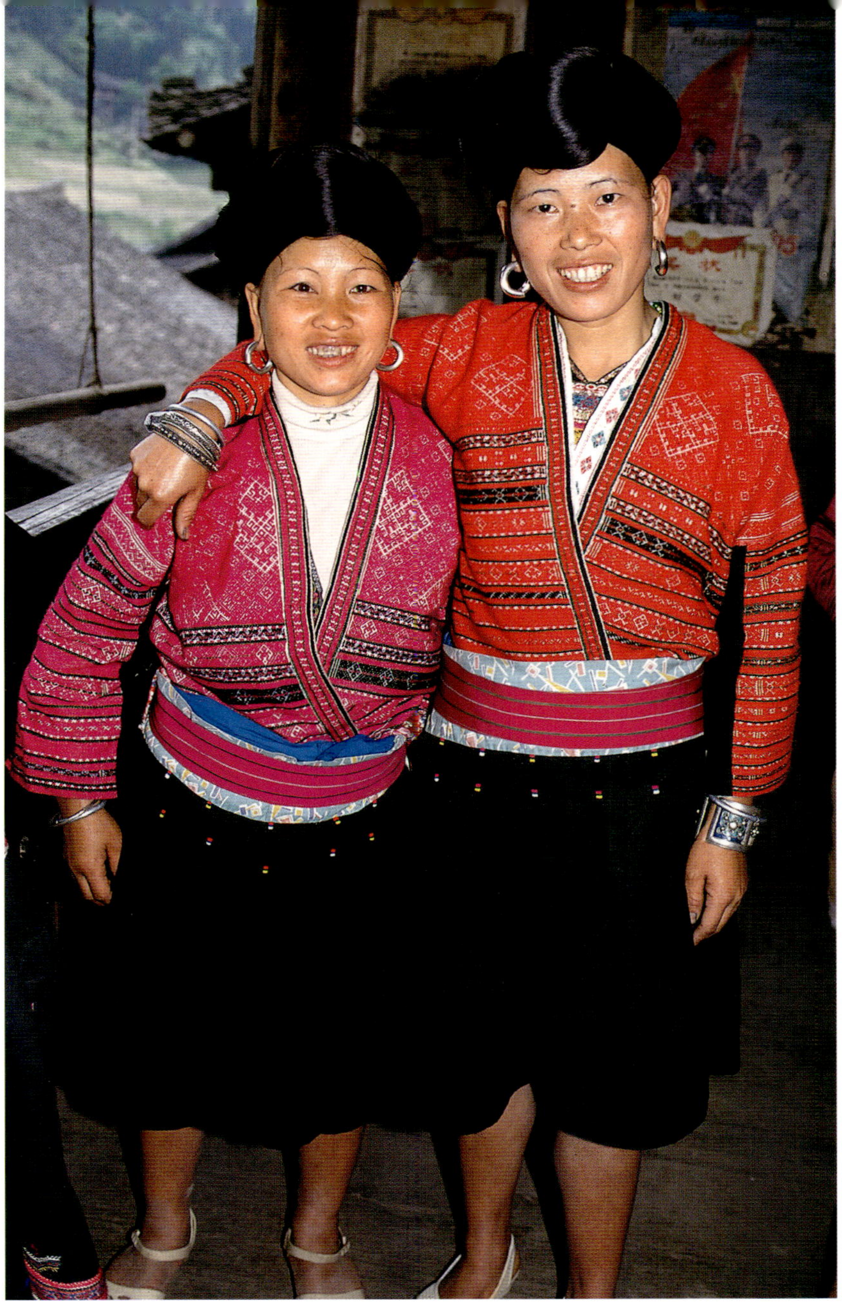
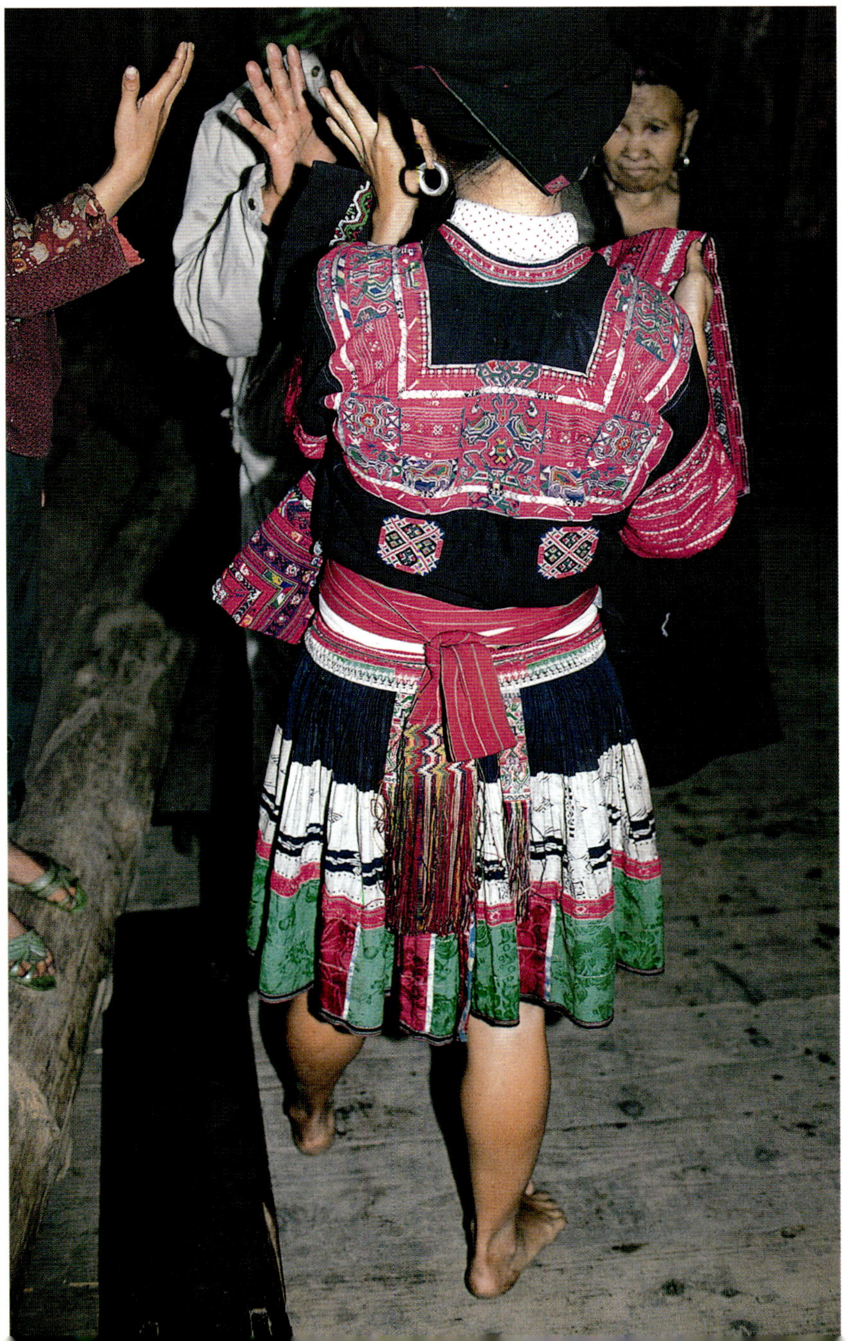
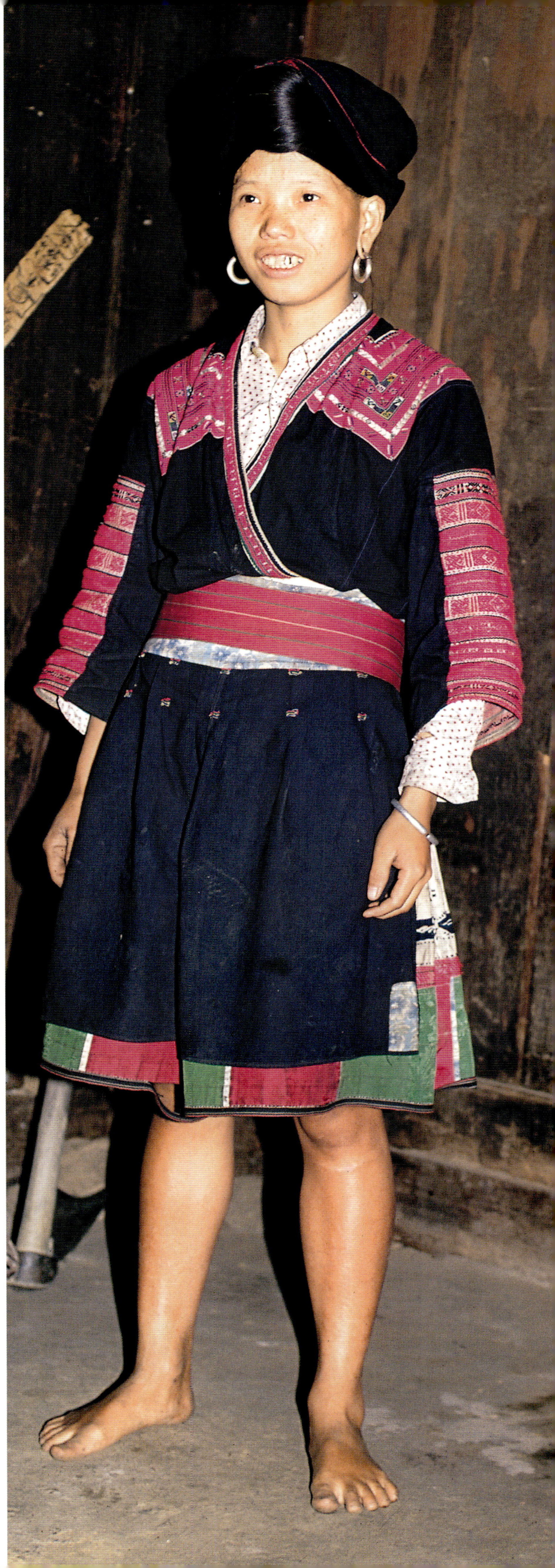

128

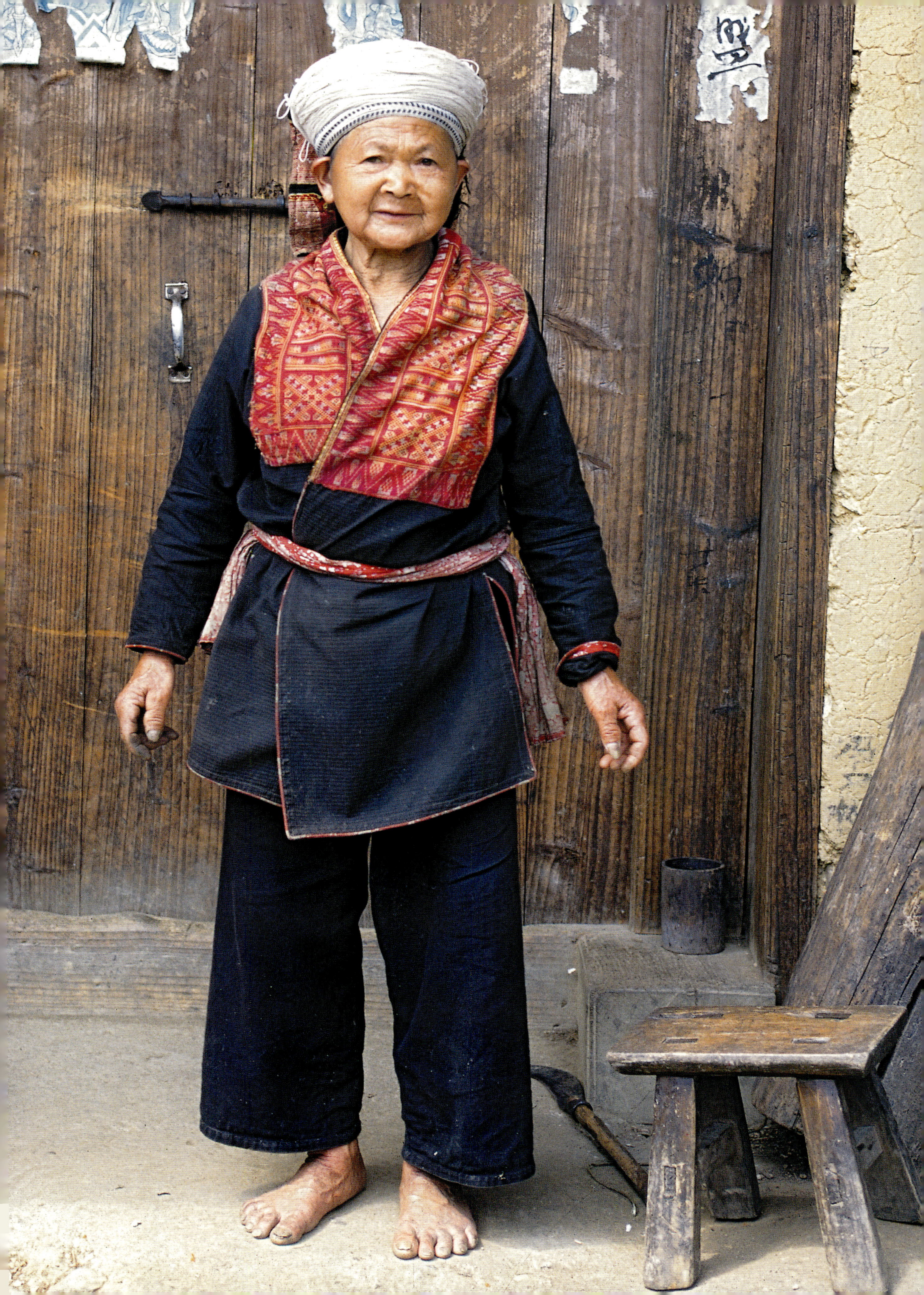

130

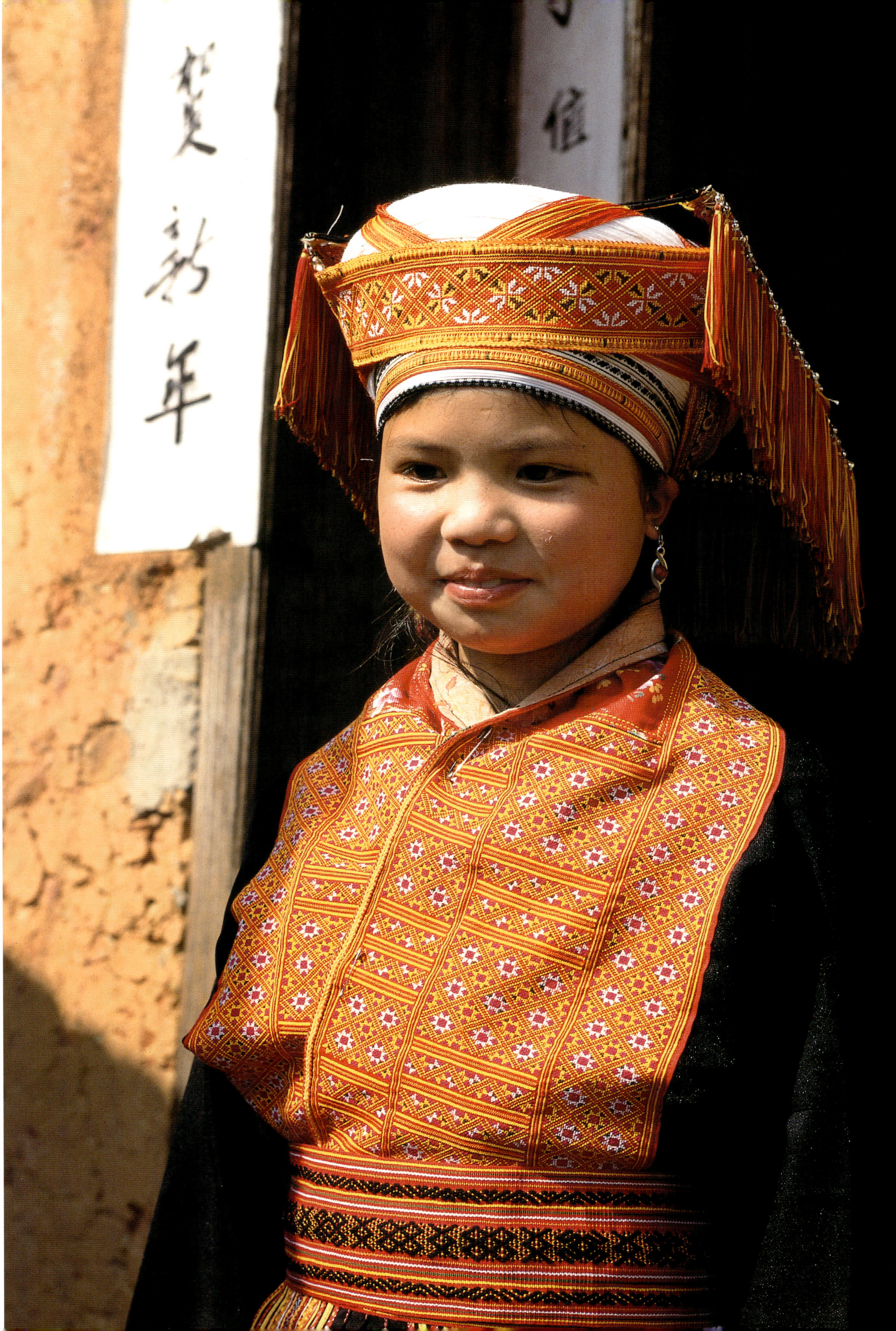
贺新年

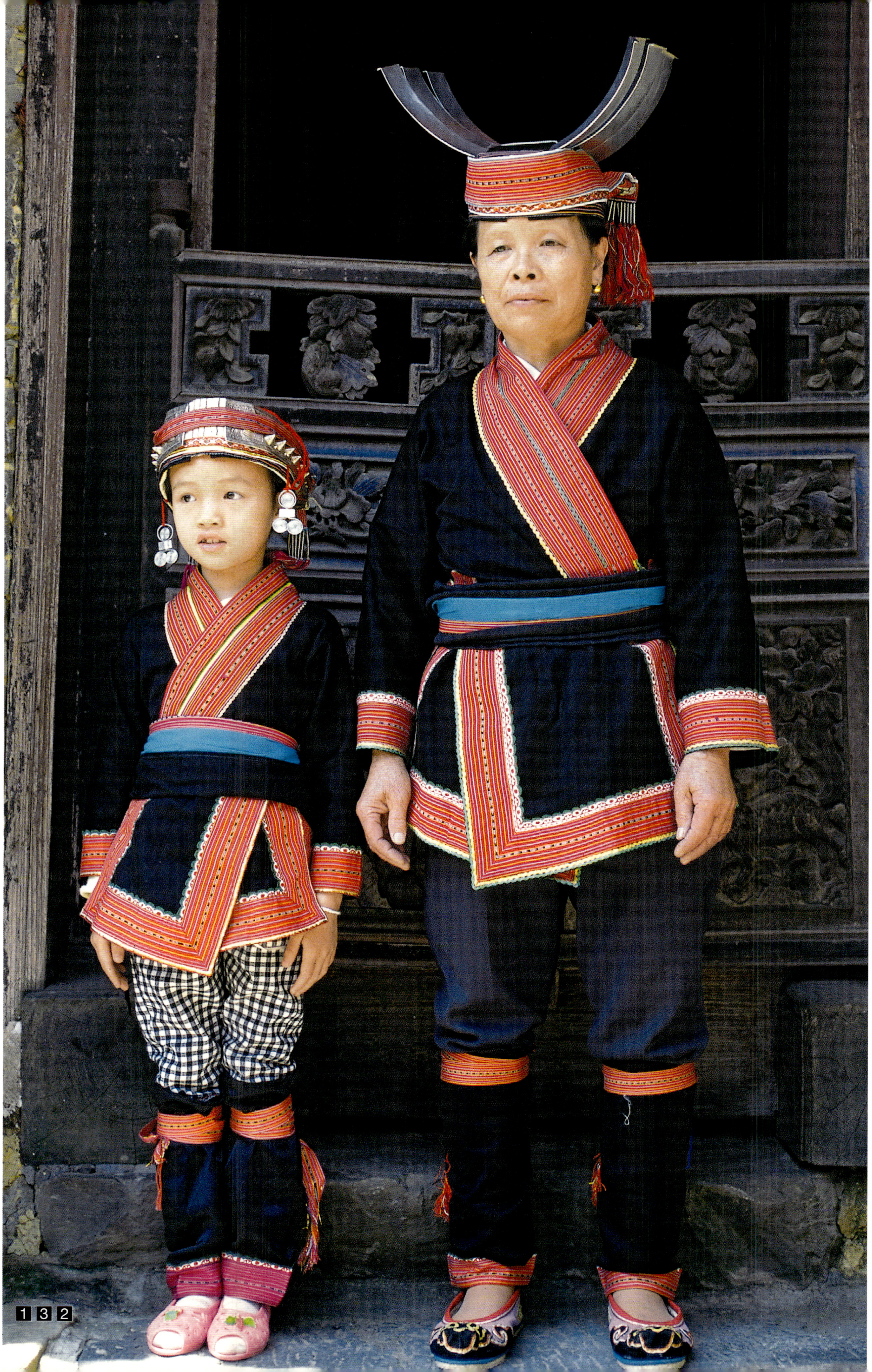

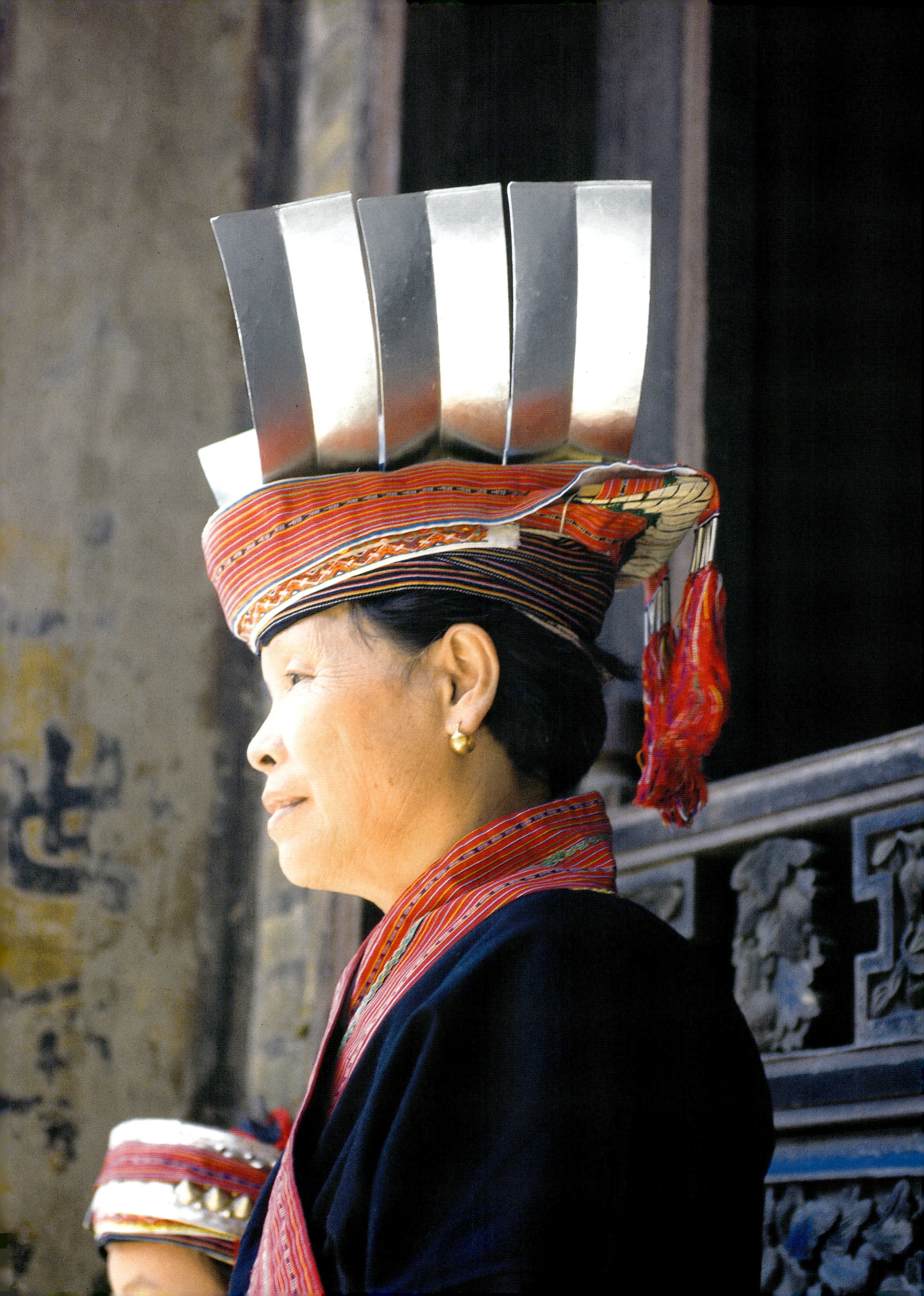

1	3
	4

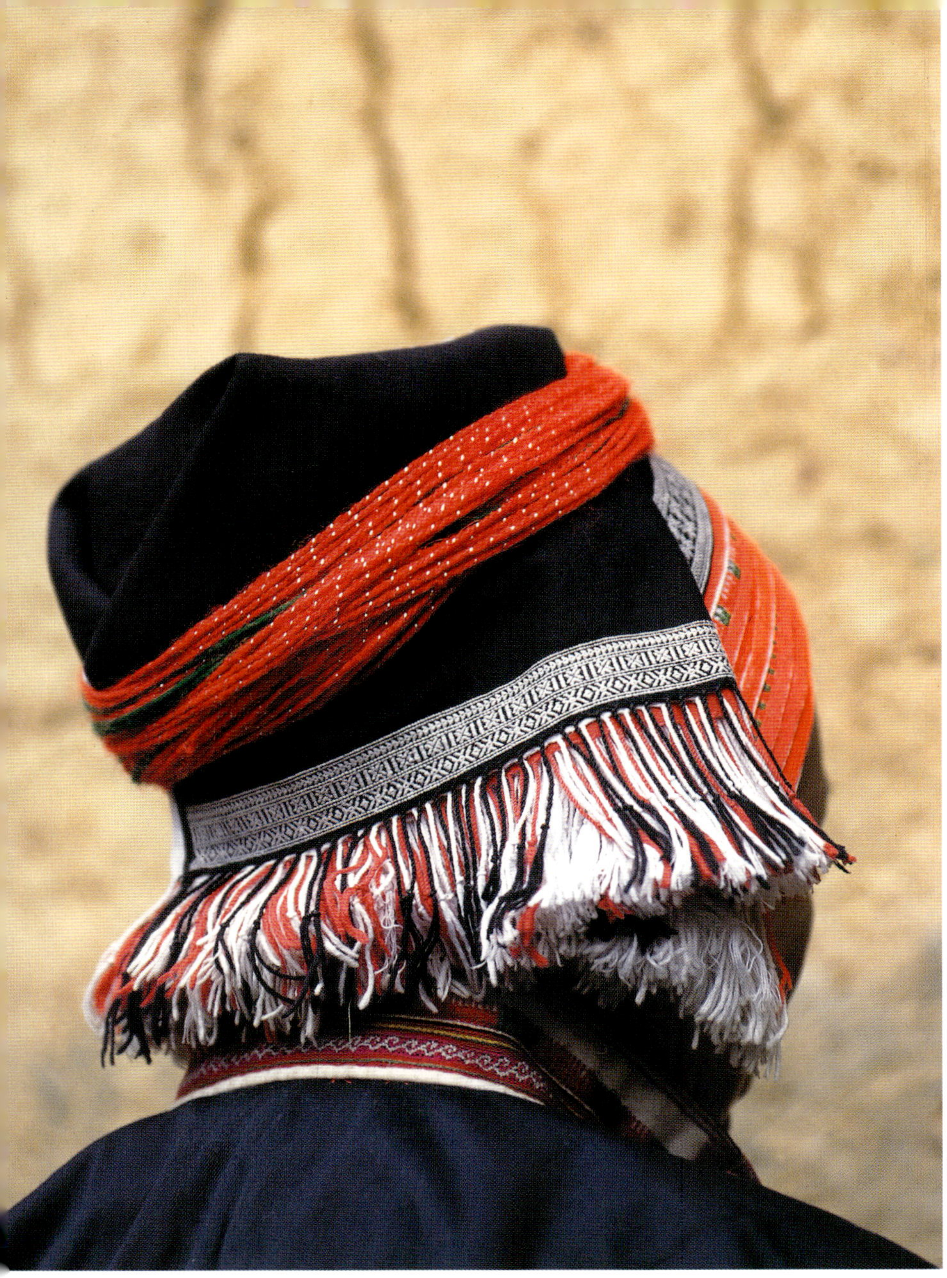

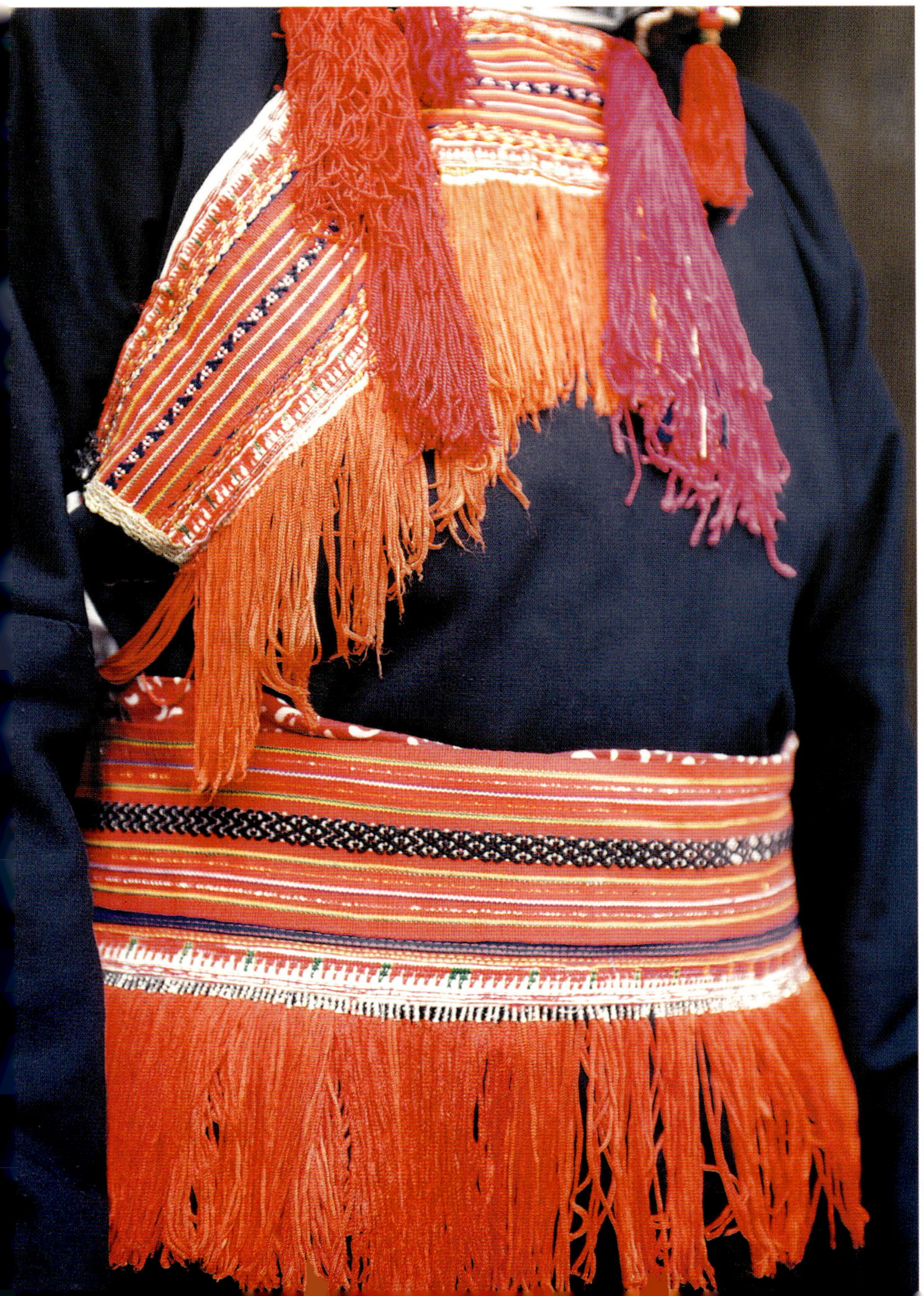

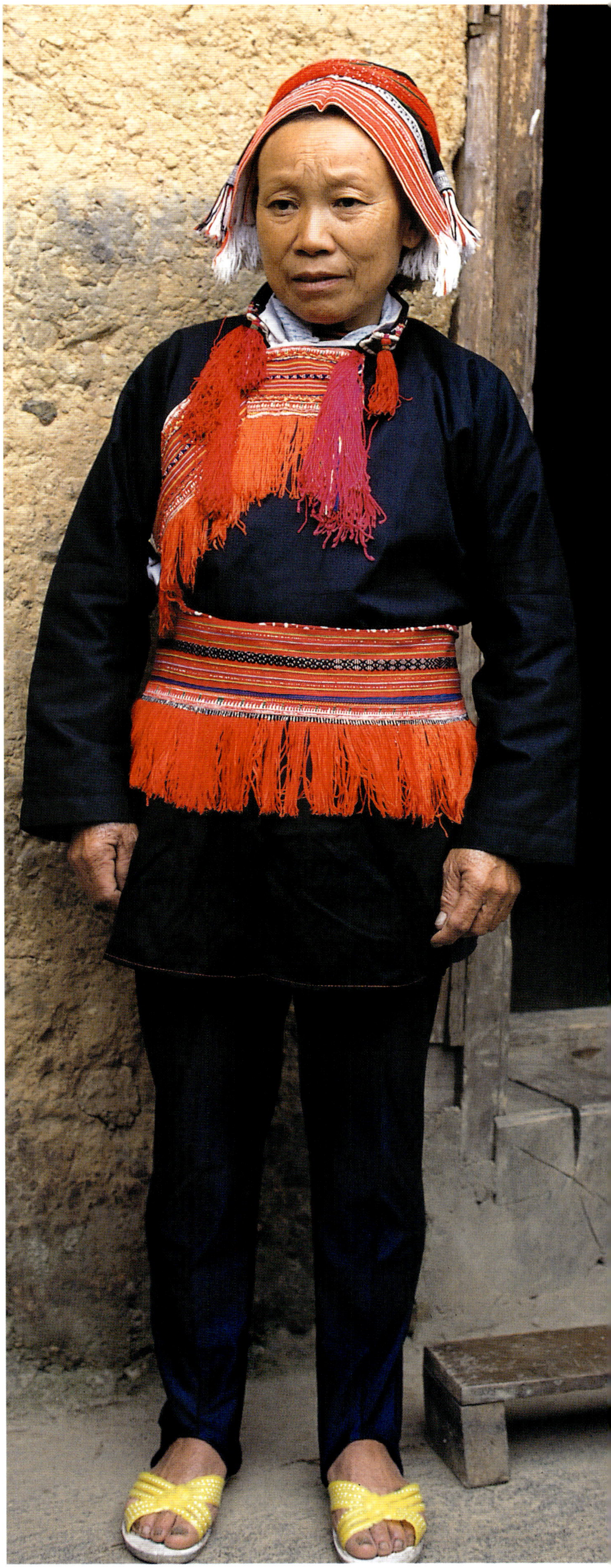

136

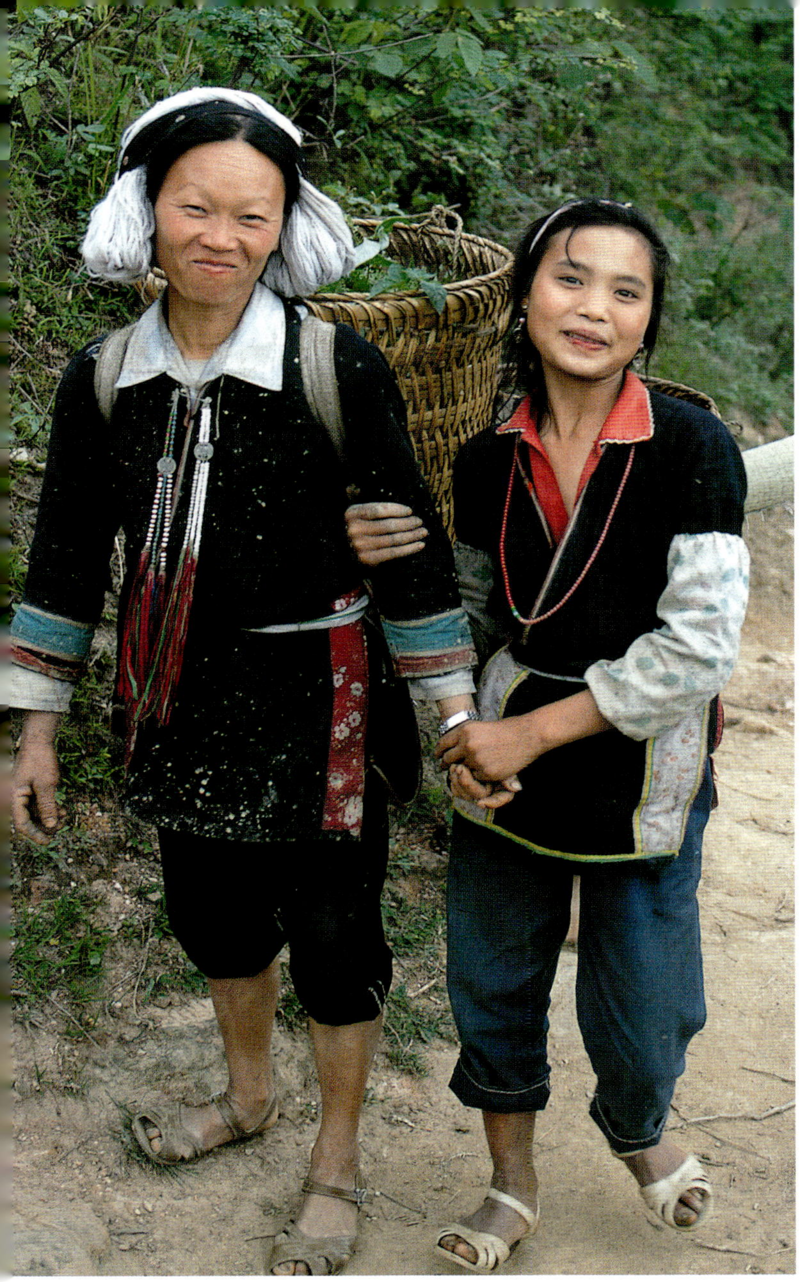
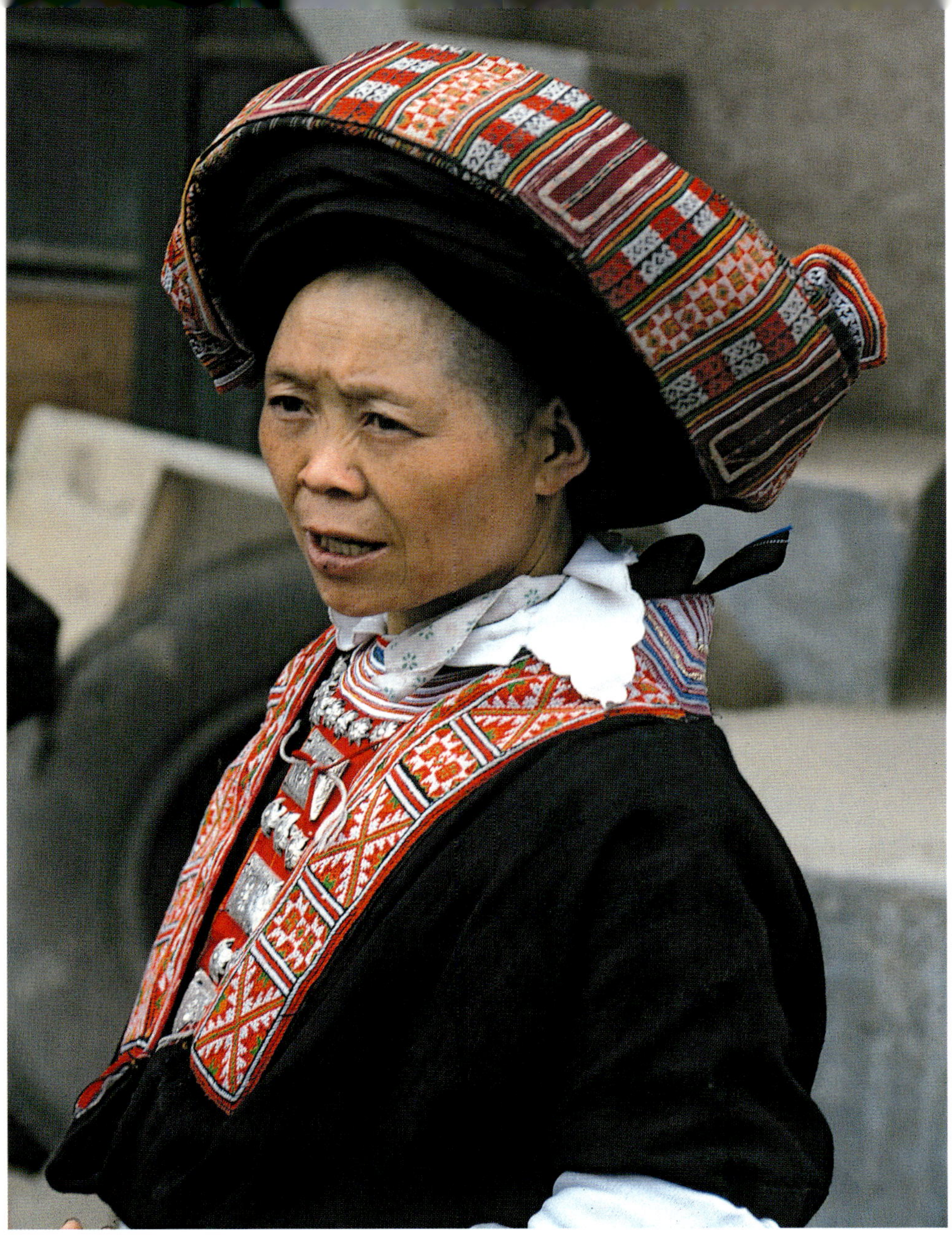
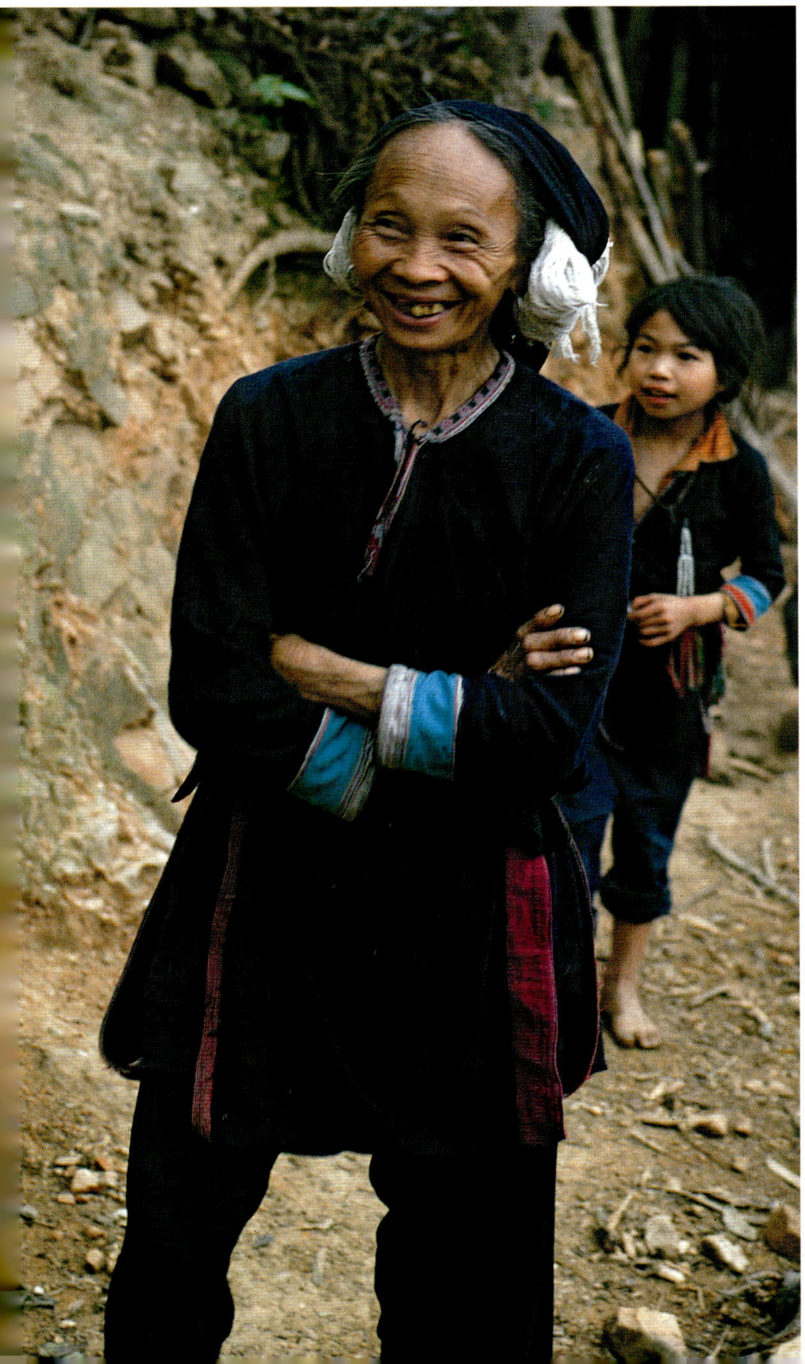
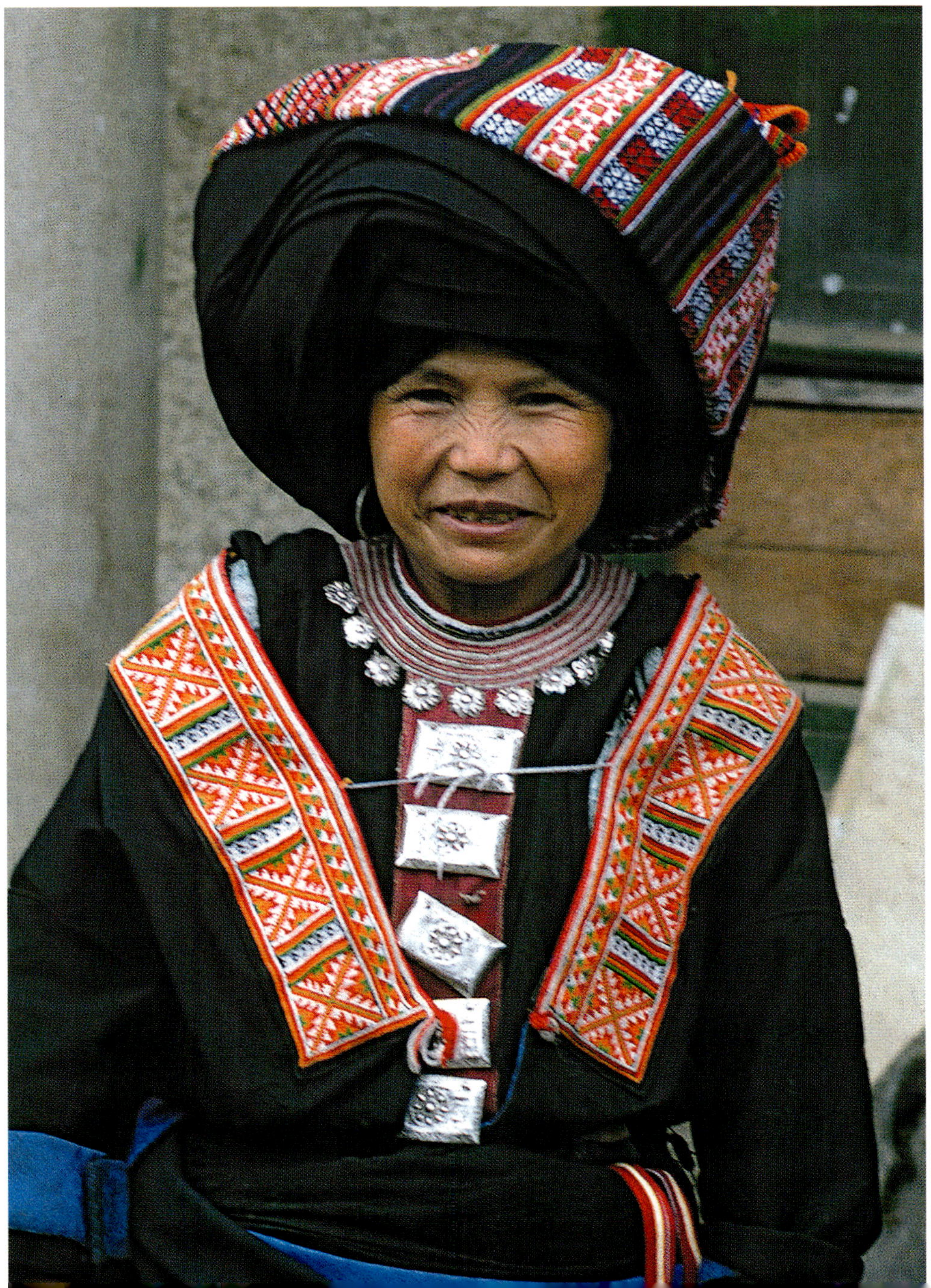

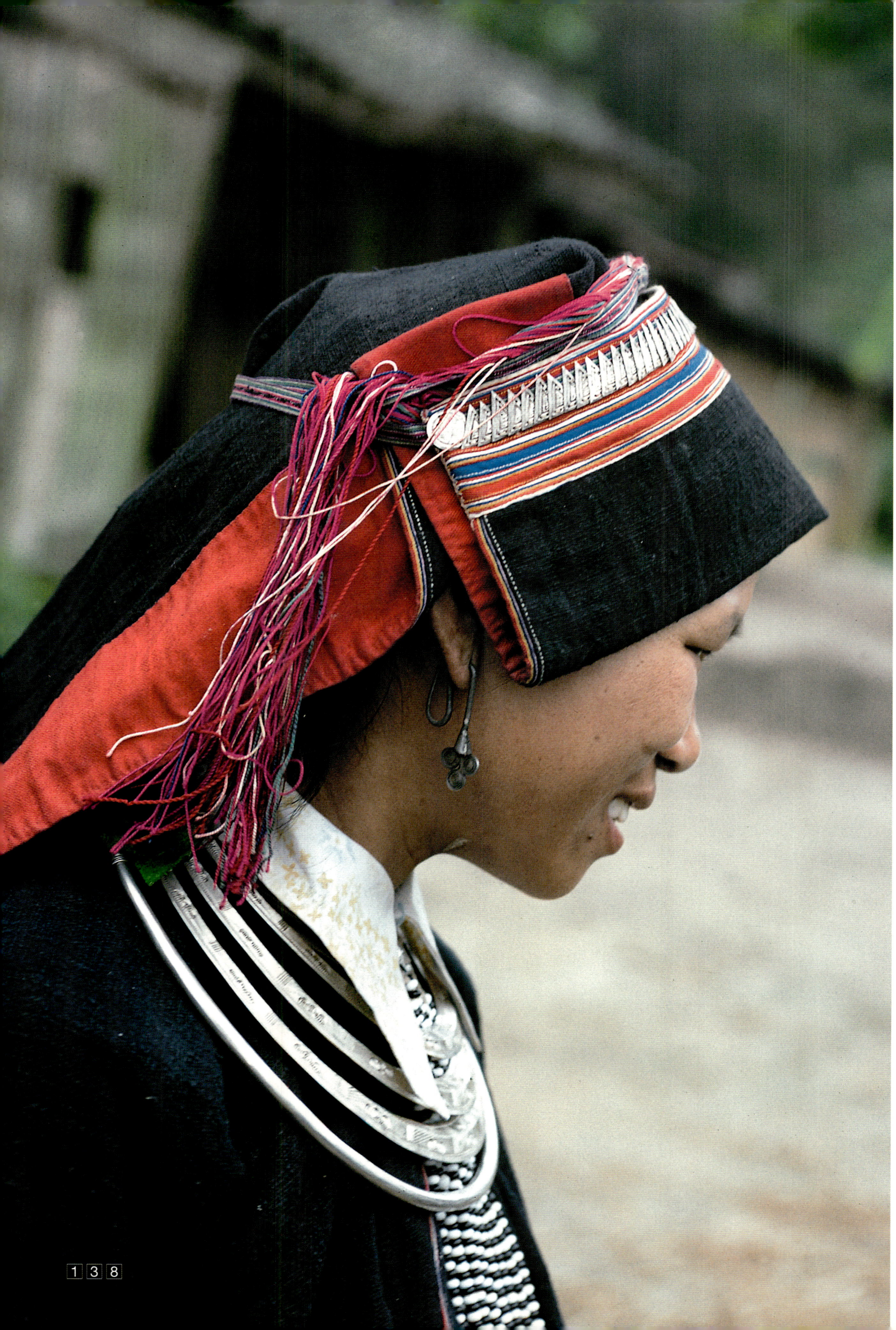

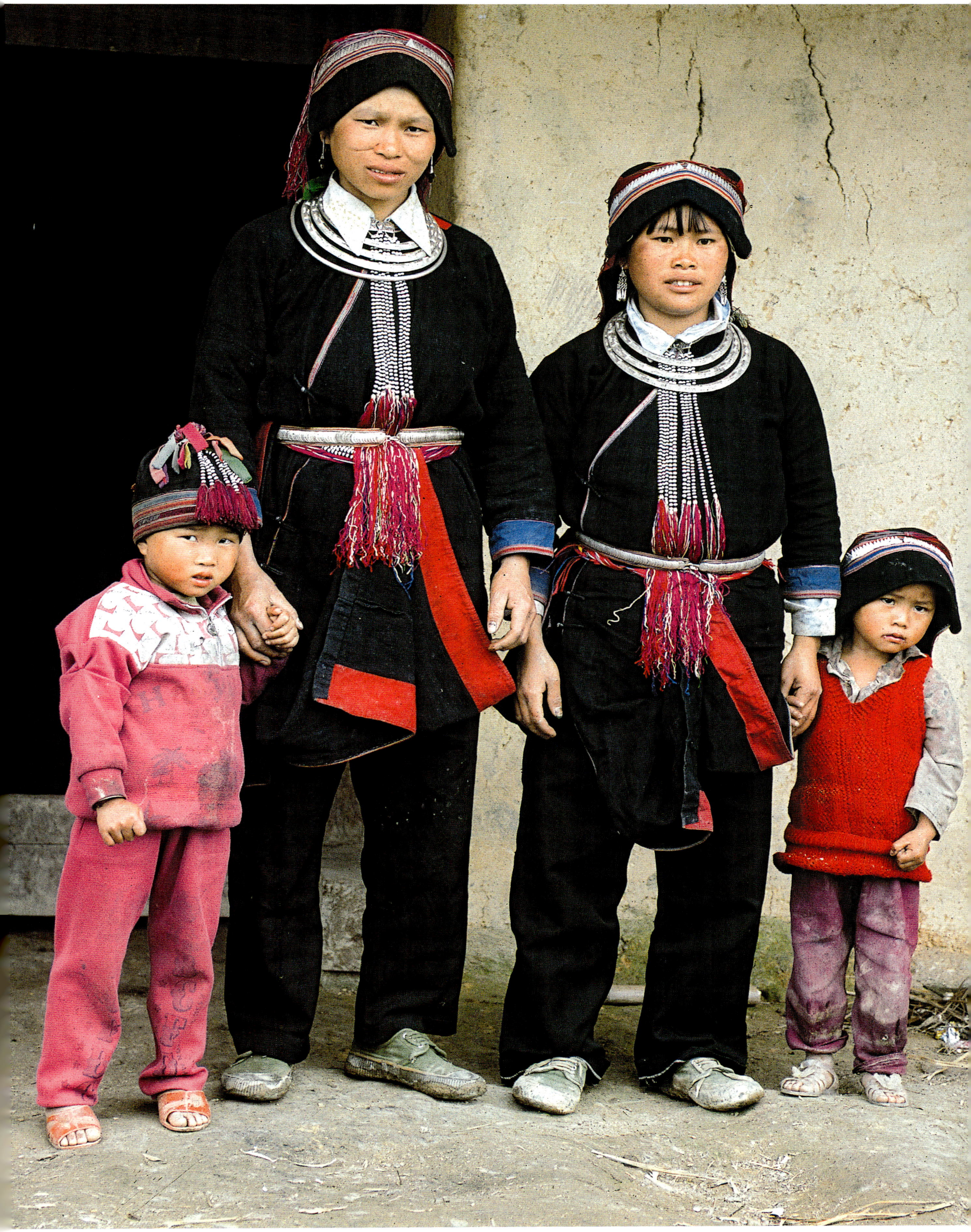

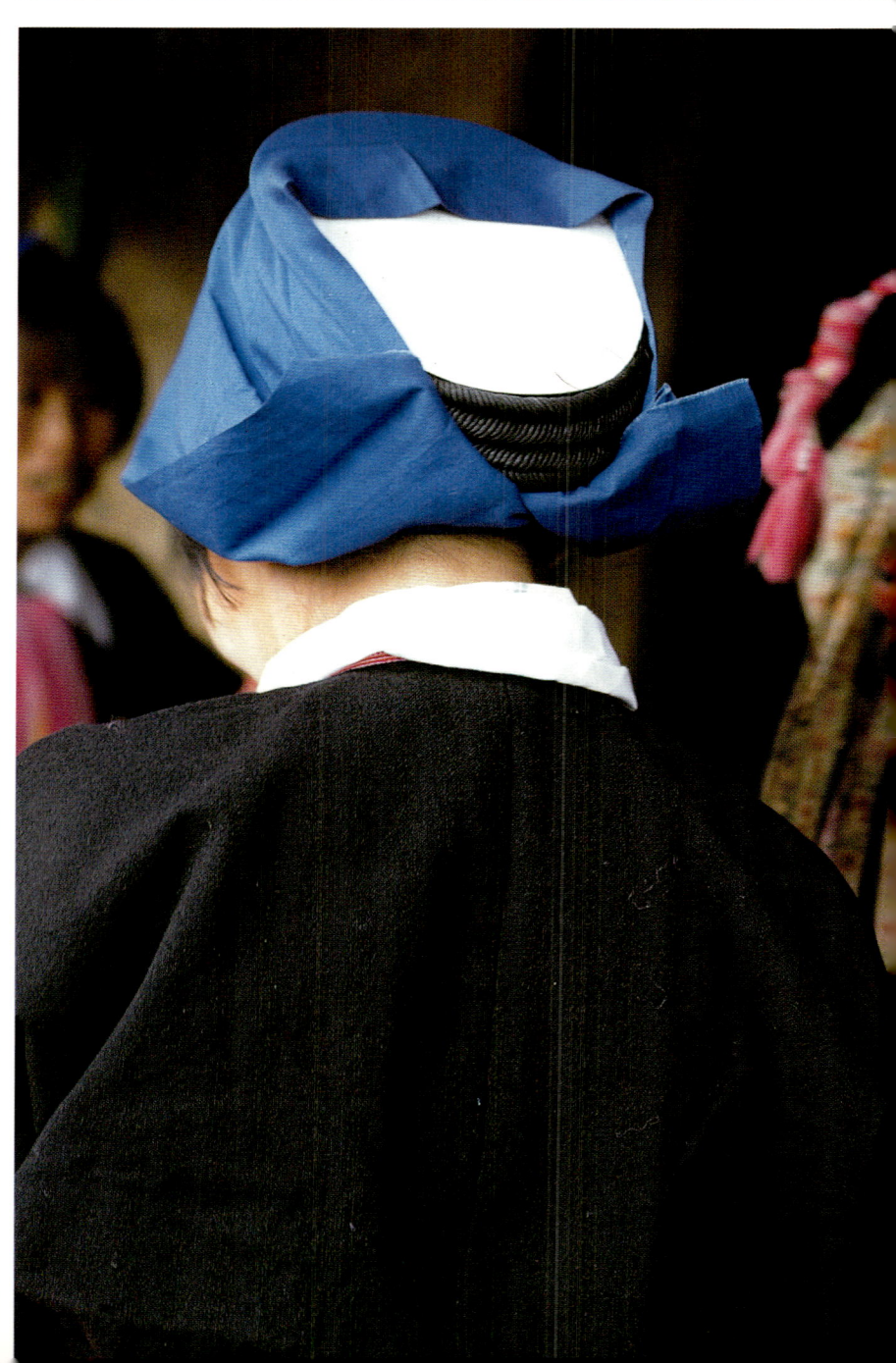

140

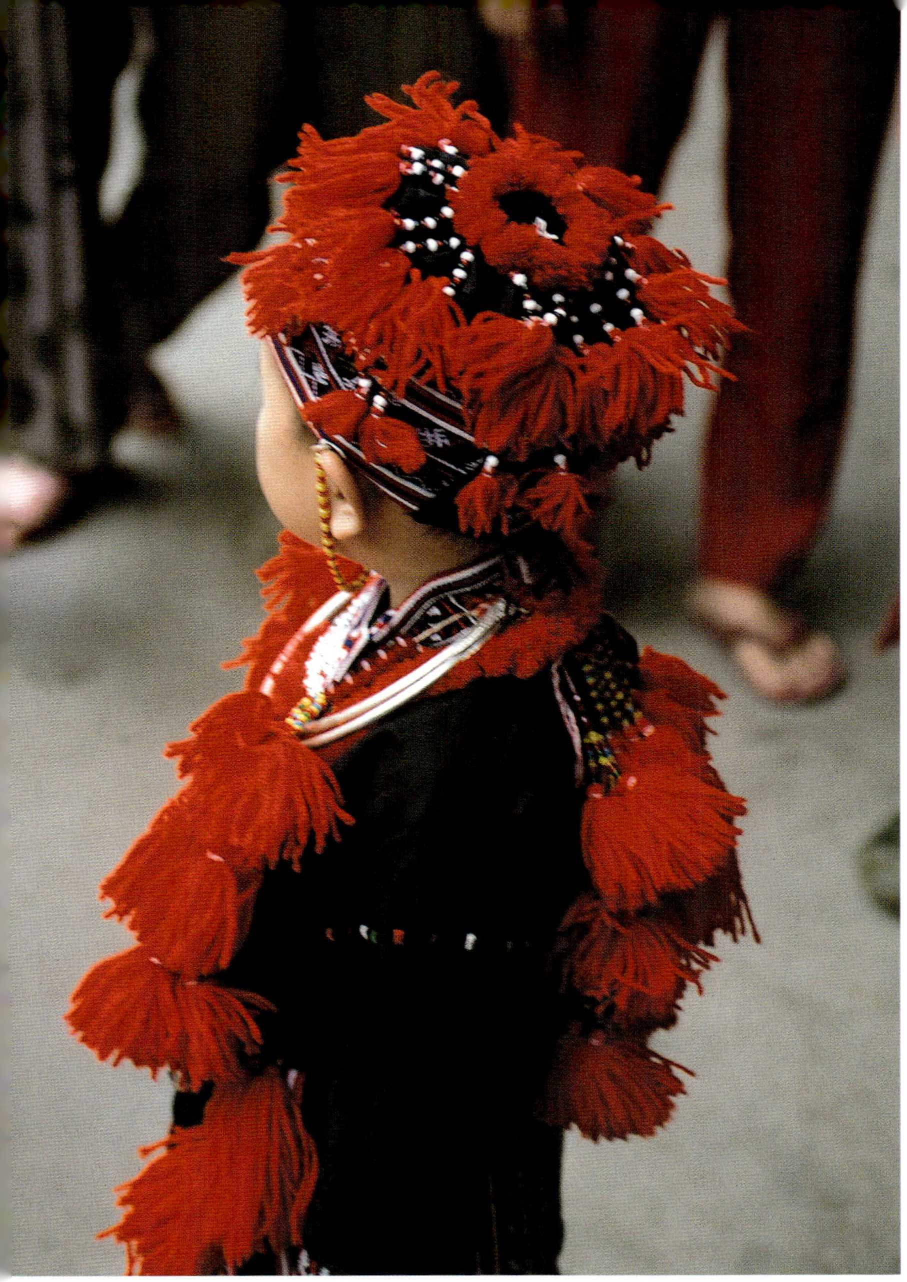
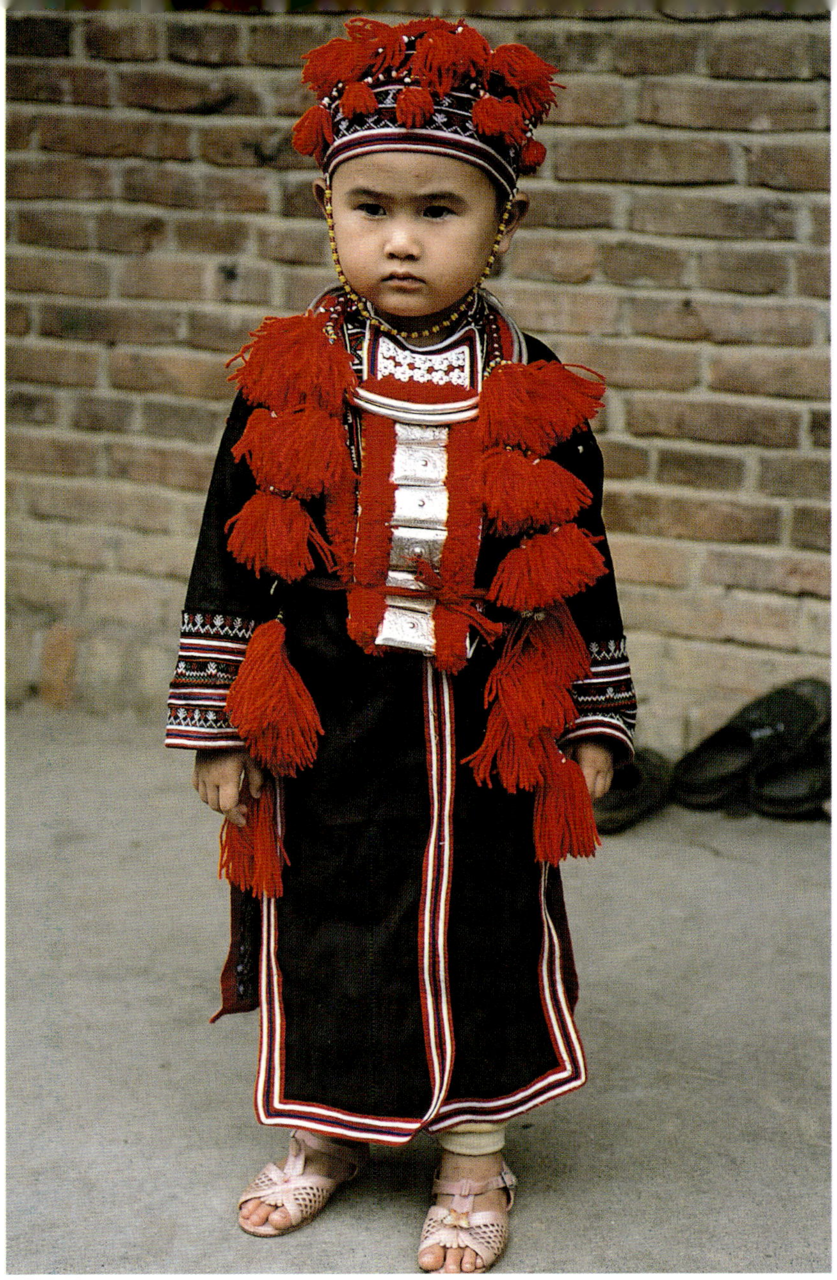
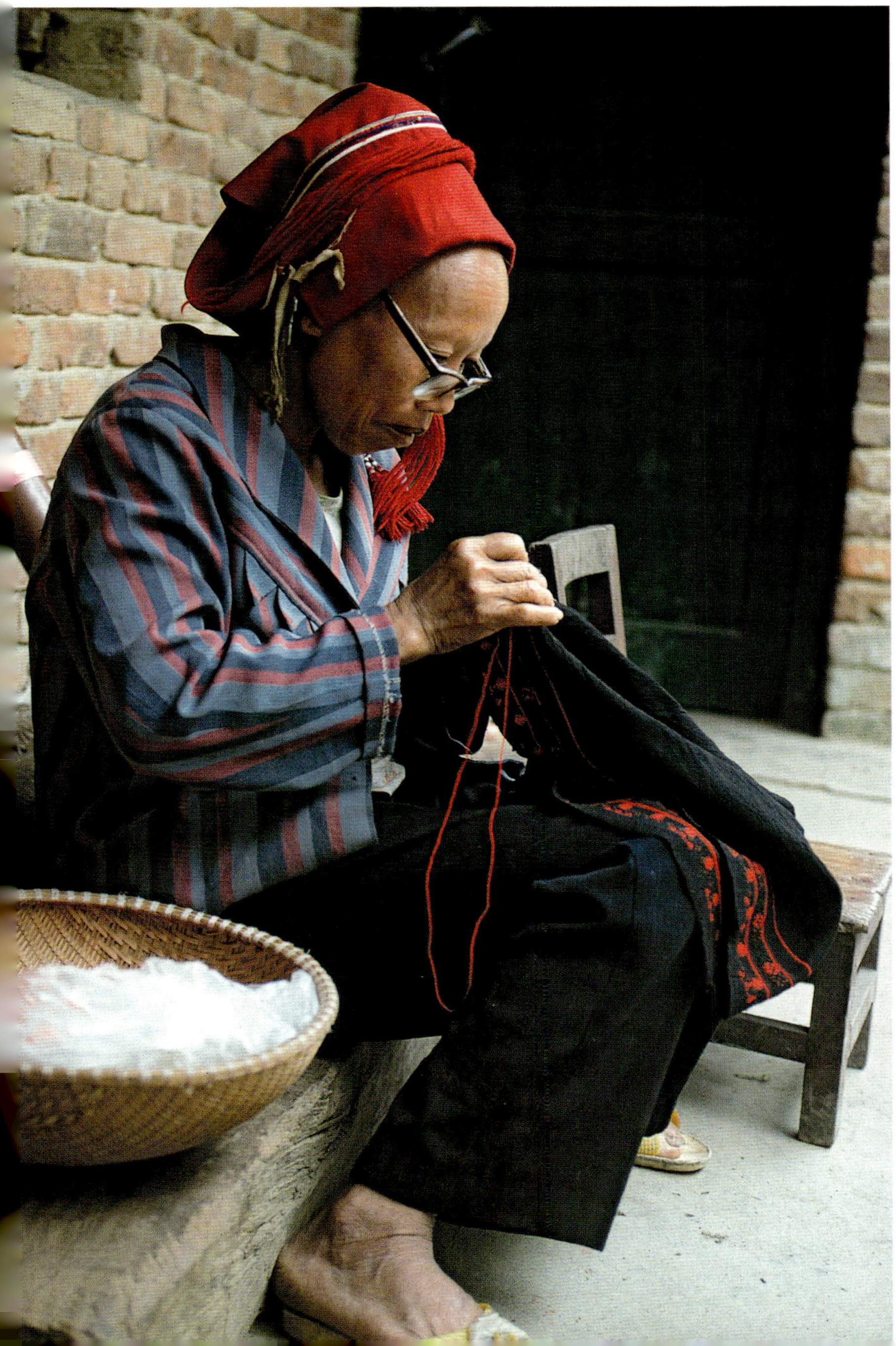
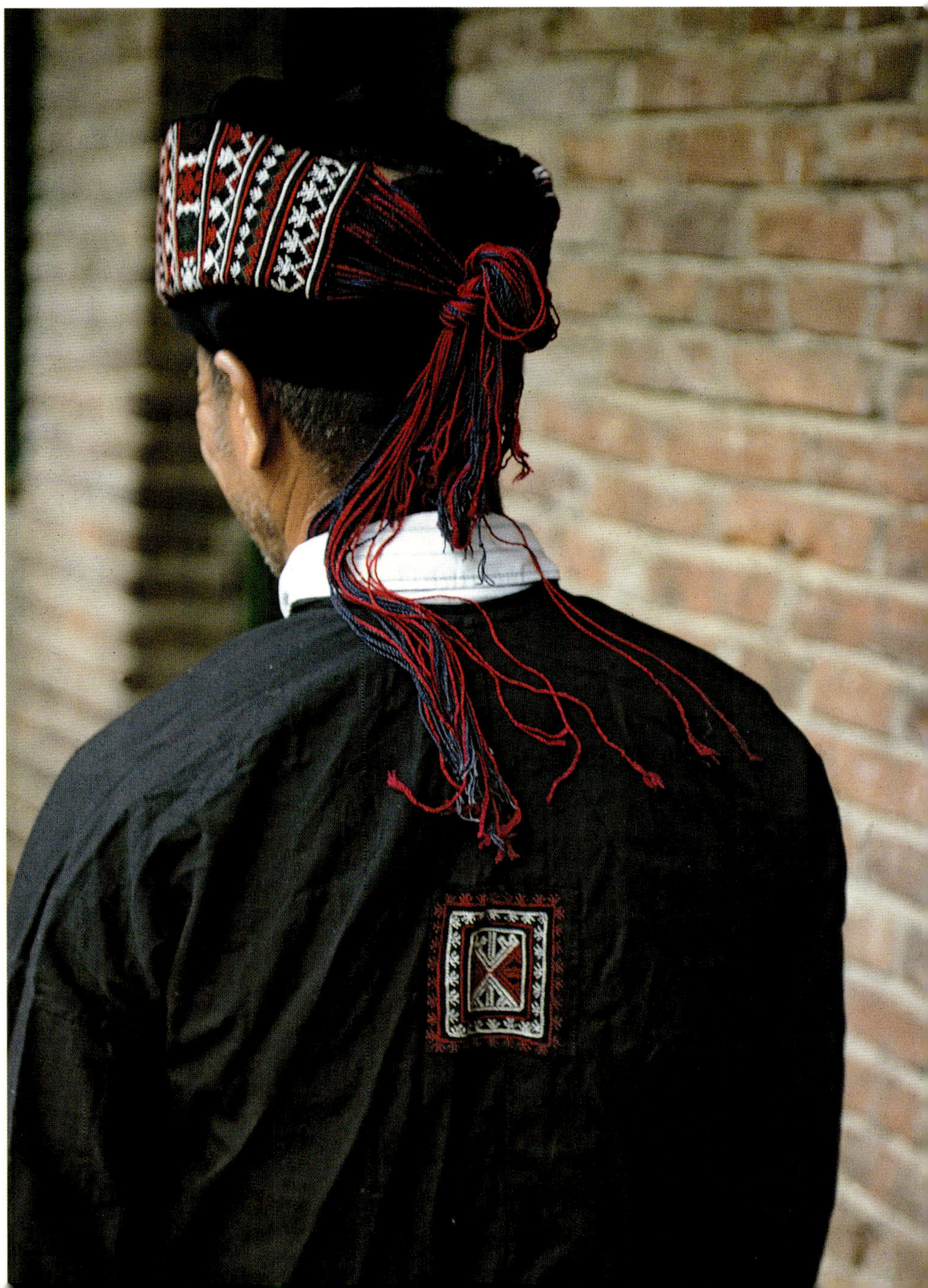

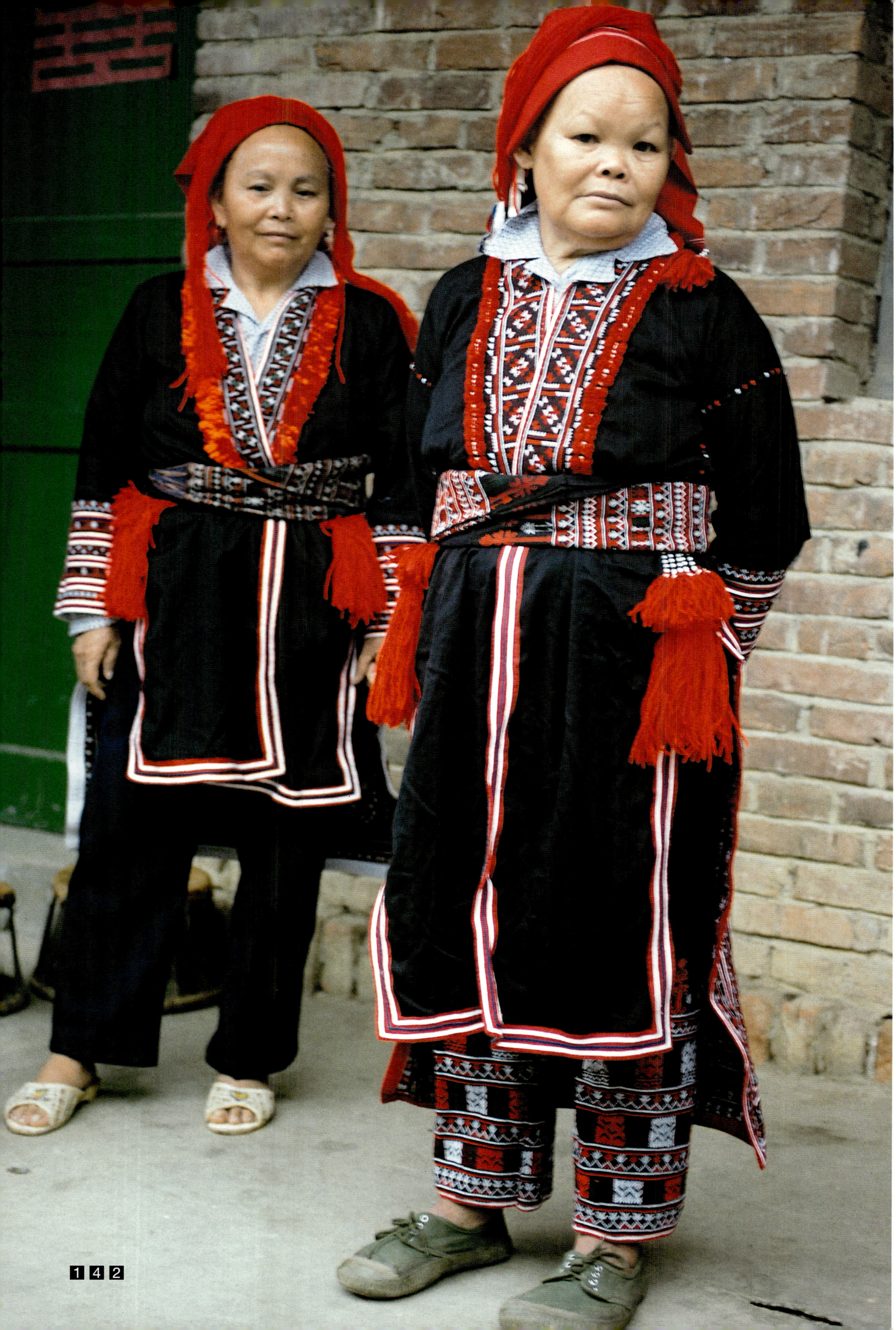

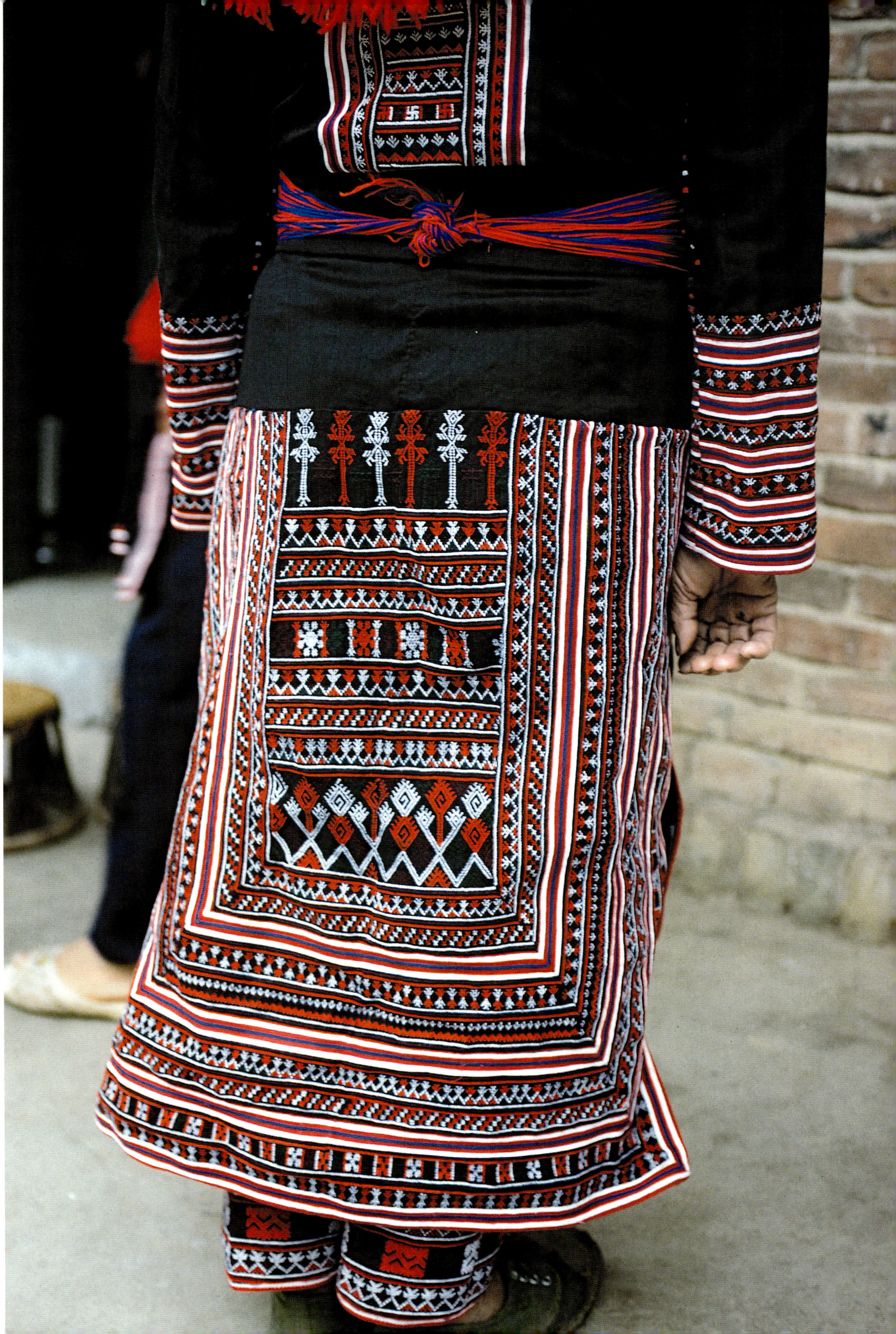

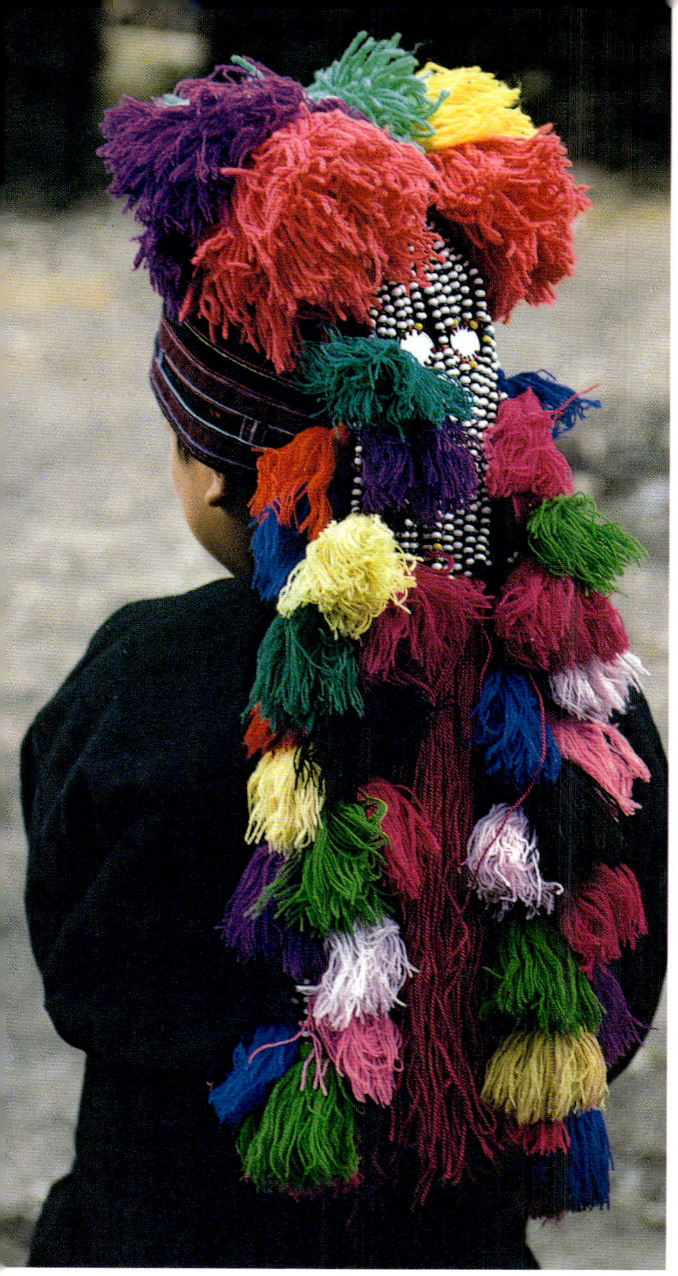
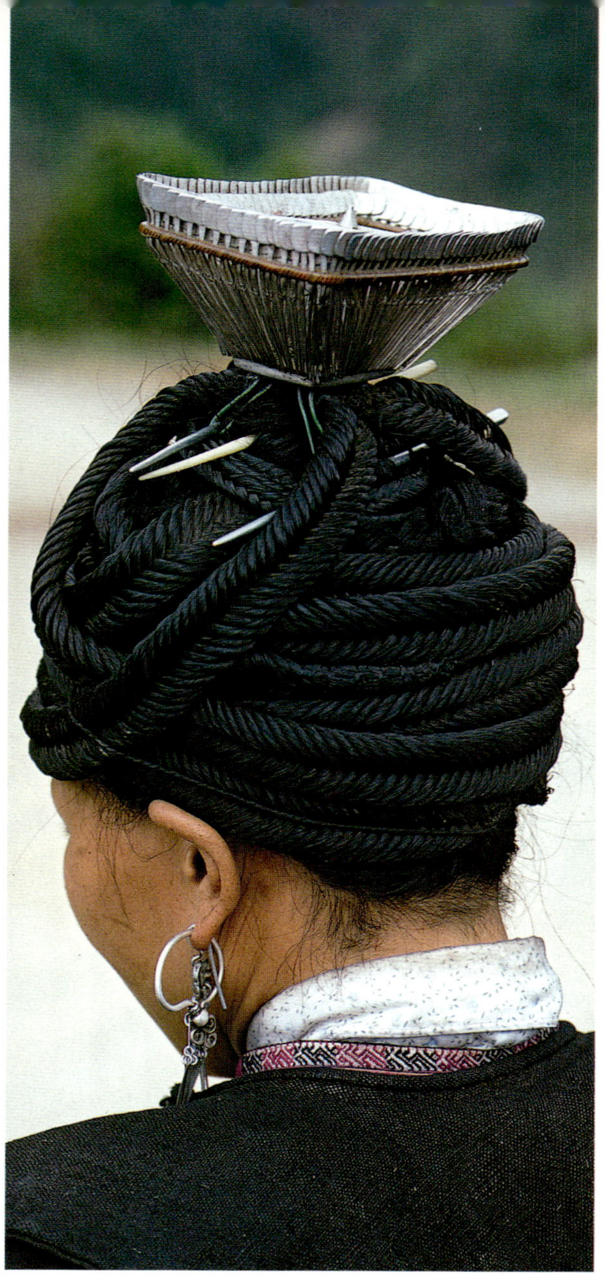
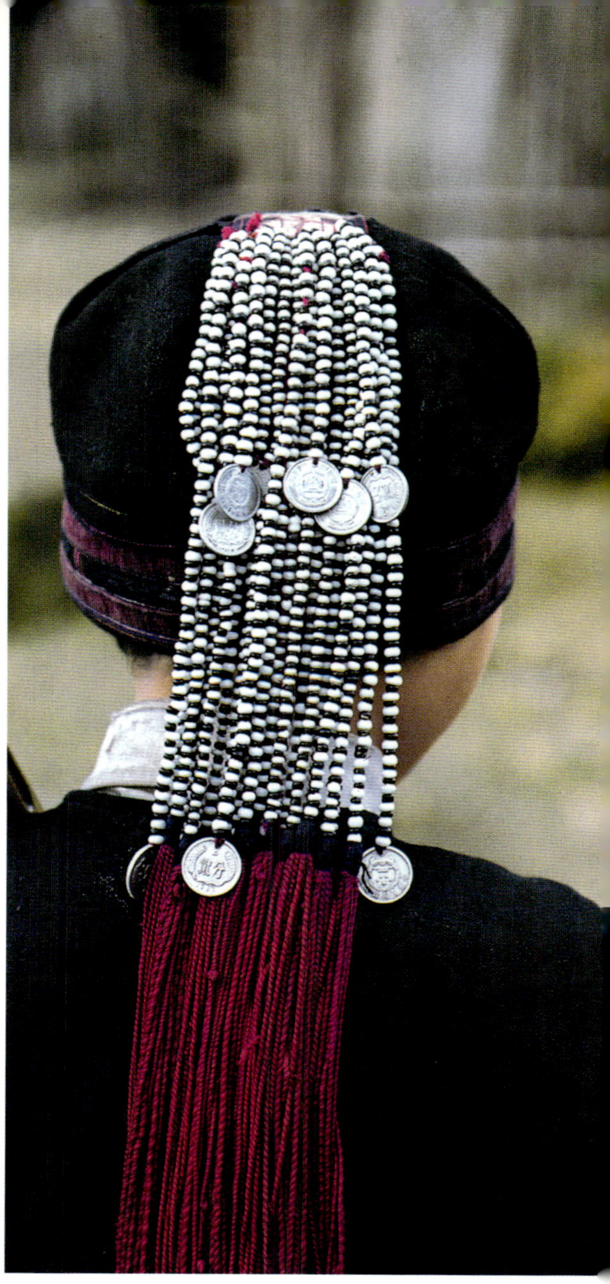
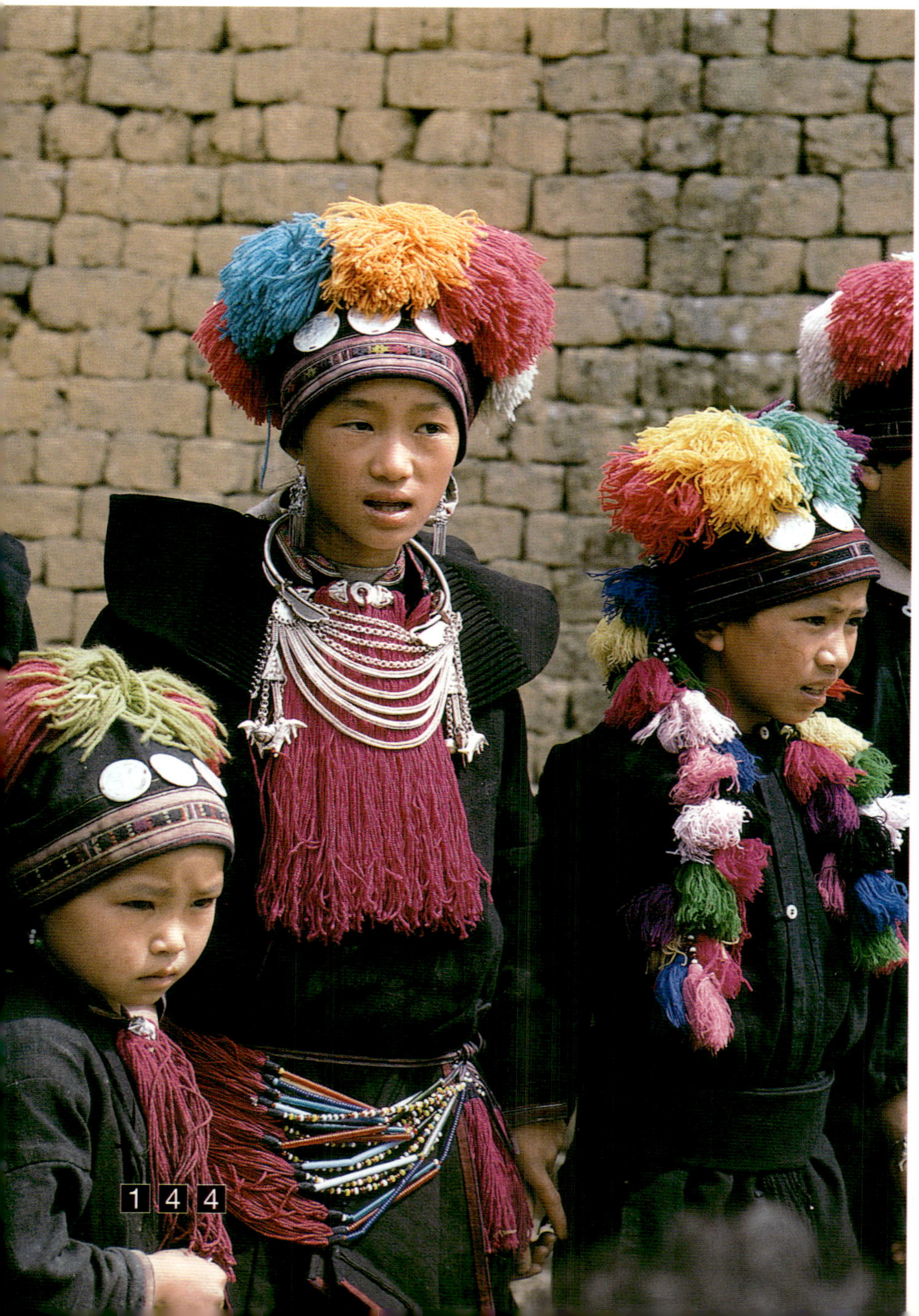
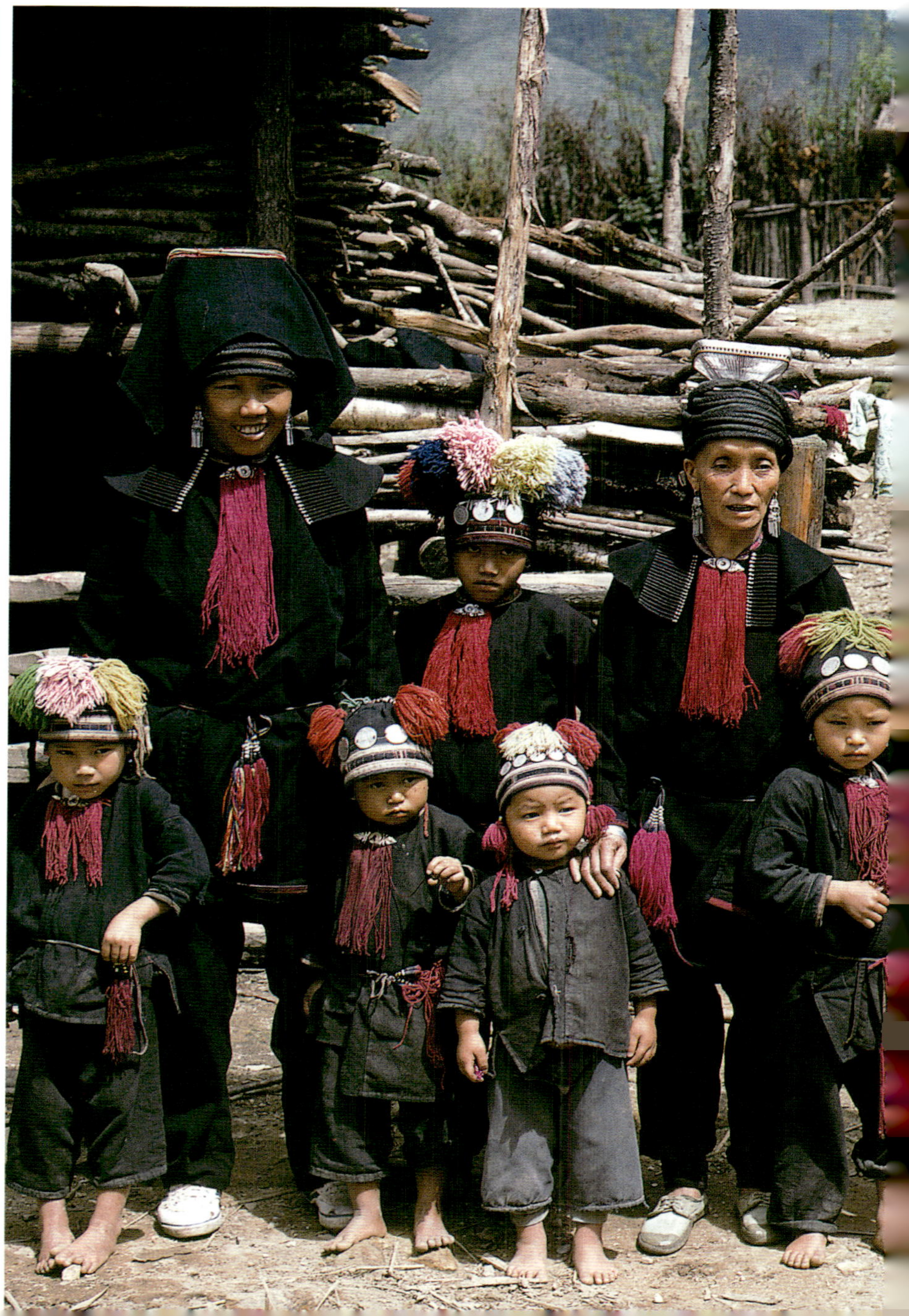

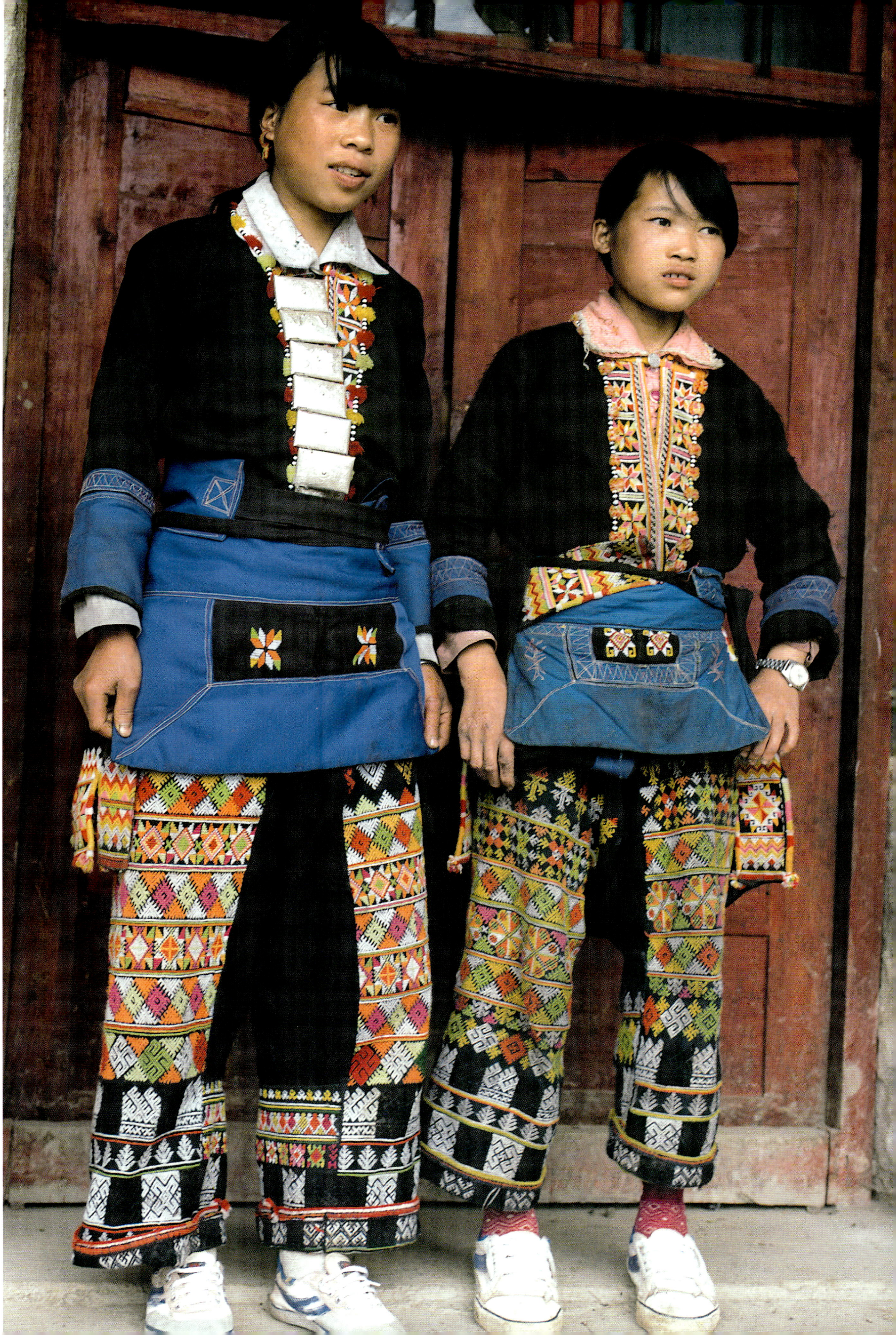

146

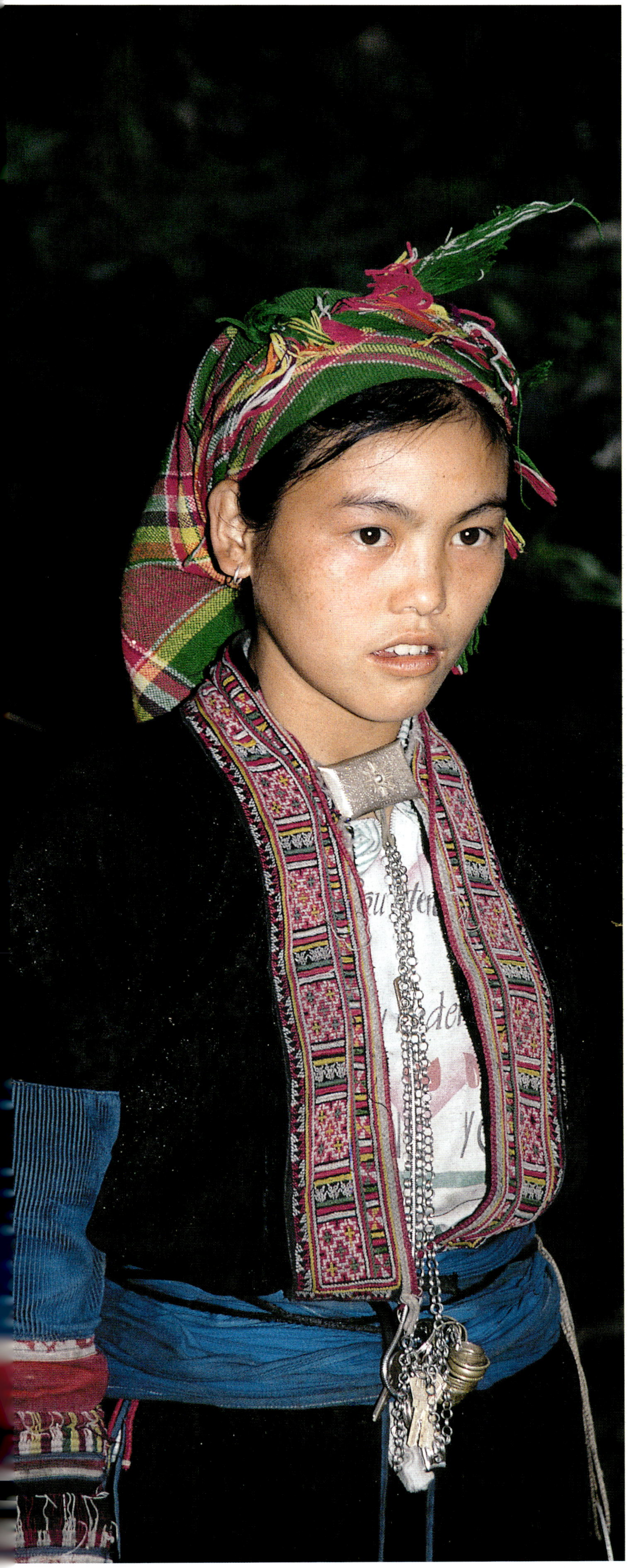
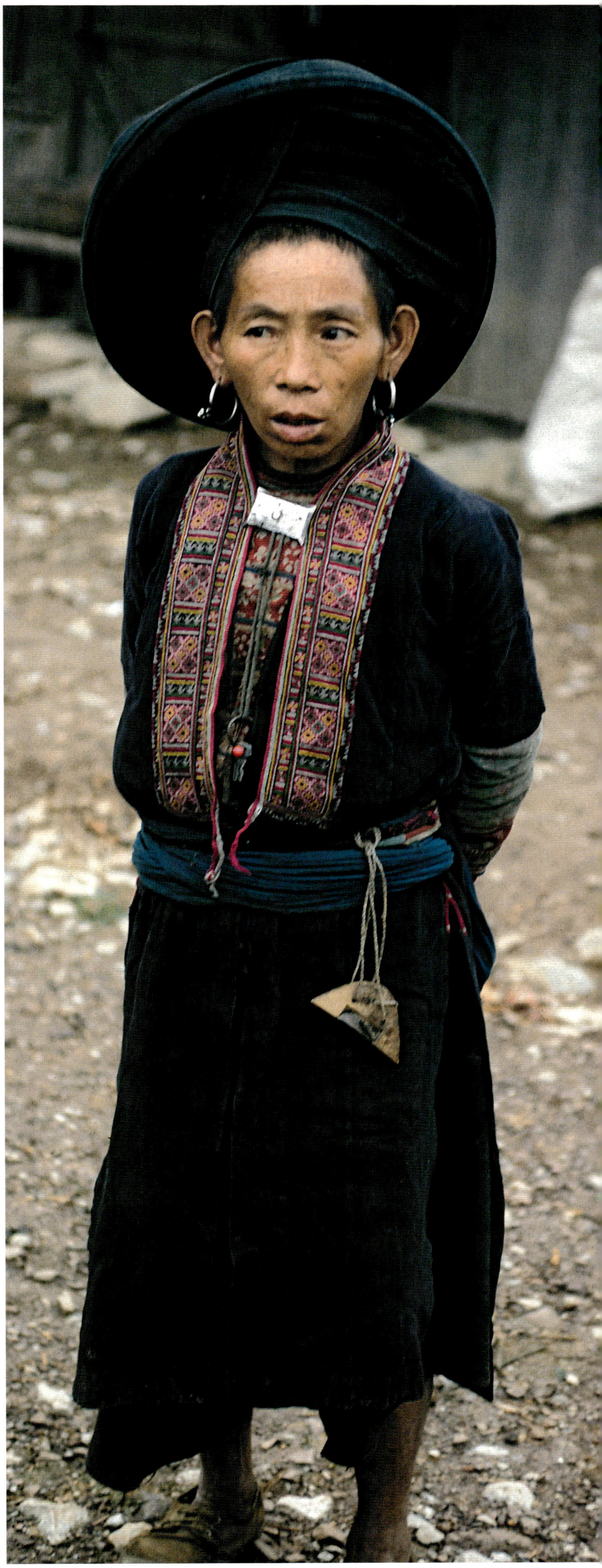

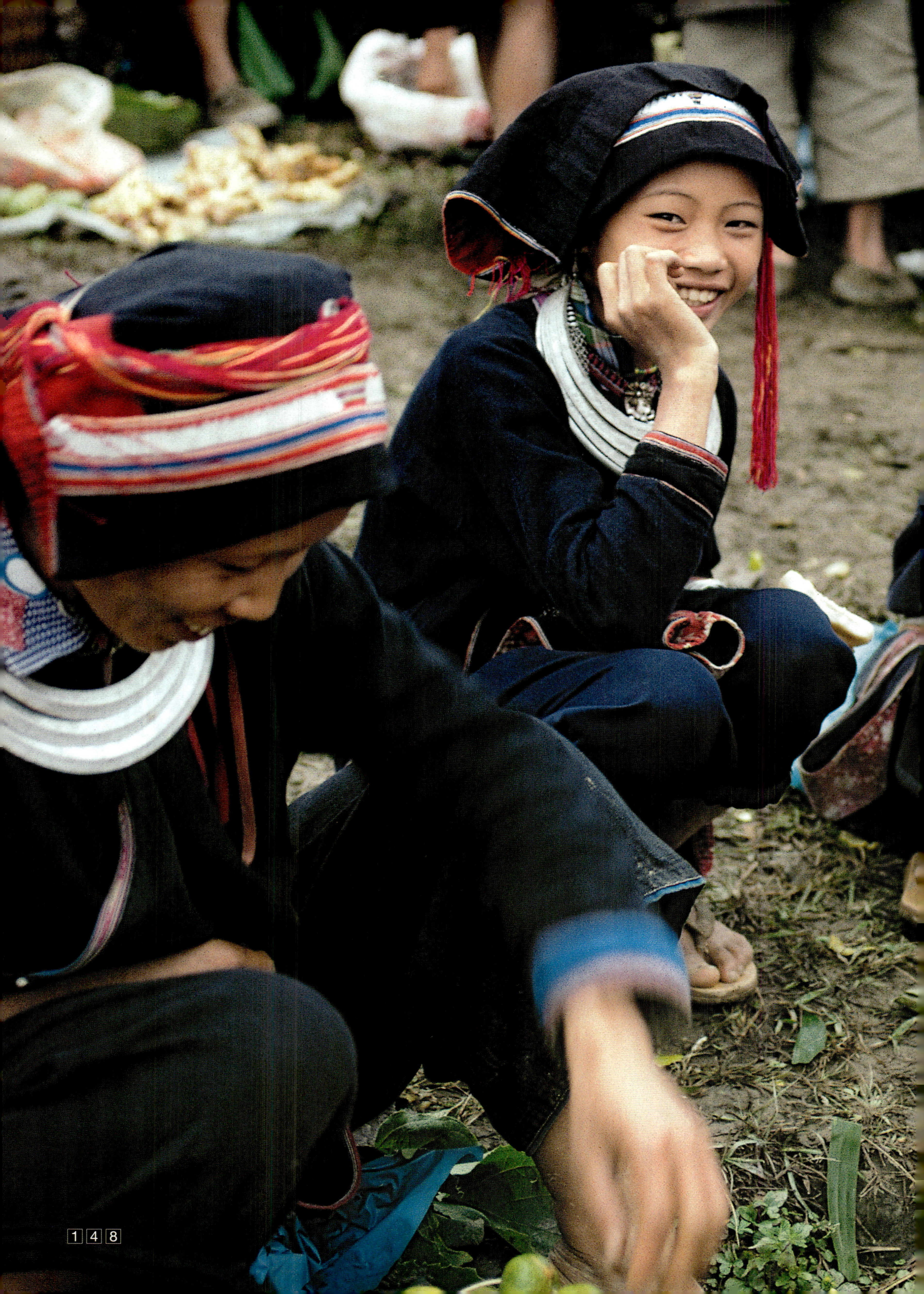

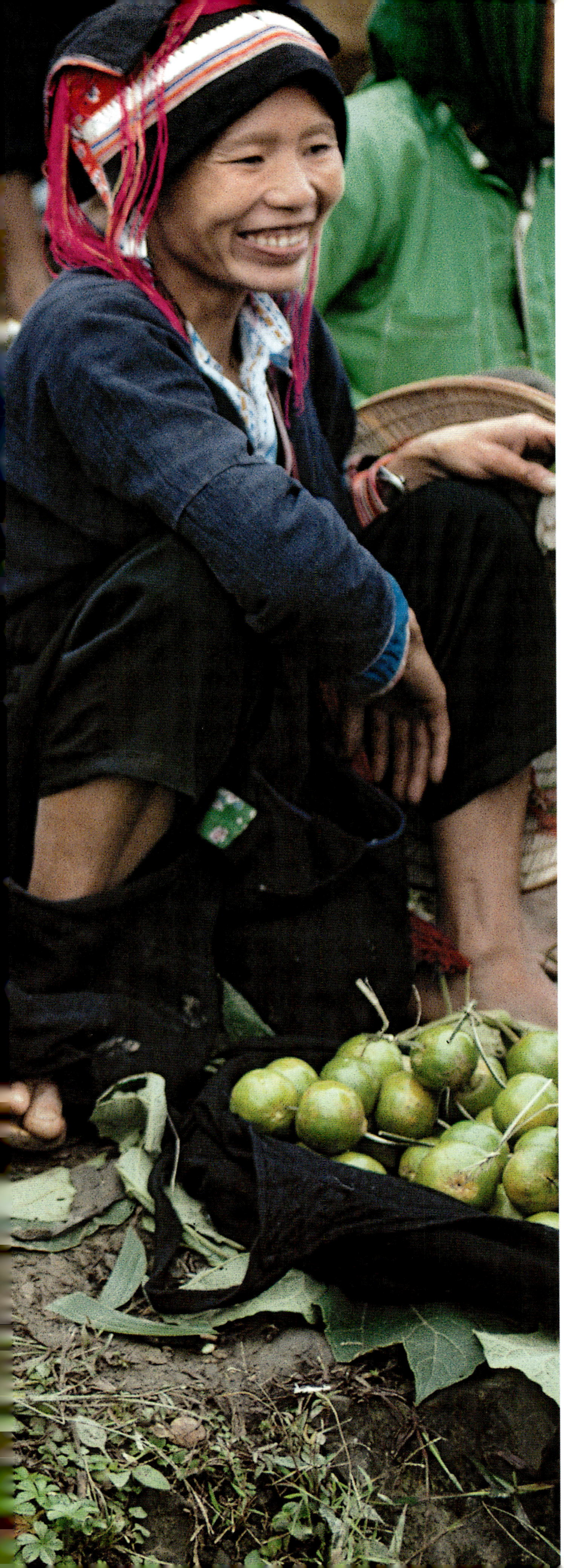
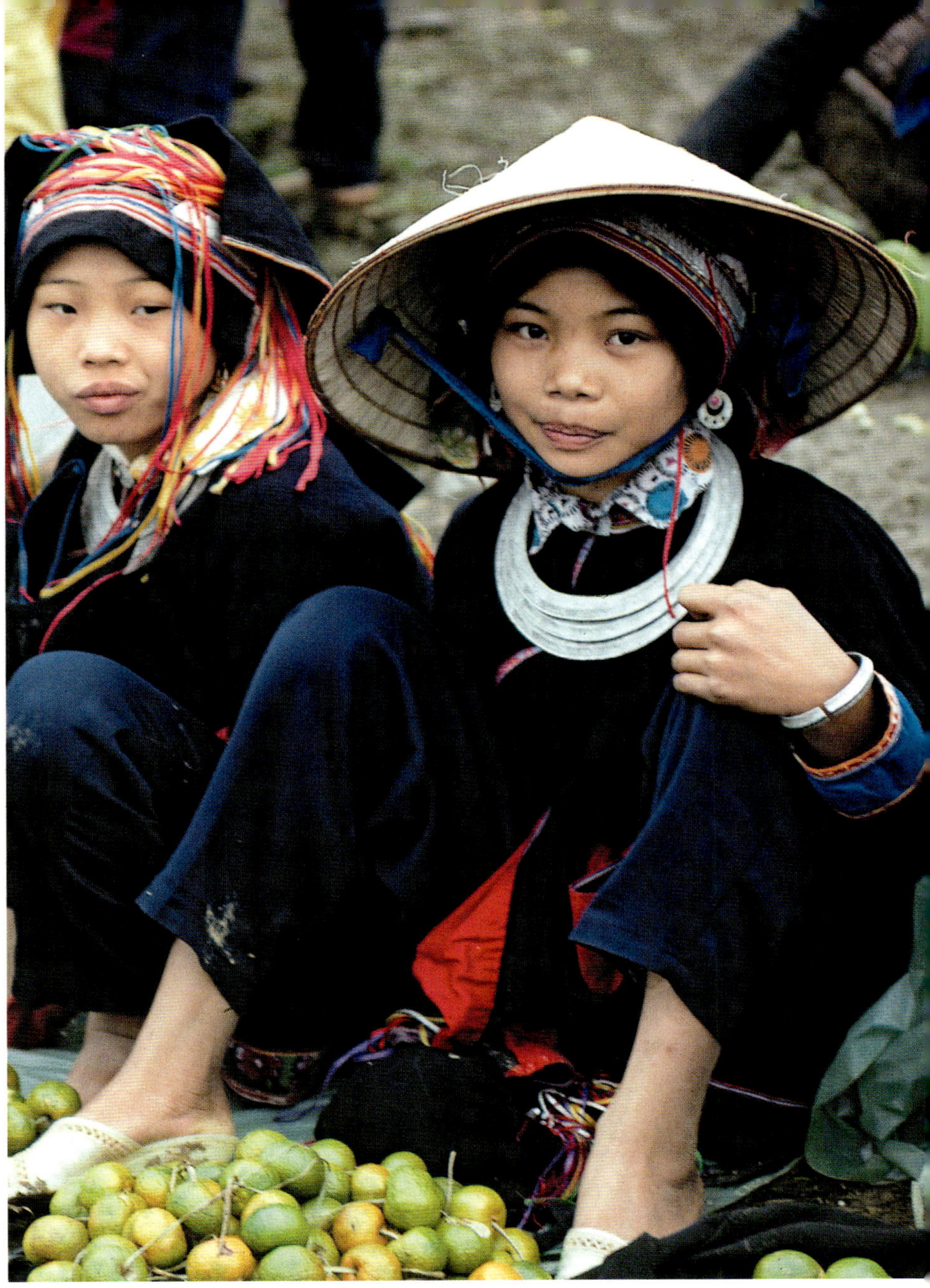
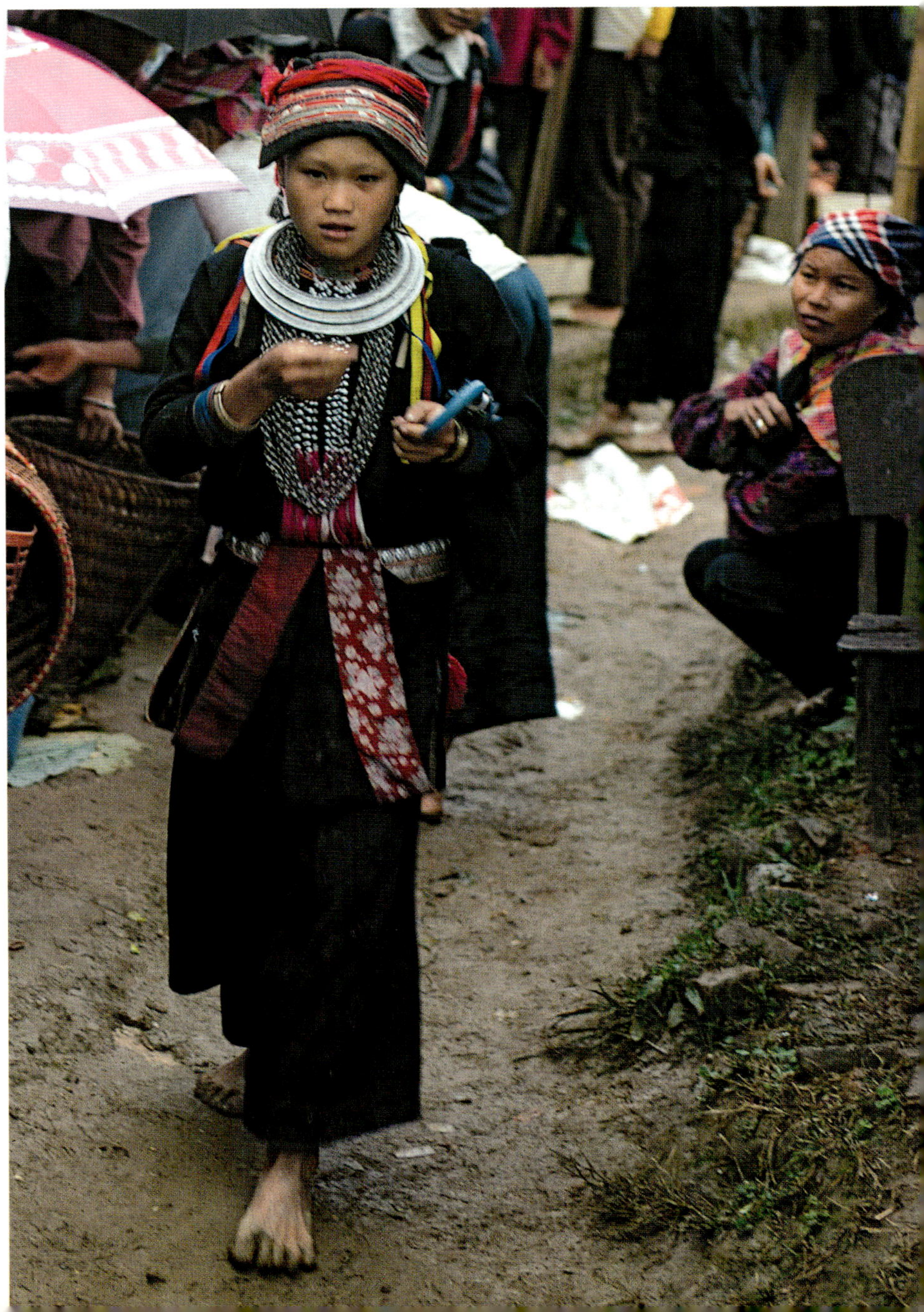

150

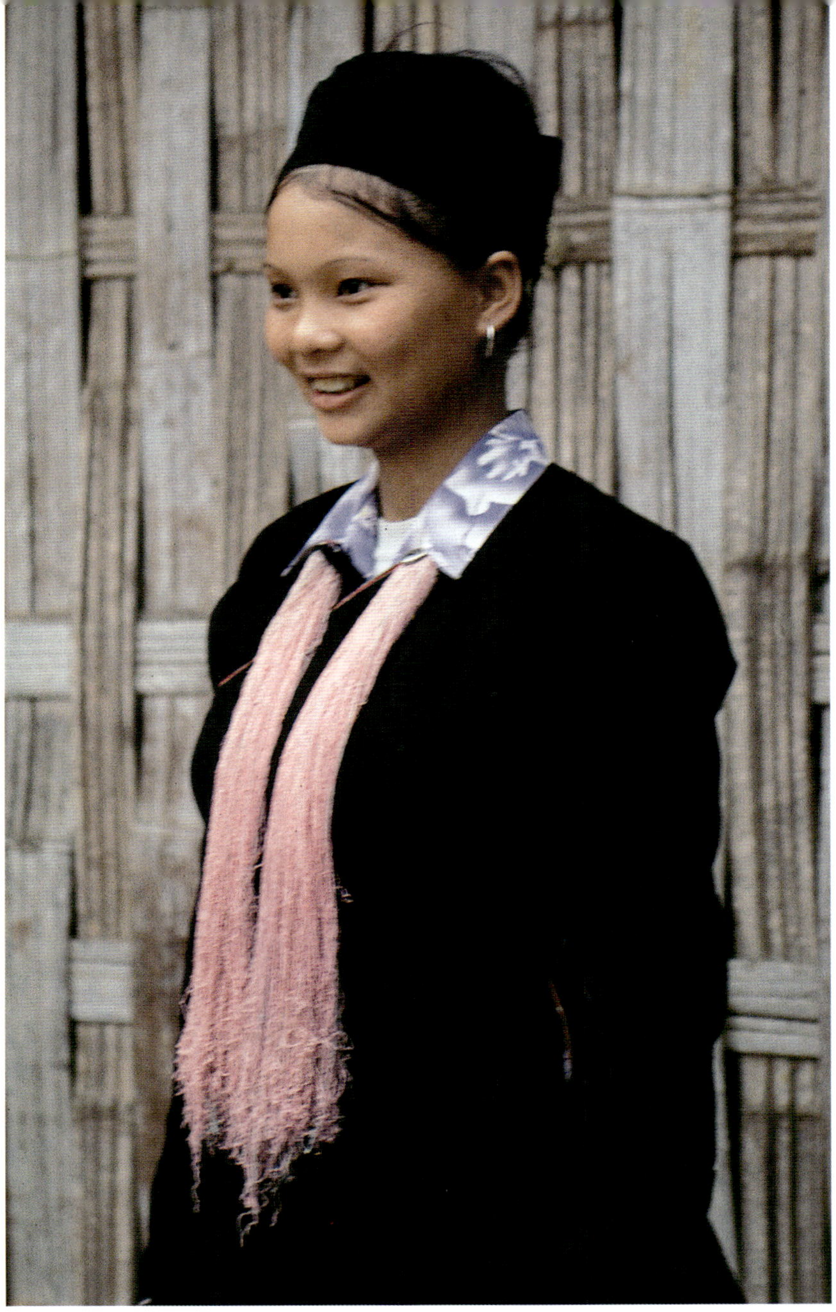
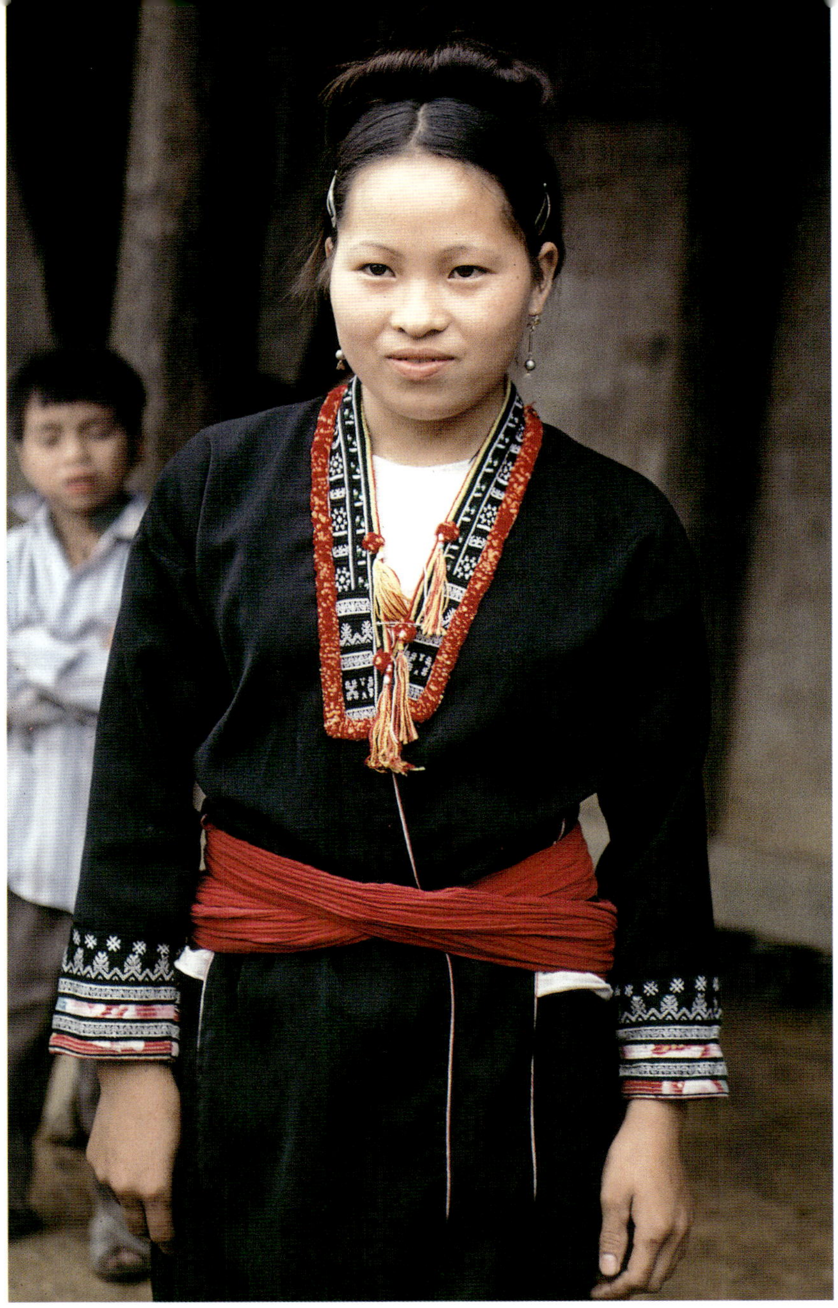
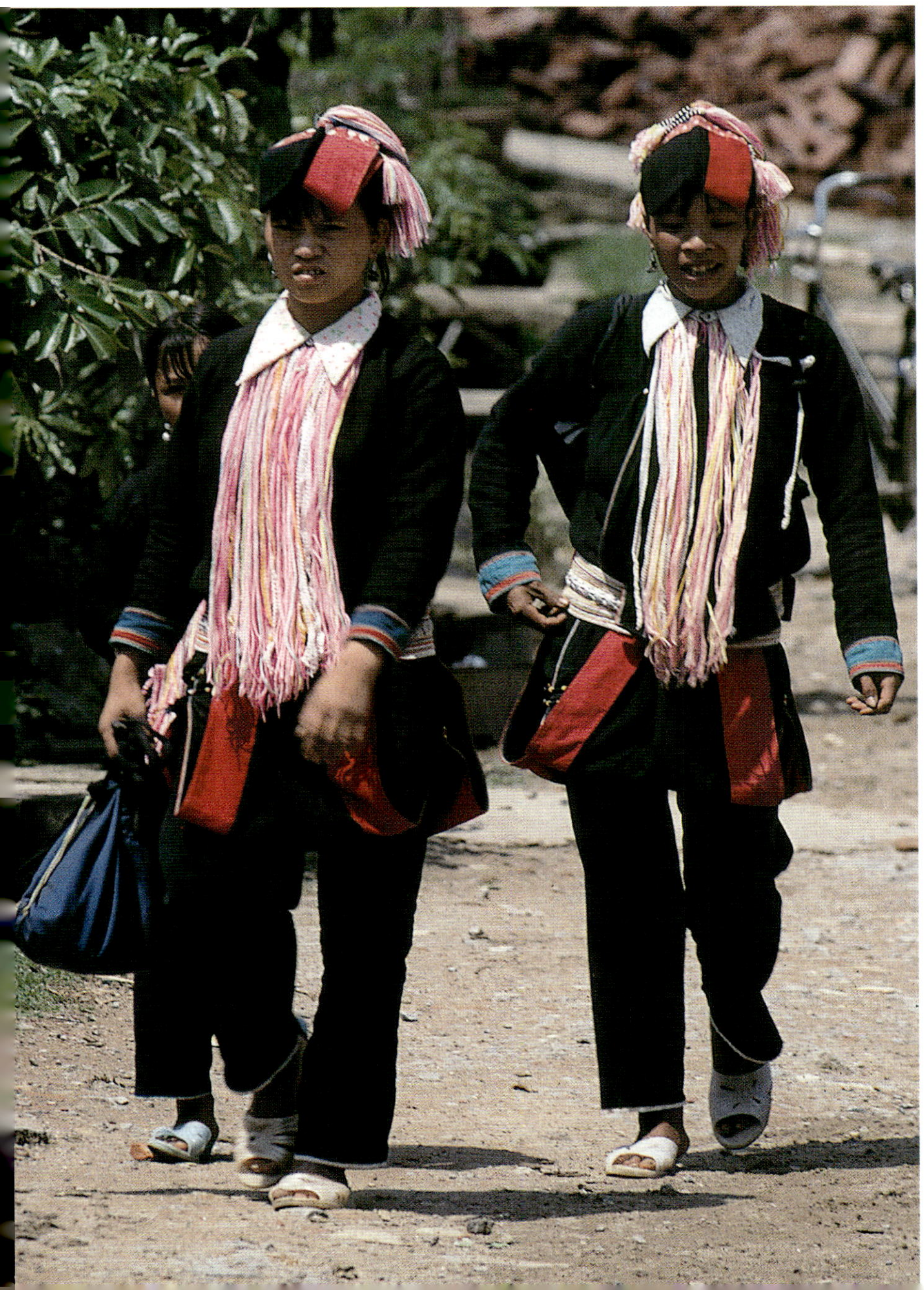
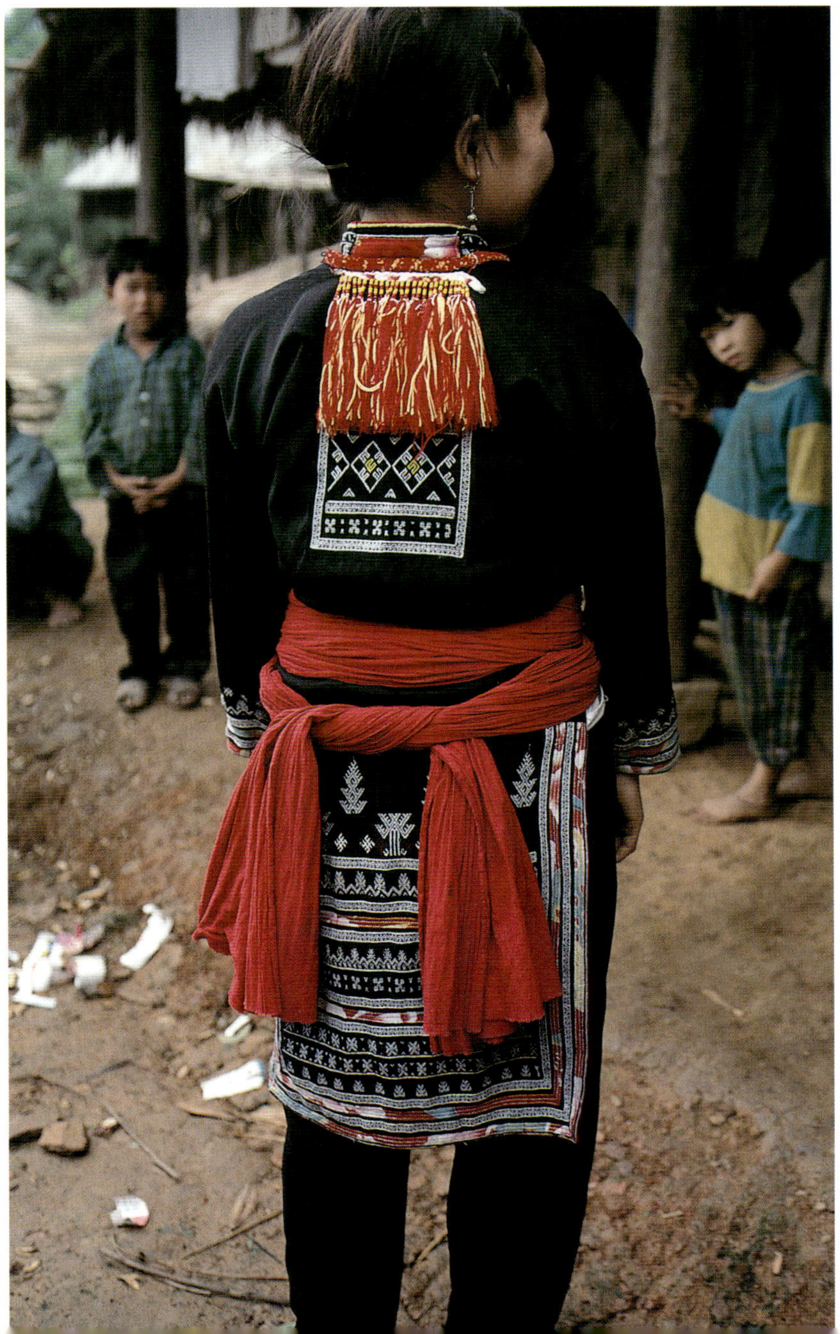

152

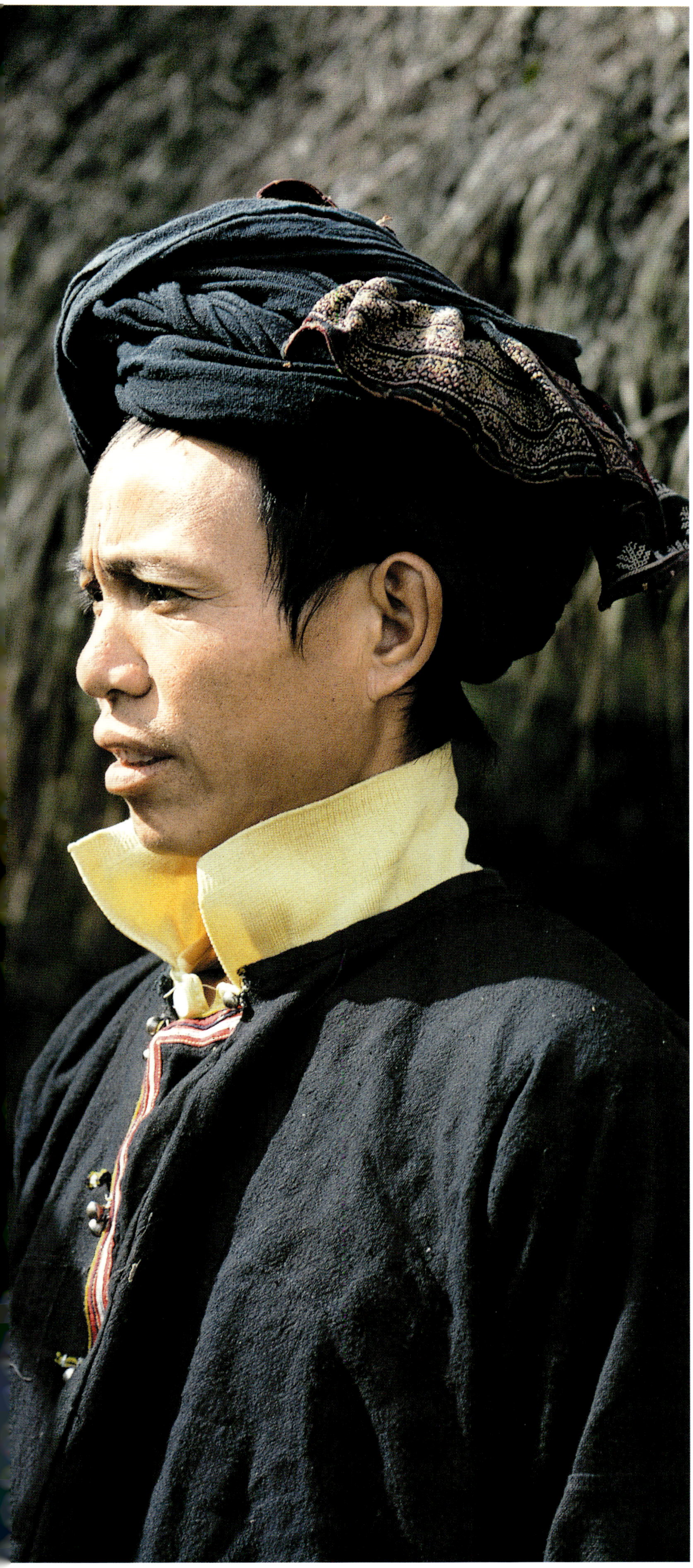

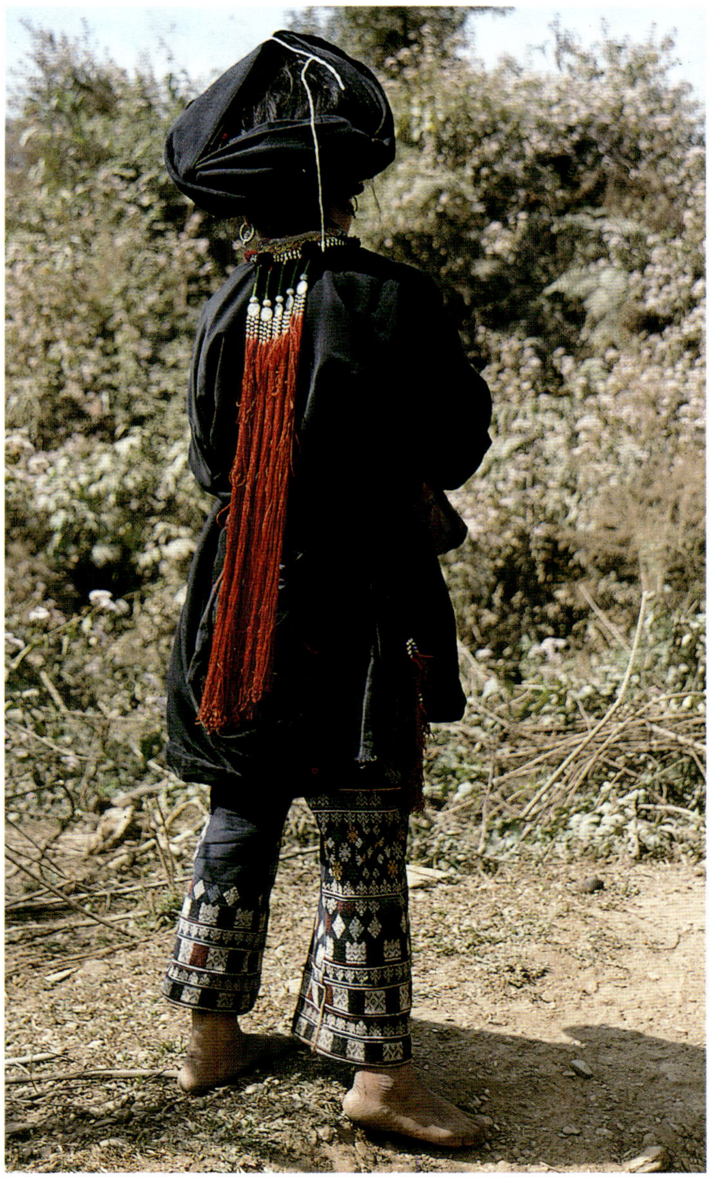

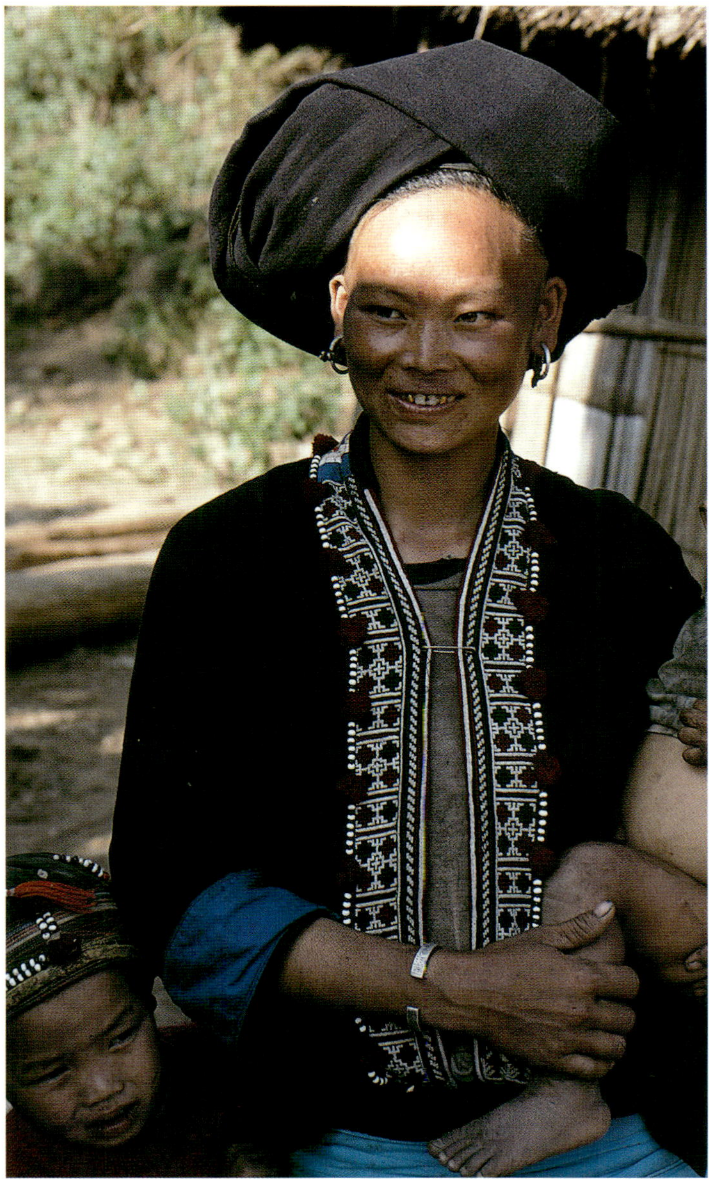

154

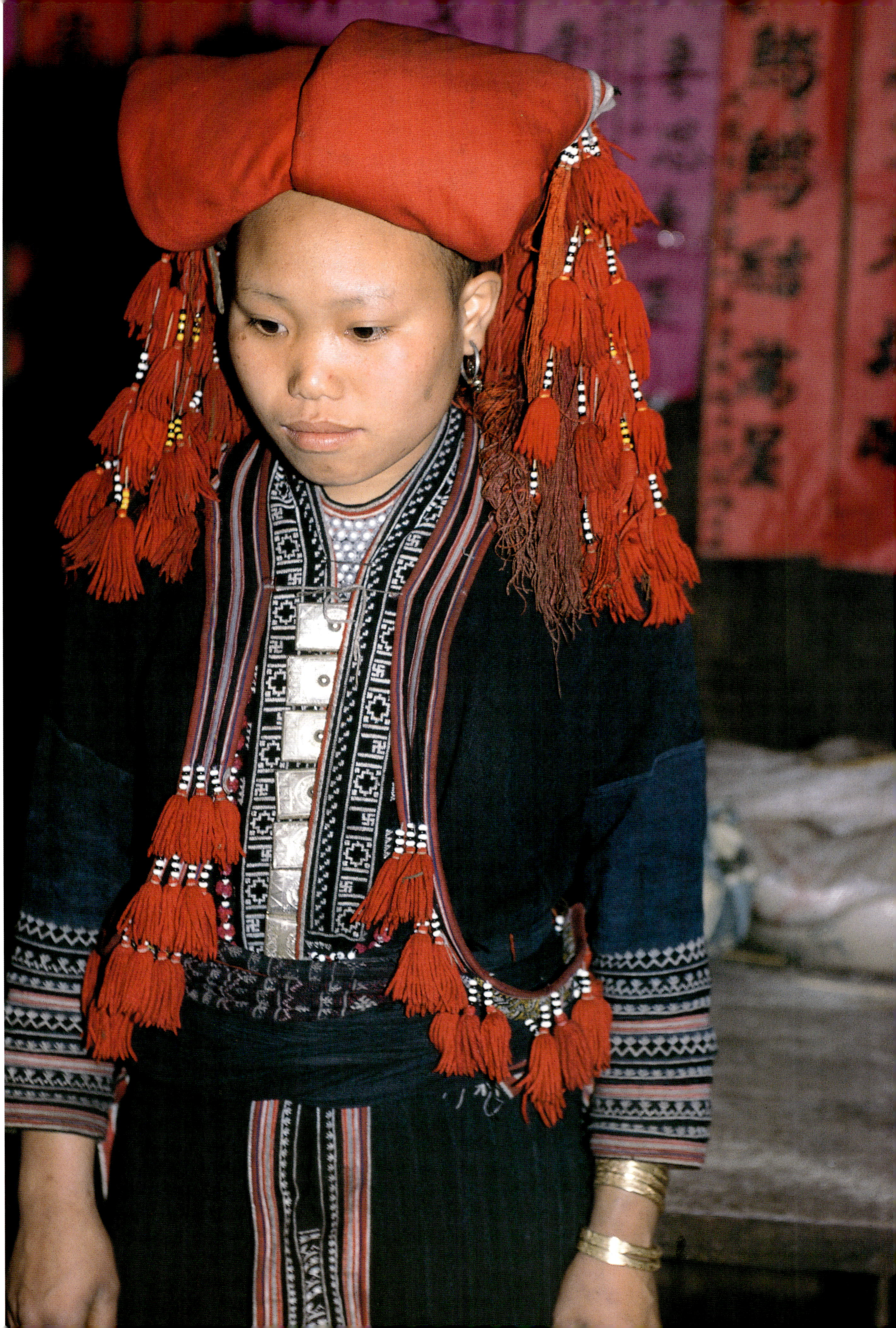

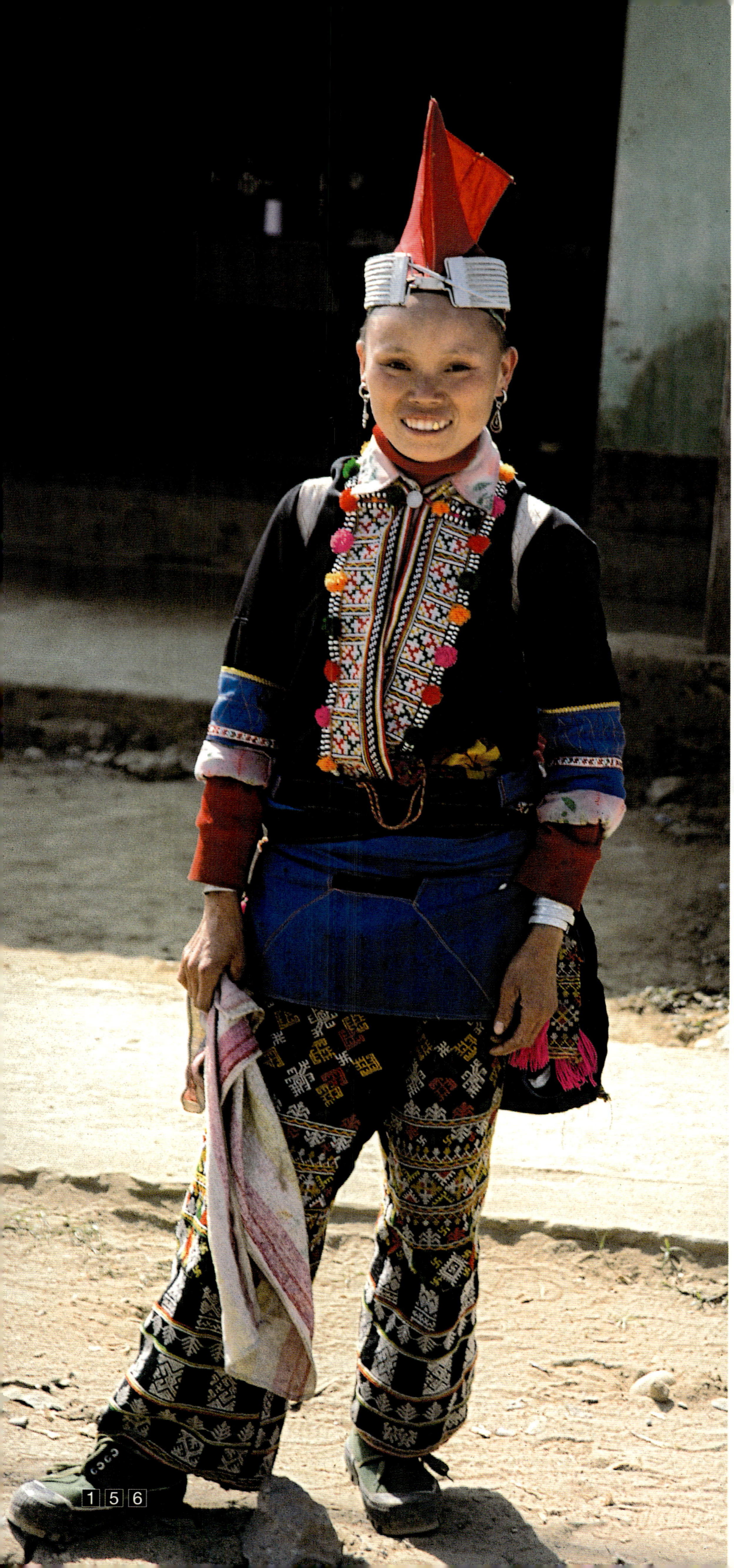

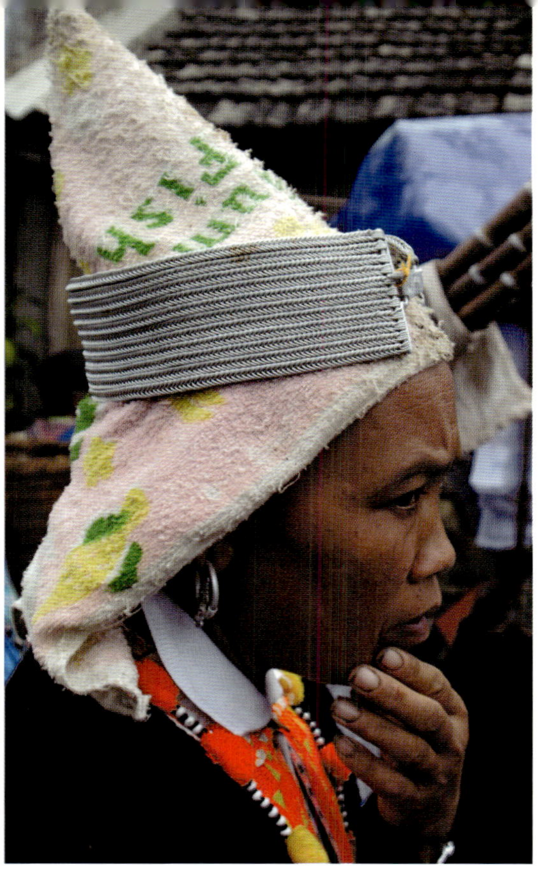

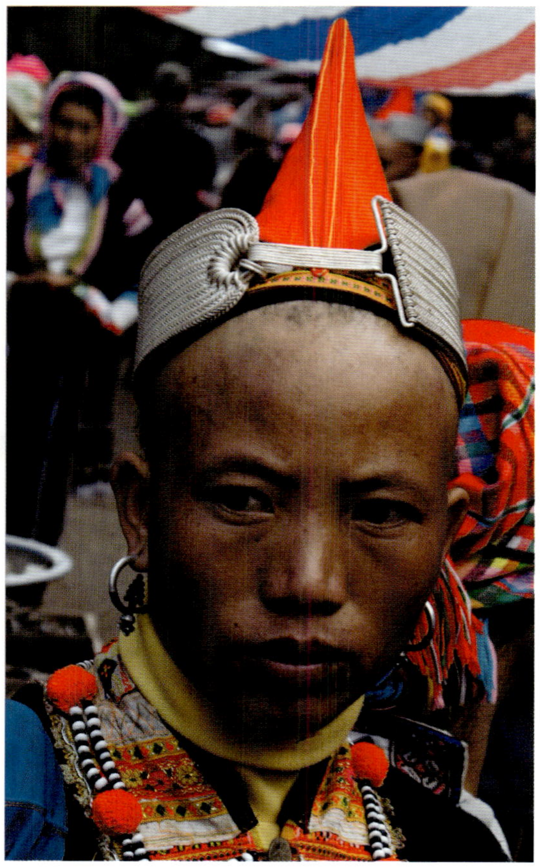

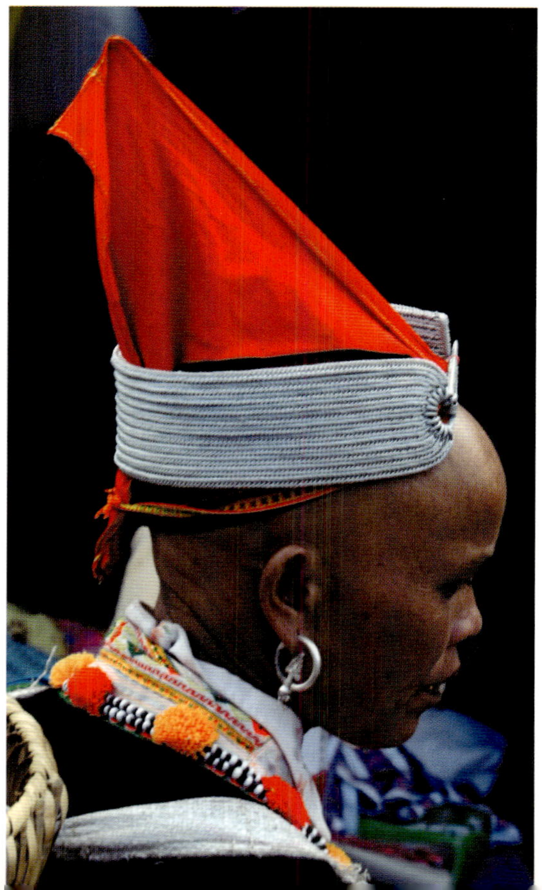

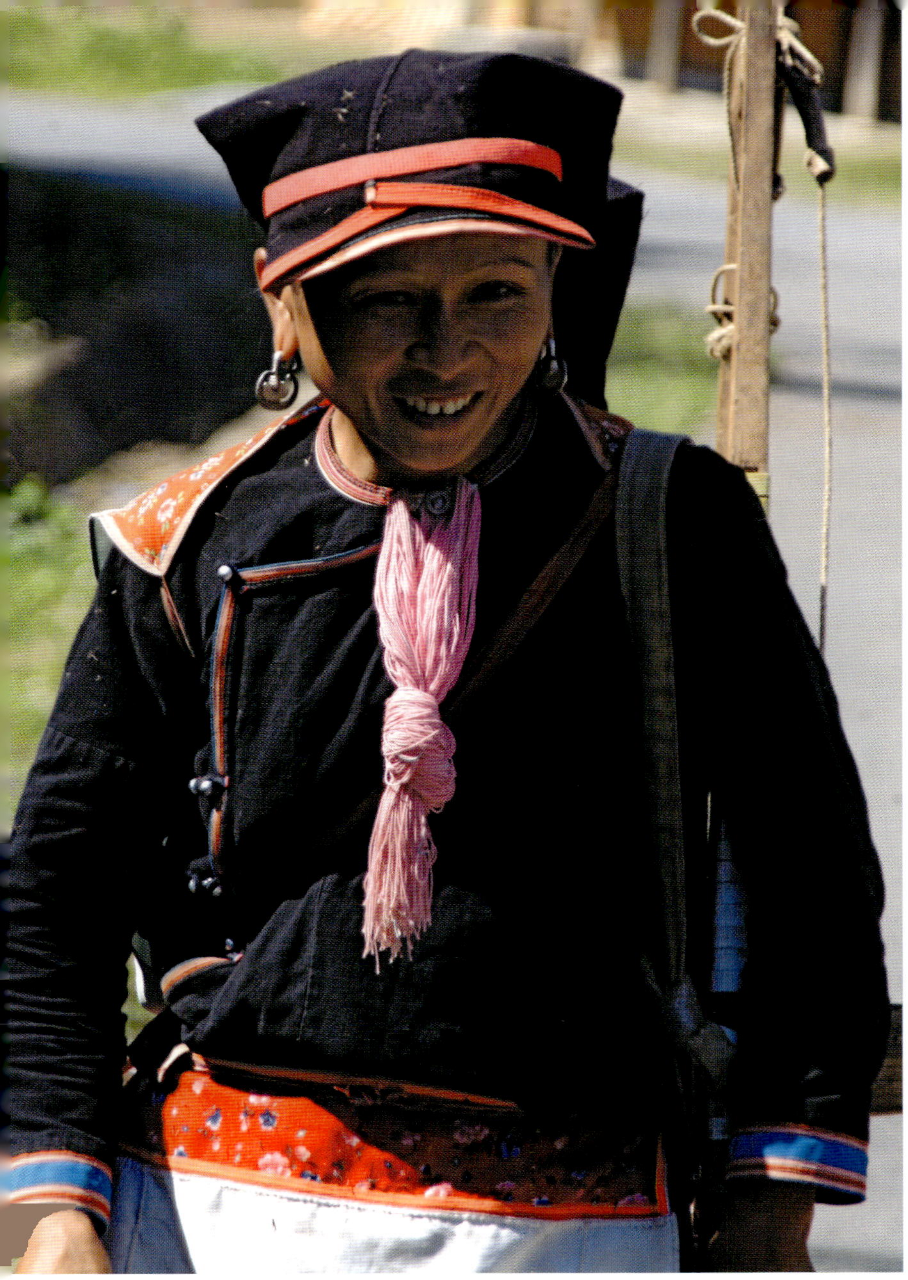
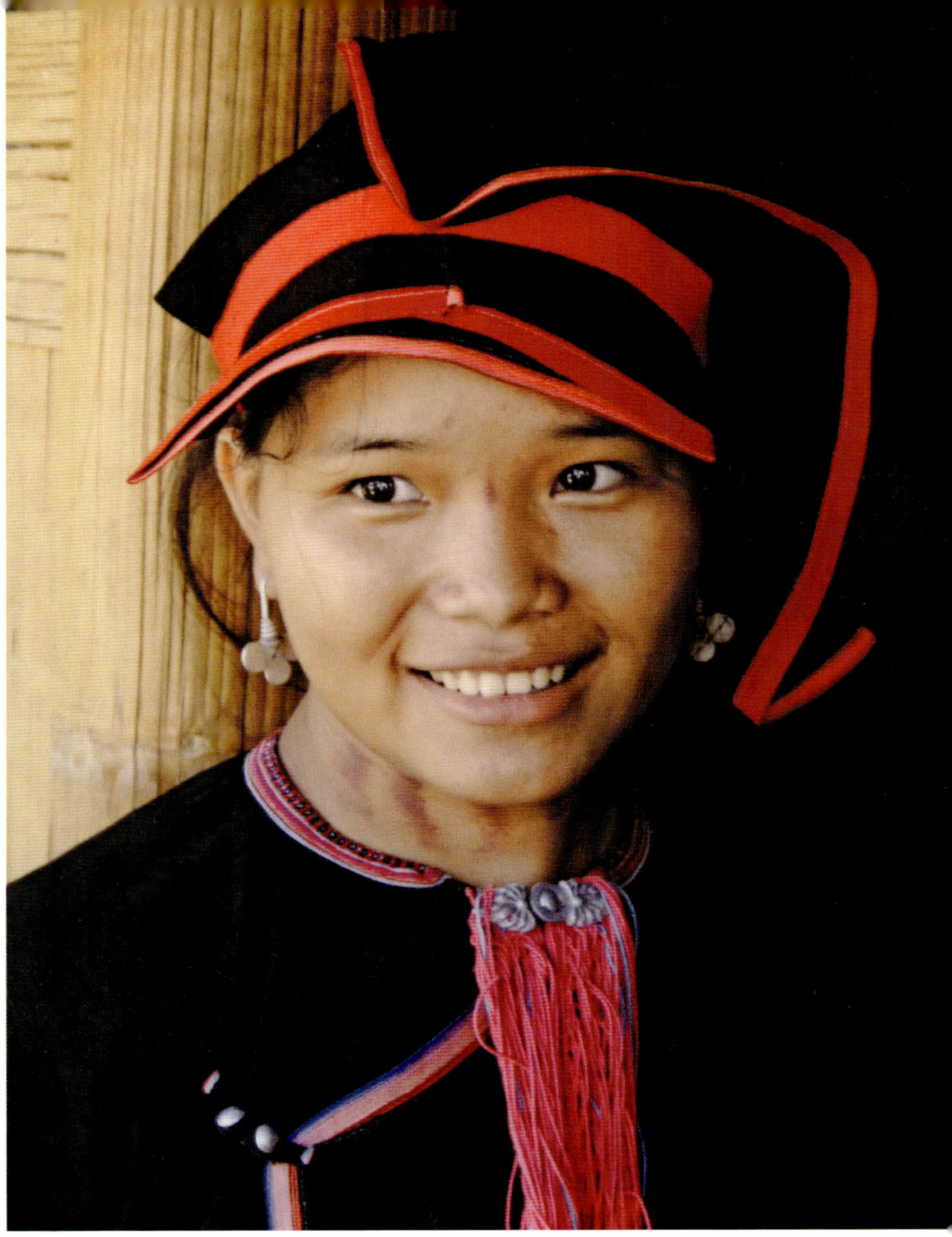
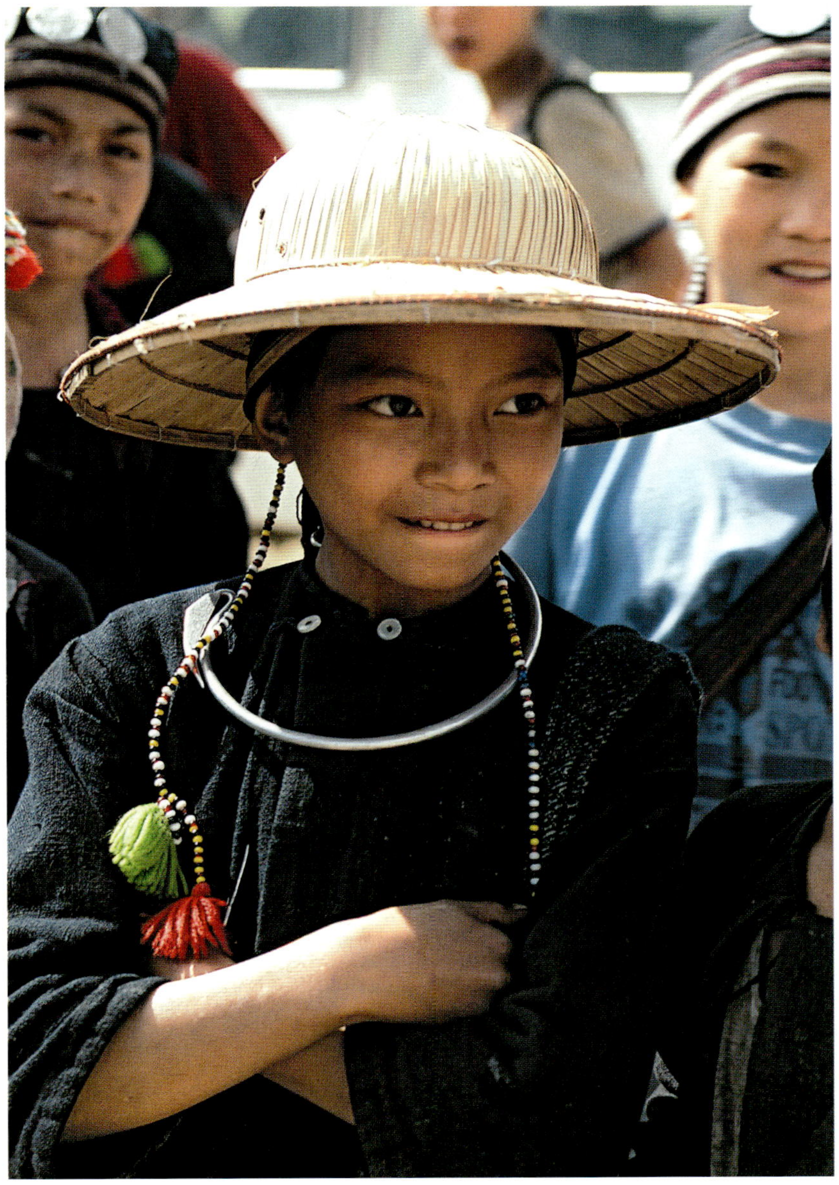
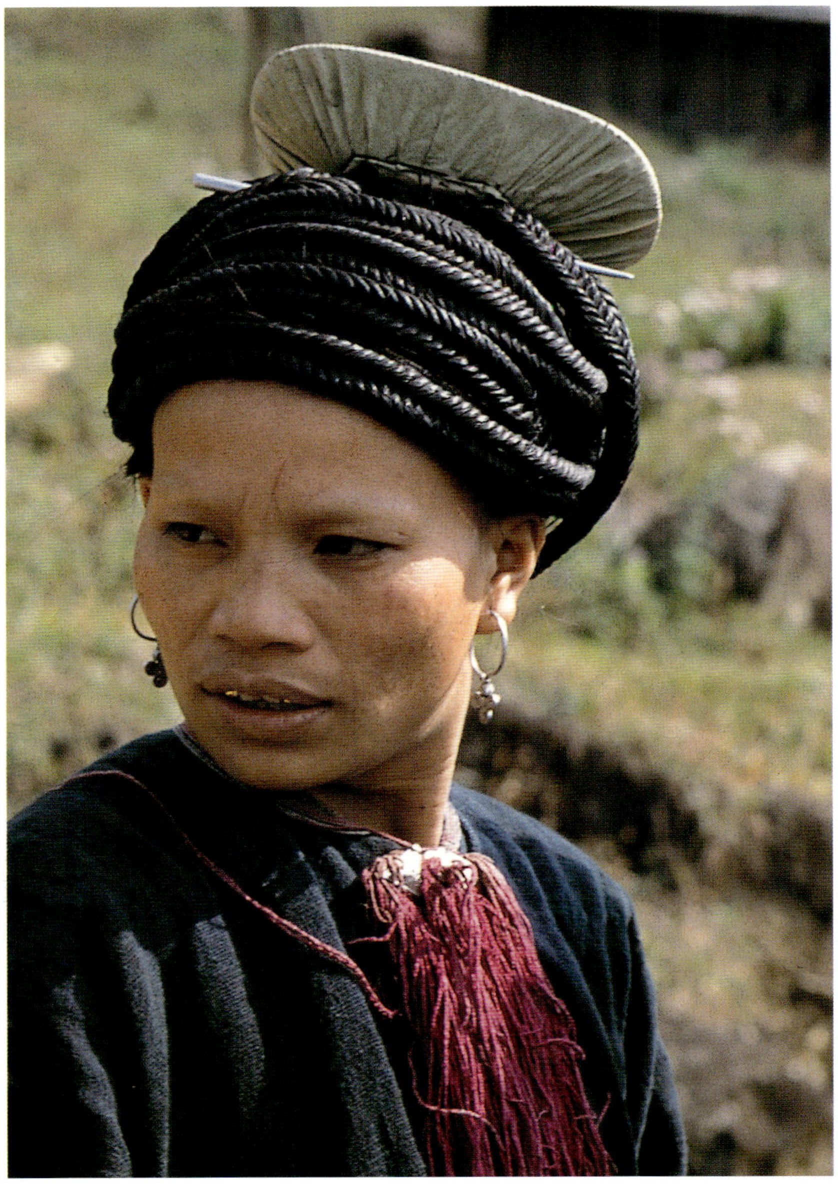

158

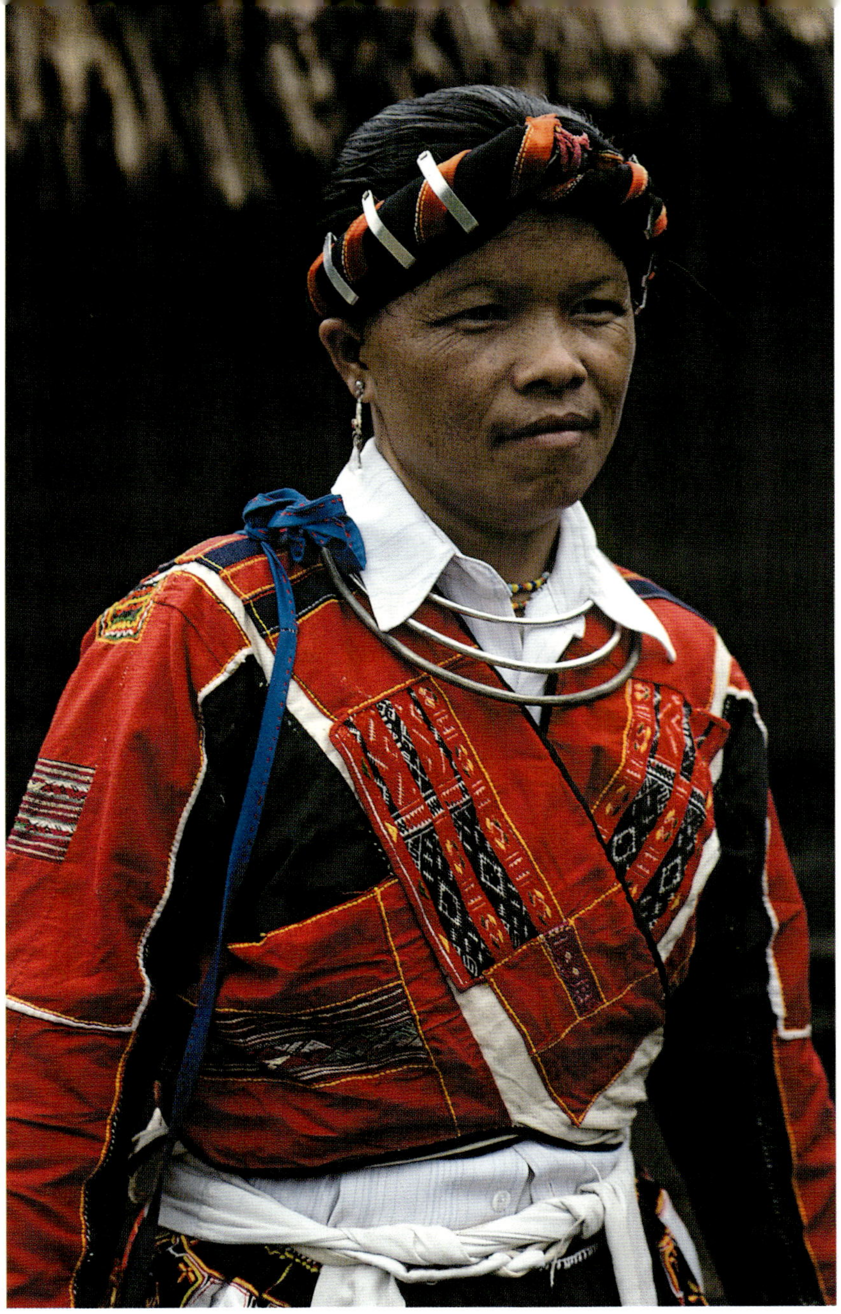
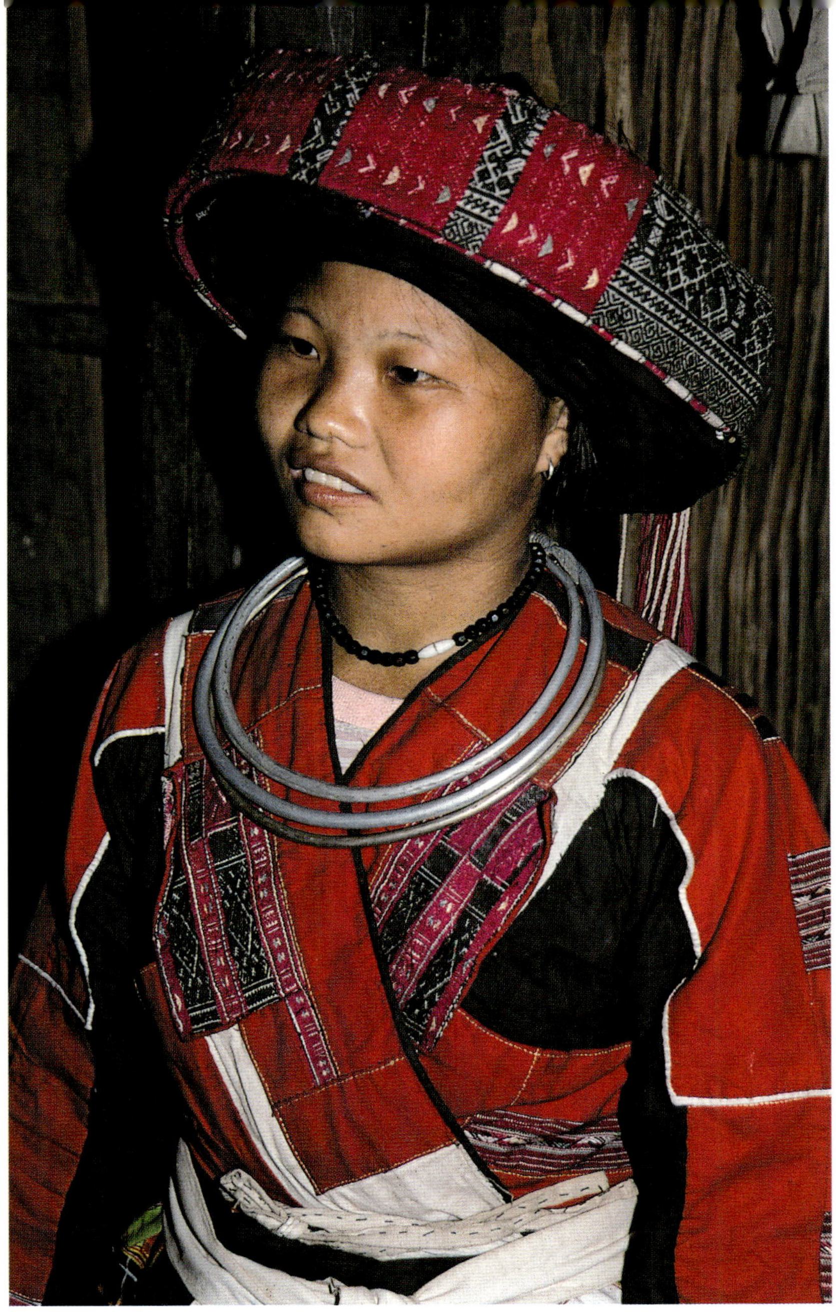
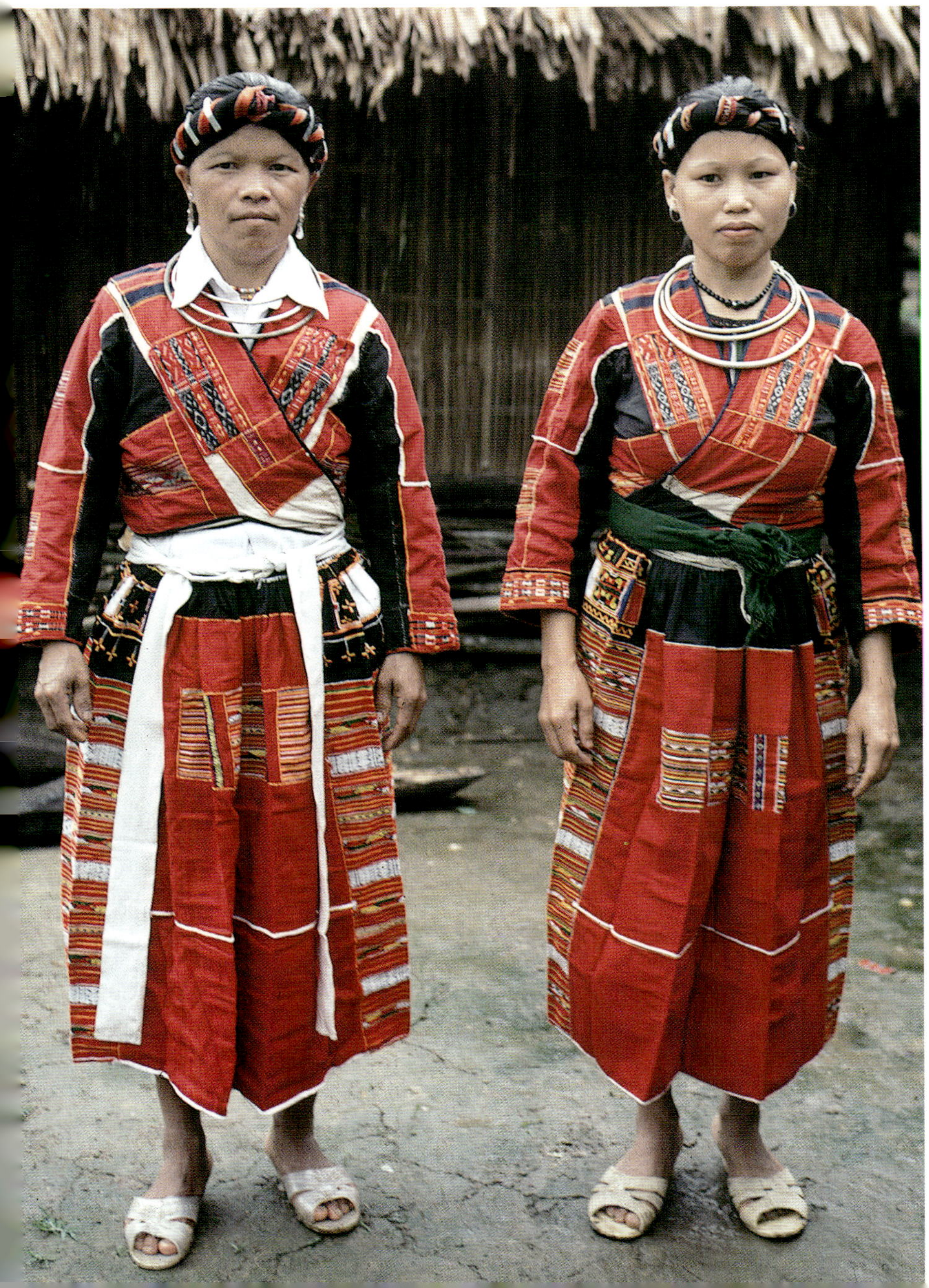
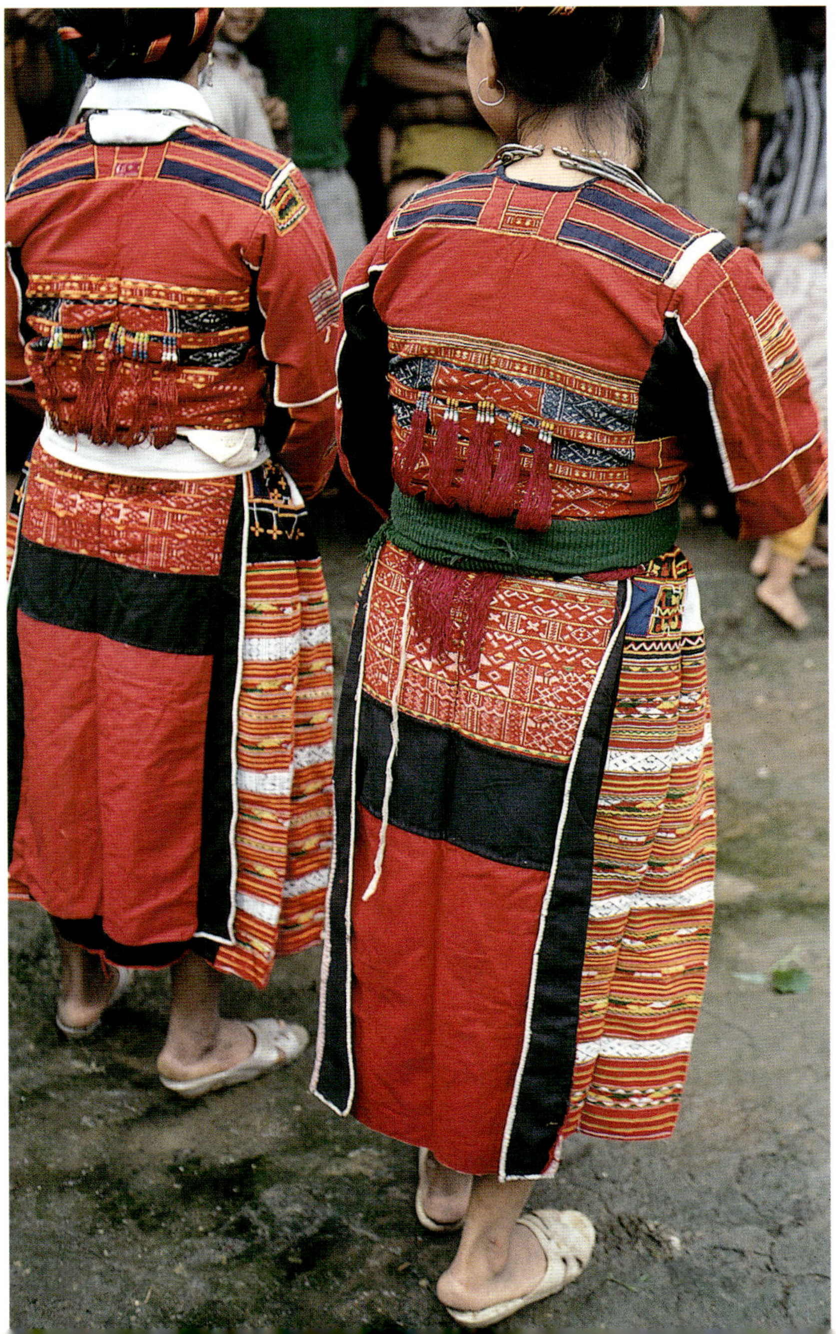

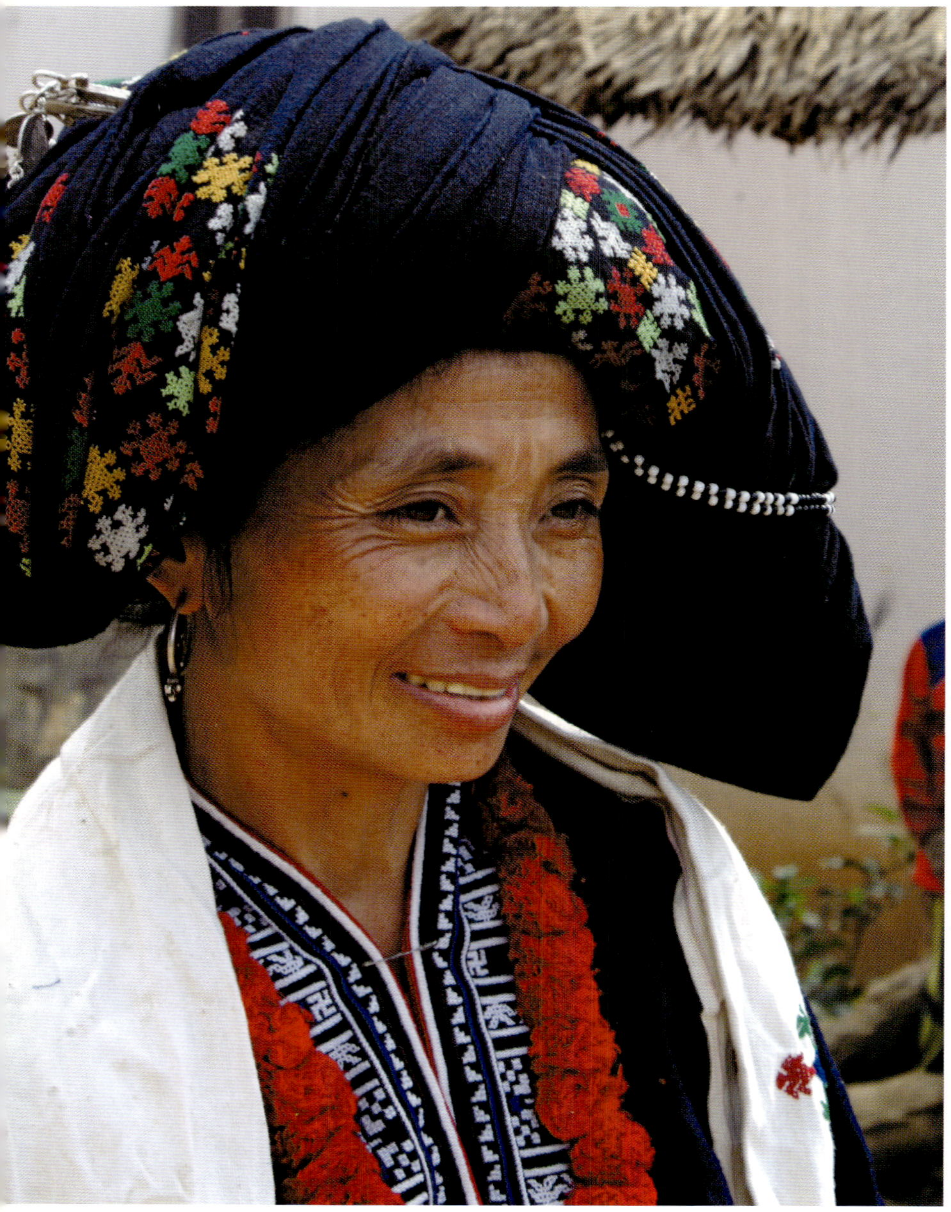

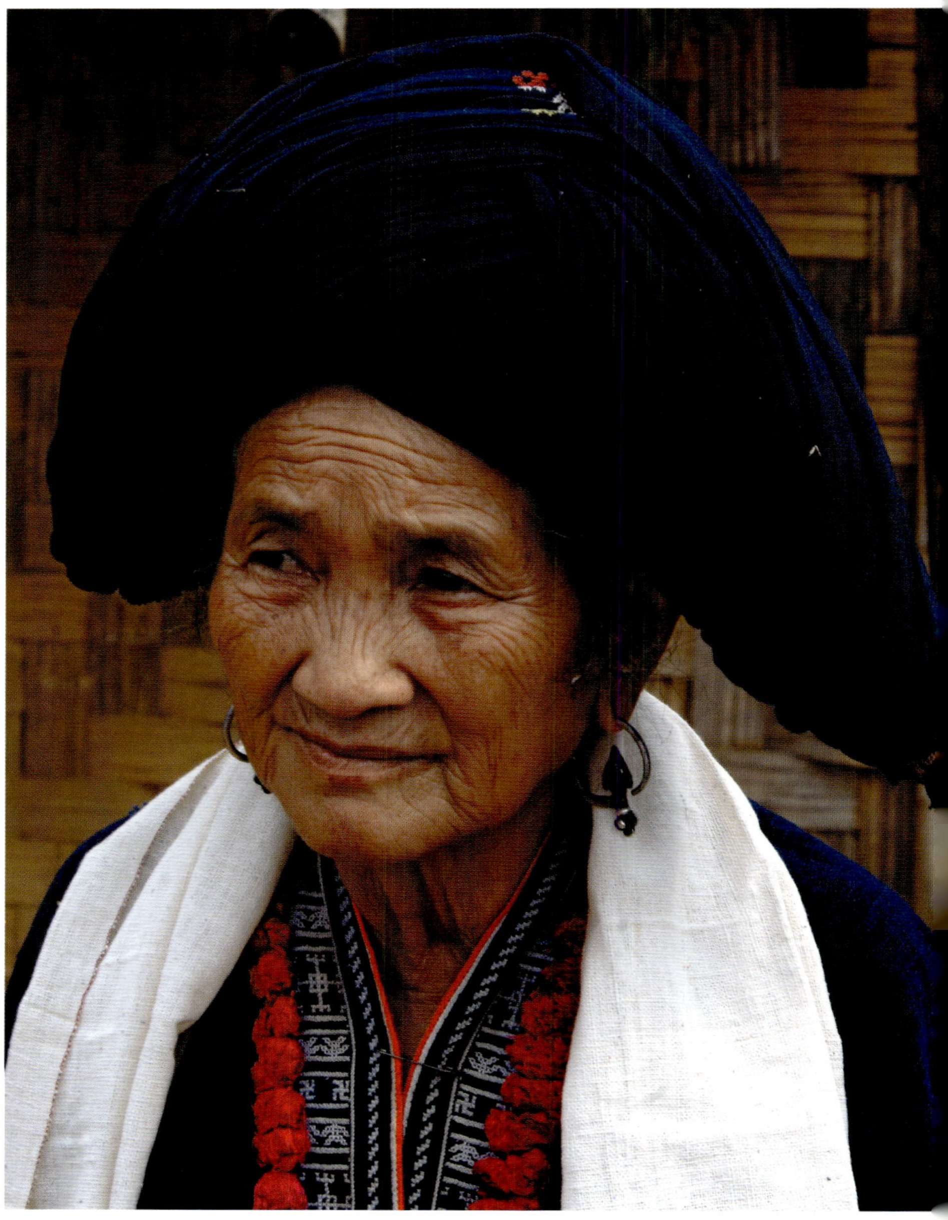

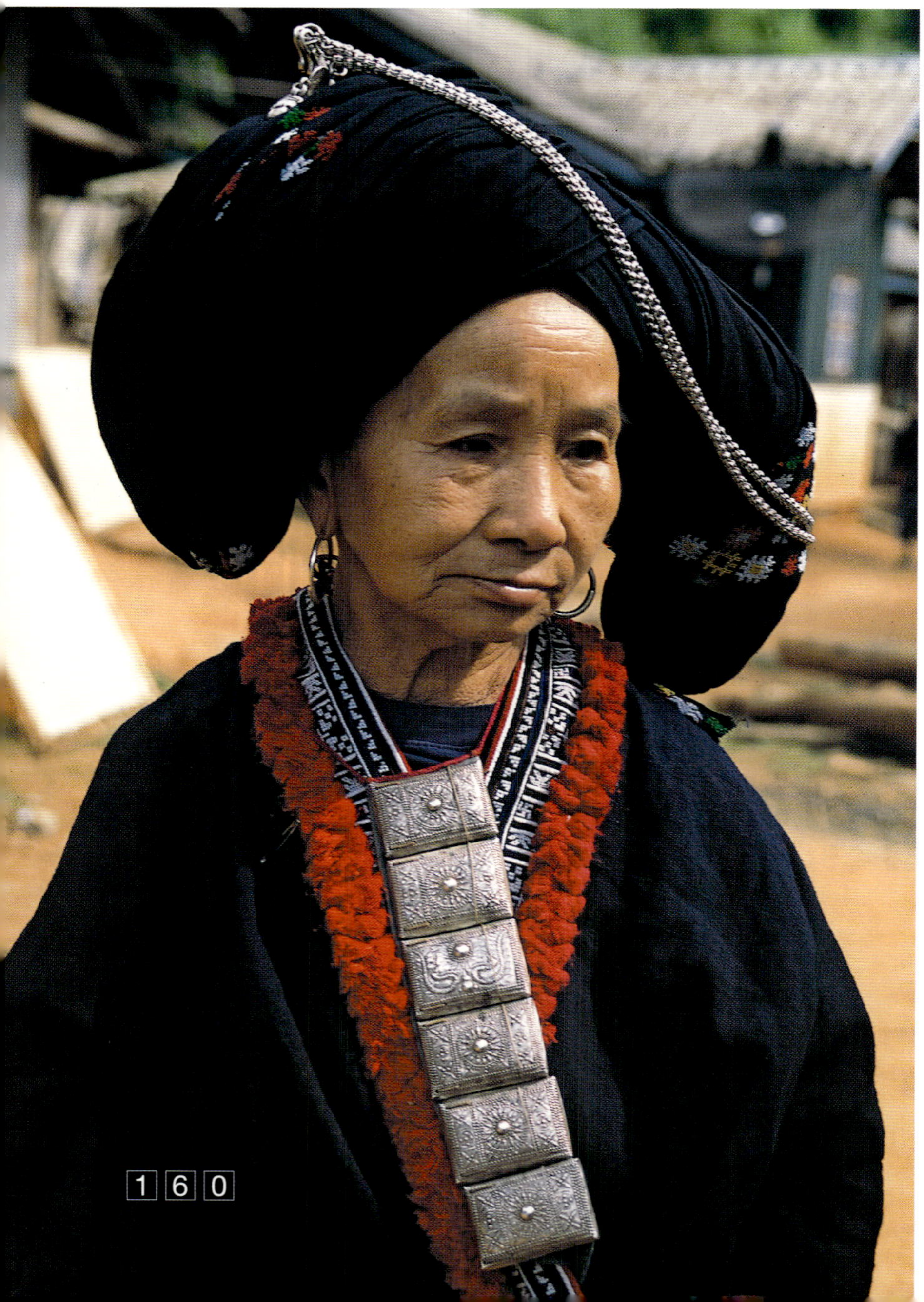

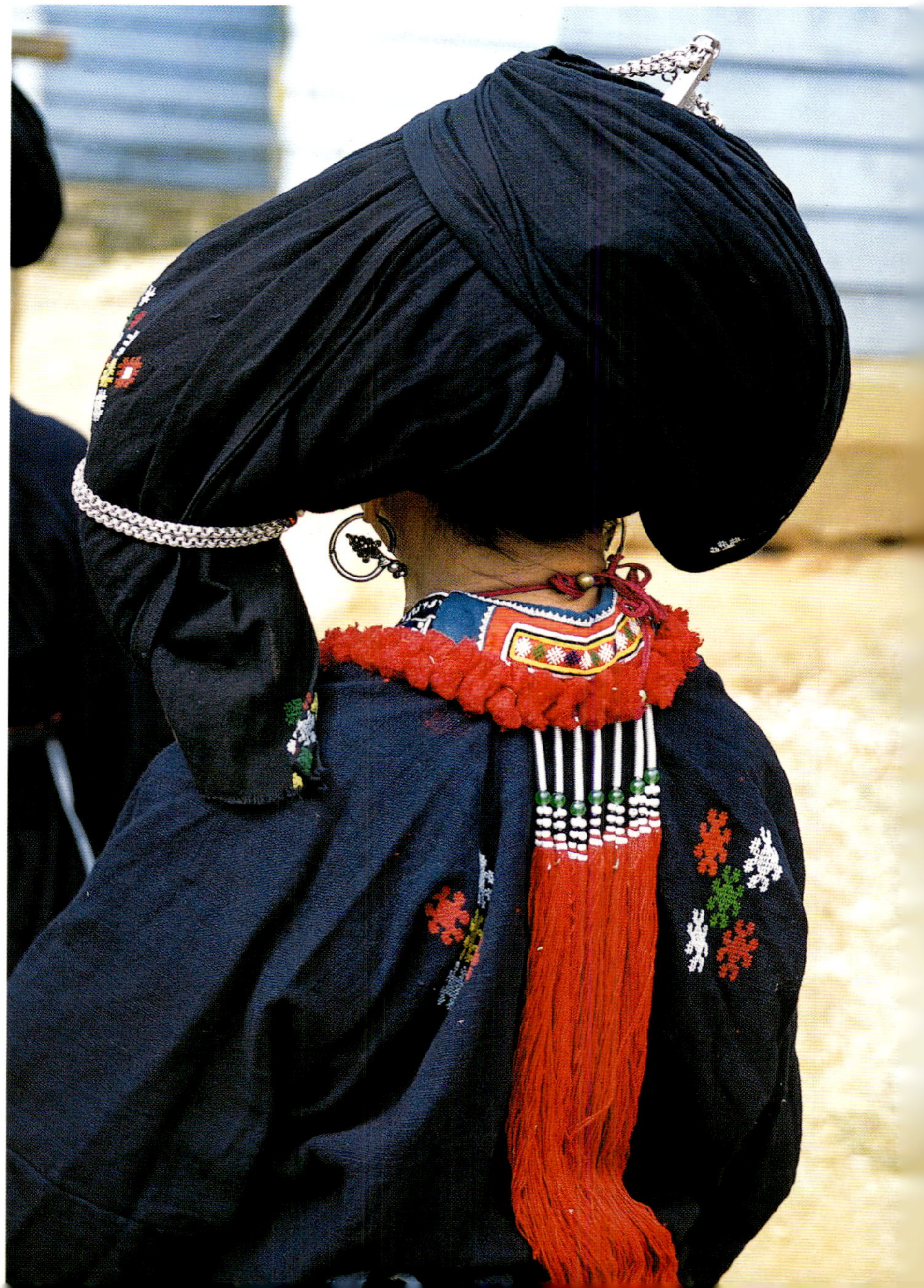

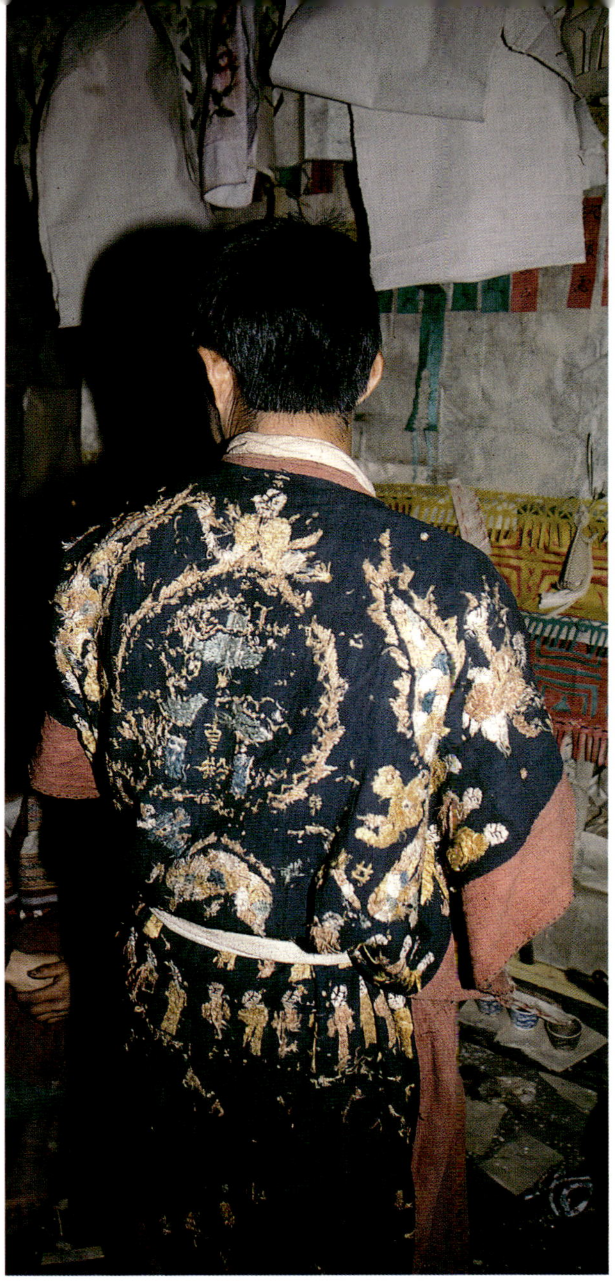
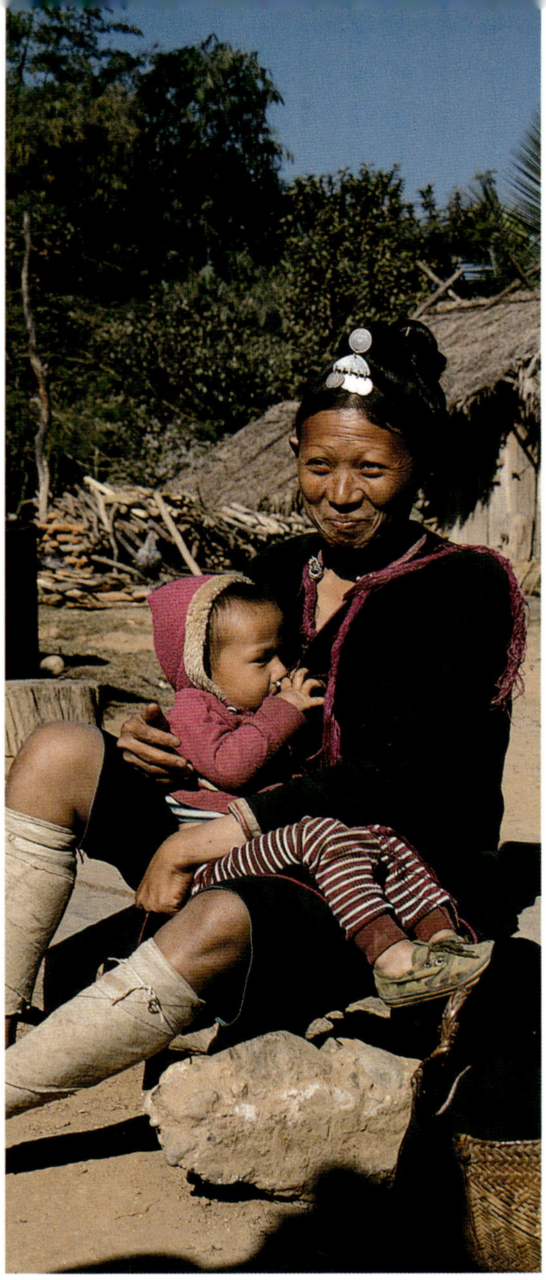
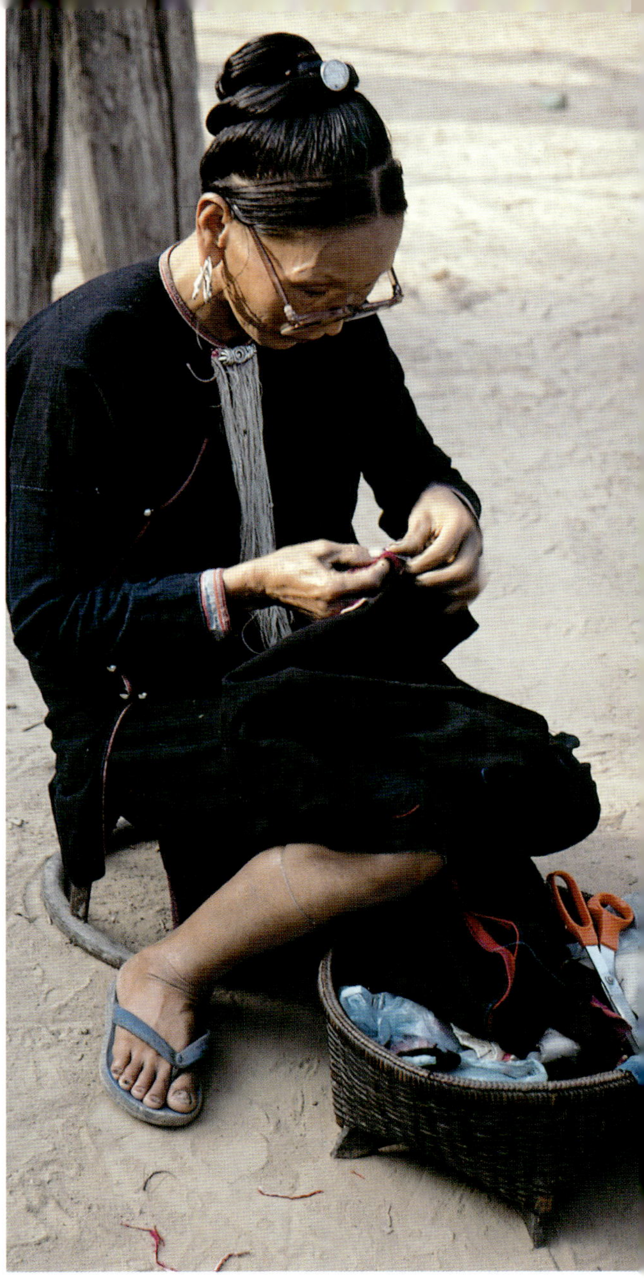
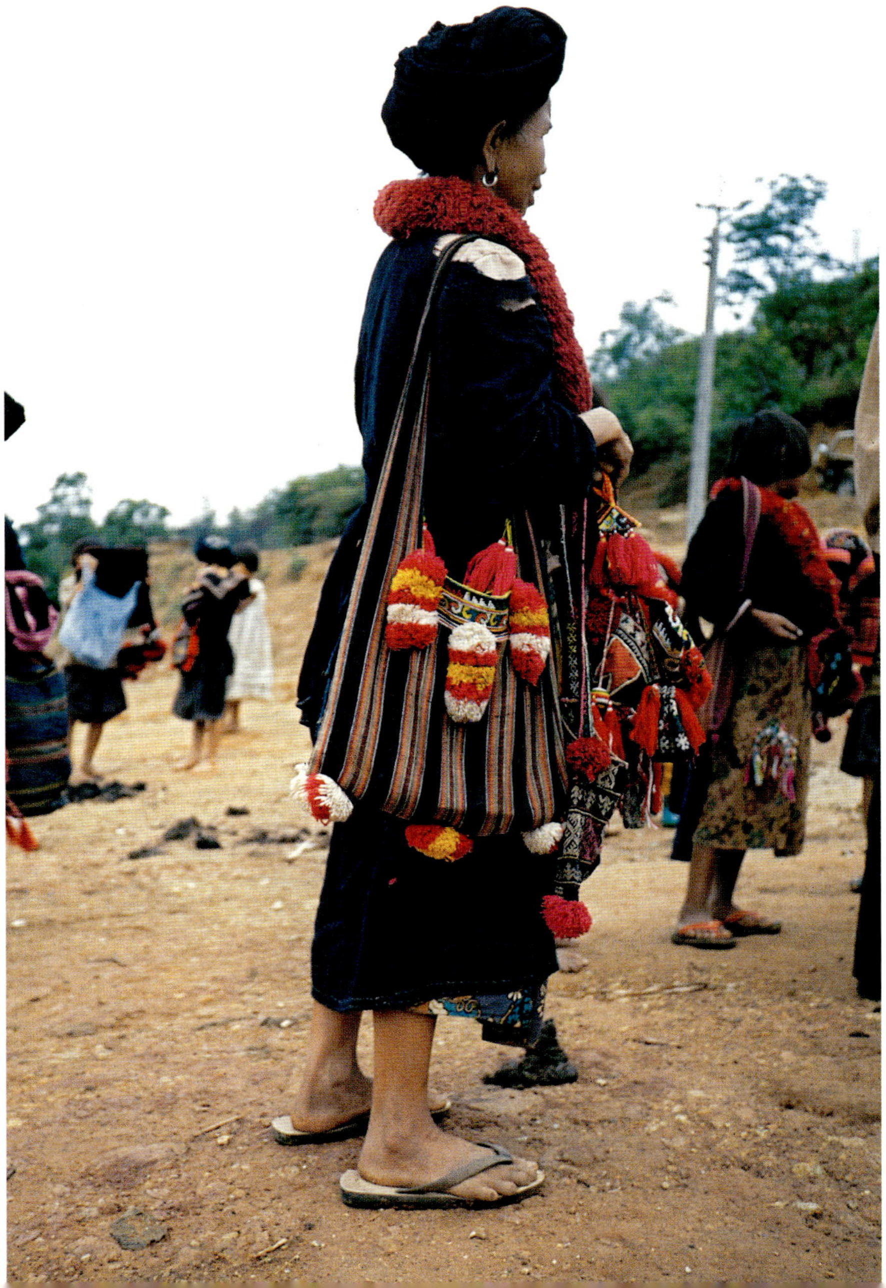
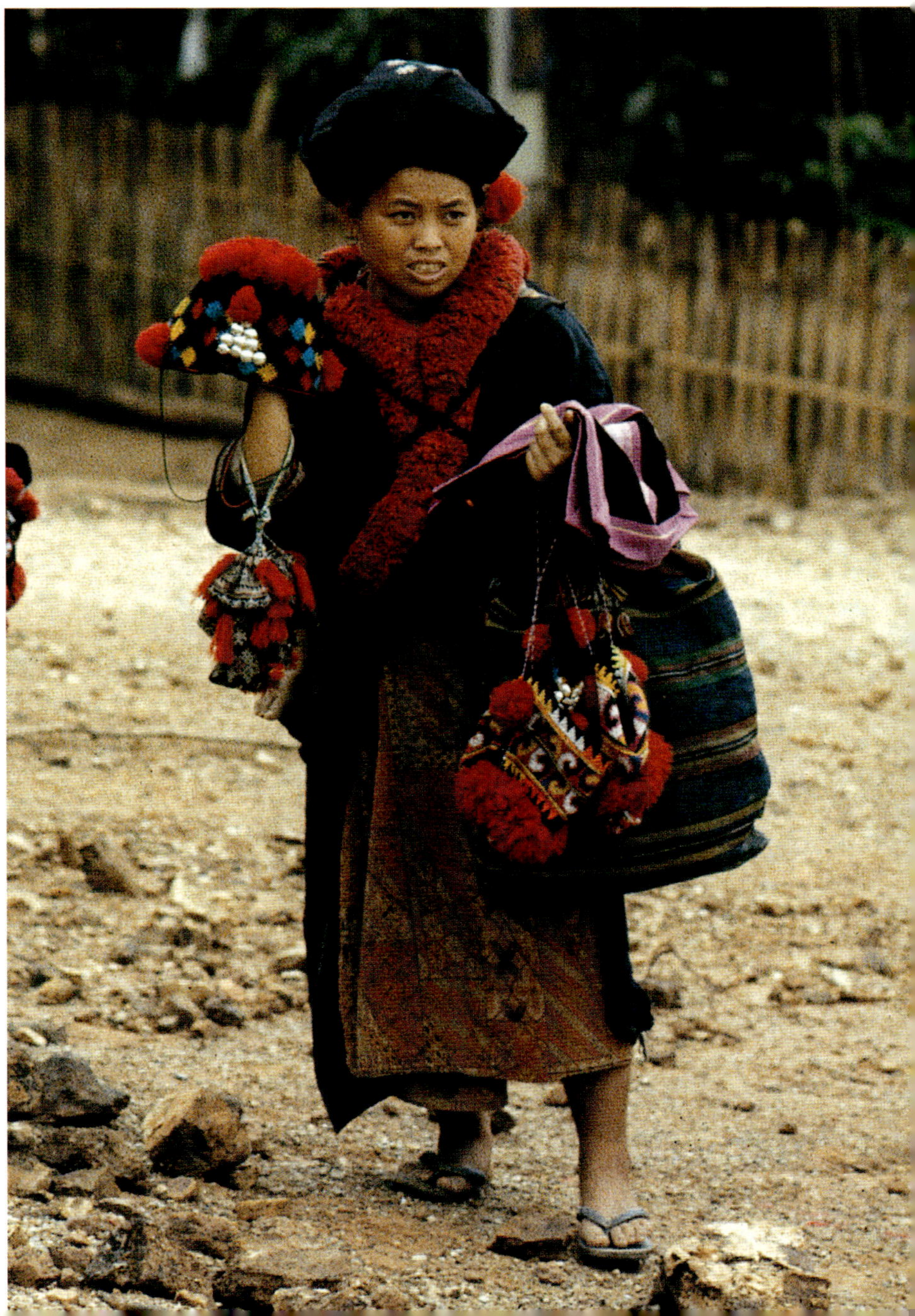

162

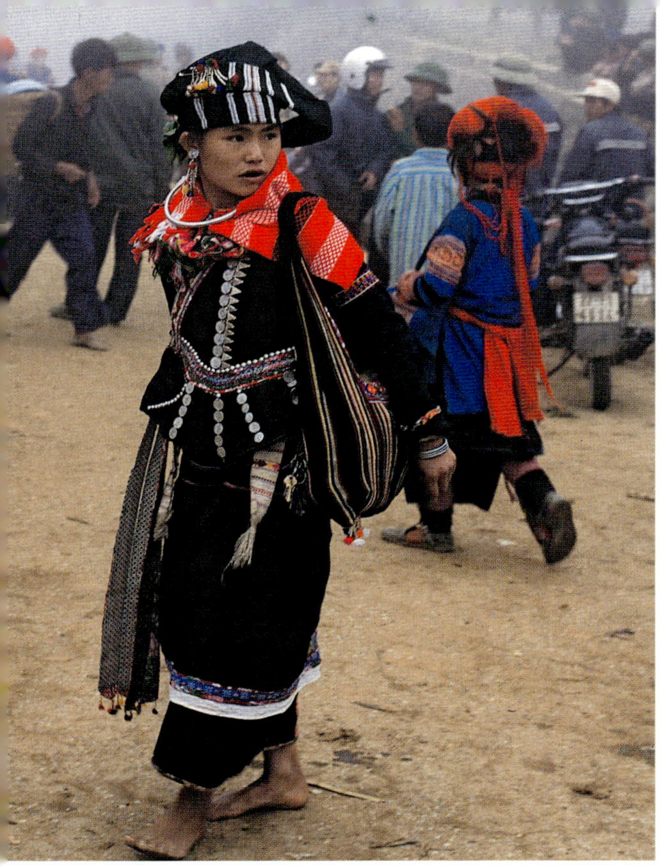
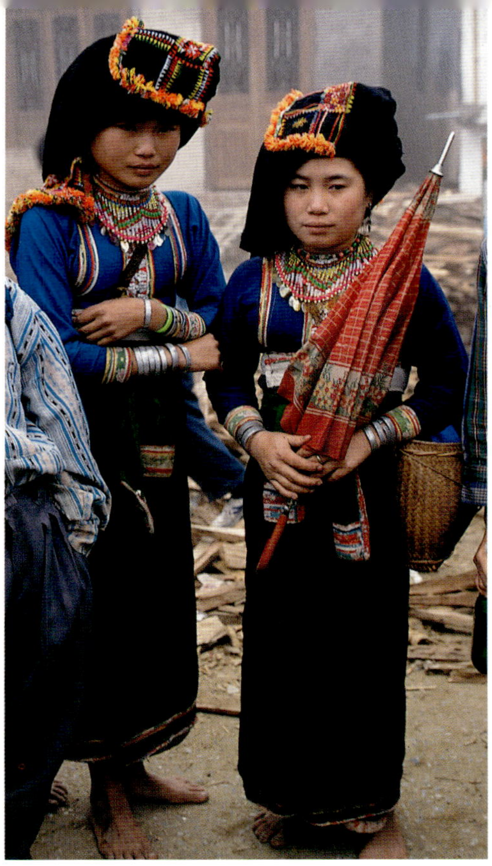
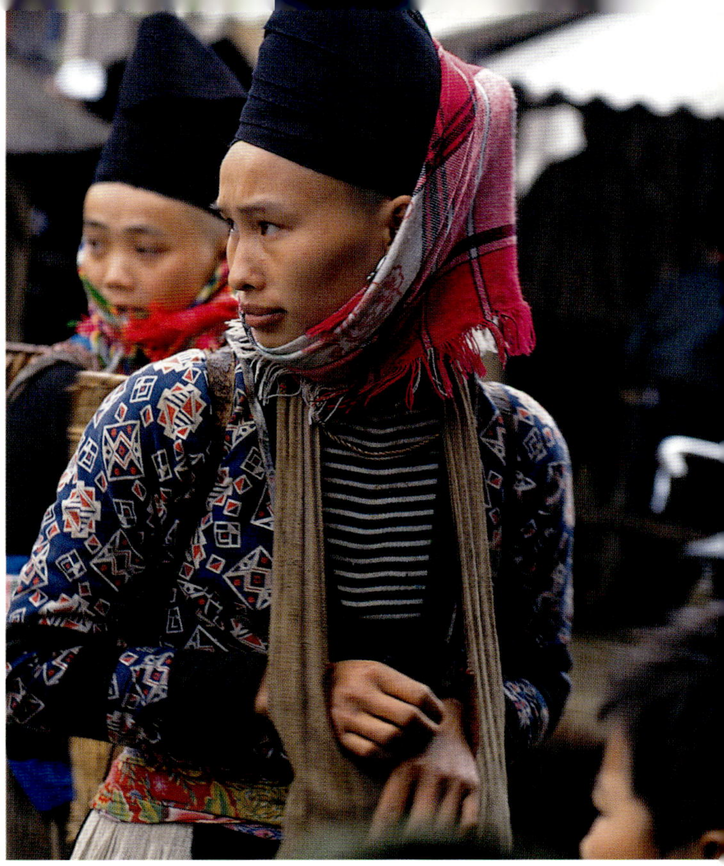
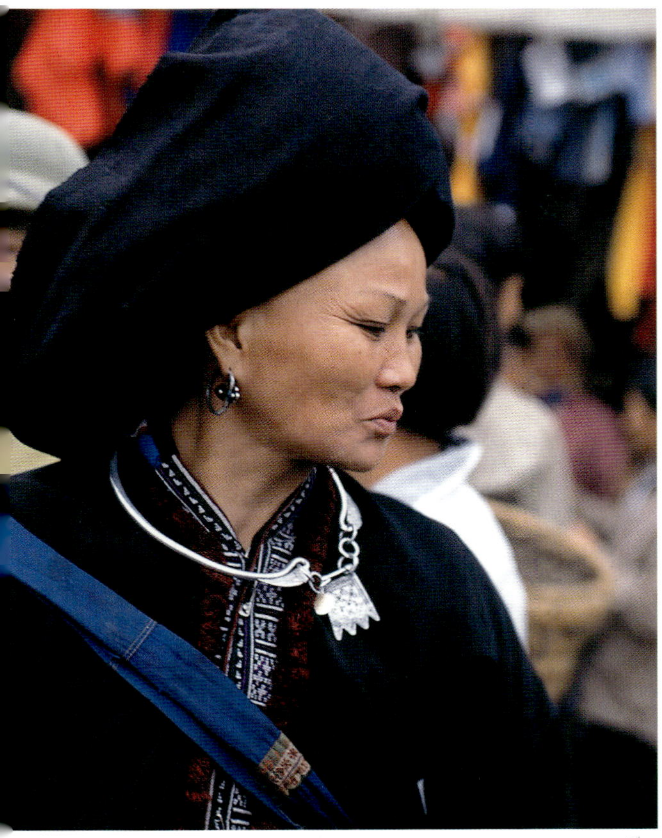
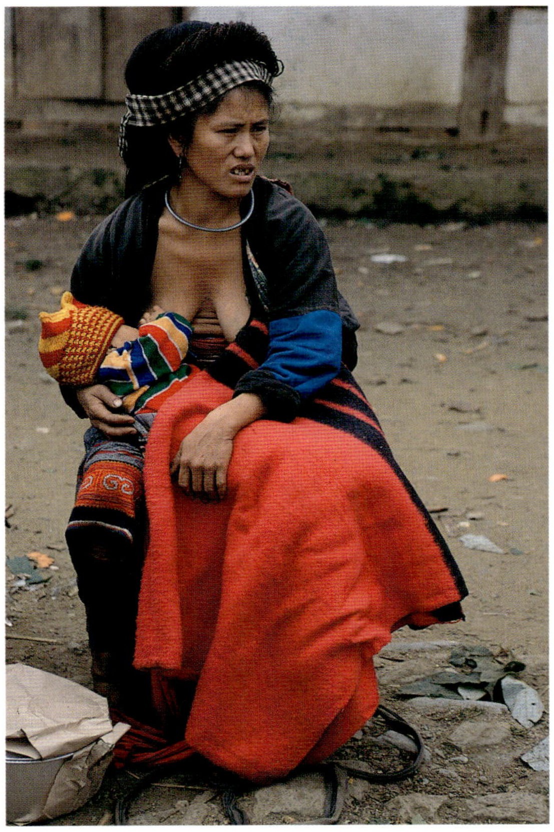
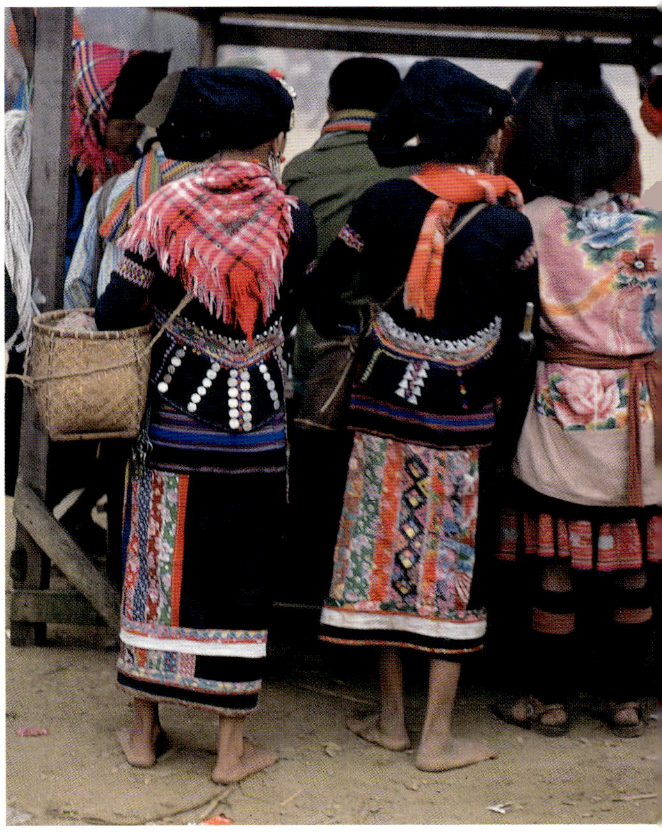
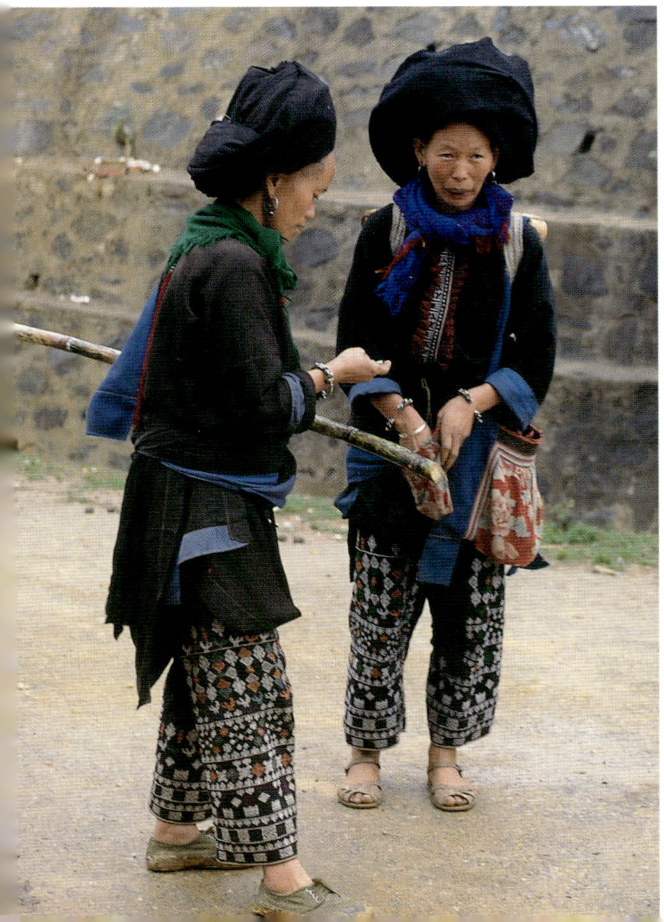
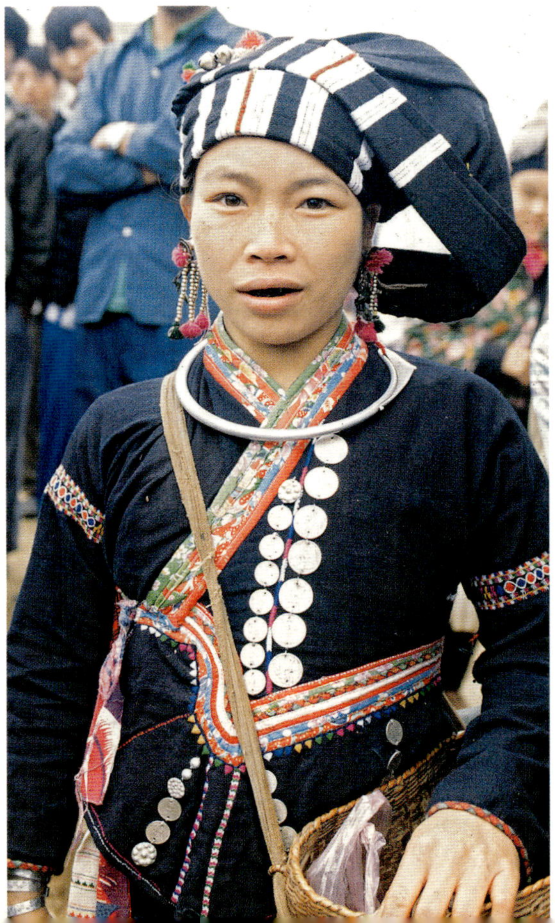
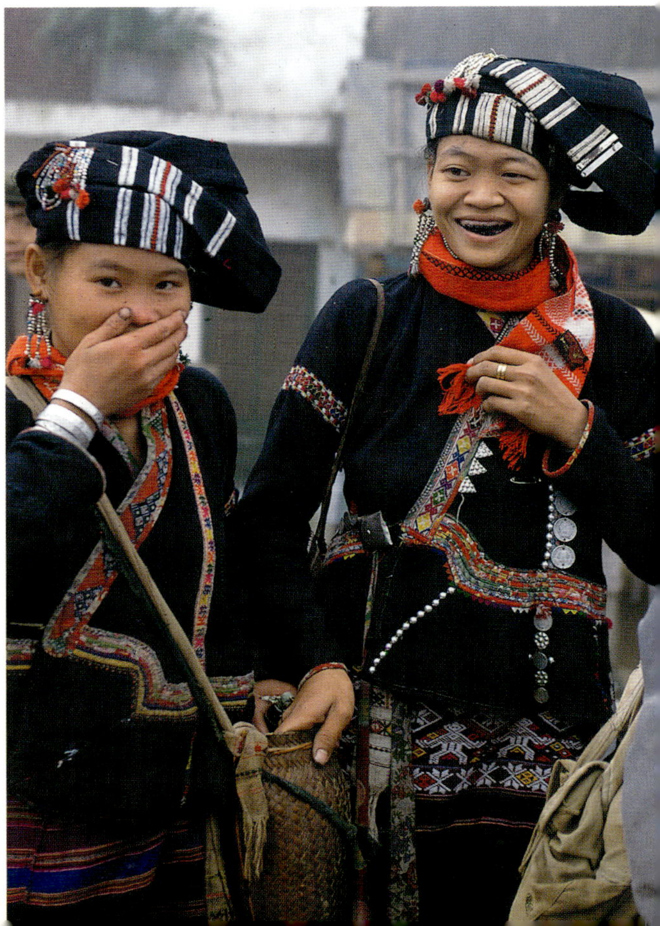

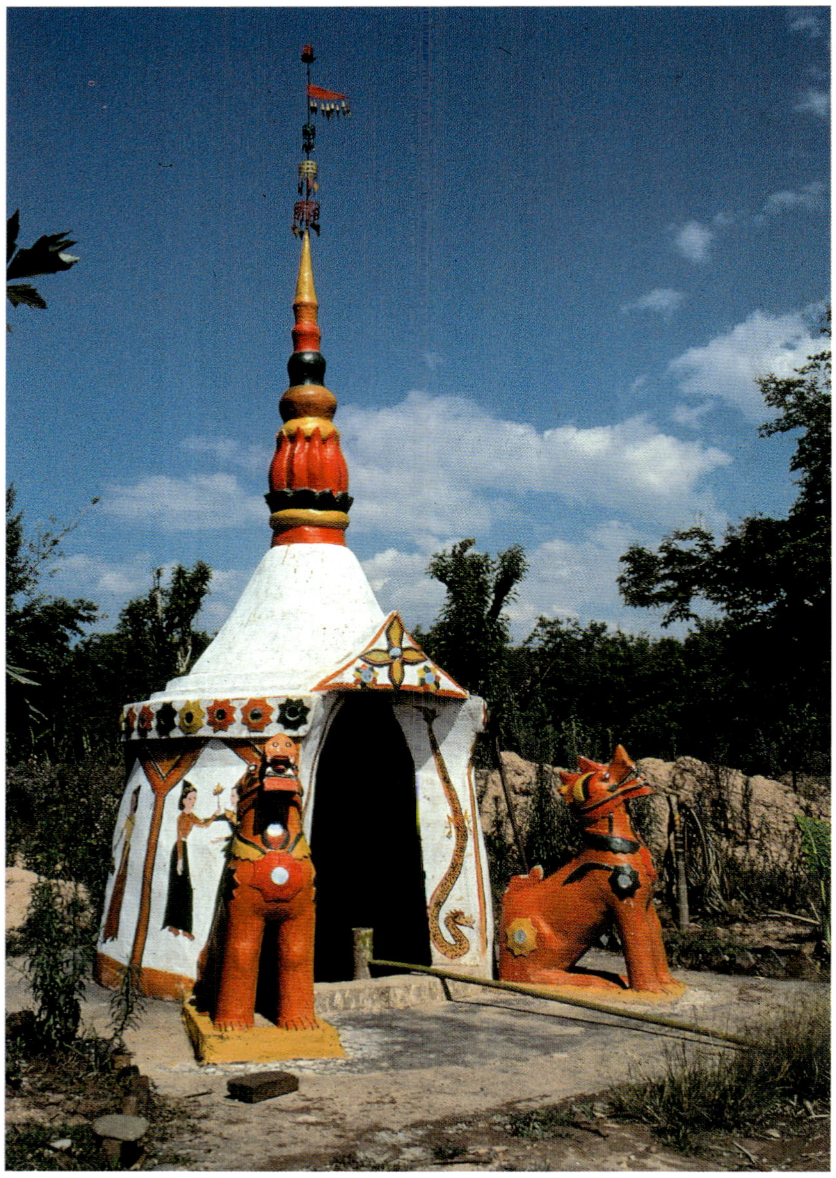

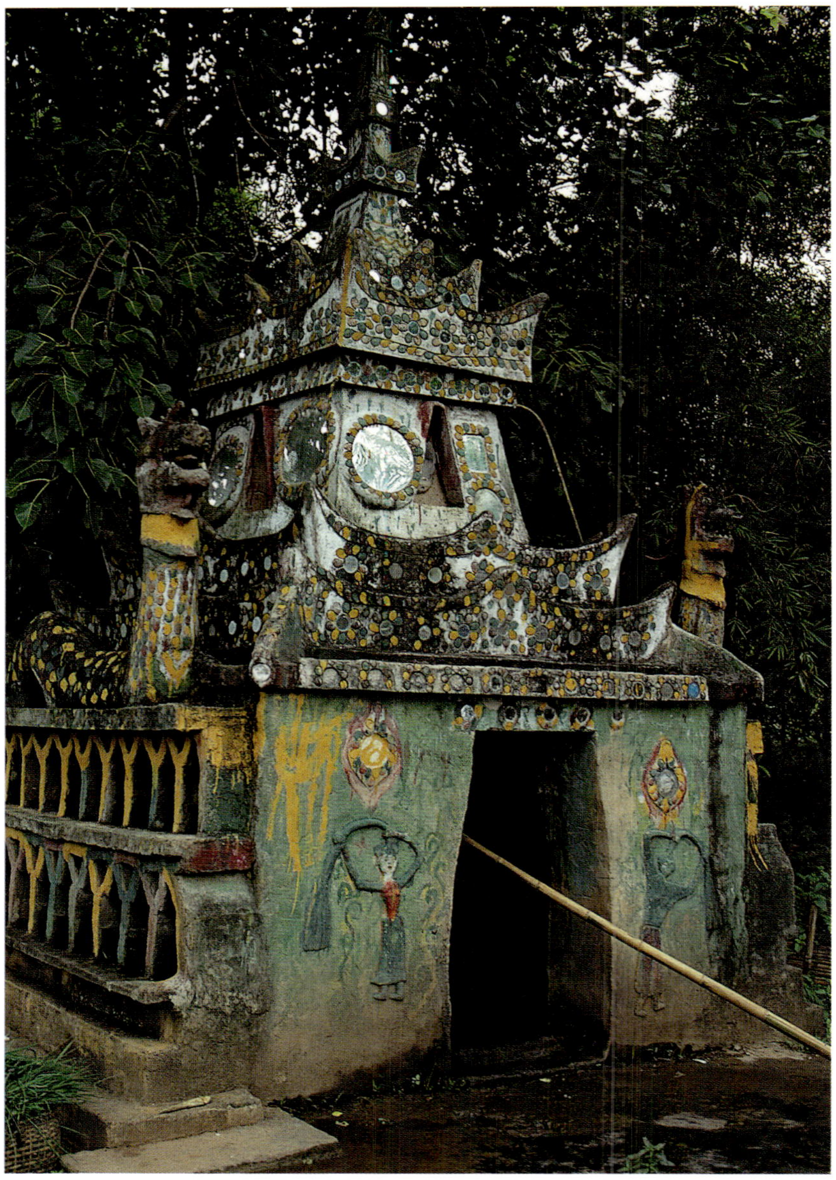

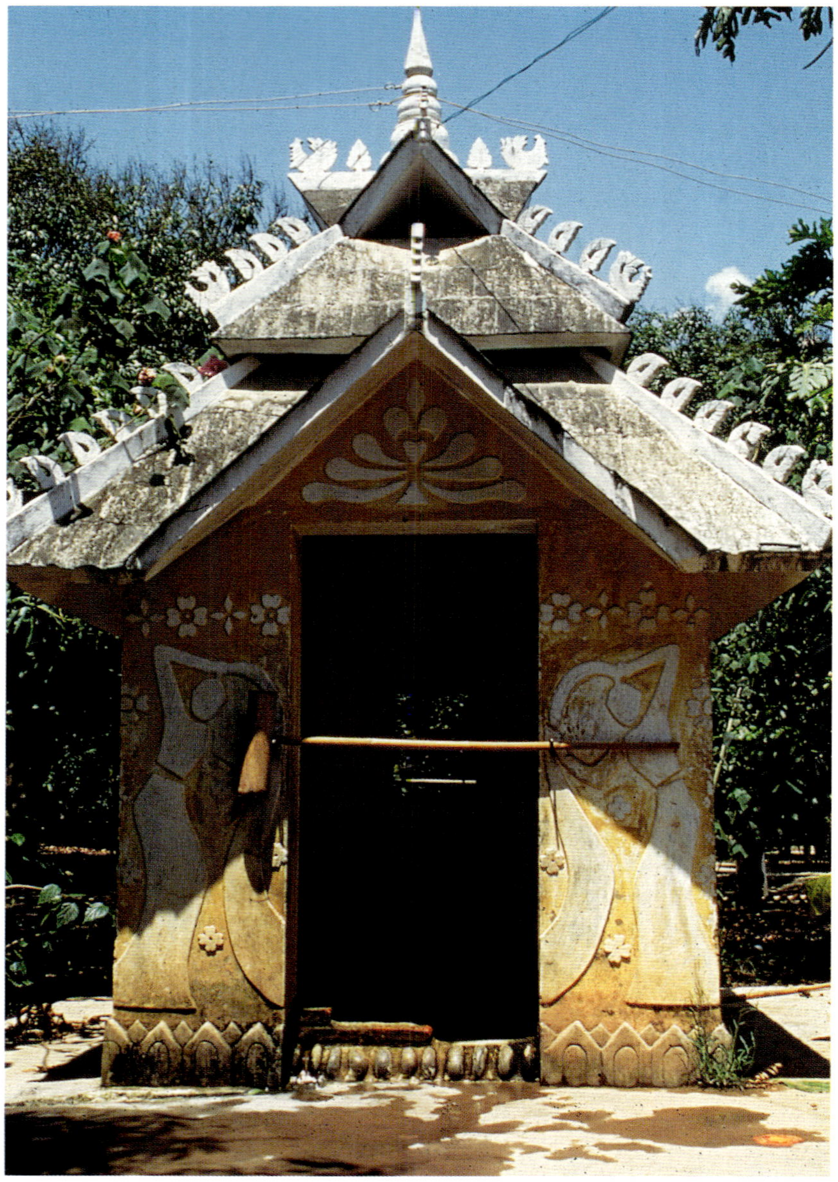

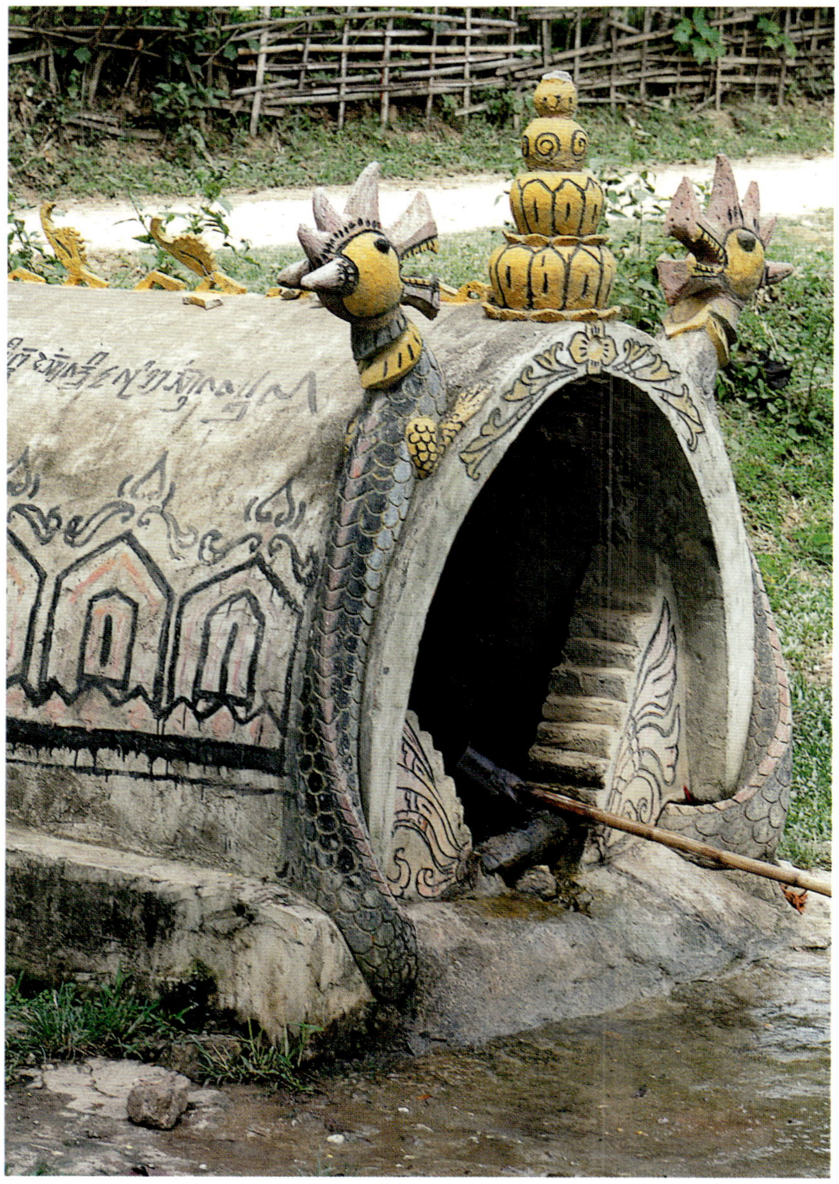

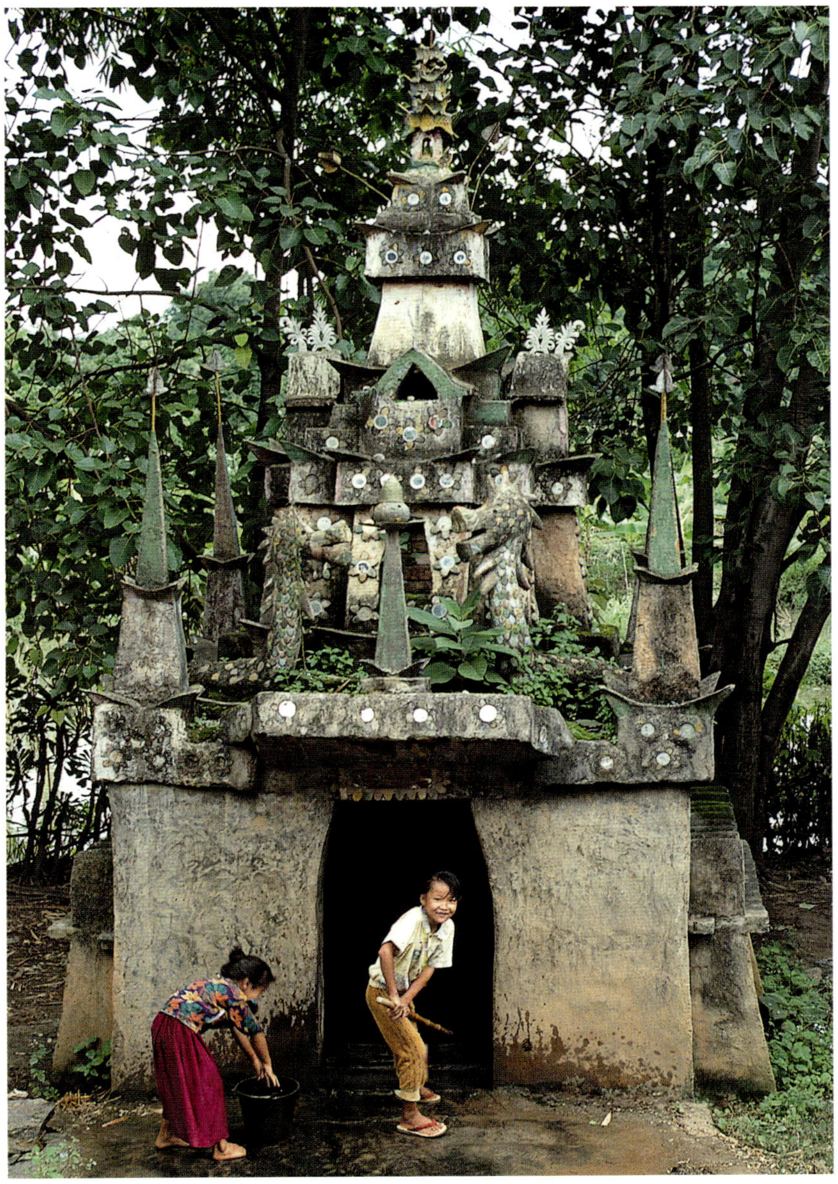
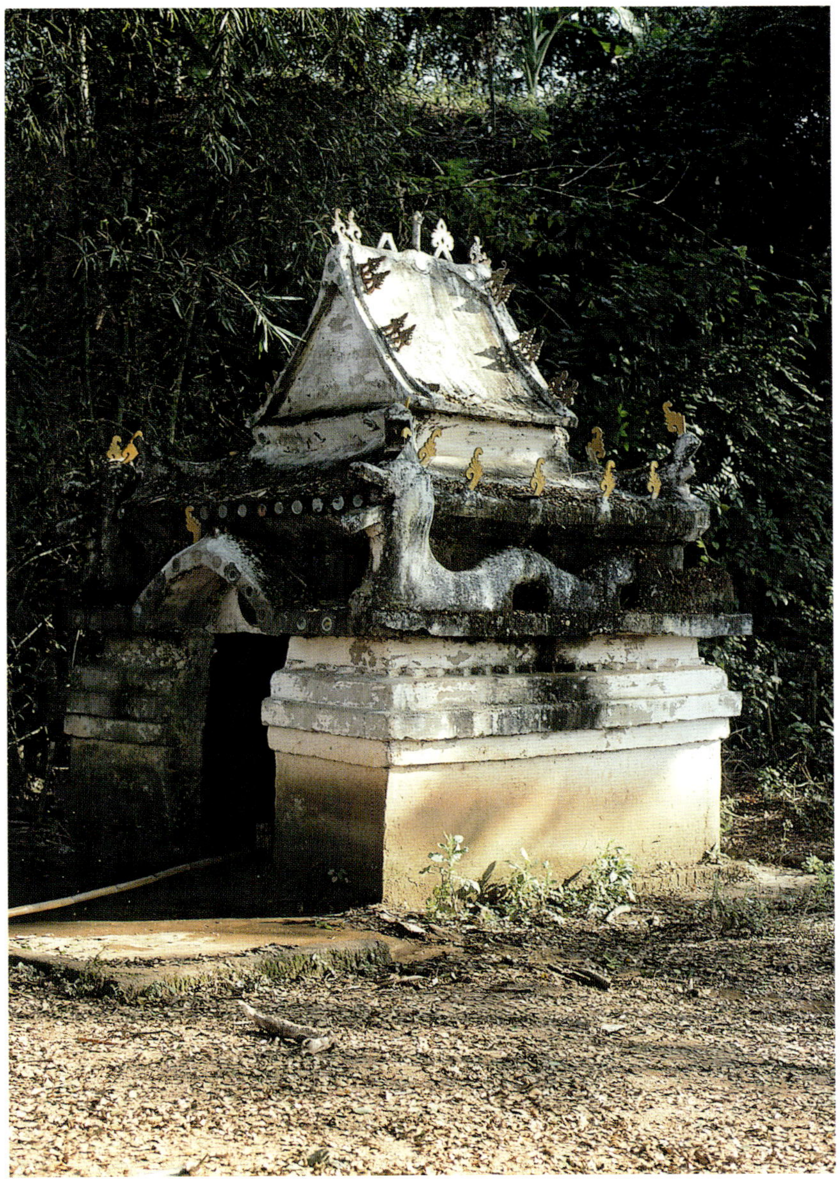
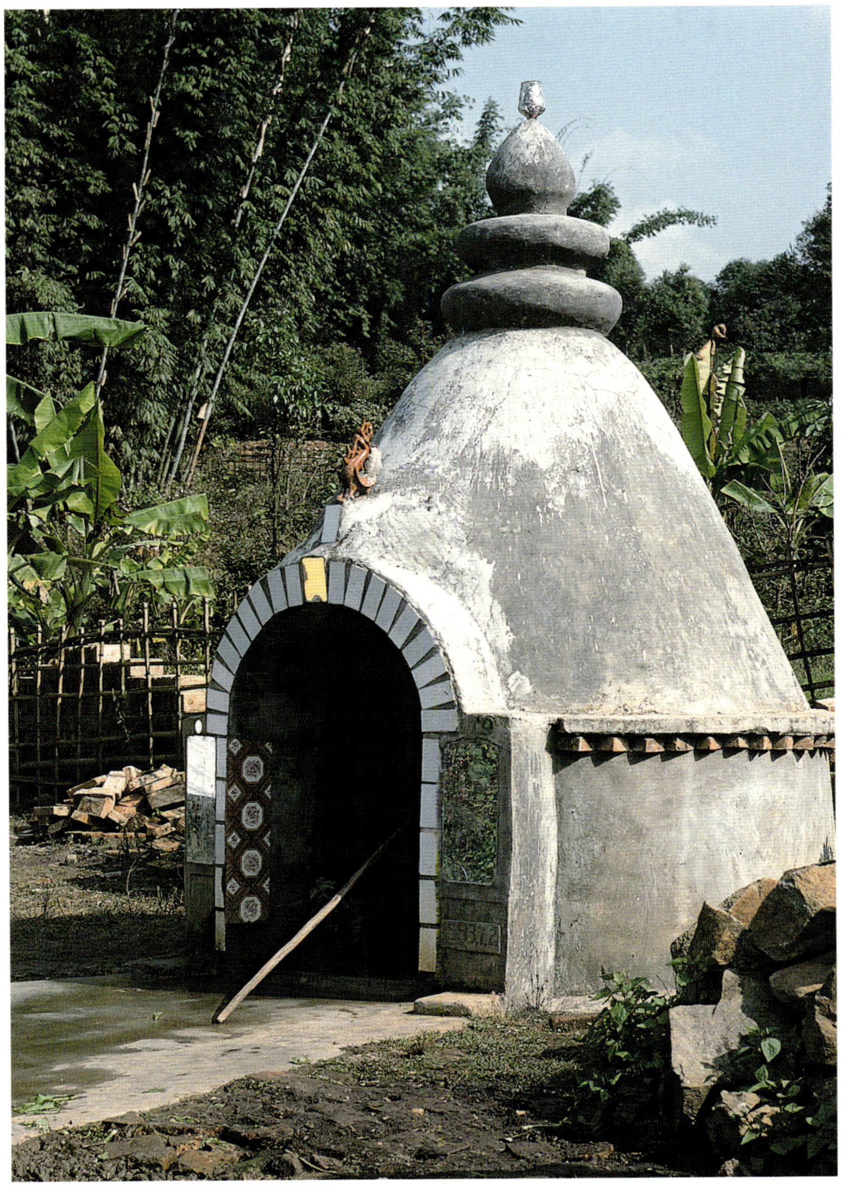
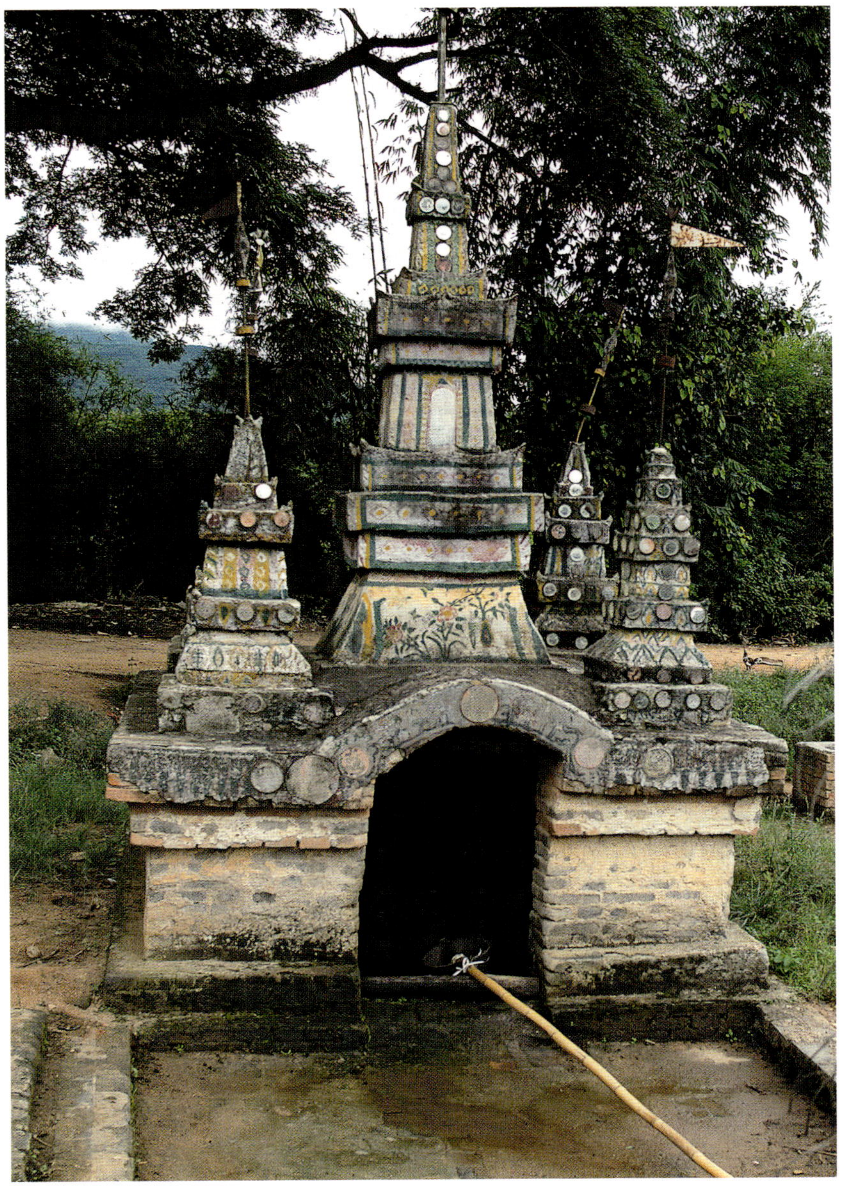

166

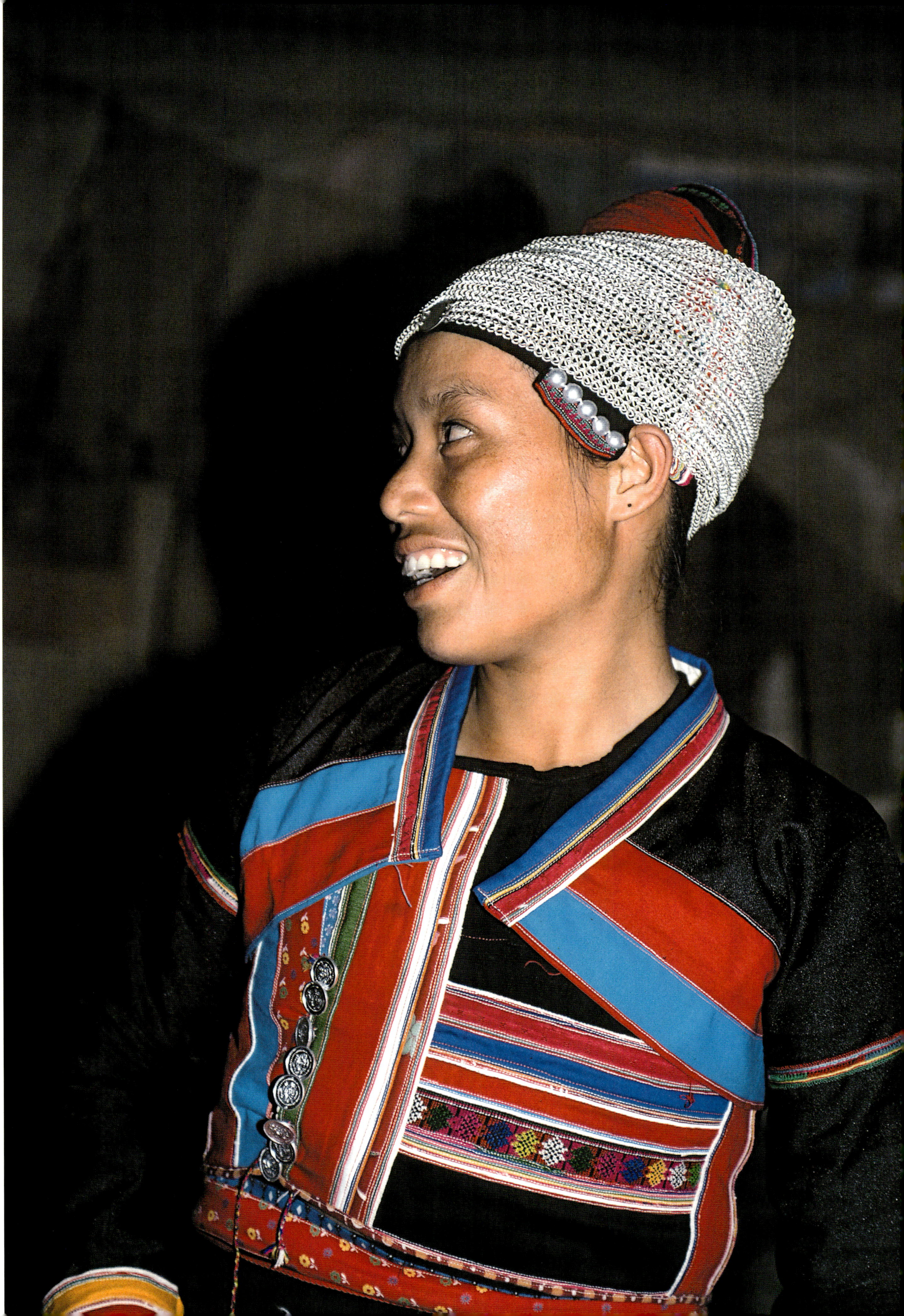

168

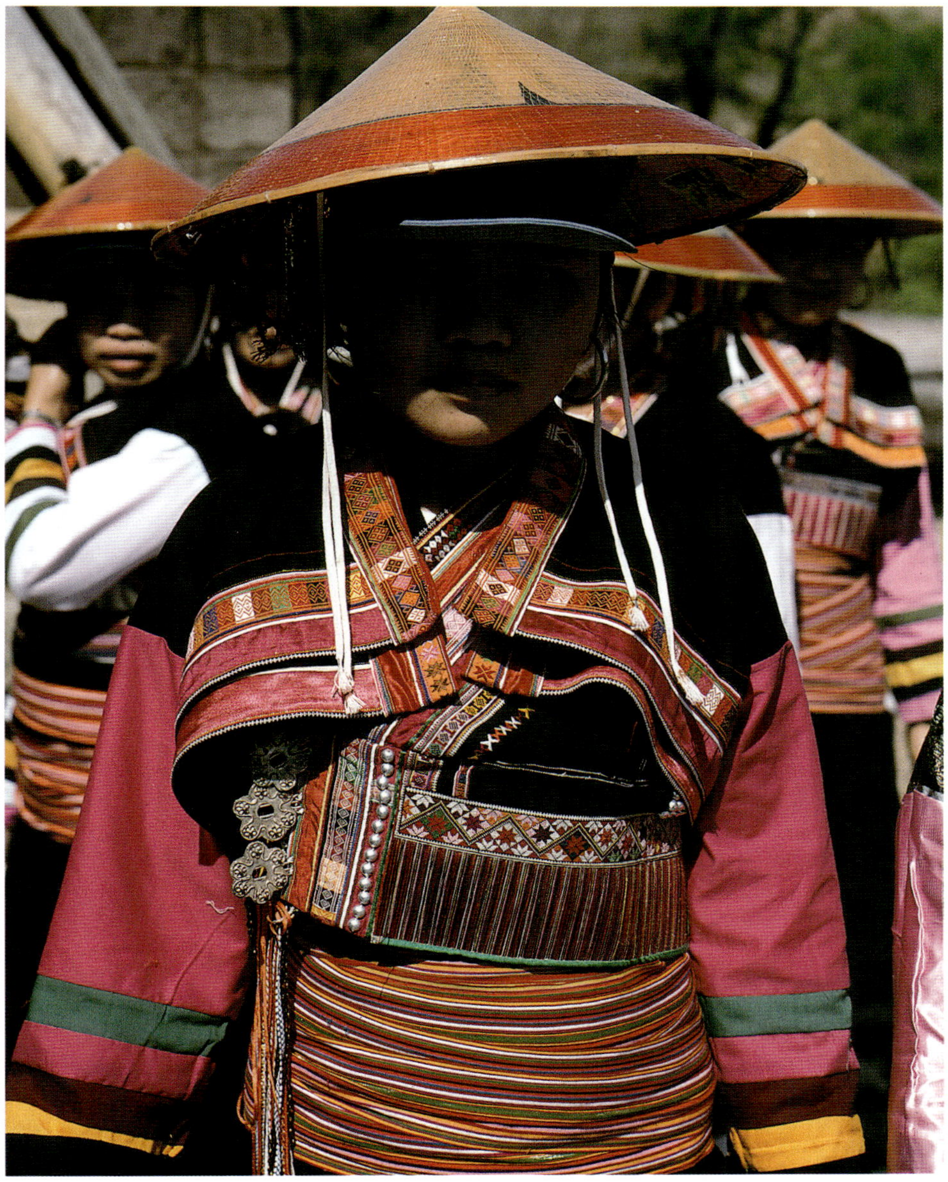
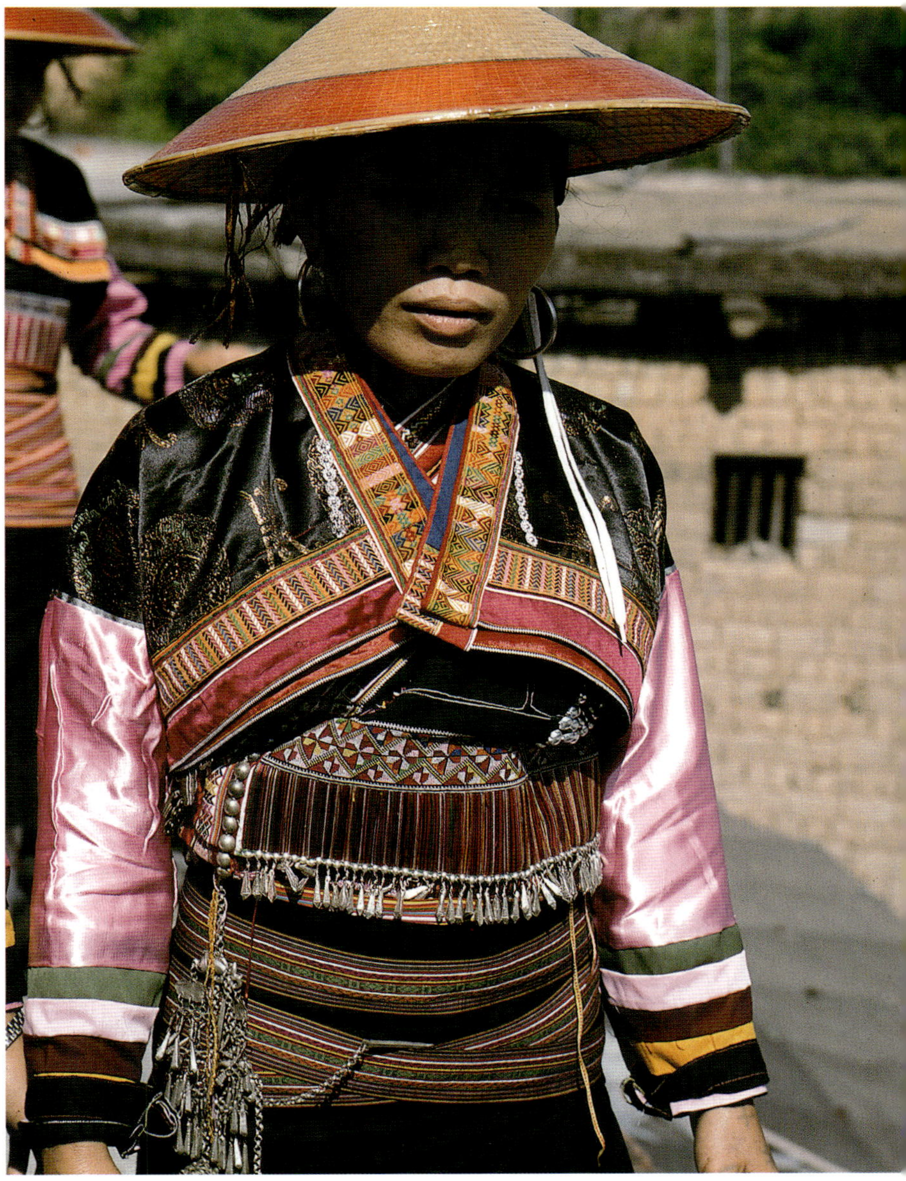
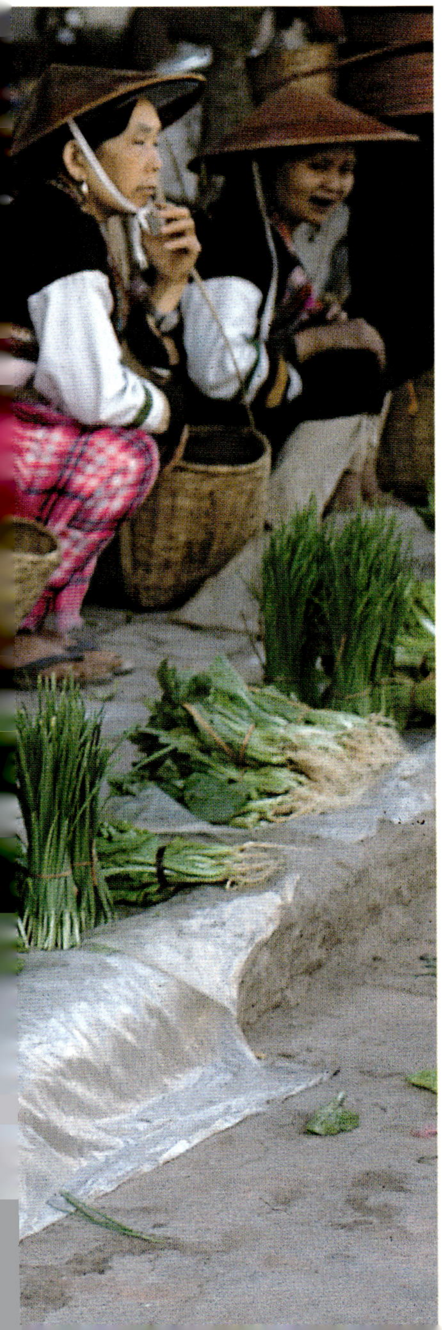
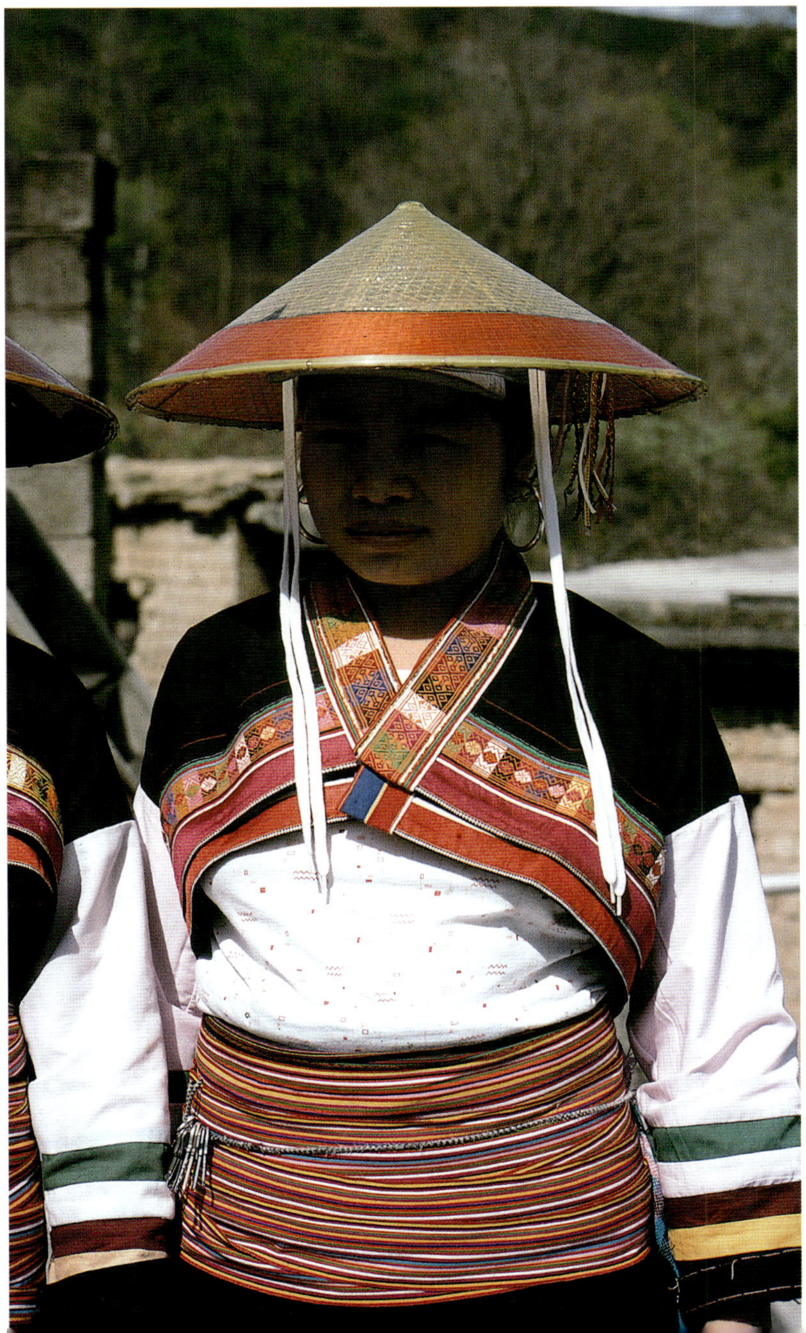
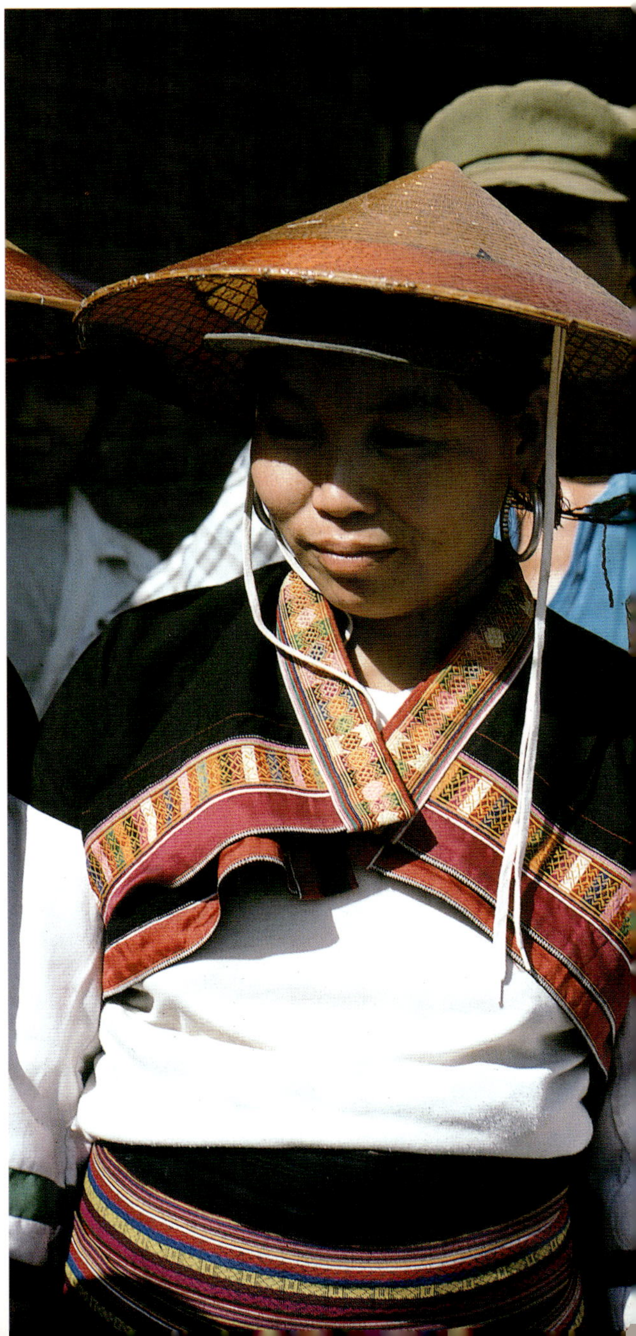

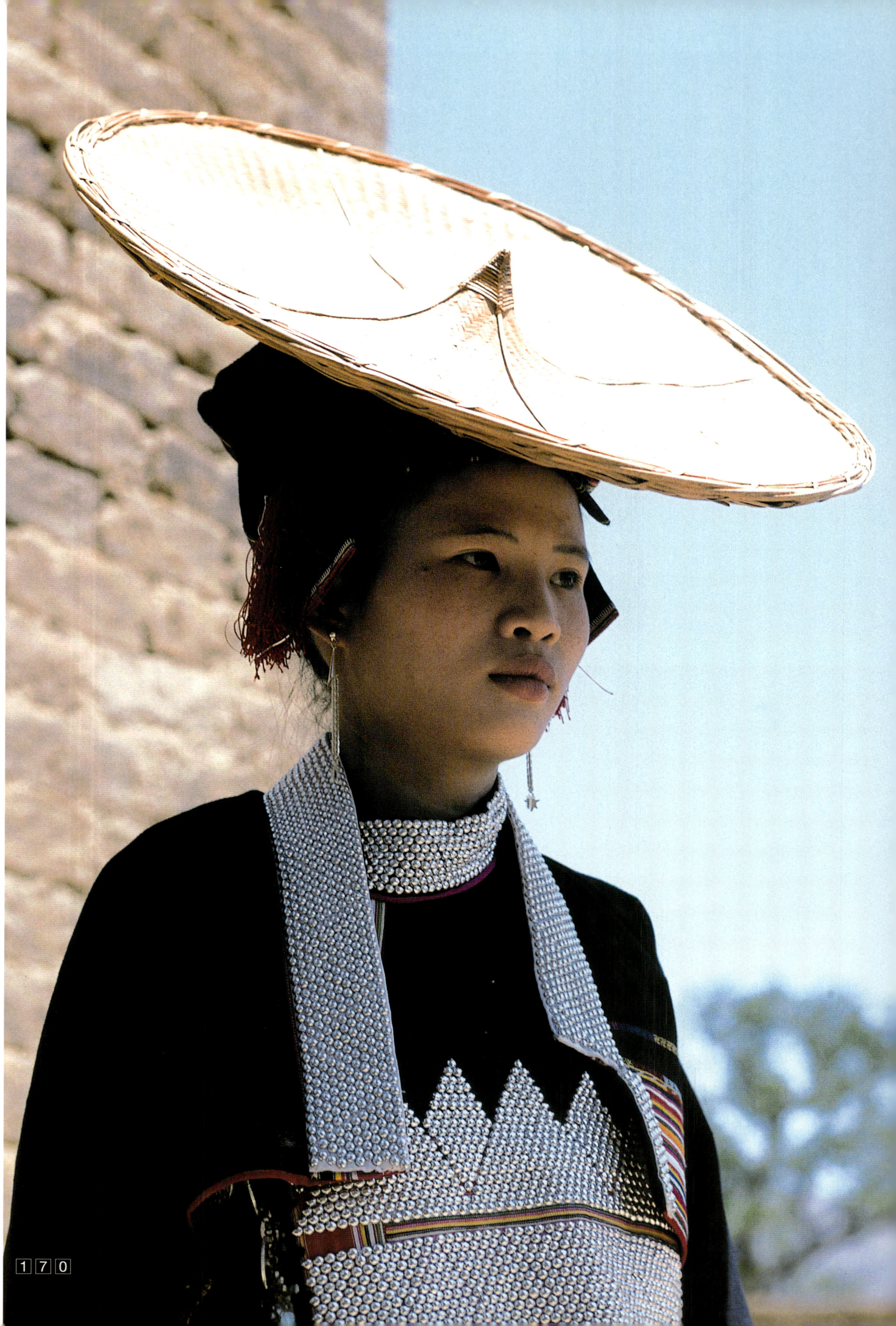

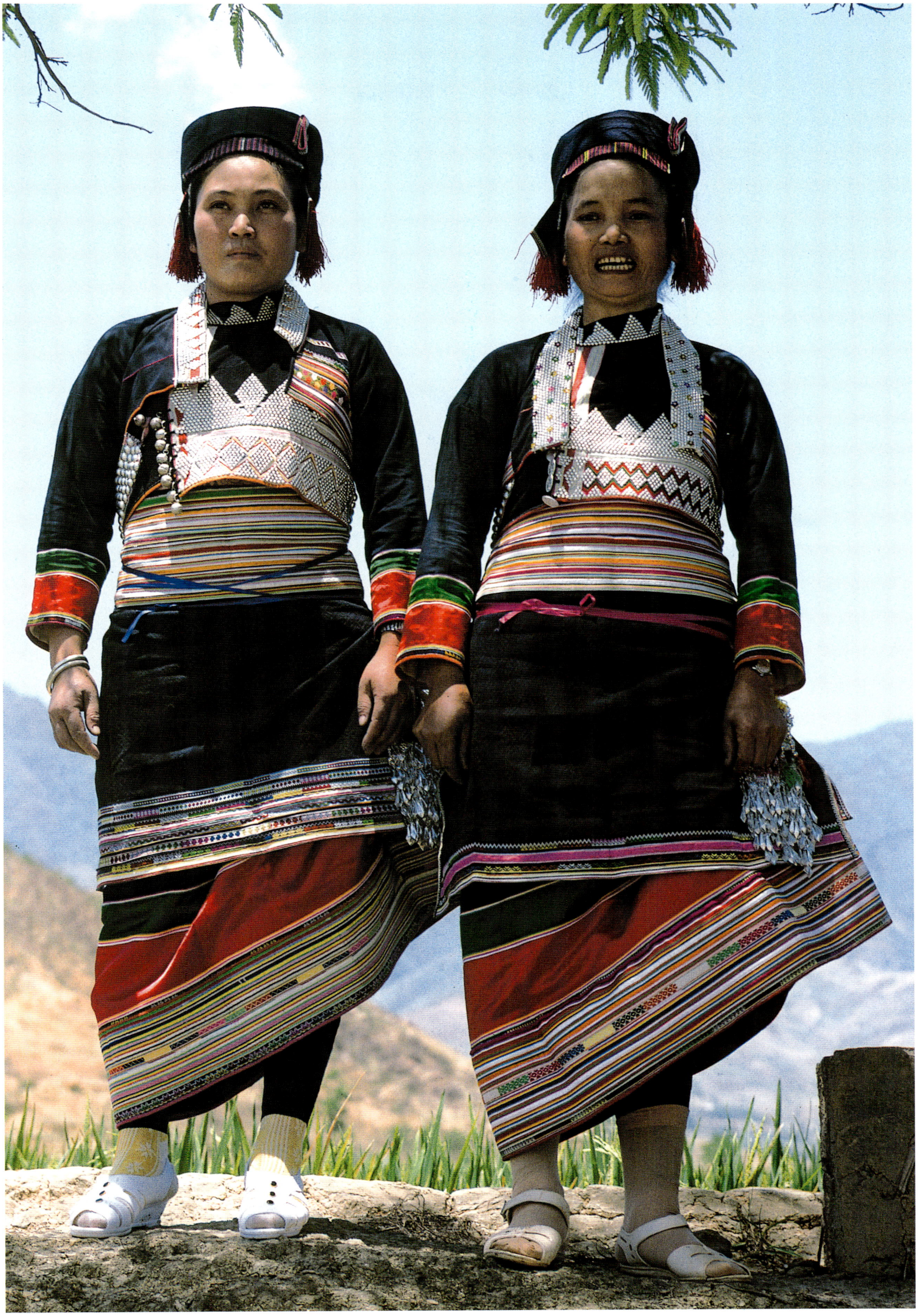

172

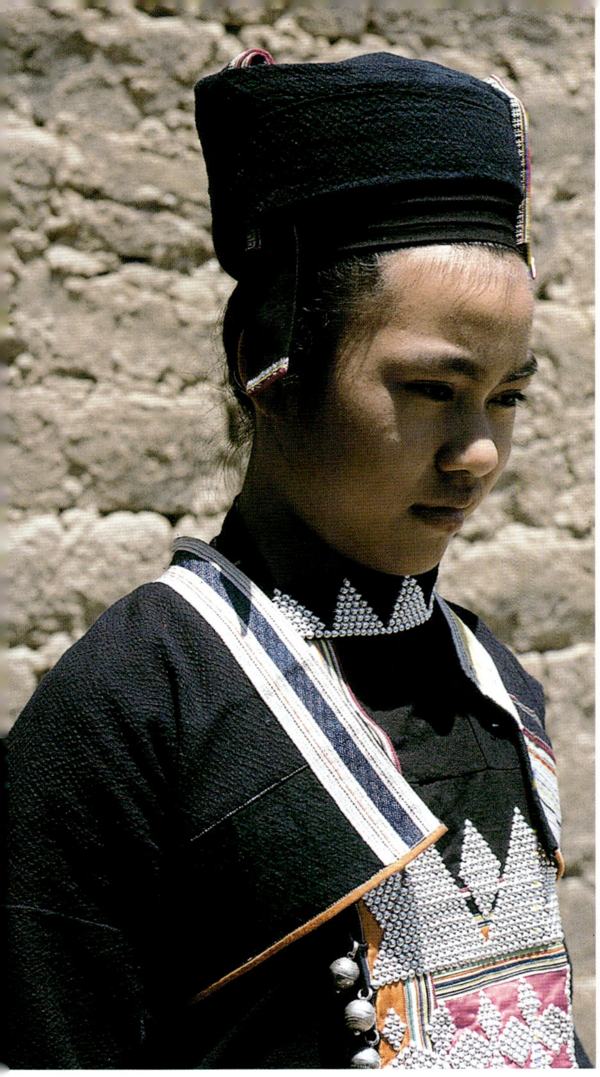
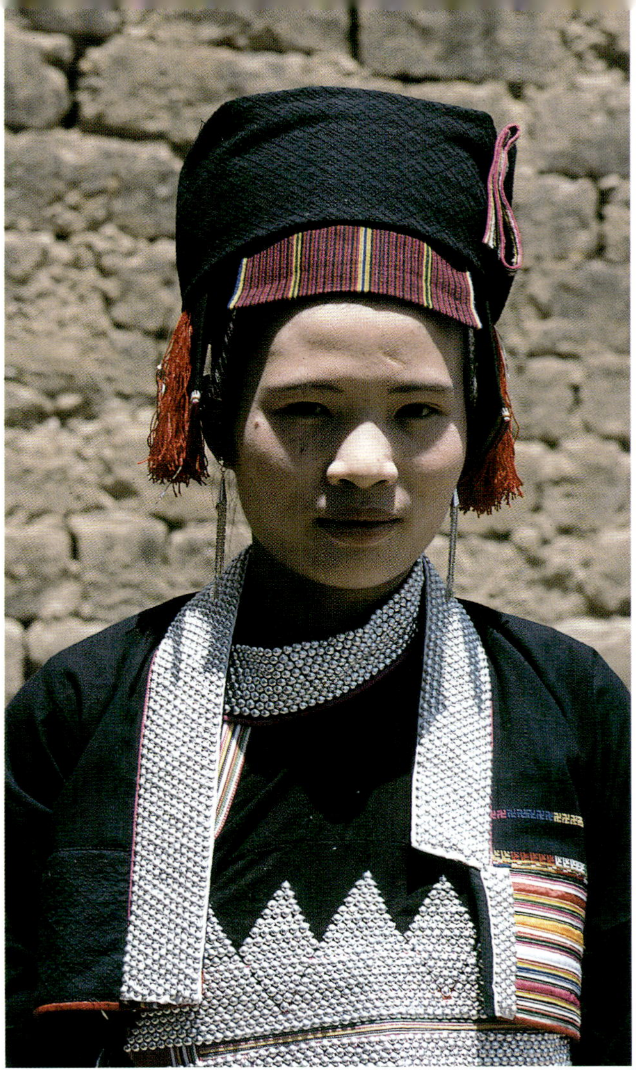
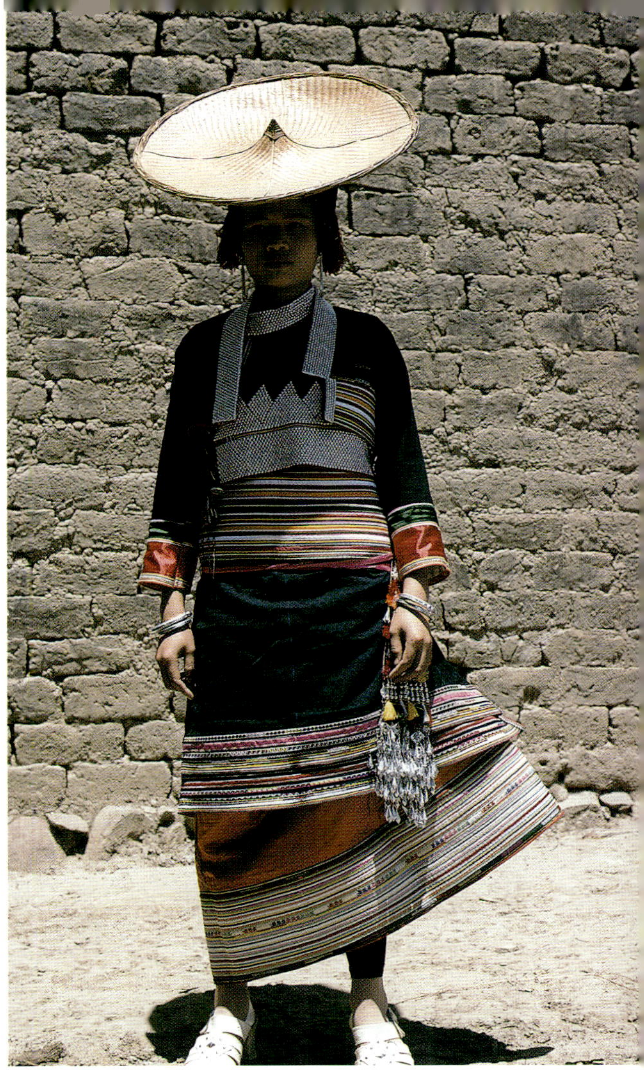
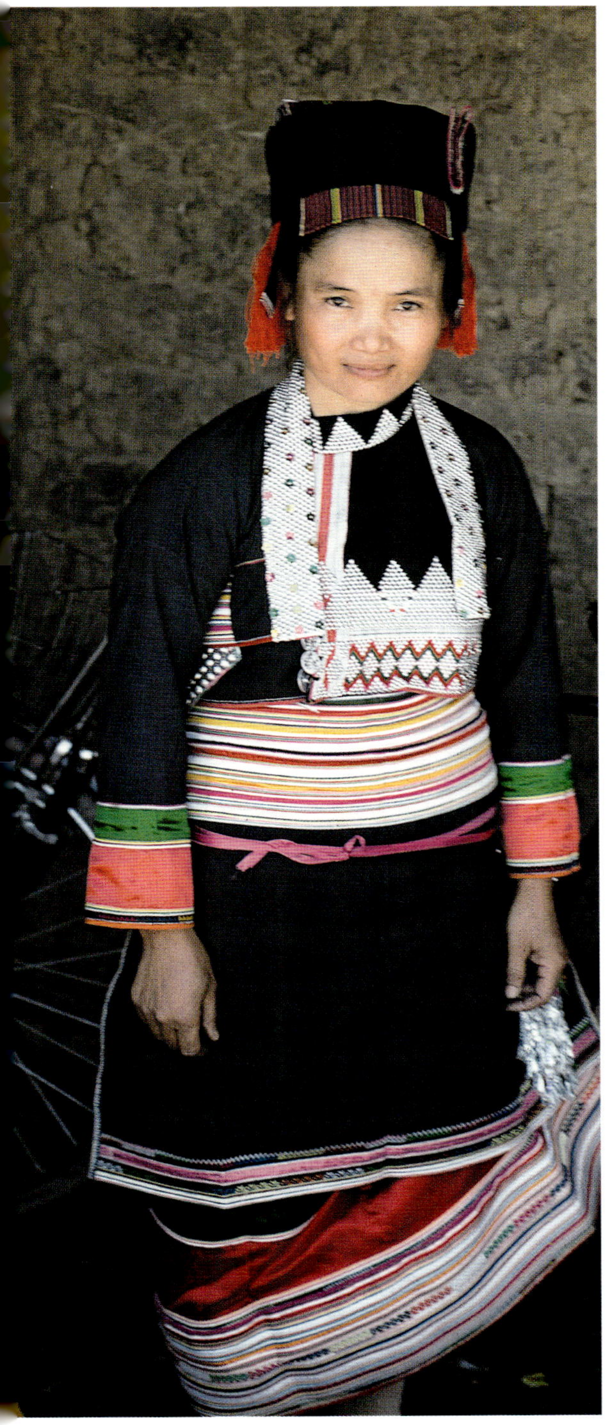
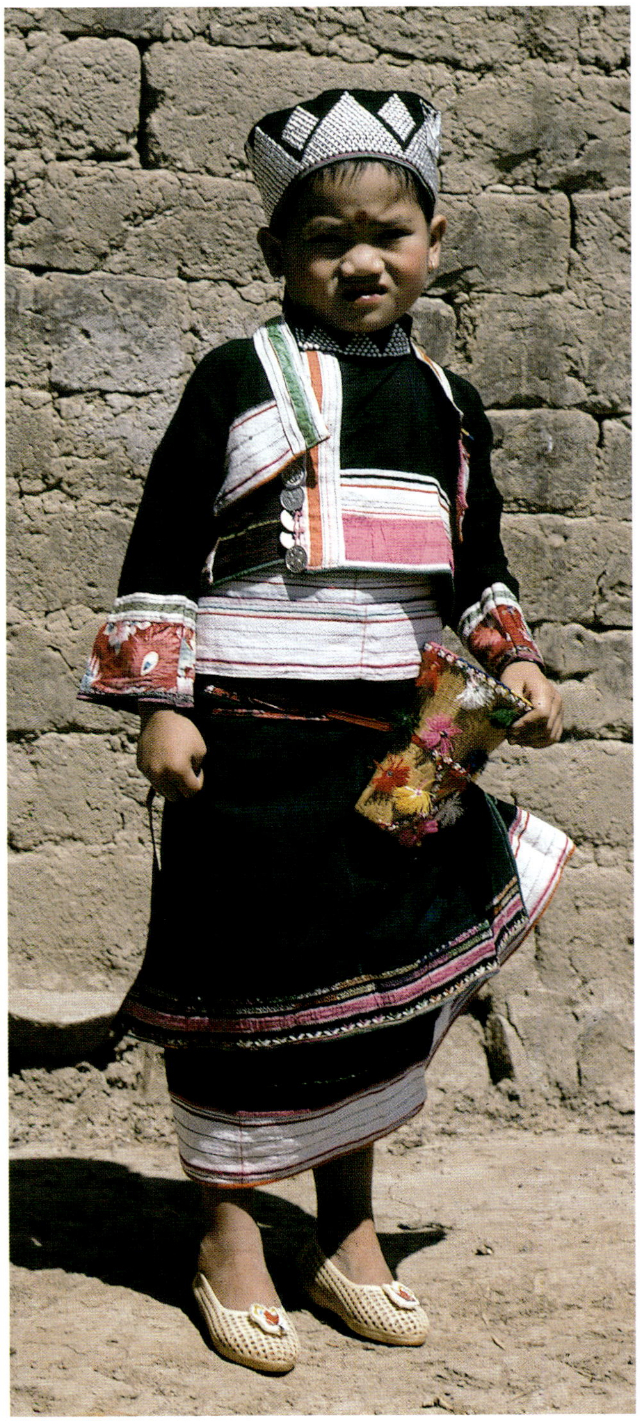
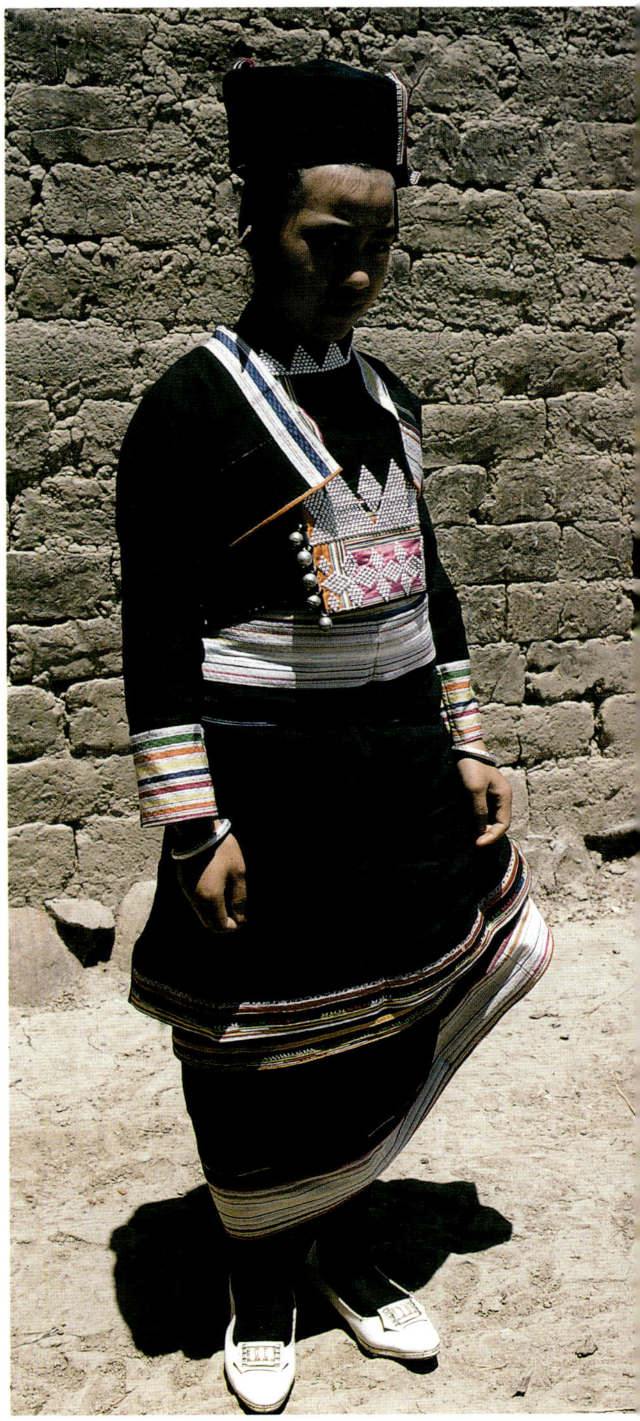

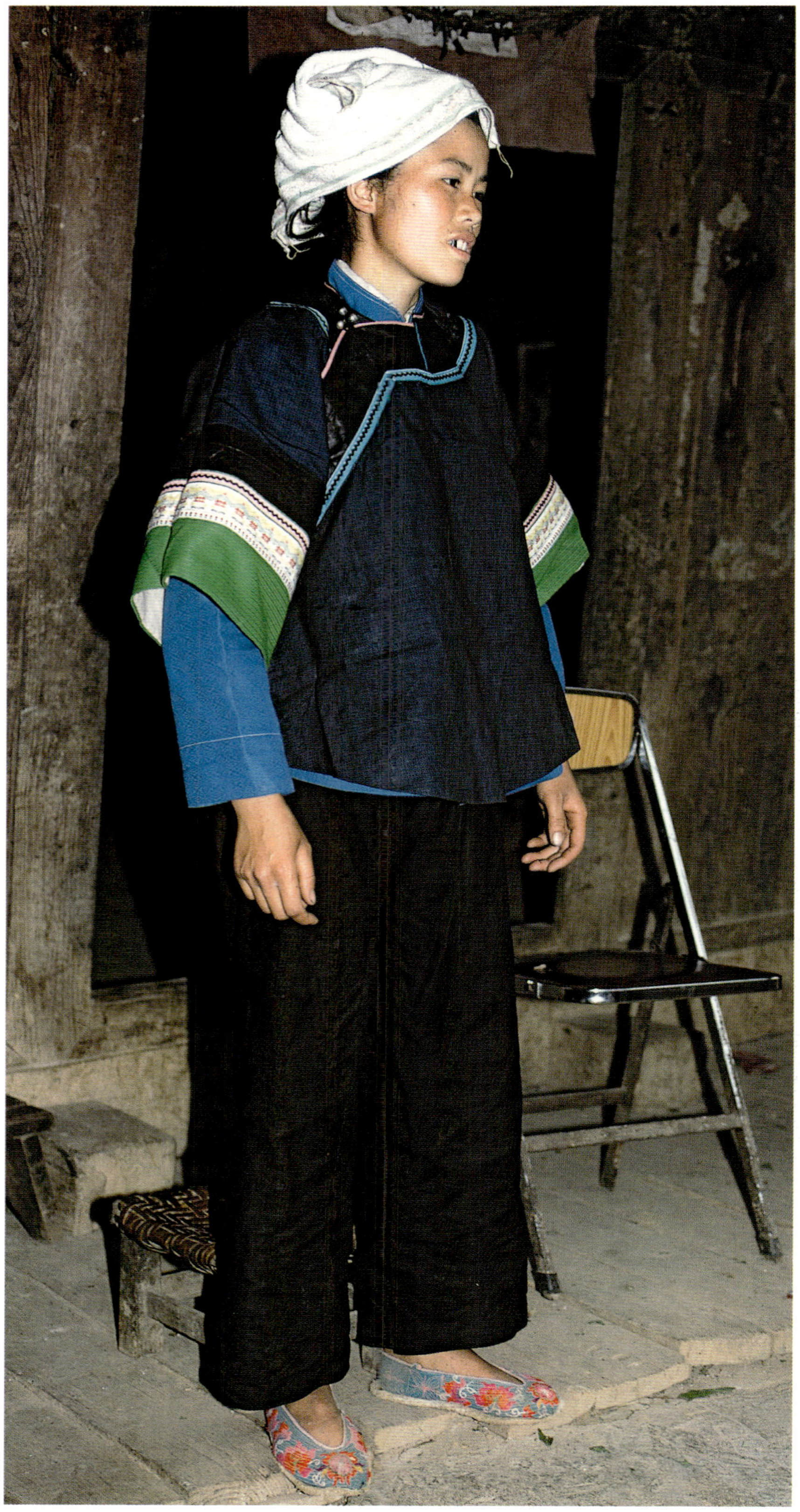

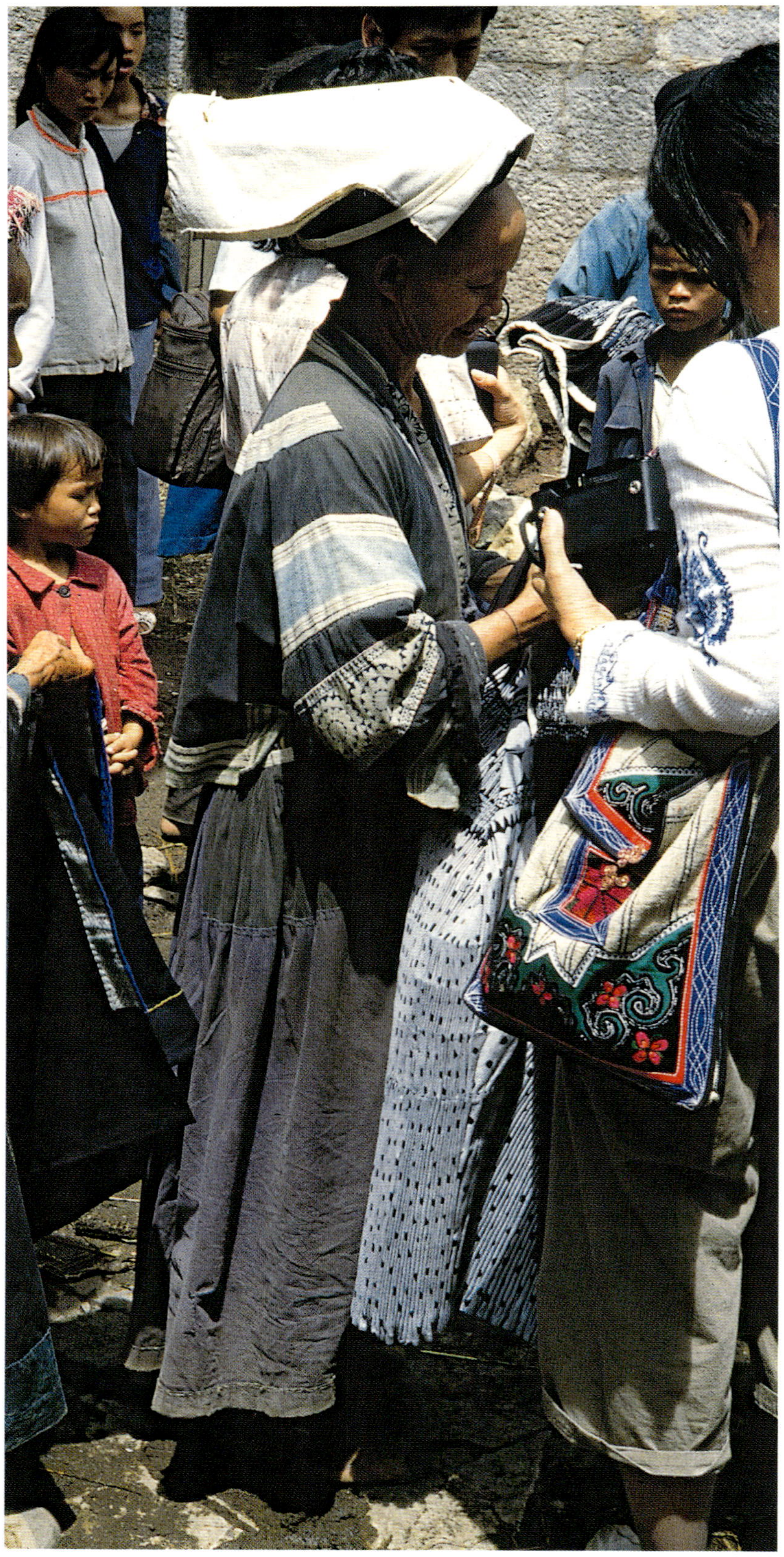

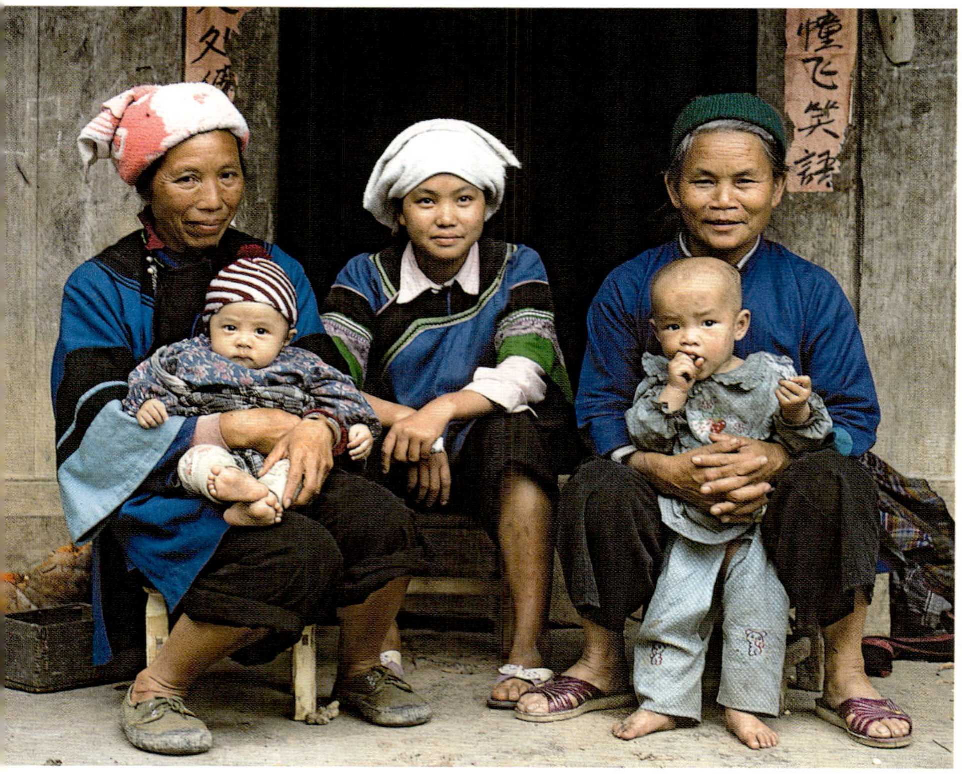

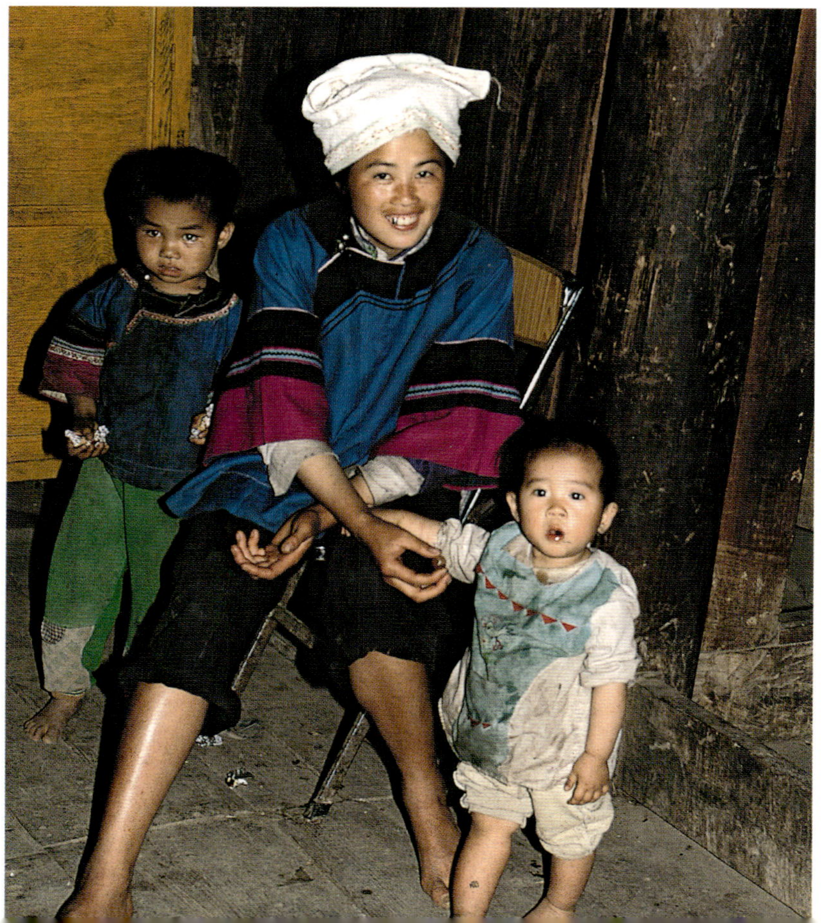

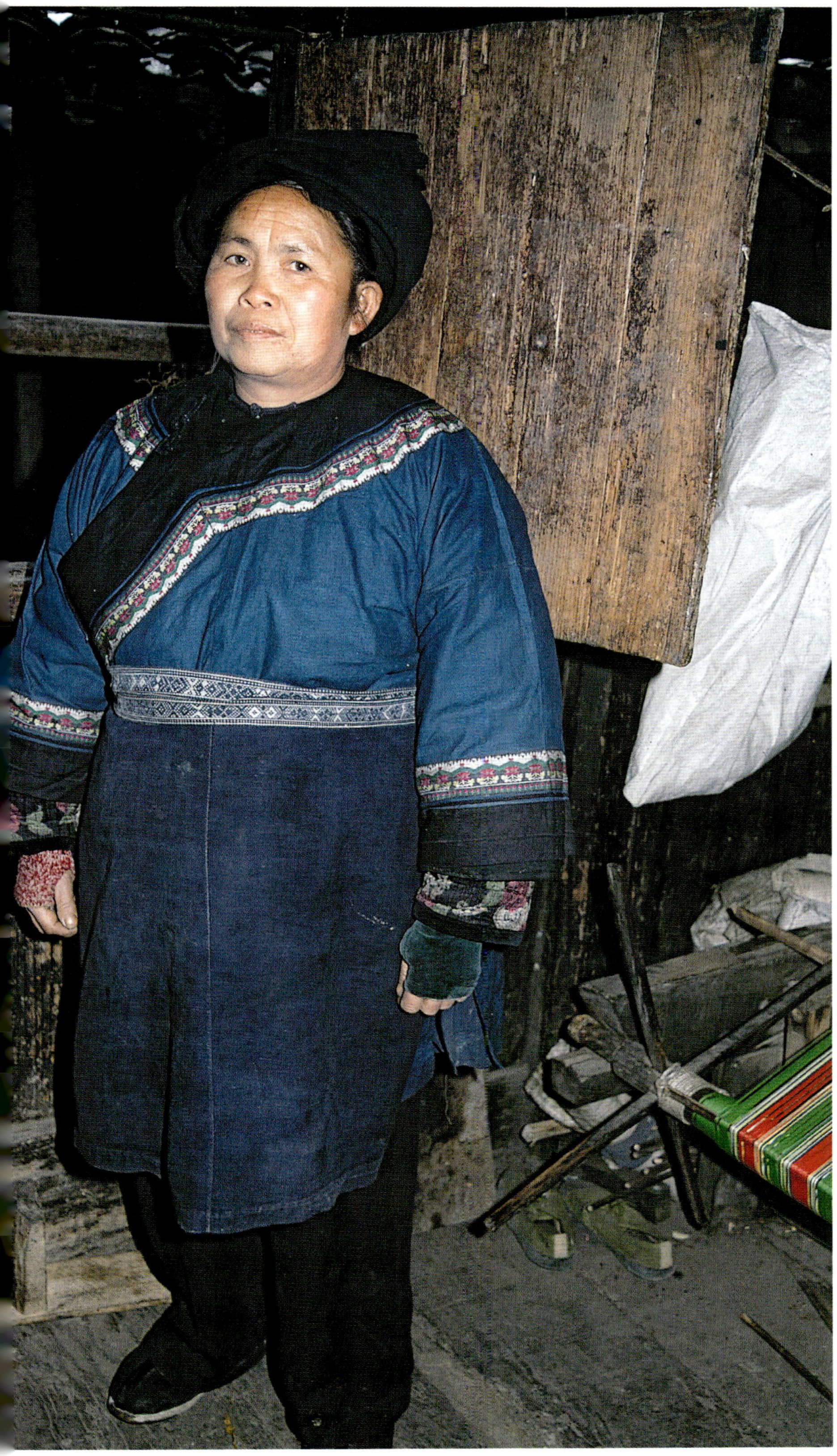
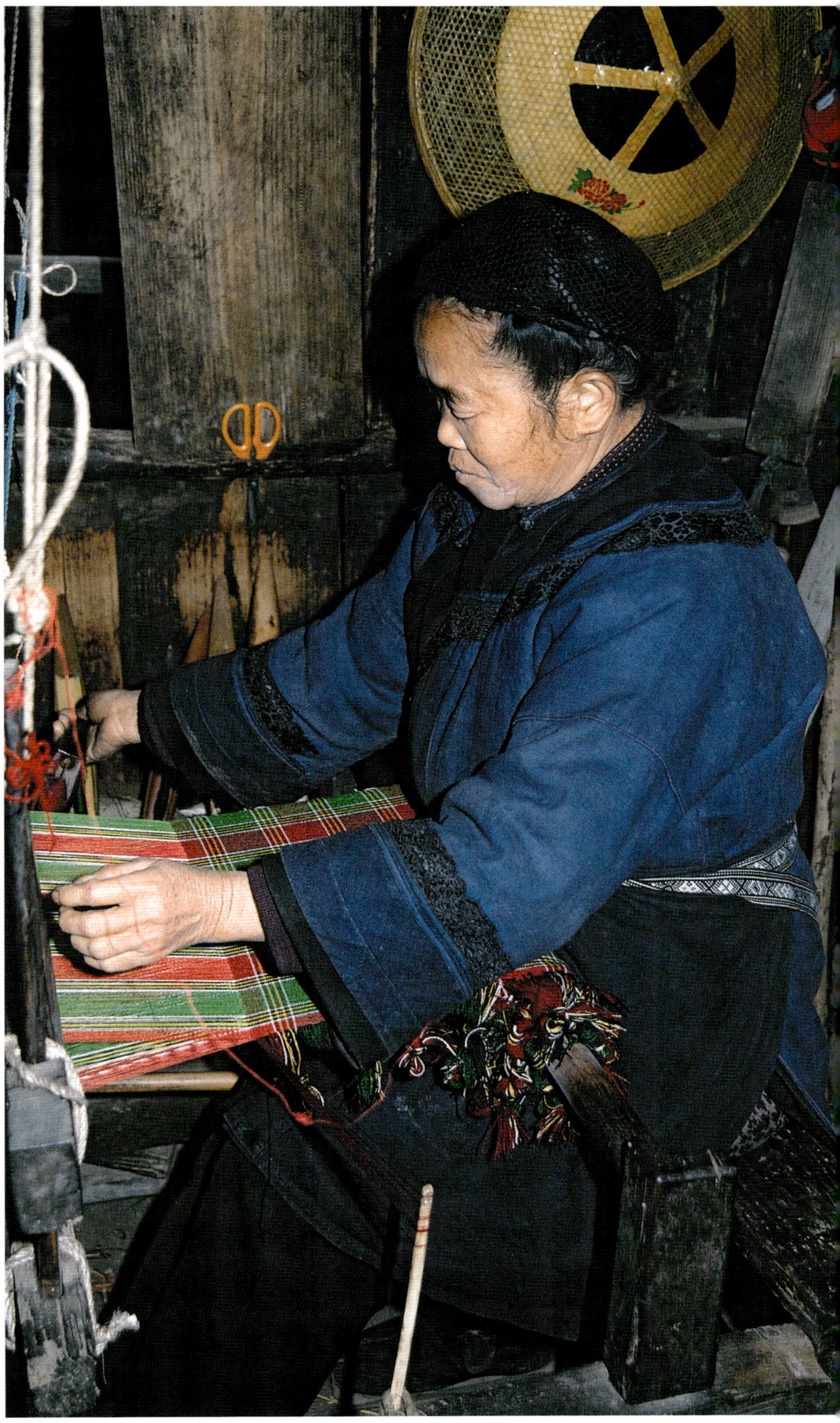
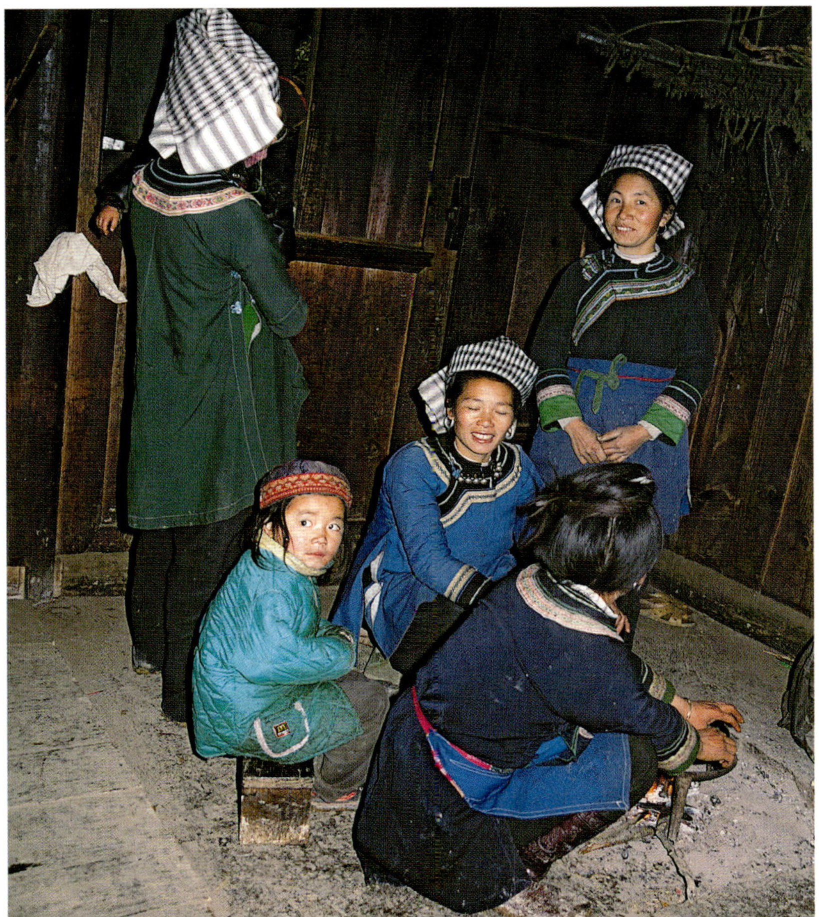
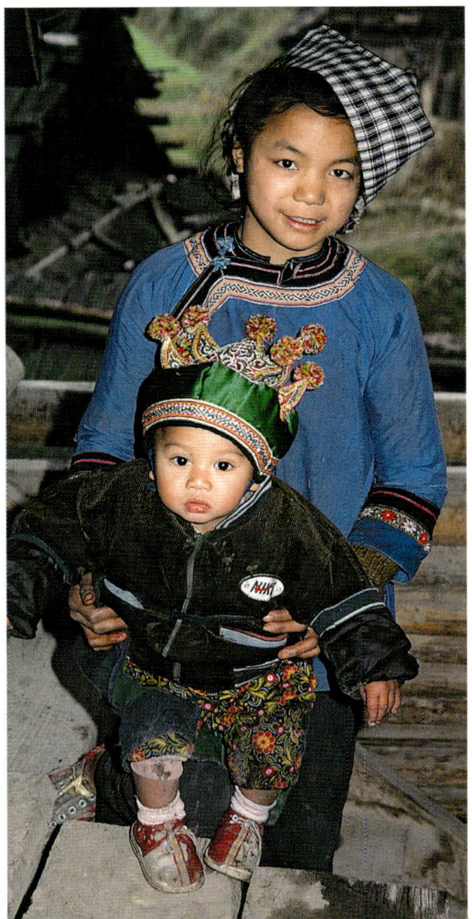
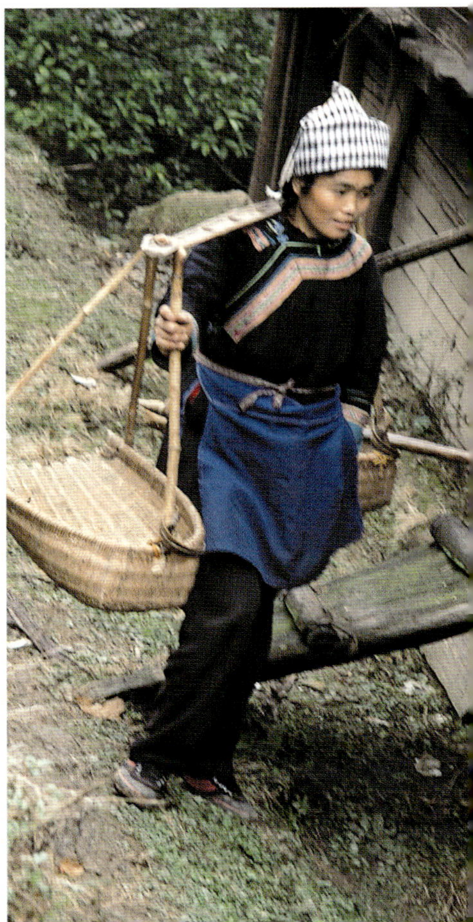

176

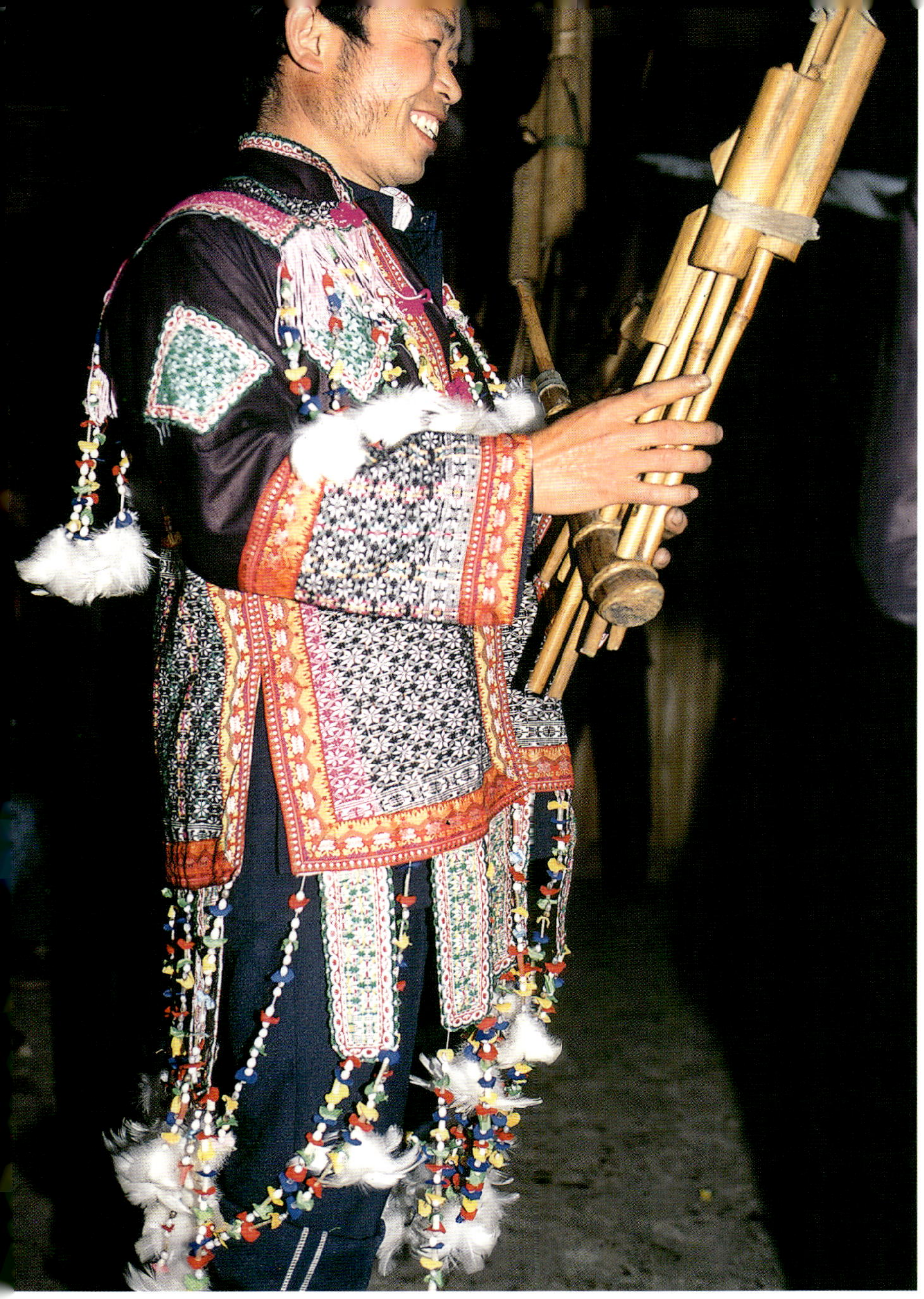

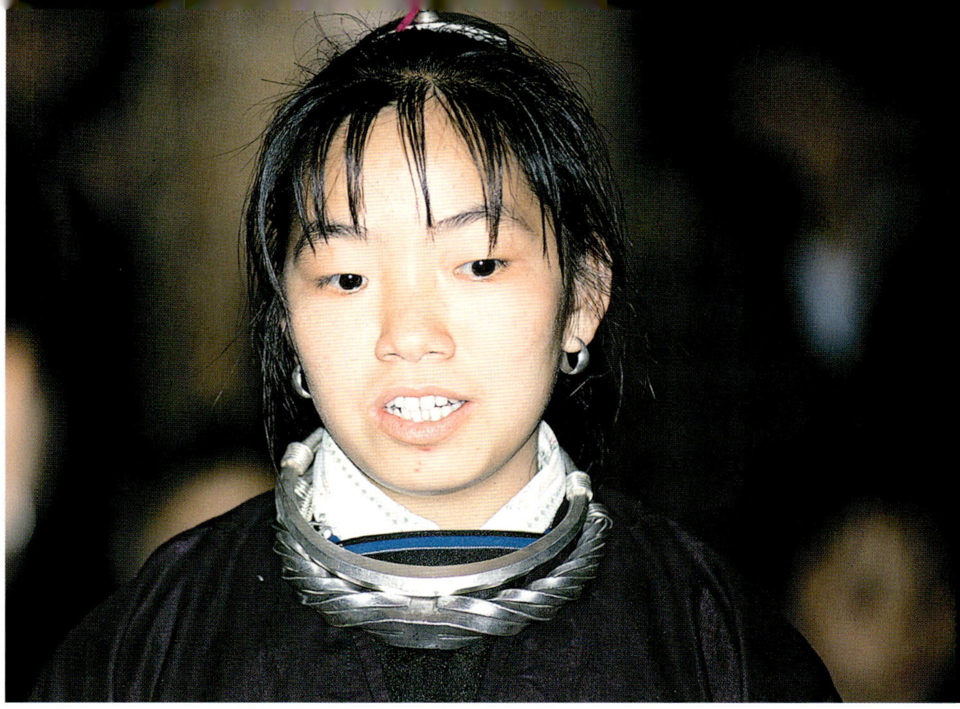

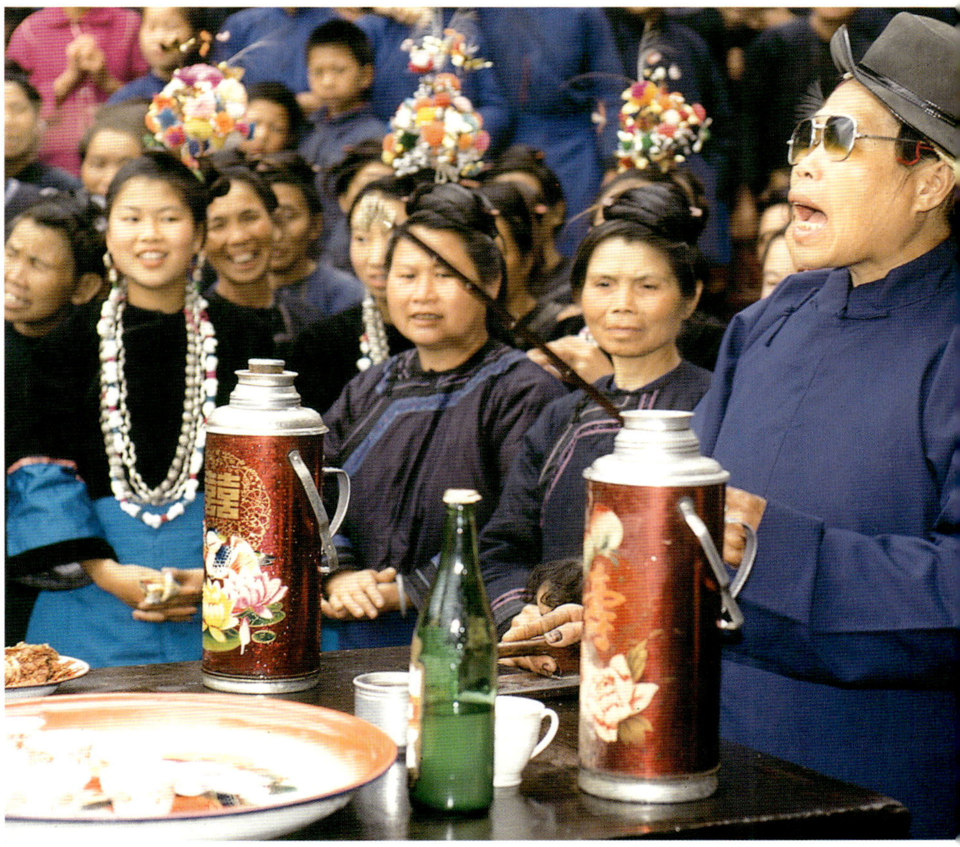

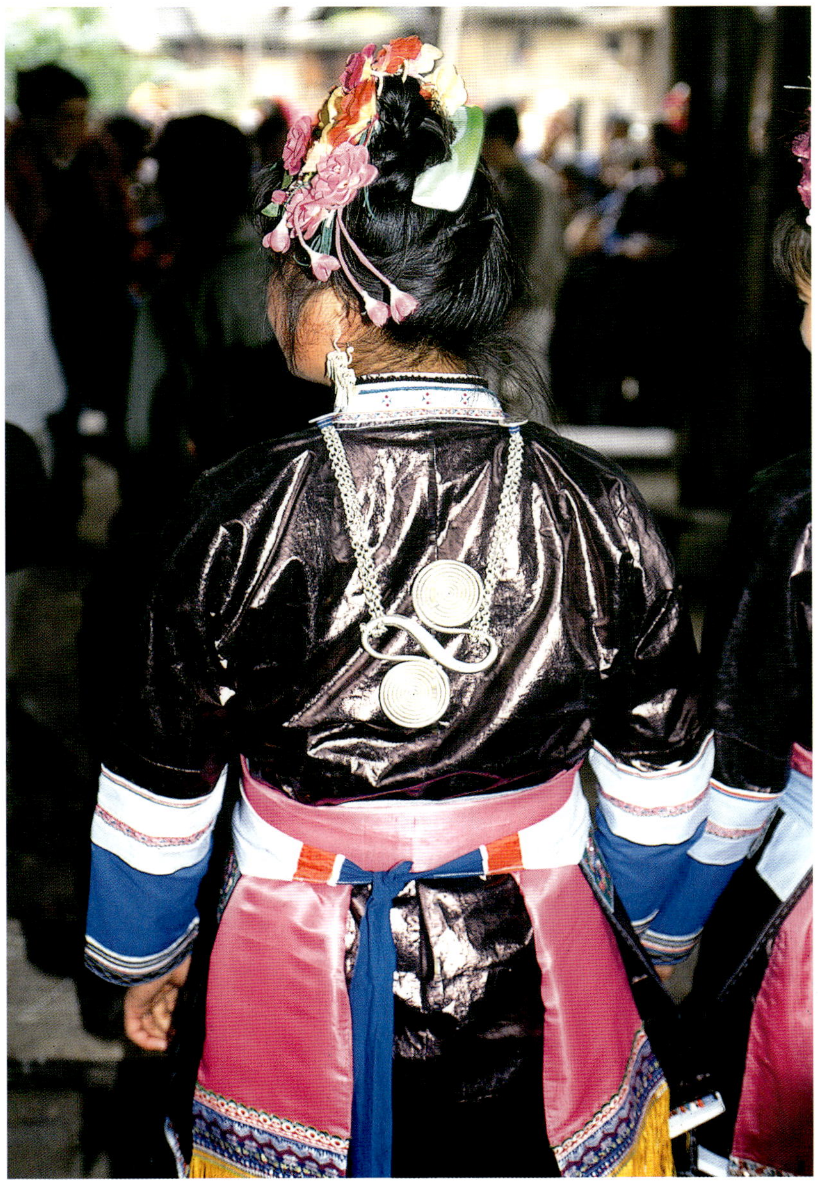

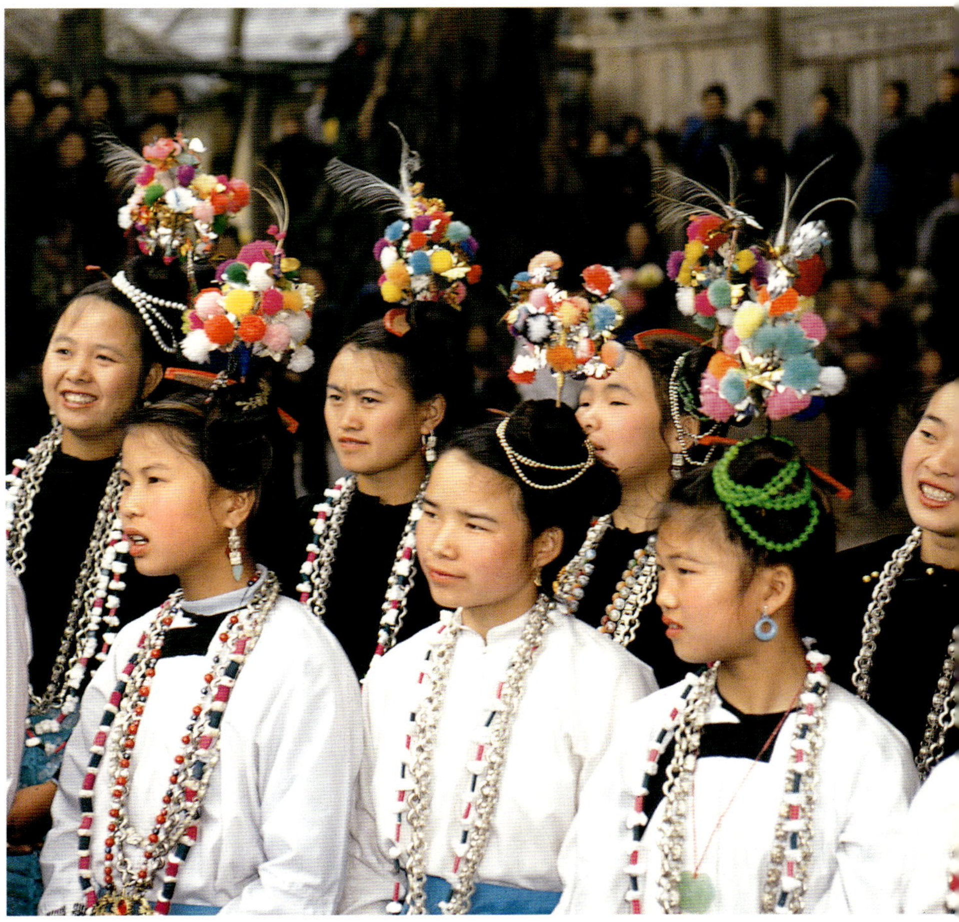

178

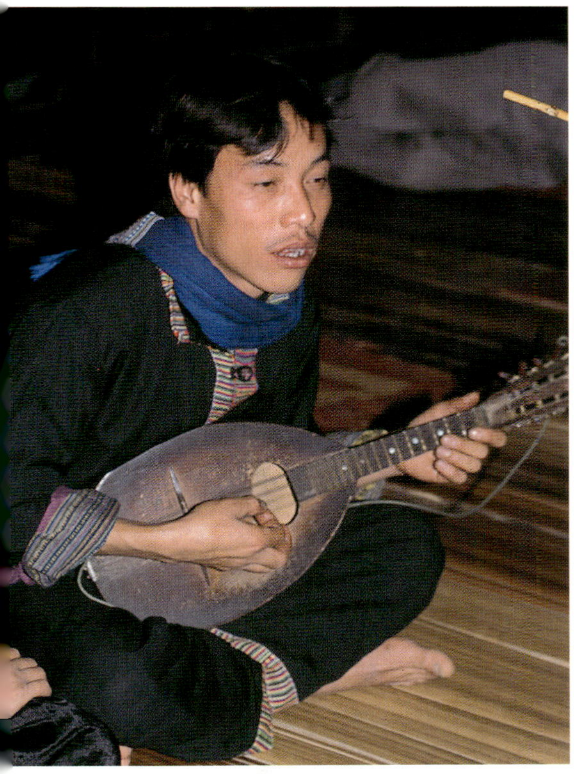
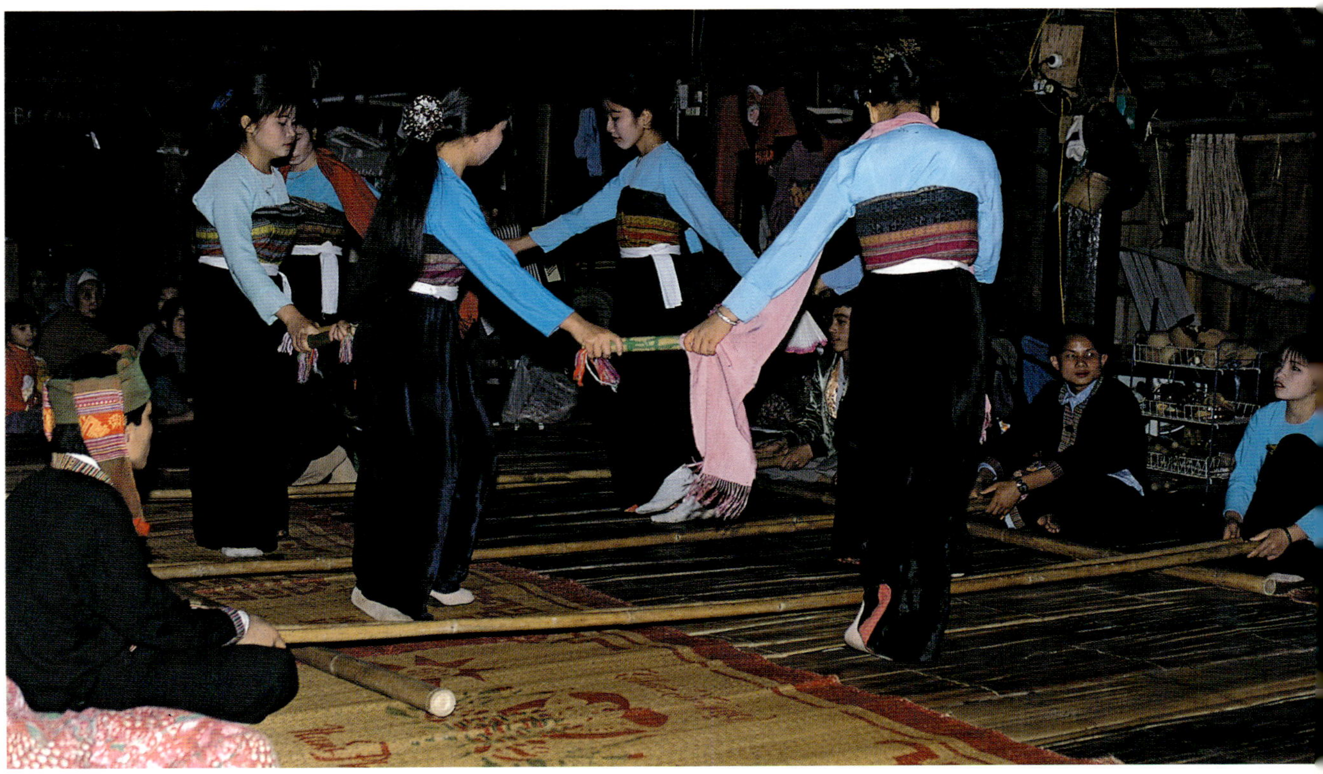
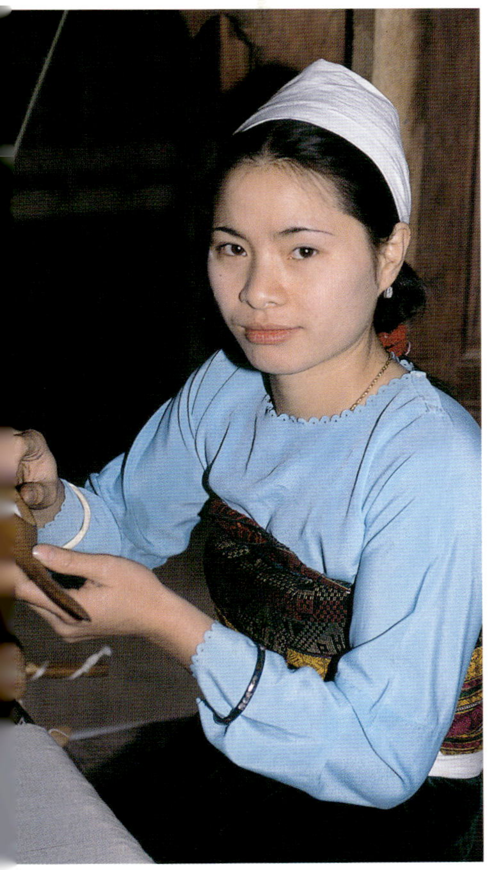
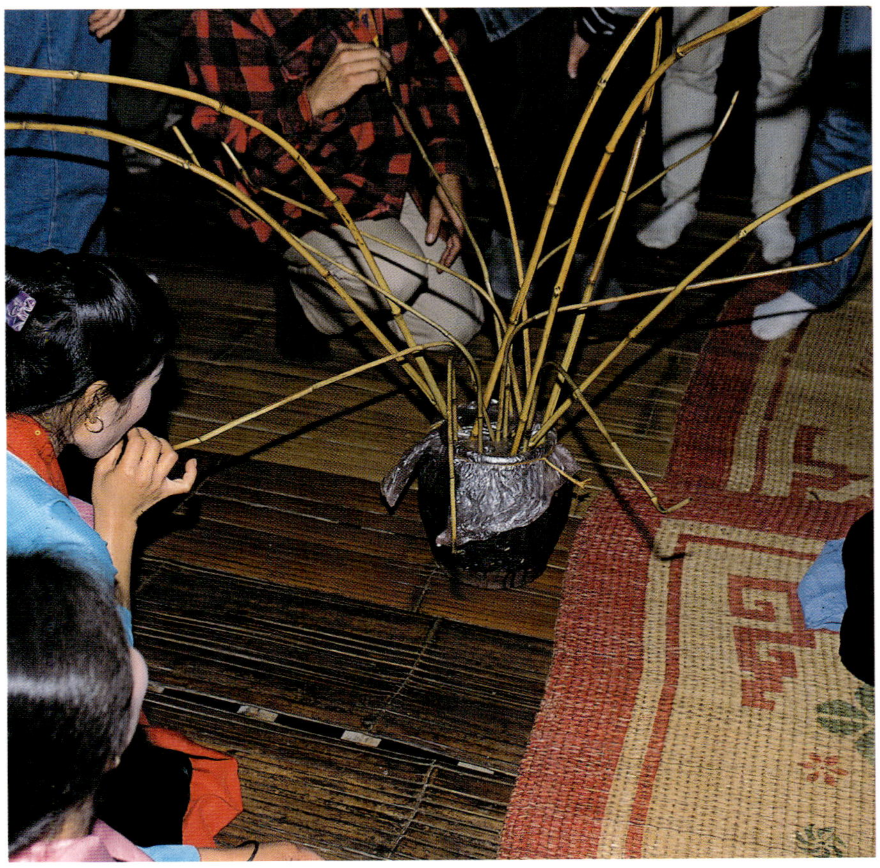
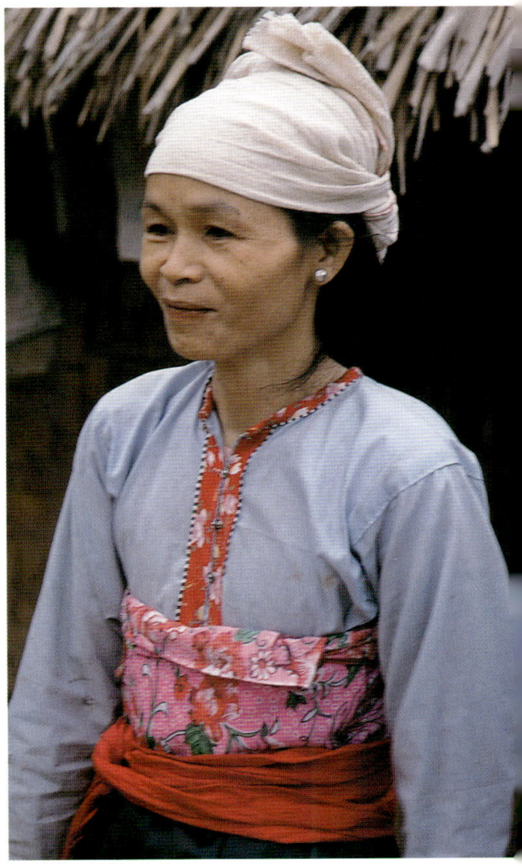
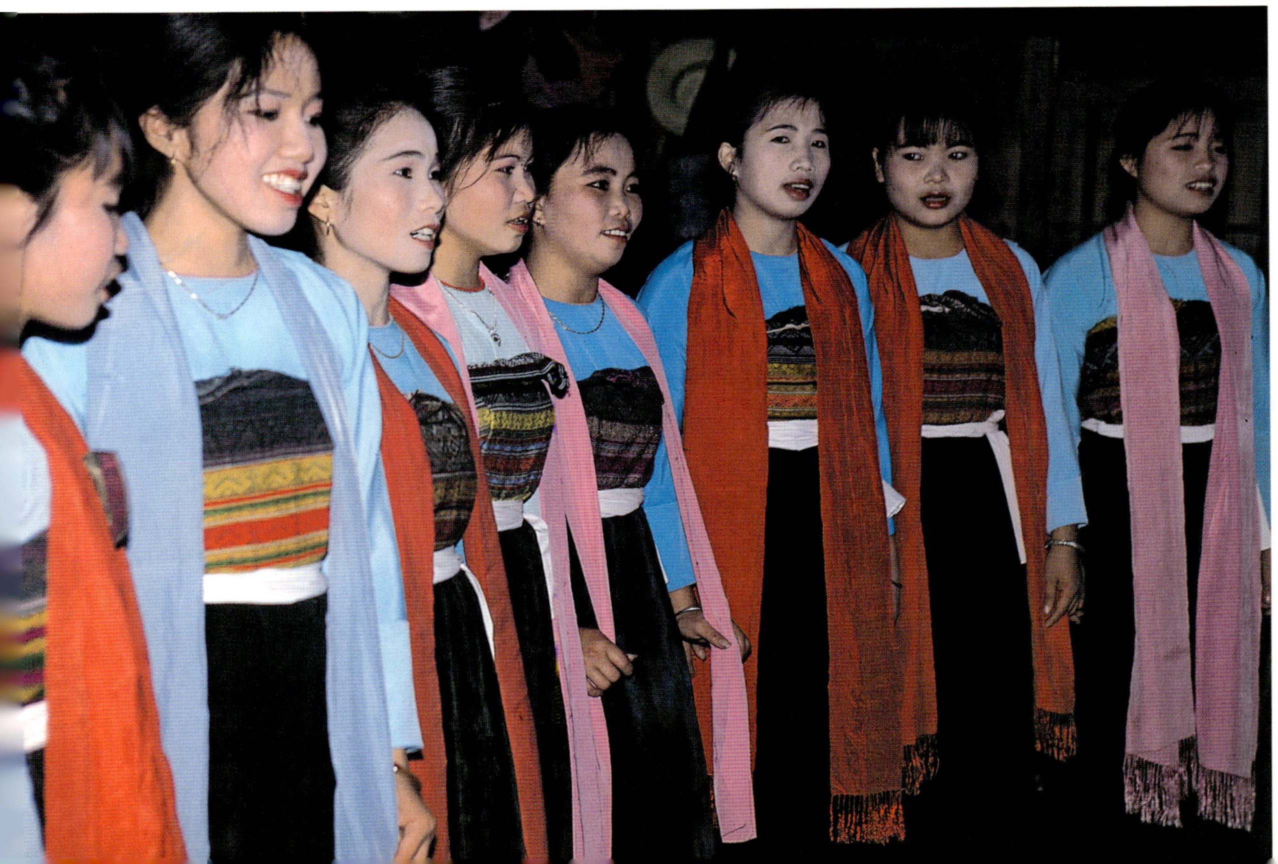
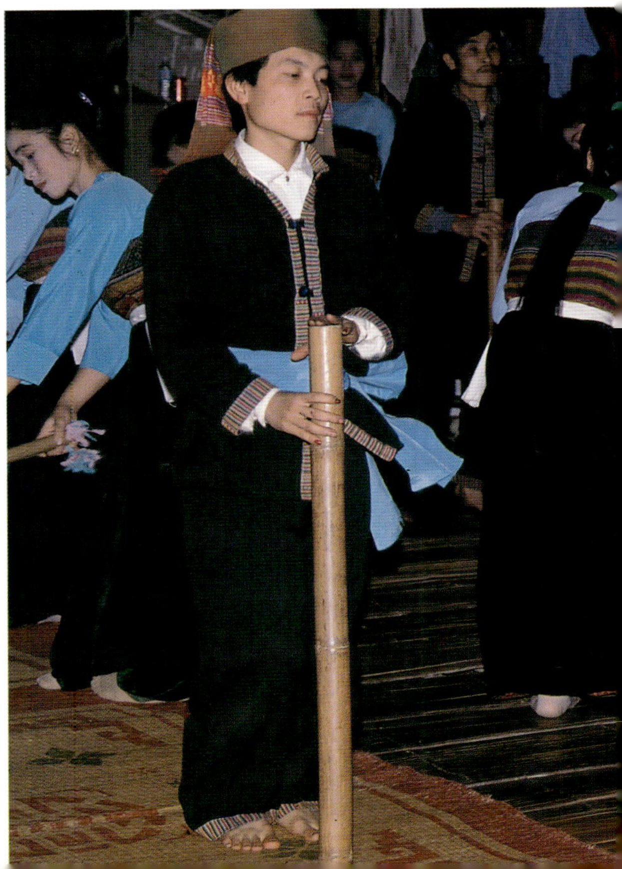

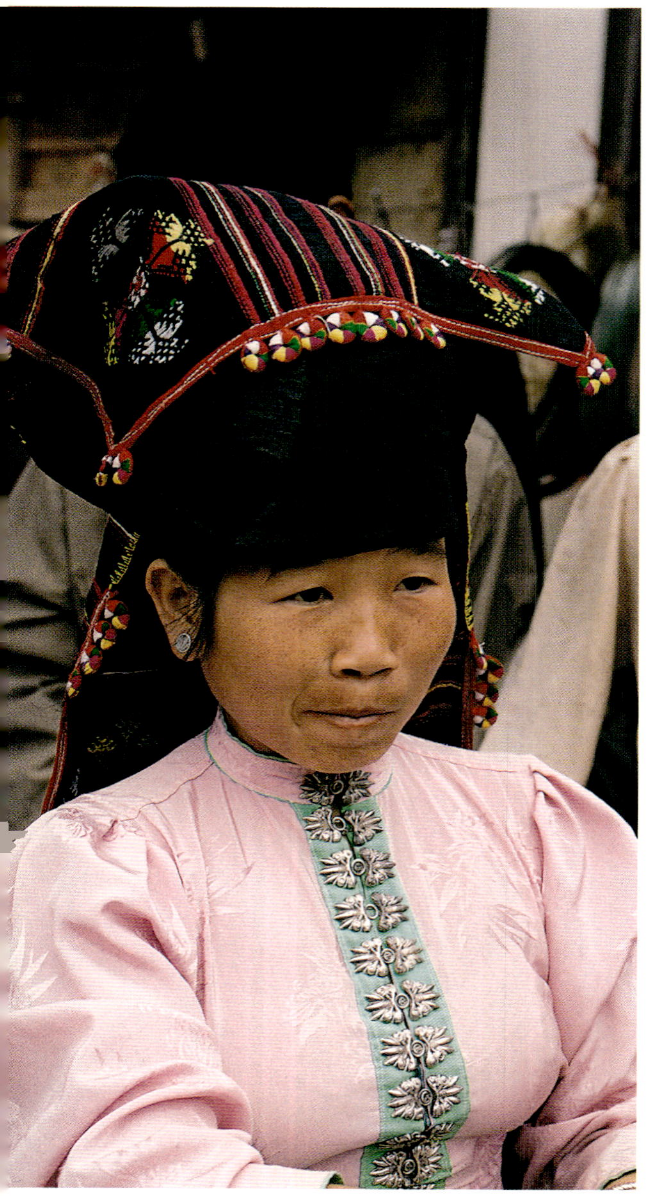

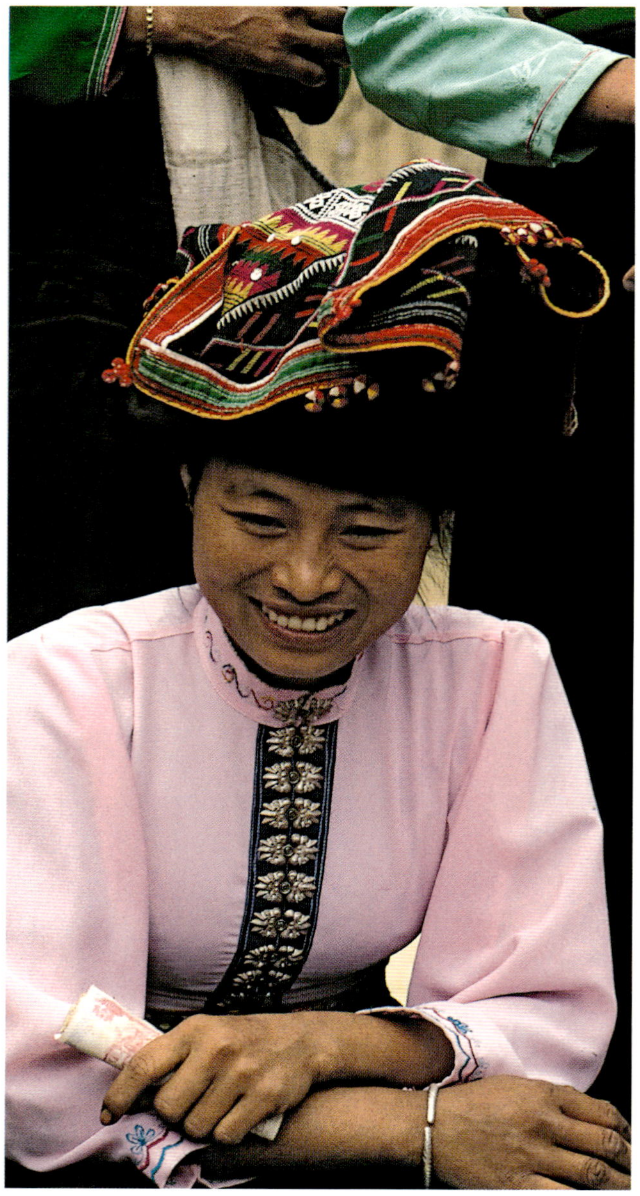

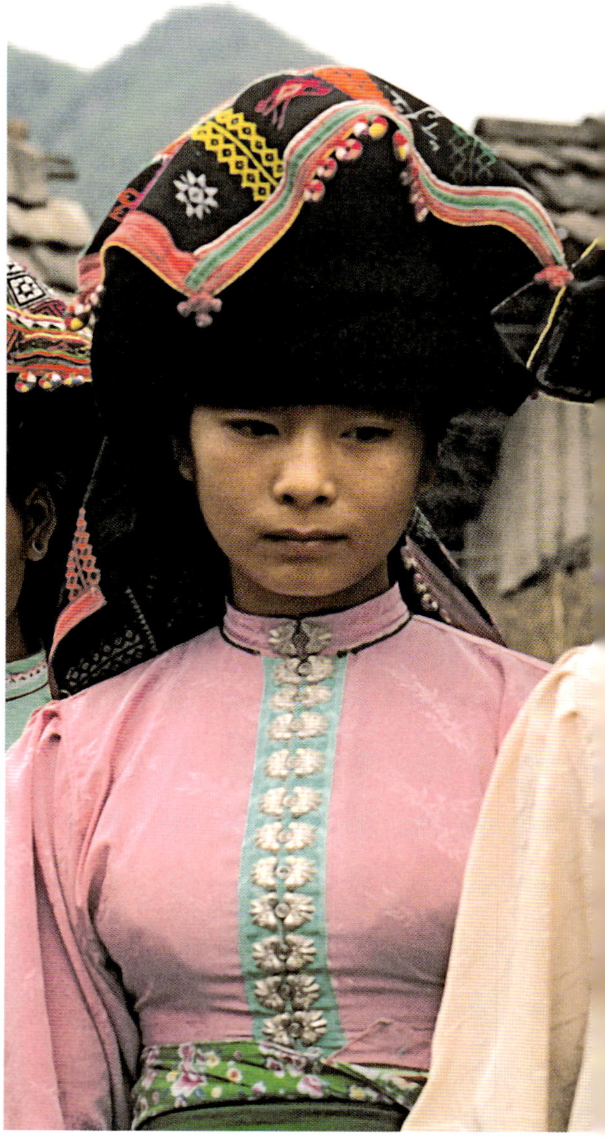

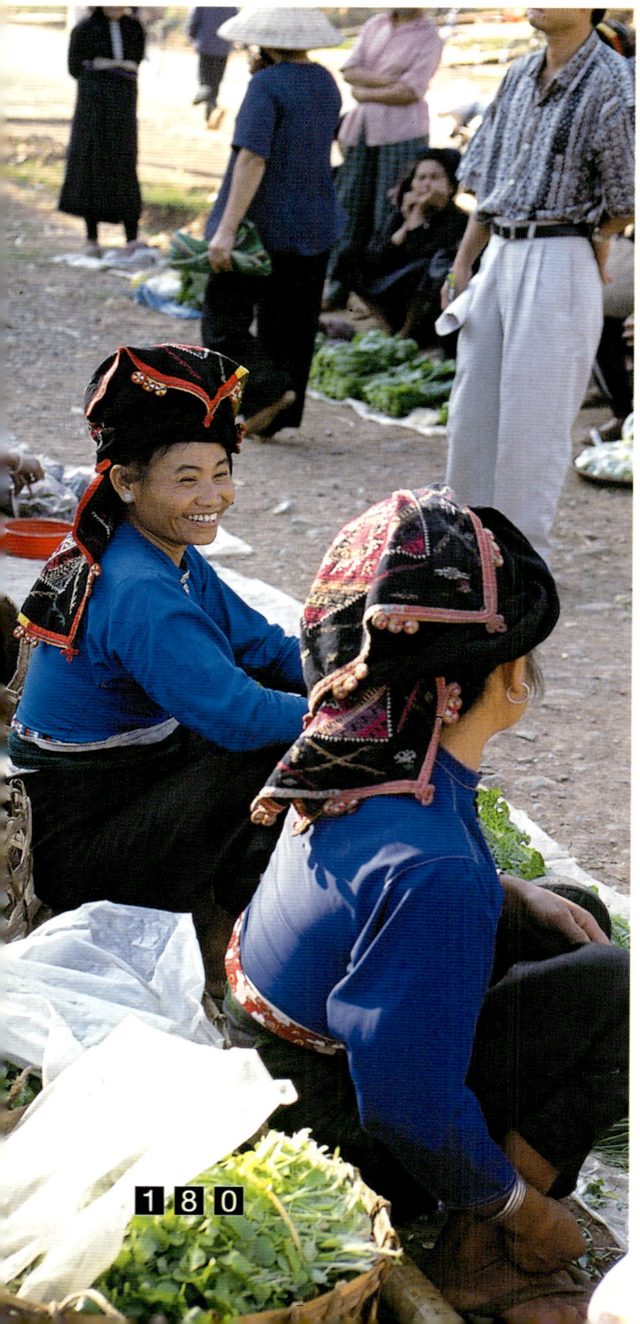

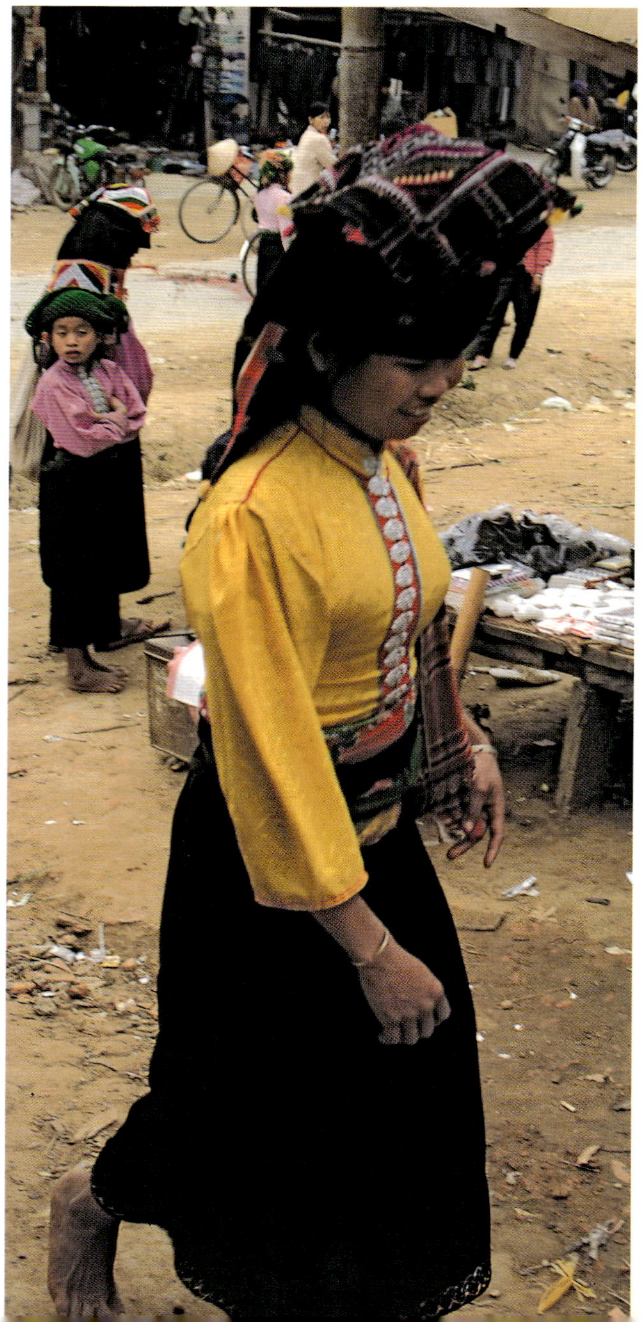

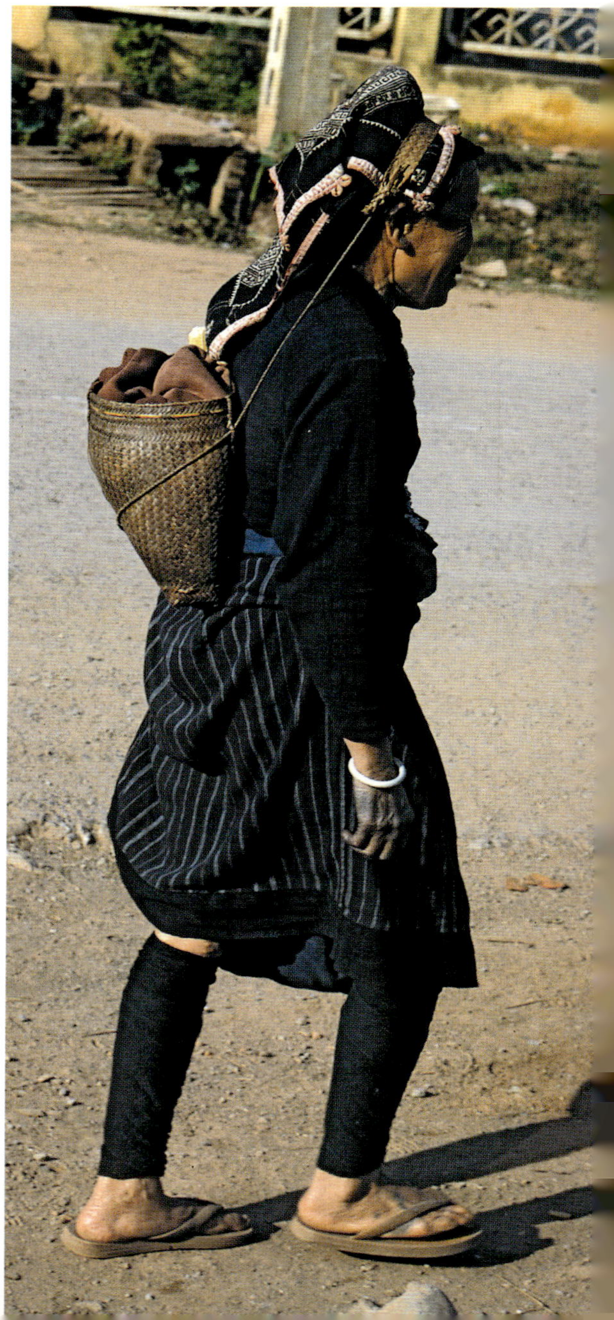

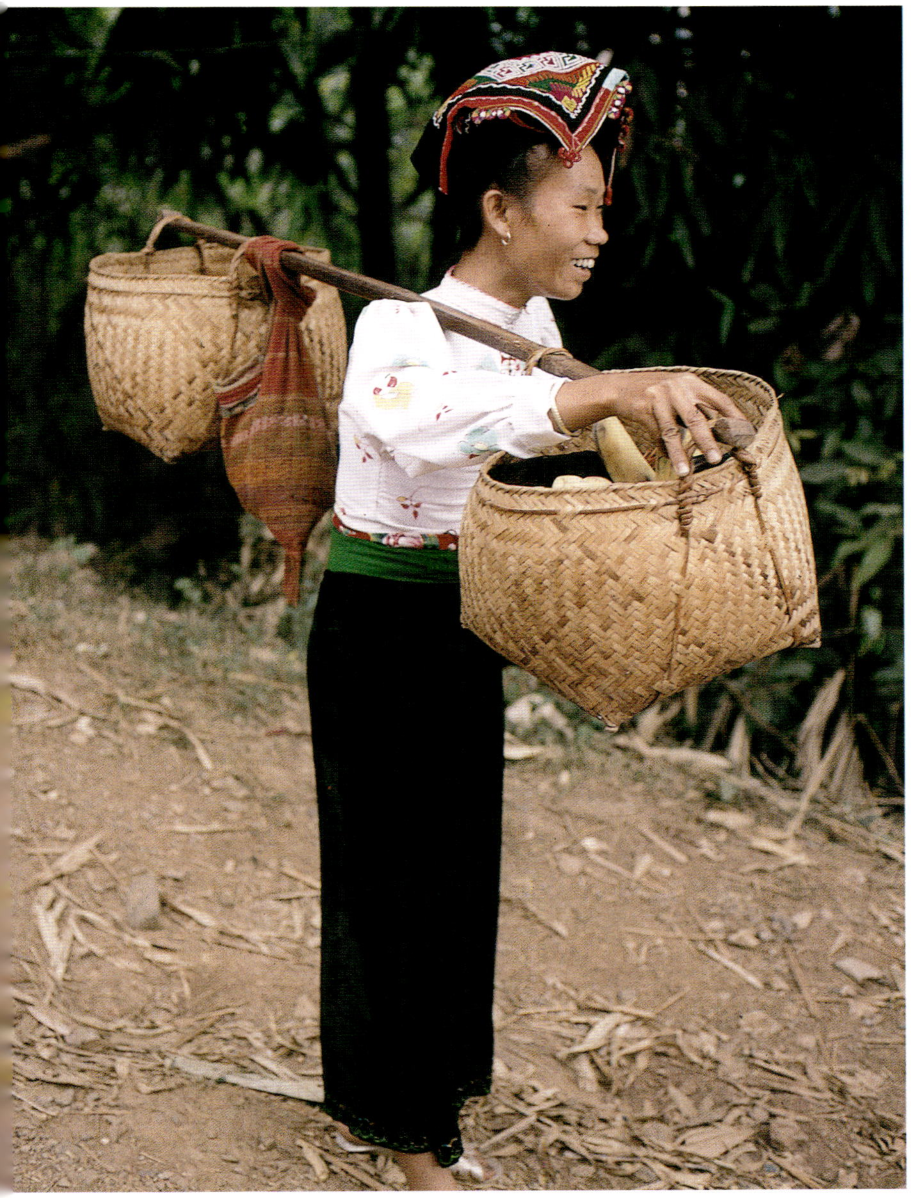

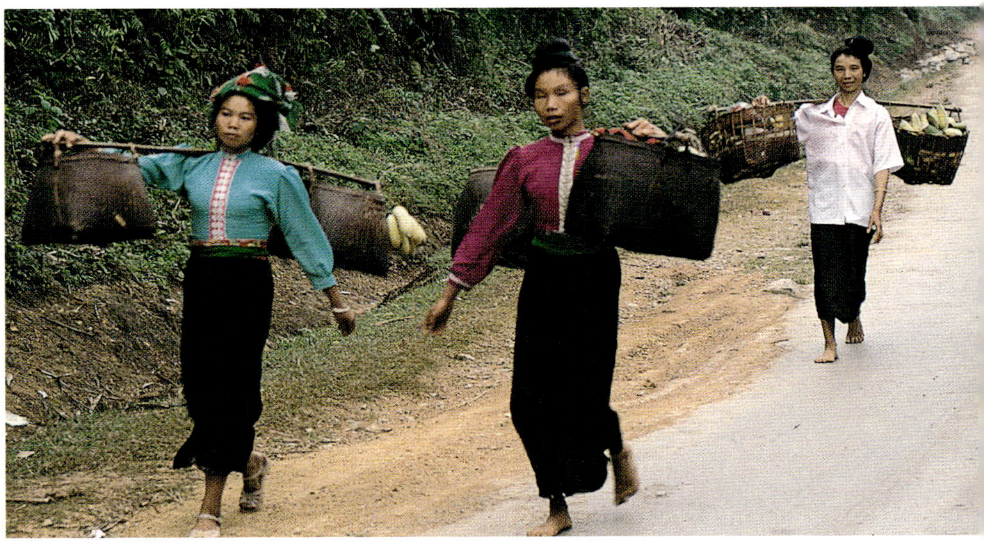

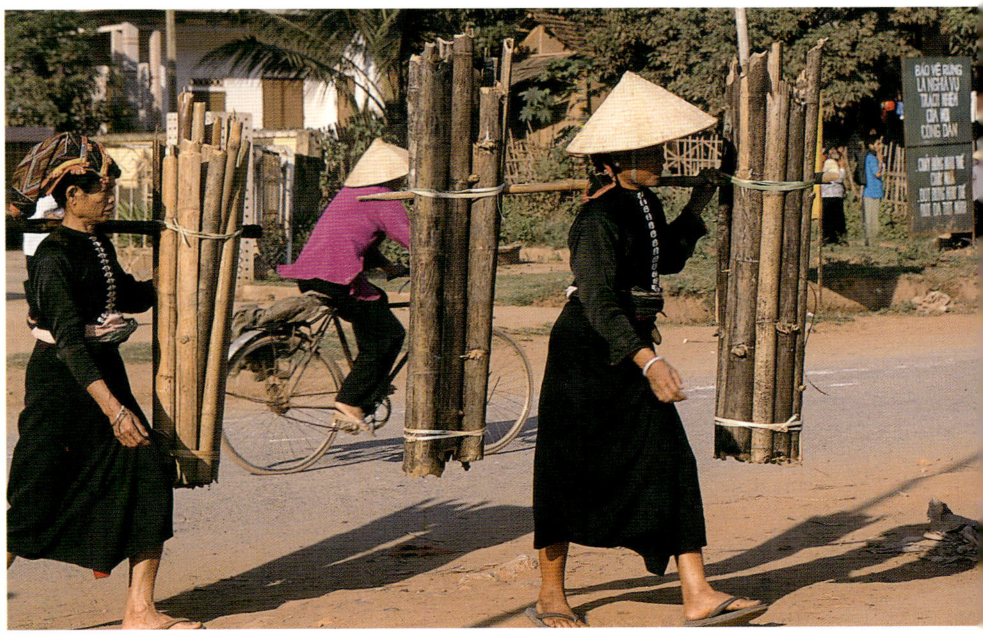
BẢO VỆ RỪNG
LÀ NGHĨA VỤ

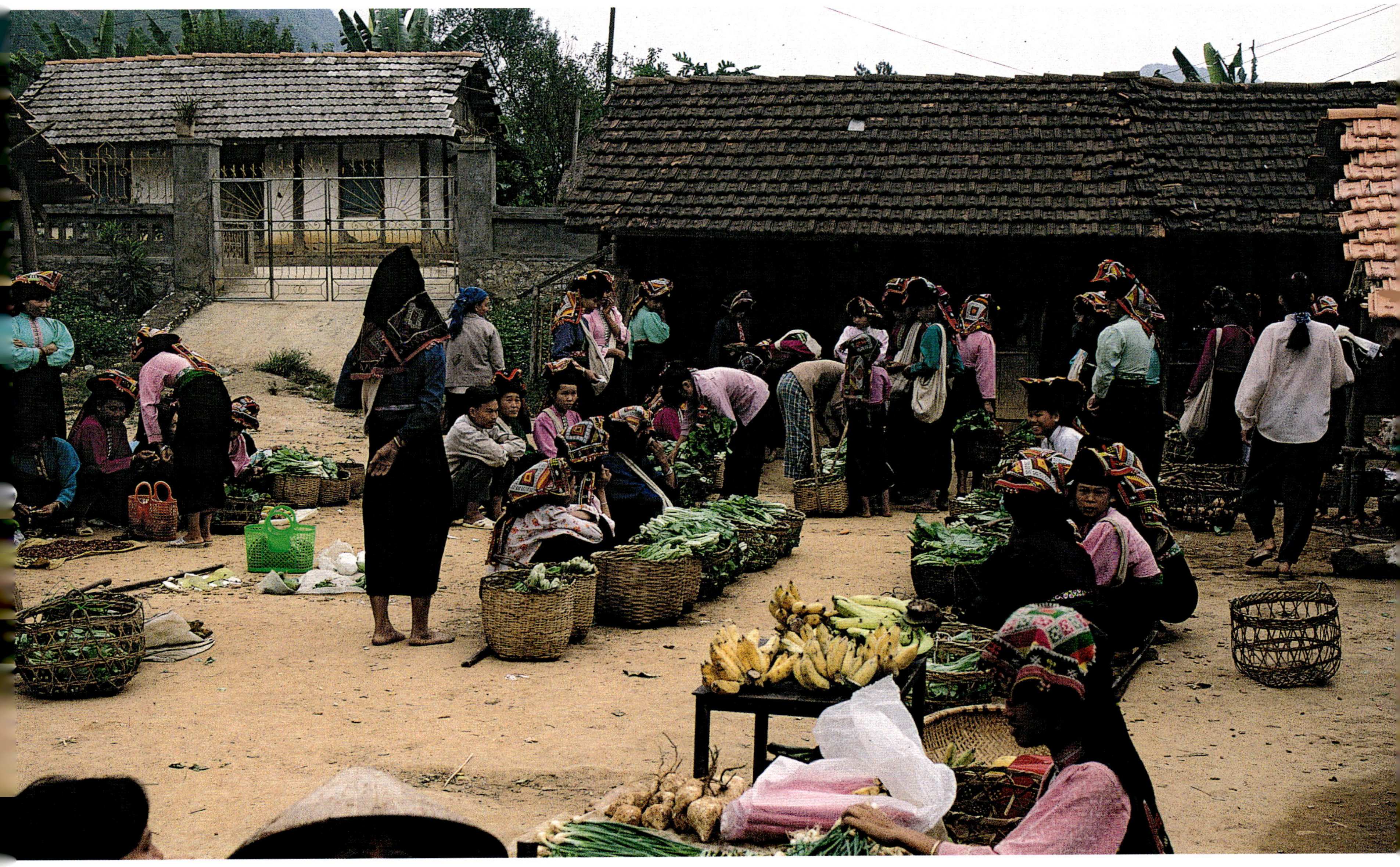

182

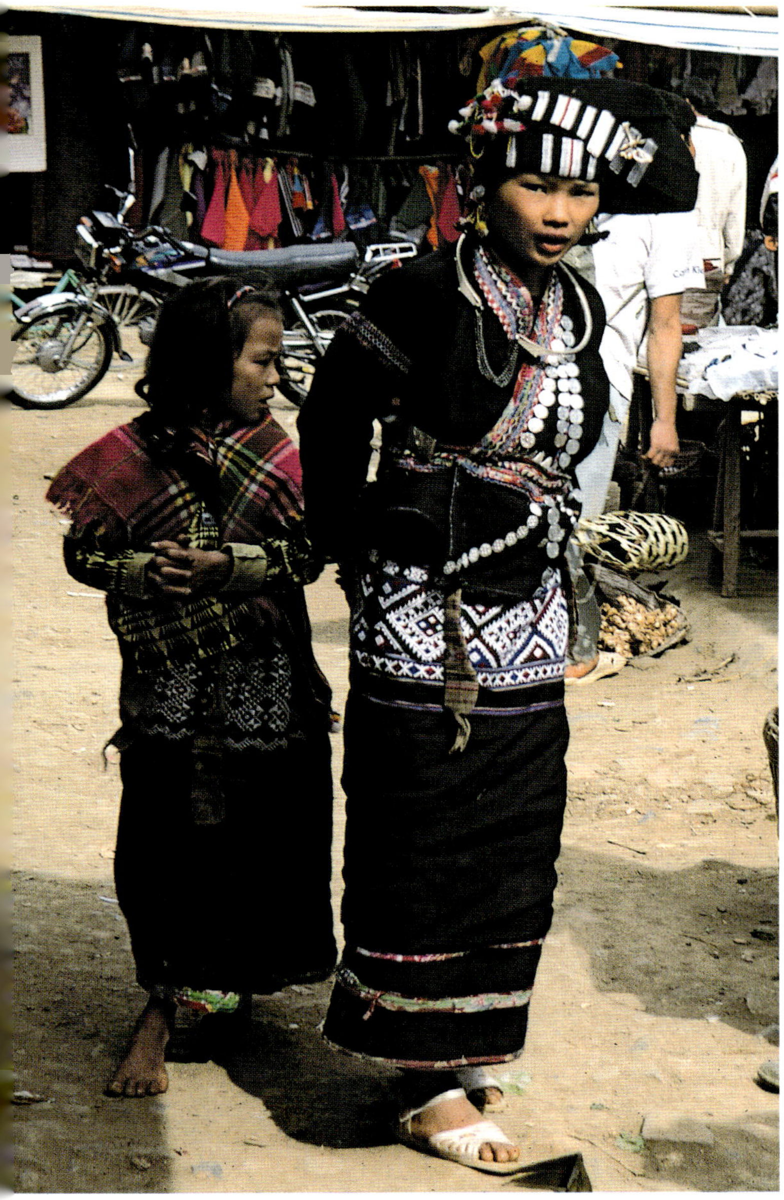
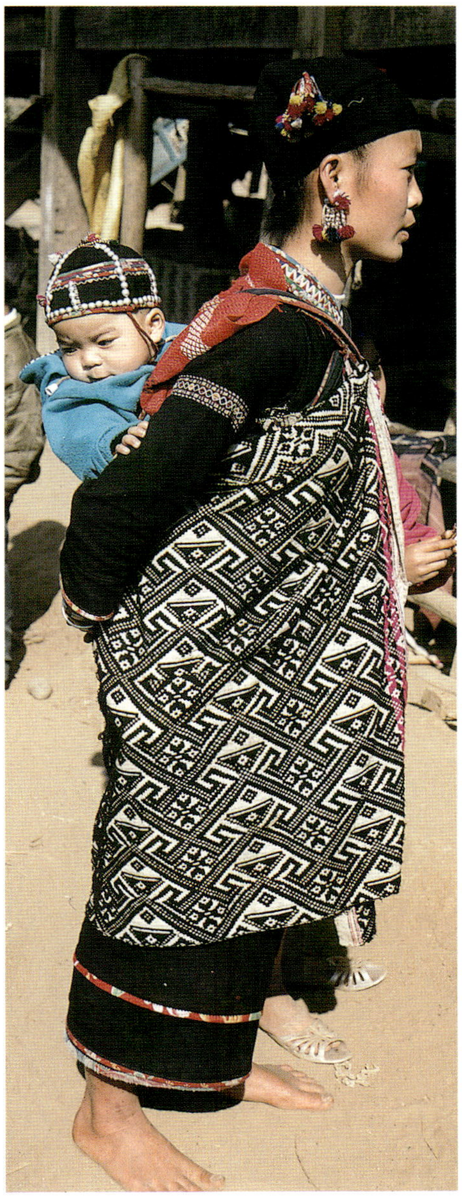
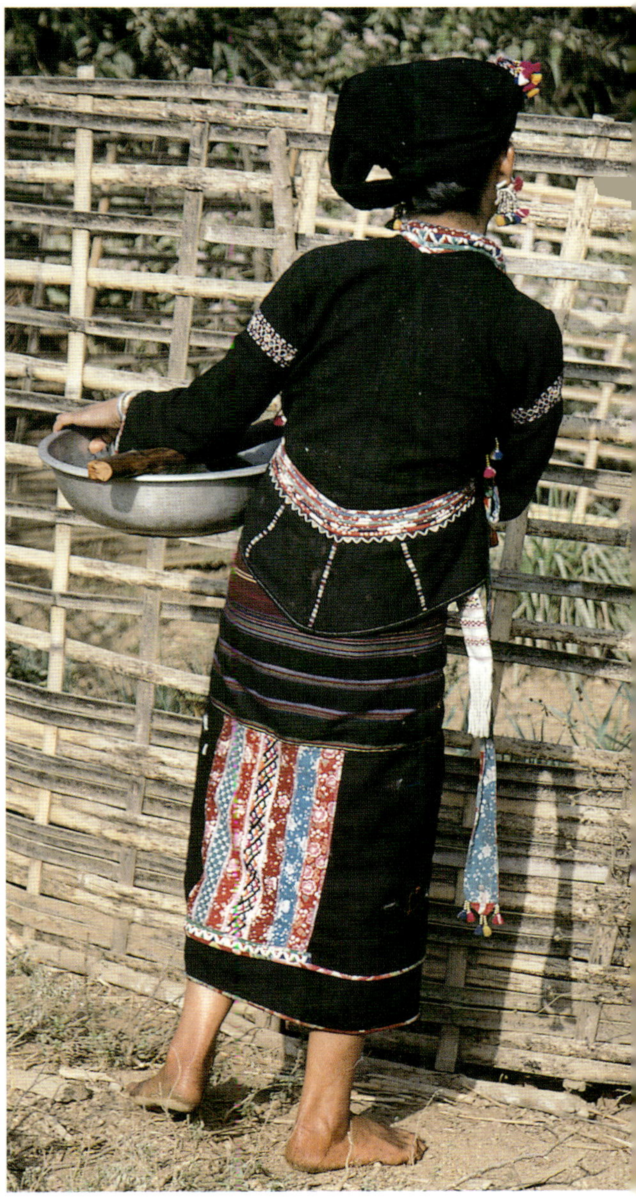
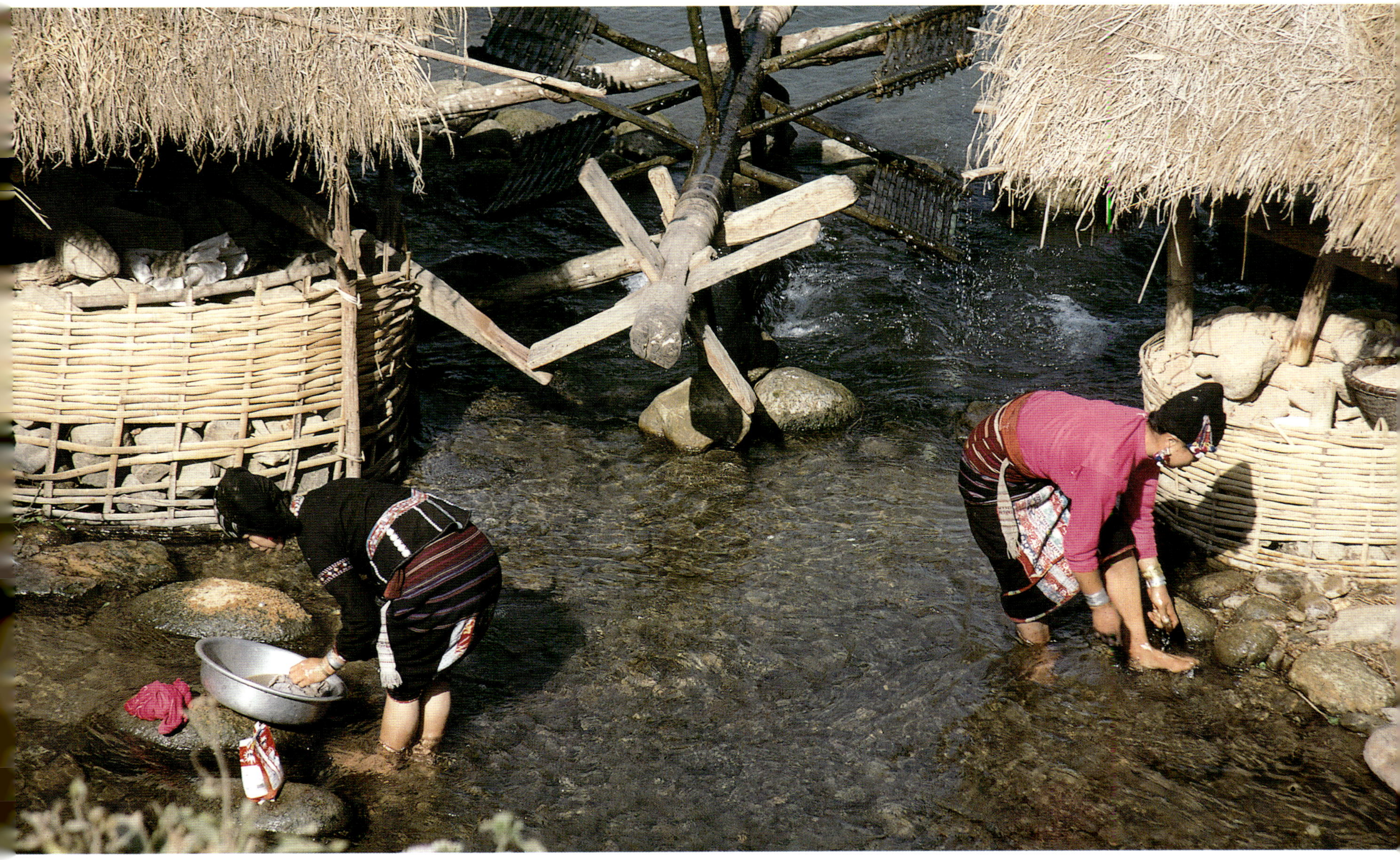

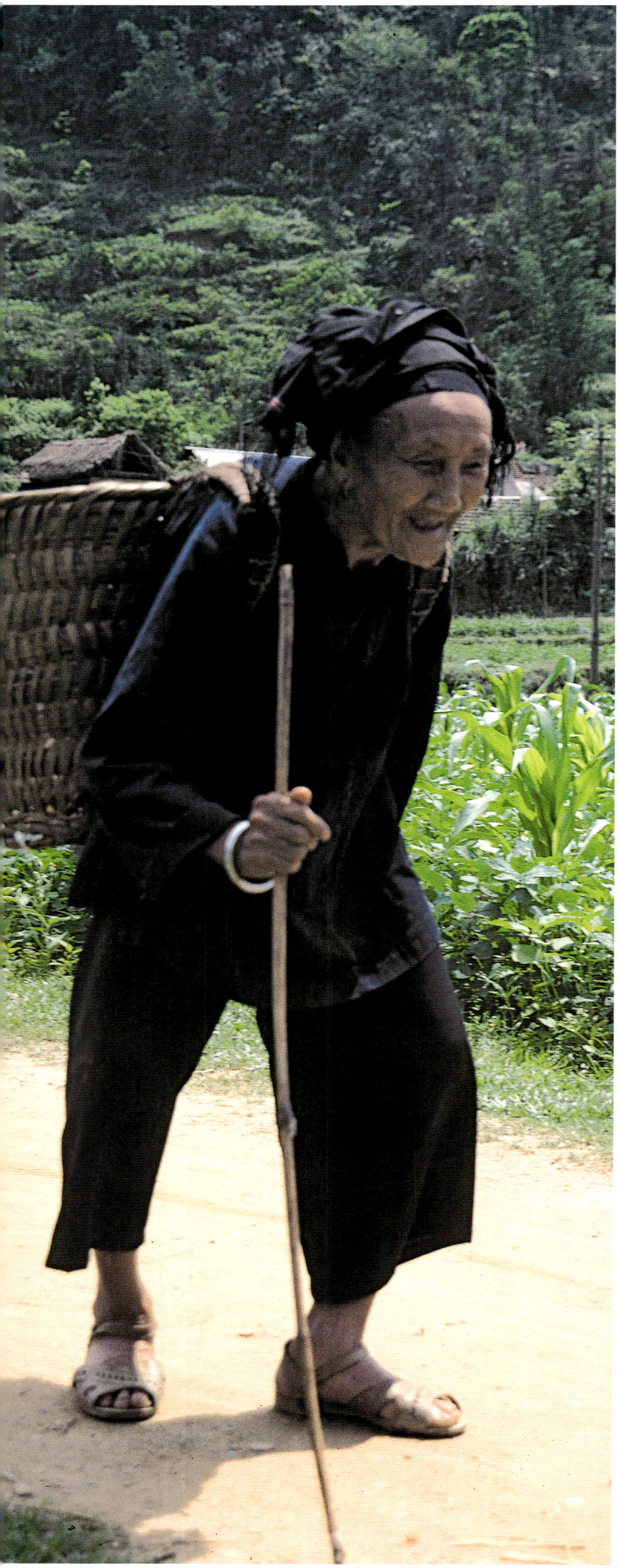

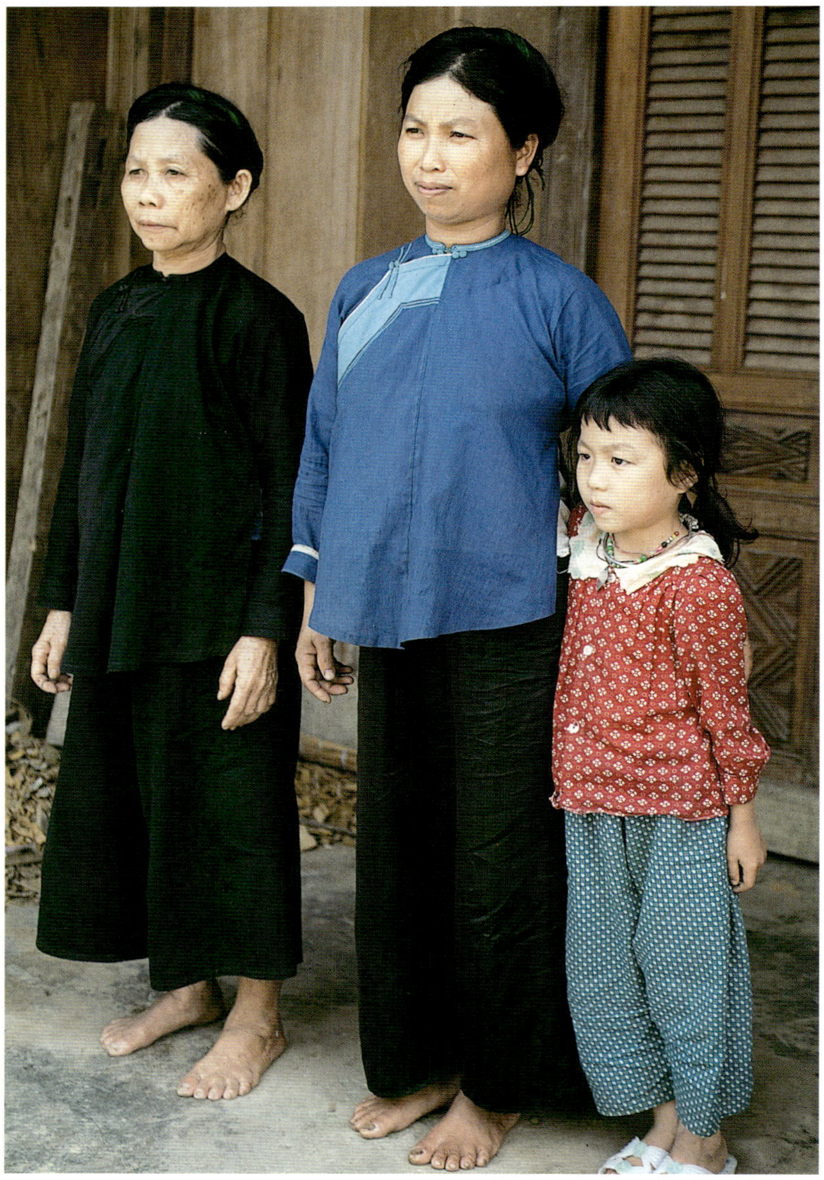

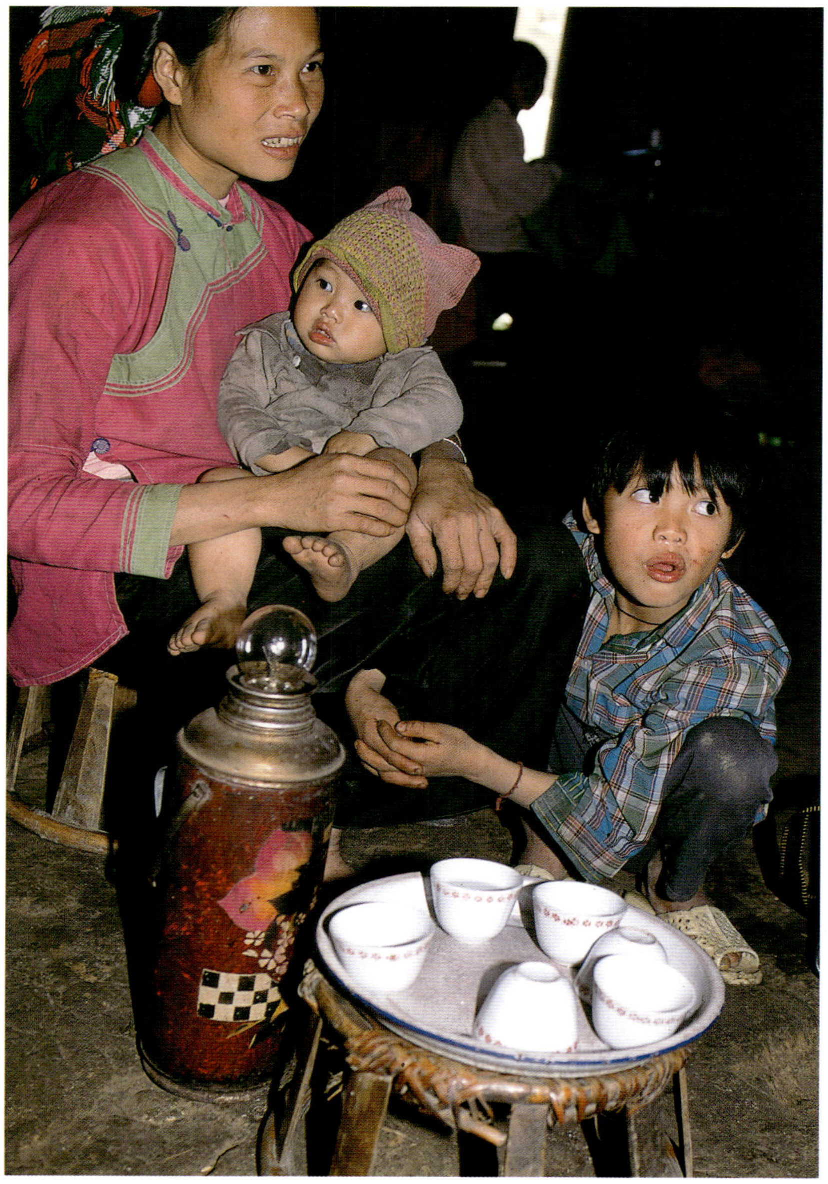

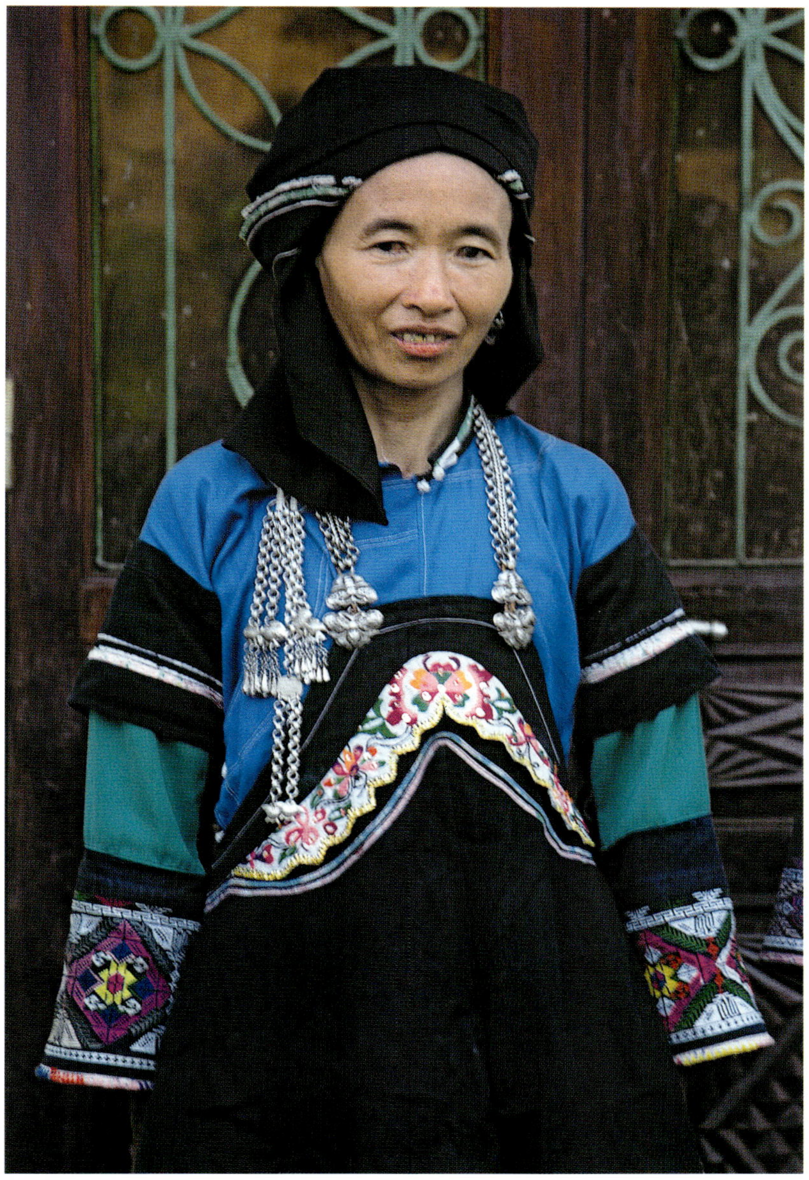

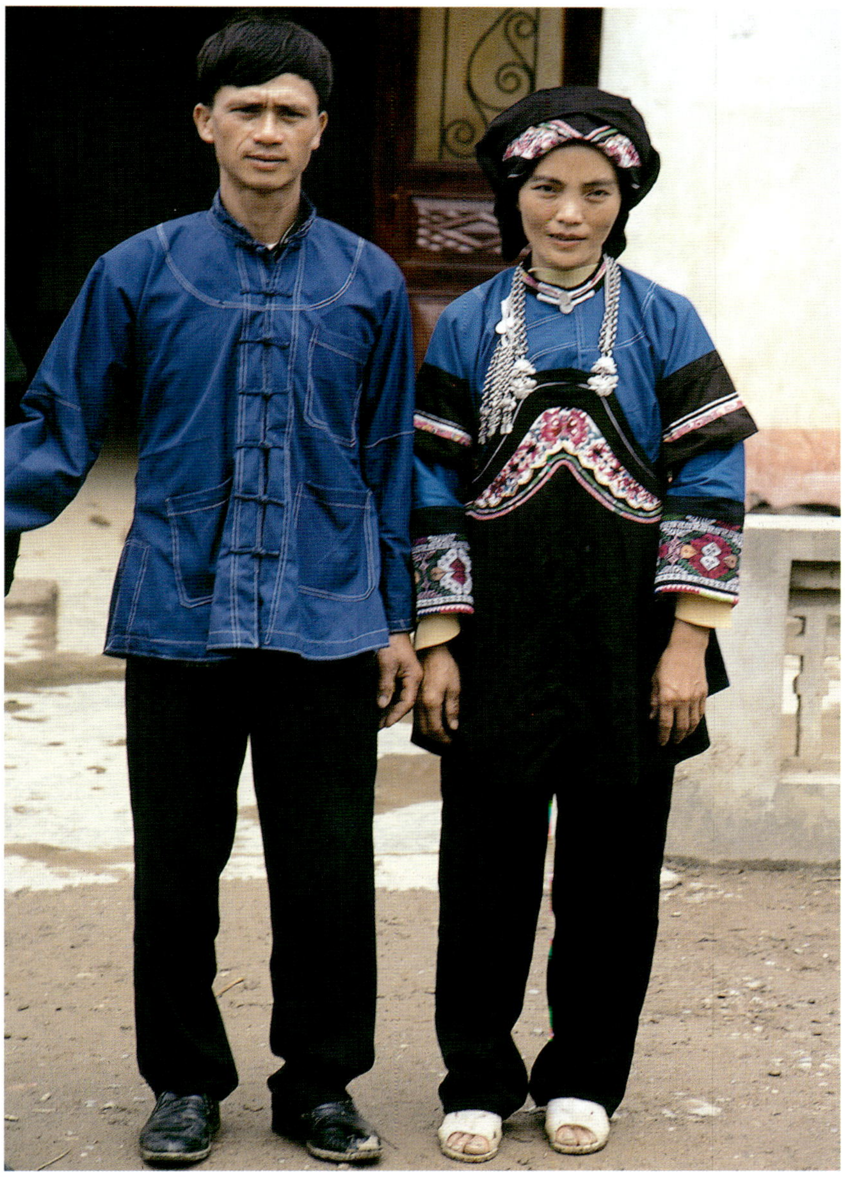

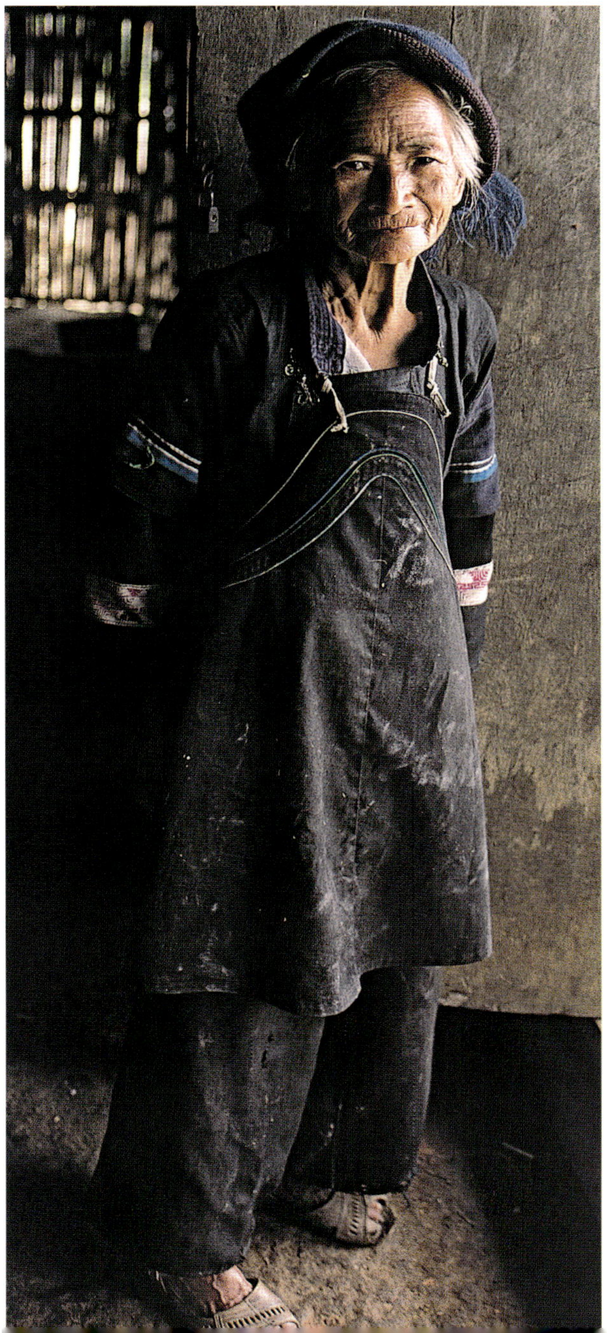

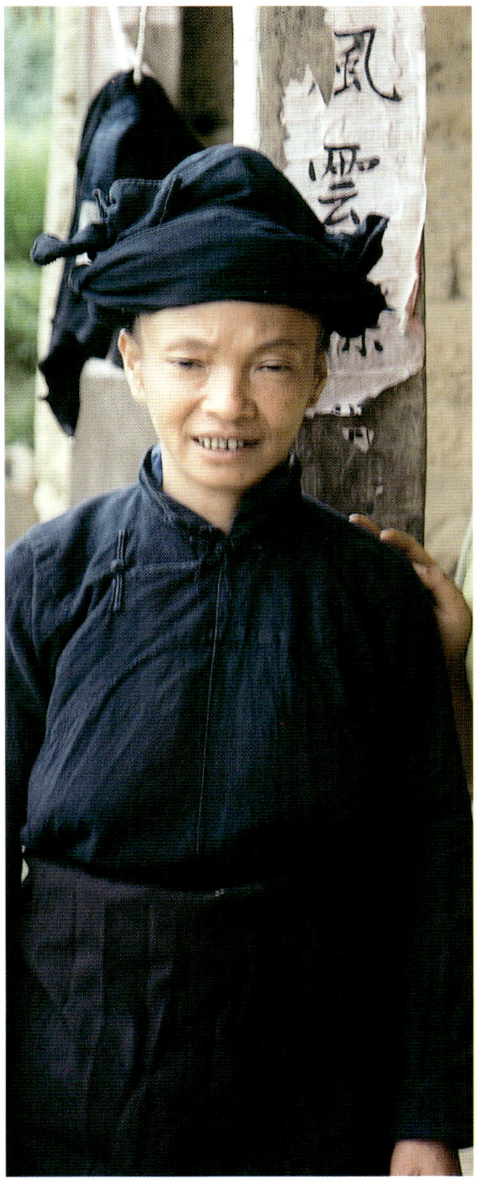
風
雲

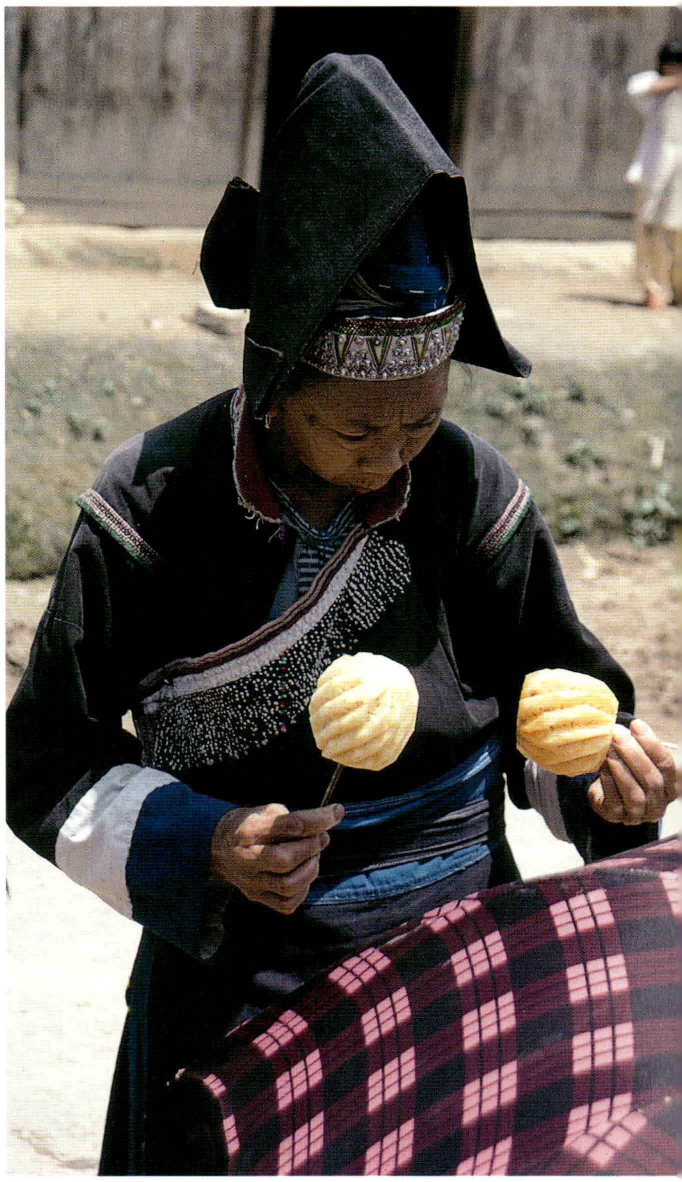

186

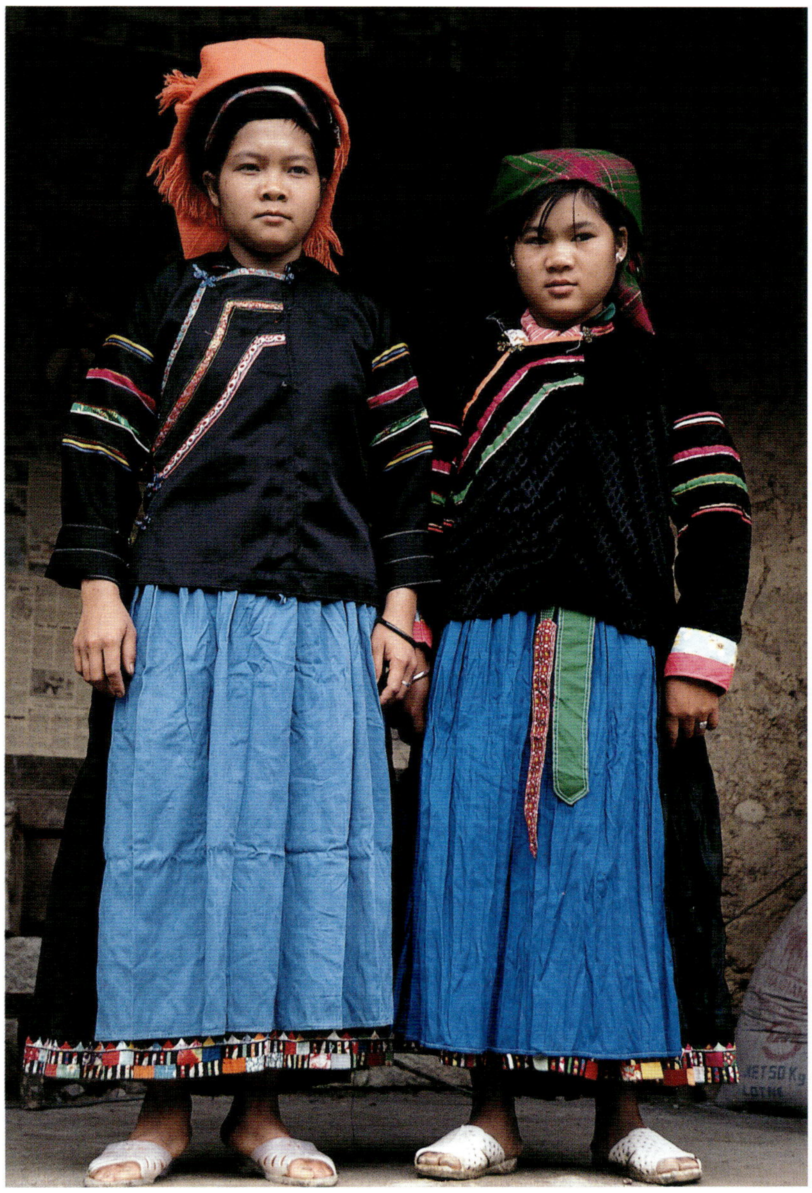

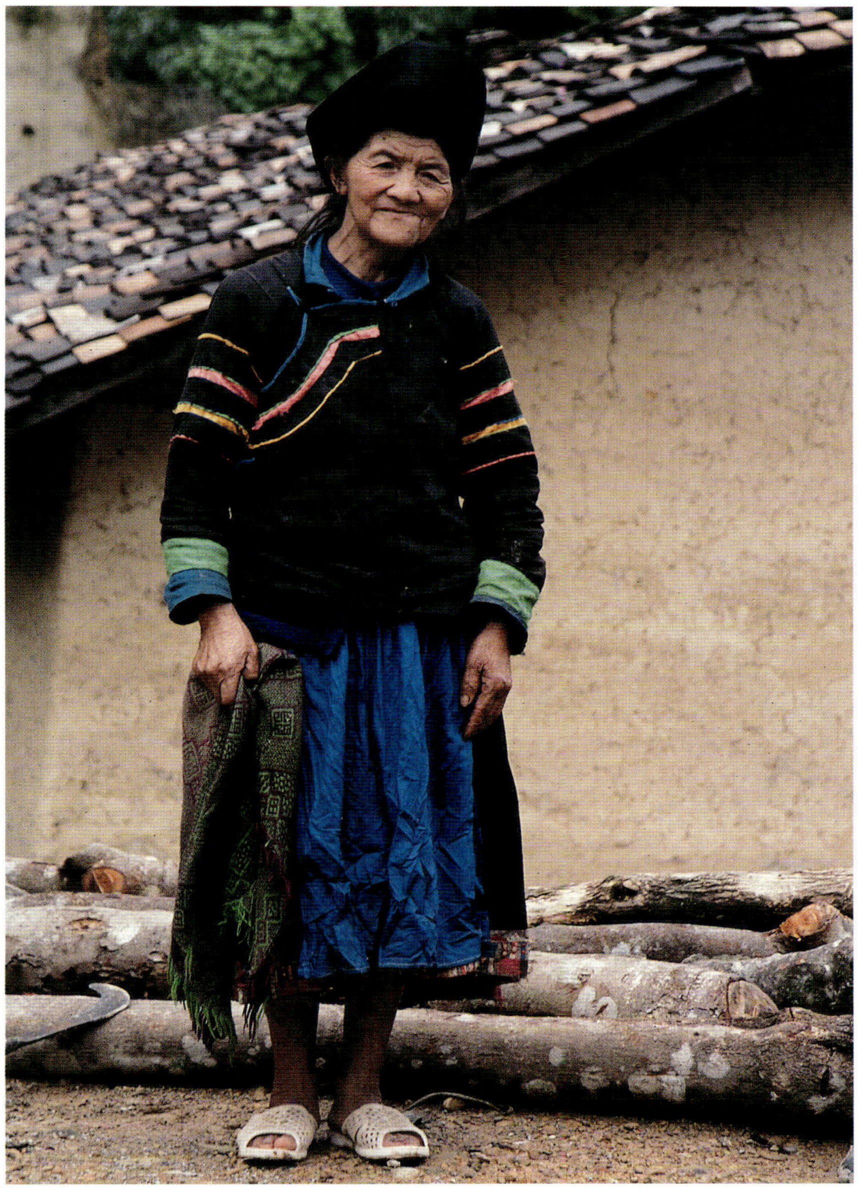

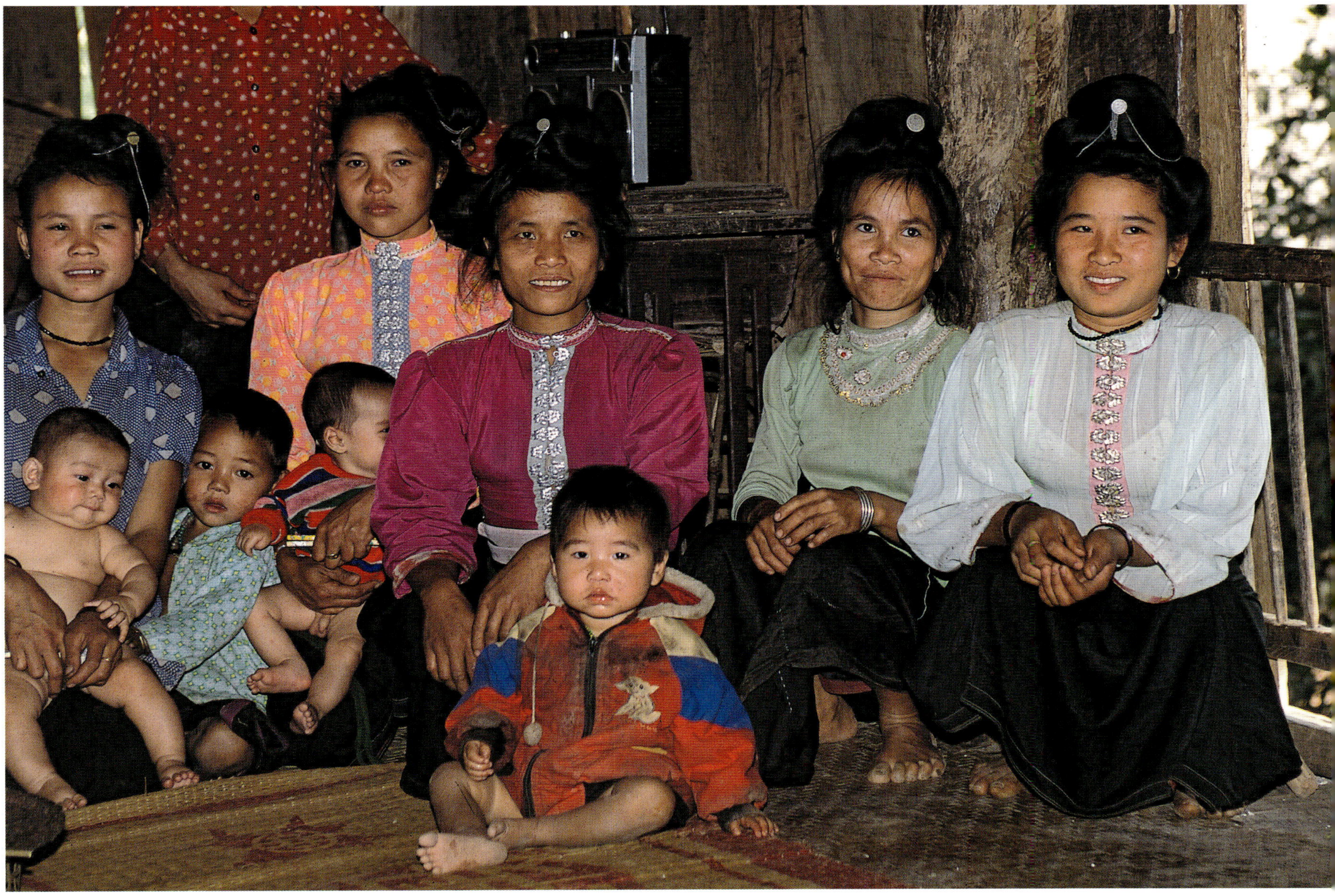

188

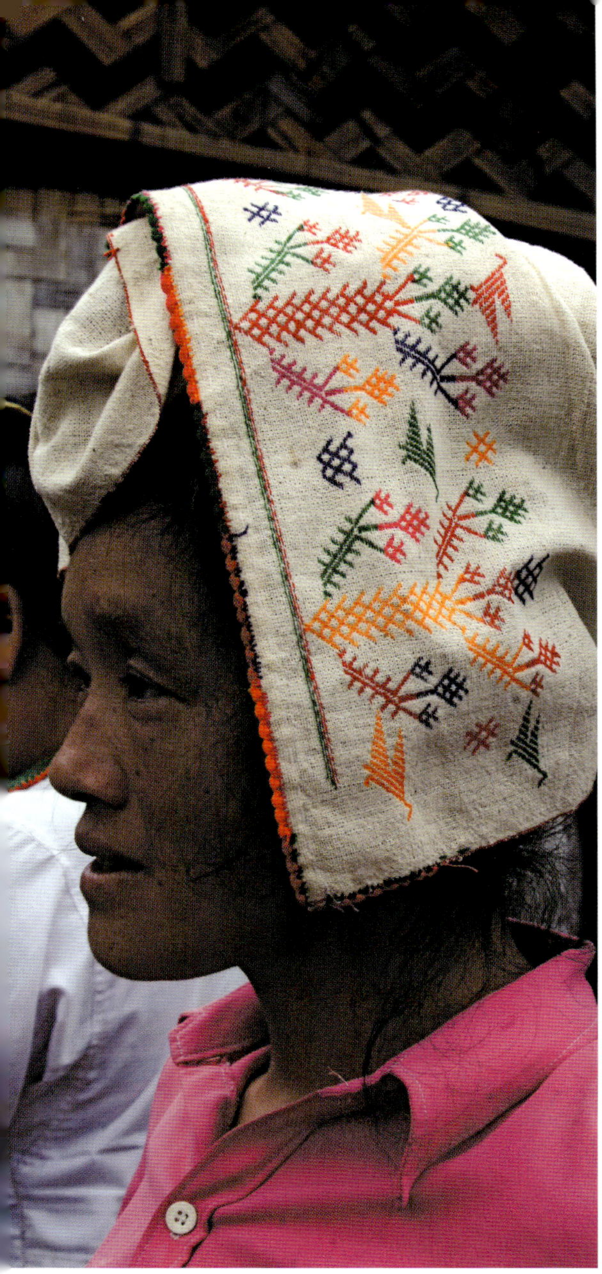
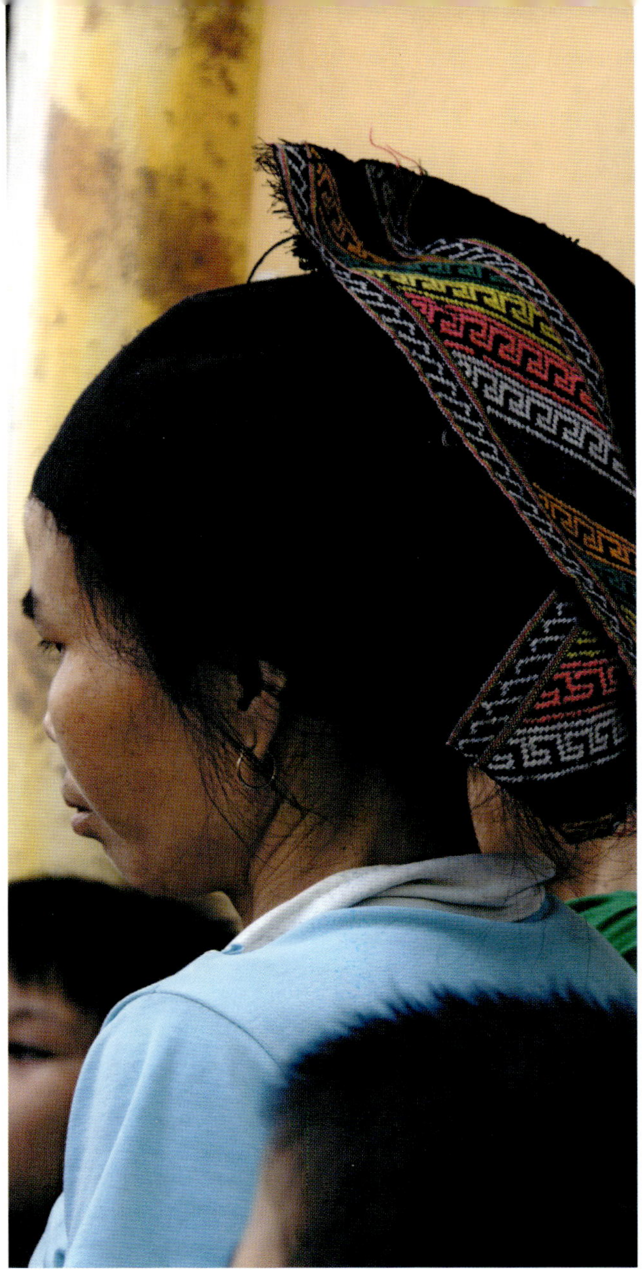
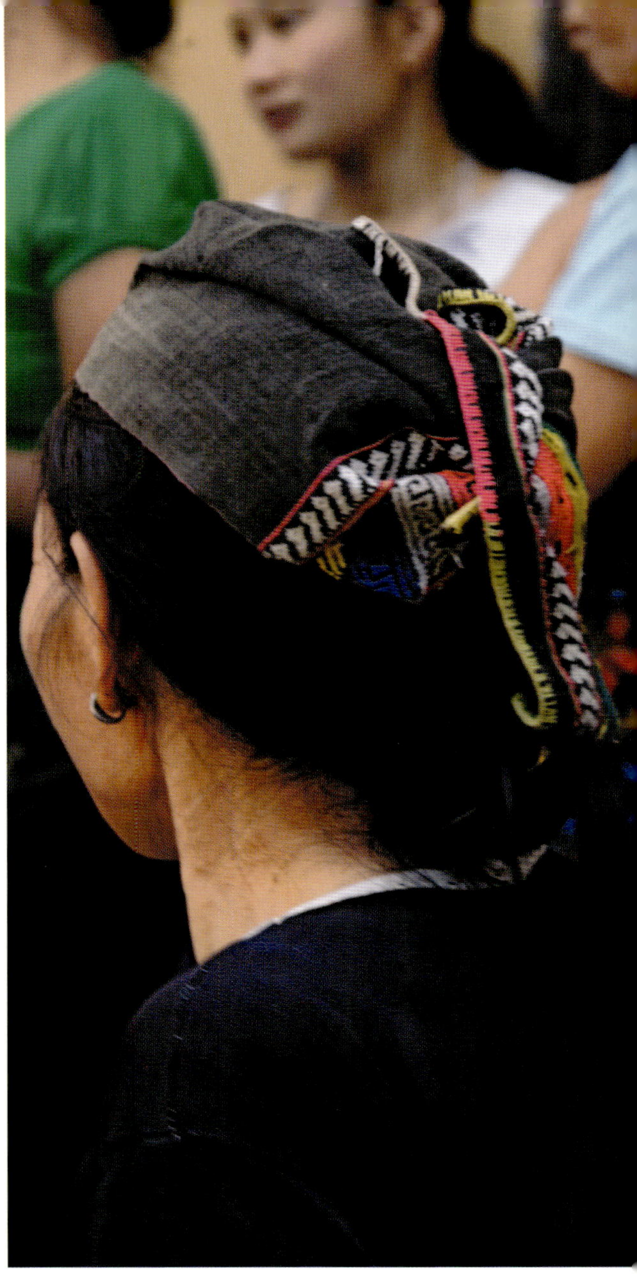
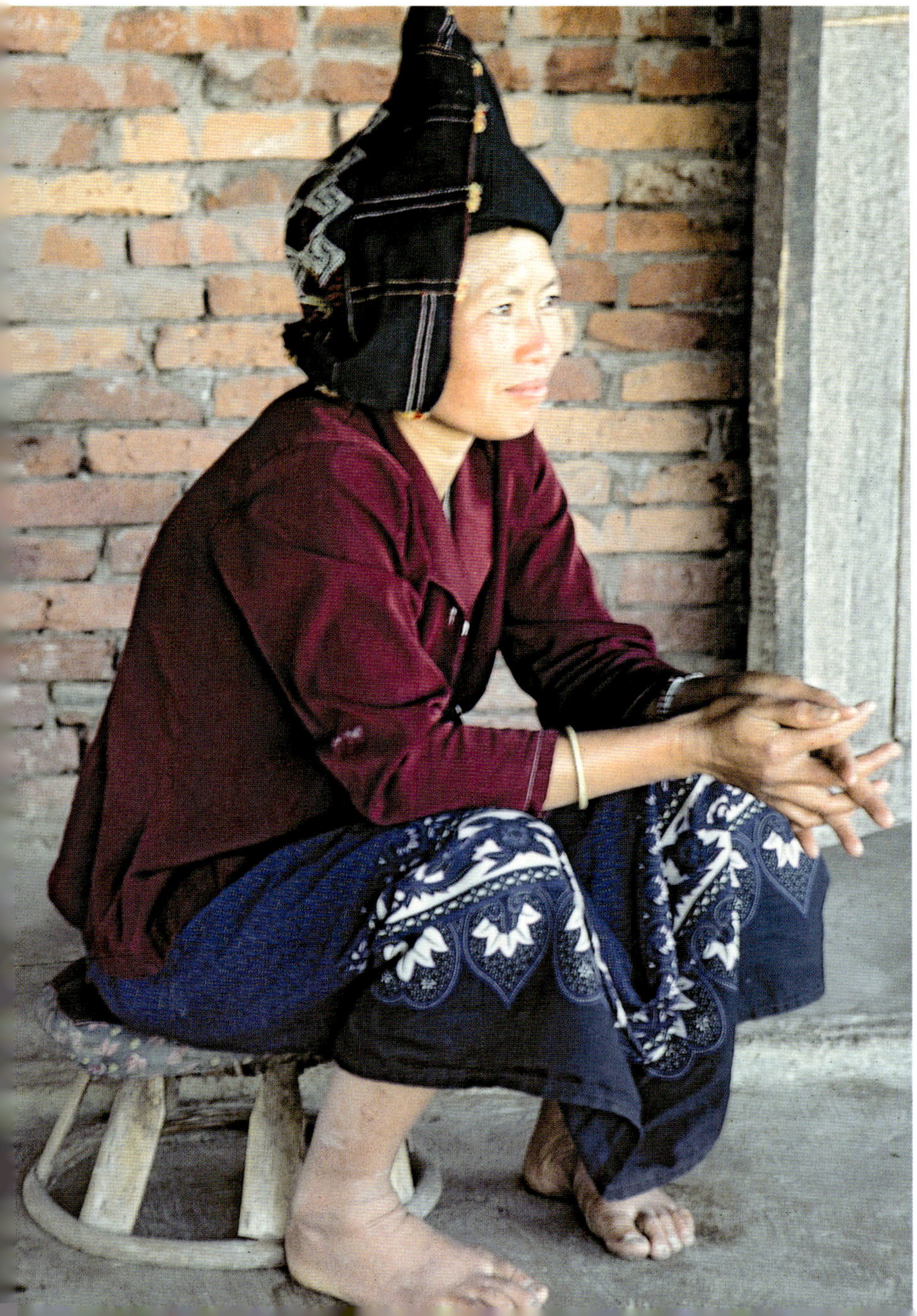
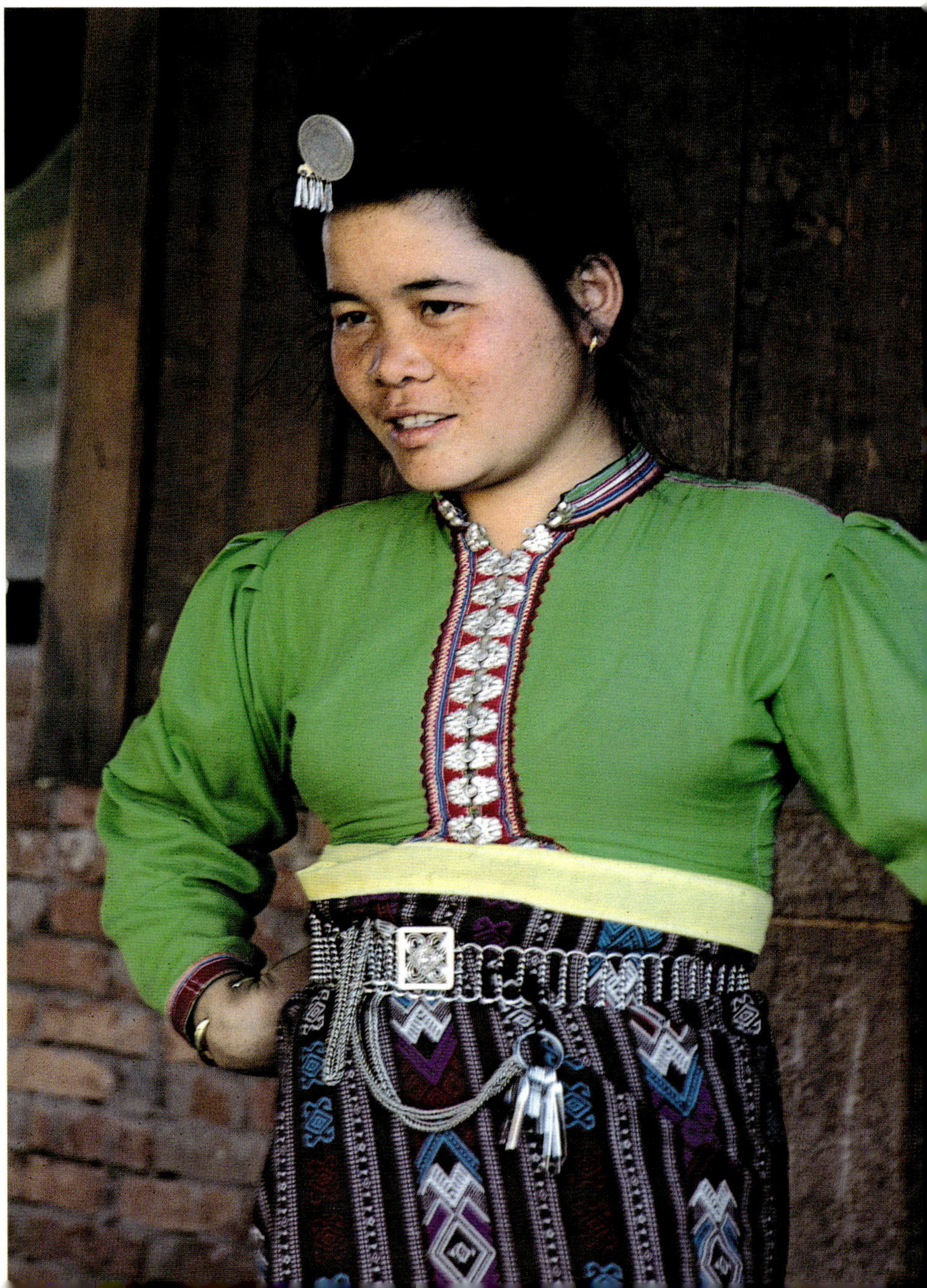

190

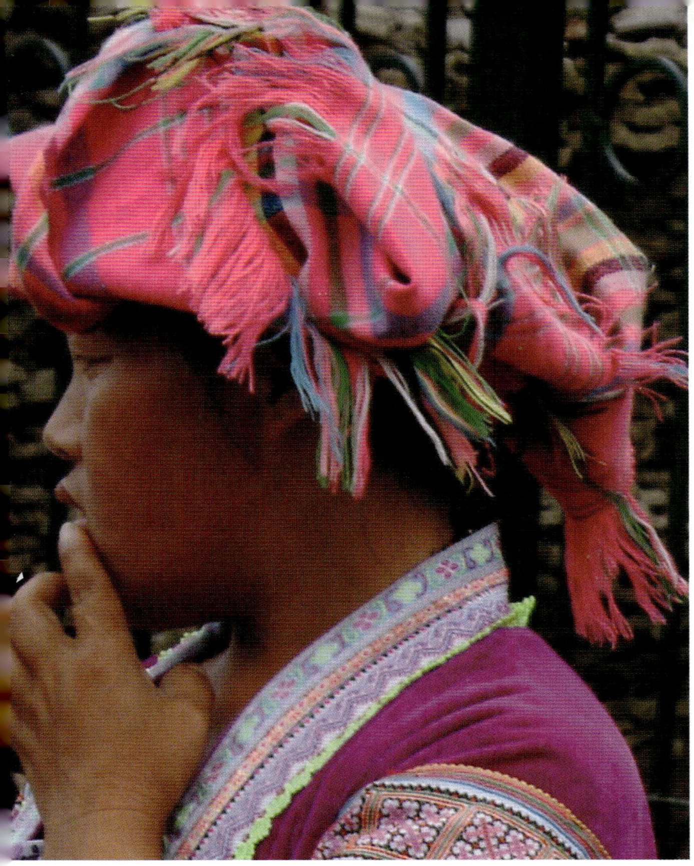
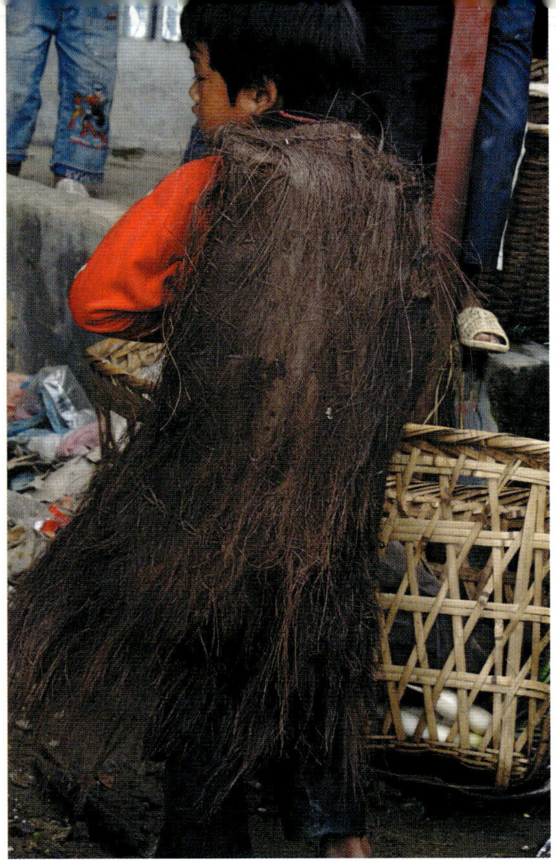
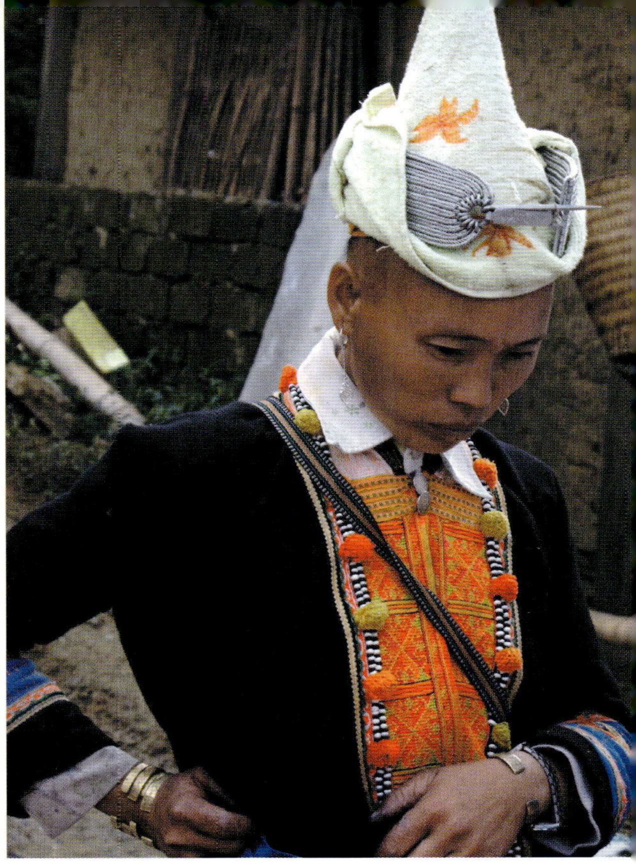
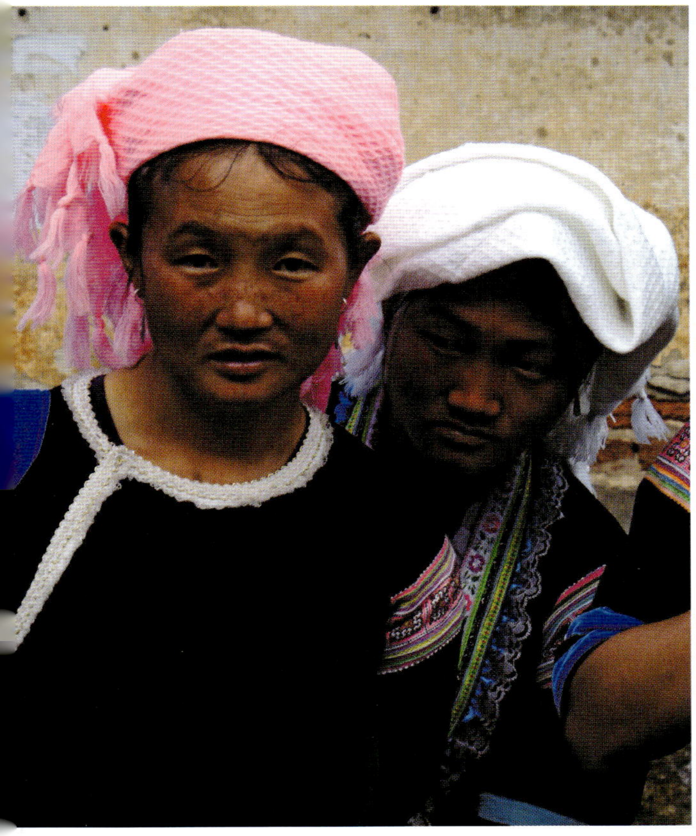
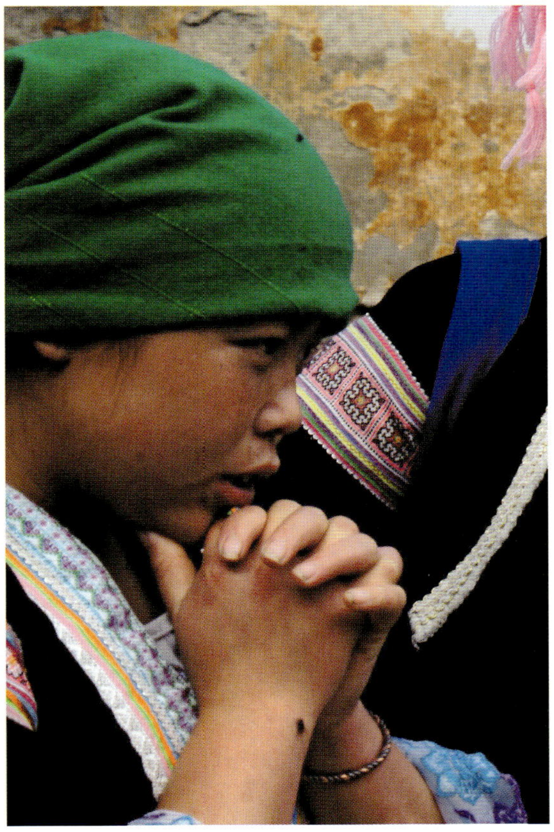
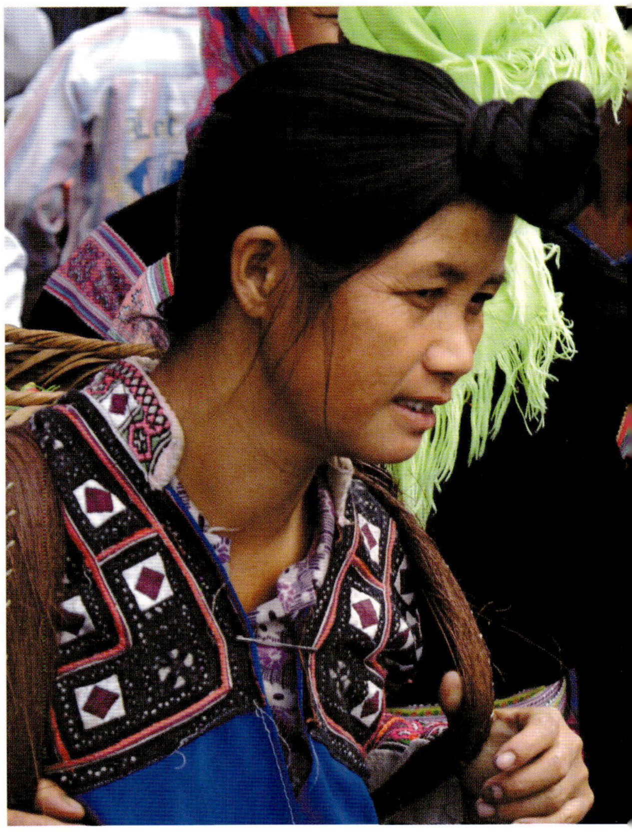
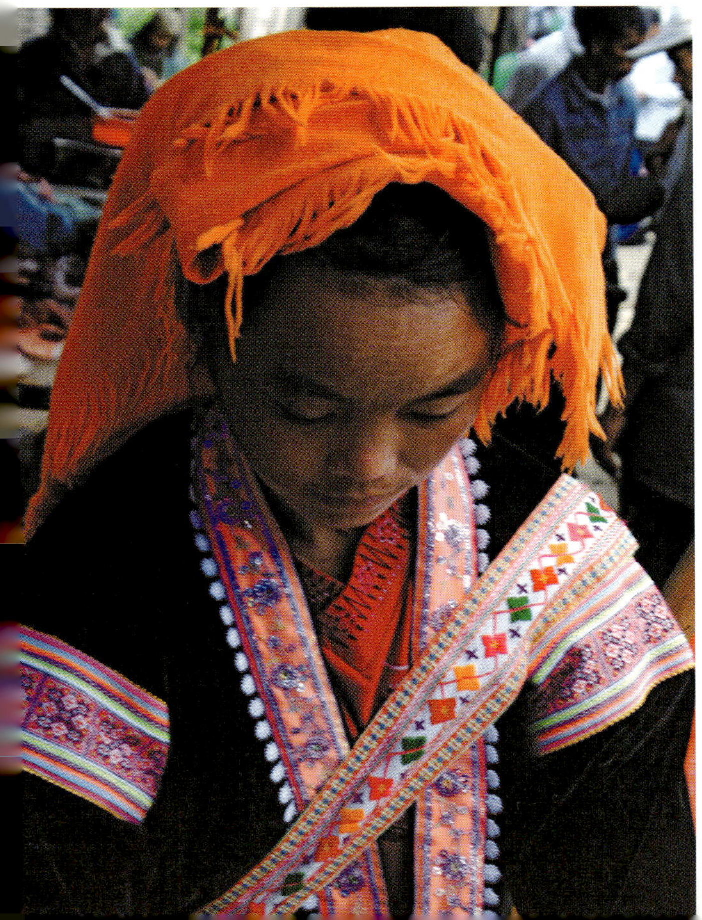
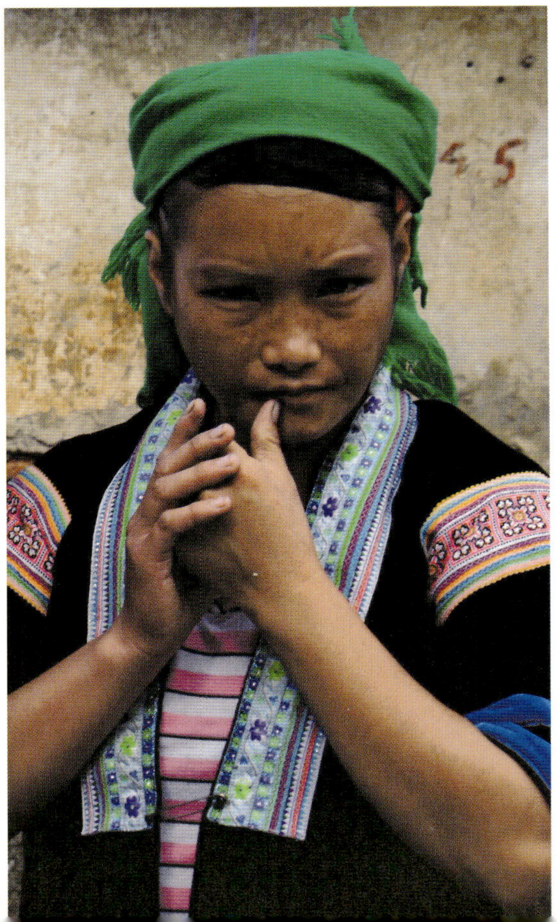
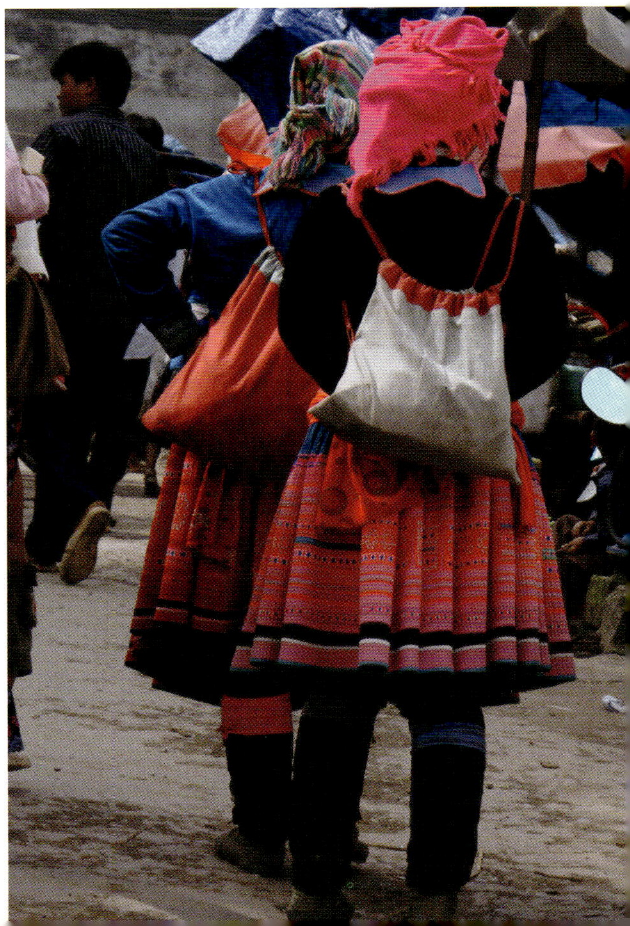

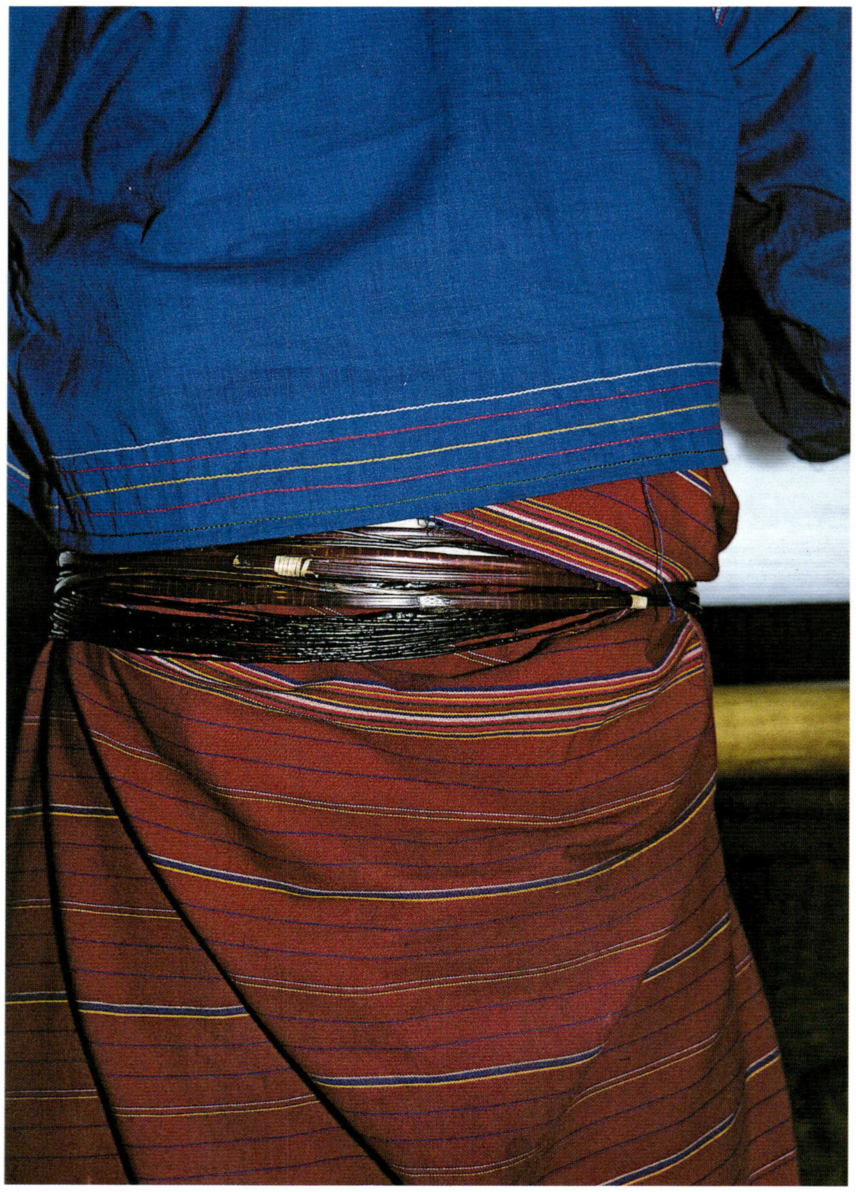

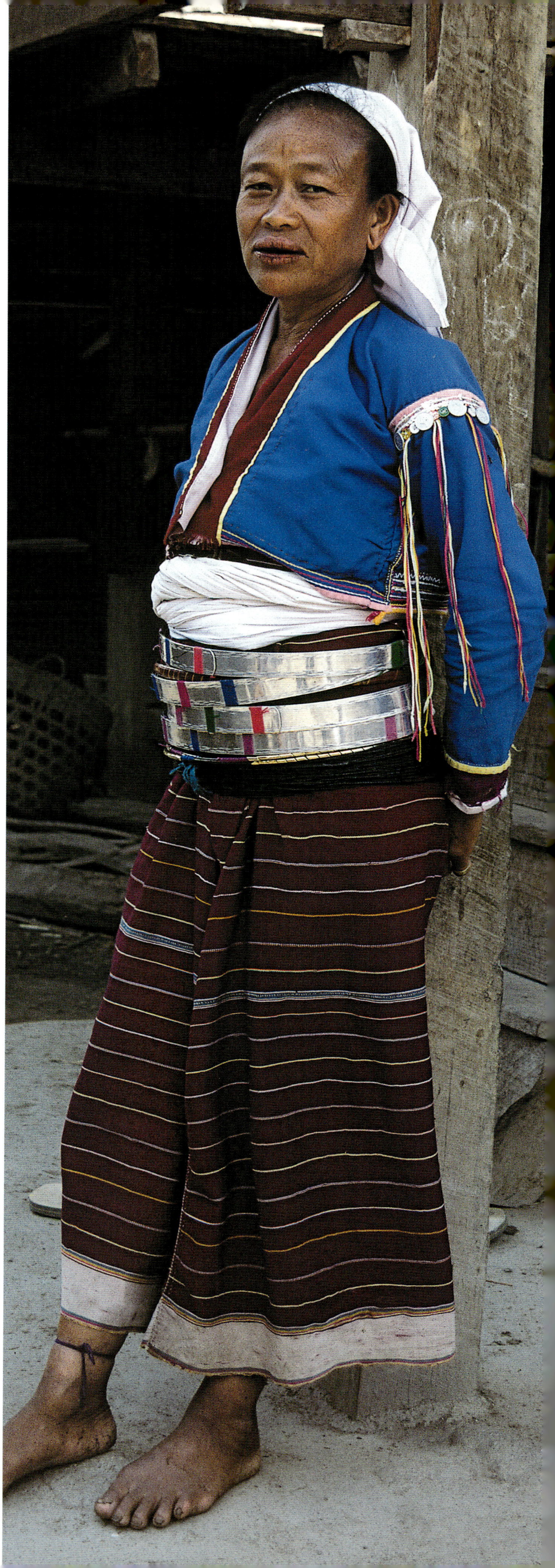

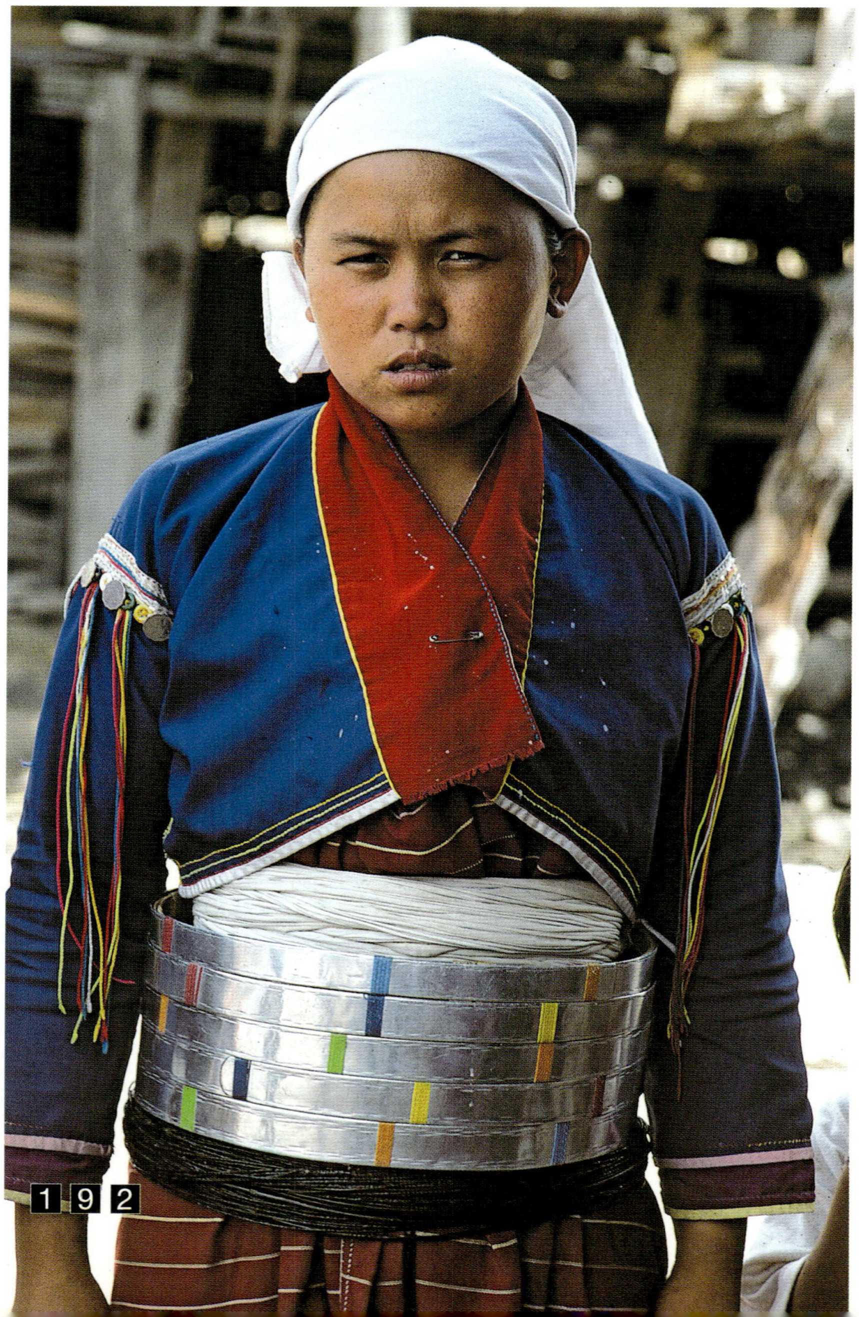

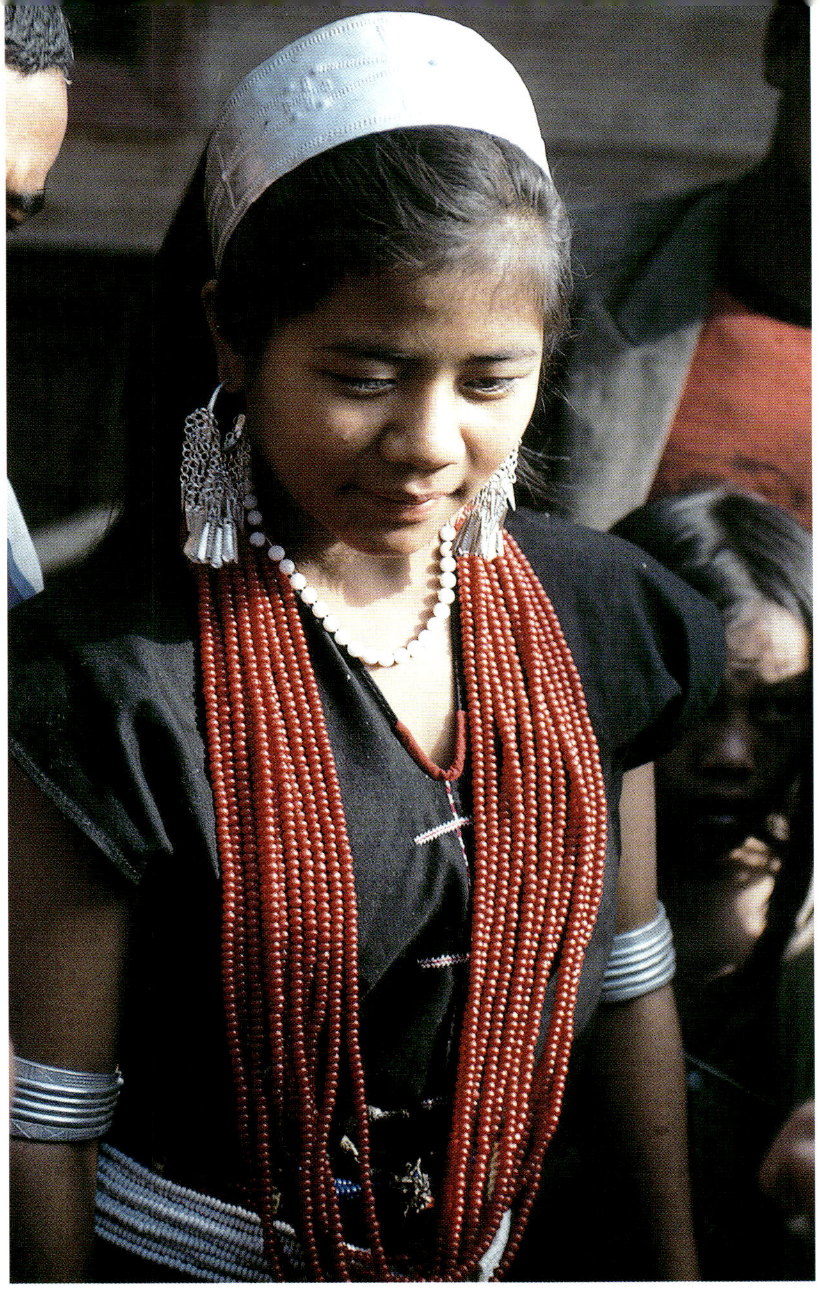
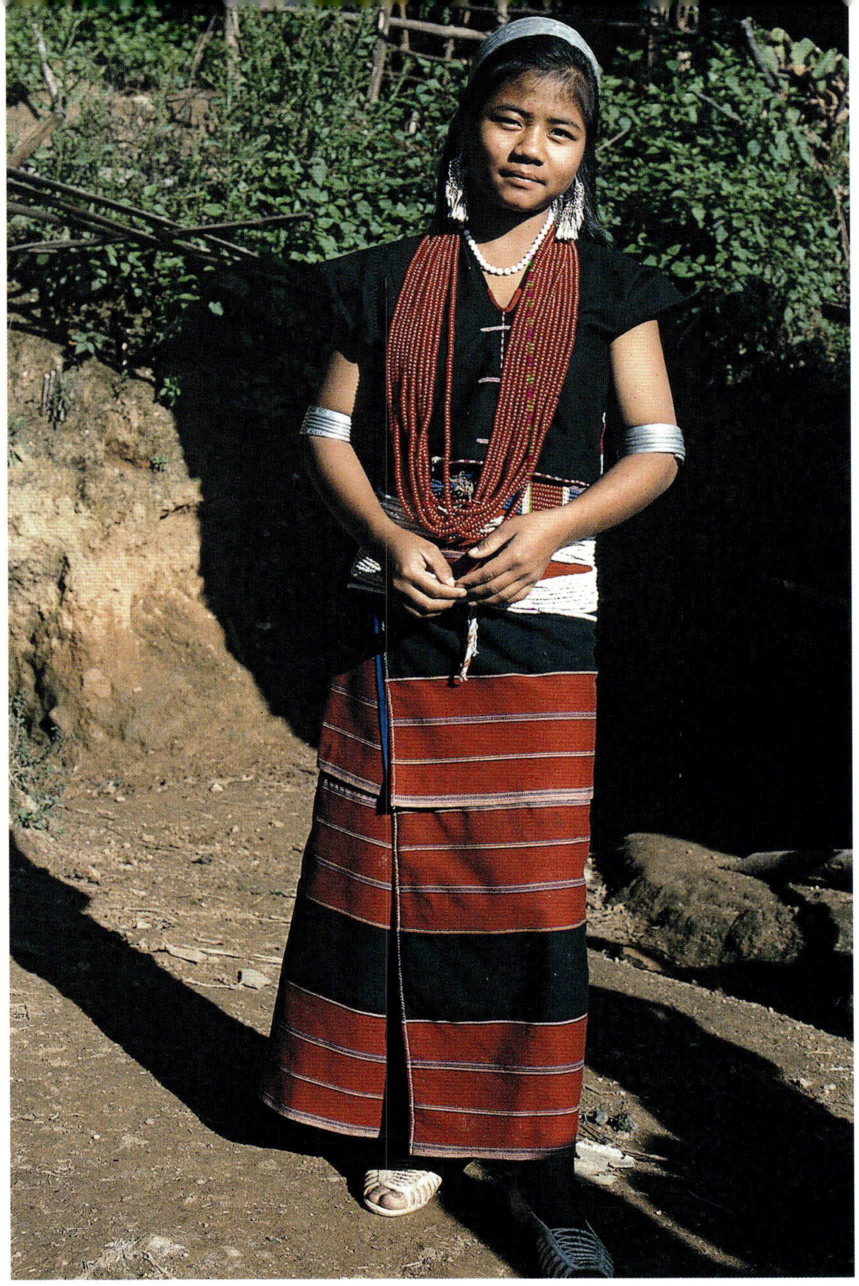
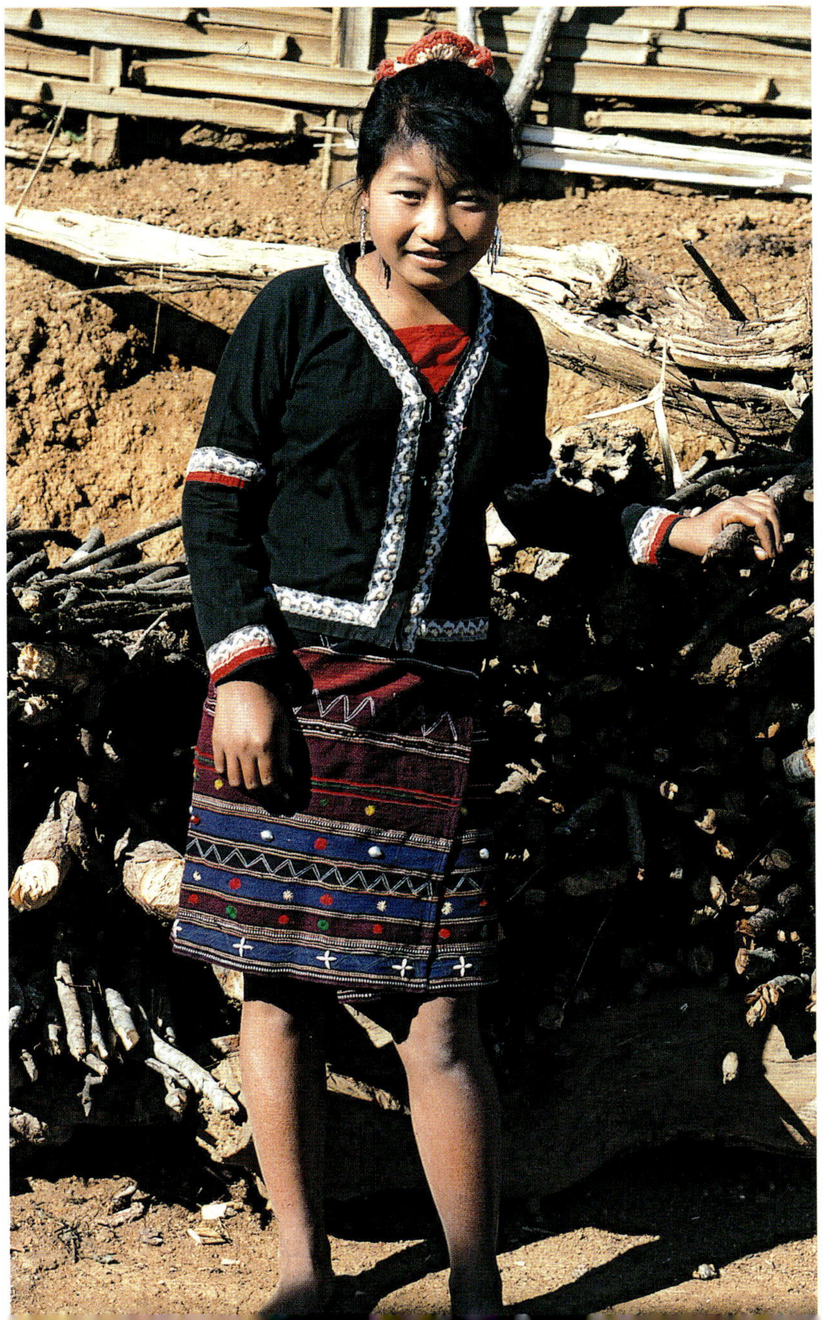
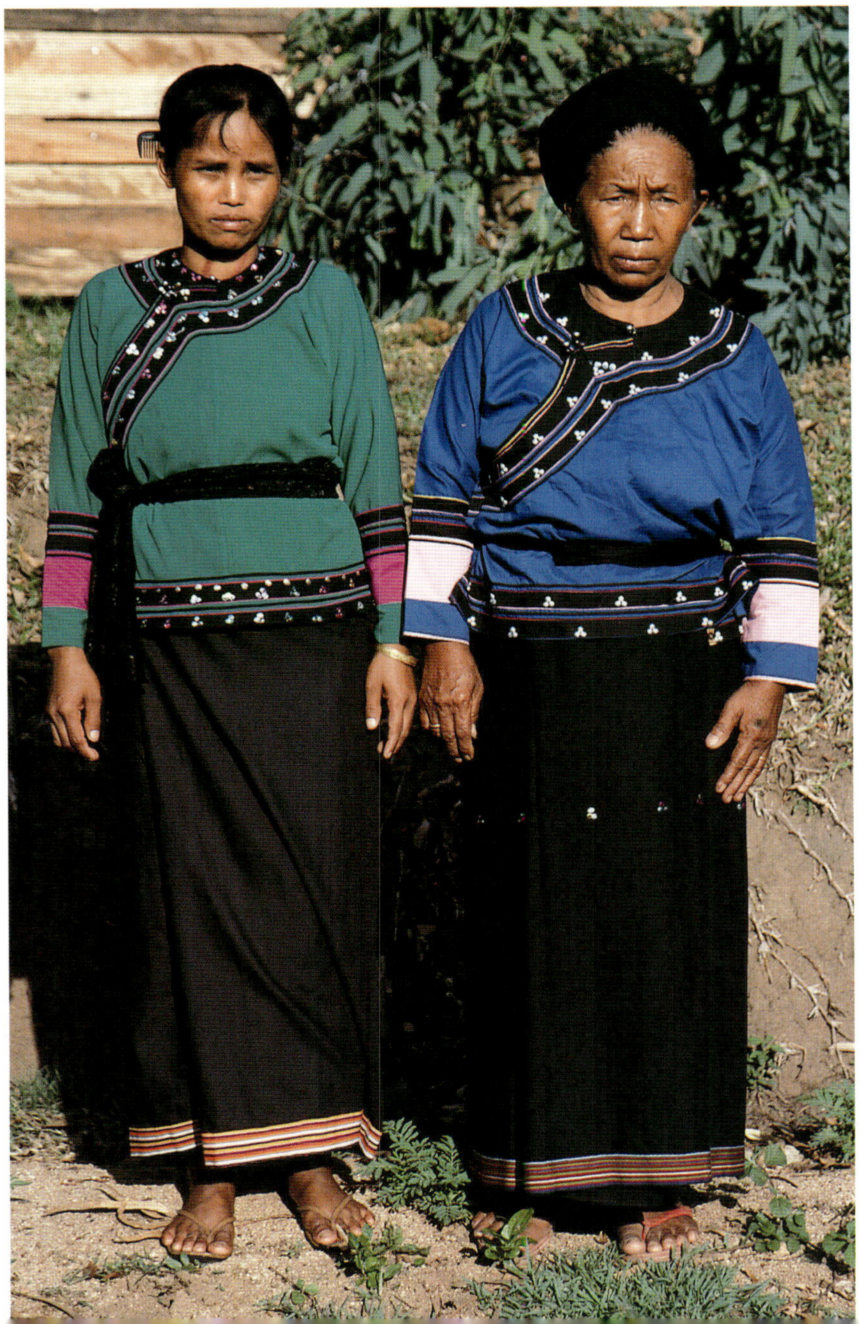

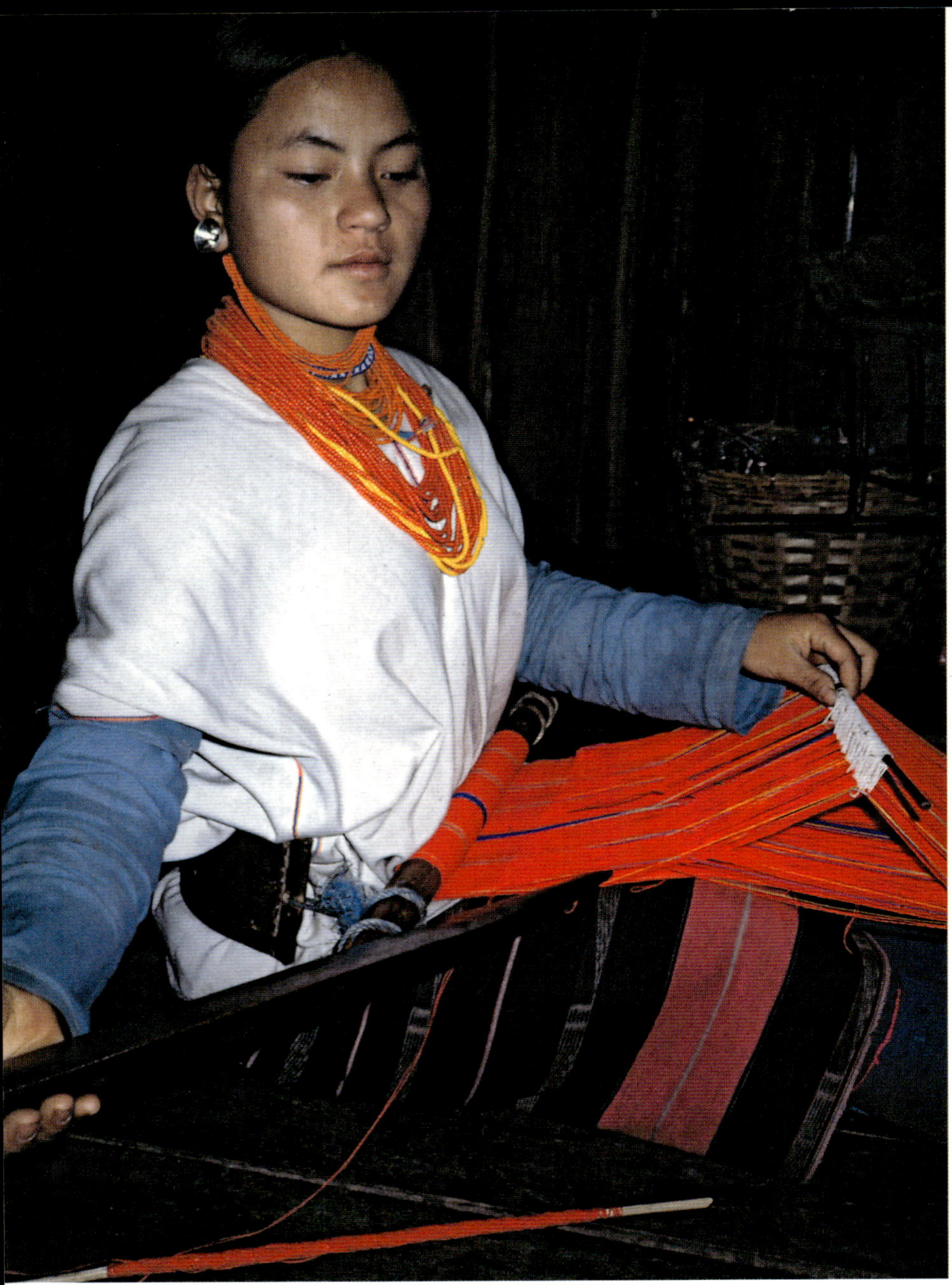

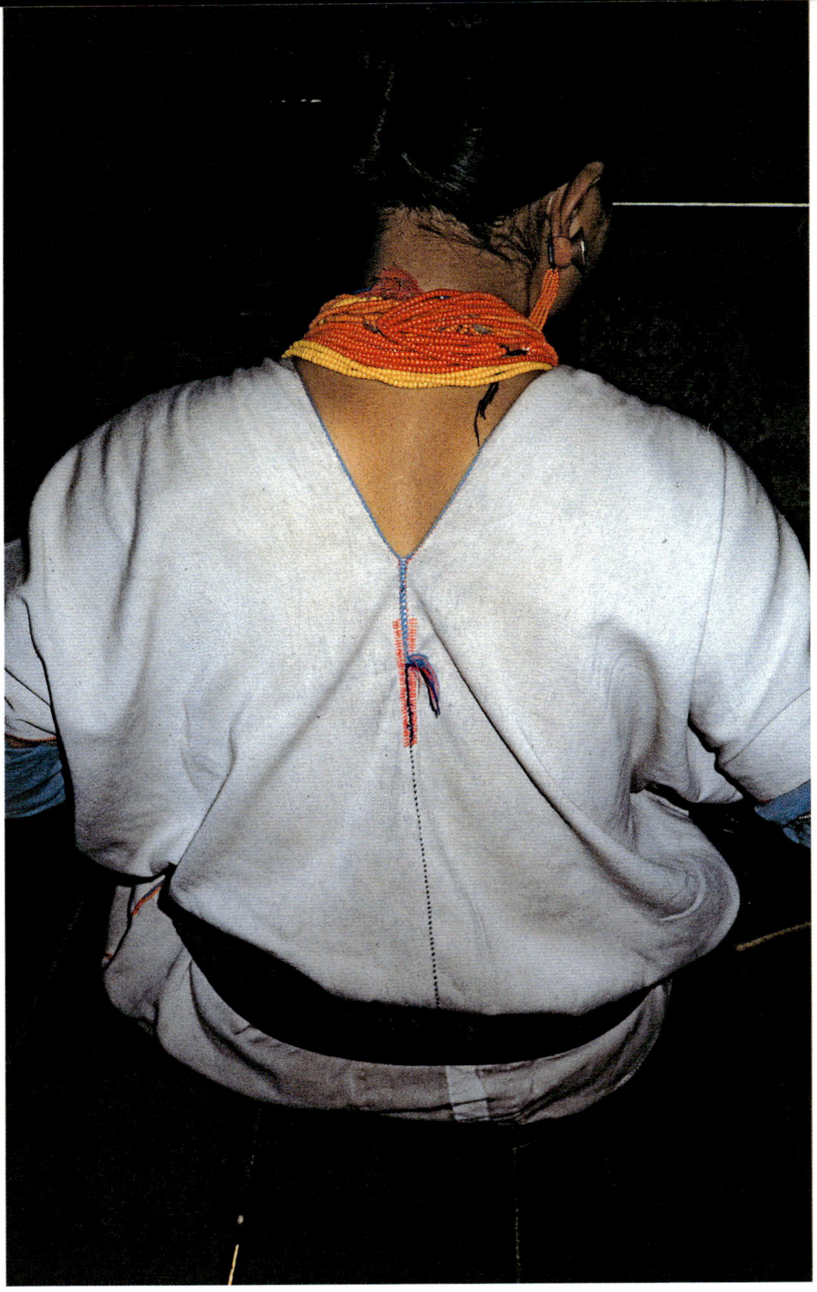

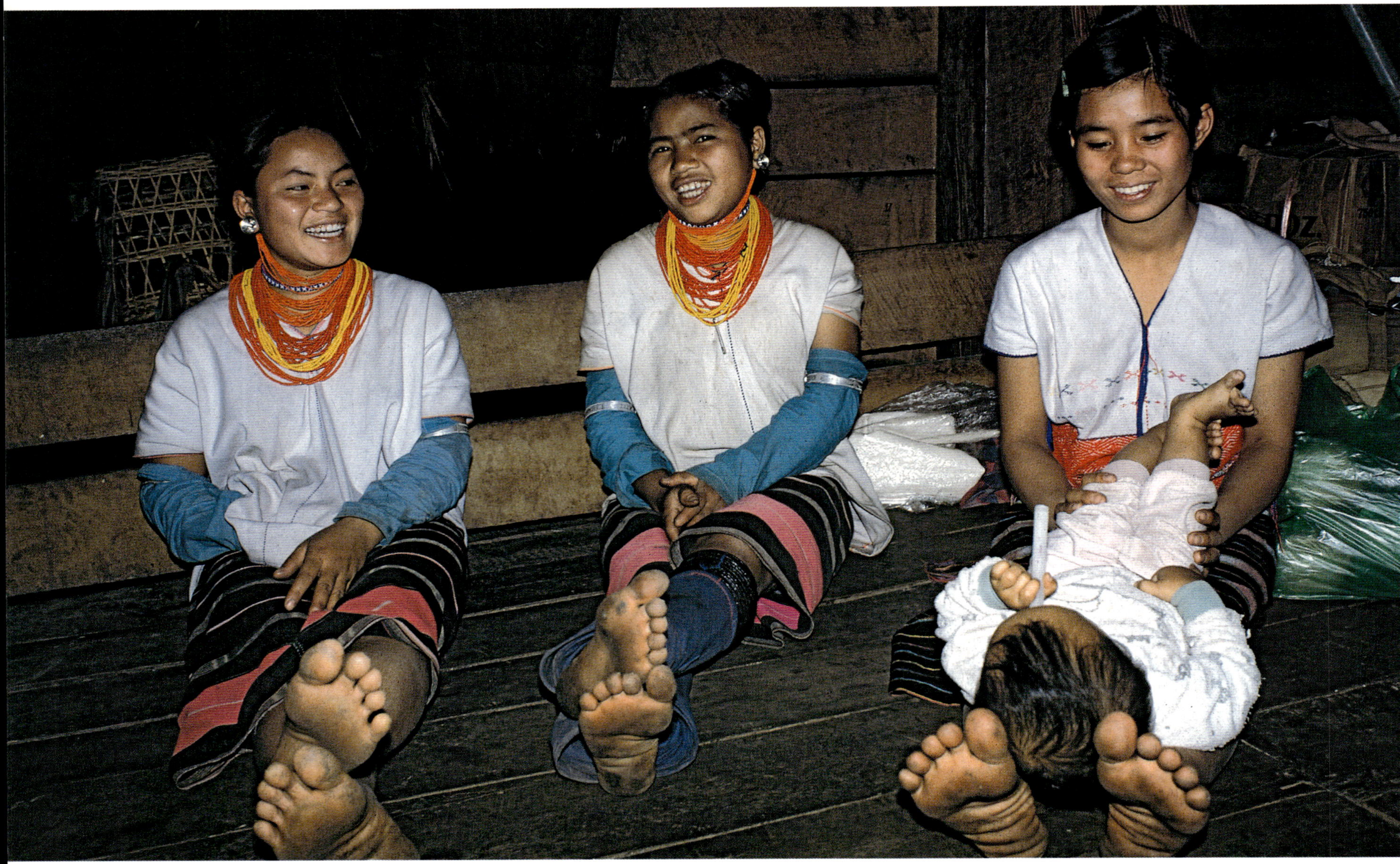

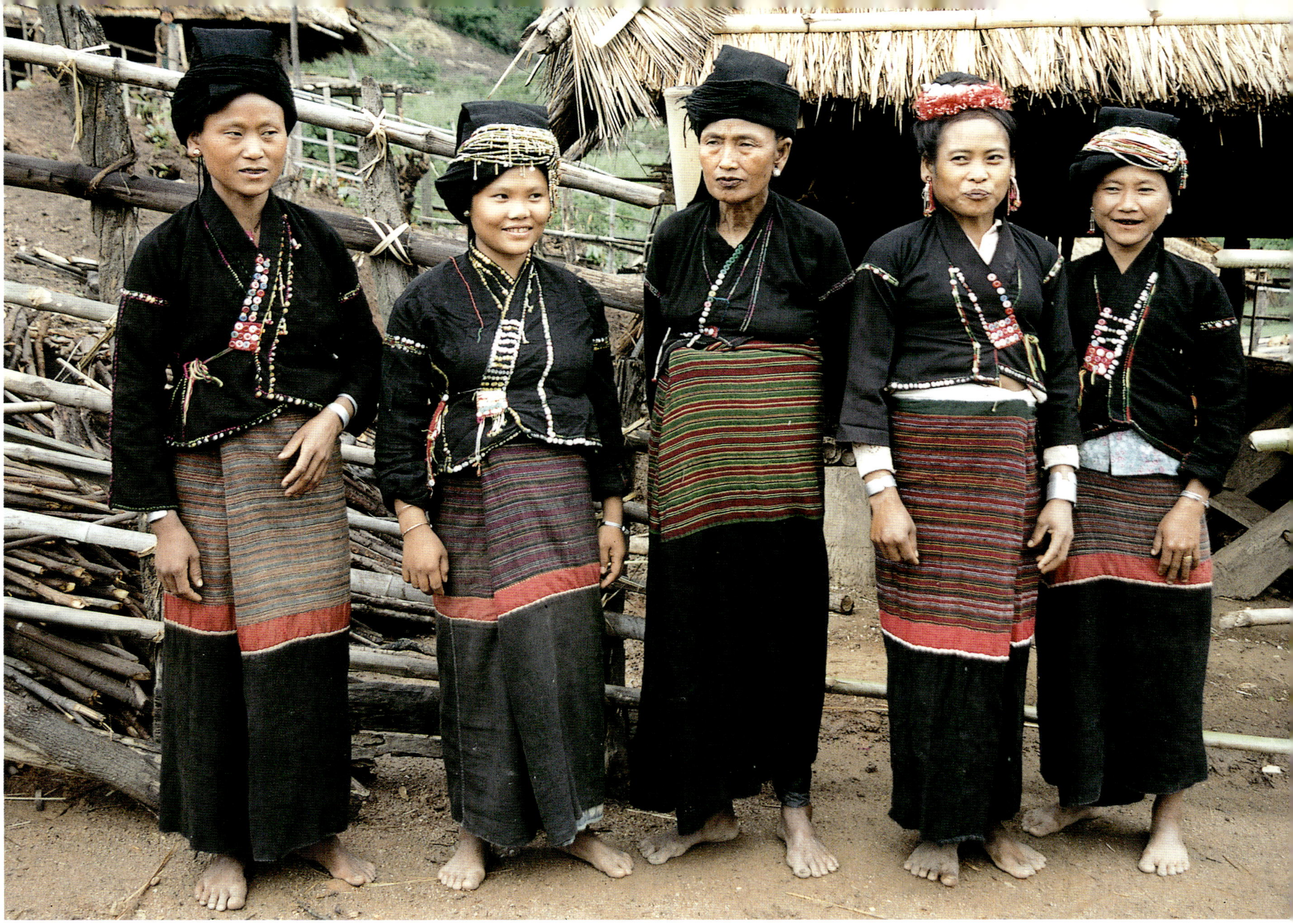
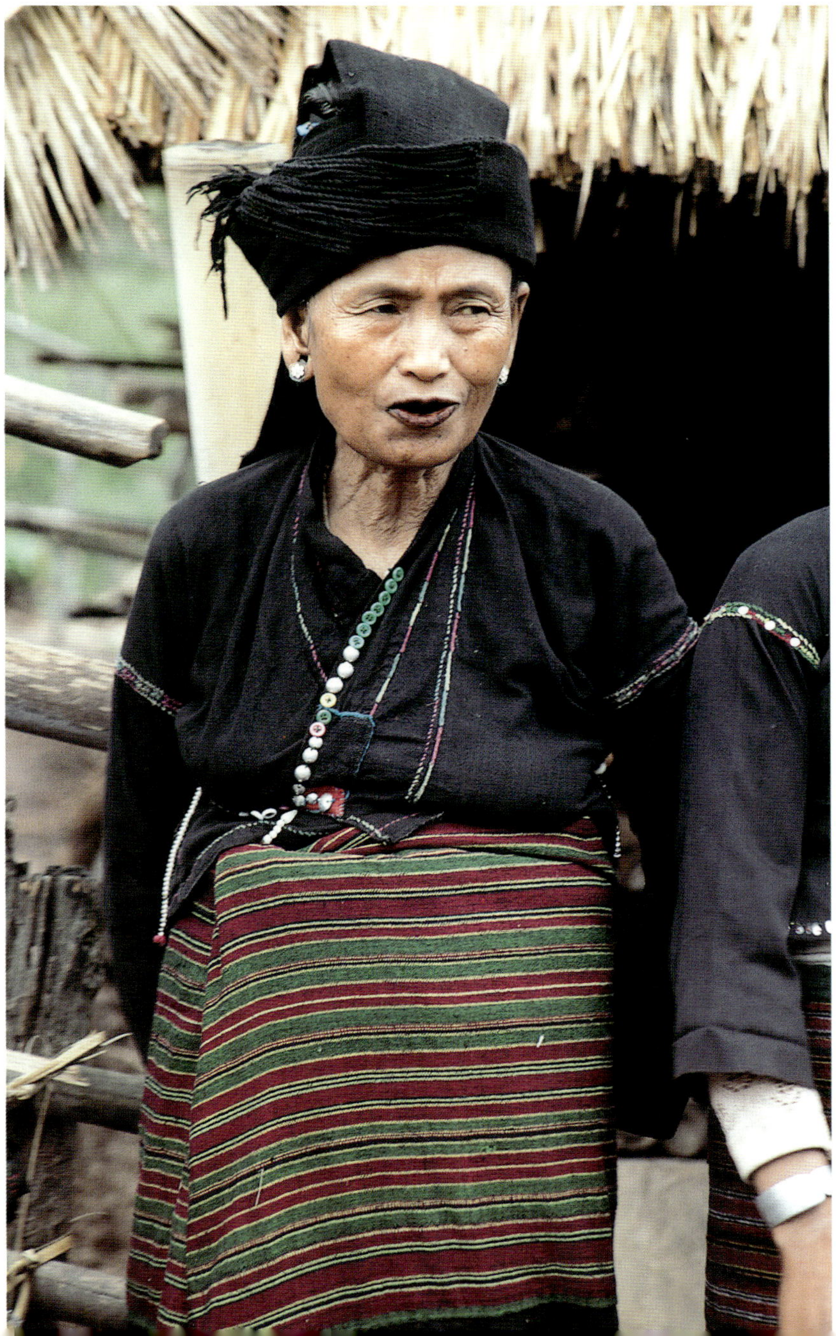
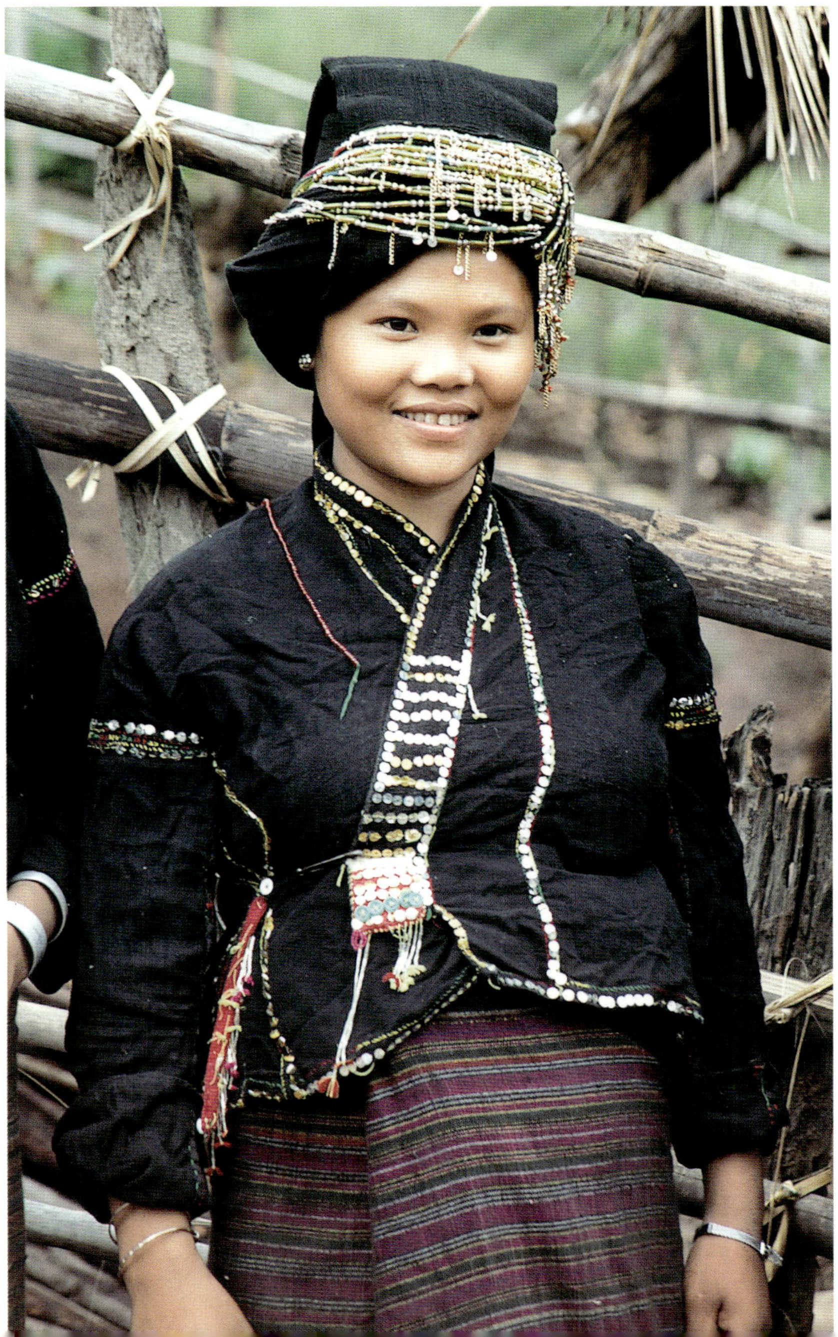

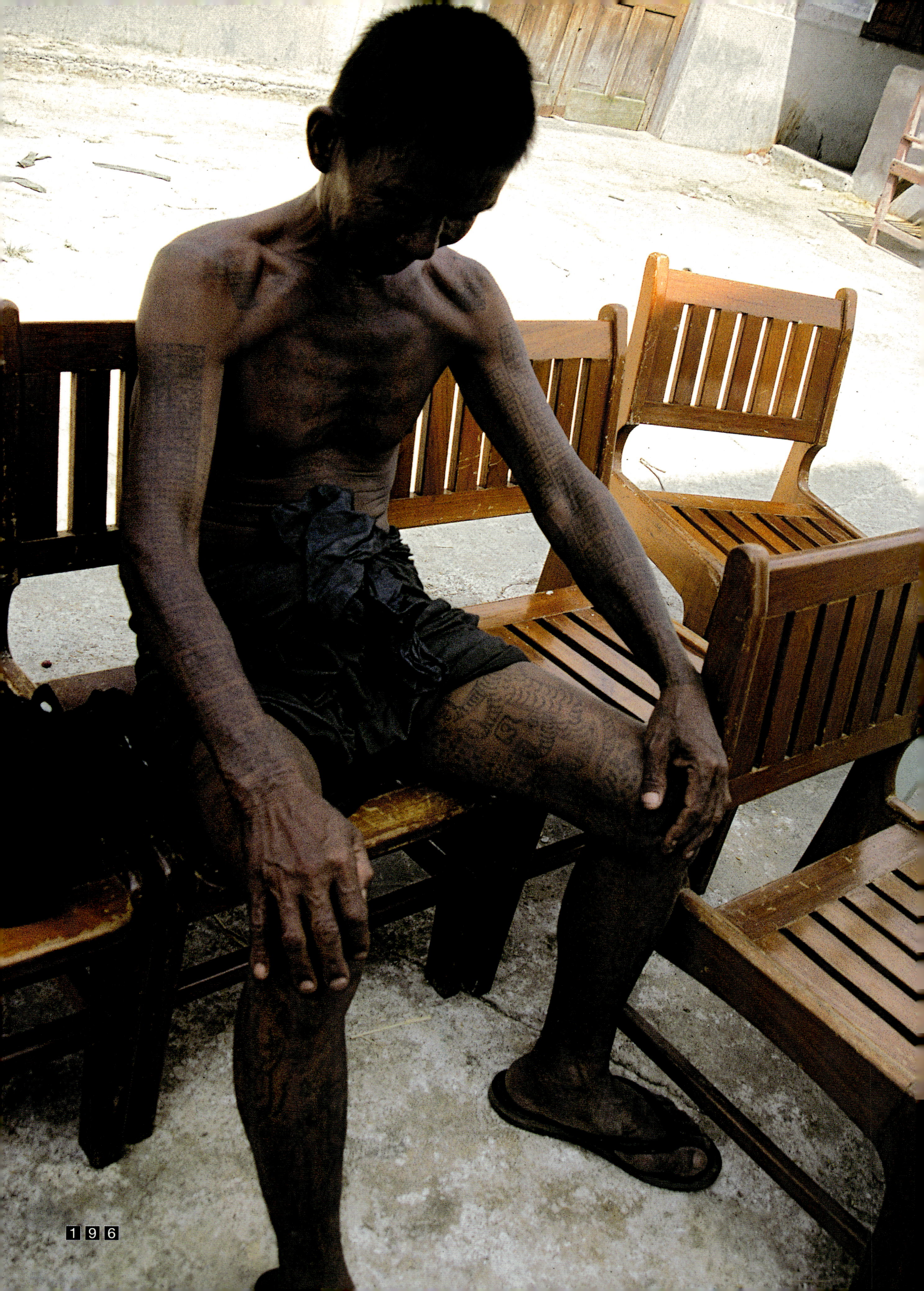

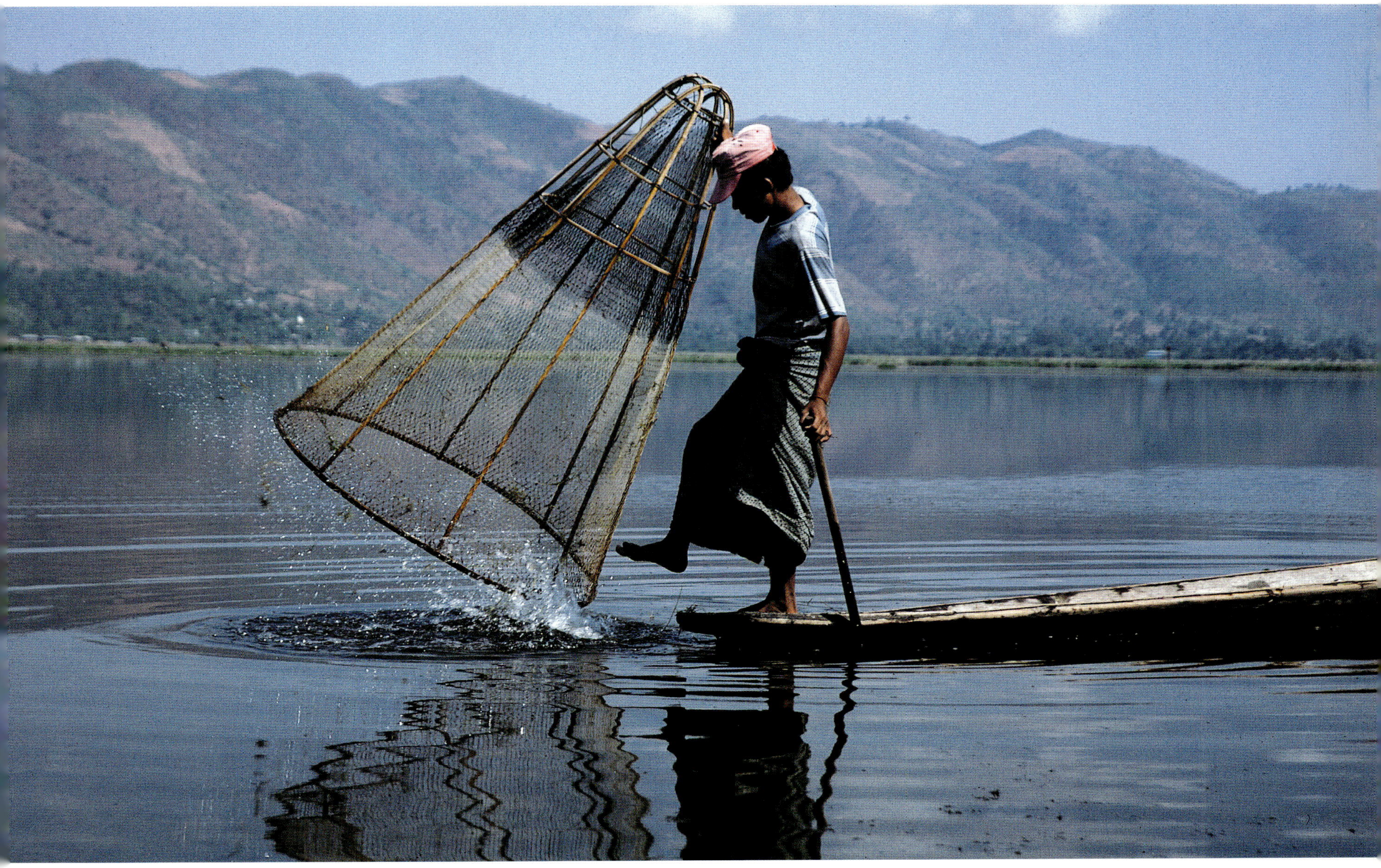
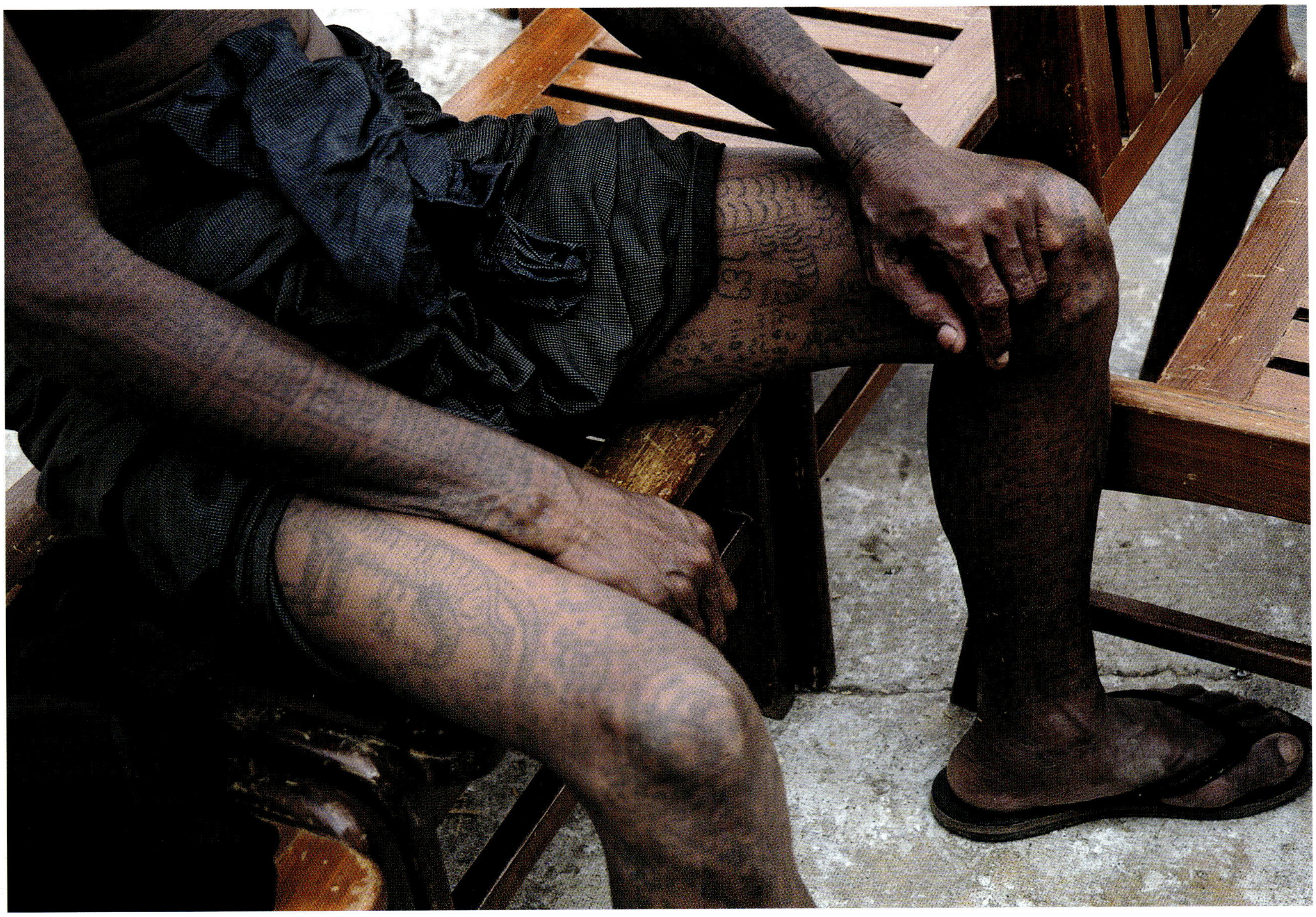

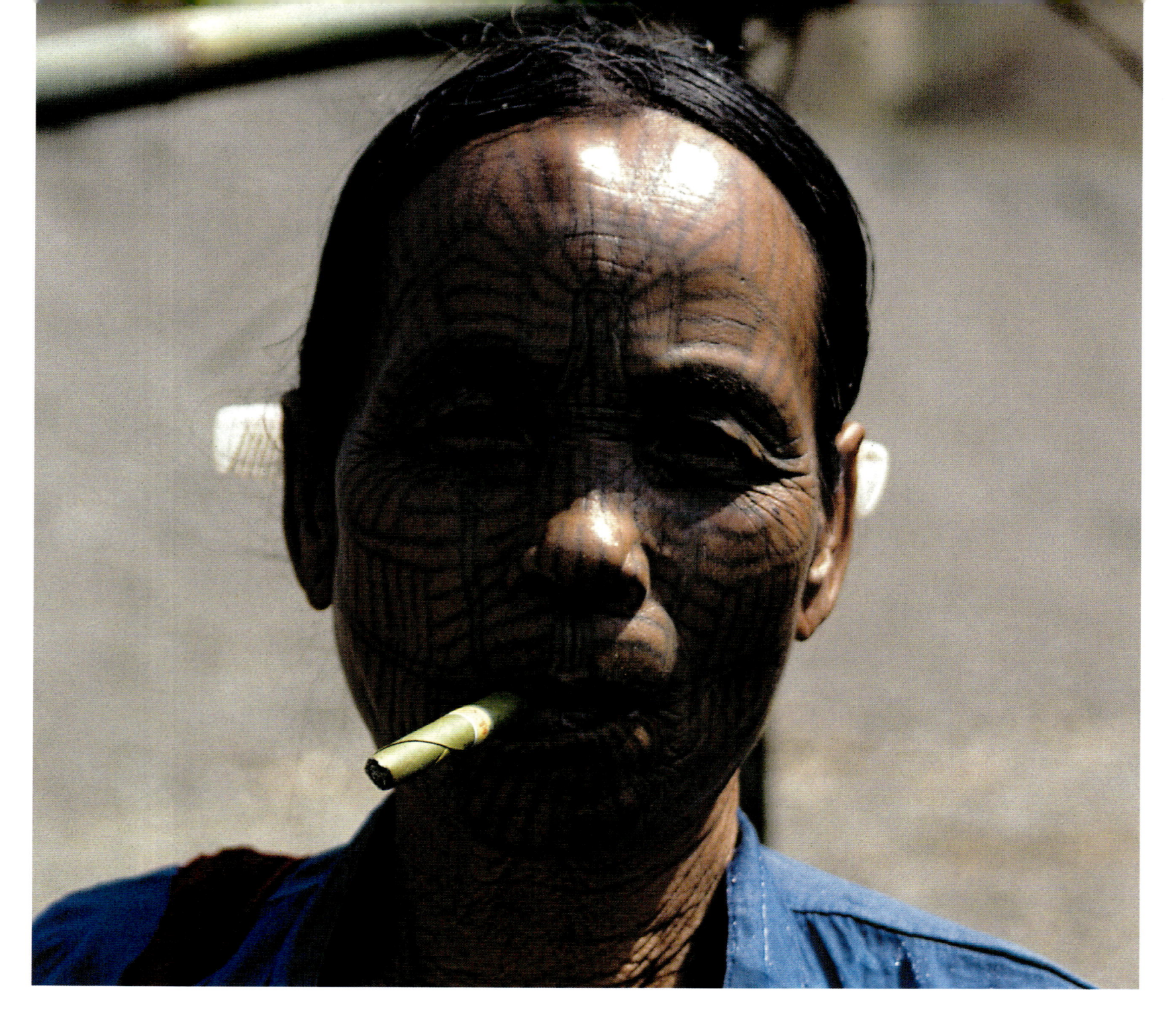

198

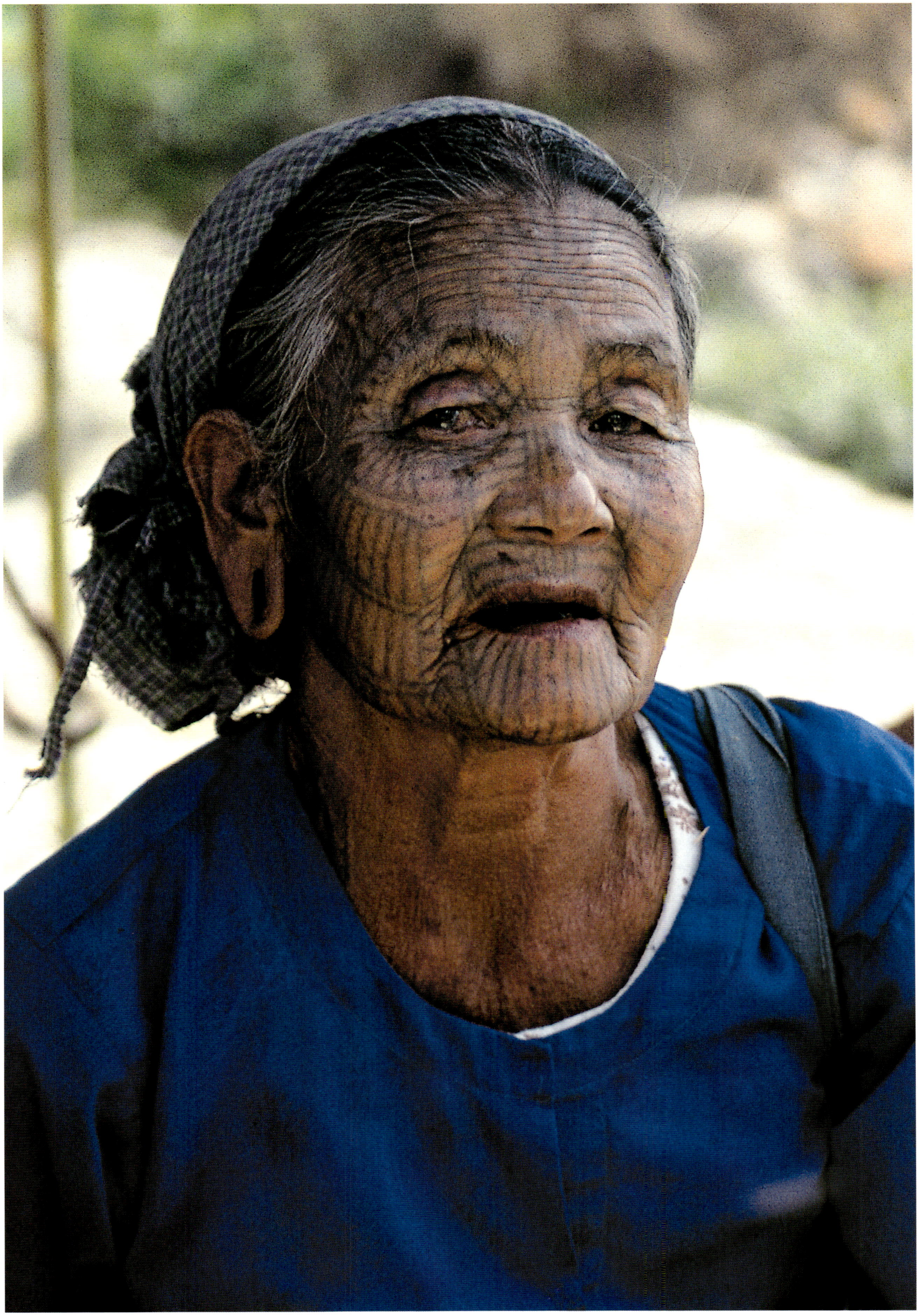

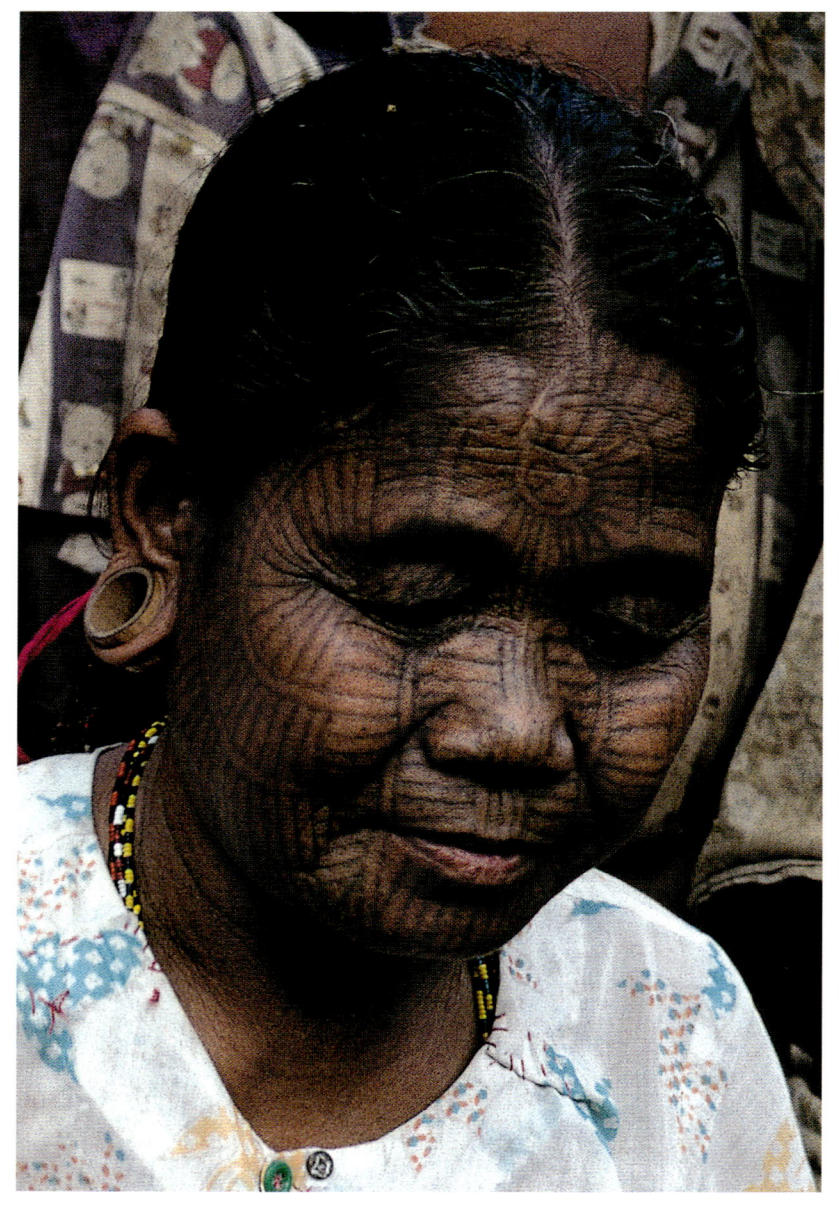

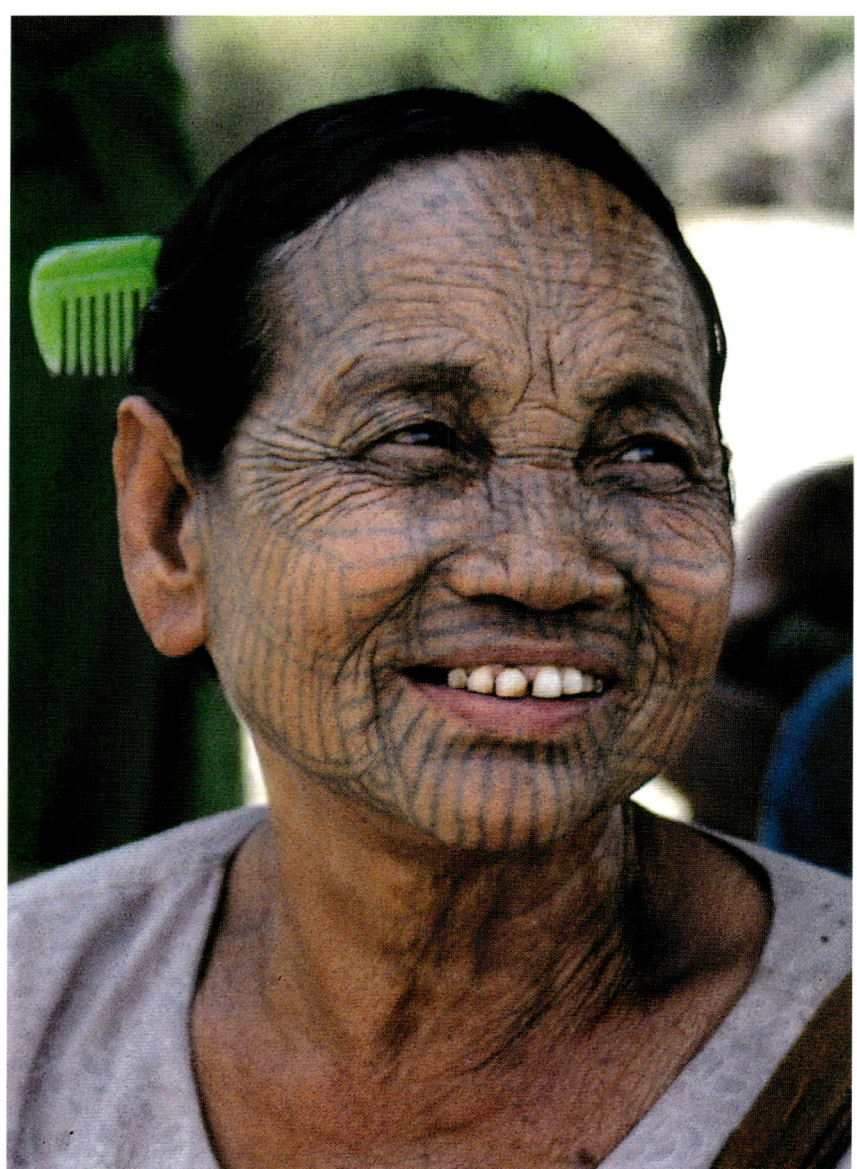

200

井上耕一　[写真・文]

1971〜2003…桑沢デザイン研究所にて教職
1979〜1990…壁装材料協会・季刊誌『in』、『WACOA』の企画・編集
1984…………「金唐革」展（INAXギャラリー）の企画
　　　　　　「暮らしのドイツ・デザイン・フェア」展（西武・渋谷店）の企画・会場構成
　　　　　　「チェコスロバキア・キュビズム」展（パルコ・渋谷店）の企画・会場構成
2000…………著書『アジアに見るあの坐り方と低い腰掛』（丸善）
2003…………写真個展「しゃがむ──あの坐り方と低い腰掛」（アート・スペース リビーナ）
2006…………写真個展「アジアはキッチュ」（アート・スペース リビーナ）
2009…………写真集『〈身体装飾の現在 1〉人類発祥の地にいま生きる人々
　　　　　　──アフリカ大地溝帯エチオピア南西部』（朝倉書店）
　　　　　　写真集『〈身体装飾の現在 2〉インド文明に取り込まれた人々
　　　　　　──インド・ネパール』（朝倉書店）

身体装飾の現在 3
国境に分断されている山地民
中国・ベトナム・ラオス・タイ・ミャンマー　　　定価はカバーに表示

2010年6月25日　初版第1刷

著作者　　井　上　耕　一
発行者　　朝　倉　邦　造
発行所　　株式会社　朝　倉　書　店
　　　　　東京都新宿区新小川町 6-29
　　　　　郵便番号　162-8707
　　　　　電　話　03（3260）0141
　　　　　Ｆ Ａ Ｘ　03（3260）0180
　　　　　http://www.asakura.co.jp

〈検印省略〉

©2010〈無断複写・転載を禁ず〉

本文デザイン・装丁　薬師神デザイン研究所
印刷　中央印刷
製本　牧製本

ISBN 978-4-254-10683-1　C3340　　　　　Printed in Japan

井上耕一写真・文 身体装飾の現在1 **人類発祥の地にいま生きる人々** ―アフリカ大地溝帯エチオピア南西部― 10681-7 C3340　　B4判 216頁 本体12000円	エチオピア南西部に暮らす少数民族を訪ね，身体装飾に焦点を当てて撮影した写真集。自傷瘢痕で飾られた肌，多彩なボディペインティング，巨大な唇飾りや耳飾り，色鮮やかなビーズ細工……。人類の身体装飾の現在を見る。オールカラー。
井上耕一写真・文 身体装飾の現在2 **インド文明に取り込まれた人々** ―インド・ネパール― 10682-4 C3340　　B4判 216頁 本体9800円	インド亜大陸の周縁部にあって独特の衣装や装飾品を身にまとい暮らす少数民族を収めた写真集。素朴な遊牧民から極彩色の踊り子まで，複雑な民族構成とカースト制の歴史が紡いだ，インド文明特有の多彩な装飾文化をみる。オールカラー。
G.ブレンフルト編 前東大 大貫良夫監訳　前京大 片山一道編訳 図説人類の歴史1 **人 類 の あ け ぼ の**（上） 53541-9 C3320　　B4変判 144頁 本体8800円	〔内容〕人類とは何か？／人類の起源／ホモ・サピエンスへの道／アフリカとヨーロッパの現生人類／芸術の起源／[トピックス]オルドワイ峡谷／先史時代の性別の役割／いつ言語は始まったか？／ネアンデルタール人／氷河時代／ビーナス像他
G.ブレンフルト編 前東大 大貫良夫監訳　前京大 片山一道編訳 図説人類の歴史2 **人 類 の あ け ぼ の**（下） 53542-6 C3320　　B4変判 144頁 本体8800円	〔内容〕地球各地への全面展開／オーストラリアへの移住／最初の太平洋の人々／新世界の現生人類／最後の可住地／[トピックス]マンモスの骨で作った小屋／熱ルミネッセンス年代測定法／移動し続ける動物／誰が最初のアメリカ人だったか？他
G.ブレンフルト編 前東大 大貫良夫監訳　東大 西秋良宏編訳 図説人類の歴史3 **石 器 時 代 の 人 々**（上） 53543-3 C3320　　B4変判 144頁 本体8800円	〔内容〕偉大なる変革／アフリカの狩猟採集民と農耕民／ヨーロッパ石器時代の狩猟採集民と農耕民／西ヨーロッパの巨石建造物製作者／青銅器時代の首長制とヨーロッパ石器時代の終焉／[トピックス]ナトゥーフ文化／チロルのアイスマン他
G.ブレンフルト編 前東大 大貫良夫監訳　東大 西秋良宏編訳 図説人類の歴史4 **石 器 時 代 の 人 々**（下） 53544-0 C3320　　B4変判 144頁 本体8800円	〔内容〕南・東アジア石器時代の農耕民／太平洋の探検者たち／新世界の農耕民／なぜ農耕は一部の地域でしか採用されなかったのか／オーストラリア―異なった大陸／[トピックス]良渚文化における新石器時代の玉器／セルウィン山脈の考古学他
G.ブレンフルト編 前東大 大貫良夫監訳　東大 西秋良宏編訳 図説人類の歴史5 **旧 世 界 の 文 明**（上） 53545-7 C3320　　B4変判 144頁 本体8800円	〔内容〕メソポタミア文明と最古の都市／古代エジプトの文明／南アジア文明／東南アジアの諸文明／中国王朝／[トピックス]最古の文字／ウルの王墓／太陽神ラーの息子／シギリヤ王宮／東南アジアの巨石記念物／秦の始皇帝陵／シルクロード他
G.ブレンフルト編 前東大 大貫良夫監訳　東大 西秋良宏編訳 図説人類の歴史6 **旧 世 界 の 文 明**（下） 53546-4 C3320　　B4変判 144頁 本体8800円	〔内容〕地中海文明の誕生／古代ギリシャ時代／ローマの盛衰／ヨーロッパの石器時代／アフリカ国家の発達／[トピックス]クノッソスのミノア神殿／古代ギリシャの壺彩色／カトーの農業機械／アングロサクソン時代のイングランド地方集落他
G.ブレンフルト編　前東大 大貫良夫監訳・編訳 図説人類の歴史7 **新 世 界 の 文 明**（上） ―南北アメリカ・太平洋・日本― 53547-1 C3320　　B4変判 144頁 本体9200円	〔内容〕メソアメリカにおける文明の出現／マヤ／アステカ帝国の誕生／アンデスの諸文明／インカ族の国家／[トピックス]マヤ文字／ボナンパクの壁画／メンドーサ絵文書／モチェの工芸品／ナスカの地上絵／チャン・チャン／インカの織物他
G.ブレンフルト編　前東大 大貫良夫監訳・編訳 図説人類の歴史8 **新 世 界 の 文 明**（下） ―南北アメリカ・太平洋・日本― 53548-8 C3320　　B4変判 144頁 本体9200円	〔内容〕日本の発展／南太平洋の島々の開拓／南太平洋の石造記念物／アメリカ先住民の歴史／文化の衝突／[トピックス]律令国家と伊豆のカツオ／草戸千軒／ポリネシア式遠洋航海カヌー／イースター島／平原インディアン／伝染病の拡大他
G.ブレンフルト編　前東大 大貫良夫監訳・編訳 図説人類の歴史9 **先 住 民 の 現 在**（上） 53549-5 C3320　　B4変判 144頁 本体9200円	〔内容〕人種，人間集団，文化の発展／アジア大陸の先住民／東南アジアの先住民／アボリジニのオーストラリア／太平洋の人々／[トピックス]DNA：生命の暗号／聖なるクマへの崇拝／ナガ：アッサム高地の首狩り族／トラジャの生と死
G.ブレンフルト編　前東大 大貫良夫監訳・編訳 図説人類の歴史10 **先 住 民 の 現 在**（下） 53550-1 C3320　　B4変判 144頁 本体9200円	〔内容〕アフリカの先住民／北方の人々／北アメリカの先住民／南アメリカの先住民／人類の未来／[トピックス]マダガスカル：神秘の島／サーミ：4カ国に生きる人々／マニオク：君臨する作物／ヤノマミ：危機に瀕するアマゾンの生き残り他

上記価格（税別）は 2010 年 5 月現在